品牌管理

战略、方法、工具与执行

郭伟　著

清华大学出版社

北京

图书在版编目（CIP）数据

品牌管理：战略、方法、工具与执行/郭伟著.--北京：清华大学出版社，2016（2022.8 重印）
ISBN 978-7-302-40747-8

Ⅰ．①品… Ⅱ．①郭… Ⅲ．①品牌－企业管理－高等学校－教材 Ⅳ．①F273.2

中国版本图书馆 CIP 数据核字（2015）第 162070 号

责任编辑：陆浥晨
封面设计：单　良
责任校对：宋玉莲
责任印制：曹婉颖

出版发行：清华大学出版社
网　　址：http://www.tup.com.cn，http://www.wqbook.com
地　　址：北京清华大学学研大厦 A 座　　　　邮　　编：100084
社 总 机：010-83470000　　　　　　　　　　邮　　购：010-62786544
投稿与读者服务：010-62776969，c-service@tup.tsinghua.edu.cn
质量反馈：010-62772015，zhiliang@tup.tsinghua.edu.cn
印 装 者：三河市龙大印装有限公司
经　　销：全国新华书店
开　　本：185mm×230mm　　印　张：28.75　　　　字　　数：604 千字
版　　次：2016 年 3 月第 1 版　　　　　　　　　印　　次：2022 年 8 月第 18 次印刷
定　　价：69.00 元

产品编号：051772-02

谨以此书献给我的亲人！

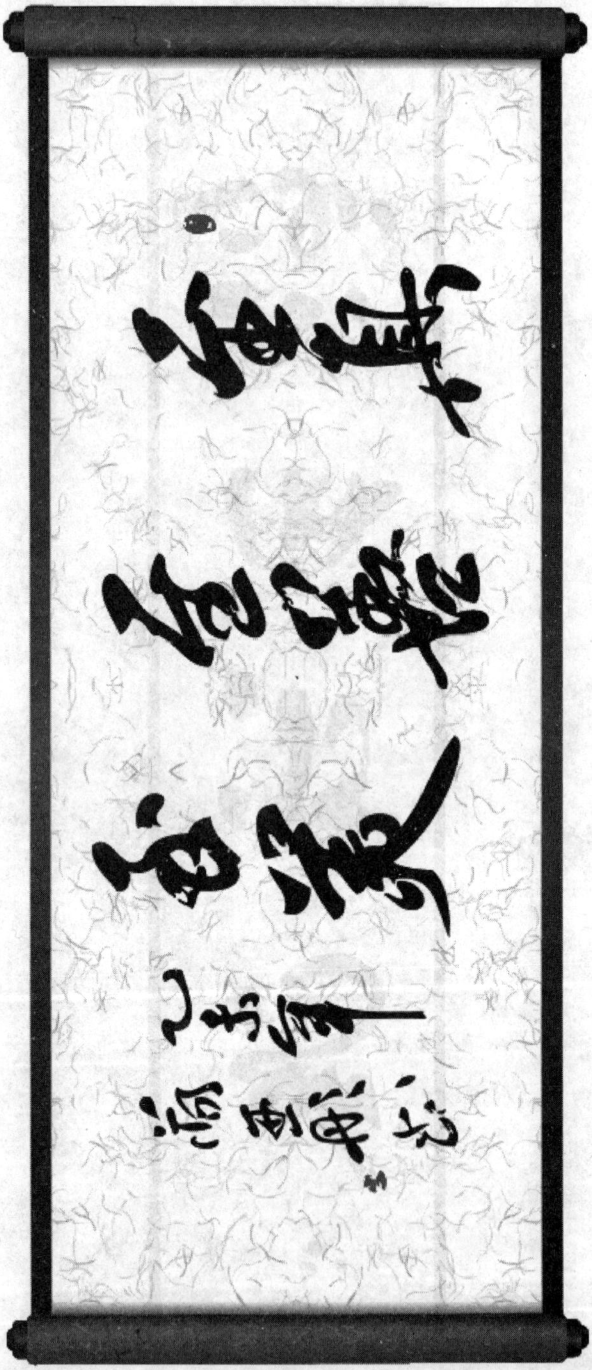

卷 首 语

　　伟大的组织必然有伟大的品牌。品牌弘扬精神,品牌凝聚信仰,品牌肩负承诺,品牌塑造形象,品牌张扬个性,品牌维系情感,品牌创造价值。执着于真、善、美的组织,可以长生;坚守于真、善、美的品牌,可以不朽。

为中国品牌建设提供支撑

品牌太重要了。

企业带着它的产品和服务，在市场的大海中浮沉，寻找着它的客户。茫茫人海，何处是自己的知音？同时，广大的消费者(包括生产型消费者)也在为寻找最适合自己的产品而苦恼。我是做出版工作的，出版界有一句行话，叫作"为好书找读者，为读者找好书"。实际上，各行各业都有这样的问题。

解决这个问题就要靠品牌，就要建设品牌。

品牌是企业的标志，也是企业产品的标志。人们通过品牌认识和了解企业的产品，同时也就认识和了解了企业。人们通过市场上琳琅满目的品牌识别不同的产品和服务，对某种品牌产生兴趣和爱好，被吸引，进而形成忠诚度，这就为企业赢得了稳定而持久的市场。好的品牌创造了企业的知名度，为企业产品行销、扩大市场份额提供了保障。

从这个意义上讲，品牌就是企业和企业全体员工以及出资人的饭碗，就是企业最重要的无形资产。

可是，市场上知名度高的好品牌实在太少，稳定、持续、长久的品牌也为数不多。许多品牌也曾风光一时，但不久便烟消云散，再无踪影。"靡不有初，鲜克有终。"这说明一些企业经营者对品牌的意义认识不够，重视不足，也说明他们对品牌建设的规律没有充分地把握。

品牌的建设离不开营销、广告和宣传。这方面也有很多学问，但更重要的还是品牌的内涵。品牌无非是企业及其产品内在品质的外部形象凝聚，品牌内涵才是品牌的根。正是这一方面还没有引起企业的普遍重视。

好的品牌必定有它的特异性，有它的与众不同之处。企业只有针对特定客户群体的特定需求，提供他人不能满足或不能完全满足的服务，才能有自己的立足之地。同质化竞争只能使自己被湮没。

好的品牌必定有一致性。每一件产品、每一次服务都能达到同样的标准，不因时间、地点、场所、人员而改变，才能始终做到"我就是我"。正是品牌自身的信誉创造了客户对品牌的持续信任。

好的品牌必定有整体性。品牌是整个企业的品牌，是企业全部产品的品牌。过硬的品牌必然要求企业的整体、产品的整体是过硬的，不能只是"一招鲜"。

因此，品牌建设必须贯穿于企业经营管理的全过程，必须落实到企业经营管理的一切环节。品牌建设是有规律可循的，不是随心所欲就可以成功的。它需要理论的支撑，经验的支撑，方法的支撑，工具的支撑。郭伟同志的这本《品牌管理》就是为提供这些支撑所做的有益探索。

郭伟同志经过多年的研究与实践，用严谨的态度，立足于中国文化的根基，吸取中外成功品牌成长的经验，梳理出一系列很有价值的思路，特别是对品牌的本质，品牌的价值，品牌价值管理的模式、方法和工具，做了认真而有益的探索，提出了一些原创的品牌管理理论与思路，对于促进中国企业探索适合中国企业特色的品牌发展模式，做快、做大、做强、做长本土品牌，有相当的参考价值和借鉴意义。

我希望这本书能够获得企业界人士的欢迎，希望它能有助于提升企业品牌经营与管理的能力，有助于更多、更好的中国品牌取得成功并且走向世界。我也希望在这个过程中，随着中国品牌建设实践的更多积累，在理论认识上还会有更新的突破，创造更大的成就。本书的作者也一定会在这个过程中有更大的进步，作出更多的贡献。

徐惟诚　中宣部原常务副部长，中国企业文化研究会顾问

2010 年 10 月 20 日

创新品牌理论,壮大民族品牌

在全球市场竞争舞台上,中国企业面临着从"中国制造"走向"中国创造",迈向"中国品牌"的重大发展机遇与挑战。如何正确认识品牌的内涵与本质,走出仅仅依赖广告宣传的品牌建设误区?如何系统提升品牌的内涵与内在价值?如何走出同质化竞争与价格战的陷阱?如何系统壮大企业的品牌资产?这是中国企业品牌发展之路亟待解决的问题。

郭伟的《品牌管理》一书应时应势而生,作者深入思考和探讨了新的历史时期中国品牌建设的问题与出路,并以全新的视角和理念提出了适合中国企业的品牌价值管理与价值经营模式,在理论和实践上具有重要的参考价值。

第一,该书的价值在于对品牌本质的重新定义与独特理解,并从"真、善、美"的角度深入探析品牌的功能价值、情感价值、观念价值的发展演化,深入探析客户的功效价值、关系价值和个性价值,为品牌赋予了厚重的人文和人性的内涵。

第二,这本书重新阐释了品牌的价值本质,创造性地将品牌价值置于"时间、空间和人"的三维模式中来思考,并提出品牌价值的成功实现在于时间上的持续性、空间上的广阔性以及对人的尊重和理解。该书从以人为本的角度,从尊重人、关怀人、满足人的价值需求,适应人的发展进步的历史进程中深入理解品牌的价值本质与品牌价值的发展演进过程。

第三,该书创造性地提出了适应中国品牌创建和发展特点的 7C 品牌管理模式、六星品牌价值成长模型。7C 品牌管理模式包含品牌的价值选择、价值识别、价值创造、价值成长、价值实现、价值沟通以及价值管控,以品牌价值为核心建立了中国品牌的价值创建、价值成长与价值经营战略。六星品牌价值成长模型基于文化、设计、产品、制造、服务、终端六大维度的系统化品牌价值建设,也为中国品牌建设提供了独特的思路、模型与方法。正如书中所言,从历史上看,任何一个国家的成功品牌和产品的创建、发展和壮大,都是有根有魂的;中国灿烂的历史、文化与国民,就是卓越品牌的根与魂。而基于组织独特的资源、能力禀赋的品牌独特价值建设和品牌个性形象建设,也将为广大消费者带来富有魅力的独特的品牌价值体验。

第四,该书针对中国企业的品牌建设存在的问题与发展现状,探索性地提出了 3S 品牌发展策略、品牌识别 3S 模型、品牌价值六维经营模式、品牌价值网经营模式、品牌与组织文化的协同发展模式。对于探寻中国品牌的发展路径也做出了有益的尝试。

　　第五,该书因应信息技术的快速发展和应用,重点探索和提出了诸多数字品牌经营的模式与方法,深入研究、分析并实践了诸多基于大数据挖掘的品牌监测技术与方法、工具的应用;基于二维码技术的品牌溯源防伪系统的技术与方法、工具应用,并积累了丰富的企业数字品牌经营实践经验。

　　总之,这是关于中国本土品牌理论与实践建设的一本难得的好书。我为其作序,甚感欣喜,也希望郭伟在品牌管理理论与实践上取得更大的成就。

中国人民大学教授、博士生导师,华夏基石管理咨询集团董事长　彭剑锋

2010 年 10 月 15 日

序 三

中国品牌原创理论的有益探索

青年才俊郭伟的新作《品牌管理》对中国品牌原创理论和实践进行了非常坚实且卓有成效的探索，可喜可贺，值得推荐！

我认为，品牌是国际市场的通用语言，是民族产业的核心财富，是构成国家产业竞争力的重要组成部分，是今天这场没有硝烟的世界商战中决定胜负的关键所在。

目前，中国发展自主品牌，却缺乏自己原创的品牌理论，基本上还是在拾西方理论的牙慧。我认为，中国企业面对全球化和世界超级企业巨人的挑战，而是资本和技术，而是思想。我们不能总按照西方的规则跟在别人屁股后面爬行，必须寻求一条超越竞争的路径。但如何超越竞争呢？要解决中国改革这一世界性的难题，照抄西方品牌理论是不行的，我们必须建构一个打通东西方文化，打通自然科学、社会科学、人文科学的中国原创品牌学科体系。

郭伟的《品牌管理》不仅针对中国企业品牌建设的理论进行了有益探索，而且还归纳出一些企业品牌建设的经典案例，对企业决策者和品牌经理人都是非常实用的教科书。

正如郭伟所言："需要发展具有中国本土优势的品牌价值成长模式；需要更先进的品牌管理理念、模式、工具和方法；需要系统地提升品牌管理与运营的能力。"郭伟原创品牌理论的核心是品牌的价值管理，他提出了品牌价值管理的 7C 品牌管理模式与六星品牌价值成长模型。

7C 品牌管理模式专注于品牌价值的选择、识别、成长、沟通、创造、实现与管控；六星品牌价值成长模型专注于品牌的文化价值、功能价值、设计价值、制造价值、服务价值、终端价值的系统成长。

郭伟 7C 品牌管理模式与六星品牌价值成长模型的提出，其出发点和目的是"帮助更多中国品牌探寻做快、做大、做强、做长的方法，促进更多本土企业实现兴业济世、富民强国的梦想"。

在信息技术快速发展的时代，郭伟与时俱进，在数字品牌管理方面又有了新的探索与实践，对于基于大数据挖掘技术的网络品牌监测与管理，基于二维码技术的品牌认证、溯源、防伪与营销，以及品牌与商品流、信息流的协同管理和营销理论与实践方法又提出了新的理论与方法应用，研发出了更好的数字品牌管理产品与服务。对于企业家和品牌管理者而言，更好的数字品牌管理的工具，增强了企业实施全面、实时、精准的数字化品牌管理能力与经营成效。

我认为,中国品牌发展的道路还很漫长,中国品牌原创理论的确立也并不容易,但中国人一定要有这样的文化自信和理论勇气。与世界超一流企业比技术、比实力等硬指标,我们也许差距的确很大,甚至有短时间不可逾越的障碍,但是比信息、比观念、比形象、比文化等软指标则大有超越竞争的可能。

大家知道,品牌最大的特点是它产生在市场最为活跃的地方。从18世纪工业革命以来,近300年来,世界的品牌秩序和版图的重组从来没有停止过。英国、法国、美国、日本等品牌大国的历史都证明了这一点。

今天,中国有世界最为活跃、最为广阔的市场,中华民族是世界上最善于创造品牌的民族之一,蕴藏着极大的创造品牌的激情和能量;我们有条件确立自己的文化规则,有条件改变市场规则,从而让西方的技术规则为我所用。

在这片最具有竞争活力的热土上,中外企业共同进行的品牌试验和品牌竞争将是世界品牌发展史上最伟大的创举。只要我们虚心学习世界品牌的先进经验,融入现行的国际贸易规则之中,完全有可能逐渐参与到世界品牌秩序的重构进程之中。

预祝郭伟的新书《品牌管理》受到企业家和读者的欢迎!

环球时尚创意产业联盟主席、中国品牌经理人协会会长　杨子云

2014年12月20日

前　言

品牌是怎样炼成的？

　　回望国内外组织数百年发展的历史，可以看到无数的品牌曾经声名显赫，却只是昙花一现，风光一时；也有许多的产品品牌几经生死，却又浴火重生，百炼成钢，铸就辉煌；有的品牌甚至历时百年而风采依旧。那些伟大的品牌，是如何炼成的？又如何得以不朽？中国企业能否走出低档品牌同质化价格竞争的困境，创建更多的高价值品牌？中国企业有可能塑造不朽的品牌吗？是否能探索出一些适合中国企业品牌建设的原创理论与方法呢？

　　从中国制造到中国创造，到中国品牌的发展过程，是一个艰辛的探索历程。探寻适合中国企业的品牌发展路径，需要探索适合本土企业发展，具有差异化竞争优势的原创理论，需要创建具有中国特色的品牌价值成长模式；需要发展更多先进的品牌管理理念、模式、工具和方法；需要系统地提升品牌管理与运营的能力。在多年品牌研究与品牌管理实践中，我积累了许多心得，也一直想写出一本适合中国企业家、品牌经理人和品牌研究者阅读和探讨的，具有本土特色，理论与实践相结合的品牌著作。《品牌管理》一书的创作与出版，是在作者所著《品牌价值管理》一书基础上的思考、完善与提升，也是希望通过品牌经营领域的探索研究，进一步丰富中国本土原创品牌管理理论，为促进本土企业的品牌建设与发展尽些微薄之力。

　　相对于品牌管理，品牌经营重点探索如何创新与应用先进的品牌管理方法与工具，探索更有效的品牌战略和品牌运营模式，更为关注品牌经营的效率和效益。重溯"品牌本质"，重建"品牌价值"，创新"品牌价值管理"的模式、方法与工具，探寻做快、做大、做强、做长品牌的法则与路径，是本书在创新品牌理论和品牌经营实践上研究与探索的重点。

　　对于品牌管理理论与方法的每一步创新都得益于先贤近百年的探索与积淀。所以，本书在第1.5节系统阐述和总结了多年来海内外对于品牌研究与实践历程中产生的经典品牌管理理论。

　　认清"品牌的本质"才能揭示品牌经营的秘密。笔者认为，品牌的发展，源于时间、空间与人的发展。品牌的本质是品牌相关者之间的一种关系联系，一种源于真、善、美的关系联系。品牌经营的本质是建立、发展与维护品牌所有者和利益相关者与消费者的关系。这也是本书探讨的重点。笔者认为，随着信息技术的发展和网络时代的到来，品牌相关者之间传统的信息传播和沟通方式正在破碎与重建，如何重构与经营品牌关系也成为创新品牌理论与品牌经营实践,成功经营品牌的关键。

"品牌价值"的本质是客户价值。品牌价值对于品牌建设的核心诉求,有助于企业正本清源,走出利润至上、急功近利的发展误区,回归客户价值,回归以人为本的品牌发展路径。品牌价值经营以真、美、善为核心价值理念,以客户功效价值、情感价值和个性价值需求的实现和满足为最终目的,以品牌的功能价值、情感价值、观念价值建设和经营为模式,方法和手段,并以此为重点创建品牌价值经营模式,发展品牌价值链、品牌价值网,积聚组织经营品牌的资源和能力,推动组织品牌价值的持续成长。

本书中,笔者进一步丰富与完善了以往创建的一些品牌经营方法,包括7C品牌价值管理模式、六维品牌价值成长模式、3S品牌识别模型、组织文化与品牌协同发展模式、品牌价值网经营模式等。7C品牌价值管理模式专注于品牌价值的选择、创造、识别、成长、沟通、实现与管控。六维品牌价值成长模式专注于品牌的文化价值、功能价值、设计价值、制造价值、服务价值、终端价值的系统成长。3S品牌识别模型重在从品牌感觉识别、品牌情感识别、品牌精神识别为主体构建新的品牌识别体系建设模式;其中感觉识别五识模型主要从视觉识别、听觉识别、触觉识别、味觉识别、嗅觉识别五个角度系统论述感觉识别的构建与经营方法。组织文化与品牌协同发展模式重在基于企业共同的价值理念和价值基因整合组织文化建设与品牌协同建设,通过协同发展内塑文化,提升组织能力;外塑品牌,提升市场价值。品牌价值网经营模式强调有效聚合产业生态系统的品牌资源,构建具有协同效应的品牌价值链与品牌价值网络。

信息时代,品牌经营模式与方法也在不断地变革与进步。笔者认为,随着信息与网络技术的迅猛发展,随着大众对于电脑、智能手机、网络电视的迅速普及与应用,已引发了社会发展方式与大众消费模式的深刻变革。有别于基于传统平面媒体与终端营销的品牌构建与运营模式正在发生重大变化,基于信息与网络技术的数字化品牌经营时代已经到来。对组织而言,把握社会趋势与先机,掌握先进的数字品牌经营方略、方法与工具,也是组织建立竞争优势,提升品牌经营成效的现实路径。已有诸多行业领先企业开始了数字化品牌经营的实践,更多的企业还需努力转型以顺应时代发展。

本书也总结了我们近年来在数字品牌管理(网络化品牌管理)领域的诸多探索与数字品牌经营方法、工具与实践。本书在数字品牌经营章节,在企业品牌经营实践的基础上提出了一些适用的数字化品牌经营思路、方法与工具,尤其是新媒体营销及品牌口碑管理与营销的方法。在品牌监测章节系统阐述了新媒体时代基于网络的品牌监测内容、方法,以及品牌监测工具及其服务应用,并添加了小米公司等企业的品牌传播监测实操案例。本书在品牌溯源防伪章节,增加了利用二维码技术实施品牌认证、溯源、防伪与数字化品牌管理与营销的方法与工具,并增加了红塔集团、益生美公司品牌溯源防伪实操案例。我们已经在多年积淀中开发应用了国内领先的品牌监测工具,并在万达、万科、北科建、东方园林、腾讯、光大银行等大型企业中得到成功应用。我们已经开发应用了国内领先的品牌溯源防伪系统，并在红塔山、美团、大众点评等众多知名企业得到成功应用。笔者深信，更多、更好的基于网络的品牌经营模式、方法与工具也将伴随着中国企业的发展而涌现，我们一起在努力。

在中国品牌建设的历程中，中国的土地和人民是中国品牌的根基；中国深厚的文化、历史与价值观是中国品牌的灵魂；中国制造与中国创造是中国品牌的脊梁；对于真、善、美的追求与坚守，是中国品牌的良心；对客户价值的持续尊重、创造与满足，则是铸就中国品牌的王道。随着消费者消费理念与价值需求的持续变革与发展，基于客户价值需求创造与满足，持续发展品牌价值创造能力、品牌价值经营能力、品牌资产运营能力、品牌化组织的发展能力也正成为企业发展中的关键成功因素。诸多品牌经营理论与方法的提出，也致力于提炼和发展新的品牌管理模式，帮助更多中国品牌探寻做快、做大、做强、做长的方法，促进更多本土企业实现兴业济世、富民强国的梦想。

本书注重品牌管理理论创新与组织经营管理实践的结合，并以学以致用为宗旨。全书围绕品牌价值管理体系系统展开，在章节内容设计上，每章从品牌的基本概念阐释出发，进而介绍相关的品牌管理理论、品牌管理的原则与方法，以及丰富实用的品牌管理图表与工具。每章节还附有丰富的品牌管理实践阅读材料，章后附有相关知名企业品牌建设研究案例，以方便广大读者系统了解和掌握品牌价值管理的理论、方法与工具。全书图文合计约 42 万余字。

欣赏德国人严谨、厚重、务实的思维与做事风格，努力写出经得起实践和时间检验的著作。也希望本书对于企业家和品牌经理人的品牌经营有所借鉴和帮助；对中国品牌的创建、发展和壮大有所助益，如此，则善莫大焉。

"一般而言，自然法则大于社会法则，社会法则大于组织法则，组织法则大于个人的价值法则。"在建设伟大品牌的历程中，遵循天道物理，尊崇敬天爱人的价值法则也尤为重要。世界范围内诸多大学，以及科学、宗教、企业等社会组织的发展历史证明，执着于真、善、美的组织，可以长生，坚守于真、善、美的品牌，可以不朽。

对于组织的存在和发展而言，在时空演化的历史进程中，把人作为目的，而不是手段，不仅仅具有崇高的哲学意义，也具有现实的价值意义。尊重人，理解人，把握人的需求进化，服务人的需求，为人创造价值，是组织发展的逻辑起始点，也是组织发展和价值成长的终极追求和终极目标，也是中国品牌做大、做快、做强、做长的必由之路。

郭伟

二零一六年初春写于北京鸟巢畔

作者联系方式

电话：18601271258

邮件：williamguo@163.com

目　录

第一章

品牌的概念、内涵与理论

品牌是消费者与产品的关系，消费者才是品牌的最后拥有者，品牌是消费者经验的总和。

——大卫·奥格威（David Ogilvy）

知古可以鉴今。理解与经营品牌，从探寻先贤的智慧，了解品牌的概念、内涵与本质，了解品牌理论与实践的发展历程开始。

继承可以促进创新，理论可以指导实践。本章从历史的视角探析了品牌的中国源流；从真、善、美的视角深入探析了品牌的概念，并重构了品牌的内涵与价值本质；从时间、空间、人的视角深入探析品牌价值的概念，并重构了品牌价值的概念、内涵与本质；从客户价值的视角概述了品牌资产管理的相关理论；从发展的视角概述了数十年来经典的品牌理论，以飨读者。

1.1 品牌的中国源流

人法地，地法天，天法道，道法自然。

——老子

一、图腾崇拜

中国品牌的历史渊源可追溯至远古时代。洪荒时期，人们还处在蒙昧状态，对许多自然现象既不能认识和理解，又不能掌握和控制，因而逐步以自身生存环境中所熟悉、所敬畏的某种动植物、自然现象为主体产生了神秘关系联系和偶像崇拜，将希望寄托在偶像身上，期望偶像能护佑自己和部族，消灾祈福，并将逐步神化的偶像奉为神灵，甚至族群祖先，并以它的形象作为自己族群的特色标志或象征，形成"图腾崇拜"。图腾标志是最早的社会组织标志和象征，也是品牌标识的最早形态。

据翦伯赞先生所著《先秦史》考证：东方伏羲氏为蛇（或龙）图腾，北方犬戎族为犬图腾，南方部族大多以猛兽为图腾，中部炎帝族为牛图腾，西方黄帝族的首领黄帝号有熊氏以熊为图腾。其他氏族多以熊、罴、貔、貅、虎为图腾。西南蜀地的远古图腾随着三星堆文化遗址中太阳鸟金箔标识的发现，以实物的方式证实太阳神鸟图腾是其主要的氏族神，以此产生太阳神鸟为图腾徽铭的文化图腾。作为中国文化图腾的重要代表，太阳神鸟标识目前也已成为中国文化遗产的标志。见图1-1和图1-2。

图1-1　三星堆太阳鸟图腾

图1-2　中国文化遗产标志

世界上大多数民族都曾存在过图腾文化，图腾崇拜是一种文化现象，也是一种宗教现象，包括宗教、民俗、法律、文学艺术、婚姻等内容。

（1）图腾禁忌，一般禁止杀害或食用图腾所代表的物种。

（2）图腾崇敬，相信族群与图腾之间的关系为亲缘关系，其群体成员必须崇拜图腾。

（3）图腾标志，族群成员的身体装饰，日常用具、住所、墓地的装饰，均采用图腾标志。

（4）图腾仪式，族群男女达到规定年龄，必须举行图腾入社仪式，并有定期的图腾祭祀活动。

（5）图腾信仰，族群把图腾作为个人、胞族、部落、氏族的保护神，相信它具有超自然的力量，既能降福于人，又能为人排忧解难。并将图腾信仰神圣化、合法化，使之成为维护社会秩序的准则。

（6）图腾差异，不同族群的图腾信仰与图腾标志具有显著差异，具有相互区别的作用。

二、器物的标识符号

在以炎帝、黄帝、神农氏为代表的"三皇"时期，华夏先民就已经开始在陶器上绘图作画，使用各种标记符号，它可算是中国品牌的历史源头。1955年在陕西发现的半坡人面鱼纹盆（见图1-3），盆底上部的圆既像人脸，又像太阳，上有鱼头，下有鱼尾，人脸的耳朵上插着两条鱼，嘴里叼着一条鱼。可以看出，当年人们以捕鱼为生，基于鱼崇拜创造了人鱼图腾。作为中华文明的代表文化和一个时代的文化符号，半坡人面鱼纹盆揭示了

图1-3　半坡人面鱼纹盆

华夏先祖在 6000 多年前就已经成功地创造和使用形象符号标识文化图腾,提炼和传达生活和工作信息,标识和美化产品。

在西周墓葬出土文物中,发现有封建领主产品的标志和各种官工的印记。在山东寿光出土的西周"已候"钟,铭文刻有"已候作宝钟"五字。"良季鼎"的铭文上刻有"良季作宝鼎"字样。从春秋战国出土的文物中,还发现有不少民间手工业者制造的陶器、漆器以及绢绣等产品上面,都刻印有"某记"造的字样。从这些时期的出土文物来看,物品上刻有的铭文、年号等标记符号,多数只是起到器物制造人、所有人的标识符号或者装饰、纪念的作用,还没有发展为具有商业意义的标识与标志。

三、商业标识

汉代以来,随着手工业发达和商业的兴起,商品种类日趋繁多,市场上开始有了竞争。商人为了开拓商品市场,多以制作该产品的能工巧匠的名称或者与商品有关的故事与历史命名商品。根据史书《三辅决录》中记载:"夫工欲善其事,必先利其器,用张芝笔、左伯纸及臣墨。"这说明当时东汉市场上著名的文具品牌如"张芝笔""左伯纸""韦诞墨"等,都是用知名商品制作者为商品命名,以体现商品的品质与特色,便于顾客了解和购买。在《汉书王尊传》等文史资料中,还能见到"翦张禁""酒赵放"等商品品牌记录,说明在汉朝时期,商品使用标记已经十分普遍。

隋朝时期,伴随着雕版印刷等印刷术的发明和使用,具有近代广告特点的印刷广告也出现了,品牌经营思想和方法得到了更广泛的发展。

北宋时期,济南刘家针铺所用的广告铜版雕刻现存于中国历史博物馆,它是我国商标与广告领域,也是世界商标史上极为珍贵的历史文物。广告铜板宽 12.5 厘米,高 13 厘米,上部雕刻着"济南刘家功夫针铺"的标题,中间是"白兔捣药"的图案,图案左右标注有"认门前白兔儿为记",图案下部刻有说明商品质地和销售办法的广告文字:"收买上等钢条,造功夫细针,不偷工,民便用,若被兴贩,别有加饶,请记白。"整个版面图文并茂,白兔儿捣药相当于店铺的标记,广告化的文字宣传突出了针的质量和售买方法。这幅广告既可以用作针铺的包装纸,也可以用作广告招贴,有利于刘家针铺的品牌宣传。

四、商号的品牌经营

明清时代以来,受儒家"以义取利"思想的影响,商家在商业活动中更为讲究商业道德与商店信誉,更注重商号的文化内涵和经营理念,更注重维护商号的名声和信誉并将之作为传家之宝全力维护,经常历经数代传承而恪守仁义之道,恪守行规,恪守祖训,并传下不少历史佳话。

已有 300 多年历史的北京同仁堂药店,其创始人清代明医乐显扬,遵从"同修仁德,济世养生"的经营理念创立同仁堂,秉承"修合(制药)无人见,存心有天知"的商业信条,无论贫富,一视同仁,童叟无欺。著名的"全聚德"烤鸭店,创于 1844 年,以"全聚德"为自己的招牌字号,取其"全仁聚德,财源茂生"的寓意,百年来,全聚德始终坚持了以仁聚德,以德聚财的经营理念,坚持精选鸭源,坚守工序,持续改良工艺,品质百年不变,出众的客户口碑也确保了全聚德品牌的百年传承。

回望千年历史,品牌的中国源流,比西方更为久远和深邃。近代以来,中国商人对于商号和招牌经营的理解已经非常接近于现代品牌经营管理的思想,对于品牌价值理念、产品价值和客户价值的理解和把握甚至更为彻底和精深。国人过去可以,现在和未来也应该能够更好地继承和创新中国特色的品牌经营模式,创造、经营与发展出更多优秀的中国民族品牌。

1.2 品牌的概念、内涵与本质

高雅的品位,崇高的道德标准,向社会大众负责,以及不施压力与威胁的态度——这些事让你终有所获。

——李奥·贝纳(Leo Burnett)

一、品牌的概念

品牌的概念来自西方,英文单词 Brand 源出古挪威文 Brandr,意思是"烧灼"。人们用这种方式来标记家畜等需要与其他人相区别的私有财产。在中世纪的欧洲,手工艺匠人用这种打烙印的方法在自己的手工艺品上烙下标记,以便顾客识别产品的产地和生产者。这就产生了最初的商标,并以此为消费者提供担保,同时向生产者提供法律保护。16 世纪早期,蒸馏威士忌酒的生产商将威士忌装入烙有生产者名字的木桶中,以防不法商人偷梁换柱。到了 1835 年,苏格兰的酿酒者使用了"Old Smuggler"品牌,以维护采用特殊蒸馏程序酿制的酒的质量声誉。

在不同的社会环境和历史阶段,社会公众和学者对于品牌的认识和理解不同。

Burleigh B. Gardner 和 Sidney J. levy(1955)认为,品牌是具有一组能满足顾客理性和情感需要的价值,它的创建应该注重开发一种个性价值。

奥格威(1955)认为,"品牌是一种错综复杂的象征,它是品牌属性、名称、包装、价格、历史、声誉、广告方式的无形总和。品牌同时也因消费者对其使用者的印象,以及自身的经验而有所界定"。

菲利普·科特勒(Philip Kotler)(1997)指出,品牌就是一个名字、称谓、符号或设计,或是上述的总和,其目的是要使自己的产品或服务有别于其他竞争者。

在《牛津大辞典》里,"品牌"被解释为"用来证明所有权,作为质量的标志或其他用途",即用以区别和证明品质。一般认为,品牌是一种名称、术语、标记、符号或图案,或是它们的相互组合,用以识别某个销售者或某群体销售者的产品或服务,并使之与竞争对手的产品和服务相区别。

二、马斯洛需求层次理论(Maslow's hierarchy of needs)

品牌的发展源于人的需求的产生与满足,笔者认为,深入理解品牌,需要从人的需求和心理及行为研究开始。因此也有必要重温作为行为心理学重要基础,至今仍有重要借鉴意义的马斯洛需求层次理论,并重新思考新时期的消费者需求的缘起与满足,重新思考和解读品牌,重新理解与解读消费者与品牌的关系。

1943 年,美国心理学家亚伯拉罕·马斯洛在《人类激励理论》论文中提出需求层次理论。该理论认为,人类的需要是分层次的,由低到高。它们是:生理需求、安全需求、社交需求、尊重需求、自我实现需求。以下是主要内容。

生理上的需求

这是人类维持自身生存的最基本要求,包括对以下事物的需求:呼吸、水、食物、睡眠、生理平衡、分泌、性等。马斯洛认为,只有这些最基本的需求满足到维持生存所必需的程度后,其他的需求才能成为新的激励因素,而到了此时,这些已相对满足的需要也就不再成为激励因素了。

安全上的需求

这是人类在生存之后的基础需求:人身安全、健康保障、资源所有性、财产所有性、道德保障、工作职位保障、家庭安全。马斯洛认为,整个有机体是一个追求安全的机制,人的感受器官、效应器官、智能和其他能量主要是寻求安全的工具,甚至可以把科学和人生观都看成是满足安全需要的一部分。当然,这种需要一旦相对满足后,也就不再成为激励因素了。

社交的需求

该层次包括对以下事物的需求:友情、爱情、性亲密等。马斯洛认为,人人都希望得到相互的关心和照顾。感情上的需要比生理上的需要来得细致,它与一个人的生理特性、经历、教育、宗教信仰都有关系。

尊重的需求

该层次包括对以下事物的需求:自我尊重、信心、成就、对他人尊重、被他人尊重。马斯洛认为,尊重需求得到满足,能使人对自己充满信心,对社会满腔热情,体验到自己活着的用处和价值。

自我实现的需求

该层次包括对以下事物的需求:道德、自觉性、问题解决能力、公正度、接受现实能力。马斯洛提出,为满足自我实现需求所采取的途径是因人而异的。自我实现的需求是在努力实现自己的潜力,使自己越来越成为自己所期望的人物。

马斯洛于 1969 年发表了论文《Z 理论——两种不同类型的自我实现者》,这篇文章提出了两种不同类型的自我实现者的区别,后来这篇文章被收入了他去世后发表的《人性能够达到的境界》一书。在这篇文章中,他一共归纳了 24 条两种不同自我实现者的区别。其中最重要的是,一种自我实现者没有或者很少有超越性体验(即高峰体验),另一种自我实现者经常有超越性体验。前者是"超越型的自我实现者",后者是"健康的自我实现者",两者的区别主要在于,前者有较多的高峰体验,而后者没有。

需求的层次

马斯洛认为,个体成长发展的内在力量是动机。而动机是由多种不同性质的需求所组成,人的各种需求之间,有先后顺序与高低层次之分;像阶梯一样从低到高,按层次逐级递升;每一层次的需求与满足,将决定个体人格发展的境界或程度。通常情况下,需求层次理论都是层层上升不会产生越级跳跃,但是由于客观环境也会产生一定的变化。

1954 年,马斯洛在《激励与个性》一书中探讨了他早期著作中提及的另外两种需求:求知需求和审美需求。这两种需求未被列入他的需求层次排列中,他认为这二者应居于尊重需求与自我实现需求之间。

值得重视的是,马斯洛在晚年还明确地提出了"超越性需求"(metaneeds)的概念。马斯洛指出,有超越性体验的自我实现者与没有超越性体验的自我实现者相比,其潜能的发挥更加充分,其自我实现的程度要更高一些。马斯洛指出,"我们需要某种'大于我们的东西'作为我们敬畏和献身的对象。"(马斯洛:存在心理学探索[M].李文恬,译.昆明:云南人民出版社,1988:6)但是,马斯洛并没有明确提出自我实现之上还有更高的一个需求。

马斯洛需求层次模型见图 1-4。

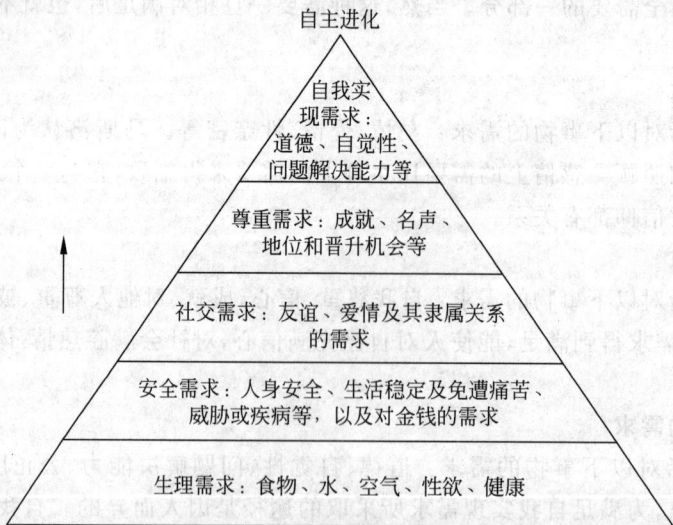

图 1-4 马斯洛需求层次模型

马斯洛心理学理论的重要内容是人通过"自我实现"满足多层次的需求系统，达到"高峰体验"，重新找回被技术排斥的人的价值，实现完美人格。他认为人作为一个有机整体，具有多种动机和需求，包括生理需求、安全需求、归属和爱的需求、自尊需求和自我实现需求。其中自我实现的需求是超越性的，追求真、善、美，将最终导向完美人格的塑造，高峰体验代表了人的这种最佳状态。

三、品牌的本质——关系

笔者认为，有效地建设与经营品牌，需要借鉴马斯洛理论去重新认识和解读品牌的本质，并系统完成品牌与消费者的关系建构。品牌是在构建与满足品牌消费者及利益相关者各层级需求，发展与消费者价值关系的过程中逐步创建与发展起来的。生理需求、安全需求为品牌与消费者之间创建功效价值关系，通过构建品牌功能价值，通过功效沟通与体验构建品牌价值关系提供了基础。社交需求与尊重需求为品牌与消费者之间建立情感关系，通过构建品牌情感，实现情感沟通，增强个人与社交群体的情感联系提供了基础。自我实现需求为品牌与消费者之间建立精神关系，通过构建品牌精神与精神沟通实现精神契合提供了基础。需要指出的是，品牌关系基于消费者需求与需求的持续满足而产生与维系，品牌关系不是一种简单的递进关系，而是一种可以独立存在，或者相互共存，甚至相互融合的关系联系。

笔者认为，品牌在本质上可以理解为是品牌消费者及利益相关者与品牌及品牌所有者构建的一种关系联系，一种以"真、善、美"为核心的关系联系，具体包括品牌价值关系、情感关系、精神关系。品牌在概念上可以理解为一组可认知的名称、符号与象征，一组价值、情感与精神关系联系，一种长期体验的总和。

对于品牌本质的重新解读也是笔者建构本书品牌管理理论体系的重要思想基础。

1. 品牌关系的本质——"真"、"善"、"美"

"真"的本质是人、事、物之间逻辑关系的一致性与贯通感。就品牌而言，"真"很多时候是指消费者与品牌的价值关系的契合，是品牌形与神的一致性、内容和形式的一致性，是功能与效果的一致性、价值与价格的一致性，是更为大众层面的消费者对于品牌认知与体验的合理，基于价值的逻辑关系。在心理学意义上，"真"向内映射品牌所有者的"诚"与"敬"，由诚至真，向外传递品牌产品与服务的价值，进而由真至信，向外传递品牌价值承诺，建立消费者的品牌识别与品牌信任，完成品牌所有者与消费者品牌信任关系的构建。

"善"的本质是合法利己，合理利他，是主客体之间的利益关系的契合，也是情感关系的契合。就品牌而言，"善"更多代表品牌与消费者的"善"的联系，代表着品牌对于消费者的精神共鸣、价值承诺、人性关怀、情感构建，以及由此带来的更为群体化的消费者对于品牌的情感关联与心理契合关系，以及品牌消费者之间的共同心理认知、心理认同与心理契合关系。

"美"的本质是主客体间在生理与心理上的认知、认同与契合关系，以及由此产生的心理、生理乃至理性的认同感与愉悦感。就品牌而言，"美"更多代表一种消费者对于品牌的愉悦的个性化审美体验，心理体验与心理契合关系。

求真、求善与求美具有内在的逻辑统一性，又有显著的差异性。从人类社会的发展历程看，求真产生了科学，求善产生了宗教，求美产生了艺术。科学、宗教与艺术交相辉映，共同促进了人类文明的发展与进步。对于古朴而又现代的"真、善、美"为中心的社会价值观的重新认识与解读，也有助于我们重新认识品牌的本质，有助于更好地建设和经营品牌。

从品牌角度对"真、善、美"的再解读出发，品牌在内在价值基因与发展机理上，存在相互作用、动态演进的品牌三大核心价值基因与三大核心客户价值。对组织而言，品牌的三大核心价值基因包括品牌功能价值、品牌情感价值、品牌观念价值。对客户而言，品牌的三大核心价值基因包括品牌功效价值、品牌关系价值和品牌个性价值。人类的发展与人的需求的进化历程，与组织品牌的价值成长历程是一个在特定时空中物质、能量、信息关系交互演进的动态发展进程。品牌的进化，也包含品牌功效价值、到品牌关系价值、到品牌个性价值的三个交互演进的发展层面。本书的品牌经营理念与经营模式的构建，也从品牌底层最基础的哲学与心理学本质的理解和构建起始。品牌本质关系见图1-5。

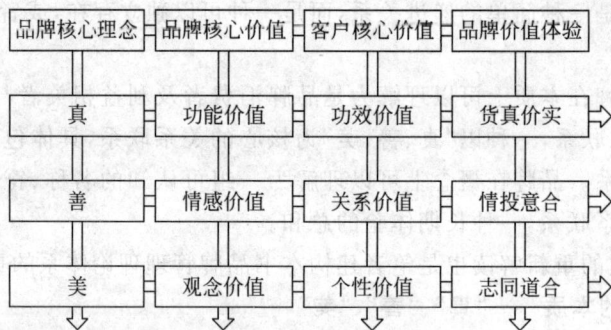

图 1-5　品牌本质关系图

"真"与品牌的功能价值

在很长的历史时期，在更为广泛的大众层面，消费者对于品牌所承载的价值需求更具有基础性和广泛性。消费者更为关注品牌所承载的产品的功能与功效价值的真实性与一致性，产品价值与价格的一致性，更为注重品牌组织与品牌产品的品质、服务、历史文化内涵等品牌价值元素与品牌消费体验的一致性。

与之相应，组织品牌经营的基础理念是求真持真，创造货真价实的产品和服务，以品牌的出色功能价值满足消费者对于产品和服务的功效价值需求和利益满足，实现消费者对于品牌价值的一致性、可靠性、因果关系的紧密性相关的认同和信任。

"千年帝都，牡丹花城"，"上有天堂，下有苏杭"对于宜居环境的褒扬，"国窖1573"百年老窖酿好酒、"云南白药"主成分"三七"拥有止血功效,"东阿阿胶"以驴皮主原料善补血等品牌功效价值的广泛传播,更多的是组织对于品牌所承载的产品与服务品质以及地理、历史、文化的真实性的客观表述。

"善"与品牌的情感价值

善的本质是合法利他,合理利己,更多的时候是一种群体利益关系与价值观的群体认同方式。随着社会发展和消费者消费理念和消费方式的进化,消费者对于品牌的选择和消费模式显现出具有共性特征的群体关系属性。品牌消费者群体更具有阶层性和群体性,更为关注品牌所承载的情感价值,更为关注品牌与品牌消费群体的情感契合与心理认同,更为关注品牌消费群体内部的情感联系与关系认同,关注品牌与品牌消费群体情感关系的特殊性与一致性。

千年以前,老子即在《道德经》中指出,"上善若水,水善利万物而不争;居善地,心善渊,与善仁,言善信,正善治,事善能,动善时。"此时以老子所倡导的"善"为核心的情感理念与人际关系理念就已成为中国文化源脉中所倡导的至高群体价值观诉求之一,与孔子所提出和倡导的以"仁者爱人"为核心的儒家价值观,以及西方文明博爱价值观交相辉映,共同成为人类社会最为广泛认同的社会群体价值理念,备受尊崇。善在人类人际关系行为中包含了父慈子孝、兄友弟恭,包含了救死扶伤、助人为乐、乐善好施等言行内容。父慈子孝、兄友弟恭促进了人类种群与家族的延续与发展;乐善好施、助人为乐促进了社会族群的和睦发展与共生共荣,这是善的社会与群体意义。善在品牌经营中代表着一种易于得到品牌消费群体认同的合法利他理念,即品牌拥有者通过优质产品和诚信服务创造客户价值,满足客户需求,获得品牌消费群体认可并取得效益。善在品牌关系的构建意味着组织与品牌消费者和利益相关者良性利益联系,以及品牌消费群体间基于共同价值认同、情感认同所建立的情感关系联系。

与之相应,组织品牌经营的核心理念也进化为向善行善,通过精益求精的产品和服务创造品牌价值,在深度的客户关系沟通与互动中创造与维护品牌与消费者的情感联系,在消费者与品牌的愉悦消费体验中实现消费者的情感价值需求,建立和维护深度情感关系。品牌情感关系发展的重中之重是增强品牌消费群体之间的情感价值认同、互利关系认同和群体情感归属。品牌的情感价值建设意味着组织需要更为注重品牌消费者群体的情感认同与契合,更为注重产品与服务的情感价值理念、情感诉求元素的梳理和提炼,致力于与目标消费群体建立更为深入、更为紧密的情感认知和互利关系认同、情感认同,巩固与消费群体间的情感联系,创造条件增强消费群体间的互动交流与情感、利益认同。

生活和研究中的大量案例也证实,使用同一品牌已成为品牌消费者群体建立身份地位识别,实现群体情感认同、关系认同的重要模式。例如,苹果手机的使用者多为追求时尚与科技的年青一代,奥迪汽车的驾乘者多为性格内敛的成功商务人士,哈雷摩托车的驾乘者多为向往自由生活的潮流一代。

"美"与品牌的观念价值

美是一种心理体验,在更多时候,是人与人或物之间构建的一种群体性心理体验关系,故曰审美。随着社会的发展和对人的个性化发展的尊重,以及个性化消费模式的日趋普及,消费者的思维方式、行为模式和消费模式更为个性化,更为关注以美为核心的社会价值追求与个性价值诉求。消费者对于品牌的选择与消费显现了更多的个性化特征。更为关注自由、平等、博爱、独立为代表的个性化价值观诉求,更为关注个人价值追求与自我实现;更为关注个性化的生活理念和生活方式;更为关注个性化的审美体验,更为关注个性化的消费体验和身心愉悦感。

信息技术的进步和互联网的发展,促进和催生了以自我表达和个性化发展为主体的个性化时代的到来。以个性化即时通信为代表的腾讯公司的兴起,以个性化搜索为代表的谷歌公司、百度公司的兴盛,以个性化社交为主题的脸书和推特的兴起,以个性化博客、微博为代表的新浪微博的兴起,从诸多角度验证了信息文明时代个性化思维、个性化发展、个性化消费的大趋势。

与之相应,组织品牌经营的核心理念也进化为审美乐美。组织应更为注重挖掘、提炼和塑造品牌的独特价值理念和个性化的价值观追求;更为注重建设独特的组织文化和经营模式;更为注重建立个性化的品牌形象;更为注重提供个性化的产品与服务;致力于实现客户个性价值追求和个性价值满足;更为注重与消费者的个性化沟通和互动,构建消费者间的个性化沟通和交流平台。通过系统规划和经营促进与消费者的深度的价值观契合、情感契合与利益认同,建立消费者的个性化品牌偏好与品牌美誉,与消费者建立深度的情感关系与利益关系,直至品牌忠诚。

维珍"反叛传统"品牌精神的创建与经营,美特斯·邦威"不走寻常路","不跨寻常界"品牌理念的营销,以及安踏"永不止步"品牌精神的提出和企业的良好发展,也有力地契合与证实了信息文明时代品牌建设与经营的精髓。

[知识阅读]

马斯洛对于审美的解读

马斯洛的人本主义心理学为其美学理论提供了心理学基础。马斯洛认为,创造美和欣赏美是自我实现的一个重要目标,审美需要源于人的内在冲动,审美活动因而成为自我实现的需要满足的必要途径。审美活动的形象性、无直接功利性、超时空性、主客体交融性,使之对完美人格的创造,具有极其重要的意义;同时,审美与完美的紧密关系,使美具有真的、善的和内容丰富的性质。这样,通过审美活动,包含真、善、美于一身的完美人格形成了,审美活动成为人的一种基本的生存方式。

高峰体验,是审美活动的最高境界,是完美人格的典型状态。高峰体验可以通过审美活动以外的知觉印象的寻求获得,只要是能获得丰富多彩的知觉印象的活动,都可能带来高峰体验,如爱的体验、神秘的体验、创造的体验等。高峰体验中主客体合一,既无我,也无他人或他物;对于对象的体验被幻化为整个世界;同时意义和价值被返回给审美主体;主体的情绪是完美和狂喜,主体在这时最有信心,最能把握自己、支配世界,最能发挥全部智能。

2. 品牌关系的三大维度

对于品牌关系的理解和分析,可以从品牌关系的广度、品牌关系的强度和品牌关系的交互度三个维度展开分析。

(1) 品牌关系的广度

对于品牌关系研究,主要内容是研究、构建和改善品牌关系的数量与质量,增进品牌关系的规模与有效性。相关人际关系理论的研究和建构,有两个重要的研究理论需要特别关注,包括 150 定律和六度空间理论。

① 150 定律

人类学家特蕾茜·H.约菲研究发现,人类所能处理的社会信息与人类的大脑的视觉和社会认知能力的发达程度有关。1993 年,由英国人类学家罗宾·邓巴领导的研究小组报道了动物种群的规模与其大脑新皮层相对于整个大脑比例相关,对于现代人这个比例是 147 人左右。罗宾·邓巴根据人类大脑新皮质的厚度对应的关系人群规模,提出了非常著名的"邓巴数",即 150 定律——150 人是人类大脑建立彼此相熟的社交关系的上限。2002 年,邓巴在通过西方人比较熟悉圣诞卡片交换行为的调查发现这个人数在 153 人左右。类似的大量研究也都表明 150 定律的科学性。

② 六度空间理论

六度空间理论又称作六度分隔(six degrees of separation)理论。1967 年,哈佛大学的心理学教授斯坦利·米尔格兰姆(Stanley Milgram,1933—1984)想要描绘一个连接人与社区的人际联系网。做过一次连锁信实验,结果发现了六度分隔现象:"你和任何一个陌生人之间所间隔的人不会超过五个,也即最多通过五个中间人你就能够认识任何一个陌生人。"六度分隔理论说明了社会中普遍存在的"弱纽带",但是却发挥着非常强大的作用,通过弱纽带人与人之间的距离也可以变得非常"相近"。

斯坦利·米尔格兰姆教授的连锁信实验:他从美国内布拉斯加州和堪萨斯州招募到一批志愿者,随机选择出其中的三百多名,请他们邮寄一个信函。信函的最终目标是米尔格兰姆指定的一名住在波士顿的股票经纪人。由于几乎可以肯定信函不会直接寄到目标,米尔格兰姆就让志愿者把信函发送给他们认为最有可能与目标建立联系的亲友,并要求每一个转寄信函的人都发回一个信件给米尔格兰姆本人。出人意料的是,有 60 多封信最终到达了目标股票经济人手中,并且这些信函经过的中间人的数目平均只有 5 个。也就是说,陌生人之间建立联系的最远距离是 6 个人。1967 年 5 月,米尔格兰姆在美国《今日心理学》杂志上发表了实验结果，并提出了著名的六度分离理论。

（2）品牌关系的强度

在品牌关系强度的理解上，主要指标是品牌关系连接的深度、速度、频率、时间长度、有效性等。根据品牌与消费者的关系强度，品牌关系通常可分为"强关系"与"弱关系"。品牌关系强度的核心元素依递进关系包含品牌认知、品牌信任、品牌偏好、品牌美誉与品牌忠诚。品牌经营的重点在很大程度上在于构建维系消费者与品牌的高强度关系。

在品牌关系构建机制上，一般而言，基于亲戚、朋友、同事、社区等熟人的关系连接具有强关系属性，其对于品牌的介绍和推荐也有助于更容易地传递品牌价值承诺与品牌信任，促进品牌认知、品牌美誉与品牌信任，发展高强度的品牌关系。基于网络，网友间建立的连接与关系具有"弱关系"属性，但具有网友数量优势和基于网络跨越时空的广覆盖特点、互动性强的优势，通过较强消费者品牌沟通与促进消费者参与性，也可促进消费者通过陌生网友建立有强度的品牌关系。

（3）品牌关系的交互度

品牌关系的交互度的内容，包括品牌主客体关系连接的方向是单向、双向，或者多向；主客体双方的权利比重；主客体双方信息输入、输出的掌控程度；建立品牌关系连接路径的数量与质量等。品牌关系连接的范围、路径、方式、复杂程度与交互模式，都会对品牌关系的构建产生深刻的影响。

在基于网络的品牌关系构建与交互行为中，网友在品牌信息的沟通、连接，推荐与点评中也对消费者建立品牌认知，品牌美誉与品牌信任关系，促进品牌消费起到了重要作用。大众点评网的点评机制，美团、糯米网等团购网的群体团购机制，国美、苏宁等网商的品牌消费者购后点评机制，淘宝的卖家信用机制，支付宝的货到付款信用机制，小米的微博、论坛营销与粉丝经营，都是建立品牌关系的重要举措。

3．信息时代的品牌关系

工业时代，以牛顿力学为代表的科学方法具有统治地位，牛顿力学的思维方式更偏重于机械思维、线性思维与因果律。由此，更强调线性管理与计划管理，更强调单向输出与规模化营销。

工业文明时期的品牌经营，在信息和网络技术快速发展的基础上，在社交网络、移动互联、大数据经营广泛应用的状况下，更强调组织的分层分级与制度管理，更强调对于输入输出的流程控制，强调一对多的单向大众化品牌经营，并逐步创建并发展了众多成体系的品牌管理思想与方法。目前，扁平化组织与消费者的社区化品牌经营也成为重要的品牌经营方法。

（1）网络人际关系沟通的特点

信息文明时代，随着量子论、复杂性科学、混沌理论、自组织理论等的发展，因应着信息技术、互联网的快速发展与广泛应用，逐步在更广袤的空间展开了对于牛顿力学为代表的思维方法与组织行为方法的扬弃。在信息与网络的世界里，主体不再是个体的集合，而是群体关系的连接与集合。信息的关联与传递方式，不只是单向传递与双向传递，还包括多向传递与复杂的网络传递。信息的生产与加工、传递，不是一次完成，还具有自组织性，可以实现自我改良与改性、自我复制与传播、发展、扩大；可沟通性，可以实现多向沟通与回馈；时空的可延展性，信息沟通的时空范围不再局限于具体地域和时间，而是可以超越时空界限，仅以网络世界的时空范围为边界实现去中间化的两点连接，可以瞬时直达全球并具有时间与空间的可延展性。

（2）网络人际关系构建的心理学分析

信息时代，网络成为信息传递与沟通的主要平台与工具，人际关系的构建方式又有了新的特点。目前以微博、Twitter、Facebook、QQ为代表的网络沟通工具上动辄上千名的好友，上万的关注量、转发量，许多网友可能还不认识，这些都体现了轻社交的特点。对于基于信息网络平台的社交网络上的人际关系，麻省理工学院的心理学家特尔克也有过精彩论述，特尔克指出，社交网络极具诱惑力，它恰好能弥补人性中脆弱的一面。"我们是非常脆弱敏感的物种，时常感到孤独，同时又害怕被亲密关系所束缚。社交网络为我们制造了一种幻觉：我们有人陪伴，却无须付出友谊。我们彼此连接，也能互相隐身……那种'没人愿意听我倾诉'的感觉在我们与科技的关系里起了重要作用，这解释了为什么我们这么喜欢Facebook或推特，上面有这么多自动生成的听众。"

（3）网络人际关系的内涵

品牌关系在信息时代也有了新的内涵。首先，品牌关系的主体不再是个体，而是群体乃至社群；品牌也更多地代表着品牌与用户间，以及用户群体间信息交换、情感交换的关系集合。其次，品牌可以不受时空限制与用户同在，可以同空间，实时、精准地与客户建立直接关系，直接沟通客户，直接营销，直接服务与反馈客户，直接组合客户，直接修正产品，直接延伸体验。品牌营销由此构建了品牌所有者与消费者的直接关系连接，实现了相当程度的去中间化。传统的批发渠道、销售渠道，终端卖场也正在逐步消失或萎缩。最后，品牌消费者群体可以基于信息时空实现自组织，自主搜索品牌信息，自主参与品牌产品研发意见，自组团购群体获得购买折扣，自发评论品牌性能与购买、应用体验影响品牌口碑，自主参与品牌群体活动形成品牌群落，在去媒介化的过程中反向构建有力的品牌群体关系势能，并且品牌产品的品类数量越聚焦，品牌关系的势能越大。

（4）品牌关系构建的关键因素

笔者认为，传统物质时空里，基于个人的品牌与消费者间基于产品物质属性的功用价值具有更强的品牌关系，随着信息时空消费者群体连接关系的增强，品牌消费者群体间的情感认同与契合，以及品牌消费者对于品牌的精神认同与契合正逐步构建更为强大的品牌关系。三者之间对于品牌关系的影响具有乘数关系与倍增效应。

品牌关系的构建方法是随着技术发展与社会发展持续进化的过程。在信息时代，如何基于 150 人关系圈构建有质量的社交关系,如何基于六度理论有效拓展和传递品牌信息,促进品牌关系建立与信任,如何有效利用网络平台与网络工具,构建与增强泛网友人群的关系联系,传递品牌信息,扩大品牌知晓度与美誉度,也是值得深入探讨的问题。

📖✒ **[阅读材料 1-1]**

"奥林匹克"品牌的价值塑造

奥林匹克运动在百年发展中塑造了奥林匹克精神。其倡导的更高、更快、更强的品牌价值理念,契合了全球范围内的社会公众在各个地域、各领域的拼搏、进取、追求卓越的价值观;其倡导的和平、友谊、参与的社会普世价值观,也深为各国人民认可;其倡导的运动和健身,也契合了社会公众的运动与健康生活理念和生活方式。在百年发展中,奥林匹克运动也以其开放的全球参与性、四年一届的奥运会、多个专项组织的各种体育赛事,在世界范围内建立了强大的品牌价值和品牌影响力。

在品牌影响力建设方面,奥运会广泛的国家和运动员参与、精彩的开闭幕式、多样化的竞技比赛活动极具欣赏价值;基于国家荣誉感的比赛关注、基于明星队伍和明星队员的情感关注、基于运动体验与运动爱好的个人偏好关注,也使得奥运会具有很大的注意力经济的特点。媒介传播手段的多样化与全球化发展,使得奥运会具有全球影响力,极具品牌价值影响力。常设的奥委会组织机构、四年一届的奥运会申办与举办机制、完善的商业运营体系使得奥林匹克品牌具有了长效发展机制,使得奥运会建立了极强的可持续品牌资产创造能力与品牌价值成长机制。奥运会转播权的出售、奥运会合作伙伴,以及奥运会品牌授权经营,也成为奥林匹克品牌价值创造的主要模式。

1.3　品牌价值的概念、内涵与本质

品牌不是产品,但是它赋予产品意义,并且在时间和空间双方面限定其本体。

——卡普费雷尔

探寻组织塑造品牌的路径,必须回归品牌价值管理,在时间、空间和人性动态发展演化的三维体系中透彻地理解品牌的价值本质,深入把握组织品牌的价值基因和价值成长模式,并在此基础上系统规划和提炼组织品牌的价值基因,有效地发展和经营品牌,持续提升组织的品牌价值与品牌资产。

一、品牌价值的概念

品牌价值是一种品牌权益。基于这个认识,20 世纪 80 年代以来,关于品牌权益的研究开始在西方盛行。品牌价值是品牌权益的主要方面。

卡内基·梅隆大学的皮特教授认为,品牌权益是指"对企业、经销商或消费者而言,品牌赋予产品的附加价值"。

大卫·阿克教授认为,品牌权益指"与品牌、品牌名称和品牌标识等相关的一系列资产或负债,它们可以增加或减少通过产品或服务给企业和(或)顾客的价值"。一般而言,品牌权益包括财务权益、顾客权益和延伸权益。品牌价值是品牌权益的核心,以财务价值为基础的品牌权益可以比较准确地显示品牌的价值。大卫·阿克认为,品牌作为一种资产,其价值衡量和构成有五个方面:一是该品牌名称可以给价格带来多少的额外价值,二是品牌名称对顾客的选择喜好会产生多大的影响,三是品牌被取代要付出的代价,四是该品牌的股票价格,五是该品牌创造利润的能力大小。

在品牌价值的定义上,凯文·凯勒(2003)提出,品牌价值是品牌客户、渠道成员和母公司等方面采取的一系列联合行动,能使该品牌产品获得比未取得品牌名称时更大的销量和更多的利益,还能使该品牌在竞争中获得一个更强劲、更稳定、更特殊的优势。源自新古典主义价值理论的观点认为,品牌价值是人们是否继续购买某一品牌的意愿,可由顾客忠诚度以及细分市场等指标测度,这一定义则侧重于通过顾客的效用感受来评价品牌价值。

笔者认为,品牌价值是品牌所有者和利益相关方与客户的关系价值,包含了品牌内在的功能价值、情感价值、观念价值等诸多要素的总和。一定程度上,要素具有使品牌价值倍增的乘数关系效应。即

品牌价值=品牌功能价值×品牌情感价值×品牌观念价值×关系密度×

关系强度×关系交互度+其他因素

对组织而言,高品牌价值意味着更有力的组织能力、更高的溢价、更大的市场规模、更强的品牌延伸能力,以及更紧密的客户关系。

二、品牌价值的内涵

品牌价值从客户价值角度,包括品牌的功能价值、情感价值与观念价值;从客户心理角度,包括品牌知名度、品牌美誉度、品牌偏好度等;从企业能力角度,包括品牌的稳定性、成长性、创新能力、延伸能力等;从财务角度,包括品牌的溢价能力、品牌的超额盈利能力等;从营销角度,包括品牌产品的市场销量、市场占有率等。这些都构成品牌价值的决定因素。

在品牌价值实现环节,基于可测量性的考虑,品牌的市场占有率和高盈利能力也成为两大重要的品牌价值决定因素。

1. 品牌的市场占有率(销售额)

品牌价值首先取决于品牌的市场占有率,主要指品牌相关产品的市场销量和市场占有率。这是品牌价值的基础,也是品牌竞争力的直接表现。

2. 品牌的高盈利能力(净盈利水平)

品牌价值也取决于品牌的高盈利能力,主要指品牌相关产品可以获得比同类产品更

高的售价和利润。

一个品牌要同时具有较高的市场占有率和超额盈利能力，才真正具有竞争力。品牌价值的评估也可以看作是品牌竞争力的量化分析。

三、品牌价值的本质

笔者认为，品牌价值的本质是特定的空间、时间进程里，特定目标客户群体的特定客户价值。组织的品牌价值随着特定空间、时间和人的价值需求变迁与进化而动态发展与成长。下文将详细阐释，其关系如图 1-6 示。

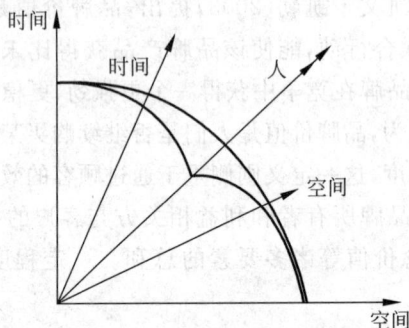

图 1-6 品牌价值发展示意图

（一）品牌价值是组织与人的价值关系构建与发展的历程

品牌是组织与消费者价值关系构建的历程。随着社会经济、文化、技术的发展和进化，消费者以欲望、需求为导向的消费方式，消费能力，消费理念和消费层次都在发展与进化，品牌作为消费者与组织的关系联系，作为对于商品和服务的价值选择和价值消费的载体和桥梁，也在不断地发展、进化与强化，品牌价值也相应地在不断发展与深化，品牌价值逐步从消费者关注的功能价值联系拓展到情感价值联系、观念价值联系。品牌的价值属性从有形拓展到无形，品牌的价值表现形式也从产品价值拓展到无形资产价值。品牌的内涵正日趋丰富，承载的功能越来越多，创造的价值也越来越多。消费者价值观念从商品的"物化价值关系"向商品的"情感价值关系"，以及"观念价值关系"的并存、升级甚至协同构建，也引发了消费模式、商品结构、商业模式等一系列变革。

品牌是客户的价值认知符号。这是一个生产冗余、产品富足的时代，多数同质化产品供过于求，但是品质卓越，切实满足客户个性化价值需求的产品又不充足。这是一个信息过剩的时代，信息充盈而泛滥，但是实时有益的信息又难以有效获取。对于消费者而言，只有消费者对品牌的感知与其自身的价值体系相吻合，并建立基于信任的价值联系时，消费者才会做出积极的购买行为。面对选择困难，品牌成为企业所提供价值的陈述与表达，也成为消费者对企业和产品的价值识别符号。出色的品牌符号,代表着坚实的客户价值和客户承诺;广泛传播、易于识别的个性化品牌形象,也有助于客户知晓、认同和信任,降低了消费者选择的复杂性,以及优秀产品的获得与使用成本,提升了客户的消费价值。

品牌是客户的价值信仰。面对假冒伪劣产品和虚假广告的伤害,以及海量信息的困扰,品牌也越来越成为一种消费者的道德价值信仰,成为一种对于产品品质、功效、安全、健康等客户价值的利他承诺,成为环保、就业、社会公益等的社会责任的承担。

面对同质化产品,以及公式化生活的厌倦,品牌越来越与消费者的个性价值信仰相契合,并逐步构建起情感与精神联系,品牌消费成为消费者张扬个性、表达自我的方式,成为消费者寻求群体认同、寻找情感归属的管道。具有独特观念价值和个性风格的品牌,也在回归人性价值本质的路途中吸引和聚集自己的客户群体,建立情感依附,拓展自己的成长空间。

社会呼唤执着于真、善、美的企业和品牌,那些优秀的组织和品牌,也在创造客户价值,承担社会责任的同时,因其高品质的产品和服务获得更多的客户信任,获得更高的产品溢价,获得更多的销量,获得更大的价值成长。

(二)品牌价值是时间积淀的历程

"罗马不是一天建成的。"品牌建设也是如此。需要指出的是,品牌建设是一个长期的过程。那些堪称伟大、具有全球影响力的企业所拥有的产品品牌,无不经历了长期的产品发展和创新的过程,无不经历了漫长的客户认知、认可过程,无不经历了残酷市场竞争的洗礼,无不是企业资源和能力长期积聚的结果。分析全球 50 大品牌的上市时间(见图 1-7),我们可以看到,始于 1990 年以前的占 26%,始于 1999—1949 年间的占 32%,始于1950—1979 年间的占 32%,只有 10%的新兴品牌始于 1980—1998 年间。在中国,以中国石油、中国移动为代表的大型国有企业品牌的崛起,在自身努力之外,也是国家垄断资源长期集聚的结果。

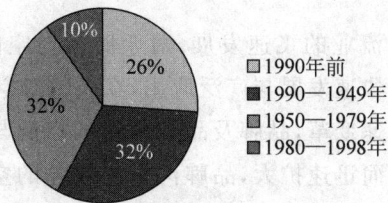

图 1-7　全球 50 大品牌的上市时间

自改革开放以来,中国以联想、海尔、TCL、李宁为代表的、在市场拼杀中脱颖而出的领先品牌,多数只有二三十年的时间,在成长道路上也面临着众多问题和挑战。而众多在国内市场中逐步崭露头角的企业品牌,尽管有了相当的品牌知名度,但是中途经历波折,甚至倒下、落败的品牌也有很多。中国许多手机品牌的迅速崛起与迅速沉沦,说明强势品牌的创建和发展还需要更长时间的考验。

信息时代,随着信息技术与信息时空的发展,以谷歌(Google)、脸书(Facebook)、百度、阿里巴巴、腾讯等为代表的网络公司的迅速成功,似乎提供了一种崭新的范例——网络公司可以成功地在非常短的时间内建立起强势和成功的品牌。但是,在更大的空间范围和更长的时间历史历程来看,品牌是历经时间才能建立起来的,企业的成长和发展,创建品牌需要时间,品牌的价值载体产品的持续创新和发展需要时间,消费者建立与品牌的关系,建立品牌认知、偏好、美誉、忠诚也需要时间的积淀。组织需要逐步提升企业核心竞争力,持续提升管理水平和产品品质,在获得客户长期认可的基础上铸造坚强品牌,扩大市场占有率。在创建卓越品牌,迈向基业长青的路途中,中国企业仍有很长的路要走。

(三)品牌价值是空间拓展的历程

品牌的发展,也是一个空间层面持续拓展和丰富的发展历程。企业品牌的发展,在品牌体系方面,品牌的发展经历了从单品牌到多品牌。在品牌价值链到品牌生态系统的发展历程。在品牌类别方面,品牌的发展经历了从组织品牌到产品品牌、文化品牌、质量品牌、服务品牌直至终端品牌的发展历程。在品牌沟通方面,品牌的发展经历了从厂商主导单向传播到客户主动搜索的,由单向到双向、多向的发展历程。在品牌的产品载体层面,产品的发展经历了从单一产品到复合产品,从产品解决方案到客户消费解决方案的发展历程;从通用产品到个性化产品的发展历程。在客户消费层面,品牌的物质载体经历了从行商到坐商,从终端经销到网络营销,从客户上门到送货上门的空间迁移历程。品牌日益贴近客户,靠近客户。在地域发展方面,品牌的发展经历了从地域品牌,到国家品牌,到世界品牌的发展历程。品牌空间的拓展历程,是客户空间价值体验持续提升的过程,也是品牌价值持续成长的历程。

随着信息技术与现代物流业的飞速发展,对于时间与空间的认识也有了新的内涵。随着信息时空超越物理时空快速发展与广泛应用,在新的时空范畴,品牌相关者的关系联系范围与关系构建模式也快速变革,品牌及品牌依附的产品与服务所拓展的空间与时间范围也超越地理时空的限制而迅速扩大,品牌沟通与服务的空间与时间也在跨越地理限制迅速缩小。物理时空与信息时空的无限拓展也为未来品牌的创新与发展来了无限可能。

1.4 品牌资产的概念与评估

伟大的品牌是公司维持超额利润的唯一途径,伟大品牌使顾客感觉到的是感性收益,而不是理性收益。

——菲利普·科特勒

一、品牌资产的定义

品牌资产(brand equity)的概念有多种定义。

大卫·阿克(David A. Aaker)认为"品牌资产是能够为企业和顾客提供超越产品和服务本身的利益之外的价值"。法奎汉(Farguhar)认为"品牌是给使用者带来超越其功能的附加值或附加利益"。Alexander L. Biel 认为,品牌资产是一种超越生产、商品及所有有形资产以外的无形资产。美国营销学研究所认为"品牌资产是品牌的顾客、渠道成员、母公司等对于品牌的联想和行为,这些联想和行为使得产品可以获得比在没有品牌名称的条件下更多的销售额或利润,可以赋予品牌超过竞争者的强大、持久和差别化的竞争优势"。北京大学学者符国群(1998)认为"品牌资产是附着于品牌之上,并且能为企业带来额外收益的顾客关系"。

二、品牌资产的内容

关于品牌资产的内容,大卫·阿克在品牌资产五星模型中指出,品牌资产主要包括五大内容,即品牌认知度、品牌感知质量、品牌联想、品牌忠诚度和其他品牌专有资产(如商标、专利、渠道关系等),这些资产通过多种方式向消费者和企业提供价值。

对企业而言,品牌是代表企业或产品的一种视觉的感性和文化的形象,它是存在于消费者心目之中代表全部企业的东西,它不仅是商品标志,而且是信誉标志,是对消费者的一种承诺。品牌资产评估就是对消费者如何看待品牌进行评估和确认。因此也可认为,消费者才是品牌资产的真正审定者和最终评估者。

对于品牌资产的研究与品牌资产评估,在世界范围内正成为品牌研究的重要领域。其中具有重要影响力的是大卫·阿克的理论,本节将重点予以介绍。

三、品牌资产评估方法

传统的品牌资产评估方法是基于会计方法与金融学方法,以产品销售量、成本分析、边际报酬、利润以及资产回报率等财务指标为主体评估品牌资产。由于企业的品牌经营属于长期性投资,而这些财务指标多半是短期性数据,而且都是企业主导的品牌认知,并非消费者主导的品牌认知。因此以短期性指标评价品牌绩效,往往会为企业的品牌投资与决策造成失误与损害。

企业需要更多地关注消费者的品牌认知，需要构建消费者导向的品牌资产内容与评估方法来系统地研究与评估品牌资产，检讨品牌经营者所设定的目标和策略，检讨企业的品牌资产与竞争企业品牌资产的差异，并以此为基础来规划和实施企业的品牌竞争策略。

阿克提出，品牌资产评估有五种方法：第一种方法是根据品牌名称能够支持的溢价水平确定品牌资产的价值，第二种方法是根据品牌名称对顾客偏好的影响程度确定品牌资产的价值，第三种方法是按照品牌的重置价值确定品牌资产的价值，第四种方法是根据股票价格确定品牌资产的价值，第五种方法是根据品牌的盈利能力确定品牌资产的价值。

阿克认为，评估品牌资产时还要解决另外两个至关重要的问题：一是企业其他财产的估价问题和品牌延伸的价值，二是关于企业其他财产的估价问题。首先，企业根据营运成本、存货、建筑物以及设备等有形资产确定其部分贴现的价值。然后从估算的未来收益贴现值中减去估算的此类资产的价值，其余额为无形资产的价值。品牌延伸的价值评估是估算品牌延伸的收益流量（利用该品牌打入新产品市场时）。通常应该分别估算潜在品牌延伸的价值，并根据延伸市场的吸引力、增长情况与竞争强度以及延伸的优势等因素估算延伸价值。延伸优势是品牌联想与品质认知度的适应性、品牌延伸能够转化为持续竞争优势的程度以及品牌适于延伸的程度的函数。

四、品牌资产五星模型

大卫·阿克（David Aaker）1991 年在综合前人研究成果的基础上，提炼出品牌资产的"五星"模型，认为品牌资产是由"品牌知名度（brand awareness）、品牌认知度（perceived brand quality）、品牌联想度（brand association）、品牌忠诚度（brand loyalty）和其他品牌专有资产"五部分所组成。以下是品牌资产五星模型的内容分析。

1. 品牌知名度

品牌知名度是消费者对一个品牌的记忆程度。品牌知名度可分为无知名度、提示知名度、第一未提示知名度和第一提示知名度四个阶段。新产品在上市之初，在消费者心中处于没有知名度的状态；如果经过一段时间的广告等传播沟通，品牌在部分消费者心中有了模糊的印象，在提示之下能记忆起该品牌，即到了提示知名阶段；下一个阶段，在无提示的情况下，能主动记起该品牌；当品牌成长为强势品牌，在市场上处于"领头羊"位置时，消费者会第一个脱口而出或购买时第一个提及该品牌，这时已达到品牌知名度的最佳状态。

2. 品牌认知度

品牌认知度是指消费者对某一品牌在品质上的整体印象。它的内涵包括功能、特点、可信赖度、耐用度、服务度、效用评价、商品品质的外观。它是品牌差异定位、高价位和品牌延伸的基础。研究表明,消费者对品牌的品质的肯定,会给品牌带来相当高的市场占有率和良好的发展机会。

3. 品牌联想度

品牌联想度是指透过品牌而产生的所有联想,是对产品特征、消费者利益、使用场合、产地、人物、个性等的人格化描述。这些联想往往能组合出一些意义,形成品牌形象。它是经过独特销售点(unique selling proposition,USP)传播和品牌定位沟通的结果。它提供了购买的理由和品牌延伸的依据。

4. 品牌忠诚度

品牌忠诚度是在购买决策中多次表现出来的对某个品牌有偏向性的(而非随意的)行为反应,也是消费者对某种品牌的心理决策和评估过程。它由五级构成:无品牌忠诚者、习惯购买者、满意购买者、情感购买者和承诺购买者。

阿克认为,品牌忠诚度是品牌资产的核心,如果没有品牌消费者的忠诚,品牌不过是一个几乎没有价值的商标或用于区别的符号。从品牌忠诚营销观点看,销售并不是最终目标,它只是消费者建立持久有益的品牌关系的开始,也是建立品牌忠诚,把品牌购买者转化为品牌忠诚者的机会。

5. 其他品牌专有资产

其他品牌专有资产是指品牌所拥有的商标、专利等知识产权的质量与数量,如何保护这些知识产权,如何防止假冒产品,品牌制造者拥有哪些能带来经济利益的资源,如客户资源、管理制度、企业文化、企业形象等。

阿克认为,品牌权益的五项内涵中,品牌认知度、品牌知名度、品牌联想度、其他品牌专有资产有助于品牌忠诚度的建立。其中品牌知名度、品牌认知度、品牌联想度代表顾客对于品牌的知觉和反应,而品牌忠诚度则是指顾客基础的忠诚度。阿克指出品牌权益的核心是品牌认知度和品牌联想度。

五、品牌资产十要素模型

大卫·阿克于 1998 年在品牌资产五星模型的基础上提出了品牌资产十要素模型,借以全面评估品牌资产。该评估系统兼顾了两套评估标准:基于长期发展的品牌强度指标,以及短期性的财务指标。

10 个品牌资产评估指标被分为五个组别,前四组代表消费者对品牌的认知:品牌忠诚度、品牌产品与服务的品质认知、品牌联想度、品牌知名度。第五组则是品牌产品与服务的两种市场状况:品牌的市场占有率,以及品牌的市场价格与通路覆盖率,以此代表来自于市场而非消费者的信息。该评估系统内容见表 1-1。

表 1-1　品牌资产十要素模型

品牌资产评估十要素模型	
忠诚度评估	1.品牌价差效应
	2.品牌满意度/忠诚度
品质认知/领导性评估	3.品牌品质认知
	4.品牌领导性/受欢迎度
联想性/区隔性评估	5.品牌价值认知
	6.品牌个性
	7.品牌企业联想
知名度评估	8.品牌知名度
市场状况评估	9.品牌的市场占有率
	10.品牌的市场价格、通路覆盖率

对于品牌资产评估十要素模型的评价

阿克的品牌资产十要素模型为品牌资产评估提供了一个更为全面、细致的范式。阿克的品牌资产评估模型的要素以消费者的品牌认知与品牌感受为主体,同时也加入了企业的市场业绩要素。品牌资产十要素模型所有指标都比较敏感,易于量化,可以以此来预测和评估企业品牌资产的变化,其既可以用于对品牌资产的连续性研究,也可以用于对品牌资产的专项研究。

阿克品牌资产十要素模型的不足之处在于,与企业利益相关者品牌认知相关的知晓度、满意度等指标;与公众对于品牌社会效益认知相关的环保、公益指标等还有所欠缺。同时,对于具体行业的品牌资产研究,品牌资产十要素模型指标还需要结合行业特色做出相应的针对性调整,以便更好地适应行业企业的特点。

六、品牌资产管理方略——品牌认知度、美誉度、偏好度、忠诚度

对于客户而言,品牌认知度、品牌美誉度、品牌偏好度、品牌忠诚度是不同的认知发展阶段,然而占据客户眼球和占据客户内心的还是两个不同的境界。就具体品牌而言,产品的品牌认知度、品牌美誉度、品牌偏好度、品牌忠诚度直至客户对于品牌的激情和依附感的建立,也是一个长期的过程。图 1-8 为品牌影响力路线图。

1. 品牌认知度(brand cognitive)

品牌认知度是指品牌被公众知晓的程度,包括三个层面:品牌的公众认知度,是品牌在整个社会公众中的知晓率;行业知名度,是品牌在相关行业的知晓率或影响力;目标受众知名度,是品牌在目标顾客中的影响力。品牌认知度是品牌资产的重要组成部分,它是衡量消费者对品牌内涵及价值的认识和理解度的标准。品牌认知度是企业品牌建设的

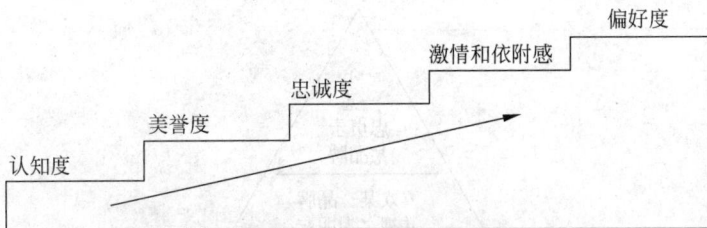

图 1-8　品牌影响力路线图

初级阶段,而不是最终成果。媒体广告只是有助于建立品牌认知度,或者说是知晓度。当年的央视标王秦池以巨资在央视大做广告,后来产能不足,就大量采用小酒厂的勾兑酒。不重视产品品质的消息扩散后,秦池的品牌声誉受到很大影响,不复昔日光辉,足为后者借鉴。

2. 品牌美誉度(brand favorite)

品牌美誉度是公众对某一品牌的好感和信任程度。品牌美誉度的建立,更需要企业依靠扎实的产品质量和客户服务在客户中建立良好的消费体验,通过持续地提升客户满意度来建立客户的满意,大众、奔驰等德国汽车企业不仅以营销见长,更以扎实的产品质量、低故障率和返修率、高保值性而享有口碑。桃李不言,下自成蹊。国内热销近十余年,以皮实稳定著称,二手车依然保值好卖的大众汽车,无疑是大众汽车品牌营销方式的最好案例。

3. 品牌偏好度(brand preference)

品牌偏好度是消费者对品牌的喜好程度和长期的购买意愿。组织通过清晰的产品定位、稳固的产品品质和鲜明有力的品牌形象建设,能够推动客户在情感、使用习惯、消费模式等方面形成品牌偏好,进而形成长期消费行为,从而有利于进一步建立品牌忠诚。

4. 品牌忠诚度(brand loyalty)

品牌忠诚度是指由于品牌技能、品牌精神、品牌行为文化等多种因素,使消费者对某一品牌情有独钟,形成偏好并长期购买这一品牌商品的行为。简言之,品牌忠诚度就是消费者的重复购买行为。根据顾客忠诚度的形成过程,可以划分为认知性忠诚、情感性忠诚、意向性忠诚和行为性忠诚。

品牌忠诚度的建立,更需要企业在企业提升质量和服务的基础上更上一层楼,通过有力的品牌营销策略和有效的客户忠诚度管理,来增强客户对企业的功能体验和情感体验,巩固和加强与目标客户的联系,吸引更多忠诚的品牌使用者,这也是企业获得持久利润、走向持久成功的制胜法。图 1-9 为品牌忠诚度管理金字塔。

图 1-9　品牌忠诚度管理金字塔

七、品牌资产管理的七大标准

笔者认为,在实践环节,评估一个组织的品牌资产是否有实力,可以从以下方面予以重点关注,并从中找到改善与提升品牌资产的方向。

(1) 它是否具有清晰一致的独特品牌形象,易于识别和联想?

(2) 它的品牌形象是否足够强,并有足够吸引力和品牌认知?

(3) 它是否在公众与利益相关者中具有广泛的品牌认同?

(4) 它是否具有优秀的产品与服务创造出色的客户价值体验?

(5) 它是否具有可持续发展的良性销售通路?

(6) 它是否具有强有力的客户关系?

(7) 它是否有助于集聚企业的核心资源和能力?

[阅读材料 1-2]

哈雷·戴维森摩托车俱乐部

美国的哈雷·戴维森摩托车公司以其建立的哈雷所有者团体,为后来企业的品牌忠诚度管理树立了光辉的榜样。哈雷所有者团体目前拥有数十万会员。他们都具有明显的共性,向往大自然,追求自由的生活,他们常常喜欢聚在一起,比试爱车、兜风旅游。哈雷摩托车车主们将哈雷的标志文在胳膊或身体其他部位,哈雷摩托已成为车主生活的一部分,象征着一种自由、洒脱、叛逆的生活方式。正如《纽约时报》写道:"假如你拥有了一辆哈雷,你就成为兄弟会一员;如果你没有,你就不是。"

哈雷所有者团体设计了一系列有针对性的活动,将这一团体变成了"哈雷·戴维森"

之家。哈雷所有者团体提供紧急修理服务、特别设计的保险项目、第一次购买哈雷·戴维森摩托车的顾客可以免费获得一年期的会员资格、在一年内享受 35 美元的零件更新等服务。该团体还向定期会员提供一本杂志（介绍摩托车知识，报道国际国内的骑乘赛事）、一本旅游手册，包含价格优惠的旅馆。该团体经常举办骑乘培训班和周末骑车大赛，向度假会员廉价出租哈雷·戴维森摩托车。有效的客户管理也带来了丰硕的成果，面对本田、雅马哈等众多摩托车厂商的激烈竞争，哈雷·戴维森公司依然占领了美国重型摩托车市场的 48％，市场需求大于供给，顾客保留率达 95％。

1.5　品牌经典理论概述

你可以没有资金，没有工厂，没有产品，甚至也可以没有人，但是你不能没有品牌，有品牌就有市场，当然也就会有其他。

——福特汽车创始人亨利·福特

认识品牌、理解品牌、管理与经营品牌，需要深入了解百年来世界范围内的品牌研究与发展历程，需要了解先贤的品牌理论与实践。独特卖点理论、品牌形象理论、CI 理论、品牌定位理论、品牌资产管理理论、品牌权益理论等品牌理论，继往开来，交相辉映，如天上的群星般闪耀，指引了无数个著名品牌的建设与经营，促进了无数个著名品牌的发展与振兴。我们需要向前贤圣哲和这些不朽的品牌理论致敬，并以此为起点，在持续的学习和实践中成长，并探寻适合中国企业的品牌建设与经营模式。

一、品牌管理理论研究与发展历程

社会公众和企业对于品牌的认识和实践也是一个不断深化的动态发展历程。品牌的理论研究与发展，与品牌在企业中的管理与运营实践共同作用，促进了品牌理论和品牌管理的持续发展和进化。下文将介绍数十年来较为经典的代表性品牌管理理论。表 1-2 为代表性品牌管理理论。

表 1-2　品牌理论研究与发展的历程

时　　间	特征：品牌理论或实践
1870 年以前	品牌观念时代
1870—1900 年	个体生产者拥有消费品品牌
1915—1928 年	品牌的广告宣传与职能部门管理
1930—1945 年	品牌经理与品牌管理系统的诞生
1945—1960 年	品牌管理系统的推广，品牌管理理论研究
1960—1980 年	品牌经理制的盛行

续表

时　　间	特征：品牌理论或实践
20世纪80年代—90年代初	品牌整合,品牌资产理论盛行
20世纪90年代以来	品牌战略与品牌管理
20世纪末21世纪初	品牌生态系统理论研究

二、独特销售主张（unique selling proposition，USP）理论

20世纪40年代,罗瑟·瑞夫斯在继承霍普金斯广告理论,提炼达彼思公司的广告实践的基础上,总结广告运作规律,提出了独特销售主张(USP)理论,并在其1961年出版的《广告的现实》(*Reality in Advertising*)一书中进行了系统的阐述。

独特销售主张理论认为,一个广告中必须包含一个向消费者提出的销售主张,这个主张要具备三个要点:一是利益承诺,强调产品有哪些具体的特殊功效和能给消费者提供哪些实际利益;二是独特,这是竞争对手无法提出或没有提出的;三是要做到集中,强而有力,是消费者很关注的。

美国20世纪50年代的M&M's巧克力,是第一个包有糖衣的巧克力糖,并以"只融于口,不融于手"为独特卖点,迅速成为领导品牌。农夫山泉基于专注天然矿泉水资源优势,提出了"农夫山泉有点甜"的产品主张,也是很有趣味的广告主张营销的代表。

（一）独特销售主张理论的演进

初期的USP理论由于受当时历史条件的限制,不可避免地带有自身的缺陷,主要表现在:注重产品本身,以产品及传播者为中心而很少考虑到传播对象。

20世纪70年代,USP理论从满足基本需求出发追求购买的实际利益,逐步走向追求消费者心理和精神的满足。

90年代后,USP理论的策略思考的重点上升到品牌的高度,强调USP的创意来源于品牌精髓的挖掘。

USP理论在当今时代仍然没有过时,经过不断丰富、发展和完善,具有了更强的针对性,更能适合新环境的要求。USP理论在与品牌相结合的过程中,它不仅能帮助企业销售产品,还肩负起了营建和增长品牌资产的新的使命。

（二）独特销售主张理论的重新定义

达彼斯在20世纪90年代将USP进行了重新定义:USP的创造力在于揭示一个品牌的精髓,并通过强有力地、有说服力地证实它的独特性,使之所向披靡,势不可当。达彼斯重新阐释了独特销售主张理论的三个要点。

（1）独特销售主张是一种独特性——它内含在一个品牌自身深处，或者尚未被提出的独特的承诺。

它必须是其他品牌未能提供给消费者的最终利益。

它必须能够建立一个品牌在消费者头脑中的位置，从而使消费者坚信该品牌所提供的最终利益是该品牌独有的、独特的和最佳的。

它必须有销售力。

（2）它必须对消费者的需求有实际和重要意义。

它必须能够与消费者的需求直接相连，导致消费者做出行动。

它必须有说服力和感染力，从而能为该品牌引入新的消费群或从竞争品牌中把消费者赢过来。

（3）每个 USP 必须对目标消费者做出一个主张——一个清楚的令人信服的品牌利益承诺，而且这个品牌承诺是独特的。

（三）独特销售主张实施的步骤和方法（达彼斯模型）

达彼斯提出了新历史时期的独特销售主张规划与实施的步骤，见下文。

1. 品牌轮盘/精髓（brand Wheel/essence）

品牌轮盘对品牌层次做了由表及里的归纳。

- 品牌属性（attributes）：品牌是什么，品牌的物理性/功能性特征。
- 品牌利益（benefits）：品牌做什么用，使用品牌的结果。
- 品牌价值（values）：品牌如何让我感觉自我，以及让他人感觉我。
- 品牌个性（personality）：如果品牌是一个人，谁会是他？
- 品牌精髓（essence）：品牌的核心，这个轮盘中各个特征的总概括。

品牌轮盘是用来分析消费者对品牌认知的强有力工具，有效的广告掌握了品牌的精髓，忠诚于该品牌之个性，传达了该品牌的价值；有效的广告永远与消费者有关联性，它与目标消费群说同一种语言，说他们认同的内容。

2. 品牌营销策划（brand marketing agenda）

通过明确地定义广告和其他所有营销传播组合的特定角色、行为标准，形成下面的分支问题。

- 品牌概况/品牌资产。
- 营销目标和业务目标。
- 传播政策（包括广告和其他营销传播组合要素）。
- 评估（包括广告和其他营销传播组合要素）。

3. 品牌审查（brand interrogation）

品牌审查是为了发现品牌的独特方面，应从调查产品和消费者的各个方面进行。

- 头脑风暴法（brainstorming）。

利用集体的智慧来完成创意和进行策划。

4. ADCEPT 产生

Adcepts 是假设、样板创意、声称、令人惊奇的事实，甚至是在策略建立的研究过程中产生的消费者的反应。每一个 Adcepts 都必须包括一个想法，而且其目的是激励消费者，它必须将策略性主张归纳成消费者易记易懂的习惯性用语，而不是干巴巴的"策略宣言"。

5. ADCEPT 测试

Adcepts 是对消费者反馈的刺激，对大多数品牌来讲，很容易找到 8～10 个最有效的 Adcepts 用于对消费者进行测试——既注意消费者的想法，又重视他们为什么会产生这种想法。

6. USP 创意简报

USP 创意简报的焦点是"USP"，所有的创意简报必须遵循"品牌轮盘"。

一份达彼斯的 USP 创意简报包括对以下这些问题的回答。

- 我们为什么要做广告？在广告投放之后，我们希望消费者做什么？想什么？
- 我们在和谁"交谈"？我们对他们有哪些洞察？
- 品牌的 USP 是什么？
- USP 的支持点是什么？为什么消费者会相信它？
- 灵感促进（品牌个性或主张的真正动人之处是什么？从附加材料和刺激物中寻找）。
- 控制（即品牌个性或主张、客户、法律等限定因素的不可动摇之处）。
- 媒体如何使这个创意变得活跃起来甚至让人惊奇？

USP 首先而且最重要的是作为策略工具。策略是高度结构化的思考结果，USP 创意简报是用来判断我们所做的工作是否属于 USP 广告范围的标尺。

三、品牌形象（brand image，BI）战略

1960 年前后，美国奥美公司创始人大卫·奥格威（David Ogilvy）提出品牌形象理论（brand image）。大卫·奥格威认为，品牌形象不是产品固有的，而是消费者联系产品的质量、价格、历史等，此观念认为每一则广告都应是对构成整个品牌的长期投资。因此每一品牌、每一产品都应发展和投射一个形象。形象经由各种不同推广技术、特别是广告传达给顾客及潜在顾客。消费者购买的不只是产品，还购买承诺的物质和心理的利益。在广告中诉说的产品的有关事项，对购买决策常比产品实际拥有的物质上的属性更为重要。

品牌形象理论认为，进行品牌形象研究，即是通过市场分析工具，在解析不同消费者的品牌印象的基础上，勾勒出某一品牌的特有气质，从而为品牌资产的管理者提供决策依据。品牌形象不是自发形成的，而是一个系统工程，涉及产品、营销、服务各方面的工作，品牌形象的塑造需要企业全体员工长期的坚持努力，能否创造一个吸引潜在顾客的品牌

形象是企业制胜的关键。品牌形象论的基本要素包括以下几项。

（1）为塑造品牌服务是广告最主要的目标，广告的目的就是要力图使品牌具有并且维持一个高知名度的品牌形象。

（2）任何一个广告都是对品牌的长程投资，广告应该尽力去维护一个好的品牌形象，而不惜牺牲追求短期效益的诉求重点。

（3）随着同类产品的差异性减小，品牌之间的同质性增大，消费者选择品牌时所运用的理性就越少，因此描绘品牌的形象要比强调产品的具体功能特性重要得多。

（4）消费者购买时追求的是"实质利益＋心理利益"，对某些消费群来说，广告尤其应该重视运用形象来满足其心理的需求。

大卫·奥格威认为，产品的品牌形象一旦培植到出众的地位，生产该产品的企业将会以最高利润获得最大的市场份额。后续的品牌形象理论认为，一个产品具有它的品牌形象，消费者所购买的是产品能够提供的物质利益和心理利益，而不是产品本身。因此，广告活动应该以树立和保持品牌形象这种长期投资为基础。

品牌形象的理论提出后在广告界引起一场广告观念的变革，其理论目前也被称为品牌形象战略。但是，鉴于现代媒体的日趋多维立体化、丰富化与高传播成本，企业的品牌形象建设与营销广告支出日益庞大，如何平衡企业的长期投资与短期利润仍是值得探讨的问题。

四、企业识别系统（CIS）理论

（一）CI理论的发展源流

CI识别系统也称为"企业识别系统"（corporate identity system，CIS），由美国在20世纪60年代首先提出，最初称为"企业识别"，是由企业识别的战略思想指导而规划出整套识别系统。CI的最初内涵是设计与展示一整套区别于其他企业，体现企业自身个性特征的标识系统，以突出企业形象，并以此达到在市场竞争中获胜的经营战略。

20世纪70年代后，日本将民族理念与民族文化融入其中，对CI进行了结构上的革命与完善，并在日本得以广泛推广和应用。美日两国对于CI的认识与应用有所不同。日本CI专家山田理英认为，美国将CI作为以标准字体和商标作为沟通企业理念与企业文化的工具；日本将CI作为一种明确地认知企业理念与企业文化的活动。

日本的加藤邦宏认为，"CI就是对企业整体进行设计工作；以企业整体的活动作为设计对象，使企业本身、个性的表现合乎时代潮流"。"为了形成企业的形象而以设计开发为中心的活动，才是所谓的CI。"其对CI的阐释包含下列内容。

- CI是一种改善企业形象，有效提升企业形象的经营技法。
- CI是一种明确地认识理念与企业文化的活动。

- CI 是重新检讨公司的运动。
- CI 是整合性的关于企业本身的性质与特色的信息传播。
- CI 是将企业理念与精神文化,运用整体传达系统(特别是视觉传达设计),传达给企业内外部的关系者或团体,使其对企业产生一致的认同感与价值观。

(二) CI 识别系统的定义

现代 CI 识别理论认为,CI 识别系统(corporate identity system)即企业形象识别系统,是将企业的经营理念和个性特征,通过统一的视觉识别和行为规范系统,加以整合传达,使社会公众产生一致的认同感与价值观,从而达成建立鲜明的企业形象和品牌形象,提高产品市场竞争力,创造企业最佳经营环境的一种现代企业经营战略。

(三) CI 识别系统的构成

CI 识别系统由理念识别(mind identity,MI)、行为识别(behaviour identity,BI)和视觉识别(visual identity,VI)三部分所构成。

1. 理念识别(MI)

理念识别是确立企业独具特色的经营理念,是企业生产经营过程中设计、科研、生产、营销、服务、管理等经营理念的识别系统。它是企业对当前和未来一个时期的经营目标、经营思想、营销方式和营销形态所做的总体规划和界定,主要包括企业精神、企业价值观、企业信条、经营宗旨、经营方针、市场定位、产业构成、组织体制、社会责任和发展规划等。属于企业文化的意识形态范畴。

2. 行为识别(BI)

行为识别是企业实际经营理念与创造企业文化的准则,对企业运作方式与员工行为所做的统一规划而形成的动态行为识别形态。它是以企业经营理念为基本出发点,对内是建立完善的组织制度、管理规范、职员教育、行为规范和福利制度;对外则是开拓市场调查、进行产品开发,通过社会公益文化活动、公共关系、营销活动、客户服务等行为方式来传达企业理念,沟通利益相关者与消费者,以获得社会公众对企业识别认同的方式。

3. 视觉识别(VI)

视觉识别是以企业标志、标准字体、标准色彩为核心展开的完整、系统的视觉传达体系。视觉识别将企业理念、文化特质、服务内容、企业规范等抽象语意转换为具体符号的概念,并塑造出独特的企业形象。视觉识别在 CI 系统中由于其可视化特征而最具有传播力和感染力,最容易被社会大众所认知与理解,具有重要的地位。

视觉识别系统分为基本要素系统和应用要素系统两方面。基本要素系统主要包括:企业名称、企业标志、标准字、标准色、象征图案、宣传口语、市场行销报告书等。应用系统主要包括:办公事务用品、生产设备、建筑环境、产品包装、广告媒体、交通工具、衣着制服、旗帜、招牌、标识牌、橱窗、陈列展示等。

(四) CI 识别系统的规划原则

为有效地规划与实施 CI 识别系统,在战略规划和运营实践上应遵循下述几个原则。

1. 战略性原则

CI 识别系统建设作为企业形象战略,具有战略性、系统性、长期性的特征。企业应坚持战略性的原则,协同企业的发展战略系统规划,长期经营。

2. 整体性原则

CI 识别系统建设应以 MI 为魂,以 VI 为形,以 BI 为行为范式,构建统一的整体。CI 是内在美和外在美的和谐统一,其相互协调,协同作用,共同构建和展示企业的形象。

3. 客户化原则

CI 识别系统建设应坚持客户导向,符合客户的文化传统、消费心理、审美习惯、艺术品位,促进客户在功能价值、情感价值与观念价值层面的认同与共鸣。

4. 差异化的原则

CI 识别系统建设应坚持差异化原则,以品牌定位为基础,提炼富有特色的核心价值基因,建立具有鲜明个性和独特的形象与气质。

5. 改善性原则

企业 CI 战略实施是一个动态发展完善的系统工程,坚持短期一致性与长期创新性的统一。企业需要适应市场竞争环境、客户需求的变化,以及自身资源与核心竞争力的变化,持续加以修正与更新,以长久保持和发挥有力的 CI 识别。

(五) CI 识别系统设计规划过程

CI 识别系统的设计规划与实施导入是一种循序渐进的计划性作业,综合国内外企业导入 CI 的经验,整个作业流程大致可分为下列四个阶段。

1. 品牌审计诊断阶段

审计品牌现况、外界认知和设计现况、竞争态势、客户认知,并从中确认企业实际的品牌形象认知状况。

2. 形象概念确立阶段

以审计结果为基础,分析企业内部、外界认知、市场环境、竞争态势与各种设计系统的问题,以此规划公司的品牌定位与品牌形象的基本概念,作为 CI 设计规划的原则依据。

3. 设计作业展开阶段

根据企业的基本形象概念,规划与设计具体可见的 MI、BI、VI 内容,并经过精致作业与测试调查,确定完整并符合企业需要的 CI 识别系统。

4．完成导入阶段

通过培训与辅导促进企业 CI 识别系统的落地应用与有效管理,并协助实施相应的 CI 营销活动。

(六) CI 识别系统的效果评价

CI 的效果评价一般包括内部的 CI 识别指标评价与外部的市场评价因素两方面。CI 识别系统的规划与设计指标评价包括 MI 评价指标、BI 对内识别指标、BI 识别评价,以及 VI 基本要素与 VI 应用要素的评价。外部相关的市场因素评价包括 CI 认知度、销售额等指标。对于 CI 识别系统的评价一直较为困难,原因是不同企业在导入 CI 时,会注重不同的因素,并且 CI 的评价内容涉及范围广,收效也难以量化度量。

日本日经研究所曾设计了一套 CI 效果调查指标体系,包括市场因素、外观因素和现代因素三类,并认为企业的销售额和广告认知度是评价 CI 效果的决定因素。

五、品牌定位(broand positioning)战略

1969 年,阿尔·里斯和杰克·特劳特提出了定位理论,定位理论指出消费者在购买某类别或特性商品时,更多地优先选择该类别或特性商品的代表品牌。企业经营要由市场转向消费者心智,让品牌在消费者的心智中占据某个类别或特性的定位,即成为该品类或特性的代表品牌,让消费者产生相关需求成为其首选。

1．定位理论的心理学基础与核心内涵

里斯与特劳特的定位理论深受近代心理学研究成果的影响,研究指出:

1) 人们只注意他们所期望看到的事物。

2) 人们排斥与其消费习惯不相等的事物。

3) 人们的记忆是有顺序的。

4) 人脑的记忆是有限度的。

以此为依据,通过给予品牌清晰定位,抢占品牌在人脑中的占位,并力争占有领先占位就成为定位理论的重要思维路径与实践模式。定位理论的核心内涵是以建设强势品牌为中心的,并以坚持竞争原则和坚持占据心智原则为主要原则。

2．品牌即是战略

阿尔·里斯和杰克·特劳特在合著的《营销革命》一书中强调了定位战略性的一面:"首先,战略的一致性是指它以选定的战术(定位)为全部核心;战略包含了一致性的营销活动。产品、定价、分销和广告——所有构成营销的活动必须围绕既定的战术展开。"

里斯于 1996 年出版的《聚焦》一书,针对当时美国企业盛行多元化的背景,提出了聚焦经营法则,强调经营要聚焦于品牌的打造(实际上就是聚焦于定位)。开创性地把定位理论提升到了一个新的高度,为定位理论作出了新的贡献。

特劳特则先后创作了《定位》《新定位》《重新定位》等著作,并于 2004 年出版了《什么是战略》一书,用定位理论重新解读"战略"概念。针对波特所建立的忽视心智的战略模型,特劳特认为:

"战略是一个简单、焦点明确的价值定位,换句话说,战略是买你的产品而不是你竞争对手产品的理由。"

"战略就是让你的企业和产品与众不同,形成核心竞争力。对受众而言,即是鲜明地建立品牌。"

"战略是一致性的经营方向。战略决定产品规划,战略指导企业如何进行内外沟通,战略引导组织工作的重心。"

其实,在特劳特的心中,战略就是定位,定位就是战略。

3．早期的品牌定位方法

关于品牌定位方法,早期的定位理论提出的有"关联"定位法、"非可乐"定位法、"抢先占位"定位法、"寻找空位"定位法和"对立"定位法等主要方法。[①]

4．品牌差异化战略

特劳特在《与众不同——极度竞争时代的生存之道》一书中,从差异化沟通内容的角度丰富了定位理论的内容。特劳特认为,品牌有效差异化定位包括九大方法:"成为第一"、"新一代"、"领导地位"、"特性"、"制作方法"、"传统"、"最受青睐"、"专家"和"热销"等。

5．品牌品类战略

里斯在《品牌之源》一书中提出了寻找消费者心智空余空间的品牌管理思想,第一次系统地阐述了如何利用分化开创、发展、主导新品类去打造新品牌(里斯伙伴中国公司称为"品类战略")。里斯的品牌起源理论和品类战略的核心是:一是以竞争导向为基础,企业可以避免与代表老品类的强势老品牌的直接竞争,开创了无人竞争领域(坚持竞争导向基本点);二是从心智占有为基础,新生品类更容易进入和占据心智。

里斯认为,品牌最大的机会、成功概率在新品类(新品类就是心智中的空子)中。品牌的秘密在于主导和代言品类,分化是品牌之源,品类是品牌之母。企业可以利用开创、发展和主导新品类建设领导品牌。

六、凯勒的品牌权益创建理论(CBBE)

1993 年,美国学者凯文·莱恩·凯勒(Kevin Lane Keller)提出了基于顾客的品牌权益模型理论(customer-based brand equity,CBBE)。该模型的创建旨在回答以下两个问题,一是企业如何构建一个强势品牌,二是如何创建品牌资产。凯勒认为,品牌的价值基于顾客的认知,以及基于认知而产生的对企业的品牌营销所做出的相对于无品牌产品而

[①]　读者可以参考里斯与特劳特所著的相关图书,此处不再赘述。

言的差异性反应,如果这个差异反应是正面和积极的,则这个品牌就有正面价值;反之,如果顾客做出的是消极的反应,则这个品牌就有负的品牌价值。品牌创建就是要创建基于顾客的品牌正面价值。这个概念不仅适用于最终消费品的品牌创建,也适用于产业用品的品牌创建。

(一)构建强势品牌的四大步骤

凯勒认为,构建强势品牌包含四大步骤:建立正确的品牌标识、创造合适的品牌内涵、引导正确的品牌反应、缔造适当的消费者—品牌关系。为了有效地实现上述四个步骤,又依赖于有效构建品牌的六个维度,它们是品牌显著度、功效、形象、评判、感受和共鸣。其中,显著度对应品牌标识,功效和形象对应品牌内涵,评判和感受对应品牌反应,共鸣对应品牌关系。上述结构可以用图 1-10 表示。

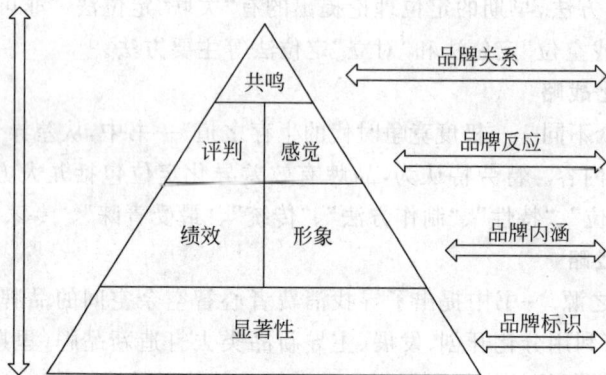

图 1-10　CBBE 模型

根据凯勒的 CBBE 模型,构建一个强势品牌需要以下四个步骤。

1. 建立正确的品牌标识

建立正确的品牌标识需要创建基于消费者的品牌显著性,品牌显著性又与以下问题紧密关联:该品牌在各种场合下能够被消费者提及的频率和难易程度,该品牌在多大程度上能够被消费者轻易认出,该品牌的哪些关联因素是必要的,该品牌的知晓度有多少说服力等。

区分品牌显著性的关键维度是品牌深度和品牌宽度,品牌深度指的是品牌被消费者认出的容易程度,品牌宽度则指当消费者想起该品牌时的购买范围和消费状况。一个高度显著的品牌能够使消费者充分购买,并在可选择范围内总是想起该品牌。

2. 创造合适的品牌内涵

在创造合适的品牌内涵方面,关键是创建较高的品牌绩效和良好的品牌形象,并建立基于消费者的品牌特征。品牌内涵的辨识,从功能性的角度,主要指与绩效相关的消费联想；从抽象的角度，主要指与品牌形象相关的消费者联想。这些联想可以直接通过消费者自己的体验而形成，并通过广告信息或者口碑传播获得的信息相联系。

品牌绩效是产品或服务用以满足消费者功能性需求的外在表现。其内容包括品牌内在的产品或者服务特征，以及与产品和服务相关的各项要素，具体而言，品牌绩效的维度包括产品的基础特征和附加特征；产品可靠性、耐用性和可维修性；服务的效率、效果和服务人员的态度；产品风格与造型；价格等。

品牌内涵的另一个维度是形象。品牌形象与产品或服务的外在资产相联系，包括该品牌满足消费者的心理需求，或者社会需求等抽象需求。CBBE 模型中所指的品牌形象由四个要素构成，包括消费者特征；购买渠道与使用条件；个性与价值；品牌历史、传统和发展历程等。

3. 引导正确的品牌反应

关于如何引导正确的品牌反应，需要在品牌评判和品牌感觉两个方面进行系统努力。

品牌评判指企业应集中关注消费者关于品牌的看法。消费者对于品牌的评判主要包括质量、可信度、购买考虑和优越性四个方面。

品牌感觉指消费者对于品牌的感性行为。其主要包括热情、娱乐、激动、安全、社会认可、自尊等要素。

4. 缔造适当的消费者—品牌关系

在缔造适当的消费者—品牌关系方面，其关键在于创建消费者关于品牌的共鸣。品牌共鸣可分解为四个维度：行为忠诚度，是指重复购买的频率与数量；态度属性，是指消费者认为该品牌非常特殊、具有唯一性，热衷于喜爱该品牌而不会转换成其他同类品牌的产品；归属感，是指消费者之间通过该品牌而产生联系、形成一定的亚文化群体；主动介入，是指消费者除了购买该品牌以外，还积极主动地关心与该品牌相关的信息，访问品牌网站并积极参与相关活动。

（二）创建品牌资产的要素与方法

凯勒认为，企业创建品牌资产通过四大工具实现：一是选择品牌构成的元素；二是开发配套的营销组合；三是制定品牌整合营销传播策略；四是利用次级品牌杠杆，有效运营各种可影响消费者品牌（产品）联想的元素（见图 1-11）。

第一组工具是选择品牌元素，其中包括有效选择品牌名称、品牌标志、符号象征、包装、品牌口号和特征等。有意识地选择和整合利用品牌元素，有助于使品牌更富有意义、易于记忆、可延伸、有适应力和可保护性。

第二组工具是设计营销组合策略，在产品策略方面包括构建产品策略体现产品的功能性和象征性利益；关系营销方面包括体验式营销、一对一营销、许可营销，以及大规模定制、后营销、客户忠诚度计划等；定价策略需要更多地基于消费者对于品牌的价值感知

工具和目的 ─────────────→ 知晓效应 ─────────────→ 利益

选择品牌元素

品牌名
标志
符号象征 ── 富有意义
代言 ── 易于记忆
包装 ── 可转移性
口号 ── 适应性
　　　　可保护性

品牌知名度

深度 ── 记忆／识别

宽度 ── 购买／消费

可能的产出

1. 极大的忠诚；
2. 不易受到竞争性营销行为伤害；
3. 更大的边际利润；
4. 对降价富有弹性；
5. 对涨价不敏感；
6. 提高营销沟通的效果和效率；
7. 可能的许可收益；
8. 对品牌延伸更加积极的反应。

开发营销计划

产品 ──→ 功能性和象征性利益
价格 ──→ 感知的价值
渠道 ──→ 整合使用推和拉的策略
沟通 ──→ 沟通策略的组合和匹配

品牌联想

强度 ── 相关性／一致性

品牌喜好度 ── 合意度／兑现性

独特性 ── 竞争力／差异点

利用次级联想

公司
原产国
分销渠道 ── 知名度
其他品牌 ── 富有意义
赞助品牌 ── 可转移性

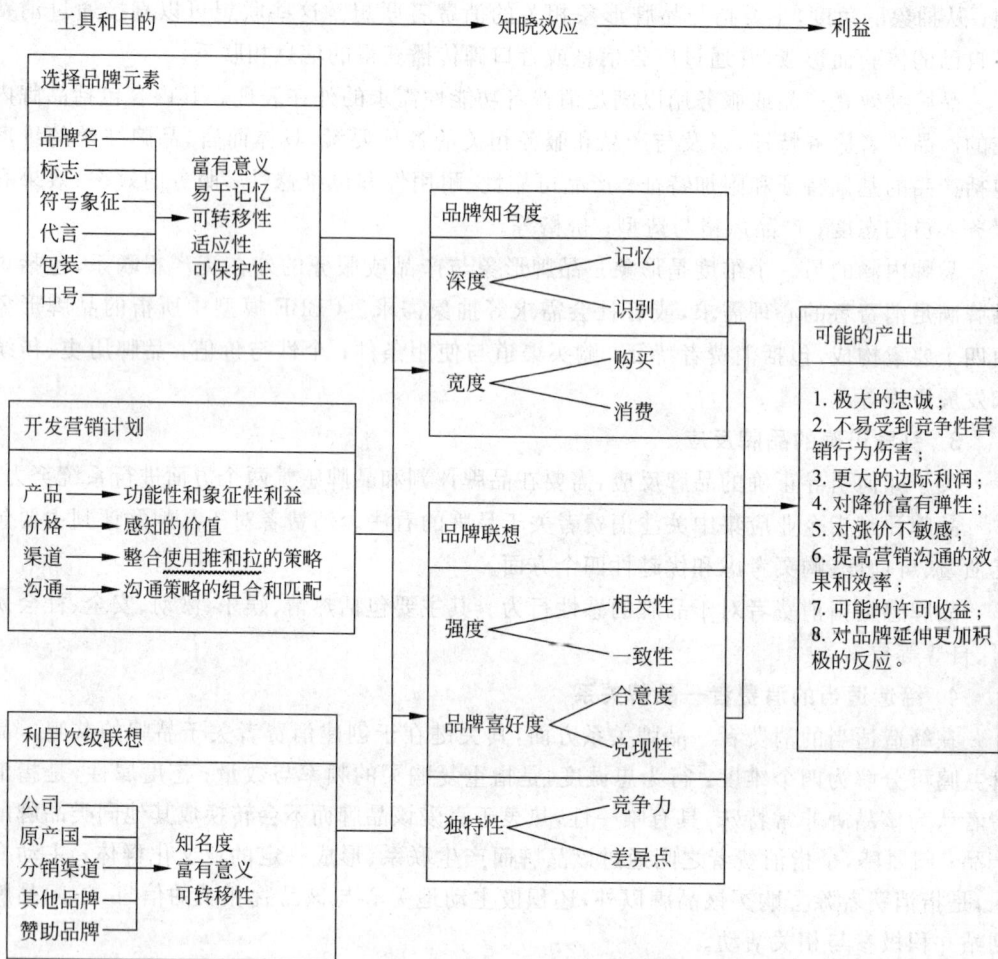

图 1-11　基于顾客的品牌权益模型

来制定价值，并谨慎运用价格折扣策略。渠道策略一是恰当地匹配品牌与商店形象，使品牌次级联想的效应最大化；二是将零售商的"推动策略"与消费者的"拉动策略"有效结合；三是综合考虑一系列直接和间接的分销方式。

　　第三组工具是整合营销传播，有效传播品牌价值，沟通客户关系。基本的品牌传播方案包括广播、印刷品、直接反应、网络与销售点广告、对于消费者和中间商的促销、事件营销与赞助、公共关系与宣传、人员推销等。品牌营销方案的有效匹配，实施整合营销传播，以彼此加强。

　　第四组工具是利用次级品牌杠杆创建品牌资产。品牌创建的相对次要的一些变量，包括公司、品牌产品的原产地和其他地理区域、分销渠道、品牌联盟、许可授权、名人背书、体育、文化或其他活动、第三方资源等,建立次级杠杆的目的是建立品牌更丰富的联想,帮助品牌提升知名度、美誉度,使品牌更有意义。

(三)影响消费者品牌认知,创建强势品牌

凯勒认为,品牌知识由品牌认知和品牌形象组成。品牌认知与记忆中品牌节点的强度有关,它反映了顾客在不同情况下辨认该品牌的能力。品牌形象可以被定义为顾客对品牌的感知,它反映了顾客记忆中关于该品牌的联想。品牌联想分为三个方面,一个是品牌联想的强度(包括相关性和内在一致性),另一个是品牌喜好程度(包括满意度和兑现承诺情况),还有一个是品牌独特性(包括是否有竞争力、是否有独特性,也就是定位)。

凯勒认为,品牌的知名度与品牌联想的建立,都是品牌创建的四大工具共同作用的结果。通过上述四大工具的应用和品牌意义、联想的建立,实现两大目的:在顾客心目中建立起知名度和品牌联想。其中,知名度包括品牌认知的深度和宽度。品牌认知的深度是指品牌的可识别性(在提示下辨认的速度和正确度)和可记忆性(无提示下能够回忆和表达的程度);品牌认知的宽度是指顾客实际购买和消费的情况,经常购买、偶尔购买等。品牌创建过程实际上就是整合利用这些工具(投入),进而影响消费者对该品牌的知识和品牌联想(转换过程),最终创造出品牌的价值(产出)。而一个强势(strong brand)或著名品牌(well-known brand)就是一个具有很高品牌价值的品牌。

(四)品牌创建成效的评价要素

凯勒认为,评价品牌创建最终成效体现在以下八个方面:品牌的忠诚度、不易受到竞争性营销行为伤害、更大的边际利润、对降价富有弹性、顾客对涨价不敏感、提高营销沟通的效果和效率、可能的许可收益、对品牌延伸更加积极的反应。

(五)对凯勒品牌理论的评价

在一定程度上,凯勒的品牌理论是一个"品牌设计+品牌营销整合+品牌资产管理"的品牌建设与品牌资产管理理论,其思想的出发点和目的是顾客价值感知,更为注重消费者对于品牌的知识、感觉、体验和联想。凯勒的品牌理论对于品牌规划与营销也更为全面、整合、关联与系统化,更为注重品牌经营实践的可行性。目前基于顾客的品牌资产研究已成为主流研究趋势,凯勒的 CBBE 模型已成为品牌理论研究的里程碑。

案例 1-1 IBM 的"智慧的地球"品牌营销

信息产业的全球领导者之一国际商用机器公司(IBM)多年来在品牌传播方面常常精心筹划,结合公司在信息技术和信息产品的领先地位,提出引领市场需求、牵引产业发展

的概念与思想。

随着互联网的逐步兴起，IBM 率先提出了电子商务的概念，在全球范围内牵引和推动电子商务的发展。后来随着客户个性化需要的发展，IBM 又提出"电子商务，随需应变"的概念，继续引领产业的发展。

2009 年，IBM 充分把握"感知化、互联化、智能化"的科技大势，率先提出了以"智慧地球"命名的产业品牌理念，以此引领产业的发展。2009 年 1 月 28 日，IBM 首席执行官彭明盛在美国工商业领袖圆桌会议上，向美国总统奥巴马正式提出了"智慧的地球"、"智慧城市"的发展愿景。并逐步提出了"智慧引领转变"的品牌宣传语。

"智慧地球"理念的核心内容为：将感应器嵌入和装备到电网、铁路、建筑、大坝、油气管道等各种现实物体中，形成物物相连，然后通过超级计算机和云计算将其整合，实现社会与物理世界融合。在此基础上，人类可以更加精细和动态的方式管理生产和生活，达到"智慧"状态，提高资源利用率和生产力水平，改善人与自然间的关系。

IBM 作为"智慧地球"品牌概念的提出者和占有者，作为产业的领导厂商，作为"智慧地球"相关核心技术和产品的重要拥有者，其对于物联网产业发展的倡导、引领和实践，无疑也将是智慧地球品牌的最大受益者。现在，IBM 的创新解决方案在智慧能源、智慧交通、智慧医疗、智慧零售和智慧水资源等政府、企业、民众所关心的重要领域全面开花。"智慧地球"品牌覆盖下的产品与服务系统涵盖了节能减排、食品安全、环保、交通、医疗、现代服务业、软件及服务、云计算、虚拟化等热点方向。

参考资料：

IBM 中国网站：http://www.ibm.com/smarterplanet/cn/zh/? lnk＝fto-smpl-cnzh.

百度百科 IBM：http://baike.baidu.com/subview/1937/5817096.htm.

案例 1-2　金六福酒业的品牌经营

金六福企业诞生于 1996 年，与中国白酒行业龙头五粮液集团强强联手，建立了一条独特的差异化竞争与发展模式，迅速走出一条从代理品牌、创造品牌，到拥有名牌的发展之路。在品牌经营模式上，金六福以富有创意的福酒理念、六福文化、福酒营销，在同质化竞争激烈的白酒市场，建立了行业领先的品牌建设与营销模式。

品牌定位

"中国人的'福'酒"。

品牌文化

金六福提炼了"六福"文化,六福包括:一曰寿、二曰富、三曰康宁、四曰攸好德、五曰佳和合、六曰子孝福。下文及图示为《幸福六段锦》内容,见图 1-12。

图 1-12　金六福幸福六段锦

长寿福

人们最常说"福如东海,寿比南山",无不饱含对福寿的期盼向往。携带儿孙满堂,坐拥谈笑之间,受晚辈之尊崇,享天伦之欢乐。最美不过夕阳红,长寿即健康、智慧的象征。长寿福,为日月同寿,享天伦之福。

富裕福

五谷丰登、丰衣足食、人丁兴旺、连年有余。富裕是安居乐业的延续,寄托了中国人对生活的美好期盼。"富"通"福",有富裕便是福气的寓意。富裕福,为人丁居稳,禄位昌盛之福。

康宁福

民康乐,安宁居,上下和洽,海内康平。"凭君传语报平安",自古以来,"平安是福"。平安有二,一曰事态安然,二曰心境恬淡。体外安康,心内从容,康宁平安乃人间第一福。敬此一杯酒,如赠平安符。

美德福

德行,内外之称,在心为德。"德"是和"天"联系在一起的,有德,便能得到上天的垂顾。感恩戴德、厚德载物,也是一种福气。美德福,为德行善礼,温良仁者之福。

和合福

"和合"二仙是中国古代神话中象征夫妻相爱的神明。和,指和谐、祥和;合,指融合、合作。夫妻二人相敬如宾、举案齐眉,亲友之间相亲相爱、融洽相处,此为和合之福,亦称和睦顺成之福。

子孝福

孝之至,莫大于尊亲。孝的善德作为一种天赋,身体发肤,受之父母。黄香九岁便知"扇枕温衾",汉文帝贵为皇帝仍侍奉病母,亲尝汤药。儿孙尊孝爱亲,实乃福事! 子孝福为尊祖敬宗,性善传恩之福。

金六福对于福文化及福酒的阐释从中国传统的文化根基和心理积淀入手,不仅仅营销酒,更注重营销文化,营销情感。与六福文化遥相呼应,金六福强调金六福福酒的特色是香、醇、浓、甜、绵、净,其各味皆调,六福皆至,表现出完美人生的核心标准。

打造民俗文化,实施节庆营销

金六福酒以"福"的吉庆形象展开品牌营销,从个人的"福"延展到民族的"福",打造了独具民俗文化特色的福酒形象。自2004年以来,金六福酒也逐步更多以倡导民俗为重点,打造节庆文化,开展一系列主题营销活动,并推出一系列主题品牌口号。

- "中国人的福酒"。
- "中秋团圆·金六福酒"。
- "春节回家·金六福酒"。
- "我有喜事·金六福酒"。
- "国有喜事·金六福酒"。
- 好日子离不开它——金六福酒。
- 喝金六福酒·运气就是这么好。
- 幸福团圆·金六福酒。
- 奥运福·金六福。

……

体育行销

金六福积极参与社会各项盛事,尤其注重体育行销,通过与重要体育机构与重要赛事的关联营销塑造与推广品牌。金六福通过赞助方式获得第28届奥运会中国体育代表团唯一庆功白酒,国足出线唯一庆功白酒等殊荣,逐步建立起"中国人的福酒"声誉。

2001年7月,北京申奥成功,金六福酒被中国代表团高高举起,成为"第28届雅典奥运会中国奥委会合作伙伴"和"第28届雅典奥运会中国体育代表团唯一庆功酒"。

2002年,金六福成为赞助第17届世界杯足球出线唯一庆功酒,并获得9999樽庆功珍藏酒的生产权,开创中国白酒收藏新领域;金六福选择"福星"米卢代言人,成为第16界世界杯营销活动中的最大亮点。

2004年6月,"奥运福·金六福"整合营销传播活动全面启动,并获得体育营销"最具实效奖"荣誉,成为第十四届亚运会中国体育代表团合作伙伴,第十届大学生运动会中国体育代表团唯一庆功酒;荣誉出品冬奥会珍藏酒。

成为多项重大体育赛事的赞助商

- 2001—2004 中国奥委会合作伙伴,第28届奥运会中国体育代表团合作伙伴。
- 第17届世界杯足球赛国足出线唯一庆功酒。
- 第19届冬季奥运会中国体育代表团唯一庆功白酒独家赞助商。
- 第14届亚运会中国体育代表团唯一庆功白酒独家赞助商。
- 第21届世界大学生运动会中国代表团唯一庆功白酒独家赞助商。

品牌产品架构体系

金六福以福为主题,建立了系列酒品牌产品线。金六福的主销产品品牌有星级系列、福星高照系列、福星系列等,目前共有338个品项。其产品品牌体系如下。

星级系列。

福高系列。

绵柔金六福系列。

百年福系列。

特曲系列。

经典系列。

坛系列。

喜酒系列。

小烧。

品牌经营模式

金六福酒业迅速走出了一条从代理品牌、创造品牌到拥有品牌的发展之路。自创品牌经营,以与五粮液实施品牌联合,由著名的五粮液集团提供 OEM 原酒,五粮液子品牌的方式切入市场,以建立高品质酒的品牌形象。由著名品牌五粮液为初入市场的金六福实施品牌背书,逐步发展壮大,独自经营。

品牌业绩

金六福酒业已发展成为拥有18个大区、4个生产企业,近2000名营销人员、5000多人促销队伍的酒水营销专业企业,目前年销售规模过30个亿,并继续保持两位数的强劲增长趋势。金六福酒业经销的金六福系列产品单品牌销售量全国第一,销售额位列全国白酒前三位,金六福品牌价值达40.81亿元。目前,据权威机构评测,"金六福"品牌价值已超过92.86亿元。

参考资料:

百度百科 金六福:http://baike.baidu.com/subview/252963/11093235.htm.

金六福网站:http://www.jinliufu.net/.

第二章

中国品牌的困境与出路

　　房屋久了会破败倒塌，机器久了会磨损不堪，人老了终会寿终西去，长盛不衰的唯有品牌。

——英国联合饼干公司首席执行官赫克特·莱恩

　　承载着中国复兴希望的中国企业，需要探索适合中国国情、具有中国特色的品牌经营模式与品牌价值成长路径。

　　探寻中国品牌的困境与出路，必须走出中国品牌建设的误区，回归品牌的本源，深入探析品牌价值的本质。在对于品牌价值的寻根溯源中，立足中国企业的发展现实，理清中国企业品牌的核心基因，创新发展适合中国企业的品牌管理模式、品牌价值成长路径、品牌经营方略，系统提升中国企业的品牌管理能力，有效提升企业的品牌资产与品牌价值，促进中国企业做大、做强、做快、做长。

2.1　中国企业品牌建设概述

　　中国企业的品牌经营，应该植根于中国的土地与精神，发挥中国的文化与资源优势，经营自己的品德、品性与品位，经营自己的品质与品值，经营自己的能力与资源，构建自身的差异化竞争优势。

一、企业对于品牌意义的理解

　　中国企业对于品牌价值的理解，是个发展的过程。从研究报告中可以看出，近年来中国企业对于品牌的认识也在不断地深化。近年企业首先将品牌视为"客户承诺和客户关系"的理解开始被更多参与调查的品牌管理者所认同，研究表明在 2005 年"良好声誉"是排名第一的普遍观点；2005 年很多企业把"可靠质量"与品牌画上等号的理解，在 2008 年在排序上下滑到第五位，近年来良好的品牌声誉、强大的企业文化和鲜明的品牌个性更为企业所重视。

　　对于品牌认知的变化说明企业的思考模式已从生产产品的导向，走向客户导向，开始更多地思考品牌管理问题。可以预见,未来会有更多的企业开始学习以顾客为导向的品牌建设模式。遵守对顾客的承诺并且保持非常高的忠诚度关系,有助于企业建立高知名度的品牌,获得良好的品牌声誉和品牌形象,进而增进客户的品牌认知和品牌忠诚,并直接从品牌上受益。

二、企业对于品牌建设的需求

不同企业,由于各个行业所处的市场状况不同,消费者需求状况不同,对于品牌的需求期望都存有差异。从图 2-1 可以看出,金融企业面对全球化竞争比较重视与竞争对手的差异化,在产品层面难以突破同质化时,一些金融服务行业希望通过品牌来帮助区隔竞争对手。相当一部分金融企业也希望通过品牌建设帮助企业树立良好的公众形象。在房地产行业,企业更重视品牌能够给产品赋予额外的附加价值,提高产品的溢价能力。对于以 B2B(企业对企业)业务为核心的重工业来讲,差异化的产品营销、提高产品溢价能力、通过系统的品牌营销增强对外沟通能力,以及提高公众形象相对来讲更为重要。中国重工业企业在国际化发展中,如何通过有效的品牌建设传播公司形象和产品成为重要的议题。

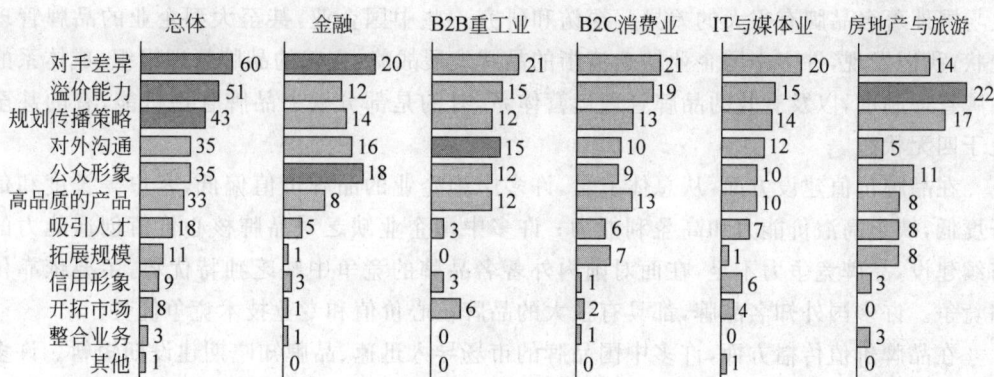

	总体	金融	B2B重工业	B2C消费业	IT与媒体业	房地产与旅游
对手差异	60	20	21	21	20	14
溢价能力	51	12	15	19	15	22
规划传播策略	43	14	12	13	14	17
对外沟通	35	16	15	10	12	5
公众形象	35	18	12	9	10	11
高品质的产品	33	8	12	13	10	8
吸引人才	18	5	3	6	7	8
拓展规模	11	1	0	7	1	8
信用形象	9	3	3	1	6	3
开拓市场	8	1	6	2	4	0
整合业务	3	1	0	1	0	3
其他	1	0	0	0	1	0

图 2-1　企业品牌建设需求图

三、企业品牌建设的主要工作

研究证实,对于许多公司而言,品牌建设的工作重点包含下列内容:品牌与客户的接触点管理、品牌战略规划、品牌架构管理与品牌间的协同发展、品牌测量与评估、品牌传播策略、品牌管理培训与企业品牌运营管理能力的提升、品牌的视觉传播与品牌识别、产品设计、品牌管理的组织建设与制度流程建设等。其中前四项是企业品牌建设的重点。见图 2-2。

	总体	品牌心智	营销心智	销售心智
接触点管理	61	19	19	17
品牌战略	58	19	17	18
品牌协同	49	15	15	13
品牌测量	45	10	14	17
传播策略	30	8	9	10
品牌培训	28	10	7	10
视觉传播	21	6	7	4
产品设计	21	9	6	6
组织流程	14	3	5	6
其他	1	0	1	0

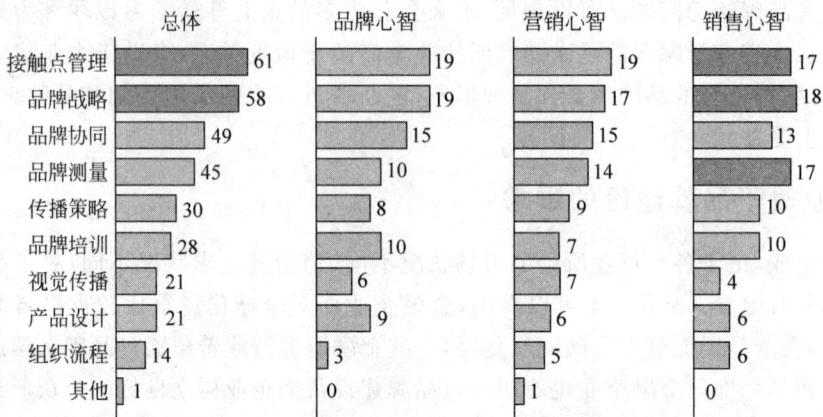

图 2-2 企业品牌建设主要工作示意图

四、中外品牌管理现状的比较

分析国内企业的品牌建设现状和问题,可以发现,其在品牌价值建设与品牌管理方式上与国外著名品牌有很大的差异。探访和研究一些中国企业,甚至大型企业的品牌管理现状,我们发现,许多中国企业缺乏清晰的品牌发展战略、完善的品牌管理组织、成体系的品牌管理制度,以及有效的品牌管理运营体系,有的是部分缺失品牌管理机能,有的甚至处于四无状态。

在品牌价值建设方面,从总体上看,许多中国企业的品牌价值偏低,客户美誉度和信任度低,缺乏高溢价能力和高盈利能力;许多中国企业缺乏对品牌核心价值创造能力的持续建设,品牌竞争力不足,在面对国内外著名品牌的竞争中缺乏独特优势,主要依靠价格竞争。许多国外知名品牌,都具有强大的品牌核心价值和专业技术竞争优势。

在品牌价值传播方面,许多中国品牌的市场导入迅速、品牌知晓期建设期短暂。许多不知名品牌在强大的市场资金投入和广告宣传下,几个月甚至几周内就能够成为所谓的"知名品牌"。企业的品牌建设也过分依赖广告,一旦广告投入下降,品牌价值和市场份额就随之下降。企业的品牌形象建设缺乏差异化的价值定位和个性化形象,品牌传播也缺乏系统性和长期一致性,导致品牌价值不清晰,品牌形象紊乱,并缺乏一致性。许多国外知名品牌,通过系统的品牌形象建设和品牌传播,建立了清晰的个性品牌价值形象。

在品牌管理运营方面,许多中国企业缺乏系统的品牌管理模式与方法,导致品牌管理失效。由于管理不善,不少品牌依托以独特产品、海量广告或渠道建设为主的点式竞争模式,难以打造系统的竞争能力,缺乏持续性发展。面对激烈的市场竞争,在市场滞胀和发生品牌危机时无力应对,品牌易于突然衰亡和消失,品牌的生命周期相对短暂。有的品牌,从兴到衰只有短短两三年的时间。中国企业的现代化品牌建设,从改革开放算起,只有 30 余年时间;而国外著名品牌往往都经过数十年,甚至上百年的磨砺和发展才造就了目前的市场地位。

在品牌管理内容上,有效的品牌管理不仅仅是 VI 设计与策划广告,而是一个有组织的系统的品牌管理与运营体系。据统计,如果中国企业花费 1 亿元做品牌推广,98％的资金会被用于广告本身,仅有 2％用于研究和定位。而国际成熟的大型企业建立了完善的品牌管理体系与品牌经营策略,其品牌费用支出中,88％用于广告推广,8％用于活动推广,3％用于品牌战略定位和情报分析,1％用于品牌评估和跟踪。

探寻国内企业品牌建设的问题与困境,就会发现,企业对于品牌管理内容的认识存在误区,缺乏适合中国当代企业发展特点的有效的品牌发展模式和品牌管理模式。就品牌管理而言,中国企业最忽视的是系统化的品牌管理。因此,应针对中国品牌发展的现状,建立具有中国特色的品牌价值管理体系。

五、中国市场品牌集中度的提高

在品牌集中方面,中国市场的品牌集中速度正在加快,品牌集中度正在增强。由于中国市场规模庞大、区域差异显著,中小企业和中小品牌的发展仍有一些空间,但更为艰难。研究报告显示,市场竞争越激烈,品牌集中速度越快。在中国市场,市场需求向最有价值品牌集中,强者恒强已成为重要的发展趋势。1995 年中国前 20 位品牌的平均销售规模是 49.97 亿元,到 2009 年年底前 20 位品牌的平均销售规模是 446 亿元。1995 年中国只有一汽和红塔两个集团销售规模过百亿元。到 2009 年年底,中国 100 强品牌的平均市场规模为 146.3 亿元,100 强品牌中,百亿元以上销售规模的有 39％,30 亿元以上规模的达到 68％。如今百亿元规模以上的占到 39％,30 亿元以上规模的占到 68％。

到 2014 年,中国在中石化、中石油、国家电网、中国移动等大型央企资产规模都逾万亿元,并已经涌现出以华为、美的、新希望为代表的千亿元级民营企业。许多产业已逐步出现产业集中度提升,领导品牌占据领先市场份额的格局。强者恒强的局面更为明显,地域品牌的市场空间进一步缩小。

六、中国品牌建设的关键因素

企业品牌建设的关键因素,一是要探索解决与国外大型企业的品牌竞争问题;二是要探索解决快速的中国品牌创建与价值发展路径问题;三是要探索解决中国品牌的价值成长模式问题;四是要探索解决中国品牌的高成效、低成本建设问题;五是要探索解决中国品牌管理体系建设的适用性问题;六是要探索解决中国品牌的运营管理的方法与效能问题。

源于多年的中国企业咨询和管理实践,7C品牌管理模式、六星品牌价值成长模型、组织文化与组织品牌协同发展模式的相继创建与提出,也致力于深入研究和探索品牌价值成长的内在机理,植根于中国的人文地理与社会经济环境,深入研究中国企业的发展特点,探寻适合中国企业的品牌发展路径、品牌价值管理模式和品牌价值成长路径,促进中国企业在全球化竞争中做长、做大、做强,实现更好更快地发展。

2.2 中国品牌的问题与困境

中国企业品牌建设的重要问题是市场化经营的积淀不足,精神的传承不足,品质的坚守不够,永续经营的定力不够,创新发展的动力不足。中国品牌复兴的出路在文化兴盛,在于品牌坚守,在于永续创新。

在中国伟大的复兴进程中,已经涌现出以华为、联想、海尔为代表的诸多著名企业和著名品牌。但还有许多中国企业在品牌建设中依然面临着诸多问题和重重困境。中国品牌的发展是个过程,品牌价值小、品牌实力弱、品牌管理乱、品牌发展慢、品牌存在时间短的状况现实存在,需要的是仔细探寻原因,并寻求问题解决之道。中国企业发展中面临的主要问题和困境可以归结为以下八个方面。

一、缺乏品牌建设能力,从中国制造走向中国品牌困难重重

中国有众多优秀的 OEM 制造商,他们在多年发展中积聚了雄厚的生产制造能力;但是也面临着如何突破低利润发展模式,创新发展模式的瓶颈。有效创建自有品牌,提升产品利润空间,拓展产品销售渠道和市场份额,获得更大的成长空间,已成为诸多企业的战略选择。但是,诸多中国企业依然难以突破 OEM 生产商的价值定位。由于缺乏科学的品牌管理策略和方法,许多企业以大量广告和明星代言产品为核心思路创建品牌,一些企业尽管付出高额广告费用和代价,创建自有品牌的道路依然艰难。企业在探索创建自有品牌的有效路径和创新品牌价值成长模式的路途中,依然面临诸多困境。

二、缺乏清晰的品牌发展战略,与组织发展战略缺乏有效协同

许多中国品牌,缺乏清晰地企业发展战略,以及基于企业发展战略的品牌发展战略。企业的品牌定位与核心能力相脱节,没有基于自身核心能力规划品牌的价值定位和差异化品牌策略;企业的品牌建设也没有与企业核心竞争能力建设有效结合。造成品牌发展失位与错位,难以发展不可复制的品牌价值,难以发展基于核心能力的差异化竞争策略,导致企业的品牌价值成长缓慢,企业发展受挫。

三、缺乏有效的品牌价值提升方法，走出同质化竞争和价格战的误区困难重重

同质化竞争是大多数行业发展过程中必然要经历的一个阶段。目前的中国市场，许多相近产品领域的中国企业产品供过于求的情况相当严重，同质化竞争的情况也相当广泛。国家有关部委近年曾对 600 种主要消费品进行了调查，覆盖了包括消费类电子、服装、食品、日化、办公等多个行业，结果显示供不应求的商品几乎没有，供求基本平衡的商品有 172 种，占 28.7%，供过于求的商品有 428 种，占 71.3%。

企业同质化竞争的原因很多，第一是企业技术研发能力不足，产品在技术层面不能有效拉开档次；第二是企业的创新能力不足，产品在功能和款式层面缺乏显著的差异性，典型的特点就是产品换个商标就换了主人；第三是企业的质量管理能力不足，产品在质量、档次层面不能与同类产品拉开差距，相较于行业领导品牌的产品存在质量差异。在供过于求、同质化竞争的商业环境下，中国市场的同质化则显得更为全面，不仅仅是产品同质化，而且企业的竞争策略、营销模式等多方面都呈现出同质化的特点。价格战、促销战、资源战、成本战就成为很多企业或是主动或是被动的选择，很多企业陷入微利经营的窘境，甚至出现行业整体性亏损的极端现象。

技术和品质的不足，以及营销模式的同质化导致企业无法建立有效的品牌价值支撑和品牌认同；行业众多企业的产能过剩又导致市场上的同质化产品过剩；在营销层面许多企业也没有建立有效的品牌价值定位区隔和品牌形象区隔；诸多原因导致许多行业的企业仍处于以广告战、促销战、价格战为主的同质化竞争阶段，无法形成以差异化为主导的良性市场竞争态势，企业也无法形成有效的持续发展模式。

四、缺乏品牌经营能力，导致品牌经营的高成本、低成效

目前许多中国企业的品牌管理能力非常薄弱，有的企业还处于无品牌管理战略、无品牌管理组织、无品牌管理制度、无品牌运营管理模式的四无状态。在品牌管理层面，有些企业缺乏有效的品牌管理组织和品牌管理制度，导致品牌管理职能缺失，品牌管理处于无序和盲目状态。有的企业有了市场或品牌管理部门，但缺失系统科学的品牌发展战略和品牌运营策略。有的大型企业，内部品牌众多，品牌架构体系管理混乱，内耗严重，难以形成有效的品牌协同。

品牌经营过程中，企业的品牌形象与品牌价值定位相脱节，难以形成鲜明有力的品牌个性形象。品牌形象成了一件衣服，随时可以换，别人也可以拿去模仿，拿去穿。组织的品牌传播策略也时常摇摆，缺乏长期一致的品牌形象，难以向客户清晰传递企业的品牌价值。

缺失的品牌管理能力和盲目的品牌营销，也造成企业资源和资金的极大浪费。企业

的品牌建设过于注重广告宣传、明星代言、终端促销。而差异化的品牌价值和品牌个性形象建设,以及与目标客户群体的互动沟通,更有利于客户对于企业品牌的价值认知和认同,更有利于降低品牌营销成本,更有利于促进企业的产品获得品牌溢价,获得销量增长。

面对信息技术的快速发展与网络时代的品牌经营变革,许多企业对于如何加速变革,有效地开展数字化品牌经营(网络化品牌经营)还缺乏有效的方法与手段,对于如何全面、实时、精准地监测品牌,评估品牌、规划品牌、运营品牌、高成效低成本地开展精准的数字化品牌运营在思想意识上,发展策略上,经营方法上缺乏成体系的方法与手段。网络化品牌的迅速崛起,一起传统品牌的加速衰老,在不断验证着企业发展的重重危机。

五、缺乏高端品牌创建与经营能力,打造具有中国特色的高档品牌困难重重

诸多中国企业在很多时候还是低端产品的代名词,中国企业在长期发展中已经创造了诸多知名品牌,但是诸多品牌依然缺乏清晰的品牌定位和差异化的品牌竞争战略,缺乏有效的品牌价值提升策略,导致诸多中国品牌难以有效提升品牌档次和品牌品质,创造强大的高端品牌,在同国外高端品牌的竞争中中国品牌始终处于劣势地位,难以获得客户认同,获得高品牌溢价。创建中国特色的高档品牌依然困难重重,路途遥远。

六、组织的文化建设与品牌建设缺乏有效协同

目前许多中国企业的文化建设和品牌建设在组织管理层面是脱节的,一个归人力资源部或者政工部门管理,另一个归市场部门管理。在经营层面也是脱节的,自说自话,各做各事,难以有效整合内在的价值基因,难以形成合力。企业品牌与企业文化同根同源,在企业的理念层、制度层、行为层、物质层具有众多共同基因。企业文化建设有助于企业提升组织能力,提升管理的效率和效能。企业品牌建设有助于企业提升市场力,以更好的企业形象和产品形象、更高的产品价值促进企业的价值创造和效益增长。内塑文化,外塑品牌,企业品牌与企业文化的协同发展,是企业持续发展的重要路径。

七、缺乏对于真善美的长期坚守,缺乏社会责任和持久发展的道德信仰

许多企业,在一定的发展时期过于追求短期利润或规模扩张。以利润为导向,而不是以客户价值为导向创建品牌、经营品牌。虚假品牌广告、品牌的过度营销与名实不符、品牌产品的质量问题、品牌的过度延伸、过度授权等,都产生过重重品牌危机,造成了很多客户伤害。缺失了对真善美追求的企业,往往也脱离了以客户价值为核心的品牌本质,难

以建立长久的高价值的品牌。这也是许多中国品牌存在小、乱、散、慢、短问题的根本原因。

八、缺乏中国特色的品牌管理模式，盲目效仿与跟随西方品牌建设模式

西方企业的品牌管理模式是在数百年的品牌运营实践中积累起来的，有许多值得学习和借鉴的地方。但是有几个地方需要注意：一是优秀的品牌是有根和魂的，每个国家的品牌都有鲜明的国家和地域特色；二是优秀的品牌都有文化基因，并植根于国家的人文地理、社会文化和民众个性思维中；三是优秀的品牌都与企业自身的资源和技术等能力优势有效契合，难以模仿和复制；四是优秀的品牌都是多年积淀出来的；五是进入中国的西方企业，多是经营多年，实力雄厚，品牌管理团队能力高，品牌经营能力强，品牌建设掌控的内外部资源多，投入多，品牌管理模式也稳健而系统。品牌建设是一个系统的工程，这些都不是多数中国企业所能模仿和复制的。中国特色品牌建设模式和方法的缺失，也使得许多中国企业一味地学习和模仿西方企业的品牌建设模式，缺乏具有企业特色和资源优势的品牌建设模式，以己之短，竞人之长，难以有效提升品牌价值，也难以建立基于核心能力的竞争优势，只能使中国企业的品牌价值差距越拉越大。

中国品牌在发展和国际化过程中，必须探索适合自身资源与能力的品牌发展模式。中国品牌的制胜之道和生命力也在于鲜明有力的中国特色和本土资源优势。

2.3　7C品牌管理模式

未来的营销是品牌的战争——品牌互争长短的竞争。商界与投资者将认清品牌是公司最珍贵的资产。拥有市场比拥有工厂更重要，唯一拥有市场的途径是先拥有具有市场优势的品牌。

——美国广告专家莱莉.莱特

从"中国制造"到"中国创造"到"中国品牌"，是一个从量变到质变的长期的持续过程。对于发展中的中国企业而言，做快、做强、做大、做长是许多中国企业组织建设的目标，也是中国企业品牌建设的路径。做快是指企业精选客户价值，通过精准品牌定位与差异化品牌营销在细分市场取得快速发展。做强是指企业将品牌价值建设与组织核心能力建设相契合，通过协同发展促进企业核心竞争力的持续增强。做大是指企业创新品牌价值成长模式，拓展品牌价值链与品牌生态系统，持续提升和扩大品牌价值和品牌资产。做长是指企业坚守核心价值理念，发展长效的动态创新与发展机制，持续创造和提升品牌价值和客户价值，发展长期的客户关系与客户忠诚，促进企业的长久、健康发展。

一、7C 品牌管理模式的概念

7C 品牌管理模式是指以品牌价值创建与价值经营为核心构建的品牌管理模型,具体内容包括:品牌价值选择(choice)、品牌价值识别(certification)、品牌价值创造(creation)、品牌价值成长(cultivation)、品牌价值实现(complement)、品牌价值沟通(communication)和品牌价值管控(control)的品牌战略管理模式。见图 2-3。

图 2-3　7C 品牌管理模式图

二、7C 品牌管理模式的内涵

7C 品牌管理模式以品牌价值管理和经营为核心。在品牌价值选择环节,企业应注重品牌价值的系统规划和企业核心竞争力提升;在品牌价值识别环节,企业应注重品牌价值形象与企业内外部资源与核心竞争力的协同发展;在品牌价值创造环节,企业应注重创建与经营适合自身资源与能力的品牌发展路径;在品牌价值成长环境,企业应注重发展适合企业内外部资源和核心竞争力持续提升的品牌价值成长模式,促进品牌价值的持续成长;在品牌价值实现环节,注重品牌价值链的成长和企业品牌生态系统的构建;在品牌价值沟通环节,企业应注重塑造个性化的企业形象,发展高成效的客户价值沟通模式;在品牌价值管控环节,企业应注重品牌运营的有效管控和品牌的持续改善。

需要强调的是,7C 品牌管理模式是一个价值导向的、动态发展的品牌管理模式,并贯穿于企业内部管理系统、企业品牌价值链管理系统与品牌价值生态系统的发展历程中。有组织的系统化的品牌管理与运营,也将持续改善中国企业的品牌价值管理能力,持续提升企业的品牌价值创造能力,增强企业的差异化竞争优势,促进中国企业品牌价值的持续成长。品牌价值管理模式见图 2-4。

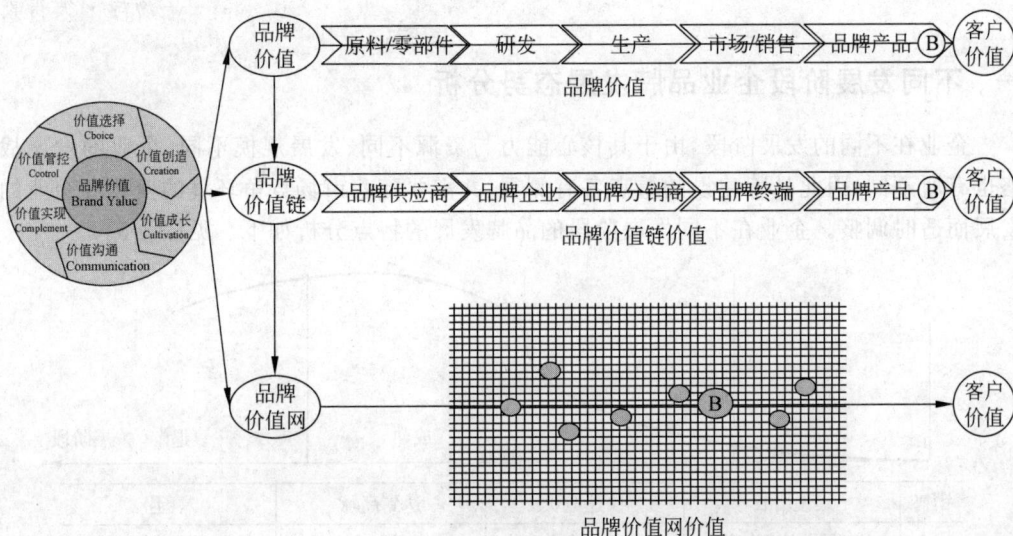

图 2-4 品牌价值管理模式图

三、7C 品牌管理模式的八项发展原则

(1) 客户价值导向。

(2) 竞争导向。

(3) 与企业的使命和愿景相适应。

(4) 与企业的发展战略相适应。

(5) 与企业的内外部资源与核心竞争力有效匹配与协同。

(6) 是内生能力驱动与外部资源整合协同发展的统一。

(7) 虚与实、人与物的品牌协同建设。

(8) 注重短期创新变革和长期一致性。

本书也将以 7C 品牌管理模式为主要脉络,以企业的品牌价值经营与价值成长为核心,深入探讨中国品牌的发展模式与发展路径。

2.4　3S品牌发展方略

21世纪的工作,已经从做一份工作、追求一项事业,转变到建立专业品牌。

——汤姆·彼得斯

一、不同发展阶段企业品牌发展态势分析

企业在不同的发展阶段,由于其核心能力与资源不同、发展规模不同,企业的发展战略也有所不同,因此品牌建设的重点各有侧重,并需要随着市场竞争环境的变化和企业的发展而适时调整。企业在不同发展阶段的品牌发展的特点分析如下。见图2-5。

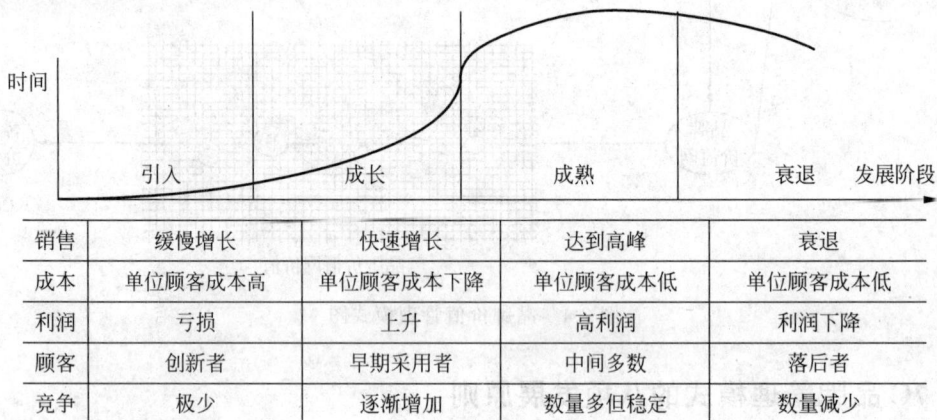

销售	缓慢增长	快速增长	达到高峰	衰退
成本	单位顾客成本高	单位顾客成本下降	单位顾客成本低	单位顾客成本低
利润	亏损	上升	高利润	利润下降
顾客	创新者	早期采用者	中间多数	落后者
竞争	极少	逐渐增加	数量多但稳定	数量减少

图2-5　企业不同发展阶段品牌发展特征示意图

服务于企业的发展与竞争战略,在市场层面,企业的品牌建设与发展战略更应该关注与配合以下的市场经营目标。见表2-1。

表2-1　企业不同发展阶段与规模品牌建设重点

品牌目标＼品牌战略	创造知名度	占有市场份额	获取最大利润	榨取剩余利润
产品	提供一个基本产品	提供产品的扩展品	品牌和样式的多样性	逐步淘汰疲软项目
价格	成本加成	市场渗透价格	竞争定价	削价
分销	建立选择性分销	密集广泛的分销	更密集广泛的分销	淘汰无盈利的分销点
其他	—	—	—	—

企业在不同的发展阶段,品牌建设与经营的重点具有显著的差异性,一般而言,小企业应重点解决建立品牌识别、扩大公众认知、构建品牌差异化形象与低成本传播问题。中等企业随着发展规模与实力的增强,可以更多地考虑区域品牌建设、品牌差异化竞争、品牌价值形象建设与高成效传播问题。大企业则更需关注高价值品牌建设,品牌观念、个性与品位建设,品牌架构管理与整合,包括品牌延伸模式、整合营销传播。

二、3S 品牌发展方略的提出

中国广阔的地理空间,庞大的人口基数和消费潜力,跨国企业的高强度竞争,以及国内大量生产型企业产品技术含量低、差异化小乃至同质化,产能过剩,品牌力低,低价竞争为主要市场竞争手段,是中国企业面临的主要外在环境。中国企业发展时间的短暂性,资源与能力的有限性,品牌资产与品牌价值以及品牌管理能力的有限性,是多数中国企业面临的内在约束条件。

不同企业,在不同发展空间和发展时间阶段,面临的内外部环境不同,品牌建设的重点和策略也有所不同。世界市场竞争态势下,总体而言,中国企业发展的时间短,规模小,技术水平相对落后,管理水平与品牌经营的时间与能力相对不足,国际化品牌经营的经验与能力不足。内外部的机遇与威胁,以及资源与能力的约束条件,决定了品牌建设的速度(speed)、强度(strength)与规模(scale)成为中国企业品牌发展的关键词。3S 品牌发展方略,即"快品牌"发展方略、"强品牌"发展方略、"大品牌"发展方略的提出,是创新中国品牌发展路径的初步探索。三大策略在具体执行环节的经营思路,将在各章节详细探讨。

(一)"快品牌"发展方略

"快品牌"是个相对的概念,整体而言,品牌的创建是个长期的历史进程。在新的历史时期,以新能源、新材料、生物科技、信息技术为代表的新经济业态发展,为企业品牌的快速创建与飞速发展提供了历史机遇,谷歌(Google)、百度、脸书(Facebook)、中国动向(KAPPA)、华谊兄弟影视等新兴企业的快速发展,验证了快品牌发展模式的现实路径。

"快品牌"发展方略的目的是帮助企业在较短的时间以较高的速度创建、发展和经营品牌,实施超常规增长。其核心思想是企业创新经营模式,通过轻资产经营模式、核心技术发展模式、核心产品经营模式等发展思路,集中优势资源集聚核心竞争能力,创新品牌创建和发展模式,占据和拓展细分市场的竞争优势,以点状突破带动全面发展,实现快速成长和壮大。

"快品牌"发展方略可以采用下述三种方式。一是发展核心产品,集中优势资源在区域市场或细分市场增强品牌营销和渠道终端建设的密度,建立细分市场的市场优势和品牌影响力,然后滚动复制,拓展全国市场。二是集中优势资源通过强势广告在全国范围内做强品牌知名度,通过品牌招商、品牌授权、品牌特许等方式迅速拓展渠道终端,实现品牌的快速发展。三是购买成熟品牌，实现快速的品牌占有和市场占有。

（二）"强品牌"发展方略

"强品牌"发展方略的目的是帮助企业发展核心能力，占据差异性竞争优势，做高品牌价值，发展和壮大品牌的价值和实力。其核心思想是企业集中优势资源做强品牌，做强核心能力，做深技术，做大终端，发展品牌价值链，从而建立细分市场的竞争优势。富士康在IT制造领域的品牌竞争优势，茅台酒在中国白酒领域的品牌竞争优势，华为在电信领域的品牌竞争优势，苹果在消费电子产品领域的竞争优势，都是强品牌发展模式的典型代表。

"强品牌"发展方略可以采用下述三种方式。一是发展核心技术和强势产品，以产品为龙头发展强势品牌。二是做大细分市场的渠道和终端规模，以终端的规模优势为核心建设强势品牌。三是做强品牌价值和品牌影响力，以强势品牌为龙头发展品牌特许、品牌授权和品牌产品招商，通过产品和销售终端的规模扩大和品牌势能成长创建强势品牌。

（三）"大品牌"发展方略

"大品牌"发展策略的目的是帮助企业做高品牌价值，做大品牌资产，发展和壮大品牌生态系统，创建企业的系统竞争优势。其核心思想是企业做大品牌、做强核心能力、增强品牌延伸能力、加强品牌生态系统建设、做大产品和市场规模、建立产业领域的系统竞争优势。联想在IT产品、股权投资等领域的广泛布局，中粮的泛产业链发展模式，复星集团的多元化经营模式，IBM以IT服务为主导的产业生态系统经营模式，都是大品牌发展策略的典型代表。

"大品牌"发展方略可以采用下述四种方式。一是以市场份额为导向，做大企业规模与实力，创造规模效应，积累品牌势能，并以成本和规模赢得竞争优势。二是针对中国市场的大品牌认同的特点，实施单一品牌策略，并针对泛客户群体延伸发展品牌延伸。三是拓展品牌授权方式，做大品牌产品的规模。四是做大企业生态系统，建立产业层面的竞争优势。

2.5　中国国家品牌的建设路径

导语：伟大的中国必将拥有伟大的国家品牌。植根于深厚东方文明系统规划与建设中国国家品牌，构建与发展中国的国家精神、国家形象、国家公民与组织行为，构建与发展强大的国家品牌生态系统，将有效促进中国的持续发展与复兴，促进世界文明的交融发展，促进世界各国实现共识、共生、共序、共荣。

伟大的中国正在建设，也必将拥有强大的、与中国国家实力和地位相适应的伟大的国家品牌。中国国家品牌建设的目的是服务国家发展战略与国家复兴，匹配中国的国家实力,基于中国的国家优势与特色,在世界舞台上创建与积聚中国的国家竞争优势,构建具有全球领导力的大国品牌。

中国国家品牌的建设与经营是一个系统工程,在内容范畴上包括国家精神、国家形象、国家行为和国家物化元素四大层面,是一个多元、多维、多层次、大空间、长时间的系统集合;在沟通范畴上包括以人为核心的品牌感官接触,人际沟通,情感交流与认同,精神契合与共鸣。国家品牌建设需要系统规划,在经营范畴上是多元构建,大空间、长时序有效规划、经营与营销。

从世界范围看,中国的优势基因包括大空间、长时间、多元文化、大人力资源、物质资源丰富、工业体系健全等领先优势。中国国家品牌的建设与经营,需要遵循品牌经营的规律,持续性地发现、选择、提炼中国品牌的高价值元素、高竞争力元素、具有鲜明差异化的符号元素、行为元素、物质与产品,系统规划、管理与营销,从而实现中国国家品牌的建设与发展。科学的国家品牌建设与经营模式,将有助于向国内、国际有效沟通中国的国家理念、国家形象和国家行为,通过有效营销中国富有特色与优势的物化资源与产品,促进中国持续提升国家影响力,进而促进国家发展与复兴。

一、建设基于东方文明、领先世界的中国国家精神

有国家必有其精神魂魄。欧美国家在构建国家精神中,注重以自由、平等、博爱为核心的西方价值观,并形成了具有欧美共识的国家精神基因,传播泛化为普世价值观,并作为国家软实力的主体向外传播与输出,具有相当的世界影响力,并有力地配合了欧美跨国企业及欧美公司文化产品及品牌产品的全球营销。林肯在葛底斯堡宣言中的"民有、民享、民治"思想,孙中山的"民族、民权、民生"思想,毛主席的"为人民服务"思想,都是具有重要影响力的国家精神范例。

世界文明在相互交融中创新与发展。中国精神的构建,既需要吸收与发展具有全球共识的普世价值观,也需要从具有五千年文明的中国深厚的历史文化中提炼与发展可以领先世界、影响世界、具有世界影响力的价值观念,为世界文明的发展做出更多贡献。作为东方文化的创建者与集大成者,中国璀璨的多元文化富含珍宝,儒释道文化中,可以提炼、简化与固化出许多具有普世价值观意义的国家精神理念。《易经》、《道德经》、《中庸》中皆有论述的"中和"思想;《易经》中乾坤两卦所倡"自强不息,厚德载物"、"天人合一"、"和而不同"、克己复礼等理念都具有普世价值观意义。和谐社会,包容性发展思想的提出都是中国精神具有时代精神的创新与发展。从中提炼、构建与发展中国精神,并代表东方价值观在国内外有力地传播,有利于发展与传播中国品牌与文化,并促进与世界各国在价值观层面的共识,实现共生、共序、共荣。

二、建设文明、民主、法制的中国国家形象

国家形象的建设也是一个包含时空因素,积聚了人、物、能量与信息的复杂系统。笔者认为,国家形象在内容上包括国家图腾、国家符号、国家理念、国家标志性文化、国家标志性人物、国家标志性事件、国家标志性物质形态、国家标志性产品等。国家形象的建设,内在地需要具有鲜明的中国符号、深厚的中国文化特色、中国价值形象定位与实力展现;又需要在承载与弘扬真、善、美的长效国际化拓展与交流中持续提升国家声誉。

欧美国家建设与经营国家形象的范式各具特色,可为我们借鉴。美国以自由女神、星条旗、华盛顿、好莱坞、航空母舰、可口可乐、麦当劳等展现国家品牌精神与形象。法国以凯旋门、罗浮宫、三色旗、拿破仑、路易威登等为主要品牌标识物展现国家品牌精神与形象。德国以歌德、康德与黑格尔等文化巨人,奔驰、宝马等世界级产品为主要品牌标识物展现国家品牌精神与形象。

中国国家形象需注重基于深厚人文地理资源和优势领域,选择与创建中国富有文化内涵,具有独占性、高价值性与差异性的独特品牌形象,选择具有全球影响力与标志性的中国品牌元素。注入文化、地理标志,历史与时代人物,领先产品品牌等协同建设,系统发展。

在国家图腾建设层面,八卦太极图、太阳神鸟标志、青龙白虎朱雀玄武标志、巨龙标志等,都是富有中国特色的中国文化图腾标志。笔者认为,作为中国重要的文化源脉和具有世界影响力的后天八卦太极图为周文王原创,形象鲜明,内涵丰富,富含中和思想,富含"厚德载物,自强不息"的中国精神,适于作为中国的国家品牌图腾标志广泛应用与传播,与五星红旗等国家形象标志协同使用,可更为简单、直观、鲜明有力地向世界传播中国精神与中国文化。

在国家文化形象建设层面,以周文王《易经》为代表的易学文化,以老子《道德经》为代表的道家文化,以孔子《论语》、《中庸》为代表的儒家文化,以《黄帝内经》为代表的中医药文化,以法门寺、少林寺、灵山寺为代表的佛教文化,都具有世界影响力,都对世界有重大文化影响和价值贡献,广受认可与尊重。近年国家创新华夏文化提出的和谐社会理念、包容发展理念,都可作为传播东方价值观与中国品牌文化的重要理念广泛传播。在国家文化品牌经营上,都可借鉴孔子学院的经营模式,构建连锁经营的文化组织品牌,加大国际化运营扶持力度,有效经营国家文化品牌。

文化品牌经营需要有标志性文化组织载体来广空间、长时效经营,并以中国文化品牌的构建与国际化经营带动中国文化产业品牌的国际化经营。德国歌德学院是德国在全球推进德国文化与德语教学的重要发展模式。中国创建的作为中国儒家文化载体的孔子学院,已经在全球范围内拓展,对于推动汉语教学、普及中国文化也产生了重要作用。

笔者认为,中国应该在国家层面加速筹建作为中国道家文化标志的组织载体的"老子

学院",并以品牌化连锁化经营,全球化发展,加快传播与普及中国以《易经》、《道德经》、《黄帝内经》、《南华经》为代表的道家文化;相应地发展"张三丰武馆",教授丹道、太极拳等道家养生功法,发展"张仲景中医馆"经营中医馆,传播与应用中医药理论低成本养生治病,扶危助困。这些方略都可有效推动中国道家文化与相关产业的全球化连锁化发展。同时,作为中医药养生文化载体的同仁堂、中医针灸等,都应作为中国国家品牌的组成部分实施品牌化经营,在国际化方面要予以大力支持与重点推广,实施大品牌经营,连锁化发展,全球化发展,以民族文化的自豪感凝聚全球华人力量,并在全球普及与扩大以中国为代表的东方文化的影响力。

三、建设基于东方文明、践行道德与法制的公民与组织行为

　　国家品牌的建设与发展,需要在人的层面的公民与组织行为的坚强支撑。社会公众对一国国家品牌的认知与体验主要通过对该国人与组织的行为因素,以及人际与组织的互动沟通实现。中国公民行为与组织的行为成为影响国家品牌识别与品牌声誉的重要因素,人与组织行为建设也因此成为建设国家品牌、积聚国家实力与声誉的重要内容。

　　欧美国家在公民行为建设上,以自由、平等、博爱、民主、法制为核心理念,注重遵守宪法与法律,尊重信仰与人权,强调个性自由,已经形成了较为成熟的公民价值观体系与公民行为规范。

　　中国精神外化到公民行为,基于历史传承与时代特色,也富有很多先进的公民与组织践行模式。中国文化注重知行合一,内圣外王,"致中和","天人合一","和而不同","上善若水","仁者爱人","为人民服务","自强不息,厚德载物","格物致知","实事求是","己所不欲,勿施于人","克己复礼",这些都可作为中国独特的公民行为模式,代表东方行为模式与世界良性沟通,凝聚共识,多元共存,协同发展。

　　笔者认为,目前而言,中国公民行为与组织行为的建设,尤为欠缺并需要增强的内容主要是精神信仰,以及契约精神与法制精神。建立信仰,有助于培养慈悲心、敬畏心,注重个人修行,善待自己,善待他人,善待自然。建立契约精神,有助于推动信守承诺、尊重规则,信守合同;建立法制精神,会尊重和信任法律,依法办事。多维度、长时间的公民行为文明教育,有力的媒体监督,完善的法制建设,严格的法律执行,将是长期努力的方向,是改变公民与组织行为文明的方向,也是建设国家品牌、积聚国家声誉的重要因素。

四、建设强大的中国国家品牌生态系统

　　中国国家品牌的建设与发展,需要以中国国家品牌的发展,以及中国文化与价值观的全球化传播与经营带动众多中国品牌成长为国际品牌;国家品牌的经营与发展也需要众多坚实的品牌经营组织载体与细分领域的领导品牌作为国家品牌的系统提升予以支撑。系统规划与建设、发展传媒品牌、文化品牌、地理品牌、会议展览竞赛品牌、商业品牌,产品品

牌等品牌群落,建立与发展强大的中国国家品牌的生态系统,通过协同发展,相互促进,将为中国国家品牌的建设奠定坚实有力的组织与价值支撑,并构建可持续的国家竞争优势。

在传媒品牌经营层面,中国需要以大型传媒集团品牌的发展与经营为中国品牌的国际化发展与营销奠定有力的传播载体支撑。中国已经拥有新华社、人民日报等享誉国际的传媒集团,以及以阿里巴巴、腾讯、百度为代表的众多大型网络媒体,但在全球尤其是英语世界传媒领域尚缺乏有实力的传媒组织力量与媒介影响力。主流媒介集团扩大建立传媒分支机构的力度与速度,加强媒体并购整合资源,促进新型大型网络媒体的国际化发展,都是扩大中国全球传媒力量,增强媒介影响力与话语权的有力方式。阿里巴巴的全球化经营,腾讯及其微信产品的国际化发展,都是有益的探索。

在地理旅游品牌建设层面,中国山川壮美,人文璀璨,诸多千年古都品牌,五大名山品牌,丝绸之路品牌,长城品牌,故宫博物院品牌,秦兵马俑品牌,问道养生之旅品牌,参禅习武品牌,中医养生保健品牌,民俗文化品牌,演出品牌,美食品牌,"义乌小商品城"品牌等优势领域,都需要进一步系统规划品牌经营策略与品牌形象,实施品牌化与连锁化经营,品牌价值链乃至品牌价值网经营,发展多空间、长时间段的系列化品牌产品经营与服务模式及国际化经营模式,以此建立高价值、有差异化特色、系统化品牌化经营与营销,建立中国特色的品牌竞争优势。

在组织、会议、展览、竞赛品牌形象建设层面,中国需要加强组织、会议、展览、评奖等组织品牌的品牌化、全球化经营,以持续扩大中国全球影响力,带动相关领域的国际化经营。目前欧美国家已建立了以奥运会、世博会、世园会、达沃斯论坛、诺贝尔奖、奥斯卡颁奖典礼等为代表的众多世界级组织与会议、评奖品牌平台。我们一方面要参与其中,加大话语权与影响力;另一方面也需要逐步创建更多中国主导的组织、会议展览与竞赛品牌平台等,并增强组织品牌的国际参与度与国际影响力。中国成功举办了北京奥运会、上海世博会;发展了上海合作组织、博鳌亚洲论坛、广交会、欧亚博览会等大型国际会议与展会,随着国家实力的发展,还需要建立和发展更多有影响力的组织与会议展览品牌,这也是经营国家品牌、扩大国家声誉与影响力的重要载体。

在商业品牌建设方面,中国应以发展全球化商业连锁品牌带动中国商品品牌的国际化经营。鉴于多数中国企业的品牌建设和全球化发展还处于初级阶段,海外自有品牌销售渠道不足,以此可以在国家层面建立终端品牌发展战略,在资金和政策层面扶持和发展更多的终端品牌机构,由国家支持,结合终端机构和产品厂商的投入,以资本为纽带在海外通过兼并收购和自建等方式建设品牌终端机构,发展中国城品牌和产品品类批发或终端品牌,以终端品牌带动产品品牌的发展和销售以打通中国产品的销售渠道,降低中国产品品牌的海外扩张和销售成本,扶持更多中国品牌的全球化成长。以万达商场、华润万家为代表的中国 MALL,以义乌小商品城为代表的中国城,以苏宁电器、国美电器为代表的3C 电器连锁,以居然之家、红星美凯龙为代表的家居卖场,以阿里巴巴的天猫商城、苏宁云商为代表的电子商城,以海底捞为代表的美食品牌,都应在中国品牌的国际化经营与发展,以及在带动中国商品品牌全球化发展中获得更大支持,承担更大的使命。

在产品品牌建设层面,中国需要以世界级企业、世界级品牌的建设与发展来改善中国企业与中国产品的品牌形象,并以此牵引和带动更多中国企业品牌、中国产品品牌发展为全球声誉的全球品牌。以华为、中粮、联想、腾讯、阿里巴巴为代表的世界级企业,正在承担这样的历史责任,而以北斗导航、神舟飞船、华为通信产品、同仁堂国药、红旗轿车、茅台酒为代表的中国优势民族产品梯队也具有这样的实力。品牌企业的自身发展与国家支持的协同经营,将有助于中国国家声誉与国家实力的构建。

五、结语

东方文明悠远、深厚与灿烂,曾经并正在为世界文明的发展做出重大贡献。建设与发展中国国家品牌,植根于东方文明建设高尚且普世的国家精神,创建文化内涵丰富、形象鲜明的国家品牌形象,发展高价值、高质量、优质服务的中国品牌生态系统,践行"知行合一"的东方文明行为范式。建设与发展强大的中国国家品牌,也将有助于在全球范围内扩大东方文明的影响力,促进中国文化与中国品牌的国际化发展,促进中国的发展与复兴,促进世界各国在文明交融发展中实现共识、共生、共序、共荣。

案例 2-1　中国包装联合会优秀品牌评估标准的构建

笔者有幸作为特邀专家参与了中国包装联合会的品牌建设工作,在中包联领导的领导与组织下,参与了十余家中国包装行业领先企业的品牌调研与诊断辅导,并在此基础上作为主创者和主要执笔人,主持制定了中国包装联合会的品牌评审标准,并由中包联领导在 2012 年 6 月在中国包装博览会上予以公布。其后,作为中包联的行业优秀品牌评审专家,参与了数个行业领先企业的优秀品牌的评审与认定工作。

一、中国包装优秀品牌评审标准制定相关的调研与诊断

从 2012 年 3 月中下旬起,我们在中国包装联合会领导的领导与组织下,走访了中国包装行业的一些细分市场的领导企业,包括奥瑞金包装、大亚包装、前程包装、扬子包装、通产丽新、松德等行业领先企业,通过对企业领导层和中高层干部的深入访谈和现场交流,以及现场参观与走访,对相关企业的品牌建设与经营现状开展了深入的品牌调研。其间通过专家座谈会的方式,对调研企业的品牌建设的问题和改进提出了初步的意见和建议,受到企业的欢迎和认可,整个调研活动取得了较好的效果。

二、中国包装行业代表性领先企业的品牌建设现状的调研分析

通过对代表性包装企业的实地品牌调研与沟通,我们认为,改革开放后的30年间,在国家和政府主管部门的领导、支持与关怀下,中国包装企业取得了巨大的发展,整个行业的年产值已达12 000亿元。包装企业界也涌现出一大批实力强、管理出色、客户口碑好的优秀企业和优秀品牌,部分企业在品牌建设与管理上也取得了相当的成绩。奥瑞金包装、大亚包装、前程包装、扬子包装、通产丽新、松德等行业领先企业都是其中典型的代表。2012年年中,我们又相继参与了深圳裕同印刷包装集团、广州德益隆包装机械公司、中山马口铁公司的行业优秀品牌专家评审,上述行业领先企业的企业规模、市场竞争力、管理水平、产品竞争力、业内客户口碑都具有行业领先水平,管理团队的管理能力也让我们深为佩服。

同时,作为以工业客户为主的工业品牌,多数企业对品牌建设重视不够,在品牌建设与经营的策略、模式、组织、营销、投入等方面也存在许多不足,多数企业品牌价值相对较低,品牌形象不够鲜明,在客户和公众中品牌影响力不足,品牌资产规模也较小。对于中国包装企业品牌建设的现状和问题分析如下。

1．多数企业对品牌建设重视不够,具有全国品牌影响力的品牌不多

由于包装企业的客户主要是企业,企业的营销和竞争模式主要以产品、价格竞争,以及关系型营销为主。因此企业普遍对于品牌建设的重要性认识不足,投入不足。多数企业的品牌影响力不足,高价值品牌不多,导致企业的竞争对于客户缺乏影响力和控制力,企业营销主要以关系营销和价格竞争为主,企业上游受制于设备商,下游受制于客户,利润率高的企业不多,高成长型企业不多。

2．多数企业缺乏实施品牌建设的人才和组织支撑

由于多数企业对于品牌建设重视不足,投入不够,企业普遍没有建立明确负责的品牌管理与运营部门,多数和总裁办公室或营销部门合并在一起。同时,多数企业缺乏高素质的专业的品牌管理与经营人才和团队,导致企业品牌管理的策略不系统,执行效率低。同时,部分具有多事业部和分子公司的企业,其市场和品牌管理人员各自为政,缺乏有效的协同和配合,品牌管理较为低效率,运营效益也不突出。

3．多数企业缺乏明晰的包装品牌经营战略

多数企业缺乏系统和明确的品牌经营战略,品牌定位不清晰;企业品牌价值元素没有有效提炼,缺乏系统的品牌价值提升策略,企业品牌价值不够高;公司品牌与产品品牌的品牌架构管理模式不清晰,缺乏系统的品牌架构管理策略。许多企业也没有建立系统的品牌营销策略与预算。品牌营销以客户沟通和事件型的品牌营销活动为主。

4．多数企业品牌识别体系(CIS)不完善,缺乏鲜明有力的品牌形象

多数企业在品牌名称和品牌标志设计上较为重视,并做了一定工作,设计了品牌标

志。但是没有基于公司战略和品牌定位实施系统的品牌识别体系建设。品牌标志与品牌定位缺乏关联，品牌标志的内涵不清晰，形象不鲜明。品牌理念提炼和表达方面在高度和表达方式上存在不足，品牌行为识别还需进一步完善。多数企业并没有基于品牌定位和品牌价值建立鲜明有力的差异化的品牌形象。有些企业在商标注册和法律保护方面也做得不足，存在一定的法律风险。

5. **多数企业的品牌营销投入不足，缺乏有力的客户和公众品牌影响力**

多数企业的品牌营销投入很少，并且相关品牌营销费用主要花费在客户沟通和展销活动上，而对于品牌管理队伍建设、品牌调研、品牌策略规划、品牌形象建设、品牌传播等方面缺乏长期和系统规划，品牌建设的持续性投入不足或很少，导致品牌管理策略与效能的缺失，企业品牌缺乏客户影响力和公众影响力，企业的无形资产价值较低，也影响了企业价值和绩效的持续增长。

三、中国包装企业品牌提升的思路

基于对代表性包装企业品牌的调研和深入分析，我们认为，包装企业的品牌建设已经有了一定的基础，涌现出一批优秀企业品牌，但整体而言，相对于国际一流包装企业，以及其他行业的先进企业，中国包装行业企业的品牌管理水平相对还存在一些不足，品牌资产相对较低，整个行业企业的品牌建设还有很大的提升空间。

企业的品牌建设是个长期、系统的改善和提升过程。需要自身的系统努力，以及政府机构和专业服务机构的帮助。以此推动和促进整个行业企业的建设品牌与品牌资产提升，并帮助包装企业解决问题，提升能力，改善绩效为核心，从点到面，系统地促进和推动包装企业建设品牌，改善品牌管理，提升品牌价值，改善品牌形象，扩大品牌影响力，促进企业品牌资产的持续提升。

建立更为全面而专业的行业优秀品牌评审标准；开展行业先进企业的品牌调研诊断与专家辅导；实施行业优秀品牌的评审与专家辅导；定期开展品牌培训，以企业品牌管理的组织建设与能力提升来牵引品牌经营水平的提升；引进品牌专家与专业品牌服务机构推动行业先进企业的品牌建设；大力宣传行业优秀品牌企业，这些都是振兴中国包装品牌的现实路径，并已在实践中成为促进中包联帮助行业企业品牌经营水平提升和品牌资产增值的重要思路和模式。而我们有幸在中包联领导的领导、支持与推动下参与其中，参与规划与实施、参与服务企业，并在实现中共同成长，也甚感荣幸。

四、中包联优秀品牌评审标准的评审原则

品牌评审的目的是更好地服务企业，便于企业对标改善品牌管理、提升品牌经营能力，因此行业优秀品牌评审包含了以下主要原则。

（1）优秀品牌评审标准应以品牌资产评估的核心要素为基准和重要参考，利于企业对标经营品牌，系统提升品牌资产。

（2）优秀品牌评审标准应以评审行业优秀企业关键成功要素、激励企业更好地发展为目的，全面、系统、主题突出，简单直观。

（3）优秀品牌评审标准应利于行业企业对标优秀品牌企业改善品牌建设，并以持续提升核心竞争力为重点，建设中国驰名商标。

（4）优秀品牌评审标准应便于企业对标提交材料，便于材料审核与实地考察，便于优秀品牌评审与发布，便于专家的企业诊断与辅导。

五、中包联优秀品牌评审的要素与评分标准

结合中国包装行业的行业特色和企业特色，服务中国包装行业企业未来的品牌建设与品牌价值提升，中国包装联合会优秀品牌评估标准在构建中包括了市场维度、品牌维度、管理维度、产品与服务维度、环保公益维度五个主要维度。具体又分为 20 个子项。其中市场维度包含产品销售额、产品利润率、市场占有率、产品溢价水平和纳税额五项。品牌维度包括品牌形象、品牌价值、品牌知名度、品牌美誉度、品牌营销投资和品牌管理模式六个子项。管理维度包括公司管理、公司人力资源管理和公司企业文化三个子项。产品与服务维度包括产品竞争力、产品质量、产品创新和服务水平四个子项。环保公益维度包括环保节能和社会公益两个子项。具体内容和评估标准见下表 2-2。

表 2-2　中国包装联合会优秀品牌评估标准

编号	评估项目	内　　容	评分标准	实际得分	备注
1	市场维度		25		
1.1	产品销售额	公司五年的销售额	5		
1.2	产品利润率	公司近五年的销售利润率	5		
1.3	市场占有率	公司近五年的市场占有率	5		
1.4	产品溢价水平	公司近五年相对市场均价的产品溢价水平	5		
1.5	纳税额	公司近五年的纳税额	5		
2	品牌维度		30		
2.1	品牌形象	品牌标识、公司形象、产品形象、服务形象	5		
2.2	品牌价值	品牌价值定位、品牌价值	5		
2.3	品牌知名度	客户知名度、公众知名度	5		
2.4	品牌美誉度	客户满意度、公众美誉度	5		
2.5	品牌营销投资	包括媒介公关投入、客户营销与终端投入	5		
2.6	品牌管理模式	品牌管理组织、制度、流程、运营模式	5		
3	管理维度		15		
3.1	公司管理	公司治理结构、公司管理模式、资本运作	5		
3.2	公司人力资源管理	人力资源管理模式、制度、方法	5		
3.3	公司企业文化	企业文化理念、制度、行为、物质展现	5		
4	产品与服务维度		20		

续表

编号	评估项目	内　　容	评分标准	实际得分	备注
4.1	产品竞争力	产品与服务模式、渠道与促销模式、客户关系	5		
4.2	产品质量	产品质量管理体系、质量标准、客户质量评价	5		
4.3	产品创新	公司创新体系、创新成果、专利数量	5		
4.4	服务水平	服务体系、服务质量、业绩、客户评价	5		
5	环保公益维度		10		
5.1	环保节能	环保认证情况、节能认证情况、成效	5		
5.2	社会公益	社会公益投入、活动	5		
总计			100		

案例 2-2　中国动向的 KAPPA 品牌快速成长模式

KAPPA 是源自意大利的知名运动品牌，在运动服装品牌领域曾有过良好的客户品牌认知和辉煌业绩历史。自 2004 年中国动向成为 KAPPA 的品牌代理商，短短六年时间，中国动向已成为 KAPPA 品牌的拥有者，KAPPA 也已成长为中国第三位的运动鞋服品牌。KAPPA 品牌的快速发展模式有哪些特色和优势，有哪些值得学习和借鉴的地方呢？

一、通过品牌代理到品牌购买的品牌经营模式，快速实现市场进入和品牌认知

2004 年，尚不知名的中国本土企业中国动向（HK.3818）从李宁公司手里购买了意大利著名体育品牌 KAPPA 在中国市场的独家代理权，当时 KAPPA 在中国市场的经营一直处于亏损状态。2005 年 5 月，乘 KAPPA 母公司意大利 BasicNet 集团现金流状况不佳的有利时机，中国动向从后者手中以 3500 万美元的代价买断 KAPPA 在中国大陆及澳门地区的品牌所有权和永久经营权。中国动向公司在 KAPPA 品牌中的角色，也由特许使用商转变为品牌拥有者，并实现了对 KAPPA 品牌的全面控制与经营。据悉，当时收购 KAPPA 品牌时，中国动向耗资 3 亿元，而其营业额却只有 2.3 亿元。为了获得财务支持，中国动向不惜与摩根士丹利签订了苛刻的"对赌"协议，以 20％的股权获得了摩根士丹利 3800 万美元的战略投资。

眼界、勇气、魄力与能力，以及对外部资源的有效利用，使得中国动向抓住了快速成长的有利时机。中国动向通过代理和购买 KAPPA 品牌的品牌发展与经营模式，快速实现

市场进入和品牌认知,以极短的时间在运动鞋服市场建立了品牌知晓度和影响力,并快速拉动产品销售和终端扩张,实现了企业的快速成长。

二、品牌重新定位,从体育品牌到时尚体育品牌

体育鞋服市场大牌众多,竞争激烈。耐克与阿迪达斯两家公司更加侧重于功能性运动服饰产品市场,并尽其所能诠释各自所倡导的竞技体育精神,以保持自身在专业体育用品市场的领导者地位。李宁、安踏等运动品牌也在多年发展中积累了强大的品牌影响力和终端规模。

在中国市场,中国动向将 KAPPA 品牌实施了重新定位,建立了"运动、时尚、性感、品位"的时尚运动品牌形象。在品牌标识上,KAPPA 的背靠背品牌标识较过去放大了不少,极易识别。在服装风格方面,KAPPA 的服饰色彩鲜艳、大胆,时尚的设计和颜色搭配洋溢着意大利品牌的血统,以及 KAPPA 运动时尚的品牌特质。在款式设计方面,KAPPA 的服装,版型偏瘦,剪裁贴身,"紧身的性感"也成为 KAPPA 新的品牌形象与特征。

差异化营销有效地避开了运动服装市场的激烈竞争和主导品牌的市场压力,并开辟了以 18～30 岁的年轻人为主体的更为广阔的细分市场空间。KAPPA 品牌影响力在追求运动与时尚的年轻人中迅速提升,几年来,KAPPA 的市场销量保持了迅速成长的态势。

三、轻资产的品牌化经营模式,设计主导,生产外包

施振荣先生提出的"微笑曲线"指出,在许多行业的产业链中存在微笑曲线,处在中间的制造环节利润最低,组织的品牌附加值主要体现在微笑曲线的两端,即研发和销售。服装行业是典型的"微笑曲线"行业。耐克和阿迪达斯都采取了轻资产战略,公司专注于品牌经营,注重掌控产品设计和营销环节,而将产品生产大量外包。

中国动力也采取了轻资产的品牌化经营模式,将生产环节外包,专注于提升企业的品牌经营能力、产品设计能力和终端发展能力,提升企业资产的使用效率和效益。在产品生产环节,KAPPA 几乎全部外包给国内的 100 余家供应商,对价格敏感而不是对潮流敏感的基本款式,则交由外包商生产。仅在江苏太仓拥有一家内部工厂,生产部分时尚成衣产品。在产品配送环节,成衣出厂后立即运送到位于北京、广州和江苏昆山的三个物流中心,由此辐射华北和东南部的高增长市场区域,再由外包第三方将产品由物流中心配送至经销商。

四、快速拓展终端,强化终端品牌影响力

中国动向采取了强势打造终端品牌,快速拓展终端的发展策略。在中国动力建立

KAPPA 运动时尚的品牌定位之时,经销商对 KAPPA 新品牌发展策略尚缺乏信心。为了让经销商接受全新的 KAPPA 品牌,中国动向创新渠道管理模式,将 KAPPA 品牌的产品由赊销模式调整为代销模式。这意味着产品库存风险由经销商承担转变为全部由中国动向公司承担。新渠道政策激励了经销商的终端发展热情,KAPPA 品牌店铺规模在全国迅速扩张。KAPPA 品牌和产品的客户接触点大量增加,KAPPA 的新产品得以全面上市并迅速风靡市场,在终端的品牌影响力和营业额也迅速上升。

同时,在渠道管理模式上,中国动向不设任何大区经理,通过 43 家经销商管理全部店铺,对经销商的市场也不做太多干预,仅在部分区域设立为数不多的直营店。除了上海和深圳,中国动向都采取单一客户制管理模式,经销商在负责的业务区域有相当的管理主动权和积极性。中国动向还建立了完善的店铺评级体系及店铺支持标准,给予达标 KAPPA 品牌店铺直接的货架返利或者装修返利,极大地刺激分销渠道的建设,以及终端 KAPPA 品牌店铺的快速拓展。

五、运动时尚为灵魂的品牌传播

配合运动时尚的品牌定位,中国动力逐步探索出一套以弘扬运动时尚为灵魂的品牌传播模式。针对 KAPPA 的目标客户群体,通过赞助体育队伍、体育项目、娱乐名人及公关活动,通过整合营销系统传播系统塑造"运动心＋时尚形"的时尚体育精神。在代言人方面,中国动力连续两年选择郭品超担任代言人,突出 KAPPA 品牌的健康活力。在市场活动组织方面,中国动力陆续在全国范围内组织了时尚慈善夜、CCTV 模特大赛等多个大型活动,并与杜邦旗下的 LYCRA 在全国范围内联合举办了"衣慕倾心劲侣霏扬"打造时尚情侣巡演活动。一系列市场营销活动从多角度展现了 KAPPA 运动、时尚、性感、品位的品牌个性,以及在时尚服饰领域 KAPPA 品牌独特的运动时尚魅力与风采。

中国动向在中国进行的主要市场推广及宣传活动包括以下几项。

(一)运动营销领域

1. 中国赞助项目
➢ 赞助中国网球公开赛。
➢ 中国滑雪协会战略合作。
➢ 赞助别克高尔夫球公开赛、KAPPA 杯名人高尔夫球赛及赞助旅游频道高尔夫节目。

2. 日本赞助项目
➢ 赞助日本国家滑雪队。
➢ 日本 KAPPA 赞助日本三支顶级足球队,分别为札幌冈萨多、东京绿茵及千叶市原。

3.国际赞助项目

➤ 成为挪威奥运代表队 2010 年冬季奥运会及 2012 年夏季奥运会之官方合作伙伴。

➤ 成为德国甲级足球队多特蒙德(Borussia Dortmund)的联合赞助商。

➤ 成为世界十大顶级高尔夫球赛事"世锦赛—汇丰冠军赛"官方合作伙伴。

➤ 赞助意大利劲旅——AS 罗马。

（二）娱乐营销领域

中国动向通过赞助娱乐活动来提高品牌知名度,稳固品牌的时尚运动形象,赞助活动包括以下几项。

➤ OMINI 40 周年。

➤ KAPPA X YOHO! 潮流盛典。

➤ 2009 WCG 赞助活动。

➤ 与华谊兄弟传媒集团结成策略联盟。

六、一主多副的品牌拓展模式

中国动向制定了致力于成为中国最优秀的运动服装品牌管理公司的一项长期发展目标,并相应制定了一系列的品牌发展策略,其中"单一品牌国际化"和"区域市场多品牌"就是两个最重要的市场战略。

单一品牌国际化

早期,KAPPA 品牌的经营权分散在意大利的 Basicnet、日本 Phenix 和中国动向三家公司手中。2008 年 4 月,中国动向收购了拥有 KAPPA 品牌在日本所有权与经营权的Phenix 公司。在并购 Phenix 之后,中国动向对 KAPPA 在全球的发展具备了更多发言权,有利于 KAPPA 扩大国际版图,在一定程度上实现了"单一品牌全球化"。中国动向也期待通过进一步发展,积蓄力量收购意大利的 Basicnet 公司手中的 KAPPA 股权,实现KAPPA 品牌的全球化运营。

区域市场多品牌

收购日本 Phenix 公司的重要目的之一,也在于借助 Phenix 品牌发展中国动向的区域市场多品牌策略,先试水日本这个亚洲最时尚的市场,在成功拓展日本市场的基础上为中国动向下一步的国际化发展积累经验和力量。中国动向年报分析显示:"整合 Phenix 的设计及开发能力,将提升本集团在此范畴的现有水平,并为本集团提供坚实的产品设计与技术开发平台,支持 KAPPA 品牌及其他品牌在中国市场的长远发展,从而加强本集团的整体竞争优势。"

Phenix 公司在日本已经有 52 年的历史,其拥有的 Phenix 品牌在全球滑雪及户外运动服装市场占据最高的市场份额,其 X-NIX、Inhabitant 运动品牌在日本等区域市场也具有一定知名度。从收购之日起,中国动向已经投入第一期资金 500 万美元和第二期资金 450 万美元,用于维护企业运营。日本 Phenix 公司在产品工艺技术、设计研发、质量管理等方面的先进技术与经验,与中国动向的市场、人力资源等优势进行有效结合,已显示出了整合的力量。目前 Phenix 公司已经给中国动向带来了 770 万元人民币的利润,显示了可观的市场潜力。中国动向近期也将在中国市场推出 Phenix 高端滑雪服产品,同时,中国动向也将依托 KAPPA 品牌推出 Kappa Golf 品牌以及 KAPPA 品牌的副牌 Robe Di Kappa(RDK),主打高端产品系列。

2004 年中国动向开始代理 KAPPA 品牌之初,KAPPA 在中国还面临窘境,目前 KAPPA 已成为中国第三大体育服饰品牌,不仅在中国站稳脚跟,还成为中国运动时尚的风向标;中国动向也发展成为中国市值最大的运动服装品牌。

品牌再发展

自 2011 年以来,随着经济发展态势的下滑,以及后奥运时代的运动消费的降低,以及网购的兴起,HM、优衣库等时尚品牌的快速发展等综合因素的影响,中国运动服装市场整体走向下调周期,李宁、安踏、中国动向等运动服饰厂商都陷入持续几年的库存积压、门店关闭潮中。KAPPA 的产品销量也持续下滑,产品库存一段时间高达 30 多亿元。2011 年 KAPPA 在市场高峰期有近 4000 家加盟商店面,11 年后 KAPPA 的门店数量持续缩减,到 2013 年 6 月 30 日,2013 年上半年的销售额为 5.63 亿元,降幅达 32.3%,到 2013 年年底,KAPPA 还剩余门店数量 1100 余家,堪称惨烈。KAPPA 该如何在新的时期再塑品牌,拓展市场?

1. 加速去库存

面对市场下滑,KAPPA 及时调整了营销策略,加速去库存。通过原有经销渠道折扣加速消化,加大了在电子商务领域的投入快速销货,开设工厂店折扣销售库存,逐步发展自营店扩大销售,多策并举,逐步用几年时间消化了 13 亿元的产品库存。

2. 改善渠道发展策略

KAPPA 以往的轻资产模式,针对的服务主体不是消费者,而是经销商。企业关注度不在消费者身上,而在经销商身上,而经销商的目标是获取利润。在鼎盛时期,KAPPA 经销商的净利润高达 12%~15%,在同行中属于高利润。经销商在高利润诱惑下多加盟广开店并相互竞争,疯狂抢店,导致租金上涨,利润下滑,并向 KAPPA 索要福利。KAPPA 只能给经销商补贴。随着市场低迷,原属于经销商管理与调节工具的补贴异化为常态市场工具。对于经销商的财务数据统计、产品销售统计、串货管理等问题,KAPPA 的原有发展模式已无法有效监控渠道。

近年来 KAPPA 加速了直营店的建设步伐,并逐步将现有 1400 家店面中的 200 多家收编为直营店,并归属7个区域分公司直接管理,并计划未来进一步扩大直营店的数量。直营店主要分布在大型百货商场、大型Mall、街边店等,其中大型Mall有40多家店面,并作为未来发展的重点之一。

3. 再塑品牌

以往KAPPA品牌定位的核心客户群为22～35岁的年轻人。随着H&M、ZARA、优衣库的轻时尚品牌的快速崛起与消费分流,KAPPA以往关注的年轻消费群体有了加速流失的趋势,以往的消费者随着年龄与收入的增长,消费着装与消费品位都发生了变化,而KAPPA标志性的绚丽色彩与时尚并不适应逐步成熟的老客户,如何思考品牌特质,保持品牌品位与地位?

有效地获取消费者,需要持续关注服饰消费者的品牌需求与自我价值实现模式。KAPPA进一步梳理确立了核心品牌元素——"运动、性感、时尚、品味"。在快时尚之外,努力增加了"性感、品位"等新的品牌价值元素。

4. 重新规划产品特色

KAPPA需要从产品设计生产开始,更为关注消费者的利益,更为关注消费者的衣服设计需求,如何制作更具差异化优势的产品成为KAPPA复兴的关键策略。

为制作更为时尚的产品,KAPPA在设计产品时,就将与快时尚产品混搭的时尚元素融入产品中。2012年年底,KAPPA开始推出"战斗裤"系列,将一条成品裤制为七个版型,适合各种身材的消费者,并相继推出"战斗族"系列产品。

2013年年初,KAPPA开始利用3D剪裁技术完成"战斗族"产品剪裁。同时KAPPA开始日益关注面料的品质和特色,致力于打造"第二皮肤"的概念产品,并逐步探索应用一款"四面弹力"的面料。此面料可向四向拉伸,而普通面料只能拉伸两个方向。我们期待KAPPA推出更多更好引领潮流的优质产品。

结语

"大浪淘沙始现金。"经历了2008—2014年中国运动服饰市场的波峰波谷与诸多品牌的兴衰浮沉,更能看到品牌的建设、经营与发展是个历史和时间范畴,需要系统思考,长期规划和经营,持续提升品牌价值,持续提升品牌资产。

身处竞争激烈、快速变革的服饰行业,KAPPA作为时尚运动服装品牌的领导厂商之一,需要思考如何构建引领行业引领时代与消费者的品牌理念,牵引行业发展;如何塑造不朽的品牌精神而积聚消费者忠诚;如何设计引领潮流的服饰款式而不是跟随;如何成为一流产品品质的标杆而维系客户的长期信任;如何维系内生的持续创新动力以基业长青?

参考资料:

中国动向(集团)有限公司网站:http://www.dxsport.com/gb/global/home.php.

百度百科 卡帕:http://baike.baidu.com/view/17654.htm.

郭伟文.Kappa:中国企业怎样救活国际品牌[J].中外管理,2010(11).

案例 2-3　海信集团的技术创新与品牌价值经营

海信集团是中国特大型电子信息产业集团公司,成立于 1969 年。

长期以来,海信坚持"技术立企、稳健经营"的发展战略,以优化产业结构为基础、技术创新为动力、资本运营为杠杆,持续健康发展。进入 21 世纪,海信以强大的研发实力为后盾,以优秀的国际化经营管理团队为支撑,加快了产业扩张的速度,已形成了以数字多媒体技术、现代通信技术和智能信息系统技术为支撑,涵盖多媒体、家电、通信、智能信息系统和现代地产与服务的产业格局。截至 2009 年海信实现销售收入 560 亿元,在中国电子信息百强企业中名列前茅。

一、创立技术创新为核心的企业经营理念

在长期发展实践中,基于客户价值创造海信确立了"创造完美,服务社会"的核心价值理念,并以理念先行,牵引公司发展与品牌经营。同时,海信始终注重技术创新,并将技术创新理念作为企业经营理念的核心,作为品牌经营的重点,并渗透到生产与经营的各个环节。

海信理念

企业使命:致力于电子信息技术的研究与应用,以卓越的产品与服务满足顾客的需求,提升人类社会生活品质。

企业愿景:建百年海信,创国际名牌。

企业品格:诚实、正直。

企业精神:敬人、敬业、创新、高效。

企业作风:严格要求,雷厉风行。

质量理念:质量不能使企业一荣俱荣,却可以让企业一损俱损。

科技宗旨:技术孵化产业、原创确保优势、科技服务人性。

营销理念:技术引领市场,速度保鲜技术。

品牌理念:品牌核心价值——是对技术创新和产品质量的不懈追求。

国际化理念:思维国际化、品牌国际化、竞争力国际化。

服务宗旨:顾客至上,公平服务。

服务承诺:一日承诺,立信百年。

海信价值观念

核心价值观:诚实、正直、务实、向上。

海信总的价值观念:"创造完美,服务社会"。

　　这也是海信一切经营活动的最高准则。海信人以振兴民族工业为己任,具有高度的社会责任感和使命感,海信以服务社会来回报社会,立足于社会。因此,"创造完美,服务社会"是每一位海信人的行为准则。

　　"创造完美"涵盖创造完美的产品、完美的服务、完美的生活、完美的人生几层意义。海信人在生产劳动过程中,把对美的追求,对生活的热爱,融于每一个产品之中,并通过优质的服务把它奉献给人民,让更多的人在使用海信产品、享受海信服务的过程中,真切地感到一种美的存在,获得一种美的享受,从而引导广大消费者以及全体社会大众热爱美、追求美、创造美,这就是海信创造完美的真正含义。

　　"服务社会"是海信事业的最终目标。人生只有在服务社会的创造过程中才能得以升华,企业也只有在服务社会中才能发展、壮大,才能展现企业的存在价值与生存意义。"服务"不仅表现在海信与社会、海信与消费者之间,也表现在海信集团内部各职能单位、集团与子公司之间,即集团为子公司服务,子公司及各职能部门为生产、销售服务,上一道工序为下一道工序服务,整个海信为社会服务。

(摘录自海信官方网站)

二、确立了技术主导的发展战略

　　海信确立了技术主导的发展战略,并形成了牢固的坚持技术发展的企业文化。近十余年来,海信在技术研发环节坚持每年占销售额5％以上的研发费用投入,并建立了海信研发中心总部、海信顺德研发中心、海信深圳研发中心、海信欧洲研发中心、海信美国研发中心、海信(美国)光通信研发中心六个研发中心,积聚了数千人的研发队伍,成立了博士后工作站,建成了具有特色的技术研发体系。厚积薄发,海信逐步在多媒体技术、家电、智能交通、移动通信、光通信等多个领域的核心技术有所突破,在工业设计、电路开发、纵向产业链整合等方面超越了许多国内同行,并不断逼近行业标杆。2008年,海信与世界著名公司同步推出全球领先的直下式LED背光产品,成为一个重要标志。图2-6为海信研发体系示意图。

前瞻性技术
共性技术

应用基础研究机构
(数字多媒体技术重点实验室等)

产品公司研发机构

工业设计中心,检测中心

产键产品技术

群众性革新活动

图 2-6　海信研发体系示意图

目前海信在青岛、深圳、顺德、美国、欧洲等地建有研发中心,初步确立全球研发体系。科学高效的技术创新体系,使海信的技术创新工作始终走在国内同行的前列。

三、建立多品牌架构体系

经过多年的发展,海信建立了以海信集团(Hisense)为集团品牌,以海信、科龙、容声为主要产品品牌,以赛维为服务品牌的海信品牌架构体系。

"海信"品牌源于"海纳百川"、"信诚无限"两个成语,海信英文商标"Hisense"是由"High"与"Sense"组合而成,代表了"高品位"、"高享受"和"高科技"的含义。海信集团的品牌愿景为:做受人尊敬的世界企业。

"科龙"(Kelon)品牌的英文名称为"Kelon",代表想象力,科技感和无限的延展性,以首写字母的"K"做焦点,加入"海信橙"分外凸显、跳跃,象征着不断进取和开拓创新的活力,而"科龙蓝"则是代表企业的平衡、实实在在的、不深沉、也不浅薄,稳健步伐的另一面。

"容声"(Ronshen)品牌寓意可靠、创新科技及质量,突出容声回应,以及关注顾客需要的企业态度。英文名称"Ronshen"简洁清新,左上角配上一颗闪烁的星形设计,令商标添加光彩和生命力,活泼的中英文商标节奏感十足,为容声注入无限动力。"容声"品牌主要定位于中低端市场,致力于打造为客户提供实用功能强、性价比高的大众品牌产品。

"赛维"(Savor)为海信集团的服务品牌,品牌名字来自于英文"SAVOR",英文意义为"尽情享受",意指"只要拥有赛维的服务,可以尽情享受海信集团的所有家电"。

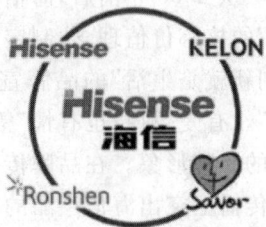

四、确立科技宗旨

1."技术孵化产业"

每涉足一个新的领域,首先占据技术优势,成立研究所,进行技术研发和人才储备,待时机充分成熟后,研究所裂变为新的公司。

海信以技术为基础、以项目为平台、以培育和提升核心竞争力为目的,实现建立新产业的目标。这有利于掌握核心技术、降低投资风险、优化产业结构、发挥协同效应、增强竞争能力,保持企业长期、健康地发展。

2."原创确保优势"

"原创力",指的是原始创新能力。基于原始创新的具有自主知识产权的核心技术是企业竞争力的内核。在此基础上进行后续改进和针对用户需求的派生性研发,才可形成真正的市场竞争优势。

企业要建立市场优势,抵御市场风险,打造核心竞争力,必须拥有自主知识产权,提高核心技术的原创力。

3. "科技服务人性"

科技以人为本。在技术的应用以及产品的研发和创新上，应注重体现人文关怀、注重在提升人类生活品质的同时，克服科技对人的异化。海信以现代科技来服务人性之需求："有爱，科技也动情！"

五、实施创新科技为核心的品牌营销策略

从 2000 年前后，海信在咨询机构帮助下进一步加强品牌建设。海信确立了"创新科技"的核心价值理念，制定了"创新科技，立信百年"的企业口号。在宣传语上，海信提出了"创新就是生活"的品牌宣传语，后陆续调整为"做新的，做好的"，"海信，动情科技新生活"，"有爱，科技也有情"等主题宣传语。在品牌形象建设上，海信着力塑造和传播技术专家的品牌形象。在品牌传播上，在企业形象传播中突出海信的技术主导的经营理念，在产品传播上突出海信产品的创新技术和技术优势，在人物营销中突出海信在各个产品技术领域的技术专家，逐步塑造出具有技术领先优势的产品品牌价值形象和具有技术创新精神的企业品牌价值形象。

技术价值是电子产品品牌的核心价值属性之一，技术价值的创造和持续提升促进了海信产品功能价值和客户应用功效价值的持续提升，对于创新的高新技术产品品牌，一般具有较高的品牌认知和品牌美誉，也有利于客户建立品牌信任和品牌偏好，发展情感层面的品牌忠诚，也促进了海信中高端电子产品品牌的塑造。

创业 40 年，海信目前拥有海信电器（600060）和科龙电器（000921）两家分别在沪、深、港三地上市的公司，是国内唯一一家同时持有海信（Hisense）、科龙（Kelon）和容声（Ronshen）三个中国驰名商标的企业集团。海信已建成自主研发体系主导下的具有市场竞争力的产品体系。目前，海信在南非、埃及、阿尔及利亚等地拥有生产基地，在全球设有 20 余个海外分支机构，产品远销 130 多个国家和地区，海外市场年销售额近 80 亿美元，海外市场自主品牌占比超过 30％，海信正向着全球一流公司的目标迈进。

参考资料：

海信公司网站：http://www.hisense.cn/hxjt/? id=381.

百度百科 海信：http://baike.baidu.com/view/43974.htm.

《悉心演绎品牌价值——海信的战略性品牌管理透视》，国际广告 141 期。

第三章

品牌价值选择

公司最强大的武器：品牌。

——杰克·奥图尔

品牌价值选择的核心是消费者价值的选择和创造。品牌价值选择以客户价值的满足为核心，以企业战略的规划与执行为基础，其内容包括品牌评审、客户价值选择和品牌价值定位三大部分。

品牌价值的选择与创造服务于企业战略，始于企业战略。企业战略规划与执行包括企业的愿景与使命、企业内外部资源、企业核心能力发展、客户价值导向、竞争导向五大核心要素。基于企业内生能力持续发展，以及企业内外部资源的有效协同实施品牌价值的选择与创造，实现和满足客户价值，也是企业实现持续发展的重要发展思路。

品牌价值选择，以及社会与人的持续发展，随着消费者价值需求的进化而共同进化，是个动态循环、持续完善的过程，并在客户价值持续选择、创造与满足的过程中实现品牌价值和企业价值的持续成长。图 3-1 为品牌价值选择模式。

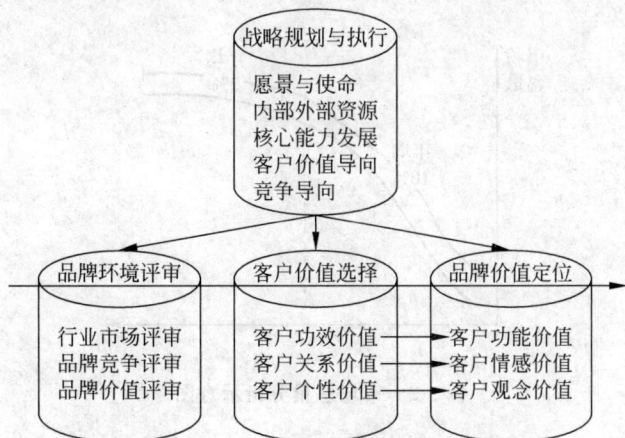

图 3-1　品牌价值选择模式

3.1 品牌评审

一个优秀的企业输出的不仅仅是优质的产品,更有优秀的管理优质产品的方法。

——美国通用公司前总裁瓦格纳

品牌环境评审,包括行业市场评审、品牌竞争评审和品牌价值评审三个方面。充分的市场调研和完善而细致的品牌环境评审,是企业合理规划和实施品牌价值选择,实现品牌价值创造的重要先决条件,并有利于避免盲目决策和市场风险。

一、行业市场分析

行业市场分析,包括市场总量分析、产品结构变迁分析、地区消费结构变化分析、行业集中度分析、市场集中度状态分析以及企业相应的发展策略。

1. 市场总量分析

市场总量分析主要是分析整体行业市场的容量成长情况。通过数据分析,可以统计、整理出行业市场容量成长曲线的不同走势图,从中可以分段显示其年均增长率。我们可以据此直观地分析出目前整体行业市场是处于快速导入期,还是成长期、成熟期或是衰退期,并制定相应的发展策略。

一般而言,处于成长期的行业市场蕴含更多发展机遇,此时企业应以快速占领市场、扩展分销渠道为主要对策。而处于成熟期及衰退期的行业市场则蕴含更多威胁与风险,此时企业应慎重对待,并以市场细分发展策略以及差异化产品策略为主要发展策略。见图 3-2。

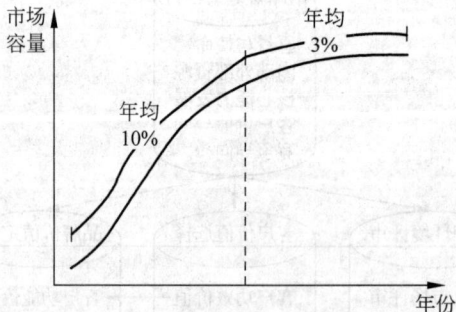

图 3-2　市场总量分析示意图

2. 产品结构变迁分析

对于行业内产品结构变化的分析主要用于描述各产品细分市场的结构性变化。一般而言,成长中的行业细分市场和产品领域发展机会更多,企业应予以重点关注,并加强相关产品的研发生产和市场开拓方面的投入。衰退中的行业细分市场和产品领域蕴藏的威胁和风险较大,企业应慎重对待,通过缩减资源投入,采取相对保守的市场策略,以赢取利润为主。对于产品类型的划分和市场调研方式,可以在实践中结合行业特色采用相关标准来规划实施。见图 3-3。

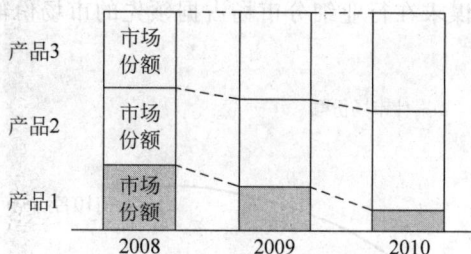

图 3-3　产品结构变迁分析示意图

3. 地区消费结构变化分析

地区消费结构变化分析主要是描述各地区市场的品牌销售份额变化。一般而言,品牌销售额持续增长的地域市场蕴含更多发展机会,而市场份额缩减衰退中的市场则蕴藏威胁和风险。企业需要结合资源优势和品牌竞争态势,集中优势资源实施重点市场突破,带动其他区域的发展。地区市场的划分办法,以企业的市场管理区划的划分为主要考虑因素,可以采用按东北、西北、华北、华东、华南、西南来划分;也可以按省划分。见图 3-4。

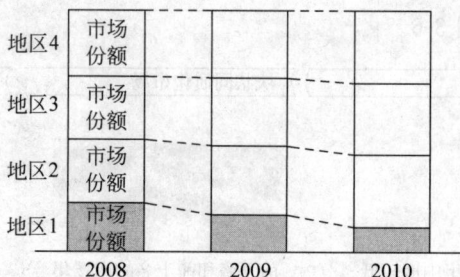

图 3-4　地区消费结构变化分析示意图

4. 行业集中度分析

行业集中度主要指行业市场的品牌整合程度。如果行业集中度曲线上升迅速,则表明行业竞争激烈,优势企业正采用加大资源投入、增强品牌宣传、拓展渠道与终端规模,甚至降价等方式大力扩张市场,扩大市场份额;而相对稳定的行业集中度曲线则表明行业市场的竞争结构相对稳定,领导厂商的市场优势地位已经建立,二三线品牌的发展,需要在发展策略和资源投入、品牌竞争策略规划和执行等方面做出更多努力。

　　一般而言,处于集中度迅速上升时期的行业市场蕴含更多发展机会。企业在这个阶段实施"快品牌"发展策略更为有效,企业加大市场投入,加快渠道建设,往往能获得高成效的发展,并有利于建立行业领导品牌。而处于行业集中度相对稳定时期的行业,企业发展机会则相对少一些,企业扩张的努力会受到领先厂商的集体抵制,此时企业应更为注重实施差别化的发展策略,谋求在行业细分市场占据领先的市场份额优势,建设细分市场的领导品牌。见图 3-5。

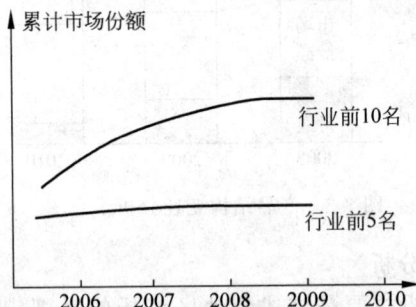

图 3-5　行业集中度分析示意图

5. 市场集中度状态分析以及企业相应的发展策略

　　市场集中度根据其发展状态的不同,可以划分为散点市场、块状同质化市场以及团状异质化市场。不同的市场集中度状态意味着不同的市场发展特征、消费者消费模式和市场竞争态势。深入的市场调研有助于企业深入了解行业市场发展状态和竞争态势,并建立相应的发展策略。见图 3-6。

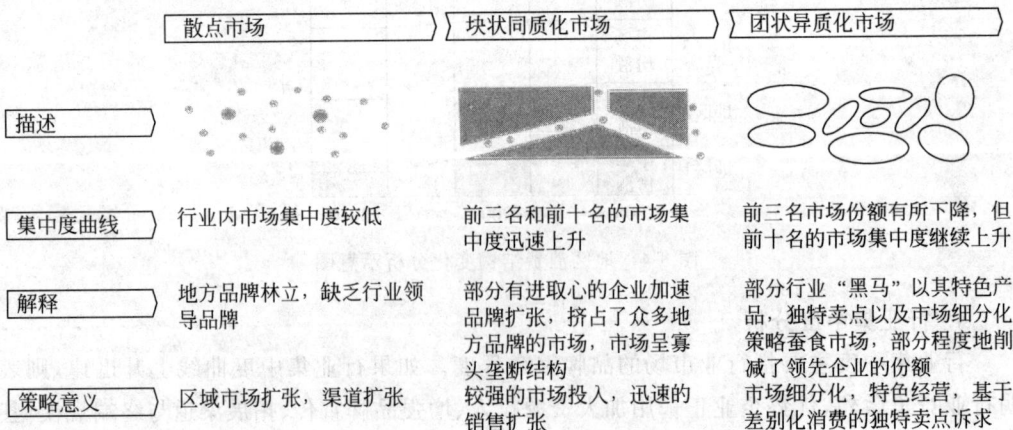

	散点市场	块状同质化市场	团状异质化市场
描述			
集中度曲线	行业内市场集中度较低	前三名和前十名的市场集中度迅速上升	前三名市场份额有所下降,但前十名的市场集中度继续上升
解释	地方品牌林立,缺乏行业领导品牌	部分有进取心的企业加速品牌扩张,挤占了众多地方品牌的市场,市场呈寡头垄断结构	部分行业"黑马"以其特色产品,独特卖点以及市场细分化策略蚕食市场,部分程度地削减了领先企业的份额
策略意义	区域市场扩张,渠道扩张	较强的市场投入,迅速的销售扩张	市场细分化,特色经营,基于差别化消费的独特卖点诉求

图 3-6　市场集中度态势及企业策略示意图

二、品牌竞争分析

企业的品牌策略,是在具体的市场环境和品牌竞争态势下规划和实施的,在更大意义上是品牌竞争策略。"知己知彼,百战不殆。"对于品牌竞争者的深入细致分析,是企业确定品牌战略,成功创造品牌价值的重要因素。品牌竞争分析的内容,包括品牌竞争策略、竞争者分析、企业品牌消费者分析、竞争品牌消费者分析以及品牌竞争力分析等方面。

1. 品牌竞争策略

合理、系统的品牌竞争策略,源于系统的品牌组织与能力、制度、流程建设;源于完善的市场调研和竞争策略研讨制定;同时也需要有效的管理与运营。图 3-7 是企业规划和实施品牌竞争的常用运营管理流程。

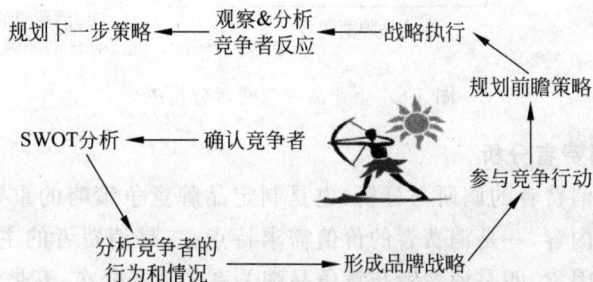

图 3-7　品牌竞争运营管理流程示意图

2. 竞争者分析

系统规划品牌竞争策略,企业需要进行深入的竞争者分析和竞争策略规划,以下问题是考虑的重点。

(1) 品牌的独特价值是什么,具有哪些竞争优势?

(2) 我们与谁竞争? 可以从谁那里夺取市场? 为什么?

(3) 竞争品牌的优势是什么,弱点在哪里?

(4) 品牌竞争的范围、范畴、方式是什么样的?

(5) 我们的竞争对手是如何与消费者沟通,如何创造品牌价值的?

(6) 消费者对那些竞争品牌的认知和体验是怎样的?

(7) 将来那些竞争品牌可能会怎样反击我们?

3. 企业品牌消费者分析

定期实施充分的市场调研,深入了解企业品牌的消费者的状态与需求特征,是企业调整、规划和实施未来品牌策略的重要因素。对于企业品牌消费者的分析,一是深入分析品牌消费者现在和未来价值需求的特点;二是分析品牌消费者对于品牌的认知度、美誉度等;三是深入分析品牌消费者对于品牌的忠诚程度和关系强弱分布。企业需要在此基础上梳理客户需求特点强弱,并制定相应的品牌营销策略和客户关系管理策略。见图 3-8。

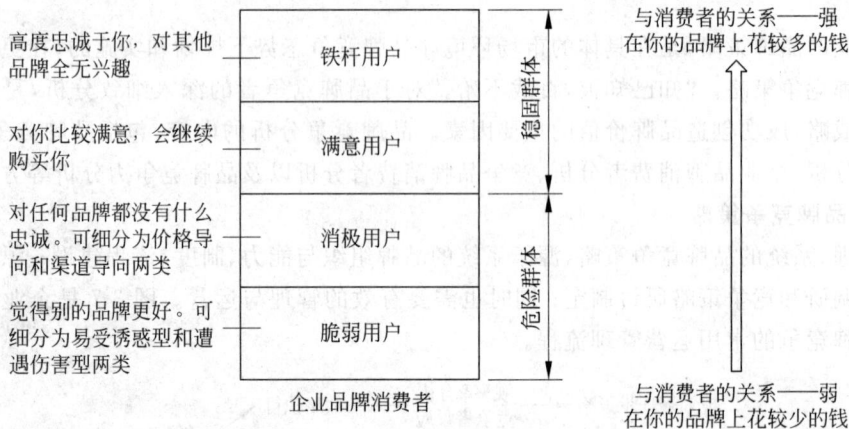

图 3-8 企业品牌消费者分析图

4. 竞争品牌消费者分析

对于竞争品牌消费者的调研与分析,也是制定品牌竞争策略的重要因素。对于竞争品牌消费者的分析内容,一是消费者的价值需求特点,二是消费者的主要购买原因,三是消费者的主要不满因素,四是消费者与竞争品牌关系的强弱分布,五是消费者转化品牌主要的考虑因素。这些也是企业实施品牌竞争策略的重要考虑因素。见图 3-9。

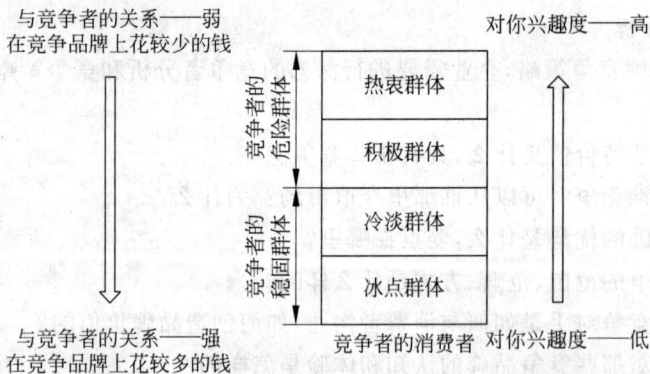

图 3-9 竞争品牌消费者分析图

5. 品牌竞争力分析

品牌竞争力包括用户保持力和用户捕获力。用户保持力是指企业品牌对自身消费者的保持能力,具体体现为客户满意度、客户忠诚度、客户重复购买及客户推荐等方面。用户捕获力是指企业品牌捕获竞争品牌用户的能力,体现为竞争品牌用户对企业品牌的兴趣度、好感度、打算购买的程度等方面。二者综合体现出企业品牌在市场竞争中的实力。见图 3-10。

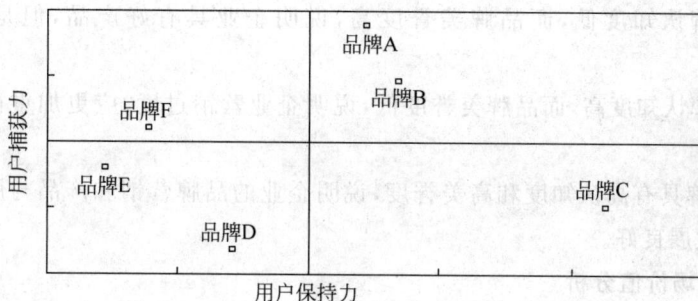

图 3-10　品牌竞争力分析图

三、品牌价值分析

品牌价值分析包括客户角度的品牌价值分析、市场角度的品牌溢价和品牌销售额分析，以及财务角度的品牌权益分析等。下文主要从客户价值角度实施品牌价值分析，主要内容包括品牌认知度和品牌美誉度分析、品牌市场价值分析和品牌消费者交易价值分析三个方面。

1. 品牌认知度—美誉度分析

品牌认知度是美誉度的基础，而品牌美誉度才能真正反映品牌在消费者心目中的价值水平，二者都是衡量品牌价值外延度的重要指标。知名度可以通过宣传手段快速提升，而美誉度则需要通过长期的细心的品牌经营，十年如一日地保持良好的品牌形象，才能建立起来。见图 3-11。

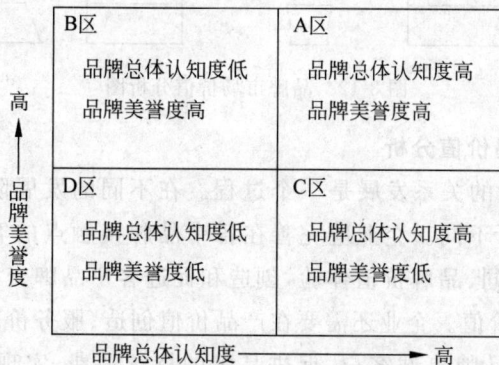

图 3-11　品牌认知度—美誉度分析图

D 区:品牌认知度和品牌美誉度双低,说明该品牌处于市场导入期,产品(服务)品质和品牌推广力度还有待增强。

B 区:品牌认知度低,而品牌美誉度高,说明企业具有好产品,但是品牌营销力不足。

C 区:品牌认知度高,而品牌美誉度低,说明企业营销过度,应更加重视产品和服务品质建设。

A 区:品牌具有高认知度和高美誉度,说明企业的品牌营销和产品与服务实施了有效协同,企业发展良好。

2. 品牌市场价值分析

品牌的市场价值可以用客户推荐度、使用率、购买性、美誉度、认知度五个指标来分析。其中购买性和推荐度主要是调研熟悉该品牌的受访者对该品牌的评价。品牌的市场价值主要可以通过市场调研数据,描述下述四个图来表述。高认知品牌市场说明品牌的各个维度都表现良好,具有较高的市场价值。传播缺乏品牌表明品牌的内在价值高,而品牌认知度和美誉度不足,企业应在品牌价值沟通方面投入更多资源和努力。低认知品牌说明品牌的各个市场价值维度都较低,需要从内在的品牌价值品质建设到外在的品牌价值沟通做出系统努力。虚名品牌说明企业品牌营销过度,名不副实,企业应更为重视品牌内在价值建设,注重品牌产品功效、品质和服务的系统提升。见图 3-12。

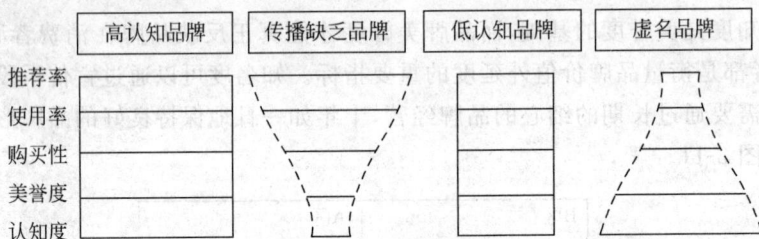

图 3-12　品牌市场价值分析图

3. 品牌消费者交易价值分析

品牌与品牌消费者的关系发展是一个过程。在不同的发展阶段,品牌沟通策略与品牌影响的策略也有所不同。企业应完善在各个品牌接触点的客户价值沟通,增强客户的品牌认知、品牌认同、品牌价值体验,创造和促进客户品牌交易的动机和利益点,促进品牌交易,实现品牌价值。企业还需要在产品价值创造、服务价值创造、客户关系管理等方面系统规划,发展品牌忠诚客户,促进品牌的持续消费,实现更多的品牌价值。见图 3-13。

- 众口称赞，相互推荐 ◁ [口碑]
- 用户忠诚，"我唯一的选择" ◁ [忠诚]
- 用户满意，"我很满意" ◁ [满意]
- 潜在用户转变成真正用户 ◁ [交易]
- 一个正面形象，"尝试一下未尝不可" ◁ [信任]
- 有一定品牌认知度 ◁ [认知]

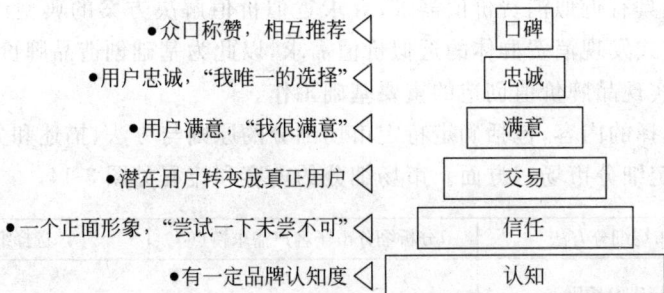

图 3-13 品牌客户关系分析图

3.2 客户价值选择

品牌的产生源于对顾客心理学与思想的理解，顾客才是品牌的真正所有者。

——博比·卡尔德

品牌价值的本质是客户价值。品牌价值选择和创造的基础也是有效的客户价值选择。客户价值的选择，基于市场环境和竞争态势，基于企业的资源与能力，基于企业的发展战略。品牌价值的选择，关键在于细分市场的选择、核心客户群体的选择和客户价值需求的选择，并以此为基础匹配和发展企业的客户价值创造模式和品牌价值发展模式。

一、客户价值的概念

关于客户价值的完整定义，业界尚无统一的认识。菲利普·科特勒提出的"客户让渡价值"定义具有较大影响。客户让渡价值是顾客从产品（包括服务）中获得的全部价值(U)与获得此产品而付出的全部成本(C)之差，即 $CDV = U - C$。当客户让渡价值大于零时，客户所获得总价值大于总成本，客户就会满意；否则，客户就不满意。科特勒还研究了客户价值的构成，并将其分解为产品价值、服务价值、人员价值与形象价值等；将客户成本分解为资金成本、时间成本、体力成本和精神成本等。

在更广泛的层面，客户价值在发展演进中包含了客户的功效价值、关系价值和个性价值。客户价值体验取决于所获得的利益（产品特性、功能、质量等有形利益；服务态度、速度、专业化；对于品牌的情感和群体认同体验；个性价值体验等无形利益）与所付出成本（价格、付款方式、维护成本、替换成本、时间成本、情感成本、安全性与风险度等）的差值。

二、细分市场选择

企业细分市场的主要目的是有效选择企业的目标客户市场。对于企业而言，细分市场是指在市场上具有近似消费价值需求，寻求近似价值解决方案的典型消费群体。企业需要通过有效方式发现消费群体的近似价值需求，以此为基础创造品牌价值，满足客户需求，这也是企业实现品牌价值创造的重要基础工作。

细分市场选择的内容，包括确定特定市场细分的原则与方法、描述和分析细分市场客户需求，以及确定细分市场三方面。市场细分的内容和流程见图 3-14。

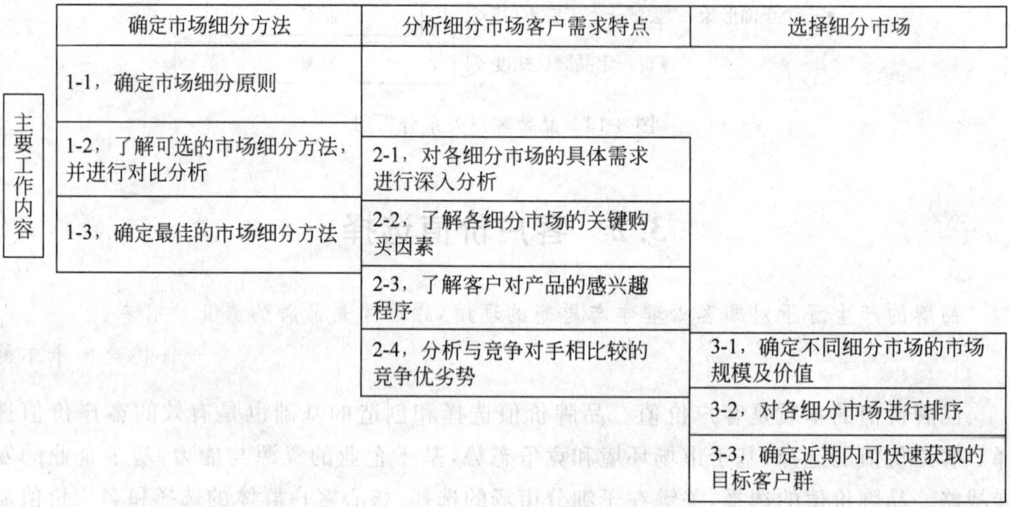

	确定市场细分方法	分析细分市场客户需求特点	选择细分市场
主要工作内容	1-1，确定市场细分原则		
	1-2，了解可选的市场细分方法，并进行对比分析	2-1，对各细分市场的具体需求进行深入分析	
	1-3，确定最佳的市场细分方法	2-2，了解各细分市场的关键购买因素	
		2-3，了解客户对产品的感兴趣程序	
		2-4，分析与竞争对手相比较的竞争优劣势	3-1，确定不同细分市场的市场规模及价值
			3-2，对各细分市场进行排序
			3-3，确定近期内可快速获取的目标客户群

图 3-14　市场细分的内容和流程

（一）市场细分的七大原则

不同领域，不同的企业，在不同地域，不同时期选择和实施市场细分时，有不同的关注内容和权重，一般而言，企业实施有效的市场细分有下列原则。

1. 战略匹配性
细分市场选择应与企业发展战略选择具有一致性。

2. 可执行性
细分市场选择应与企业现有和未来资源与拓展能力相匹配，有利于细分市场的有效开拓。

3. 高价值
细分市场在规模、成长性、竞争态势、拓展成本、客户发展等方面具有较大的发展空间和盈利机会。

4. 强品牌
细分市场应有利于企业建立和发展强势品牌，吸引最可能的客户，发展忠诚客户群体。

5. 可到达性

细分市场应有利于企业的快速进入，以及销售通路和多产品拓展，以及品牌的价值沟通。

6. 差异性

各细分市场内部具有相似性，相互之间有较显著的差别，易于识别、区分和分析。

7. 可防卫性

企业在细分市场易于建立竞争优势，竞争者不能轻易进入或立即跟进这一细分市场。

（二）市场细分的方法

市场细分具有多种方法和模式，消费者的人口统计特征、消费者消费特征、企业产品服务特征是三个主要的分类维度。企业可以根据消费者的消费模式，结合行业特点和产品特点灵活运用，以确保市场细分的合理性和有效性。

常用的市场细分方法，包括按人口统计特征分类、按地理特征分类；按客户的价值观和态度分类，按客户的使用行为分类，按消费者的需求、动机和购买因素分类；按产品和服务的使用场合分类、按产品类别和沟通渠道的态度分类、按产品的利润潜力分类八种类型。具体内容见图 3-15。

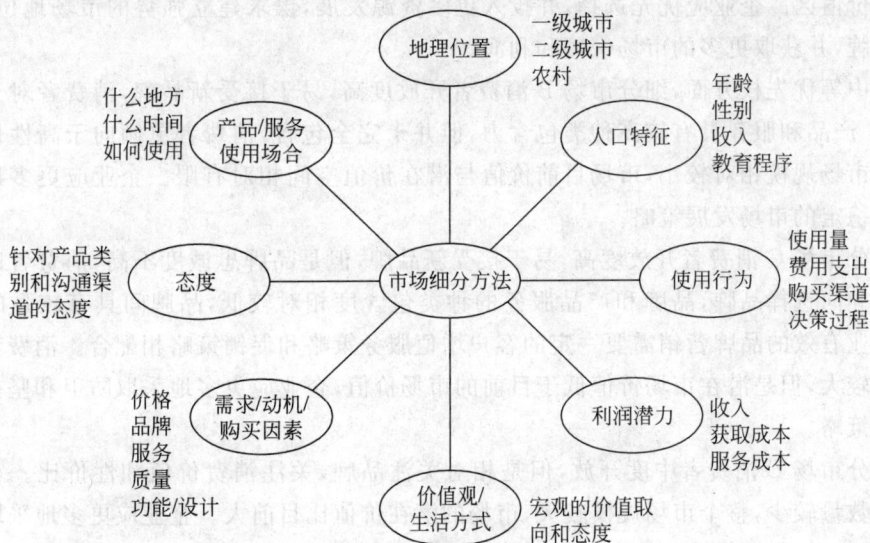

图 3-15　市场细分模式图

（三）确定细分市场

细分市场的选择和发展，是企业发展与成长中的一个阶段性历程。在不同的发展阶段,企业需要随着外部环境、竞争态势、客户价值需求的变化,以及企业内部资源能力的变化而动态调整,采用不同的策略。

一般而言,基于客户市场价值的大小,细分市场主要包括高优先权市场和中等优先权市场。见图 3-16。

高优先权	中等优先权		
市场细分A	市场细分B	市场细分C	市场细分D
建立和开发强势地位 •目前和潜在的最大价值区 •客户价值匹配度高 •最可能的客户 •高种类包含	维持、稳定 •目前和潜在价值成比例 •消费者开放度高 •高、但未完全执行包含	防卫、坚持 •消费者开放度高 •大消费群体 •购买贴水	扩张、增长 •潜在价值比目前大 •购买贴水
	•规模小 •低价值 •希望低价	•潜在价值低于目前 •低种类包含 •寻找替代者	•目前购买少 •中度开放

图 3-16　市场细分策略图

在高优先权方面,细分市场 A 潜在客户规模大,客户价值与品牌价值匹配度高,消费者对于企业的品牌、产品和服务具有高种类包含力,市场成长空间大,是企业目前和潜在的最大价值区。企业应优先选择,并投入更多资源发展,谋求建立强势的市场地位,发展强势品牌,并获取更多的市场份额和利润。

在中等优先权方面,细分市场 B 消费者开放度高,易于接受新品牌,消费者对于企业的品牌、产品和服务具有较高种类包含力,但并未完全包含,消费者更倾向于高性价比的产品。市场规模相对较小,市场目前价值与潜在价值空间相对有限。企业应更多地采取维持和稳定的市场发展策略。

细分市场 C 消费者开放度高,易于接受新品牌,但是品牌忠诚度不高,消费者以消费价值为导向选择品牌,品牌和产品服务的种类包含度相对较低,品牌间具有较强的替代性。企业有效的品牌营销需要一定的客户增值服务策略和促销策略相配合。消费者群体的规模较大,但是潜在市场价值低于目前的市场价值,企业应更多地采取防卫和坚持的市场发展策略。

细分市场 D 消费者中度开放,但是相对关注品牌,关注消费价值和性价比。客户目前购买数量较少,整个市场规模较大,市场的潜在价值比目前大。企业应更多地采取扩张和增长的市场发展策略。

三、核心客户群体选择

目标客户市场的选择与目标客户群体选择具有一定的一致性。目标客户群体的选择和分类、分层更为具体和细致。目标客户群体可以细分为核心客户群体、战略客户群体、潜在客户群体以及影响力量群体四部分。核心客户是本品牌产品的主要购买群体和忠实客户群体。战略客户是指目前没有购买或购买不多,但是客户需求与本品牌的核心价值与核心能力相一致的目标客户群体,核心客户是企业品牌价值的主要创造者,企业应重点关注。潜在客户是指其他品牌的客户,或者没有特定品牌购买需求的客户,客户需求与品牌的核心价值和能力有一定的不一致性,但存在转化的可能。影响力量是指对于核心客户和战略客户的购买决策能够形成影响力的第三方力量。

企业可以细致分析每个客户群体的行为特征和消费模式,系统规划和执行更有针对性的品牌营销策略。对于企业而言,核心客户群体最为重要。企业的价值创造、企业的资源投入和能力建设,以及品牌价值的塑造与品牌价值沟通,应围绕核心客户群体的价值需求的选择与满足为主实施。

企业应同时兼顾其他客户群体,通过系统规划和努力拓展客户的范围,促进企业与客户品牌价值关系的扩展。对于潜在客户,企业一方面要在品牌营销环节加强对于潜在客户和影响力量的品牌沟通与信息分享,影响潜在客户和影响力量的品牌认知和品牌认同;另一方面要在人际沟通、客户营销等环节加强对于客户的行为干预,增强客户的品牌价值体验,促进更多客户向战略客户,直至核心客户的转变。对于战略客户,企业品牌营销的重点是加大品牌广告和促销的力度,增强品牌影响力和价值力,促进战略客户向核心客户的转化,促进客户更多的品牌消费。对于核心客户,持续的品牌价值沟通和客户关系管理也至关重要,稳固核心客户可以增强品牌的持续价值创造能力,而维系成本远低于发展新客户。见图 3-17。

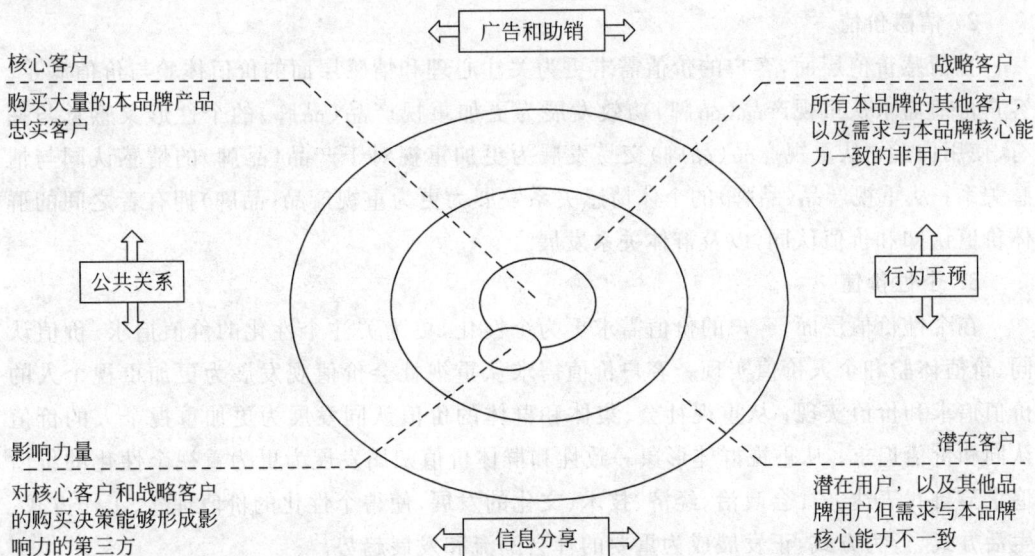

图 3-17　客户分类及营销策略分析图

四、客户价值需求选择

客户价值需求选择，包括客户价值需求分析、客户价值选择、客户价值创造模式和客户价值管理四部分内容。

（一）客户价值需求分析

时代在发展，社会、技术与人也都处于动态的发展和进化之中。新的社会发展和技术进步由社会公众的努力而来，也推动着社会公众的价值理念、工作方式、生活方式与消费方式的发展与变化。对企业而言，客户的价值需求也在持续地发展和进化。

客户价值需求根据需求特点和需求层次，可以划分为功效（功能）价值需求、关系（情感）价值需求以及个性（观念）价值需求。三者相互独立，但又有一定的递进发展关系，互相影响与融合，构成完整的客户价值需求与价值体验。

1. 功效价值

在功效价值层面，客户的价值需求，从重视产品的基础功能，发展为更为重视服务内容与质量；从关注产品的独立功能，发展为更为重视系统的应用解决方案；从重视产品功能价值，发展为更为重视产品的功效和使用价值；从重视产品的购买价格，发展为更为重视产品的总体拥有成本。从重视产品的所有权，发展为更为重视产品的使用权；从以现金购买为主，发展为分期付款、贷款购买、租赁使用、产品使用利润分成等更为灵活的消费模式。

2. 情感价值

在情感价值层面，客户的价值需求更为关注心理和情感层面的价值体验与价值满足。客户价值需求从重视产品（品牌）功效发展为更加重视产品（品牌）的个性形象感觉与拥有、使用体验；从重视产品（品牌）交易发展为更加重视对于产品（品牌）的情感认同与情感关系；从重视产品（品牌）的个体情感关系发展为更为重视产品（品牌）拥有者之间的群体价值认知和价值认同，以及群体关系发展。

3. 个性价值

在个性价值层面，客户的价值需求更为个性化，更为关注个性化的价值追求、价值认同、价值体验和个人价值实现。客户价值需求从重视社会价值观发展为更加重视个人的价值追求和价值实现；从重视社会、集体和群体的价值认同发展为更加重视个人的价值认同和价值追求；从重视群体形象一致性和群体价值归属发展为更为重视个性化的价值追求与自我表达。社会政治、经济、技术、文化的发展，使得个性化的价值理念、工作方式、生活方式、行为方式，正发展成为重要的社会潮流和发展趋势。

需要指出的是，客户的价值需求存在着客户期望值的高低程度差异；客户实际的价值体验中存在满意度差异；两者密切相关。企业在选择客户价值时应结合自身的资源和能力，以及价值创造战略慎重选择考虑、系统规划，以更好地创造客户价值，满足客户价值。图 3-18 为客户价值需求分析图。

图 3-18　客户价值需求分析图

根据客户价值需求的存在状态，客户价值需求可以划分为现有价值需求、潜在价值需求和初始价值需求三类。现有价值需求（existing wants）是指客户认为已有的、能够满足价值需求的产品和解决方案。如市场的大量成熟的客户消费产品和消费模式。潜在价值需求（latent wants）是指客户已经具有、可以表达，但尚未得到满足的需求。如汽车消费者希望电动汽车的应用更为经济和方便，手机用户希望电池寿命更长等。有效选择和发现客户的潜在价值需求，通过创新发展系统的客户解决方案，也意味着更大的利润空间，以及更广阔的企业价值成长空间。初始需求（initial want）是指客户不具有、不了解，但又潜在存在的价值需求。在产品和解决方案没有创造出来前，客户尽管有潜在的价值需求，可能也不会表达出他们对即时贴、"汇源"纯果汁、云南白药创可贴、苹果 iPod 音乐播放器、招商银行网上银行服务的渴望。

（二）客户价值选择

客户价值定位，包括泛客户群体的价值需求分析、目标客户群体的价值需求分析和客户价值定位三部分内容。见图 3-19。

中国市场是一个广地域、多元化、多层级的市场，经济发展的不均衡性，地理、文化与历史的多样性与差异性，导致不同区域的消费者、同一区域的不同层级的消费者，表现出明显的差异化价值需求特征。行业和细分市场不同，客户的价值需求明显不同，价值的关注点也不一样；相同的目标客户群体，在不同地域和不同时期，消费心理和消费模式不同，其价值需求也不相同。随着消费者购买力的发展和变化，其价值需求也会持续发展

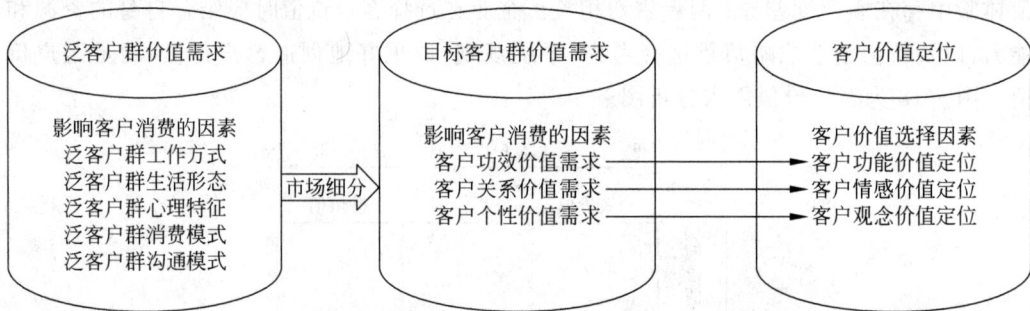

图 3-19　客户价值定位模式

变化。

　　客户价值的选择,首先是对目标客户群体的深入分析,包括基础信息分析和核心价值需求分析。客户的基础信息分析包括人口普查特征、工作方式、生活形态、心理特征、精神追求、消费模式、信息沟通方式等。客户群体的核心价值需求包括功能价值需求、情感价值需求和个性价值需求。对客户价值需求的内容和规模的细致调研、分类和分析有助于提炼客户的核心的价值需求元素或价值元素组合,为企业价值的创造奠定基础和方向。

　　客户价值的选择,还需要重视更广泛的泛客户群体的价值需求分析,包括泛客户群体的基础信息、消费模式、信息沟通方式,以及产品相关的基础和普遍的价值需求等。对于泛客户群体的分析,有助于企业在品牌价值创造和品牌价值沟通模式规划上突出重点而又有一定的包容性和广覆盖性,有利于客户群体的拓展和积聚。

　　迈克尔·波特指出:"竞争优势就其根本而言,来源于一个企业所能够为其买主提供的价值,这个价值高于企业为之付出的成本。"竞争优势的本质就是相对于竞争者而言,企业能够为目标顾客提供更有价值的产品或服务。在客户价值选择中,基于客户解决方案的客户价值、具有差异性的特色客户价值、个性化的客户价值、具有成本和价值优势的客户价值,都是创造提升客户价值的方法。

　　客户价值的选择,是对客户群体的价值需求的提炼、归纳、匹配与升华。企业在选择客户价值时,要注意下述六大原则。

　　(1)要有一定的规模效应和产品化特征,易于实现产品化与营销通路拓展,并具有快速成长的能力。

　　(2)要与企业的资源能力与价值创造能力相匹配,并有利于企业核心竞争力的持续成长。

　　(3)要以竞争策略为导向,企业应选择客户需求价值中的重点价值元素作为主要价值创造方向,集中优势资源创造差异化竞争优势。

（4）要与企业的发展战略相结合,基于客户解决方案创建和发展成体系的价值创造模式,建立系统竞争优势。

（5）要注意提炼客户群体的个性化需求特征,并系统规划客户的个性化需求解决方案。

（6）要易于识别和描述,易于品牌塑造和品牌传播。

（三）客户价值创造模式

在有效选择客户价值后,企业需要根据自身的资源和能力,依据目标客户群体的价值需求选择、创建和发展客户价值创造模式,创造和实现客户价值。

业界对于企业的客户价值创造模式已有诸多探索和实践。《发现利润区》、《价值网》、《利润模式》等许多书刊中,也有细致论述。客户价值创造模式,包括客户解决方案模型、产品金字塔、多重成分系统模型、配电盘模型、速度模型、卖座"大片"模型、利润乘数模型、创业家模型、专业化利润模型、基础产品模型、行业标准模型、品牌模型、独特产品模型、地区领先模型、大额交易模型、价值链定位模型、周期利润模型、售后利润模型、新产品利润模型、相对市场份额模型、经验曲线模型、低成本企业设计模型等。本书不再做过多评述。

需要指出的是,企业的品牌发展战略作为企业价值战略的一个组成部分,服务于企业的客户价值创造系统的建设。品牌战略规划与运营的重点,一是对接客户价值系统,发现、创造和满足目标客户的价值需求;品牌价值提炼,也应以核心客户需求价值的提炼为主,并以客户化方式,以客户的认知、理解和沟通方式规划品牌的客户价值诉求和沟通模式。二是对接企业的价值创造系统,依托企业的价值创造系统的发展模式、内外部资源与核心能力,持续提炼、创造、优化和发展企业的品牌价值和品牌资产,以支持和强化企业的竞争与发展战略。系统规划和努力将有助于实现品牌价值最大化和企业价值最大化,进而实现客户价值最大化的发展目标。

（四）客户价值管理

企业资产与品牌资产持续增长的驱动力在于卓越的客户价值管理。客户价值管理的关键是长期的客户关系管理。企业应注意系统规划和发展客户关系管理策略,基于客户生命周期管理实施有效的客户终身价值管理,以创造更多的企业价值。图 3-20 列出了资产增长与客户价值创造和客户发展成本的关系。

资产增长的驱动力

单一客户创造的价值

推荐购买量

升级购买量

交叉购买量

新购买量

基础购买量

发展与保持消费者的成本

获取消费者的成本

时间

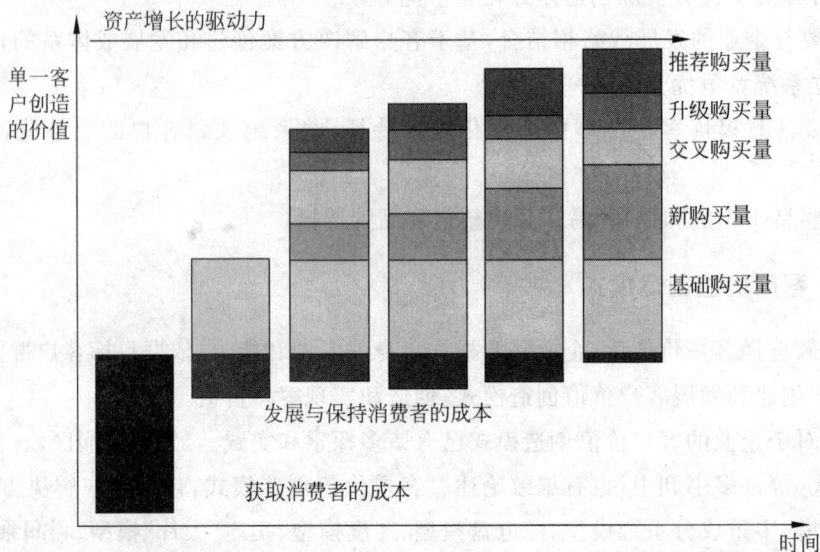

图 3-20　客户终身价值示意图

［阅读材料 3-1］

Dell 的客户价值选择与实现

在 IT 行业竞争激烈、产品升级换代迅速的行业背景下,Dell 在发展中确立了核心客户价值是"以最低的价格,提供个性化的产品",并以客户个性化需求的创造、实现和满足为核心实现价值创造。在客户价值创造系统建设上,Dell 确立了客户的个性化定制和先付款,后生产,再交货的业务模式。以客户限定选择范围的个性化定制和客户信息管理为中心,发展了先进的订单管理系统、客户服务系统、生产制造系统,以及物流管理系统。客户在互联网或电话上订购 Dell 产品时,Dell 可以迅速汇总来自地域市场的订单信息,并转移到零部件采购系统,以及生产制造系统,完成客户个性化产品订单,最终通过物流系统以送货上门的方式发送给消费者。

先款后货的无账期支付方式,零库存、按订单采购的采购与生产管理方式,低成品库存、快商品周转模式,也促进了 Dell 的快速价值成长和高速发展。如今发展时间相对不长的 Dell 已是全球领先的电脑厂商之一。

3.3 品牌价值定位

品牌不是产品,但是它赋予产品意义,并且在时间和空间双方面限定其本体。

——卡普费雷尔

一、品牌价值定位(brand value positioning)的概念

艾·里斯和杰克·特劳特于 1969 年提出定位思想。"所谓定位(positioning),就是令你的企业和产品与众不同,形成核心竞争力;对受众而言,即鲜明地建立品牌。"定位的核心是企业及产品在消费者的心智中的认识和定位。

品牌价值的选择与定位,应从客户价值中发现,从社会价值中发现,从企业的资源能力中发现。但最主要的还是从客户价值中去发现、选择、提炼、定位。品牌价值定位是发现客户价值需求、选择品牌价值、定位品牌价值的过程。品牌价值定位更为强调品牌独特的价值属性和价值形象在客户心智中的定位与价值体验。品牌价值定位的方法包括产品类别定位、产品功能定位、企业技术定位、企业文化定位、消费者生理特征定位、消费者行为定位、消费者情感定位、消费者观念定位等。企业需要根据行业特征、产品类型、竞争态势,以及消费者需求特征等因素综合分析、灵活运用,选择合适的品牌价值定位策略。

二、品牌价值定位的目的

在某种程度上,品牌价值等同于客户价值,等同于客户承诺。品牌价值定位就是向外部世界表达品牌的独特价值属性、品牌识别特征和品牌个性。品牌价值定位也意味着一种客户价值承诺。企业可以通过成功的品牌价值定位,通过有效的品牌价值沟通方法对目标消费者精准传播品牌的功效价值(功能价值)、关系价值(情感价值)和个性价值(观念价值),系统打造品牌形象,促进消费者产生品牌认同和品牌偏好,进而促进品牌相关产品的销售。

三、品牌价值定位的时机选择

品牌价值定位有一个时机选择的问题,企业需要结合自身的发展态势和发展战略,在合适的时机、合适的地点,通过合适的方式适时实施品牌价值定位。品牌价值定位的时机如下。

(1)公司发展战略调整时。

(2)公司现有品牌定位模糊时。

(3)公司转向新的目标客户群体时。

(4)公司创建新产品和新品牌时。

（5）公司现有产品形象不佳时。

（6）市场竞争需要。

四、品牌价值定位的七大原则

品牌价值定位规划与提炼的七大原则如下。

（1）品牌价值定位与目标客户群体的价值需求相匹配，并能持续满足客户需求。

（2）品牌价值定位要匹配企业现有的资源与核心能力，并能够实现客户价值承诺。

（3）品牌价值定位要有利于企业核心竞争力建设，有利于企业现在和未来的持续发展。

（4）品牌价值要有广阔的包容力与扩张力，具有成长性。

（5）品牌价值要具有高度的差异化和鲜明的个性。

（6）品牌价值要富有感染力和价值吸引力，激发主要利益相关者的共鸣。

（7）品牌价值要有高品牌溢价能力。

五、品牌价值定位方法

品牌定位的基础是市场调研和竞争分析，企业根据详细的细分市场调研，基于客户价值选择与价值创造，制定企业的发展策略，确定目标客户市场，在此基础上基于企业自身的独特资源和能力优势，确定产品战略和品牌战略，进而制定相应的品牌价值定位策略。

品牌所代表的客户价值诉求，包括品牌的功效价值诉求、关系价值诉求和个性价值诉求。在品牌价值定位过程中，企业需要确定清晰的目标消费群、明确的客户消费需求和消费价值。在此基础上，企业再确定品牌的角色，将品牌价值有效地凝练为具有差异性的消费利益诉求和品牌价值元素，这也意味着建立坚定的品牌承诺。

企业需要在企业理念、产品品质、产品功效等层面为企业的利益诉求提供坚强支撑，以持续和有效强化品牌价值定位。需要强调的是，成功的客户利益点必须具有重要的令人信服的事实和数据支持，以建立客户认同和客户信任。对于利益点的选择一是基于企业独特的资源和核心能力，易于实现不易模仿；二是具有满足细分市场客户需求差异化价值优势；三是有助于建立企业的核心竞争优势；四是避免雷同模仿热销品牌或跟风炒作社会热门词汇；五是要避免随意变化品牌价值定位。企业的品牌定位在一段时期内应具有一致性和时间的连续性，以易于客户的识别，稳固客户的价值认知，巩固品牌定位，积聚品牌价值。

需要注意的是，组织规划商业模式，到品牌定位、品牌价值、品牌精神、品牌形象、品牌传播、品牌营销、品牌体验是个系统过程。品牌定位的专注性、差异性、价值性及在一定时期的一致性，有助于建立清晰的客户品牌认知与消费选择，这与品牌营销策略和品牌沟通手段的多样性与灵活性并行不悖。有力地执行与持续改善，有助于品牌销售额的持续提升,有利于品牌资产的持续增值。图 3-21 为品牌价值定位模式图。

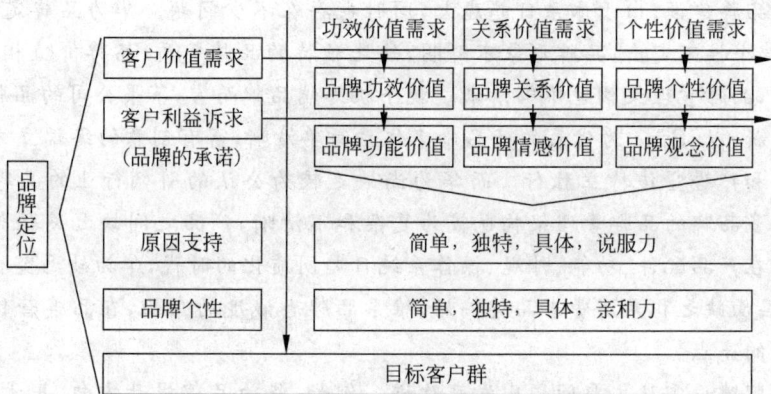

图 3-21 品牌价值定位模式图

[阅读材料 3-2]

华为的品牌建设

华为是笔者深深敬重的民族企业,一个靠技术、管理和市场规则,靠艰苦奋斗而非靠垄断资源发展起来的堪称伟大的企业,以 30 000 多项专利出色运营并居于世界通信行业前三,想想就令人感动。2012 年秋笔者也后知后觉地买了第一部国产的华为 Mate 手机,表达对华为的喜爱,进一步感受华为的产品和服务。华为品牌建设的优势一是华为已是居于领先地位的行业领导企业,其在通信产业的营业额已居于世界第一,华为拥有 30 000 多项专利,数十万名员工,作为成功企业,品牌的物质载体具有大体量优势。二是华为的产品线日趋丰富,技术领先,性价比高,并从传统不为大众熟知的经营通信设备和企业设备的工业品牌,逐步发展为包含消费者终端手机产品的综合厂商,华为手机包括运营商 OEM 产品已达数千万的销量,华为品牌已逐步为大众所消费和体验。三是华为从中国人民大学教授那里引进管理咨询制度并贯彻《华为基本法》,后续持续改良,奠定了先进的企业文化,配合任正非不定期发表的诸如《一江春水向东流》等文章,以及中国人民大学教授所写的《走出混沌》、《下一个死亡的会不会是华为》等影响力巨大的书籍,权威学者和意见领袖的大力宣传,对于建设与传播华为的企业文化和品牌精神起到了巨大作用。四是华为逐步花数千万元资金从世界领先企业 IBM 引进 IPD(研发管理)范式,从惠誉(HAYS)引进人力资源管理体系等,通过先僵化,再固化,再改进的学习和实施方法,公司管理运营方式先进,在管理方面成为社会和企业界人士学习、研究的榜样和讨论热点,并陆续有研究文章和书籍出版,对于华为建立正面品牌形象和专业形象也加分不少。

华为的品牌建设,由于体系日趋庞大,同时也存在不少问题。华为品牌定位不清,缺乏灵魂,品牌个性不突出,品牌形象不鲜明,缺乏独特的品牌气质,品牌价值相对也较低,产品溢价低,品牌管理架构也不够清晰。就手机终端品牌而言,苹果公司的品牌灵魂是自由、时尚、创新,以 iPone 为代表的产品命名体系简单清晰,富有创意的终端立方玻璃展示空间的设计和广告宣传特立独行。而华为尚缺乏较为公认的引领行业的品牌理念或精神。华为的多品牌的品牌管理架构也较为复杂和不清晰,产品之间缺乏关联与共同识别元素。另外在产品配件、功能、外观、操作系统日趋同质化的时代,华为缺乏突出的价值定位,在价值层面缺乏积累消费者品牌偏好、维系品牌忠诚度的东西,在品牌营销方面也缺乏引领行业的亮点。

华为品牌建设需从主要问题出发来改进。例如,华为品牌提升方向,基于东方文明,卓尔不群、和而不同可作为华为品牌灵魂;莲花标志可作为华为的主品牌形象并予以多样化改变和多场景应用;领先一步的技术创新可作为华为的主价值元素……

[阅读材料 3-3]

"采乐"洗发水的品牌价值定位

西安杨森基于自身的技术、研发和生产优势,确立了拓展医用洗发市场的发展战略。通过深入的市场调研,西安杨森发现并选择了具有"深度去屑"价值需求的目标客户群体,开发了洗发产品品牌"采乐",并确立了深度去屑的品牌价值定位。西安杨森在产品配方上突出"采乐"的药用去屑成分;在产品功效上突出"采乐"的去屑疗效;在品牌宣传上推出简单直观的宣传语"采乐去屑,针对根本",突出西安杨森制药企业的专业形象,以及"采乐"品牌去屑专家的专业产品价值形象。尽管与宝洁的"海飞丝"品牌价值定位类似,西安杨森通过差异化的品牌价值定位与品牌价值基因设计,有效避免了与海飞丝的正面竞争,并拓展了新的客户细分市场。

六、品牌价值定位的内容

品牌价值定位,以客户价值为核心,主要围绕品牌功能价值定位、品牌情感价值定位、品牌观念价值定位展开,致力于系统塑造企业的独特品牌价值,发展独特的品牌价值形象。

(一)品牌功能价值建设

品牌功能价值建设以消费者群体的功效价值需求的选择与满足为核心构建,起始于对消费者的功效价值需求的分析与选择,完成于企业对品牌功能价值元素的梳理、提炼与品牌化包装。

　　品牌功能价值包括产品材质、属性、特质、性能、服务质量等基础功能元素，以及时空便利性、金融服务等附加价值元素。建设品牌功能价值，一是需要深入了解目标客户群体的产品与服务层面的功效需求，基于企业专长塑造品牌的基础功能价值，以及独特功能价值，满足目标客户群体的独特的功效价值体验；二是需要企业的产品和服务具有坚实的产品功能和品质保障，满足消费者对于品牌产品与服务长期一致的品牌功效价值体验；三是品牌功能价值的提炼需要简单、明确和具体，价值内涵丰富，价值基因独特，以有利于与消费者建立深度品牌功能价值沟通，建立和维系与消费者对于品牌的深度功效价值认同。品牌功能价值建设的范例见图3-22。

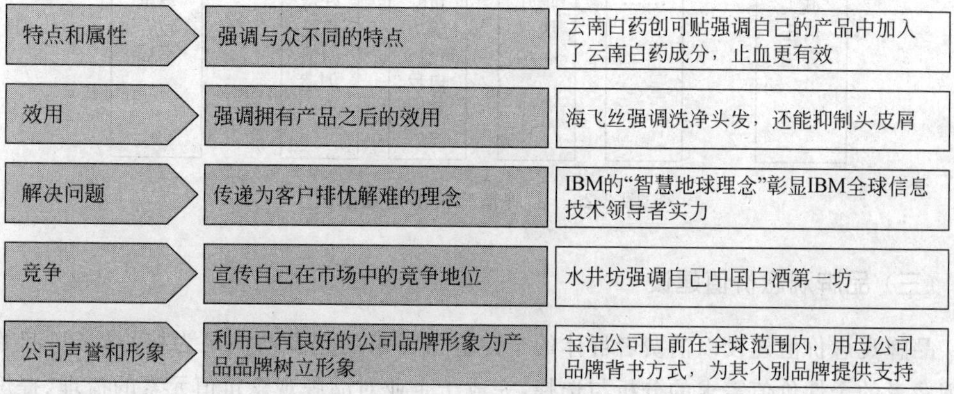

特点和属性	强调与众不同的特点	云南白药创可贴强调自己的产品中加入了云南白药成分，止血更有效
效用	强调拥有产品之后的效用	海飞丝强调洗净头发，还能抑制头皮屑
解决问题	传递为客户排忧解难的理念	IBM的"智慧地球理念"彰显IBM全球信息技术领导者实力
竞争	宣传自己在市场中的竞争地位	水井坊强调自己中国白酒第一坊
公司声誉和形象	利用已有良好的公司品牌形象为产品品牌树立形象	宝洁公司目前在全球范围内，用母公司品牌背书方式，为其个别品牌提供支持

图 3-22　品牌功能价值建设范例

（二）品牌情感价值建设

　　品牌情感价值建设以消费者群体的情感价值需求与关系价值需求的选择与满足为核心构建，起始于对消费者的情感价值需求的分析与选择，完成于企业对品牌情感价值元素的梳理、提炼与品牌化包装。

　　消费者的情感诉求包括社会价值观相关的情感诉求、生理需求相关的情感诉求、心理需求相关的情感诉求，以及家庭与社会角色相关的情感诉求。

　　建设品牌的情感价值，一是需要深入分析与理解目标客户的价值观、情感需求、关系需求和群体化的情感价值特征元素；二是提炼和建设富有企业特色的差异化的品牌情感价值，以有效构建消费者的群体情感价值认知、认同和心理契合；三是要建设和维持鲜明有力的品牌个性，树立与众不同的人性化形象，赋予品牌人性魅力和风格；四是采取多种方式加强与消费者以及消费者群体间的情感沟通和互动，创造深度的消费者情感价值体验，培育消费者的情感偏好，以此建立与消费者的紧密的、深度的、长期的情感关系。品牌情感价值建设的范例见图 3-23。

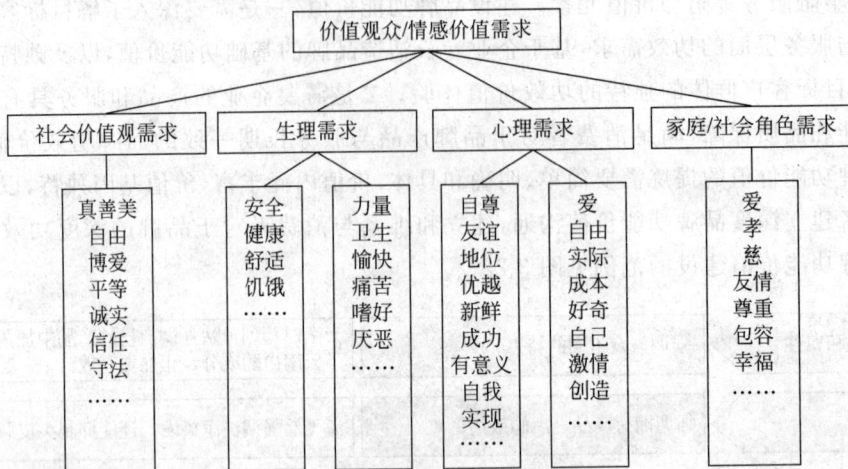

图 3-23　品牌情感价值建设范例

（三）品牌观念价值建设

　　品牌观念价值建设以消费者群体的个性价值需求的选择与满足为核心构建，起始于对消费者的个性价值需求的分析与选择，完成于企业对品牌观念价值元素的梳理、提炼与品牌化包装。

　　品牌观念价值建设，需要深入了解目标客户群体的个性价值需求，基于企业专长塑造品牌的独特观念价值，满足目标客户群体的独特的个性价值体验。

　　建设品牌观念价值，一是需要深入了解目标消费者群体的个性价值观需求，以及个性化的思维、行为模式，包括工作、生活、消费理念与消费模式，在此基础上，基于品牌价值定位提炼契合目标消费者个性精神需求的品牌理念基因。二是品牌观念价值的提炼需要价值内涵丰富，价值基因独特，简单、明确和具体，易于构建与满足目标消费者群体的个性化精神认知、认同与精神共鸣。三是品牌观念价值需要设计简明的品牌观念口号与品牌观念形象，易于与消费者传递和沟通。四是需要在实践上长期践行品牌观念价值，持续在与利益相关者和消费者的交流互动中传递品牌观念价值，促使品牌观念价值与消费者个性精神的交互影响与深度契合，推动消费者建立精神认同与精神依附。品牌观念价值建设范例见图 3-24。

事业	将公司品牌与社会的进步联系起来，以价值为驱动，不断扩大自己对人类生活的影响	英国石油的定位是"不只是贡献石油"
追求	满足人们一种特定的雄心、欲望、梦想、目标、希望、向往	劳斯莱斯轿车满足了人们对成功的渴望
价值	通过高质量的产品和服务、关爱员工、关爱社会等方式为社会创造价值	迪斯尼以合理的价值、出色的质量、尽兴的娱乐和美好为家庭创造快乐
个性	通过行为、活动、音乐、语言、消费、时尚、风格等来展现消费者的个性	维珍的创新和叛逆精神

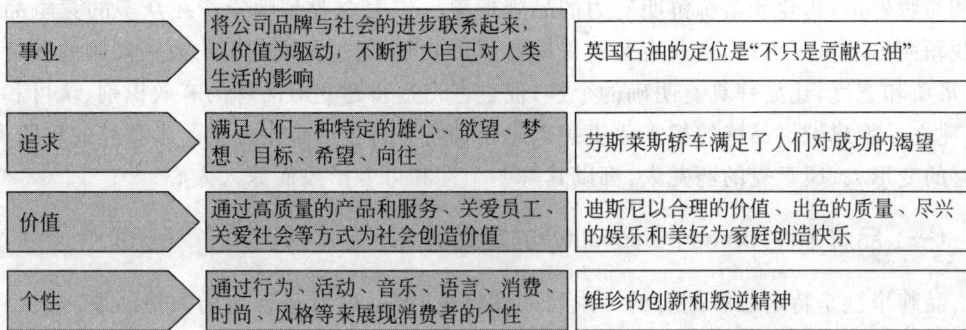

图 3-24　品牌观念价值建设范例

📖 [阅读材料 3-4]

舒肤佳的品牌价值定位与品牌个性建设

大众日化市场向来竞争激烈，而宝洁公司用数十年的努力，以有效杀菌为核心定位，为舒肤佳品牌建立了独树一帜的品牌资产。宝洁为舒肤佳创立的总体品牌资产是积极倡导美好家庭生活。在品牌价值方面，在品牌的功能价值上，突出舒肤佳产品能为家庭成员带来清洁和健康；在品牌的情感价值上，通过有力的品牌营销突出舒肤佳品牌能够帮助母亲更好地照顾家庭成员的健康，并且让他们后顾无忧地生活。在品牌传播方式上，宝洁公司长期开展"母爱"主题推广系列活动，突出在舒肤佳品牌持久抑菌效能的帮助下，孩子们可以更加自由自在地活动，好动的天性不会受到因害怕沾染细菌而带来的限制。另一方面，宝洁公司定期开展"专家认证"主题推广系列活动，传播舒肤佳经专家认证具有长效抑菌功能，同类其他产品却不能做到这一点。在产品功能上，宝洁公司以舒肤佳富含独特抑菌成分的产品成分，以及第三方专家的权威认证为主题作为宣传重点，建立了牢固的理由支持。在品牌个性的建设上，难能可贵的是，数十年来，面对无数新潮理念的诱惑，宝洁公司始终如一地坚持以有效杀菌为核心，持续展开舒肤佳品牌的产品开发和品牌营销，成功地构建了杀菌专家的品牌形象，并将舒肤佳塑造为美好家庭生活的倡导者，赋予它充满爱心、有知识，而且乐于助人的人格魅力。

七、品牌个性建设

营销的第一步，不是在决定采用哪一种媒体或是策略，而是要尽力组合出最精彩、最具卖点的诉求，让诉求忠实传达你商品的特点。

——卡耐基

在有效确定品牌定位后，企业需要对品牌实施科学的定性与定型，确定鲜明的品牌个性和品牌外形,构建和凝练鲜明有力的品牌形象。作为企业品牌资产在众多的竞争品牌中脱颖而出的重要手段,企业有必要采取差异化战略,通过长期的努力发展品牌的独特性格、形象和态度,让品牌具有明确的个性,促进客户逐步建立对品牌的有效识别、认可和喜爱,建立品牌忠诚。品牌的拟人化表达也是一种富有特色的常用方式。米其林的轮胎人、七喜的变形人、康泰克的药丸人,都以其鲜明个性和可爱形象而深入人心。

(一)品牌个性(brand personality)的定义

品牌个性是特定品牌拥有的一系列人性特色,即品牌所呈现出的人格品质。它是品牌识别的重要组成部分,可以使没有生命的产品或服务人性化。品牌个性能带来强大而独特的品牌联想,丰富品牌的内涵,并有利于建立鲜明的品牌识别。

(二)品牌个性与人的四大意识

塑造品牌个性有赖于人类的四种意识功能的了解,见图 3-25。

意识类型	有效利用	例证
思考	人类意识的思考功能以理性和逻辑性为基础,理性和逻辑性可以产生说服力,从而影响人的购买行为	舒肤佳香皂就是通过有效地消除病菌来满足人们的理性要求
感觉	与触觉、听觉、嗅觉和视觉有关,品牌个性如果能够吸引其中一种或多种感觉,就会激发人们的欲望	夏奈尔香水通过将香性纸条夹入杂志来推广香水的品牌
情感	有关人类的情绪、快乐、恐惧、愤怒、爱情和悲伤,创建一种引发消费者情感和情绪的品牌非常重要	雕牌激发了人们一种关爱的情绪
直觉	与逻辑思维相对立,常由冲动的行为表现出来。品牌个性可以强化人们的直觉——"我不知道为什么它适合我,不过我知道它肯定适合我"	安踏运动鞋的"安踏,永不止步",表达出一种强烈的进取精神

图 3-25　品牌意识类型分析图

(三)品牌价值元素分析

品牌的价值元素分析,可以基于消费者的需求和价值取向,从消费者消费理性、感性维度,以及消费者的个性自制、张扬维度去认知、分析和理解,并以此将品牌的个性价值划分六个价值区域:简约型价值区、传统感性价值区、现代感性价值区、价格敏感区、传统理性价值区和现代理性价值区。在这些品牌元素价值区域,通过具体的量化调查和心理分析来挖掘消费者购买行为背后的潜在消费心理和价值需求,消费者关注的品牌元素包含19 个基本的价值元素:归属感、高尚、激情、自然、古典、安逸、刺激/乐趣、自由自在、团队精神、新潮/酷活力、彼此关爱、简约、志趣相投、服务、创新、科技、质量、明智购物、个人效率。由于客户需求的复杂性,这些价值需求面对具体客户的具体价值需求,呈现出不同的品牌价值排列组合方式。见图 3-26。

　　企业需要关注目标消费群体的个性化价值需求,关注消费群体的代表性个性特征,以此为基础,基于品牌定位,深入理解、发掘和构建品牌价值元素与价值元素组合,确定品牌富有独特品牌价值内涵的品牌个性,建立差异化的品牌个性形象,并进行有效传播。

图 3-26　罗兰贝格品牌元素分析工具

（四）品牌个性建设途径

　　企业的品牌个性建设,第一需要规划完成清晰的品牌价值定位;第二需要确认目标客户群体;第三需要详细了解目标对象的特征、需求、欲望和喜好,通过细致分析确定目标客户群体的个性特征与个性价值理念、价值追求;第四创建与目标客户群体个性特征相应的品牌个性,建立客户的深度个性认同与群体认同;第五是持续的,一致性的传播企业的个性形象。图 3-27 和表 3-1 为常用的品牌个性建设工具。

表 3-1　品牌定位与个性建设分析表

品牌定位陈述			品牌个性	重要事实支持
目标消费群	角色	有差异性的消费者利益点		

　　针对 ＿＿＿＿＿＿＿＿ , ＿＿＿＿＿＿ 是一个具有 ＿＿＿＿＿＿＿＿ 的 ＿＿＿＿＿＿＿＿
　　　　（某目标消费者群体）　　（某品牌）　　　　　　（某特征）　　　（某领域）
品牌,它能够提供 ＿＿＿＿＿＿＿＿ 因为 ＿＿＿＿＿＿＿＿ 。
　　　　　　　（某些利益）　　　　　（某些原因）

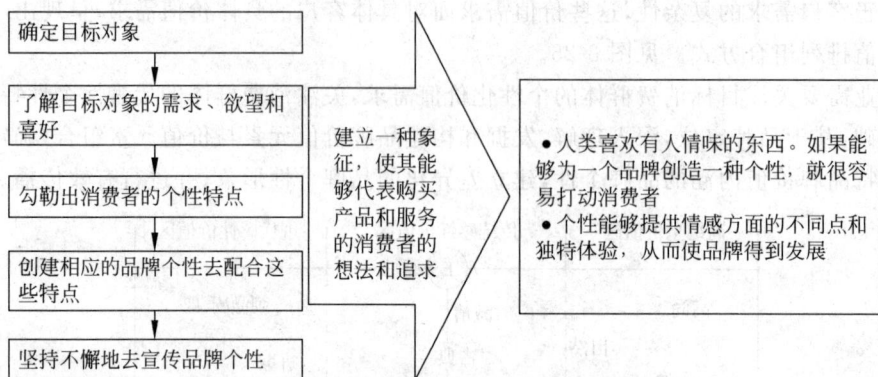

图 3-27　品牌个性建设分析图

[阅读材料 3-5]

高露洁牙刷的品牌定位与个性规划

作为牙刷行业的领导品牌,高露洁通过系统的品牌建设和传播建立了鲜明有力的品牌定位和品牌形象。其品牌定位与个性特征如图 3-28 所示。

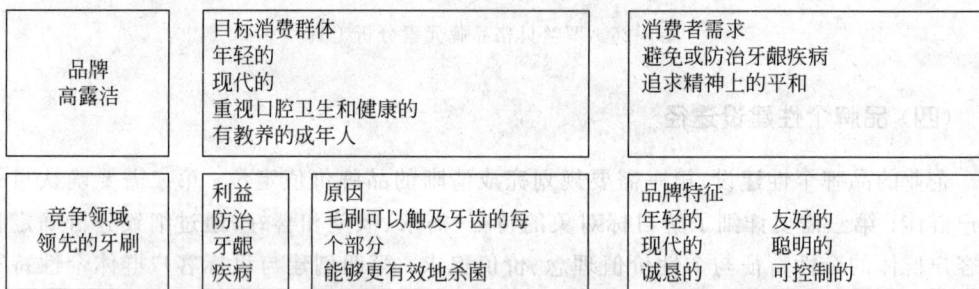

图 3-28　高露洁的品牌定位与品牌个性分析图

案例 3-1　红牛的品牌定位与品牌个性建设

红牛(RedBull)是全球最早推出且最成功的功能饮料品牌之一。1966 年,红牛维生素功能饮料诞生于泰国,迄今已有近半个世纪的发展历史。凭着优秀的品质和卓越的声誉,红牛功能饮料已畅销全球 160 多个国家和地区,稳居全球功能饮料行业领先地位。红牛 1995 年 12 月来到中国,成立了红牛维他命饮料有限公司(以下简称红牛公

司），大力开拓国内市场。

1. 红牛的品牌定位

红牛自创建后逐步确立了维生素功能饮料的品牌定位。在品牌功能价值建设方面，红牛注重功能饮料的价值定位与品牌价值元素建设，强调红牛饮料富含咖啡因、赖氨酸、牛氨酸、白砂糖、B族维生素，注重为红牛饮料消费者提供充足的营养和能量。

2. 红牛的品牌个性建设

在品牌个性建设方面，通过市场调查与分析，可以研究出红牛品牌个性价值示意图，如图 3-29 和图 3-30 所示。从图中可以看出，红牛品牌的客户定位是一个以活力为核心价值的刺激、激情、高效、科技、进取的功能饮料领导品牌；它在产品功效上能给消费者补充体力、提神醒脑；在工作中实现高效、最佳表现、不断提升；在运动中激情投入、活力四射、挑战极限。红牛的功效价值，在于它具有特殊的功能价值支撑以及独特的个性化品牌形象价值。

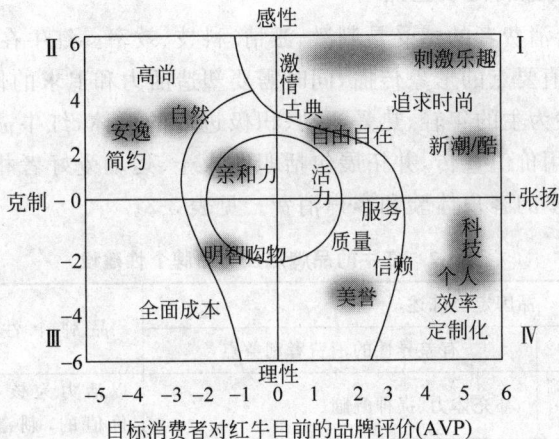

图 3-29 消费者对红牛品牌评价图

3. 红牛的品牌传播

在品牌传播层面，红牛先后规划了"补充体力、精力十足"，"渴了喝红牛，困了、累了更要喝红牛"等系列突出品牌定位的广告语并通过电视、网络等媒介广为传播，红牛品牌也逐步为广大消费者所知晓与认可。2014 年，红牛推出了"你的能量超乎你想象"的广告语。红牛同时开展了多项以激情运动、能量音乐等为主题的系列品牌传播活动，以持续增强红牛在消费者中的能量饮料定位与特色优势。

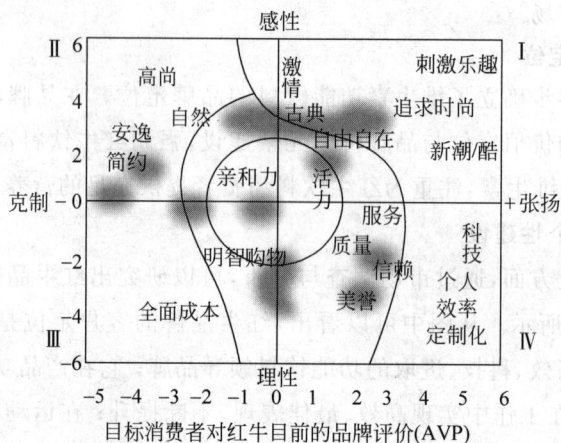

图 3-30　消费者价值观分析图

4. 红牛下一步的品牌建设重点

目前红牛品牌给消费者的感受是刺激、激情、科技、效率。红牛在今后需要加强激情、科技、个人效率等价值要点的形象传播，同时需要塑造活力和追求的价值元素。红牛的目标消费群体是以男性为主的年轻、热爱运动、积极进取的群体，红牛需要更为强调在工作状态、运动状态的饮用价值宣传，并拓展包括职业人士、运动爱好者相关的沟通渠道和终端消费渠道，促进更多的客户体验和客户消费。见表 3-2。

表 3-2　红牛的品牌定位与品牌个性建设

品牌定位陈述			品牌个性	重要事实支持
目标消费群	角色	有差异性的消费者利益点		
男性为主	功能饮料 领导品牌	补充体力、提神醒脑	以活力为核心价值的，刺激、激情、高效、科技、进取	特殊的产品功能 广泛的品牌号召力 国际化品牌实力
年轻		工作中实现高效、最佳表现、不断提升		
积极进取		运动中激情投入、活力四射、挑战极限		

针对以男性为主的、年轻、热爱运动、积极进取的消费者来说，红牛品牌是一个以活力为核心价值的、刺激、激情、高效、科技、进取的功能饮料领导品牌，它能使消费者补充体力、提神醒脑，在工作中实现高效、最佳表现、不断提升，在运动中激情投入、活力四射、挑战极限，因为它具有特殊的功能、广泛的品牌号召力、国际化品牌实力。

参考资料：

红牛中国官网：http://www.redbull.com.cn/drink/secret.

好搜百科 红牛：http://baike.haosou.com/doc/3113614-3281703.html.

案例 3-2 宝马汽车的品牌定位与营销

百年来汽车市场始终竞争激烈,领先的汽车企业品牌也在长期的发展中,在产品和品牌规划过程中,通过先进的品牌定位模式与方法,以及品牌理性价值建设和感性价值建设,建立了各具特色的品牌价值定位,建立了各自优秀的品牌资产。宝马、奔驰、VOLVO,都是其中杰出的代表。图 3-31 为汽车厂商的品牌定位模式示意图。

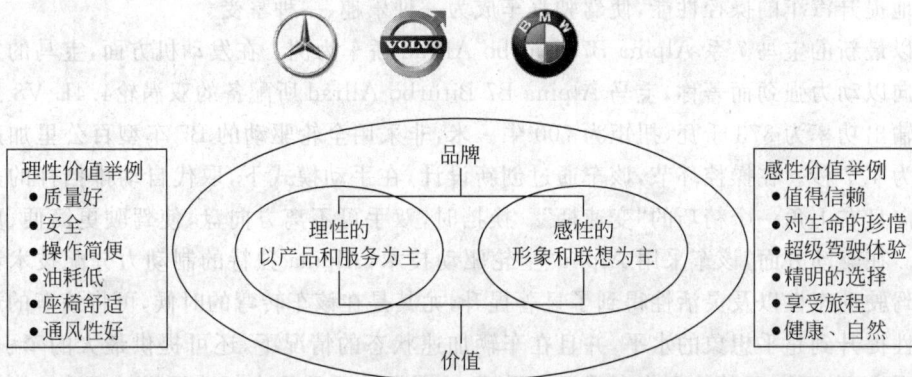

图 3-31 汽车厂商的品牌定位模式示意图

一、奔驰与 VOLVO 汽车的品牌定位

奔驰高端乘用车面向成功人士,在其卓越品质和大气的外形设计的基础上,更为强调宽敞舒适的后排乘坐体验,建立了牢固的高端商务车品牌价值定位。沃尔沃乘用车以乘用安全为核心定位,数十年来投入巨资在汽车安全领域的技术创新开发,拥有数百项创新的安全技术专利,为客户带来卓越的安全驾驶体验。

二、宝马汽车的品牌定位

面对高端汽车市场激烈的竞争,宝马公司的客户定位更多地面向了追求驾乘乐趣的成功人士,以及成功人士周围具有高消费能力的亲友人群。宝马的品牌价值定位,始终以"终极驾驶体验"作为企业品牌策略的核心,并在产品设计中强化汽车操控功能与性能,在营销宣传中也突出驾乘体验和驾乘乐趣,树立了卓越的驾驶者之车的品牌价值定位。宝马以此成功地把"驾驶乐趣和潇洒的生活方式"的品牌精髓刻在了消费者的大脑深处,宝马车的购买者更多的是中青年才俊、文艺界人士、富家亲属,以及富有活力和激情、心态比较年轻、喜欢自己开车的成功人士。

宝马汽车的品牌定位包括下列内容。

> ➢ 卓越驾驶性能，充满内在力量和激情的轿车。
> ➢ 可驾驭的动力，驾驭脱缰野马般的激情和优越感。
> ➢ 出色驾乘体验，人车完美融合的感受。

三、宝马汽车的产品研发与技术创新

宝马的品牌核心价值是"驾驶乐趣和潇洒生活方式"，在这一品牌战略原则的指导下，宝马的整个研发与技术创新战略都清晰地指向如何提升汽车的驾驶乐趣。宝马总是不遗余力地提升汽车的操控性能，使驾驶汽车成为一种乐趣、一种享受。

以最新的宝马 7 系 Alpina B7 Biturbo Allrad 轿车为例。在发动机方面，宝马的发动机一向以动力强劲而著称，宝马 Alpina B7 Biturbo Allrad 所配备的双涡轮4.4L V8 发动机的输出功率为 373 千瓦，扭矩为 700 牛·米，非采用全轮驱动的 B7 车型百公里加速耗时仅为 4.7 秒。在操控环节，该车通过创新设计，在手动模式下，取代自动排挡杆的是位于方向盘右上角一个精巧的"变速柄"。换挡时，双手可不离方向盘，使驾驶更简便、更有乐趣。在驱动方面，该车采用 Alpina 全轮驱动技术，Alpina 独特的制动力分配技术让该车的驾驶动态性以及灵活性得到了显著提升，尤其是在该车转弯的时候，可将该车的运动操控性提升到超乎想象的水平，并且在车辆加速状态的情况下，还可提供最大的牵引力。在外观方面，不同于其他豪华车强调庄重感，宝马新 7 系采用全新造型设计理念，均衡的动感、古典式的优雅、跑车的轮廓和完美的线条组合，尽显豪华气派而不失流畅和动感。

图 3-32　宝马 Alpina B7 Biturbo Allrad

四、宝马汽车的品牌传播策略

宝马汽车的品牌传播策略，也始终坚持突出宝马车优秀的操控性能和客户出色的操控体验,以及愉悦的驾乘情感体验。宝马汽车的品牌传播主题包含但不限于下列内容。

(1) 可驾驭的动力。

(2) 驾驭脱缰野马般的激情和优越感。

(3) 完美融合的感受。

(4) 充满内在力量和激情的轿车。

宝马汽车宣传文稿范例

> 宝马是超级驾驶机器。
>
> 充满男子汉气概,没有丝毫的笨重和古板,
>
> 驾驶宝马赋予驾驶者以控制感和力量感。
>
> 宝马的内涵是秩序与和谐。
>
> 它是精密准确的汽车,它光亮的车身下,蕴藏着无限动力,一触即发。
>
> 能够拥有宝马是对车主的成功地位的肯定,
>
> 因为并非人人可以享受这份荣耀。
>
> 这一点从来不会公开宣扬,但宝马车主都知道这一点。
>
> 宝马是驾驶的乐趣,
>
> 驾驶一辆精密工程设计的杰作。

宝马汽车的宣传图片范例

图 3-33 为宝马汽车品牌宣传广告。

图 3-33 宝马汽车品牌宣传广告

宝马"BMW 之悦"品牌传播战略

2010 年 4 月,宝马在中国启动"BMW 之悦"品牌传播战略,内容涉及销售、公关、售后

等业务,但家喻户晓的"纯粹驾驶乐趣"的广告语不会被取代。"BMW之悦"品牌活动是宝马全球统一品牌战略的一部分。2000年下半年开始,宝马在德国率先推出"JOY is BMW"的品牌广告,并大获成功。

"BMW之悦"

......

我们生产汽车,也盛产情感,那就是驾驶带来的激情、迷恋与震撼。

我们将这一切转换为一种全新而妙不可言的喜悦。

我们是BMW,

我们是纯粹驾驶乐趣。

......

当别人向您承诺所有,我们只向您承诺一件——

在所有情感中最美好最动人的——悦,

......

"BMW之悦"延伸了宝马"纯粹驾驶乐趣"的内涵,而且更加全面地反映了品牌与消费者之间更深层的情感联系。

"BMW之悦"涵盖驾驶乐趣之悦、成就梦想之悦、责任和分享之悦多个层次的情感。

"BMW之悦"的电视广告保持全球统一,平面广告强调中国元素,呼应中国文化中对"悦"的理解。为了获得清晰的"BMW之悦",宝马中国专门注册了书法字体的"悦"字。

参考资料:

宝马官方网站:http://www.bmw.com.cn/cn/zh/general/silo/overview.html.

好搜百科 宝马:http://baike.haosou.com/doc/2255254-2386079.html.

案例3-3 加多宝的品牌定位与整合传播

"王老吉"品牌创始于清道光年间,距今已有175年,被公认为凉茶始祖,有"药茶王"之称。

1995年,港资背景的加多宝公司在广东东莞建厂,经羊城药业特许,在中国内地生产、经营王老吉罐装凉茶(食字号)。加多宝集团是一家以香港地区为基地的大型专业饮料生产及销售企业。目前,加多宝旗下主要经营红色罐装"加多宝凉茶"和"昆仑山雪山矿泉水"两个饮料品牌。

在2002年,加多宝研究认为,红色罐装王老吉(简称"红罐王老吉")在广东、浙南地区有比较固定的消费群,盈利状况良好,销量稳定,销售额连续几年维持在1亿多元,已成为知名的区域品牌。但是历经七年发展,"红罐王老吉"的客户市场始终局限在广东、浙南两个区域,中国的很多地区的民众还没有饮用凉茶的概念和习惯。如何突破现有发展瓶颈,进一步做强王老吉品牌,拓展全国市场做大销量,成为加多宝公司进一步发展的重点。通过市场调研,加多宝集团发现广东、浙南地区的消费者对"红罐王老吉"的产品认知也较混乱。王老吉拥有凉茶始祖的品牌地位,但形成了红色锡罐包装的饮料形象,让消费者觉得它"好像是凉茶,又好像是饮料"。这导致加多宝在产品推广时陷入两难状态:如果用"凉茶"概念来推广,担心其销量受到影响;如果作为"饮料"推广,又没有建立精确的品牌区隔。

品牌重新定位:"预防上火的饮料"

几经波折,2002 年年底,加多宝与营销顾问机构合作,重新规划王老吉的品牌定位与营销。明确了"红罐王老吉"的品牌定位是"预防上火的饮料",竞争对手是其他饮料。

在品牌配方设计、经营与营销上,加多宝凉茶强调依据传统配方,采用上等草本材料配制,秉承传统的蒸煮工艺,经由现代科技提取草本精华、悉心调配而成。加多宝凉茶内含菊花、甘草、仙草、金银花等具有预防上火作用的草本植物。现代科学研究表明:加多宝凉茶含有植物黄酮类等天然成分,能预防上火,有益身体健康。

在品牌消费场景上,加多宝倡导该凉茶的独特的品牌价值在于:加多宝凉茶因其预防上火的作用和天然健康的特点越来越得到消费者青睐。当您尽情享受川湘菜、火锅、烧烤、薯条、汉堡等美食,或者尽情熬夜 K 歌、上网、看球,以及加班熬夜时,加多宝凉茶是您不可或缺的健康饮品。

王老吉品牌重新定位的益处在于以下几点。

其一,确立结合传统中医预防上火饮品的品牌定位,基于客户价值需求创造独特的利基市场,在与国内外饮料巨头竞争中形成有效区隔,建立降火饮品利基市场的领导品牌形象和独特竞争优势。国人认可的降火饮品概念为王老吉扩大全国市场,走出广东、浙南,走向全国奠定了基础。

其二,建立"红罐王老吉"预防上火的功能价值属性,王老吉品牌悠久的历史,成为预防上火"正宗"的有力支撑。淡淡的中药味不再是饮料销售的口味障碍,而成功转变为"预防上火"的有力功能价值支撑。通过对"红罐王老吉"产品功能价值的传播,有力提升了产品的品牌价值,红罐王老吉 3.5 元的零售价格,因为"预防上火"的功能价值,而获得客户认可,形成品牌价值溢价。

品牌传播

在品牌传播上,加多宝公司专注于降火饮料的品牌定位,通过系统规划和整合营销,有力地营销和传播"红罐王老吉"的品牌价值定位和产品形象。

在多年发展中,加多宝逐步确立了"大品牌,大平台,大事件"的营销策略。

在第一阶段的广告宣传中,加多宝为"红罐王老吉"确立了"不用害怕什么,尽情享受

生活,怕上火,喝王老吉"的主题广告语,并通过场景设计,以轻松、欢快、健康的形象出现,避免出现对症下药式的负面诉求,从而把"红罐王老吉"和"传统凉茶"区分开来。为更好地唤起消费者的需求,电视广告选用了消费者认为日常生活中最易上火的五个场景:吃火锅、通宵看球赛、吃油炸薯条、吃烧烤和夏日阳光浴。广告画面中人们在开心享受生活乐趣的同时,畅饮王老吉。结合时尚、动感十足的广告歌反复吟唱"不用害怕什么,尽情享受生活,怕上火,喝王老吉","怕上火,喝王老吉"这句广告语也成了家喻户晓、路人皆知的口头禅。消费者在吃火锅、烧烤时,自然联想到"红罐王老吉",一时间尝试喝王老吉饮料成了一种时尚,有效地促进了王老吉产品的销量增长。

在传播媒体的选择上,加多宝选择了与具有全国影响力的中央电视台合作,并结合原有销售区域广东、浙南的强势地方媒体开展整合营销。2003年在随后的几个月里,加多宝公司共投入4000万元广告费用。2004年、2005年,加多宝公司乘胜追击,斥巨资购买中央电视台黄金广告时段展开产品宣传。高密度、连续性、长时效的媒体投放方式加强了"红罐王老吉"在客户头脑中的品牌认知和品牌记忆。王老吉逐步成为全国知名降火饮料品牌,渠道和销售终端也跟进拓展到全国。

终端品牌营销

在终端营销环节,加多宝公司加强了传统经销渠道的POP广告推广。在传播内容选择上,充分考虑终端广告应直接刺激消费者的购买欲望,将产品包装作为主要视觉元素,集中宣传一个信息:怕上火,喝王老吉饮料。

加多宝公司配合餐饮新渠道的开拓,为餐饮渠道设计制作了大量终端物料,包括电子显示屏、灯笼等餐饮场所乐于接受的实用物品,并免费赠送。餐饮场所的现场提示,有效地配合了王老吉的电视广告。这种具有极强针对性的推广使消费者对"红罐王老吉""是什么"、"有什么用"有了更强、更直观的认知。目前餐饮渠道已经成为"红罐王老吉"的重要销售传播渠道之一。

在针对中间商的促销活动中,加多宝除了巩固传统渠道的"加多宝销售精英俱乐部"外,还加强了对餐饮渠道的开拓与控制,推行"火锅店铺市"与"合作酒店"计划,选择火锅店、酒楼作为"王老吉诚意合作店",投入资金与其开展节假日促销活动。由于为商家提供了看得见的利益,"红罐王老吉"由此迅速进入餐饮渠道,并成为许多餐饮店的主要推荐饮品。

"红罐王老吉"有力的品牌定位和品牌营销也为加多宝带来了巨大效益。2003年,其销售额比上年同期增长了近4倍,由1亿多元猛增至6亿元,并冲出广东、浙南;2004年,销售额突破10亿元;随后每年都有爆炸式增长。到2010年,加多宝已成为营业额过百亿元的大型饮料企业。

重塑加多宝品牌

2011年以来,加多宝公司与广药集团围绕"红罐王老吉"商标所有权开展了影响甚大的法律纷争,并最终败诉。如何有效地转换品牌,如何有效继承和延续以往依附在"红罐王老吉"身上的品牌资产,成为加多宝顺利发展的生死攸关的大事。

1. 品牌转换

加多宝在 2010 年迅速重新定义了产品品牌,将公司品牌"加多宝"同时命名为产品品牌,同时产品的红罐包装不变,饮料配方不变,产品品位不变,以有效保持消费者对于加多宝品牌识别的一致性。同时加大了广告投放力度,以"一样的配方,一样的味道"等媒体广告提醒消费者加多宝凉茶品牌切换,强化消费者对于新品牌的认知。

2. 品牌竞争

加多宝在市场上的品牌竞争,一是与其他饮料厂商的竞争,二是与继续持有王老吉商标的广药集团的竞争。鉴于与广药王老吉凉茶产品在配方和生产品质上的同质化和消费群体的同质化,不易与广药的王老吉品牌形成显著的品牌差异和竞争区隔,加多宝的市场危机依然严峻。加多宝为巩固在凉茶饮品领域的竞争优势,以"市场上销量领先的凉茶品牌"宣传加多宝品牌在凉茶市场的领导地位,以"王老吉"品牌创始人后裔"独家授权"广告等宣传加多宝品牌的"正宗凉茶"传承地位,以"我们道歉"等悲情软文来赢得消费者的情感认可。一系列广告结合竞争性的营销策略逐步巩固了加多宝凉茶品牌的市场优势。

3. 加多宝与中国好声音的联合品牌营销

2012 年,浙江卫视独家原版引进创于荷兰,在欧美市场获得极大成功的"荷兰好声音"音乐选秀节目,推出了"中国好声音"音乐选秀节目,节目追求音乐内涵与选手实力,导师阵容强大,新颖的导师学员双向选择模式、煽情的节目内容安排以及专业的节目组织,以超高收视率获得极大成功。

加多宝在节目推出之前,2012 年 5 月中下旬与栏目组接触,5 月底就以 6000 万元人民币敲定《中国好声音》节目的投资与冠名。在合作原因上,从加多宝的品牌经营策略和营销部门负责人后续讲话分析,加多宝追求大品牌、大平台、大事件的营销模式。双方合作加多宝寻求品牌诉求的契合,原版引进知名节目契合了加多宝对于"正宗"的诉求,节目追求内涵与品质契合加多宝追求产品品质的诉求(当时加多宝正更名,更名后配方、口感都不改变,内涵始终如一)。"中国好声音"节目的四位导师也是国内音乐界有影响力的人,节目制作方灿星团队拥有正版权,并曾成功运作《中国达人秀》等知名选秀节目,节目运作经验丰富,有助于《中国好声音》发展成为中国领先选秀品牌,而大品牌节目契合了加多宝创建经营大品牌的诉求,因此琴瑟相和,相得益彰。

市场调查数据显示,第一季《中国好声音》自播出时起就持续热播,持续高居市场同类节目收视率冠军。加多宝的节目冠名,以及节目广告词"全国销量领先的红罐凉茶改名为加多宝",加速完成了品牌切换,品牌知晓度也伴着《中国好声音》的热播达到 99%。相对后来的企业更大额的广告投入,先知先觉的准确市场判断和大胆投入,也使加多宝节约了大量广告成本,获益良多。

第二季《中国好声音》,加多宝在2012年11月2日历经29次出价以两亿元人民币报价拿下第二季独家冠名权。加多宝对于第二季《中国好声音》的期待是强化和巩固"正宗"内涵,让"正宗"成为《中国好声音》最具价值性和联想力的标签。以"加多宝中国好声音"实现两大品牌的强关联,以电视节目与线下促销增强消费者对于两大品牌协同的良好品牌体验,通过访谈、演出等线上、线下的创意营销增强与消费者的良性互动。

加多宝在第二季《中国好声音》的广告词设计包括"正宗好声音,正宗好凉茶",强化"正宗"标识,此外,加多宝再度推出"向正宗致敬"活动,在官方微博中推出一系列创意海报挖掘学员经历和执着追求,宣传正宗精神。2012年加多宝还策划了"唱·饮加多宝直通中国好声音","红罐随手拍","微信好声音"等线上线下活动,努力通过大众参与使《中国好声音》发展为《全民好声音》,成为大众娱乐。加多宝还将"你唱我评"搬上微信,网友只要上传自己的原声歌曲即可获得导师的真声点评,让大众也能体验到参加《中国好声音的乐趣》。

市场数据显示,从2013年7月12日《中国好声音》开播,到10月7日决赛为止,加多宝在此期间的销售业绩相比2012年同期增长30%左右。

2013年年底,加多宝以2.5亿元续签约独家冠名《中国好声音》第三季,节目的广告总中标金额达到13亿元。经过两年发展,《中国好声音》的影响力已走向海外,有升级为《华人好声音》的趋势。加多宝的品牌建设也更关注与知名媒体栏目品牌的长线合作,关注品牌的长期成长,更关注品牌的厚度与高度经营。福特赞助《美国偶像》长达10年,也应成为加多宝的学习榜样。

2014年,加多宝在电视台的大型综艺节目上也加大了投入;冠名央视春晚、天气预报1+1栏目,冠名世界杯黄金时段广告;与辽宁卫视合作冠名《本山选谁上春晚》栏目;与湖南卫视合作冠名跨年演唱会、小年夜晚会、元宵晚会。投入效果还有待验证。

笔者认为,从营业额、品牌知名度持续提升的角度,加多宝的品牌经营策略无疑是成功的。加多宝品牌发展需要关注的问题如下。

① 加多宝在一定时期确立了怕上火,喝加多宝(王老吉)的品牌定位,加多宝的长期品牌定位与品牌价值是什么,是否需要增加新的价值元素?

② 加多宝的品牌理念与品牌精神是什么,如何构建如何引领行业与时代的品牌精神?

③ 作为一款源于中医药凉茶的饮品品牌,加多宝如何将中医药文化、中医药健康饮品的发展与自身的发展有效结合,共同促进,在扩张中医药饮品市场的进程中持续壮大自己?

④ 加多宝单一的凉茶饮料市场空间是否足以支撑加多宝的品牌的快速发展与巨大广告投入,是否需要在相关饮料领域实施品牌延伸或建立关联品牌拓展市场?

作为华人中医药饮品保健领域的领先品牌,加多宝在持续发展中尚有许多问题需要思考与实践，祝愿加多宝越来越好。

参考资料：

加多宝集团官方网站：http://www.jdbchina.com/cn/index.asp.

好搜百科 加多宝：http://baike.haosou.com/doc/558147.html.

《商学院》《加多宝：做"好声音"的"中国合伙人"》.

第四章

品牌价值识别

　　品牌是一种错综复杂的象征，它是品牌属性、名称、包装、价格、历史声誉、广告方式的无形总和。品牌竞争是企业竞争的最高层次。

——大卫·奥格威

　　品牌具有虚拟性和实体性的双重特征，具有物化、人化与精神化的诸多元素。品牌识别是消费者对于品牌实体和虚拟形态的系统认知、体验与联想。从消费者视角，品牌识别包含品牌的感觉识别、情感识别和精神识别。品牌识别是一个多点接触、逐步深入、综合作用的结果，是一个系统与长期的过程。从企业视角，品牌识别以消费者价值识别为核心，以品牌定位为基础，对品牌的定神、定性、定形、定行，从而通过品牌沟通向消费者传递具有个性化的品牌价值形象。

　　品牌识别体系建设需要建立品牌独特价值和丰富内涵，需要建立鲜明的个性形象与态度，需要在多层面多角度的系统构建，需要建立长期一致的价值形象表达。好的品牌识别体系，易于消费者直观识别，易于产生品牌联想和品牌认同，易于与消费者产生情感认同和心灵契合。

　　本章将从品牌识别系统概述开始，系统阐释品牌识别系统的理论，并以笔者建构的品牌识别 3S 模型为基础，从品牌感觉识别、品牌情感识别和品牌精神识别三个方面深入探析品牌识别系统的建构与经营模式。

4.1　品牌识别与 3S 品牌识别模型

　　橘子就是橘子，它只可能是橘子，除非那只橘子贴上了 80％消费者都知道并且信赖的新奇士（Sunkist）品牌标签。

——Sunkist Growers/Russell Hanlin

一、"品牌识别"综述

（一）"品牌识别"的概念

　　"品牌识别"的概念，由大卫·阿克教授在《创造强势品牌》（*Building a Strong*

Brand)一书中提出,他指出,"品牌识别是品牌战略者们希望通过创造和保持的能引起人们对品牌美好印象的联想物"。我国翁向东先生在《本土品牌策略》一书中对品牌识别做了以下定义:品牌识别是指对产品、企业、人、符号等营销传播活动具体如何体现品牌核心价值进行界定从而形成了区别竞争者的品牌联想。

(二)"品牌识别"的内容

对于品牌识别的认识,大卫·阿克的品牌识别理论影响较大。大卫·阿克指出,品牌识别包括品牌精髓(soul of brand)、品牌核心识别(core identity of brand)和品牌延伸识别(extended identity of brand)三个方面的内容。大卫·阿克还从四个方面解释了品牌识别的 12 项具体的内容,包括:作为产品的品牌(产品范围、产品特性、质量/价值、使用体验、用户和原产地)、作为组织的品牌(组织特性、区域性或全球性)、作为人的品牌(品牌个性、品牌/消费者关系)、作为符号的品牌(视觉形象/标识和品牌历史)等。大卫·阿克认为,品牌识别是作为品牌的一种本质属性而存在,而不是一种具体的动作行为。品牌识别的确切意思是 Brand identity 而不是 Brand identification。

(三)"品牌识别"的方法与步骤

品牌识别系统的建设一般包括定义品牌识别(brand identity)、品牌人格化与消费者关系建设(brand personalizing)、品牌化传播(branding)、消费者期望与体验建设(customer prospective)、识别品牌(brand identification)五部分。

1. 定义品牌识别(defining brand identities)

定义品牌识别是实施品牌识别系统的起点。笔者认为,消费者的价值需求一般有三种类型,分别为功能性利益价值需求、情感性利益关系价值需求和观念性个性价值需求。品牌识别有四大层面十二项具体内容,难以面面俱到。企业在定义品牌识别时,需要深入调研消费者的价值需求和消费群体的形象特征,提炼核心价值元素,根据自身的资源与能力,以及与竞争对手的差异化竞争,精确选择品牌定位价值和品牌个性形象,并与目标客户群体的价值需求和形象特征相契合,促进消费者的品牌认知与品牌价值认同。

2. 建立和消费者关系(establishing relationship based on customer value proposition)

关于品牌与消费者的"关系"建设有两种观点。奥格威提出"品牌是消费者和产品之间的关系",认为品牌是企业和产品与消费者关系的载体;大卫·阿克在《品牌领导》中提出"品牌应该和消费者建立如同人际关系般的联系",认为品牌是和消费者建立关系的主体。

消费者关系的建立,一是创建和提高品牌的功能价值,满足消费者的功效价值需求,在品牌功能层面发展和维护消费者关系;二是增强品牌情感价值建设,提炼品牌的个性价值形象,密切与消费者的情感联系,促进消费者的群体情感认同与情感归属;三是加强品牌的观念价值建设,促进消费者对于品牌的价值理念认同,以及个性化的品牌风格偏好,促进消费者的品牌忠诚与品牌信仰。

3. 品牌形象传播(communicating the brand image)

在品牌形象传播中,保持品牌形象的独特价值属性以及品牌形象的长期一致性是企业品牌建设的重点和难点。企业品牌传播,需要精准定位目标消费者群体,以客户价值为核心传播内容,以差异化的品牌个性价值形象为传播主体,以目标客户群体主流的信息沟通习惯和客户接触点方式为主要品牌沟通渠道,以系统的整合传播策略确保传播主题的统一性、传播内容的丰富性和传播视角的多维性。同时应注意品牌形象传播在时间上的延续性和核心价值的长期一致性。

4. 消费者体验(customer experience)

消费者的价值体验是品牌形象建设的重点和难点。消费者的品牌价值体验包括购买前的品牌信息沟通、品牌产品的购买体验、品牌产品的使用体验、品牌产品的服务体验等。消费者对于品牌价值和品牌形象的认知和体验是一个过程。品牌所有者需要在消费者与品牌的各个接触点(touch point),在不同阶段向消费者传达关于品牌形象的不同信息,包括品牌的有形信息和无形信息,持续加强消费者对于品牌的质感、情感和灵感认知,促进和提升消费者对于品牌的价值认知和体验。构建消费者品牌价值体验的多维一致性和长期一致性,也是企业改善和提升消费者价值体验、增强品牌形象识别、维系客户美誉和客户忠诚的关键。

5. 识别品牌(brand identification)

识别品牌是品牌所有者在品牌建设各个环节系统塑造和传播品牌的过程;也是消费者在特定时间和空间范围内,在各个品牌接触点持续体验和增强品牌认知的过程;是品牌有形无形信息多维多层次多频率持续沟通的过程,也是人际间的持续沟通和情感交流的过程。识别品牌经过消费者的价值体验和消费体验过程,品牌价值与品牌形象才在消费者心中真正地建立起来。历经时间的沉淀和对于品牌的长期体验,品牌价值与品牌形象才在消费者心中得以巩固,品牌美誉和品牌忠诚才得以建立。

(四)"品牌识别"与品牌形象的关系

探析品牌识别与品牌形象的关系,需要首先研究品牌形象的定义与内容,而后做针对性的对比与分析。

1. 品牌形象(brand image)概述

关于品牌形象的定义和阐释,有如下一些专业观点。

利维从心理学的角度分析品牌形象,认为品牌形象是存在于人们心理的关于品牌的各要素的图像及概念的集合体,主要是品牌知识及人们对品牌的主要态度。利维对品牌形象的定义进行了分析。

罗诺兹和刚特曼从品牌策略的角度提出，"品牌形象是在竞争中的一种产品或服务差异化的含义的联想的集合"，并列举了品牌形象操作的策略性途径：产品认知、情感或印象，信任度、态度、形象个性等。

斯兹提出，品牌应像人一样具有个性形象，这个个性形象不是单独由品牌产品的实质性内容确定的，还应该包括其他一些内容……至此，对品牌形象的认识进入到品牌的个性层次。

帕克等人提出，"品牌形象产生于营销者对品牌管理的理念中，品牌形象是一种品牌管理的方法"。他们认为任何产品或服务在理论上都可以用功能的、符号的或经验的要素来表达形象。

阿克在1991年提出，品牌形象可与品牌的资产与负债相联系，并通过符号、名称附加或减除。品牌形象是一个综合性的概念，是营销活动渴望建立的，受品牌形象感知主体主观感受及感知方式、感知前景等影响，而在心理上形成的一个联想性的集合体。企业的品牌形象一般具有独特个性，是一种品牌资产。

2. 品牌识别和品牌形象的关系

关于品牌识别和品牌形象的关系，大卫·阿克在品牌识别定义中指出，"品牌识别引起人们对品牌的美好印象"。阿克对品牌识别的另一个定义指出："品牌识别是企业战略中希望建立和维持的一个品牌形象。"在定义品牌识别的成功标准时，阿克再次通过品牌形象来做出说明："管理得好的品牌都有清晰的品牌识别，就是它们在目标消费者心目中被认同的形象。"强调品牌识别与品牌形象具有一定程度的一致性。

不同的品牌管理理论，对于品牌识别与品牌形象的关系，以及品牌识别系统的建设模式有不同的理解。笔者认为，品牌识别的核心是品牌拥有者与消费者的品牌价值与关系沟通，以及消费者对于品牌的价值与关系认知。品牌形象与品牌识别的区别在于，品牌识别更为侧重品牌拥有企业的品牌形象诉求，而品牌形象是消费者对品牌的心理认知和实际的品牌体验；二者的联系在于，品牌识别是品牌形象形成的来源和依据，而品牌形象在某种程度上是执行品牌识别的结果。

二、3S品牌识别模型概述

3S识别模型是以消费者对品牌价值认知、体验与联想为核心内容的品牌识别模型，其核心内容是品牌价值的可识别化。对于企业而言，是将品牌价值元素与相应的品牌识别元素构建关联与组合，建立富有个性的品牌价值形象，并通过客户沟通传递品牌价值形象。对于消费者而言，是通过品牌识别来感觉、认知、体验与联想品牌的价值元素组合，构建与品牌的价值关系。

（一）3S 识别模型的定义与内容

笔者认为，品牌识别是消费者对于品牌价值元素的感知、认知、体验与联想的历程。消费者是在所有与他们相关的品牌接触环节中，包含了对物化元素的识别、对人化元素的识别，以及对精神化元素的识别，并在工作、生活与消费过程中，在对于品牌的认知、体验与联想中建立了对品牌的质感、情感和灵感。

品牌识别 3S 模型的内容包括消费者对于品牌的感觉识别（sense identification）、情感识别（sensibility identification）与精神识别（soul identification）三大内容。感觉识别主要是消费者对于品牌价值元素与感觉元素的建构与组合产生的感官感觉、认知、体验与联想。情感识别主要是消费者对于品牌价值元素与情感元素建构与组合的情感认知、体验与联想。精神识别主要是消费者对于品牌价值元素与精神元素建构与组合的精神认知、体验与联想。

三大品牌识别相互独立又相互交融，共同作用，在消费者对品牌的多点接触、系统接触、长期接触中形成系统的品牌识别。对于消费者而言，认识品牌，了解品牌，选择品牌，消费品牌，体验品牌，建立品牌知晓、品牌偏好、品牌美誉，直至品牌忠诚，是个长期的价值选择、价值认知与价值体验过程。对于企业而言，品牌建设的重点，也是系统地提高和改善品牌的质感、情感与灵感，建立深度的感觉契合、情感契合与精神契合。图 4-1 为 3S 品牌识别模型。

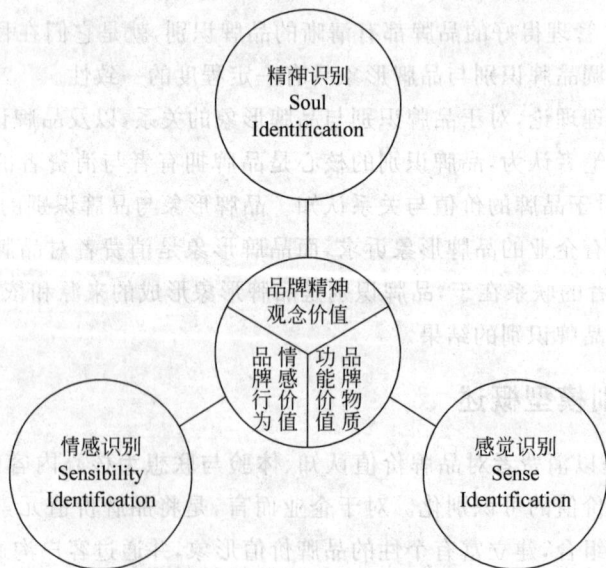

图 4-1   3S 品牌识别模型

（二）3S 品牌识别体系建设思路

3S 品牌识别体系的建设以客户价值需求为起点，以企业发展战略为基础，一要总结和提炼企业的品牌价值基因与成功要素，继承企业的优秀品牌价值元素；二要审计企业品牌建设的现实问题，研究和借鉴竞争品牌与业界领先企业的品牌建设先进经验，探寻品牌创新与改善的方法；最终明确企业品牌识别体系的建设方向与提升方略。见图 4-2。

图 4-2　3S 品牌识别模型建设思路

3S 识别体系的建设以品牌规划与品牌执行并重，务实有效为原则，品牌识别体系建设以品牌价值经营与价值管理为核心，品牌识别建设的七大关键成功要素如下。

（1）品牌价值定位清晰，具有明确的满足目标客户群体价值需求的价值属性。

（2）品牌价值理念寓意丰富，能够有效牵引组织建设和客户认同。

（3）品牌个性突出，能够让消费者产生差异化的品牌联想和品牌偏好。

（4）品牌行为具有独特风格与气质，品位非凡。

（5）品牌形象鲜明，简单直观，易于消费者识别。

（6）品牌传播手段丰富，立体多维，可以与客户建立有效的互动交流和感情沟通。

（7）品牌核心价值属性和个性形象，在一定时空范围内具有创新性与一致性。

（三）3S 识别模型建设的步骤

在品牌识别体系建设的总体步骤上，第一步是实施品牌诊断，第二步是在品牌诊断的基础上构建先进的品牌精神识别体系；第三步是构建契合品牌精神的情感识别体系，同时统筹行为识别；第四步是构建契合品牌精神的感觉识别体系；第五步是改善品牌管理与落地实施，进一步把企业的品牌精神融入组织行为中和员工的日常工作中，并影响利益相关者与品牌消费者的思维与行为。具体实施步骤见图 4-3。

（四）3S 识别体系的消费者沟通

中国有些企业片面强调代言人营销，将组织的品牌形象等同于电视或报纸等媒体广告，并且企业形象和品牌概念过于追逐社会热点，品牌缺乏内在定位的稳定性和一致性，

品牌梳理与诊断　精神识别体系建设　情感识别体系建设　感觉识别体系建设　管理及实施建设

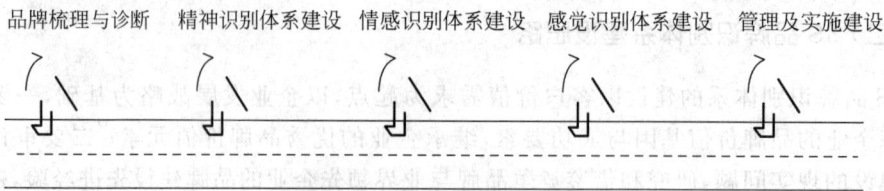

图 4-3　品牌识别体系建设步骤

广告词一年一变,难以持久有效地在客户心目中建立鲜明有力的品牌形象。

品牌识别的消费者沟通是个以消费者价值为核心的品牌价值认知、价值体验与价值联想过程,是品牌价值元素的客户化构建与表达。企业需要基于消费者的价值需求与消费体验模式,选择与构建品牌价值元素组合,以便于消费者认知与理解的方式构建和显性化,构建与传递品牌价值;需要基于消费者的品牌关注主题与关注模式,设置品牌传播的主题与步骤,选择品牌传播的要素组合与营销次序,便于消费者的品牌认知与品牌体验。需要基于消费者的日常媒介选择与沟通模式,选择品牌传播主体与传播沟通模式,以便于消费者品牌认知与互动交流。

品牌识别沟通不是简单的单个支点营销、单一内容营销,而是包含了品牌相关的物与人、精神与行为、组织内外部元素在内的系统沟通;包含了品牌精神识别、品牌情感识别、品牌感觉识别在内的系统沟通。品牌识别沟通需要系统规划,协同建设,整合营销,通过长期的品牌一致性营销、一致性品牌价值体验在消费者心目中建立对于品牌的一致性价值认同、体验与联想,产生深度的、长期的品牌价值关系。

在企业实践中,实施成功的品牌识别沟通,需要关注下列十大要点。

(1)建立独特的品牌价值定位。

(2)品牌形象建设需要由内到外,有神、有形、有性、有行,建立富有价值内涵的品牌个性形象。

(3)以客户价值为核心持续创新产品,持续创造与提升品牌的价值形象,传播品牌价值。

(4)以品牌价值管理与价值经营为核心,有效发掘内外部相关的品牌形象元素和品牌价值元素,增强价值传播的效度。

(5)一个名字,一个标识,一个价值,一个形象,一句宣传语。

(6)品牌传播的内容和形式多样化设计,具有简单到复杂的多版本,以适应多媒介传播。

(7)333 原则:达到 3 秒钟可识别,3 秒钟可认知,3 分钟可理解的效果。

(8)长期一致,重复宣传,言行一致,建立客户知晓、认同和信任。

(9)以平面、网络、终端、活动、移动端为品牌传播载体,发展多接触点、多内容形式传播。

（10）品牌形象表现形式与品牌传播手段与时代同步，保持品牌活力。

（五）品牌识别的持续性改善

企业的品牌定位、个性以及品牌识别建设是有阶段性的，是一个持续成长与改善的历程。企业识别并不是一成不变的东西；相反，随着环境的变迁、社会价值观的改变，企业必须通过企业再定位，调整经营理念来塑造新的品牌形象。随着企业的市场范围拓展、产品线拓展，以及业务发展的变化，企业的品牌名称，以及品牌定位、品牌内涵、品牌形象可能不足以支持企业的进一步发展战略，这时候企业需要勇于突破原有的发展障碍，进行持续的品牌重塑，实现品牌重新定位，促进品牌形象的持续改善和提升，以实现品牌价值的持续成长。

中国著名家电企业海尔在发展历程中，从最初的合资企业品牌名称琴岛·利勃海尔，到中文的利勃海尔，到海尔，到目前使用的英文名称 Haier，也是一步步走向简单、清晰、易于识别，易于促进海尔品牌的国际化发展和品牌延伸。见图 4-4。

图 4-4　海尔标志

IT 厂商联想为了跨越其国际化发展进程中的商标壁垒，将原有的英文 LEGEND 商标统一变更为 Lenovo，开展了品牌名称与标识重塑行动，并实施了广泛的海外传播，也是一次成功的品牌改善。见图 4-5。

图 4-5　联想标志的更换

需要指出的是，变与不变要有一定的均衡。企业的产品和服务要有长期的稳定性，以保持长期稳定的客户价值定位，企业的核心品牌定位和品牌个性形象要有一定的稳定性以保持稳定的客户认知，在此基础上的品牌重塑才是稳健和有效的。品牌形象在某种程度上更像人的品性涵养、气质风度，是在长期成长历程中蕴养出来的，并获得广泛认可和承认的。品牌不是衣服，可以随意换来换去。大的品牌重塑，需要很大的营销成本来重新建立客户认知，并容易导致客户的认知紊乱。品牌重塑，需要慎之又慎，一般在企业战略发生重大转移，以及产品线和客户群体发生较大变化时才会实施。

多品牌企业的品牌识别

大型央企、大型企业集团以及其他多品牌发展的企业，由于品牌众多，标识体系复杂，尤需重视系统规划品牌架构管理问题与品牌识别问题。在品牌识别方略上，为了有效建构统一有序的品牌识别体系，可以思考构建共同的品牌识别元素。包括精神层面同品牌精神，情感层面共品牌个性、情绪与风格，功能层面共材质、工艺、功能、品质，形象层面同颜色识别、同外观识别符号、同字或字母等。持续规划与执行可有助于客户建立一致性品牌认知,降低营销成本,形成长期品牌偏好与忠诚。

苹果公司的产品品牌建设就规划了共同的品牌识别元素,包含了代表互联网(internet 首字符)的共同字母 i:Imac、iPod、iPhone、iPad×××,统一的品牌识别元素有利于消费者形成快速而深刻的品牌体系产品的统一识别与认知,并相比非统一品牌识别可以有效降低品牌营销成本。

4.2　品牌感觉识别

身无彩凤双飞翼,心有灵犀一点通。

——唐·李商隐

一、品牌感觉识别(Brand sense identification)的定义

品牌感觉识别是消费者对以物为核心的品牌元素的感官认知、体验与联想。感觉识别在识别内容上包括了消费者对于品牌的符号元素、产品元素、包装元素、经营环境元素、使用环境元素等物理、化学、生物等物质载体与物化特征的感官认知、感受与联想;在识别模式上包含了消费者对于品牌的视觉识别、听觉识别、触觉识别、嗅觉识别、味觉识别等感官元素识别,也可称为感觉识别的五识模型,见图 4-6。

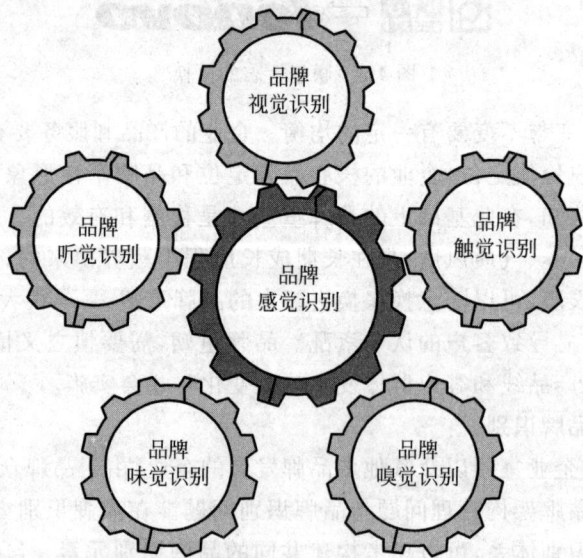

图 4-6　品牌感觉识别的五识模型

品牌感觉识别是对于视觉识别的发展与进化。传统 CI 识别理论对于品牌的感觉认知以视觉识别(VI)为主,但整体而言,人的感官包括视觉、听觉、触觉、味觉、嗅觉。品牌感觉识别,应该包括人的所有感官对于品牌元素的整体感受与系统体验。

消费者在各个品牌接触点,综合运用各种感官感知品牌价值元素,生成由点到面,由浅到深,由简单到复杂,由局部到整体,形成系统的品牌认知与体验、联想,就构成了品牌的感觉识别。构建品牌感觉识别,也需要从品牌视觉识别、听觉识别、触觉识别、味觉识别和嗅觉识别等各个层面实施系统规划与设计。

二、品牌感觉识别的内容

品牌感觉识别的内容或物质载体,包括品牌符号元素、品牌产品元素、品牌经营环境元素和品牌消费环境元素四大层面,共同构建消费者的系统感官认知、感受与联想。其内容如下。

1. 品牌符号(brand symbol)元素

品牌符号元素包括符号化的品牌名称、商标、基本色、口号、象征物、代言人等。

企业的商标是受法律保护的品牌标志、品牌角色或者品牌各要素的组合。商标使用时要用"R"或"T"标识,"R"指注册中的商标,"T"指已注册商标。

品牌口号是企业理念或广告语的概括与口号化表达,是企业根据自身的品牌精神、品牌价值、品牌形象特色或产品与服务特色等而提炼出来的一种简洁、有价值内涵、响亮的文字宣传语。

品牌符号是一个有机的整体,也是消费者区别不同企业间,以及企业不同产品或服务的基本手段。

2. 品牌产品元素

品牌产品元素包括产品的形式、功能、款式、质地、重量、颜色、声音、体积、价格、包装、功效等产品特有的物质与应用元素。

3. 品牌经营环境元素

品牌经营环境元素包含与品牌经营相关的原材料环境、供应商环境、研发环境、生产环境、渠道通路环境、物流环境、终端消费环境、促销环境、品牌沟通方式、员工形象、利益相关者形象等。

4. 品牌消费环境元素

品牌消费环境元素包括品牌消费者群体、品牌消费者消费体验、品牌应用环境、品牌在非经营环境中的应用等。

品牌附加元素包含品牌相关的产地、历史与文化因素、商业合作伙伴等利益相关者,品牌消费者等与品牌相关联的,有利于促进消费者品牌认识与品牌联系、提升品牌价值的管理元素。

品牌感觉识别在一定程度上也是消费者对于品牌的感官认知、体验与联想历程的总和。唐代的高僧玄奘法师创立的唯识宗,建立了以眼、耳、鼻、舌、身、意、阿那耶、莫那什为核心的理论体系,其中也强调了五官对于民众感知世界的重要性。感动五官,愉悦五官,建立五官对于品牌外在和内在重要元素的喜爱和习惯偏好、情感联系与精神依赖,在过去、现在乃至将来将依然是重要的品牌营销模式。消费者的品牌感觉认知包含但不限于下列内容,见图 4-7。

Government endorsement
政府认可

Delivery trucks
送货车

News media
新闻媒体

Complaint handling
投诉处理

Sales promotion
促销活动

Prejudices
偏见

Collective memory
记忆累计

Packaging
包装

Receptionists style
接待人员的风格

Quality
质量

Wor of mouth
口碑

Retail environment
零售环境

Social attitudes
社会态度

Line extensions
产品延伸

Design and colour
设计和色彩

Taste
品味

Showrooms
展示厅

Telemarketing scripts
电话行销台词

Employee relations
雇员关系

Corporate reputation
企业声誉

Service experience
服务经验

Price
价格

Advertising
广告

图 4-7　品牌感觉认知元素

三、感觉识别的构建方式

品牌感觉识别的核心是构建独具特色的品牌外在的物化形象,消费者建立和维系品牌价值认知、记忆与品牌联想。

感觉价值识别以消费者群体的价值需求为基础,以消费者感官需求为主导,以功效价值需求的选择与满足为重心构建,起始于对消费者的价值需求的分析与选择,完成于企业对品牌感觉价值元素的梳理、提炼、组合,以及品牌化包装与经营。

品牌感觉识别的有效构建,一是需要深入分析与理解目标消费者群体的感官需求,以及感知模式。以此为基础,结合品牌的物化特征和价值基因选择关键品牌感觉识别元素。二是需要选择、提炼和建设富有企业特色的差异化的品牌感觉元素组合,以有效匹配消费者的价值需求,有效构建消费者的群体感觉认知、认同和联想。三是要建设和维持富含品牌价值元素的品牌个性,树立与众不同的人性化形象,赋予品牌人性魅力和风格。四是采取多种方式加强与消费者以及消费者群体间的沟通和互动,创造深度的消费者感觉认知与感觉体验,培育消费者的感觉偏好,以此建立与消费者的紧密的、深度的、长期的品牌关系。

笔者认为,感觉识别体系的构建是以消费者感官识别的发展为导向,超越现有视觉识别模式而全面、系统构建与经营。品牌感觉识别的内容应包括品牌命名、品牌视觉识别体系的构建、品牌听觉识别体系的构建、品牌触觉识别体系的构建、品牌味觉识别体系的构建和品牌嗅觉识别体系的构建。企业需要根据品牌价值定位,细致甄选品牌感觉价值元素,系统规划品牌感觉识别要素组合,建立差异化的品牌感觉识别模式;企业可以建构单一品牌感觉识别模式,也可建立组合化的品牌感觉识别模式,或者综合运营多种品牌价值识别模式;企业需要综合运营多种媒介手段与消费者沟通,建立与深化消费者对于品牌的认知、认同与联想。下文将详细阐释。

[阅读材料 4-1]

感觉识别的综合应用

感觉识别模式与方法可以单独构建,也可以组合应用和综合应用。品牌识别并非一定要品牌价值要素齐备,星光璀璨;一定要品牌营销模式引人注目,一定要热闹非凡。很多时候,春风化雨、润物无声的品牌感官体验更为持久,也能为消费者带来更多舒适、愉悦的品牌价值体验。

对于品牌识别的境界认知,可以参照杜甫《春夜喜雨》诗中所言的意境:"随需而至,应时而生,顺势而来,润物无声,黑处现明,花重锦城。"该诗值得细细品味,其诗文赏析见下文。

> 春夜喜雨
> 好雨知时节,当春乃发生。
> 随风潜入夜,润物细无声。
> 野径云俱黑,江船火独明。
> 晓看红湿处,花重锦官城。

苹果手机问世以来,以外观时尚,设计精美,触摸应用简单精确,应用软件丰富便于选择使用而著称。值得注意的是,苹果相较于诺基亚,微软的客户化为核心的竞争优势,在很多时候是在外,而不是在内。

严谨的德国人,在制造汽车时,汽车钢板的厚度标准要比日系汽车与韩系汽车的钢板厚度标准厚几个毫米。这几个毫米的厚度,多了一些成本,却代表着德国企业负责任的质量文化,代表着企业的品牌精神。钢板更宽的厚度带给消费者的是更好的质量感觉,更多的安全保障;也为企业带来了更大的品牌价值和更高的品牌溢价。

品牌产品精美外观设计、特色功能和独特声音的系统设计,会增强消费者对于产品的独特感官感受,也会为促销员介绍产品的特色功能提供更多有价值的话题。例如,如果七星吸尘器外观好看,马达声音又比较大,促销员就会向消费者介绍说,"您看,这个吸尘器的外观精致,一看做工就好;马达声音又很大,动力很足,产品吸尘效果很好的"。

走进"星巴克"咖啡厅,醇厚美味的咖啡香味和悠闲的空间氛围,是"星巴克"无声的品牌认知广告。

"海底捞"火锅店的特色小吃、擦皮鞋、抹眼镜等多样化的特色服务,服务员的热情、体贴与周到的服务方式,也为火锅店带来了浓浓的人情味。

四、品牌名称识别

"从长远观点来看,对于一个品牌来说,最重要的就是名字。"

——阿尔·里斯

(一)品牌名称的定义

品牌名称是品牌中可以读出的部分——词语、字母、数字或词组等的组合。如海尔、华为、TCL、方正、格兰仕、联想等。

(二)品牌命名的成功要素

在品牌命名方面,组织需要审视自己的品牌到底因何而重要、别致和有趣? 是什么让你在市场上与众不同? 富于内涵,个性突出,形象鲜明,易于识别、记忆与联想是品牌命名的核心要素。

在品牌意义和内涵方面,内涵丰富、仁厚诚信、吉祥喜庆、大气沉稳、科技时尚、古朴典雅都是重要的品牌命名方式,也易于大众识别,并产生品牌联想。在品牌名称结构上,品牌命名长度一般不超过三个汉字,英文长度一般不超过八个字母。在品牌名称发音上,好的名字呈现降调的风格,发出的音调抑扬顿挫,洪亮清晰,有气魄、有气势,且发音在结构上相互对称,易读、易说、易记。

在品牌颜色和表现形式上,绿色适合生命与环保产业等;蓝色精致高远,适合科技行业等;红色热情奔放,适合快消品、服装、时尚行业等;黄色沉稳有力,适合工程、机械等行业;紫色高贵深邃,适合化妆品、奢侈品等行业等。

(三)品牌命名的十大方法

下文介绍品牌命名常用的十大策略与方法。

1. 地域命名法

地域命名法是将企业或产品名称与地名关联,便于消费者将地名的高认知度和认同转化为品牌认知和信任。青岛啤酒、燕京啤酒、西湖龙井、云烟、茅台酒都是以地名命名的产品。具有较高地名认知度和较强品牌价值相关的资源属性的产品适合此类命名方法,有助于借助地域资源和历史影响力积淀,促进消费者对品牌的认同。如"蒙牛"品牌有助于消费者建立源自健康奶源产地的品牌联想;"宁夏红"酒品牌有助于突出纯正宁夏特产枸杞的资源优势；但须避免大量的同质化命名方式，忽略品牌品质，做烂原产地的资源优势。云南白药的品牌命名易于消费者联想到云南地域特产白药的止血功效，也是出众的品牌命名。

2．人名命名法

人名命名法是将名人、明星或企业创立者的名字作为产品品牌，名人效应以及名人在社会公众中的价值形象，有利于企业创建独占性品牌名称提高客户认知率，促进消费者信赖和认同企业和产品品牌。人名命名法还有以自身信誉为品牌担保的潜在意味，有利于建立客户信任。"李宁"品牌在创业初期依托李宁世界冠军、体操王子的公众形象和社会影响力创立，并将世界冠军专业水准的价值形象植入"李宁"运动鞋服品牌中，对"李宁"品牌的早期发展起到了巨大作用。中国的"王致和腐乳"、"张小泉剪刀"等都是代表。在国外人名命名公司更为普遍，如"福特汽车"、"惠普"、"戴尔"电脑，"松下电器"、"本田汽车"等。

3．价值命名法

价值命名法此处主要指直接借用或者提炼具有深厚价值理念的词汇为品牌命名。通过品牌名称传播企业的价值理念。北京"同仁堂"、突出了"同修仁德，济世养生"的中医药文化。武汉"健民"品牌突出了为民众健康服务的企业追求。湖南"远大"企业，突出了企业志存高远的价值追求。

兴业银行的名称兴业，源于晋·杨泉《物理论》："傅子曰：'诸葛亮诚一时之异人也，治国有分，御军有法，积功兴业，事得其机。'"寓意建立功业，实现抱负，体现了兴盛事业的价值追求。

清华同方名称中的"同方"一词，源于清华建校时的同方馆，取意《儒行》中"儒有合志同方，营道同术。并立则乐，相下不厌。久不相见，闻流言不信。其行本方立义，同而进，不同而退。其交友有如此者。"寓意志同道合。

北大方正名称中的"方正"一词源于《史记》。《史记·平准书》："当是之时，招尊方正贤良文学之士，或至公卿大夫。""方正"一词的释义出现在《汉书·晁错传》："察身而不敢诬，奉法令不容私，尽心力不敢矜，遭患难不避死，见贤不居其上，受禄不过其量，以不亡能居尊显之位。自行若此，可谓方正之士矣。"

值得指出的是，企业也可以直接借用、挪用、占用已有传播影响力和价值的词汇为品牌命名。这种商业品牌命名方法的最大优势是：如果品牌名称与所开发的产品具有相似的价值属性或品牌联想，在开拓市场时，相关词汇的高知晓度有利于企业迅速扩大产品知晓度，并占领相关品类的价值定位。在市场运作环节也有利于企业节省大量广告费用、降低品牌推广成本。江苏卫视借鉴冯小刚的热映电影"非诚勿扰"，创立了相同相亲主题的同品牌名称栏目，很快扩大了品牌知晓度，收视率颇高。

4．功效命名法

功效命名法是指以产品功效作为品牌命名，使消费者通过识别产品名称产生品牌功效联想,促进品牌名称的认知及价值认知和认同,并有助于确立产品的细分品类的价值定位优势。"康齿灵"牙膏、"六必治"牙膏、"冷酸灵"牙膏等牙膏通过强调牙膏的差异化功效进行品牌命名。"飘柔"洗发水英文名称(Rejoice)原意为欢呼,中文译名翻译为"飘柔",突出飘逸柔顺秀发的产品功效。同仁堂的"安宫牛黄丸"也是此类产品命名方法,并突出了主要的产品原料。

5. 形象命名法

形象命名法就是用动物、植物和自然景观等来为品牌命名,有利于消费者建立与之相关的品牌形象与品牌内涵联想,促进产品认知。"七匹狼"服装与狼的形象的结合,给消费者以自由、独立、狂野的品牌联想;"圣象"地板,给人产生大象都难以踏坏的地板形象;富士胶卷,给人清晰,美丽的品牌联想;"美洲豹"汽车,给人迅速、有力、灵活的大型猫科动物的品牌形象。

6. 目标命名法

目标命名法就是将品牌与目标消费者市场联系起来,促使目标客户群体产生品牌认知和品牌认同感。"太太口服液"是太太药业(现健康元公司)生产的女性补血口服液,品牌易于消费者联想到已婚妇女的专业营养补品;"好孩子"童车、"娃哈哈"儿童口服液、"背背佳"书包都突出了面向儿童市场的命名方式。东风汽车"猛士"汽车品牌,突出了军车市场定位和军品品质。

7. 时空命名法

时空命名法就是利用时间空间价值,将与产品相关的地域资源和历史资源作为品牌命名的要素,使消费者建立深度品牌认知和品牌价值认同。泸州老窖的国窖 1573 充分利用国宝级窖池的独占资源,以及数百年历史的价值底蕴,堪称命名经典。引用古代文章诗词的时空价值也是有效的品牌命名手段,有利于客户认知和有效传播,有助于打造具有历史感的品牌品位。山西杏花村汾酒的名称,源自杜牧脍炙人口、流传千年的古诗,"借问酒家何处有,牧童遥指杏花村。"对于突出酒的千年历史以及有效传播,都起到了无可估量的作用。曹操在短歌行中的名句"慨当以慷,忧思难忘,何以解忧,唯有杜康。"对于洛阳杜康酒的发展也是功不可没。国外化妆品品牌在中国的名称"露华浓",其名称源自唐代李白赞杨贵妃的诗,"云想衣裳花想容,春风拂栏露华浓。"为突显产品品质和品位,以及有效传播奠定了坚实的基础。

8. 中外命名法

中外命名法就是单独运用中文或英文字母,或两者结合来为品牌命名的方法。英文品牌命名简单直观、便于识别,并有利于企业的国际化发展,海尔(Haier)、联想(Lenovo)等大型企业在国际化发展中已经使用了这种品牌命名方式。"TCL"的品牌命名是单独用英文 The China Lion(中国雄狮)缩写"TCL";"雅戈尔"品牌命名是用英文"Younger"(青年)音译作为品牌;"海信"的英文"HiSense",在外国人眼中是"High Sense",即"高灵敏、高清晰"的意思,易于消费者建立良好的品牌联想。

国外品牌在建立中文译名时,巧用中文的音义与字义,也有很多塑造品牌形象的佳作。如奔腾(PENTIUM)、潘婷(PANTEN)洗发液、舒肤佳(SAFEGUARD)、苹果(APPLE)电脑、家乐福(CARREFOUR)超市。也有企业采取了音译和意译相结合的品牌命名方式。德国 BMW 汽车公司的中文译名宝马借助了中国古代宝马良驹的含义,契合了驾驶者之车的品牌定位,是品牌命名的经典之作。可口可乐(COCA-COLA)的中文译名可口可乐朗朗上口,吉祥喜庆,易于传播;百事可乐(PEPSI)的中文译名也相当吉祥喜庆。可伶可俐(CLEAN&CLEAR)的中文译名也乖巧可爱,易于记忆和传播。

日本丰田在全球化发展中,近年的全球化品牌命名策略是统一采用地域市场音译的品牌命名方法。例如将 Camary 品牌命名,从原来的佳美统一翻译为凯美瑞,将 Parado 品牌命名从霸道统一翻译为普拉多,将 Luxus 豪华车品牌由凌志统一翻译为雷克萨斯。

9. 数字命名法

数字命名法就是用数字来为品牌命名,增强品牌的差异化识别效果,并易于消费者产生与数字相关的品牌联想。"三九药业"的品牌含义是:健康长久、事业恒久、友谊永久。"7-11"是世界最大的便利店连锁经营企业,在北美和亚洲地区有 2.1 万家便利店,该公司用"7-11"为企业命名的意思则是用自己从 1946 年推出的深受消费者欢迎的早 7 点到晚 11 点开店的服务特色命名的,目前已成为世界著名品牌。还有"001 天线"、"555 香烟"、"505 神功元气袋"、"三星电子"、"三一重工"等。

10. 企业名称命名法

企业名称命名法是指将企业名称作为产品品牌名称,其优点是有利于强势的主品牌为子品牌背书,扩大子品牌的消费者认知和认同,增强市场销售,缺点是不利于发展差异化品牌。菲利浦电器、索尼电器、三洋电器、宝马汽车、柯达(Kodak)胶卷、IBM、3M、海尔、海信、春兰、美的、万宝路、荣事达等都采用以公司名为产品品牌命名的方法。国外有些著名品牌采用了全称缩写的形式,像 IBM、3M、NEC,采用的是字首字母缩略语的形式。

(参考资料:赵昱舒.品牌命名的十种方法[EB/OL].新浪网.2006-09-01)

📖 [阅读材料 4-2]

娃哈哈的品牌命名

从中国传统的风水学角度,从易经、阴阳五行学说出发探讨品牌命名也是值得探讨的话题。笃信风水的娃哈哈董事长宗庆后认为,"娃哈哈"三个字就暗藏风水玄机:"娃"字是女字旁,说明娃哈哈公司里的女人多;"娃"字中的土字多,是说公司的根扎得很深不会倒;娃哈哈三个字都是九笔,为至尊之数,因此娃哈哈在中国饮料企业中是最大的,也是最强的。娃哈哈名字中的口字比较多,娃哈哈受到的是非评论也会多,娃哈哈与达能的口水仗与官司就是例证。

[阅读材料 4-3]

埃克森(Exxon)的品牌命名

品牌命名,是个系统而专业的过程,埃克森(Exxon)是位居世界 500 强前列的美国石油公司,其在多年前实施品牌命名时,为了设计出既适应世界各地风俗又符合各个国家法律的名字和图案,邀请了多方面的专家和机构,历时六年、耗资一亿美元调查了 55 个国家和地区,最后才确定了埃克森的命名,并且从设计出来的一万多个商标中筛选出一个。埃克森目前的品牌价值已达数百亿美元。目前已与美孚(Mobil)石油公司合并,形成了埃克森美孚(Exxon Mobil)的联合品牌,进一步增强了世界石油行业的领导品牌价值。

五、品牌视觉识别

品牌视觉识别是品牌感觉识别的重要内容。视觉识别在 CI 系统中由于其可视化特征而最具有传播力和感染力,最容易被社会大众所认知与理解,具有重要的地位。有效的视觉识别设计与管理对于企业构建有效的品牌识别,传播品牌价值和品牌个性形象具有重要作用。

(一)品牌视觉识别的定义

品牌视觉识别是以视觉感官识别元素为主体,以企业标志、标准字体、标准色彩等为核心展开的体系化视觉传达体系。品牌视觉识别将企业的理念、文化特质、产品与服务、企业规范、人员、物质等元素通过视觉与语意抽象转换为特定符号概念,通过视觉化元素向消费者构建和传达品牌以物质、人员、精神为核心的品牌形象,以及品牌以功能价值、情感价值、观念价值为核心的品牌价值。

品牌视觉识别设计通过视觉符号的设计统一化将企业标志的基本要素、应用要素,以规范的方式与系统管理有效地展开,形成企业统一、规范的视觉形象体系。品牌视觉识别设计从视觉表现上表现品牌感觉识别元素,表现品牌的感觉价值与功效体验价值;表现品牌情感识别元素,展现品牌的情感价值与关系价值;表现品牌的精神识别元素,展现品牌价值与个性价值。消费者在品牌认知与体验中,应用最多的是视觉感知,品牌视觉识别在这个意义上也是企业规划和展现独特、系统的品牌识别与品牌感知,创造独特的品牌联想,建立品牌价值形象的最为有力的武器。

（二）品牌视觉识别的内容

品牌视觉识别系统分为基本要素系统和应用要素系统两方面。VI 设计各视觉要素的组合系统是因企业的规模、产品内容而有不同的组合形式，通常最基本的是企业名称的标准字与标志等要素组成一组一组的单元，以配合各种不同的应用项目，各种视觉设计要素在各应用项目上的组合关系一经确定，就应严格地固定下来，以期达到通过统一性、系统化来加强视觉祈求力的作用。具体内容见下文。

1. 品牌视觉识别基本要素系统设计

品牌视觉识别设计的基本要素系统严格规定了标志图形标识、中英文字体形、标准色彩、企业象征图案及其组合形式，从根本上规范了企业的视觉基本要素。VI 基本要素系统是企业形象的核心部分，其内容包括：企业名称、企业标志、企业标准字、标准色彩、象征图案、组合应用和企业标语口号、企业吉祥物等。

2. 品牌视觉识别应用要素系统设计

品牌应用要素系统设计即是对基本要素系统在各种媒介物上面的应用所做出具体而明确的规定。品牌 VI 各视觉设计要素的组合系统因企业规模、产品内容而有不同的组合形式。最基本的方式是将企业名称的标准字与标志等组成不同的单元，以配合各种不同的应用项目，以期达到通过同一性、系统化来加强视觉祈求力的作用。

品牌 VI 应用要素系统的内容包括：办公事务用品、企业外部建筑环境、企业内部建筑环境、交通工具、服装服饰、广告媒体、产品包装、赠送礼品、陈列展示、印刷出版物等。

（三）品牌视觉识别设计原则

在企业 VI 建设实践中，VI 设计不是孤立进行的以美感和视觉冲击力为主导的艺术设计，而是更为重视与企业核心价值理念的匹配，与品牌核心价值和个性形象的匹配，与目标消费群体个性特征的匹配。企业 VI 建设中，有 10 条原则需要重点关注。

（1）与企业的发展战略相适应。

（2）与品牌定位和品牌核心价值相匹配。

（3）与企业的个性形象相匹配。

（4）与目标客户群体的主要特征相匹配。

（5）符合行业特征和产品与服务的特征。

（6）视觉识别的表现形式美丽大方、简单直观、个性鲜明，易于识别和记忆。

（7）寓意深刻，内涵丰富，易于产生品牌价值相关的联想。

（8）尊重和适应地域文化和风俗。

（9）统一管理和一致性使用。

（10）具有独特性，易于国际化。

（四）品牌视觉识别设计流程

1．项目准备阶段

主要任务：一是成立 VI 设计小组，VI 设计小组由企业相关负责人，品牌管理者，品牌专家，设计师、律师等专业人士组成。二是调研企业相关咨讯和负责人意见，深入调研和理解企业的经营战略和发展理念及品牌信息。

2．设计开发阶段

确定企业 VI 设计的基本理念和思路形式，与企业沟通认可后，VI 设计小组进入 VI 具体设计阶段。

3．反馈修正阶段

将企业的 VI 设计方案在企业内细致沟通和在小范围利益相关者中调研，收集反馈信息，确定进一步的 VI 调整方案。

4．修正并定型阶段

重复上述流程，直至获得客户认可，定型 VI 设计方案，并实施企业整体 VI 体系设计。

5．建立企业 VI 管理制度

构建与完善企业 VI 管理的组织职能，建立企业 VI 管理制度，编制 VI 管理手册，完善 VI 管理流程。

（五）公司标志（Logo）设计

公司标志是品牌识别中最重要的品牌象征与识别符号，是品牌识别系统的核心与基础。品牌标志是通过简练的造型、生动的形象来传达出企业的理念、产品特性等信息。

标志设计一要寓意丰富，可以充分展现企业的价值元素，易于产生品牌联想；二要有较强的视觉张力和美学元素，符合消费者审美体验；三要有独特的个性风格，展现品牌的个性化形象；四是要易于营销和展示应用，充分适应标志在各种媒体、各种材料及各种用品的品牌营销物料制作、展现与日常维护。公司标志的内容与表现形式可分为三个方面。

（1）图形表现，包括再现图形、象征图形、几何图形。

（2）文字表现，包括中外文字和阿拉伯数字的组合。

（3）综合表现，包括图形与文字的结合应用。

品牌标志要以统一规范的标准原型在品牌识别体系中应用。在品牌标志设计过程中，必须绘制出标准的比例图，以准确表达标志的轮廓、线条、距离等精密的数值。标志制图可采用方格标示法、比例标示法，多圆弧角度标示，以便于标志在放大或缩小时能精确地描绘和准确复制，便于品牌标志在多种品牌传播载体上广泛应用。

资料阅读

Diter Rams 提出的"设计十原则",应该是品牌设计及其他设计最好的指导原则,值得深入研究和体会:

(1) 好设计是有创意的。

(2) 好设计让产品好用。

(3) 好设计是美的。

(4) 好设计让产品容易被理解。

(5) 好设计是不唐突的。

(6) 好设计是诚实的。

(7) 好设计是不过时的。

(8) 好设计贯穿到每个细节。

(9) 好设计关心环境。

(10) 好设计是尽可能的无设计。

[阅读材料 4-4]

公司标志(Logo)设计案例分析

回望历史,成功的品牌 Logo 设计未必能够打造成功的品牌,但是成功的品牌多数有着杰出的 Logo,许多著名企业的 Logo 设计都值得细细品味,值得深入研究和借鉴。

中国银行的 Logo 简单直观而又寓意深刻,堪称经典。其外圆内方的 LOGO 外形上像是一个简化的中国古钱币,古朴的中国红大气醒目,与中国银行的业务内涵相得益彰;Logo 图形也契合了中国文化外圆内方的价值理念,寓意着中国君子爱财,取之有道的财富思想。

英国石油的 Logo 设计精致而细腻,复杂的几何图形组合起来像一个盛开的向日葵,英文缩写 bp 位于图形右上方,颜色从中间的耀眼的白色过渡到金黄色直到浓浓的绿色,从中一方面感受到强烈的光和热的变化,显示着具有环境关怀的能源公司的定位;在英国式的严谨与含蓄中,在"不只是贡献石油"的宣传用语中,也可以体会到英国石油的价值观和对自身未来发展、对人类贡献的深入思考。

美国苹果公司的标志是咬了一口的苹果图标,公司名称简单,标志设计简洁可爱,透露出美国式的简单与幽默。银色也彰显出苹果公司科技领袖、时尚先锋的超凡魅力。

图 4-8 为中国银行、英国石油和苹果标志。

图 4-8　中国银行、英国石油和苹果标志

同是世界体育品牌领域的领导厂商,耐克的名称来源于雅典的胜利女神,寓意丰富;其天钩标志设计简单直观,易读易记,易于识别,显现美国式的轻松写意。阿迪达斯来源于创始者的名字,其更新后的 Logo 厚重有力、简单直观、黑白分明,展现了向上的发展力量,凸显着大气、沉稳、有力的德国气质。如图 4-9 所示。

图 4-9　耐克与阿迪达斯标志

同时世界著名饮料企业,可口可乐与百事可乐的标志对比也很有韵味。可口可乐的中文译名非常经典,采用了音译的形式,寓意丰富,简单直观,朗朗上口,令人闻之不忘、过目不忘;可口可乐的 Logo 设计采取了美观的变体英文表现形式,美观易记,以红白色为主题色的标志颜色与背景设计也常常红潮汹涌,极易识别。百事可乐的中文翻译,同样是吉祥喜庆,朗朗上口。百事可乐的 Logo 设计可以感受到中国太极图的影子,百事可乐的主题色是蓝红两色,也常在各种营销载体上出现,同样是蓝红涌动,易于识别和记忆。如图 4-10 所示。

图 4-10　可口可乐与百事可乐标志对比

六、品牌触觉识别

消费者的品牌识别与品牌体验、品牌联想,从视觉识别开始,从触觉识别加深,从感觉识别浓厚,从精神识别稳固。

（一）品牌触觉识别的定义

品牌触觉识别是指消费者的触觉对于品牌的物质元素的感官认知、体验和联想。

从消费者行为学来分析,客户的消费模式从感官角度,是从视觉识别开始,从触觉接触加深认识,建立对于品牌物质元素相关的材质、功效的感官体验,建立对品牌元素更深刻的感性认知,并生成品牌的品质、性能相关的功效联想,建立品牌信任,进而促进实现品牌产品的交易。

（二）品牌触觉识别的内容

品牌触觉识别构建的重心,是在消费者对产品触觉接触的各个接触点构建出色的触觉元素,强化客户的触觉认知和体验、联想。其内容包括以下几项。

（1）产品元素,包括产品外观、材质、质量、产品使用界面、包装。

（2）终端元素,包括终端环境、展示陈列环境、客户服务环境。

（3）促销品元素,包括样品、促销品、海报、宣传单等。

（4）人员元素,包括促销活动、人员促销模式、员工服务模式。

（三）品牌触觉识别的构建模式

面对品牌营销的同质化竞争,构建品牌触觉识别,抢占品牌触觉识别定位,创新品牌触觉营销,培养用户的品牌触觉使用习惯与偏好,也是企业创建差异化品牌触觉识别模式,赢得市场先机的重要方法与手段。

1. 产品触觉识别

产品触觉的构建,一是系统实施工业设计,设计样式美观、大小合适、材质优越、触觉良好,便于消费者对产品产生品质高、档次高的品牌联想;二是产品的外观具有统一的识别符号,质量和材质、关键零部件具有统一性,便于消费者建立统一的品牌识别,降低企业的品牌营销成本。

2. 产品应用触觉识别

产品应用触觉识别的构建,一是优化产品的应用界面,界面友好,便于消费者了解、掌握和使用;二是优化产品使用模式,操作简便,便于消费者培养使用习惯,产生使用偏好;三是建立具有一致性的产品应用模式,便于消费者统一识别和使用产品,建立使用习惯,也易于培养用户的品牌偏好与品牌忠诚。

3. 人员触觉识别

人员接触识别,一是促进消费者对品牌活动的参与和体验,构建消费者对品牌服务人员的良好接触体验;二是培训员工富有特色的客户营销与服务规范、服务礼仪;规范营销与服务的品质与流程,构建消费者对品牌营销与服务接触的服务舒适感、价值满足感与情感依赖感。

4. 终端环境触觉识别

终端环境的触觉,一是建立与品牌定位相匹配的终端环境的档次、材质与风格识别;二是建立便于客户接触和体验产品的商品展示和陈列方式、陈列品材质识别;三是建立人性化的客户服务环境,包括客户服务用品的档次与材质,以便于客户建立良好的品牌认知和品牌感受,建立舒适的接触体验,产生品牌高价值联想。

5. 非接触触觉识别

非接触触觉识别可以逆向思维建立品牌触觉识别。信息技术与电子支付技术的发展,为消费者通过非接触方式享受和体验品牌服务提供了基础,也成为反向接触识别的构建方式。选择和构建富有特色的非接触识别元素与技术,也有助于企业构建独特的品牌识别。电子商务的发展与在线服务,避免了现场服务缴费,从而获得迅猛发展;RFID 技术的发展,使消费者的产品检索、产品检测、在线付款、离线支付成为可能,也是未来企业构建品牌识别、赢得竞争优势的重要方向。

📖 [阅读材料 4-5]

德芙巧克力的触觉识别

德芙食品公司的巧克力广告也非常唯美,"德芙巧克力,丝滑感受"的品牌广告语,优雅美女与巧克力色的飘逸丝带相结合的唯美视觉画面,将巧克力的润滑口感与美女、丝带合为一体,建立了出色的视觉识别与触觉联想,堪称经典。

📖 [阅读材料 4-6]

农夫果汁的摇动识别

农夫果汁所做的品牌广告中,"农夫果汁,喝前摇一摇",身材富态的一对父子晃动饮料瓶,展现果汁饮料中丰富的果汁,对于农夫果汁饮料的摇动接触,有效构建了消费者对于农夫果汁产品果汁含量高的品牌价值识别,并引发消费者对于农夫果园鲜果含量高、营养丰富的品牌联想。

七、品牌听觉识别

在相当长的历史时期,无线广播曾经占据大众媒体的主要位置,来自无线广播的声音讯息成为消费者接触品牌、识别品牌的重要模式。源于声音元素的品牌识别在各种传播媒介载体上依旧占据重要位置。

面对品牌营销日趋成熟、日趋丰富但又日趋同质化的竞争模式,品牌设计与营销的难点与重点在于建立差异化的品牌价值识别,这也深深困扰着诸多品牌经营者。在感觉识别的五种感知模式中,听觉识别由于其人性化特征和个体声音的独特性,易于产生具有独占性的差异化识别。精心选择和建构品牌听觉识别,相对容易建立具有独占性的听觉识别,创造差异化的品牌识别。

(一)品牌听觉识别的定义

品牌听觉识别是指消费者的听觉对于品牌相关的声音元素的感官认知、体验和联想。声音识别或者单独作用,或者和视觉识别、触觉识别等其他识别方式互相组合,共同作用,赋予品牌识别更多的人性化内涵与人际情感认知、认同与联想。

品牌听觉识别的重要特征在于听觉识别是以人声识别与人际沟通为主要识别元素的,构建品牌听觉识别,品牌价值与声音元素的有效结合,富有人性化特征与个性化特色,互动化的声音交流模式,易于构建品牌与消费者的感性认知与情感联系,促进品牌偏好与忠诚。

(二)品牌听觉识别的内容

品牌听觉识别的元素是声音,理解品牌听觉识别,从认知声音、感悟和理解声音元素开始,然后了解品牌听觉价值元素,把握品牌听觉识别的传播模式与沟通媒介,完成对于品牌听觉识别的整体认知。

1. 声音元素的内容

声音是由物体振动产生,正在发声的物体叫声源。声音以声波的形式传播,声音只是声波通过固体或液体、气体传播形成的运动。声波振动内耳的听小骨,并被转化为微小的电子脑波,被人脑识别,就是我们感知到的声音。

声音的三个主要特征是音调、响度和音色,大众主要根据它们来区分声音。响度(loudness)是人主观感觉的声音的大小(俗称音量),由"振幅"(amplitude)决定,振幅越大,响度越大。(单位:分贝/dB)音调(pitch)是声音的高低(高音、低音),由"频率"(frequency)决定,频率越高,音调越高。音色(music quality)是声音的特性,由发声物体本身材料、结构决定,又称音品。

听觉识别的重要内容是消费者对于声音元素的主观识别,建立符合消费者审美体验的声音认知、体验与联想。让人愉悦的声音称为乐音或音乐;让人不舒适,甚至对听觉和身心健康有损害的声音称为噪音。好的声音,包括了与作品内容相关的曲谱与词谱;与人或乐器相关的音色、音质与音调;与节奏相关的韵律;与风格相关的曲风气质与格调。

2. 品牌听觉识别的内容

对企业而言,品牌听觉识别是听觉元素与品牌价值元素相结合的听觉元素组合,其主要包括下列内容。

- 公司元素,包括公司特有的与文化、品质、工艺、原料等相关的听觉元素与听觉元素联想。
- 环境元素,包括原材料的生长环境,生产和加工食品物品的生产环境元素。
- 产品元素,包括产品材质、外观、体量、包装听觉元素等。
- 消费终端元素,包括产品味道体验的终端环境、产品展示陈列环境、消费方式。
- 广告元素,包括广告形象与广告词、广告歌曲所展现的味道元素。
- 促销品元素,包括产品样品、促销品、海报、宣传单等。
- 人员元素,促销体验活动、人员促销模式、员工服务模式。

3. 品牌听觉识别的传播与沟通模式

品牌听觉识别的传播媒介包括无线广播,有线广播,电视广播、互联网,手机,样品、产品消费体验,促销装产品,试吃试尝活动,原料接触,原材料生长环境参观,加工环节体验等。

(三)品牌听觉识别的构建思路

品牌听觉识别建设思路,一是开展品牌评审与调研,深入调研与分析市场态势,分析目标消费者的价值需求,分析市场竞争者因素;二是深入研究和分析企业自身资源与品牌优秀元素,分析企业品牌建设的问题;三是研究包括行业先进企业在内的优秀企业的品牌听觉识别建设经验;四是明确企业的战略发展方向,明确企业的品牌建设方向,在此基础上,结合企业品牌战略与品牌识别战略的总体规划,构建企业的品牌听觉识别体系。

1. 构建品牌听觉识别的价值定位

构建品牌听觉识别,一是需要深入研究消费群体的价值需求与消费模式,二是需要深入研究与分析企业的内外部资源与能力特点,三是需要基于企业核心竞争力建设来构建,四是需要基于市场竞争分析和差异化来构建。在此基础上,抢占品牌听觉识别的价值定位,构建具有企业特色优势、富有价值内涵与个性形象的品牌听觉识别体系。

品牌听觉识别始于消费者耳朵的个性化识别,是带着感觉偏好和情感偏好的识别。因此更需要创新品牌听觉识别模式,实施差异化的听觉识别沟通,增强培养用户的听觉价值认知与体验,培养用户的消费习惯,建立听觉偏好与情感忠诚,以此建立与竞争品牌的品牌差异化竞争,赢得市场先机。

2. 选择与构建富有价值与审美的听觉元素

构建品牌听觉识别的重要内容,就是选择和组合适应品牌价值基因、符合消费者审美的声音元素,并将好的声音元素与品牌价值元素有效整合,形成出色的听觉体验。消费者对于品牌听觉识别元素的价值认知与审美体验,是品牌听觉识别的重要内容。

品牌听觉识别元素选择与构建中需要关注与匹配的品牌价值构建包括品牌功能价值元素、品牌情感价值元素和品牌观念价值元素。需要深入调研、分析与甄选,本节下文将详细阐述。

品牌听觉识别元素选择与构建中需要关注的美学因素包括声音元素自身的美感、声音元素的价值感与价值联想、声音元素与品牌价值元素关联的逻辑美感、声音表达形式的美感，以及品牌联想的美感。

好的品牌听觉识别的声音元素，其重要特征是在表达品牌价值的同时，为消费者带来独特的美学价值认知与审美价值体验。好的声音元素，包括内涵丰富的声音内容，独特的歌曲，独特的优美乐曲、曲调，独特的源于自然声音或人类的语音与语调等。在成品层面，包括独特的诗歌、广告歌曲，或优美的品牌广告词的人声、动物声音或物质声音等。其内容与表现形式需要有助于展现和强化品牌的独特价值与个性形象，有助于展现品牌的独特风格与气质，有助于加强品牌价值认识与体验，有助于强化品牌的情感关系，有助于产品品牌的联想。

卡梅隆导演的电影作品《泰坦尼克》票房收入高达 5 亿美元，从品牌建设与营销角度来看，大牌导演、传奇故事与出色编剧、影星精湛演技、大投入制作、精美摄影都是品牌成功的关键元素，而那曲演唱的《我心永恒》(My heart goes on)，优美的歌声与旋律，对于传递品牌情感、打动观众心灵、扩大电影影响力更是起到不可估量的作用。电影可能看一遍，歌曲却全球传唱，经久不息，与《泰坦尼克》共同成为不朽的作品。

品牌听觉识别的境界，是品牌与消费者的深度感觉与心理契合，如伯牙操琴、子期品乐，高山兮流水，心有戚戚焉。其典故如下文。

[阅读材料 4-7]

“高山流水”典故赏析

据《列子》载，伯牙善鼓琴，钟子期善听。伯牙鼓琴，志在高山，钟子期曰：“善哉，峨峨兮若泰山！”志在流水，钟子期曰：“善哉，洋洋若江河！”伯牙所念，钟子期必得之。伯牙游于泰山之阴，卒逢暴雨，止于岩下，心悲，乃援琴而鼓之。初为“霖雨”之操，更造“崩山”之音。曲每奏，钟子期辄穷其趣。伯牙乃舍琴而叹曰：“善哉，善哉，子之听夫！志想象犹吾心也。吾于何逃哉？”

据《吕氏春秋·本味篇》载，钟子期死，伯牙摔琴绝弦，终身不复鼓琴，以为世无足复为鼓琴者。

3. 构建品牌听觉识别与消费者功效价值关联

品牌功能价值的听觉识别方法，是选择合适的听觉识别元素与品牌功能价值元素建立关联，而后构建品牌功效价值元素组合，并将品牌功效价值显性化、放大化或产生关联联想。其内容首先是规划品牌功能价值元素，然后选择与品牌功能价值相匹配的独特声音元素，与品牌功能价值元素有效关联，而后系统规划与有效组合价值元素，构建内涵丰富的鲜明听觉功能价值识别。

一些全球领先的汽车品牌企业，其发动机基于不同的设计理念与制作工艺，在工作时都有独特的声音，发动机的独特声音与发动机的品质与澎湃动力形成了坚定关联并形成独特的品牌区隔模式。

对于食品行业品牌，构建一个好环境下，一个好形态的动物健康的动作与声音，可以与食品的品质和功效价值产生逻辑关联，并有效建立优秀食品品牌联想。伊利、蒙牛这些做牛奶的企业好像经常牵出一只或一群乳牛出来在电视和平面广告上遛一遛、哞一哞的。"澳优乳业"创业阶段品牌定位是澳洲有机牛奶，更是把澳洲的优质乳牛牵出来大力宣传，打造"澳优"品牌的高品质奶制品形象。

4. 构建品牌听觉识别与消费者的情感价值和情感关系关联

品牌情感价值的听觉识别方法，是选择合适的听觉识别元素与品牌情感价值元素建立关联，构建独特的品牌情感价值关联与组合，并将品牌情感价值显性化、放大化或产生关联联想。其内容首先是规划品牌情感价值元素，然后选择与品牌情感价值相匹配的独特听觉元素，构建品牌感情价值元素关联、组合，系统构建内涵丰富的鲜明听觉情感价值识别。

结合品牌情感价值元素，选择来自行业领袖、专业领域权威人士、社会名人规划品牌广告，是常见方式。系统选择与规划其形象、情感元素与声音元素，并与品牌情感元素有效组合，其所陈述的内容与声音，将有助于消费者建立品牌认知与品牌信任。来自体育冠军、艺术大奖获得者等业内权威的品牌内容设计、广告词陈述与传播，也有助于消费者建立品牌在相关领域的专业性与高品质的形象。来自众多的社会名人、演艺时尚明星的品牌形象广告，其独特的声音也是通过人际沟通传递品牌情感价值，表达品牌情感与品牌态度，建立与维系品牌情感关系的有力方式。源自自然的声音元素、来自生活细节的声音元素与品牌情感价值构建关联，也是建立听觉价值识别的有效手段。正如日本佳能相机的经典品牌广告所诉说的，生活中，"感动常在"。

笔者认为，功效价值识别日趋同质化，在品牌识别上，情感价值的差异化更容易构建和实现。品牌与消费者的情感价值关系也比功效价值关系更为稳固，值得深入研究和探索。品牌中情感价值元素也更容易打动人心。麦当劳广告中，荡秋千的小孩子，看着麦当劳标志时隐时现的笑声，一方面是对麦当劳产品品质的认知与认可；另一方面，小孩子的笑声，易于引起大众和父母的心理情感共鸣，以及对于麦当劳品牌的情感价值联想，以及幸福生活的联想。

5. 构建品牌听觉识别与消费者的观念价值关联和精神契合

品牌观念价值的听觉识别方法，是选择合适的听觉识别元素与品牌观念价值元素建立关联，构建品牌观念价值关联与组合，并将品牌观念价值显性化、放大化或产生关联价值联想。其内容首先是规划品牌观念价值元素，然后选择与品牌情感价值相匹配的独特听觉元素,构建品牌观念价值元素关联、组合,系统构建内涵丰富的鲜明听觉观念价值识别。

世界范围内,许多宗教的宗教音乐都是宗教、仪式的重要组成部分。宗教音乐的内容丰富,数量众多,庄严、动听而又便于传唱吟诵。宗教音乐对于宗教组织建立宗教信仰氛围,发展信众,强化信众的精神依附具有重要的作用。

富有个性的流行歌手周杰伦在中国移动手机针对青少年群体"情感地带"通信产品的广告中,结合广告故事,说出"我的地盘我做主"的主题广告语,彰显与倡导的是一种富有个性的自由精神,易于与中国移动 M-zong 消费者群体产生深度的精神共鸣。

6. 实施有效的品牌听觉识别沟通

品牌听觉识别沟通是在品牌听觉识别元素与消费者接触的各个接触点的系统设计与有效沟通中实现。一是品牌听觉识别广告在电视、广播、网站等传播媒介的整体传播实现;二是通过与消费者的互动沟通实现;三是在消费者消费环节,通过企业员工与消费者的人际沟通,以及产品声音元素的沟通实现;四是在消费者消费环节,通过产品与服务本身的声音元素与消费者保持持续沟通;五是在售后服务环节,通过消费者与售后服务人员的沟通来实现。

消费者通过听觉识别建立品牌价值认知、体验与联想,是一个长期、系统的过程。它是一个包括品牌核心听觉价值识别元素与日常众多听觉识别元素复合沟通的统一体,是听觉物化识别元素与人际沟通识别元素的统一体,是品牌价值认知与品牌听觉审美体验的统一体。品牌听觉识别需要系统规划、长期实施,构建消费者对品牌听觉体验的独特感、价值观与审美体验,以有效建立品牌价值认知,维系品牌偏好与品牌忠诚。

(四) 品牌名称的听觉识别

一些企业将听觉识别元素用在了品牌命名中。动听,易记,易于品牌传播与识别,以下是几个比较典型的以声音识别作为品牌命名的例子。

娃哈哈的名字来自大家耳熟能详的儿歌:我们的祖国是花园,花园的花朵真鲜艳,娃哈哈,娃哈哈,每个人脸上都笑开颜……

当当的名字或者是来自鸣锣告示的声音,或者来自铁匠铺辛勤劳作的打铁声,或者来自寺院沉静悠扬的钟声等。同样醒目、简单、易记,又能产生许多品牌联想。

"咯咯哒"品牌的鸡蛋,名字听起来像是母鸡下蛋后的典型声音,又像是该品牌鸡蛋产品货真价实的品牌宣言。

(五) 品牌听觉识别案例

英特尔品牌广告,常可以听见噔噔噔噔的音乐音节,简洁动听而又富有激情,广告独特的声音识别一方面有效传达了因特尔芯片动力强劲的功能价值联想,另一方面又建立了与因特尔品牌相关独特的声音识别,便于消费者记忆。

百事可乐的饮料产品广告常常与当年最当红的音乐明星、体育明星相伴,并以引领潮流的体育、音乐明星与流行歌曲为主要传播内容,持续强化百事可乐"年轻一代的选择"的品牌定位,并为品牌持续注入包括文化、音乐、时尚等在内的新的品牌形象元素,并通过明星人物的独特形象、声音与情感牵引巩固百事品牌的年轻形象,密切与消费者的品牌情感关系。

写作此章节的时候,正在倾听《中国好声音》学员的美妙乐曲,常常为之陶醉,为之震撼,为之感动。声音之美,美在自然,真的性情,可以感动心灵,万人空巷,也是难得的胜景。《中国好声音》的品牌广告也水涨船高,《中国好声音》从开播第一期到第八期,广告费从每15秒15万元,飙升到每15秒50万元。但许多知名企业依然觉得很值,加多宝凉茶、娃哈哈启力、苏宁易购、京东商城、香飘飘奶茶、步步高点读机等蜂拥而至,中国好声音22分钟的广告时间也已经没有空余,多到让听众无奈的地步。

一定意义上,真正的好声音与真正的好产品,在品牌形象与价值上是有一致性的,可以产生关联的高品质的品牌关系与品牌联想——在本质上,我们是同类。

八、品牌味觉识别

有套畅销书《心灵鸡汤》,用鸡汤的鲜美滋味来寓意好书的内涵与价值,以及给读者带来的愉悦心灵体验。以味道来识别好书,也道出了味觉识别的价值。品位生活,识别品牌,也可以从品牌味觉识别开始。

(一)品牌味觉识别的定义

品牌味觉识别是指消费者对于品牌味觉元素的感官价值认知、体验和联想。其重要特征在于品牌味觉识别是以消费者的产品消费体验为核心的,是消费者对于产品的感官味觉识别和直接接触体验为主要识别方式的,与消费者的情感认知也具有深度关联,具有深度的消费者个性化价值体验特性,易于构建品牌与消费者的感性认知与感官偏好,密切情感关系,易于促进消费者的品牌偏好与品牌忠诚。

品牌味觉识别在泛饮食与食品行业应用较多。品牌味觉识别或者单独作用,或者和品牌视觉识别等其他识别方式互相组合,共同作用,赋予品牌识别更多功能价值内涵与个性化感官体验。

(二)品牌味觉识别的内容

理解品牌味觉识别,从认知味道、感悟和理解味道之美开始,然后了解品牌味觉元素、品牌味觉识别的消费者沟通与体验模式,完成对于品牌味觉识别的整体认知。

1. 味觉元素的内容

味觉识别指人对于食品、物品等的味觉感官体验,其内容通常包括酸、甜、苦、辣、咸、麻等味觉元素或元素组合。

味觉识别的重要内容是消费者对于品牌味觉元素的主观识别,建立符合消费者味觉体验的味觉认知、体验与联想。好的味觉识别,也包含了消费者对于品牌味觉相关的品质与功效、品牌情感、品牌品位的价值认知与联想。

2. 品牌味觉识别的内容

对企业而言,品牌味觉识别是味觉元素与品牌价值元素相关联的味觉元素组合,其主要包括下列内容。

- 公司元素,包括公司历史文化、生产加工环境等元素。
- 产品元素,包括产品原料产地、材质、外观、包装等元素。
- 终端元素,包括终端消费环境、产品展示陈列方式、客户消费模式等元素。
- 促销元素,包括促销品、试吃试用、产品产地参观、产品加工体验等元素。
- 广告元素,包括品牌形象广告、广告词、广告歌曲、网站等元素。
- 人员元素,包括员工专业度,客户服务模式等元素。

3. 味觉识别的消费者沟通媒介

品牌味觉识别的传播媒介包括无线广播、有线广播、电视、互联网、手机、展示陈列品、促销品等。消费者沟通媒介包括了生产环境、加工环境、产品展示陈列环境、消费体验环境、人际沟通环境等。现场参观与产品加工活动体验、现场试吃试用体验、促销品试用体验、产品陈列与展示、品牌消费体验等,也是有效的味觉沟通模式。

(三)品牌味觉识别的构建思路

品牌味觉识别建设思路,一是开展品牌评审与调研,深入调研与分析行业与市场态势,分析目标消费者的价值需求,分析市场竞争者因素;二是深入研究和分析企业自身资源与品牌价值元素,分析企业品牌建设的问题;三是研究包括行业先进企业在内的优秀企业的品牌味觉识别建设经验;四是明确企业的战略发展方向,明确企业的品牌建设方向,在此基础上,结合企业品牌战略与品牌识别战略的总体规划,构建企业的品牌味觉识别体系。

(四)品牌味觉识别的构建模式

1. 构建味觉识别的价值定位

构建味觉识别,一是需要深入研究消费群体的价值需求与消费模式,尤其需要注意研究具有地域特色的消费者消费习惯与消费偏好。二是需要深入研究与分析企业的内外部资源、能力特点与产品优势。三是需要基于企业核心竞争力建设来构建。四是需要基于市场竞争分析和产品差异化竞争来构建。在此基础上,抢占味觉识别的价值定位,构建具有企业特色优势、富有价值内涵与个性形象的味觉识别体系。

味觉识别在一定程度上是舌尖上的识别,因此更需要创新味觉识别模式,实施差异化的味觉识别沟通,以增强用户的味觉价值认知与价值体验,培养用户的消费习惯,建立味觉偏好与情感忠诚,以此建立与竞争品牌的品牌差异化竞争,赢得市场先机。

2. 选择与构建富有价值的味觉元素

构建味觉识别的重要内容,就是选择和组合适应品牌价值基因、符合消费者味觉偏好的味觉元素,并将好的味觉元素与品牌价值元素有效整合,形成出色的味觉体验。消费者对于味觉识别元素的价值认知与体验,是味觉识别的重要内容。

味觉识别元素选择与构建需要关注与匹配的品牌价值构建包括品牌功能价值元素、品牌情感价值元素和品牌观念价值元素。需要深入调研、分析与甄选,本节下文将详细阐述。

味觉识别元素选择与构建中需要关注的因素包括品牌的食品原材料和地理文化相关的味觉元素、调味品的味觉元素、产品相关的味觉元素、生产工艺与生产者相关的味觉元素、消费环境产生的味觉元素等,以及消费者相关的对于味觉元素的价值感与价值联想、味觉元素与品牌价值元素关联的逻辑美感、味觉表达形式的感官体验与品牌联想、消费者味觉元素偏好与品牌味觉元素的生理与心理契合感。

味觉识别的重要特征是它通常在产品与服务交易与消费环节实现。味觉识别在传递品牌价值的同时,为消费者带来独特的味觉感官体验、情感体验、审美体验,以及生理、心理的满足感。味觉识别元素的选择、组合与表现形式需要有助于展现和强化品牌的独特价值与个性形象,有助于展现品牌的独特风格与气质,有助于加强品牌价值认识与体验,有助于强化品牌的情感关系,有助于产品品牌的联想。

3. 构建味觉识别与消费者的功效价值关联

品牌功能价值的味觉识别方法,是选择合适的味觉识别元素,与品牌功能价值元素构建关联,形成相关的味觉识别价值元素的组合。其内容首先是规划品牌功能价值元素,然后选择与品牌功能价值相匹配的独特味觉元素,建立相关的味觉识别价值元素关联,组合,并将品牌功效价值显性化、放大化或产生关联联想,以此构建内涵丰富的鲜明味觉功能价值识别。

品牌功效价值相关的味觉价值元素,来源于消费者对于各种地域食品特色与优势的独特的惯性的价值认知,来源于对于特定企业特定食品味道的价值认知与价值体验,来源于企业的生产质量与加工工艺的品质认知,来源于消费者对于消费环境与消费体验的感官认知。这些元素,也是品牌味觉识别建构的重要考虑因素。

家乡的人早晨喜欢喝羊肉汤、驴肉汤。依然记得,北关附近有家生意多年很好的"洛记"驴肉汤铺子,店主好像每隔一段时间就在店前空地上杀一头驴。锅里也添加了一些中药材和香料,铺里也常有肉香飘出,驴肉汤的味道也非常鲜美,至今思念。杀驴是否人道暂且不论,其构建真驴及驴肉飘香货真价实品牌价值形象品牌识别建设方法倒是深得品牌管理真味,值得细细品味。

4. 构建味觉识别与消费者的情感价值关联

品牌情感价值的味觉识别方法,首先是规划品牌情感价值元素,然后选择与品牌情感价值相匹配的独特味觉元素,建立品牌感情价值元素关联,组合,并将品牌情感价值显性化、放大化或产生关联联想,以此系统构建内涵丰富的鲜明味觉情感价值识别。

品牌情感价值相关的味觉价值元素,来源于消费者群体对于食品相关的文化历史内涵的认知与体验,来源于千百年传承的独特客户味觉偏好;来源于消费者对于地域食品文化与风俗的独特价值体验;来源于消费者对于特定企业的情感认知与情感联系,来源于消费者对于特定食品味道的价值认知与价值体验;来源于消费者对于权威人士、知名人士等与食品相关的品牌元素的情感认知与情感联系。这些元素,也是品牌味觉识别建构的重要考虑因素。选择合适的情感价值元素,将历史、文化、情感故事、名人明星、情绪与心情等与味觉元素有效嫁接与组合,为品牌注入契合情感的味道,将是建构品牌情感价值的独特方式。

欧洲食品巨头雀巢公司在味觉营销方面很有方略,其雀巢咖啡的广告图文并茂,系列广告语,"雀巢咖啡,味道好极了!""雀巢咖啡,滴滴香浓,意犹未尽!"深得味觉识别的真意。

5. 构建味觉识别与消费者的观念价值关联与精神契合

品牌观念价值的味觉识别方法,首先是规划品牌观念价值元素,然后选择与品牌观念价值相匹配的独特味觉元素,构建建立品牌观念价值元素关联,组合,并将品牌观念价值显性化、放大化或产生关联联想,以此系统构建内涵丰富的鲜明味觉观念价值识别。

有句关于吃辣的俗话,"四川人不怕辣,陕西人辣不怕,湖南人怕不辣。"这句话从民众味觉识别的视角描写民风,一方面展示了川陕湘等地域民众的独特饮食习惯;另一方面也以独特的视角彰显了当地民众敢作敢为的独特的个性与文化精神。

(五)实施有效的品牌味觉识别沟通

味觉识别沟通是一种感性的、个性化的价值体验,并在消费者感知、接触与体验中实现。味觉识别沟通,一是味觉识别元素在电视、广播、网站等传播媒介的整体传播实现;二是通过与消费者的产品促销活动,以及试做、试吃、试用等互动沟通活动中实现;三是在消费者消费环节,通过企业员工与消费者的人际沟通以及产品味觉元素的沟通实现;四是在消费者消费环节,通过产品消费体验与消费者保持持续沟通;五是在售后服务环节,通过消费者与售后服务人员的沟通来实现。

味觉识别的价值认知、体验与联想是一个长期、系统的过程。它是消费者对于品牌味觉元素建立感官偏好的生理契合过程与建立情感偏好的心理契合过程的统一体,是味觉物化识别元素与其他识别元素共同作用的统一体；是品牌价值认知与品牌味觉审美体验的统一体。品牌味觉识别需要系统规划，长期实施，构建消费者对品牌味觉体验的独特感、价值感与审美体验，以有效建立品牌价值认知，维系品牌偏好与品牌忠诚。

味觉识别的境界

味觉识别的境界，是品牌与消费者的深度感觉与心理契合，以及精神共鸣。饮食味道可以调制，但如能将品牌的情感与精神注入饮食味道中，那就是所谓"厨神"的意境了。

2012年，中央电视台有一档《舌尖上的中国》电视节目开播，创下了很高的收视率。该片有美食，有优美的环境，有历史文化的回顾，有现代人的故事，有美食加工制作过程，有情绪与心意；包含了诸多声情并茂的味道，诸多余味悠长的遐想。味道，是一种感觉，一种体验，也是一种文化。中国的饮食文化世界第一，中国的味觉识别也应该有所建树，引领时代潮流。

[阅读材料 4-8]

品牌味觉识别案例

隐约记得多年前有个国外乳品广告，企业名称忘记了，暂以七星代替。其广告宣传语是，"七星乳品，初恋的味道。"该广告语以物寓情，触物生情，颇有中国古代诗文的意境，令人印象深刻；该产品的市场营销也大获成功。后有人问该企业负责人，"如有小孩问，初恋的味道是什么味道，该怎样回答？"他回应说："就说是七星乳品的味道。"

九、品牌嗅觉识别

有部有名的电影《闻香识女人》，道出了嗅觉识别的意境，识别美人，识别品牌，可以从嗅觉识别开始。有人、有空气的地方，就会有嗅觉。鼻子是人的重要感官，嗅觉是人类的重要感觉。嗅觉识别，也是值得关注的感觉识别模式。

（一）品牌嗅觉识别的定义

品牌嗅觉识别是指消费者的鼻子对于品牌的嗅觉元素的感官认知、体验和联想。嗅觉识别是以消费者的个性化感官非接触性认知与体验为核心，以品牌相关的环境、产品与人的气味元素为主要嗅觉认知与体验元素，以品牌功能价值、情感价值、观念价值与嗅觉的关联价值识别与体验为主要模式，构建消费者的嗅觉认知、体验与品牌联想。

嗅觉识别或者单独作用，或者和视觉、味觉、触觉等其他识别方式互相组合，共同作用，赋予品牌识别更多个性化感官价值体验与情感联系，易于构建品牌偏好与忠诚。

（二）品牌嗅觉识别的内容

理解嗅觉识别，从认知气味、感悟和理解气味之香开始，然后了解品牌嗅觉元素、嗅觉识别元素，以及嗅觉沟通模式，完成对于嗅觉识别的整体认知。

1. 嗅觉

嗅觉是鼻子对于气态物质的一种远感认知、体验与联想，是通过长距离感受化学刺激的感觉，是一种非接触性感觉。相比之下，味觉是一种近感，是一种接触性体验。

嗅觉的刺激物必须是气体物质，只有挥发性有味物质的分子，才能成为嗅觉细胞的刺激物。人类嗅觉的敏感度是很大的，通常用嗅觉阈来测定。所谓嗅觉阈，就是能够引起嗅觉的有气味物质的最小浓度。

2. 嗅觉元素的内容

嗅觉元素一般分为香料气、花香气、水果气、树脂气、焦臭气、腐烂气等。嗅觉不像其他感觉那么容易分类，在说明嗅觉时，常用产生气味的东西来命名，例如玫瑰花香、肉香、腐臭等。见图 4-11。

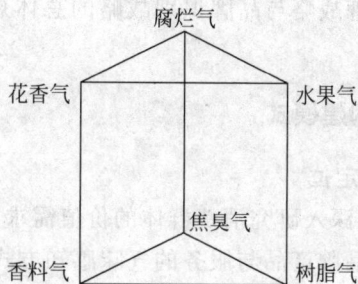

图 4-11　嗅觉柱示意图

当几种不同的气味元素同时混合作用于嗅觉感官时，会产生不同的嗅觉：一种是产生新气味；一种是主要气味代替或掩蔽另一种气味；一种是产生气味中和，混合气味就完全不引起嗅觉。

3. 品牌嗅觉识别的内容

对企业而言，品牌嗅觉识别是嗅觉元素与品牌价值元素相结合的嗅觉元素组合。品牌嗅觉识别的重要内容是构建品牌嗅觉元素与品牌价值元素的关联与组合，建立符合消费者嗅觉价值体验的嗅觉认知、体验与联想。好的嗅觉识别，也包含了消费者对于品牌嗅觉相关的品质与功效、品牌情感、品牌品位的价值认知与联想。其主要内容如下。

- 公司元素，包括公司历史文化、生产加工环境等元素。
- 产品元素，包括产品原料产地、材质、外观、包装等元素。
- 终端元素，包括终端消费环境、产品展示陈列、客户消费模式等元素。

- 促销元素，包括促销品、试吃试用、产品产地参观、产品加工体验等元素。
- 广告元素，包括品牌形象广告、广告词、广告歌曲、网站等元素。
- 人员元素，包括员工专业度、客户服务模式等元素。

4. 嗅觉识别的消费者沟通媒介

品牌嗅觉识别的传播媒介包括无线广播、有线广播、电视、互联网、手机、展示陈列品、促销品等。消费者沟通媒介包括了生产环境、加工环境、产品展示陈列环境、消费体验环境、人际沟通环境等。现场参观与产品加工活动体验、现场试吃试用体验、促销品试用体验、产品陈列与展示、品牌消费体验等，也是有效的嗅觉沟通模式。

（三）品牌嗅觉识别的构建思路

品牌嗅觉识别构建思路，一是开展品牌评审与调研，深入调研与分析行业与市场态势，分析目标消费者的价值需求，分析市场竞争者因素；二是深入研究和分析企业自身资源与品牌价值元素，分析企业品牌建设的问题；三是研究包括行业先进企业在内的优秀企业的品牌嗅觉识别建设经验；四是明确企业的战略发展方向，明确企业的品牌建设方向，在此基础上，结合企业品牌战略与品牌识别战略的总体规划，构建企业的品牌嗅觉识别体系。

（四）品牌嗅觉识别的构建模式

1. 构建嗅觉识别的价值定位

构建嗅觉识别，一是需要深入研究消费群体的价值需求与消费模式，尤其需要注意研究具有不同消费者群体对于品牌产品与服务的气味感知方式与消费偏好。二是需要深入研究与分析企业的内外部资源、能力特点与产品优势。三是需要基于企业核心竞争力建设来构建。四是需要基于市场竞争分析和产品差异化竞争来构建。在此基础上，抢占嗅觉识别的价值定位，构建具有企业特色优势、富有价值内涵与个性形象的嗅觉识别体系。

嗅觉识别在一定程度上是鼻尖上的识别，并且常和味觉识别、视觉识别形成由远及近、由无形到有形的感官识别组合。因此更需要创新嗅觉识别模式，实施差异化的嗅觉识别沟通，以增强用户的嗅觉价值认知与价值体验，培养用户的消费习惯，建立嗅觉偏好与情感忠诚，以此建立与竞争品牌的品牌差异化竞争，赢得市场先机。

2. 选择与构建富有价值的嗅觉元素

构建嗅觉识别的重要内容，就是选择品牌价值基因，选择与品牌价值基因相匹配的、符合消费者嗅觉偏好的嗅觉元素，并将嗅觉识别元素有效整合与组合，形成出色的嗅觉识别。

嗅觉识别元素选择与构建需要有效匹配品牌功能价值元素、品牌情感价值元素和品牌观念价值元素，形成品牌价值基因关联。本节下文将详细阐述。

嗅觉识别元素在选择与构建中需要关注的因素包括品牌原材料和地理文化相关的嗅觉元素、产品相关的嗅觉元素、生产工艺与生产者相关的嗅觉元素、员工的嗅觉元素、消费环境产生的嗅觉元素、消费体验相关的嗅觉元素等，以及消费者相关的对于嗅觉元素的价值感与价值联想、嗅觉元素与品牌价值元素关联的逻辑美感、嗅觉元素表达形式的感官体验与品牌联想，消费者对于嗅觉元素偏好与品牌嗅觉元素的生理与心理契合感。

嗅觉识别由于其非接触性及相对远程的特征，在多个消费者与品牌接触环节实现。嗅觉识别在传递品牌价值的同时，为消费者带来独特的嗅觉感官体验、情感体验、审美体验，以及生理、心理的满足感。嗅觉识别元素的选择、组合与表现形式需要有助于展现和强化品牌的独特价值与个性形象，有助于展现品牌的独特风格与气质，有助于加强品牌价值认识与体验，有助于强化品牌的情感关系，有助于产品品牌的联想。

3. 构建嗅觉识别与消费者的功效价值关联

品牌功能价值的嗅觉识别方法，其内容首先是规划品牌功能价值元素，然后选择与品牌功能价值相匹配的独特嗅觉元素，建立相关的嗅觉识别价值元素关联，组合，并将品牌功效价值显性化、放大化或产生关联联想，以此构建内涵丰富的鲜明嗅觉功能价值识别。

品牌功效价值相关的嗅觉价值元素，来源于消费者对于产品历史地理环境特色与优势的独特的惯性的价值认知，来源于对于特定企业特定产品气味的价值认知与价值体验，来源于企业的生产质量与加工工艺的品质认知，来源于消费者对产品与服务的消费体验。这些元素，也是品牌嗅觉识别的重要考虑因素。

化妆品与香水企业的气味营销相对成熟，许多化妆品和香水品牌都植入了独特的芳香原料，并通过试用装、小瓶装来增添消费者的嗅觉体验，以品牌产品的香味来增添产品的独特功效价值认知和品牌形象认知。

4. 构建嗅觉识别与消费者的情感价值关联

品牌情感价值的嗅觉识别方法，首先是规划品牌情感价值元素，然后选择与品牌情感价值相匹配的独特嗅觉元素，建立品牌感情价值元素关联，组合，并将品牌情感价值显性化、放大化或产生关联联想，以此系统构建内涵丰富的鲜明嗅觉情感价值识别。

品牌情感价值相关的嗅觉价值元素，来源于消费者群体对于企业和产品相关的文化历史内涵的认知与体验，来源于千百年传承的独特客户嗅觉偏好；来源于消费者对于品牌相关联的地域文化与风俗的独特价值体验；来源于消费者对于特定企业的情感认知与情感联系，来源于消费者对于特定产品气味的独特价值认知与价值体验；来源于消费者对于权威人士、知名人士等与品牌相关的元素的情感认知与情感联系。这些元素，也是品牌嗅觉识别建构的重要考虑因素。选择合适的情感价值元素，将历史、文化、情感故事、名人明星、情绪与心情等嗅觉元素有效嫁接与组合，为品牌注入契合情感的独特气味元素，将是建构品牌情感价值的独特方式。

5. 构建嗅觉识别与消费者的观念价值关联与精神契合

品牌观念价值的嗅觉识别方法,首先是规划品牌观念价值元素,然后选择与品牌观念价值相匹配的独特嗅觉元素,建立品牌观念价值元素关联,组合,并将品牌观念价值显性化、放大化或产生关联联想,以此系统构建内涵丰富的鲜明嗅觉观念价值识别。

中国的多数佛教场所都有敬香燃香的习俗。敬香燃香一是敬神礼佛,二是清心修身。独特的香味环境,也有助于寺院构建虔诚、肃穆的浓厚宗教氛围,有助于增强信众的精神信仰。佛、法、僧是佛教发展的灵魂,同时,巍峨佛像、佛教典籍、高僧大德、宗教仪式、晨钟暮鼓、佛乐吟唱、燃香燃灯,也是建立佛教认知、增强宗教信仰的重要组成部分。

6. 实施有效的嗅觉识别沟通

嗅觉识别沟通是一种非接触式的、感性的、个性化的价值体验,并在消费者感知、接触与体验中实现。嗅觉识别沟通,一是嗅觉识别元素在电视、广播、网站等传播媒介的整体传播与沟通中实现;二是构建产品的独特气味元素,并通过产品促销活动,以及试做、试吃、试用、试闻等互动沟通活动实现;三是在消费终端构建富有独特气味识别环境,产品认知与体验环境,增强消费者的嗅觉识别体验;四是在制度层面建立员工的健康形象与健康气味元素,维系消费者的消费舒适感;五是构建产品与服务的独特气味元素,通过消费者的产品与服务消费体验建立深度的嗅觉认知、体验与价值联想。

嗅觉识别的价值认知、体验与联想是一个长期、系统的过程。它是消费者对于品牌嗅觉元素建立感官偏好的生理契合过程与建立情感偏好的心理契合过程的统一体,是嗅觉物化识别元素与其他识别元素共同作用的统一体,是品牌价值认知与品牌嗅觉审美体验的统一体。品牌嗅觉识别需要系统规划,长期实施,构建消费者对品牌嗅觉体验的独特感、价值观与审美体验,以有效建立品牌价值认知,维系品牌偏好与品牌忠诚。

迪奥(Dior)香水的品牌营销策略也很值得借鉴,一是选择消费者熟悉的形象靓丽的大牌明星作为代言人,加强消费者的情感认知与情感联系;二是拍摄奢华的、引人遐想的明星广告并在电视、网络等媒介播出,打造高贵、时尚、魅惑的品牌形象;三是设计高雅、精美、独特的香水内外包装便于消费者识别;四是在终端提供促销装与小瓶体验装,方便消费者的消费体验;五是在一些时尚杂志里夹带特制的香水纸条,方便消费者体验独特的香水味道;以此在消费者认知与接触产品的各个环节实施系统的品牌嗅觉营销。

嗅觉识别的境界

嗅觉识别的境界,是品牌与消费者的深度感觉与心理契合,以及精神共鸣。香味识别有时源自感官的品位,有时也展现了一种情怀、一种心意、一种人生境界,恰如陆游在《卜算子·咏梅》一诗中所阐述的意境。如下文。

陆游《卜算子·咏梅》赏析

卜算子·咏梅

陆游

驿外断桥边,寂寞开无主。

已是黄昏独自愁,更著风和雨。

无意苦争春,一任群芳妒。

零落成泥碾作尘,只有香如故。

[阅读材料 4-9]

洛阳牡丹花会的品牌识别

花因城名,城以花名。洛阳是十三朝古都,牡丹花是洛阳的市花。唐代刘禹锡写有名作《赏牡丹》:庭前芍药妖无格,池上芙蕖净少情;唯有牡丹真国色,花开时节动京城。唐中书舍人李正封的诗句"天香夜染衣,国色朝酣酒",为洛阳的牡丹花增添了独特的嗅觉与视觉识别。

近年洛阳确立了世界历史文化名城的定位,更新了城市品牌形象,并将城市主题宣传语定位"千年古都,牡丹花城。"将牡丹花的品牌形象植入了城市形象识别体系中。

洛阳在(周)王城公园、国花园、西苑公园、牡丹园等许多园区种植了大量牡丹花与芍药,同时,在洛河两岸建立的滨河的洛浦公园、隋唐遗址公园等新公园,以及城市主干道的花圃里,在部分居民社区里,也广泛养植了大量牡丹花。花开时节,满城飘香。洛阳当地的牡丹花国画创作也颇有名气,为牡丹花增添了几多艺术魅力。凡此种种,为洛阳牡丹建立了独特的品牌识别。

洛阳市每年都在谷雨时节举办河南省政府主办的牡丹花会,同步举办经贸洽谈会,并提前开展牡丹花会会徽与吉祥物设计与评选,通过大众参与的方式,广泛甄选、评比、宣传、展示优美的会徽设计。见图 4-12 和图 4-13。每年的牡丹花会期间,都有几百万的旅游客流,海内外游人如织,商贸合作日趋繁盛,城市影响也持续扩大,也进一步扩大了牡丹花会的品牌影响力。

洛阳牡丹花会在品牌建设方面也存在不足,一是对于以品牌精神建构为核心的洛阳城市精神的梳理、提炼、建构与宣传不足,对于牡丹花及牡丹花会的文化与精神提炼不足;二是对于以人为核心的文化演艺、文化产品与文化活动开展不足,没有成功的演艺品牌,相关的电影、电视剧和动画等也较为稀少,没有挖掘洛阳上千年的历史文化资源;三是游客参与性的休闲娱乐产品与主题活动还较少,以看为主,缺乏愉悦的互动体验,缺乏与游客的深度情感交流和历史文化体验;四是对于第一禅寺白马寺、龙门石窟景点、伏牛山景点、鸡冠山溶洞、洛阳博物馆、古墓博物馆等著名旅游景点品牌还没有建立有效的整合营销宣传与协同效应；五是没有有效构建休闲养生品牌，缺乏以养生与休闲居住、养老为主题的服务产品与服务设施，不能长期留住消费者。洛阳世界旅游文化名城的建设与经营，依然任重道远。

图 4-12 洛阳牡丹花会会标

图 4-13 洛阳牡丹花会吉祥物

4.3 品牌情感识别

北方有佳人，绝世而独立，一顾倾人城，再顾倾人国。宁不知倾城与倾国，佳人难再得！

——汉 李延年

近年有句流行语"哥喝的不是酒，是寂寞。"这句话在一定程度上道出了品牌的情感属性，以及消费者的情感价值体验。基于组织行为学与心理学对于人的情绪与态度的研究，基于对品牌消费者群体情绪与态度特征的深入分析，将情绪与态度因素作为情感价值元素，构建品牌情绪的差异化识别，也是构建品牌情感识别的重要模式。

一、品牌情感识别（sensibility identification）的定义

品牌情感识别是消费者对于以人为主体的品牌情感的认知、体验，以及情感关系联想。品牌情感识别包含了消费者对品牌内在的情感价值和外在情感形象的认知、体验与联想；消费者对于品牌消费者群体的情感认知与情感关系联想；品牌消费者群体相互间的品牌情感认知、体验与情感关系联想。品牌情感识别的建设和营销也成为重要的品牌价值创造模式。

传统 CI 识别理论认为，行为识别（BI）应以企业行为构建为主体来建立品牌行为识

别,建立消费者沟通,影响消费者的品牌认知。笔者认为,应对现有的企业主导的行为识别(BI)理论予以扬弃与发展。品牌价值的本质是客户价值,品牌识别的本质是客户价值识别。我们应以消费者的情感价值需求与关系价值需求为中心,以消费者的情感识别与情感关系建设,以品牌相关的人的情感作为品牌沟通主题,以品牌相关的人的行为作为品牌沟通主体建立品牌情感识别系统。

二、品牌情感识别的内容

品牌情感识别的内容,包含了消费者对于品牌的理性情感认知与感性情感认知,包含了消费者对于品牌的情感认知、体验、联想与情感契合过程,是一个复杂的消费心理过程。下文将详细介绍。

品牌情感元素

《心理学大辞典》认为,"情感是人对客观事物是否满足自己的需要而产生的态度体验"。在哲学本质上,情感是人类主体对于客体的价值关系的一种主观反映。

人类的情感复杂多样,可以从不同的研究视角进行分类。品牌情感识别主要关注情感价值元素的认知、分析与提炼,可以根据情感所体现的主客体的价值关系特点进行分类。

美国社会心理学家马斯洛认为,人类的价值体系存在两类不同的需要,一类是沿生物谱系上升方向逐渐变弱的本能或冲动,称为低级需要和生理需要。另一类是随生物进化而逐渐显现的潜能或需要,称为高级需要。马斯洛的需求理论将人类的需求从低到高分成生理需求、安全需求、社会需求、尊重需求和自我实现需求五个层次。人都潜藏着这五种不同层次的需要,但在不同的时期表现出来的各种需要的迫切程度是不同的。人的最迫切的需要才是激励人行动的主要原因和动力。人的需要是从外部得来的满足逐渐向内在得到的满足转化。

参照马斯洛的需求模型,人类的情感价值需求也可分为五个层次:生存类、安全类、社会类、尊重类和自我实现类。生存类情感包括酸、甜、苦、辣、热、冷、饿、渴、疼、痒、闷等;安全类情感包括舒适、安逸、快活、恐惧、担忧、不安、健康、舒适等;社会类情感包括爱、忠孝、慈悲、友善、幸福、包容等;尊重类情感包括自信、自爱、自豪、尊重、敬佩、思念、自责、孤独、受骗和受辱等;自我实现类情感包括自由、抱负、使命、成就、超越、失落、受挫、沉沦等。

基于情感价值的强度和持续时间,人类情感可分为心境、热情与激情。心境是指强度较低但持续时间较长的情感,它是一种微弱、平静而持久的情感,如温情、柔情、郁闷、喜欢、舒适等;热情是指强度较高但持续时间较短的情感,它是一种强有力的、稳定而深厚的情感,如高兴、愉快、烦躁、痴迷等;激情是指强度很高但持续时间很短的情感,它是一种猛烈的、迅速爆发的、短暂的情感,如狂喜、愤怒、恐惧、绝望等。

基于情感价值变化方向,人类情感可分为正向情感与负向情感。正向情感是人对正向价值的增加或负向价值的减少所产生的情感,如愉快、信任、感激、庆幸等;负向情感是人对正向价值的减少或负向价值的增加所产生的情感,如痛苦、鄙视、仇恨、嫉妒等。

基于个体与社会角色认知,情感又可细分为情绪与感情。情绪和感情都是人对客观事物所持的态度体验,只是情绪更倾向于个体生理需求欲望上的态度体验,而感情则更倾向于社会需求欲望上的态度体验。情绪是身体对行为成功的可能性乃至必然性在生理反应上的评价和体验,包括喜、怒、忧、思、悲、恐、惊七种情绪元素。

由于客户价值需求的复杂性,消费者群体对于品牌的情感元素常常呈现出情感价值元素的组合体,即多个品牌情感元素组合在同一个品牌的情感价值需求中。适应消费者的不同情感价值需求,品牌情感识别有时是单一核心品牌情感元素的选择和构建,有时也是多种品牌情感元素的组合构建。

在品牌管理实践中,为便于情感价值元素的选择与组合,笔者以情感元素的价值需求高度和情感需求强度为维度,构建了品牌情感分析模型。企业可以借鉴这个模型深入分析目标消费群体的情感价值需求元素,有效选择和组合情感价值需求元素,在此基础上构建品牌情感识别。品牌情感价值分析模型见图 4-14。

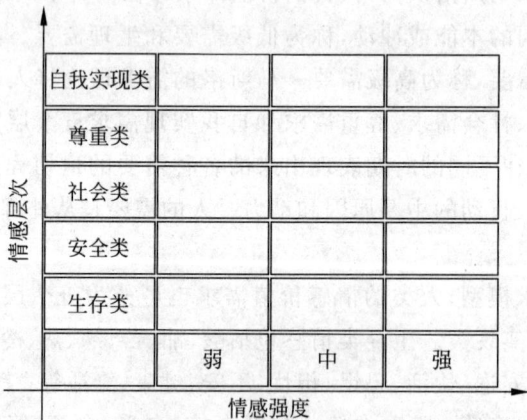

图 4-14　品牌情感价值分析模型

三、品牌情感识别的构建

情感价值识别以消费者群体的情感价值需求与关系价值需求的选择与满足为核心构

建,起始于企业对消费者情感价值需求的分析与选择,完成于企业对品牌情感价值元素的梳理、提炼与品牌化包装。

情感价值识别的有效构建,一是需要深入分析与理解目标消费者群体的价值观与情感需求、关系需求和群体化的情感价值特征元素,以此为基础选择关键品牌情感元素。二是需要选择、提炼和建设富有企业特色的差异化的品牌情感元素组合,以有效匹配消费者的情感价值需求,有效构建消费者的群体情感认知、认同和情感关系契合。三是要建设和维持富含品牌价值元素的品牌个性,树立与众不同的人性化形象,赋予品牌人性魅力和风格。四是采取多种方式加强与消费者以及消费者群体间的情感沟通和互动,创造深度的消费者情感价值体验,培育消费者的情感偏好,以此建立与消费者的紧密的、深度的、长期的情感关系。

雕牌洗衣粉的一系列广告传播就使用了以"亲情"为主题的品牌情感营销的方式,打动了许多消费者的心弦。瑞士浪琴表建立了"优雅"的生活态度的品牌定位,其唯美的品牌形象广告、知性优雅的广告模特,"优雅个性,真我风采"的广告语,处处展现着浪琴知性、优雅的品牌形象。

品牌情感元素的选择与分析方法,可以借鉴第三章第三节对于品牌价值元素的分析。其核心内容是以消费者的情感需求和价值取向为基础,从消费者的思维理性、感性维度,及消费者的个性自制、张扬维度去认知、分析和理解,将品牌价值元素划分六个价值区域:简约型价值区、传统感性价值区、现代感性价值区、价格敏感区、传统理性价值区和现代理性价值区。在这些品牌元素价值区域,通过具体的量化调查和心理分析来挖掘消费者购买行为背后的潜在消费心理和价值需求,消费者关注的品牌元素包含 19 个基本的品牌价值元素:归属感、高尚、激情、自然、古典、安逸、刺激/乐趣、自由自在、团队精神、新潮/酷活力、彼此关爱、简约、志趣相投、服务、创新、科技、质量、明智购物、个人效率。见图 4-15。

上文提供了一种基本的品牌价值元素分析工具,随着社会与时代的发展,消费者的情感元素日渐丰富,情感价值需求更为复杂和多样,相应地,品牌情感价值元素的内容、内涵与排列组合模式也更为丰富,品牌情感识别的模式也日趋丰富、复杂和系统。无论何时何地,因消费者而变,因环境而变,动态地监测目标消费者的情感需求,选择品牌情感价值元素组合,构建独具特色的品牌情感识别,建立与消费者的持续情感沟通,始终是满足消费者情感需求、建立深度品牌情感的不二法门。

拉丁歌后萨奇拉的歌曲"无论何时何地"也很好听,歌者言情,激情动听的歌曲彰显出拉丁民族自由狂野的个性,时常会与向往自由的听者产生情感共鸣,感动心灵;歌曲也契合了《易经》所倡的简易、变易、不易,因时而变的质朴真理。

简约型价值区　　传统感性价值区　　现代感性价值区

E　感性

| 高尚 | 激情 | 刺激/乐趣 |

自然

安逸　　古典　　　　　　　进取

自由自在

简约　　归属感

新潮/酷

活力

自制 (−)　　　　　　　　　　　　　　　(+) 张扬

服务

创新/科技

明智购物　　质量

效率

可靠

全面成本

定制化

R　理性

价格敏感区　　传统理性价值区　　现代理性价值区

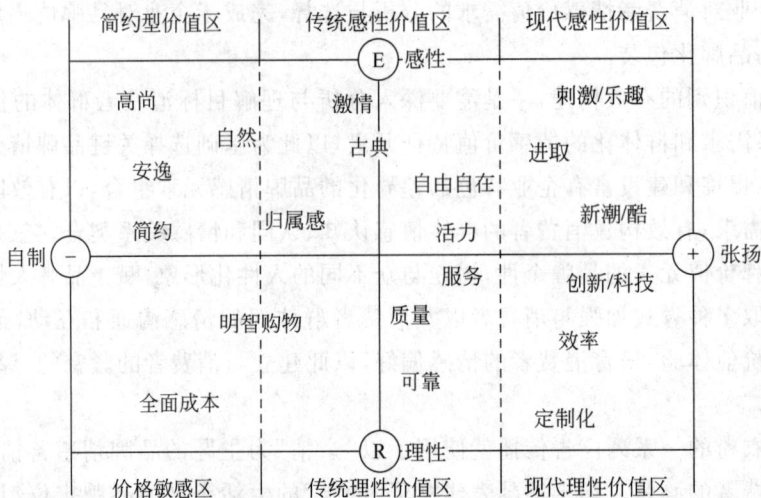

图 4-15　罗兰贝格品牌元素分析工具

四、品牌行为识别

在一定程度上,品牌行为识别是以人的行为识别为核心的品牌行为沟通模式。品牌行为识别包含了公司行为识别、企业家行为识别、员工行为识别、利益相关者行为识别和消费者行为识别五个方面的内容。品牌行为识别的模式从企业内部扩展到企业外部,由企业主导发展到客户主导,由单向沟通到互动交流,日趋丰富。

在品牌识别的实现逻辑上,品牌精神识别以及品牌情感识别的构建与实施,依托品牌行为识别,以企业员工及利益相关者与消费者的有效人际沟通来实现。鉴于品牌行为识别是以人为主体的品牌识别与沟通模式,并以消费者的理念沟通、情感交流与关系建立为主要使命与任务,所以将品牌行为识别作为品牌情感识别的一个组成部分进行研究与探讨。

品牌行为识别是以企业经营理念为基本出发点,向内以建设企业文化为中心,构建组织价值观、完善组织制度与管理模式、规范员工行为模式;向外以构建长期、深入的客户价值关系为中心,实施市场调查、产品开发、营销沟通、客户服务、社会公益文化活动等行为方式,以此来沟通和传递企业精神与企业价值,密切与利益相关者和消费者的情感与利益关系,以获得社会公众与消费者对品牌的情感与关系认同。

整体而言,品牌行为识别不只是包含企业人员的行为,还包含企业人员与消费者的互动与关系构建,以及消费者群体间的互动行为与关系构建。品牌行为识别以践行企业价值观为基础原则,以员工行为规范为重要参照,通过规范企业运作方式与员工行为,协调企业与客户互动沟通行为,引导消费者行为,通过统一规划与有序实施而形成的具有人性化特征的动态行为品牌识别模式。

消费者在各个品牌接触点,通过企业行为、员工行为、企业与消费者的互动行为、消费者的主动参与行为的认知,对品牌行为生成由点到面、由浅到深的系统感知,建立系统的品牌行为的认知、感受与联想,就构成了品牌的行为识别。构建品牌感觉识别,也需要从公司行为识别、企业家行为识别、员工行为识别、利益相关者行为识别、消费者行为识别等各个层面实施系统规划与设计。因篇幅所限,下文将主要探讨作为品牌行为识别重要组成部分的企业家品牌识别与形象建设。

企业家品牌识别与形象建设

在中国当前的市场环境下,企业家的品牌与形象建设,也是企业品牌形象建设的重要组成部分。笔者认为,总体而言,"立德、立功、立言"是企业家品牌塑造的主要内容。中国传统的大家价值观认知和社会认同包括"道、德、仁、义、礼、智、信"等传统价值观,以及儒家"达则兼济天下,穷则独善其身"的胸怀风范等。随着时代的发展,敬天爱人、产业报国、遵纪守法、企业成就、环保慈善等内容,都成为重要的企业及个人社会价值标签。企业家的人生理念、管理思想、管理模式、事业成就、著作;企业家的公司活动、社会活动、公益活动;企业家的个性化语言、个性化行为、个性化形象、生活逸事等,都成为构建企业家品牌识别、建立企业家品牌形象的重要方式。

五、品牌关系建设

包含品牌情感关系在内的品牌关系建设也是消费者与品牌的关系建立、发展和维系的过程,值得企业重视、研究与深入探索。品牌关系的构建与发展包含了下列内容。

(1) 陌生关系:不知道,不了解品牌。

(2) 熟悉关系:对品牌有一定的了解和认知,品牌尝试者。

(3) 偏好关系:对品牌有一定的认同和喜爱,品牌消费者。

(4) 信任关系:对品牌有较深的认同和喜爱,品牌忠诚消费者。

(5) 依赖关系:对品牌有深度的认同、喜爱和迷恋,品牌忠诚消费者、传播者。

(6) 憎恶关系:对品牌反感、讨厌、憎恨,品牌破坏者与负面信息的传播者。

品牌关系的构建和维护,需要在每个阶段采取针对性的策略来实现。在陌生关系阶段,企业通过品牌传播和推广建立消费者品牌认知更为重要。在熟悉关系阶段,企业应注重巩固消费者对于品牌的功效价值体验,加深与消费者的品牌情感关系。在偏好关系阶段,企业应注重保持品牌与品牌所承载的产品与服务品质的一致性,为客户提供满意的高价值的服务,努力使消费者建立品牌信任。在信任关系阶段,企业应同时注重对于消费者的品牌情感营销与品牌精神营销,努力与消费者建立更深层次的品牌关系。在依赖关系阶段,企业可通过深度的客户关系管理计划,为客户提供常年优惠服务,或增值服务,或个性化服务,以维系忠诚客户;同时加强消费者的情感联系,推动该类消费者参与企业与品牌精神相关的主题活动,强化与消费者的精神契合。在负面的憎恶关系阶段,企业或者通过针对性的服务实施品牌关系挽救与更新,或者舍弃与该类型消费者的服务关系,专注于主要消费群体的服务。

消费者与品牌关系的构建与发展是个长期的交互过程,那些伟大的品牌与消费者的品牌关系建设甚至经历了逾百年经历了数代人的发展历程,饱经风雨,历久而弥新。唐代诗人杜牧的名诗《清明》:"清明时节雨纷纷,路上行人欲断魂,借问酒家何处有,牧童遥指杏花村。"更是由此为山西著名的"杏花村"汾酒注入了不朽的文化与情感内涵,其与消费者的品牌情感关系更是延续至今。

基于消费者的品牌认知与品牌消费体验,消费者与品牌的关系可能是正向不断良性化加深的过程,也有可能是负向减弱甚至是恶化的过程。其中甚至有可能经由品牌的产品伤害和服务伤害、感情伤害而损害消费者关系。部分品牌相关的严重负面事件经由传播媒介的广泛传播,也可能对现有的以及潜在的品牌消费者产生极大的负面影响。丰田公司的石狮子向原霸道越野车的敬礼广告,以及耐克公司曾经使用的勒布朗詹姆斯与华人的广告,都曾因为忽视中国人民的感情而造成恶劣影响,对于企业的品牌也造成了伤害。企业在广告设计、产品品质和客户服务等方面也应予以重点关注和持续改善,以持续增强消费者的品牌体验,深化与消费者的品牌情感联系。

几年前的一个夏天,笔者去深圳招商银行总部讲课,在一个招行营业网点的理财服务室做访谈时,工作人员端来了一杯绿豆汤。几年过去了,绿豆汤清凉可口的味道仍难以忘怀,也为招商银行的产品与服务带来了几分温情。品牌的情感,是在企业员工一点一滴的努力中,在无数细枝末节之处体现出来的,并且尤其需要通过长期一致的理念表达和情感维系,通过长期一致的产品和服务质量保证,通过具有长期一致性的努力和客户服务来实现,而不仅仅是煽情的广告表现。

📖 [阅读材料4-10]

诗人艾青写过一首广为流传的诗《我爱这土地》,包含家国之爱的文字震撼心灵,见下文。

我爱这土地
艾青

假如/我是一只鸟,

我也应该/用嘶哑的喉咙/歌唱:

这被暴风雨/所打击着的/土地,

这永远汹涌着/我们的悲愤的/河流,

这无止息地/吹刮着的/激怒的/风,

和那来自林间的/无比温柔的/黎明……

——然后/我死了,

连羽毛/也腐烂在土地里面。

为什么/我的眼里/常含泪水?

因为/我对这土地/爱得深沉……

诗言情,并以情动人,以情传世。相类似,富有情感价值的品牌,总会感动心灵,震撼人心。

4.4　品牌精神识别

与公司门面及财务状况相较,我们应该更关心公司的灵魂——那就是我们的价值观、热情与操守。

——李奥·贝纳(Leo Burnett)

对企业而言,生产能力冗余导致过量的同质化产品和服务冗余,进而导致同类产品的品牌特色和营销模式同质化。由于产品价值缺少差异化,市场竞争的模式也通常表现为以价格差异化为核心以价格战为主导的竞争模式。作为超越价格战竞争、建立具有差异化的高价值品牌的重要模式,品牌之间竞争的高级模式是将品牌形象竞争、品牌价值竞争演化为基于品牌理念的品牌精神和品牌信仰的竞争。构建品牌精神识别有助于企业建立独特的、高贵的、富有差异化的公司精神,构建独特的差异化竞争优势。

一、品牌精神识别的定义

品牌精神识别是品牌内在的独特价值理念和价值追求;是消费者心中对于品牌价值理念的个性化认知、个性化价值体验与共鸣;是消费者的个人价值观、个人风格、个人行为方式与品牌价值理念的心理契合感。

品牌精神识别(brand soul identification)是消费者对于以思想为主体的品牌精神的个性化观念认知、认同、共鸣,直至品牌精神识别的最高境界——精神信仰。

品牌精神识别是对于理念识别的发展与进化。传统 CI 识别理论对于品牌的理念认知是以企业为主导的企业理念识别(MI)为主,但整体而言,品牌的理念识别不只是包含以企业员工与利益相关者为主体的企业文化要素,还包含品牌消费者的价值观与思维模式构建。企业人员与消费者基于价值观与思维方式契合的互动交流与观念认同,精神依附关系构建,也是构建品牌偏好与品牌忠诚的最为强大的品牌识别模式。

二、品牌精神识别的内容

品牌精神识别的核心是构建独具特色的观念价值,其内容包括企业层面的愿景与使命、价值观、经营理念、组织管理模式、员工行为范式、社会责任等。

品牌精神识别向内以构建品牌理念为中心,提炼组织价值观、完善组织管理模式、规范员工行为模式、影响员工的品牌认知；对外以创建和影响利益相关者与消费者的价值观为中心，通过品牌精神的传播与沟通以及品牌精神的践行，品牌价值努力与利益相关者和消费者达成价值观契合与共鸣，发展与维系品牌与利益相关者和消费者的深度精神联系与精神依附。

杰斯帕·昆德的品牌信仰模型

杰斯帕·昆德（Kundc）对于品牌精神也做了深入的研究。在《公司精神》等著作中，昆德以品牌价值和客户参与度为主要维度，创建了品牌信仰模型，并将品牌的发展分为产品、概念化品牌、公司理念、品牌（景象）文化和品牌精神五个等级。品牌依此顺序上升、发展到最高境界。品牌信仰模型中五个等级的内容如下。

（1）产品：没有任何"附加价值"的一般产品，仅具备一些普遍的功能要求。

（2）概念化品牌：在情感价值的基础上，而非产品资产的基础上得以运行的品牌。

（3）公司理念：与一个整体运行完全一致的公司相融合的品牌。

（4）品牌文化：在消费者心目中占有很高的地位，以至于消费者将其等同于其所代表的功能的品牌。

（5）品牌精神：在消费者心中，品牌是一种必需的选择，是一种信仰。

［阅读材料4 11］

贵族精神真义

深刻地理解品牌精神的内涵，需要深入地理解人性和人的精神，理解大众在价值观层面对于品牌精神的认识、认可、赞赏与心理契合对于构建和维护正向的长期的深度的品牌关系的重要性，对于贵族精神的认识和理解是一个有趣的视角。

人们对于贵族精神的理解也多有偏差，有必要探寻与重塑贵族精神的本源与真正内涵。有钱人并非贵族，有钱人的精神和行为也未必是真正贵族的精神和行为，老话讲三代蕴养一贵族，是有深刻含义的。真正的贵族精神有三大支柱：一是文化教养，抵御物欲诱惑，不以享乐为人生目的，有高贵道德情操与文化精神。二是社会担当，严于自律，珍惜荣誉，扶助弱势群体，担当起社区与国家的责任。三是精神自由，有独立意志，面对权与钱敢于说不，具有知性与道德自主性，可超越时尚与潮流，不为强权与多数人意见所奴役。

三、品牌精神识别的构建模式

品牌所有者与消费者基于品牌精神可以构建深入、长期的品牌关系联系。品牌经营者因应于品牌消费者群体的心理诉求，构建适宜的品牌价值观、理念、精神追求、思维模式等精神元素，与消费者构建与发展多维度的有效传播，沟通与互动体验，产生心理认知、心理共鸣、心理认同，直至心理契合与心理依附，有益于品牌关联方构建更为深厚与长久的精神关系,也就是常说的似曾相识,心有灵犀,高山流水。

企业构建品牌精神识别应注重满足客户的个性化精神需求与精神体验,注重塑造与完善品牌的核心价值理念;注重构建组织内外部的组织与个体者共同认可和信赖的品牌理念,注重构建具有精神内涵的品牌价值形象的统一表达,努力建立与客户价值观联系和深度价值观认同,以及精神共鸣,并以客户的精神信仰和精神依附为最高境界。

在品牌精神识别构建模式上,首先,企业需要明确未来将要坚持的品牌精神。品牌精神的建设与提升方向主要基于公司未来的发展定位;其次,企业需要继承和发扬优秀品牌精神,提炼优秀的品牌价值基因;再次,企业需要深入分析并应对组织中存在的品牌建设与品牌理念文化问题,研究问题解决方式;最后,企业应充分借鉴优秀标杆品牌精神的建设和管理经验,在此基础上构建品牌精神。见图 4-16。

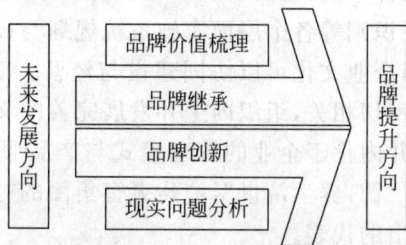

图 4-16 品牌精神建设思路

[阅读材料 4-12]

美特斯·邦威的品牌营销

美特斯·邦威是国内近年来发展迅猛的时尚服饰品牌,那句"不走寻常路"的广告词塑造和传播了美特斯·邦威的品牌理念,契合了当代青少年追求个性自我的价值理念,打动了不少青少年的心扉,非常深入人心,也带动了美特斯·邦威服饰产品的销售。目前,美特斯·邦威推出了"不跨寻常界"的品牌广告,意同词不同,以统一的价值理念延续了品牌精神。

四、品牌精神识别的建设步骤

在品牌精神识别体系建设的总体步骤上,第一步是实施品牌与品牌理念诊断;第二步是在品牌诊断的基础上构建先进的品牌精神;第三步是提炼契合品牌精神的品牌口号,简洁有力地传播品牌精神;第四步是构建契合品牌精神的品牌感觉识别体系,将品牌精神物化,以利于品牌精神的识别与传播;第五步是通过品牌精神的管理与践行,进一步把企业的品牌精神融入组织行为,融入员工的日常活动中,进而影响利益相关者与品牌消费者的价值观与行为,并努力与之产生精神共鸣与精神依赖。具体实施步骤见图 4-17。

品牌梳理与诊断　　精神精神建设　　品牌口号建设　　品牌精神物化　　践行品牌精神

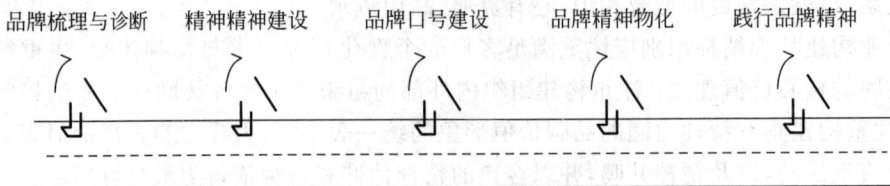

图 4-17　精神识别建设步骤

　　消费者在各个品牌接触点,通过品牌精神的传播与沟通、企业与员工行为方式的沟通、企业与消费者的互动行为沟通,以及消费者对于品牌相关事宜的主动参与行为的认知,会对品牌精神生成由点到面、由浅到深的系统认知、感受与联想,从而形成有效的品牌精神识别。企业构建品牌精神识别,也需要从公司文化识别、企业家精神识别、利益相关者精神识别和消费者价值观识别等各个层面实施系统规划与设计。

　　品牌精神在很多层面与企业文化可以协同建设与经营。对企业而言,品牌精神识别与组织文化建设同根同源,密切相关,组织内生并发展完善的文化通常也会发展成为品牌精神的灵魂和核心价值观,并内化于企业的管理模式与产品服务,外化于员工行为、传播的信息中。同仁堂的"同修仁德,养生济世",泸州老窖集团的"天地同酿,人家共生",安踏的"永不止步",都是其中杰出的代表。

　　数千年间传承下来的优秀宗教、政党、学派等组织也多数建立了高尚、深邃而系统的理论体系和可以广为流传的核心观点和核心著作,并以求真而持真、求善而行善、求美而审美为核心的价值理念,在组织内和信众中注重精神信仰的统一性、言与行的一致性,以及与外部沟通的长期一致性,以劝善、利他为核心的信众精神价值创造和服务方式,构建了完美的品牌信仰建设与服务模式,也很值得借鉴。老子在《道德经》中阐释的"道法自然"等思想,孔子在《论语》中阐释的"仁者爱人"等思想,释迦牟尼的因缘和合之说,墨子的"兼爱、非攻"思想,也都化为这些伟人及其代表的学派不朽的品牌精神的一部分,并拥有了无数的思想追随者。

[阅读材料 4-13]

网易构建"有态度"的新闻门户

　　品牌经营难在建立品牌精神与情感,网易以"有态度的新闻门户"品牌建设方略树立了品牌精神(理念)建设与经营的典范。对品牌而言,态度是一种精神、理念、价值观、情绪。品牌知行一体,其价值源于持续客户价值体验。网易倡导的品牌精神特质"态度"通过新闻独立、自由思想、负责报道、社会担当来践行,"网易经济学家年会"、自由的新闻跟帖、深度报道等品牌行为共同构建了网易卓越的品牌定位与个性。

[阅读材料 4-14]

杜康酒的品牌精神识别

以文载道,以诗言志,以歌言情。深刻或优美的文章、诗词曲赋,也是传播品牌精神、建立品牌精神识别的有效模式。曹操的名作《短歌行》中,"慨当以慷,忧思难忘,何以解忧,唯有杜康",也为洛阳的杜康酒注入了忧国忧民、胸怀天下、海纳百川的大家情怀,深沉的家国之爱,厚重的人文关怀。古朴优美的词句,通过曹操这位三国时期著名的政治家、军事家、文学家的笔中流淌而出,更能震撼心灵、感动心灵,杜康酒也因此有了灵魂和文化内涵,有了与客户的深度精神沟通、情感认同与心灵契合。作为美酒和饮者思想与心境的共同载体,杜康酒也得以传承数百年而绵延不绝。

曹操《短歌行》赏析

对酒当歌,人生几何?譬如朝露,去日苦多。慨当以慷,忧思难忘。何以解忧?唯有杜康。青青子衿,悠悠我心。但为君故,沉吟至今。呦呦鹿鸣,食野之苹。我有嘉宾,鼓瑟吹笙。明明如月,何时可掇?忧从中来,不可断绝。越陌度阡,枉用相存。契阔谈讌,心念旧恩。月明星稀,乌鹊南飞。绕树三匝,何枝可依?山不厌高,海不厌深。周公吐哺,天下归心。

笔者认为,洛阳杜康酒的品牌建设与经营,应将品牌精神识别和品牌形象建设与曹操及曹操的《短歌行》名作建立深度的品牌精神与品牌情感关联,这也将有助于杜康酒业通过长期的品牌经营与营销,建立独特的品牌理念、品牌文化和具有唯一性与独占性的不朽品牌形象。

[阅读材料 4-15]

国际著名石油企业的品牌形象建设

表 4-1 为国际大型石油企业的品牌标志与品牌口号建设。

表 4-1 大型石油企业的品牌标志与品牌口号建设

企业名称	标识	宣 传 语
英国石油	bp	BP,不仅贡献石油
通用电气	GE	梦想启动未来

续表

企业名称	标识	宣 传 语
道达尔集团	TOTAL	道达尔能源，您的动力
壳牌石油		能赋予人
中石化	SINOPEC	建设人民满意的世界一流能源化工公司

[阅读材料 4-16]

大型商业企业的品牌形象建设

表 4-2 为著名商业企业品牌形象传播。

表 4-2　著名商业企业品牌形象传播

品牌名称	品牌 LOGO	品牌 SLOGAN	诉求重点
沃尔玛	WAL★MART ALWAYS LOW PRICES.	天天低价	低成本
家乐福	Carrefour 家乐福	通过对商品及品质的选择，提供最佳价格，来满足顾客的多变需求	最佳价格 多种需求
华堂	华堂商场 Ito Yokado	实行彻底的单品管理适当不断变化的需求	单品管理
大商		无微不至，无限发展 创建中国商业大公司	规模、实力
复星集团		修身、齐家、立业、助天下	报效国家
华润集团	华润	与您携手　改变生活	创造美好生活

[阅读材料 4-17]

万宝路香烟品牌识别系统建设

美国万宝路香烟品牌个性形象建设也是经典。最初的万宝路来自一款不成功的女士香烟，后来营销团队将其定位于男士香烟品牌，将万宝路塑造为"勇敢、冒险、激情、进取"的男子汉形象，并以具有拓荒精神的西部牛仔为品牌形象。新的品牌创意和形象设计通过有力的营销大获成功。如今万宝路已与纵马奔驰在西部草原的健壮西部牛仔形象融为一体，成为富有开拓进取精神的沉稳有力的男士象征，赋予万宝路香烟充满男子汉气概的出众品牌形象。

1. 万宝路的品牌创意

图 4-18 为万宝路品牌识别系统示意图。

产品利益点
特醇味道的香烟

Marlboro

消费者需求/信念
男人生来自由，
真正的男人会
一直保持自由

品牌个性/形象
男子汉气概，
永不妥协

图 4-18 万宝路品牌识别系统示意图

2. 万宝路的品牌形象广告

广告语：万宝路 Marlboro 的世界！

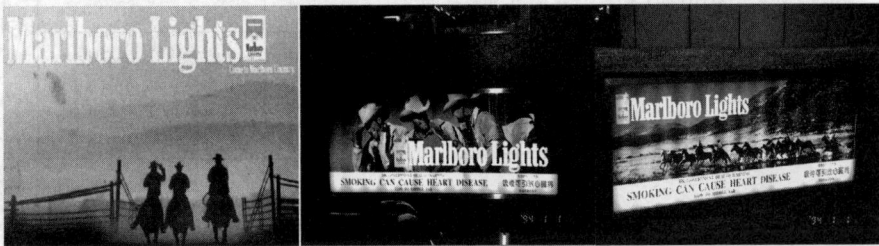

图 4-19 万宝路品牌广告

五、企业文化概述

品牌精神与企业文化在企业的价值理念内核上具有内在的一致性，因此探讨品牌精神识别需要深入理解与研究企业文化的内涵与管理模式。

在全球范围内,随着社会、科技与人的发展,企业的管理与经营模式正从以生产为核心的商品管理,转向以市场为核心的客户管理,转向更高层面的以人为核心的文化管理、价值观管理。对于企业而言,最重要的发展因素是人,企业管理的最高境界是文化管理,企业文化正在现代企业发展中产生越来越重要的作用。

（一）企业文化的定义

企业文化是由企业的全体成员经过长期实践,培育形成并共同遵守和信仰的目标、行为规范、价值体系,是指导人们从事工作的哲学观念。

（二）企业文化的内容

对组织而言,企业文化由内向外,分为四个层面的内容：精神文化、制度文化、行为文化、物质文化。其概念、内容和特点如图 4-20 所示。

	概念	内容	作用
物质文化	由企业职工创造的产品和各种物质设施等构成的器物文件	●企业生产的产品和提供的服务 ●企业的厂房、设备等工作环境和生活环境	●集中表现企业在社会上的外在形象 ●是社会对企业评价的起点
行为文化	企业人在生产经营、人际关系中产生的活动文件,是以人的行为为形态的企业文化	●企业家行为 ●模范人物行为 ●员工行为 ●内部人际关系	●不断向意识转化,影响精神文件生成 ●最终物化为企业的物质文化
制度文化	是企业为实现自身目标对员工的行为给予一定限制的文件	●企业领导体制 ●企业组织结构 ●企业管理制度	●带有强制性的约束 ●规范企业的每一个人
精神文化	在生产经营过程中长期受社会文件背景、意识形态影响形成的文件观众和精神成果	●企业价值观 ●企业精神 ●企业哲学	●以潜意识引导着每一个人 ●改变着每个人的价值观和哲学思想

（左侧箭头向上：指导、决策、落实　右侧箭头向下：反映、折射、升华）

图 4-20　企业文化的概念与内容

（三）企业文化的意义与价值

企业文化具有如下意义与价值。

（1）企业文化是为一个企业所信奉的主要价值观,是一种含义深远的价值观、神话、英雄人物、标志的凝聚。

（2）企业文化是在企业中寻求生存的竞争"原则"，是新员工要为企业所录用必须掌握的"内在规则"。

（3）企业文化就是传统氛围构成的公司文化，它意味着公司的价值观，诸如进取或是稳健，这些价值观构成公司员工活力、意见和行为的规范。管理人员身体力行，把这些规范灌输给员工并代代相传。

（4）企业文化就是在一个企业中形成的某种文化观念和历史传统，共同的价值准则、道德规范和生活信息，将各种内部力量统一于共同的指导思想和经营哲学之下，汇聚到一个共同的方向。

（5）企业文化是经济意义和文化意义的混合，即指在企业界形成的价值观念、行为准则在人群中和社会上发生的文化影响。它不是指知识修养，而是指人们对知识的态度；不是利润，而是对利润的心理；不是人际关系，而是人际关系所体现的处世为人的哲学。企业文化是一种渗透在企业的一切活动之中的东西，它是企业的美德所在。

（6）企业文化是在一定的社会历史条件下，企业生产经营和管理活动中所创造的具有本企业特色的精神财富和物质形态。它包括文化观念、价值观念、企业精神、道德规范、历史传统、企业制度、行为准则、文化环境、企业产品等。其中价值观是企业文化的核心。

（四）企业文化的构建模式

第一，企业需要明确未来将要坚持的企业文化导向。企业文化提升方向主要基于未来公司的发展定位。第二，企业需要继承和发扬优秀文化传统，提炼优秀的文化基因。第三，企业需要深入分析并应对组织中存在的企业文化问题，研究问题解决方式。第四，企业应充分借鉴优秀标杆企业文化建设和管理经验，在此基础上构建企业文化理念。见图 4-21。

图 4-21　企业文化建设思路

在企业文化建设的总体步骤上，第一步是实施企业文化诊断；第二步是在文化诊断的基础上构建先进的文化理念体系；第三步是构建企业的文化行为体系；第四步是企业文化的管理与落地规划建设，进一步把企业的文化理念要求融入组织行为中和员工的日常活动中。实施步骤见图4-22。

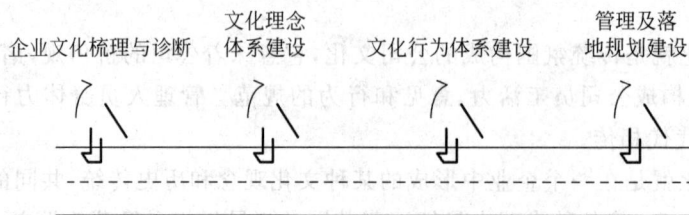

图4-22　企业文化建设步骤

（五）企业文化的作用

对于企业来讲,文化是组织的"空气",体现并作用于组织气氛,有神而无形,在企业经营中起着重要的不可替代的作用。

1. 导向作用

企业文化通过优秀的价值观、理念和发展愿景,对每个员工都具有一种强大的精神感召力和工作动力,将员工的思想、行为引导到实现企业发展目标上,促进企业提高发展的效率和效益。

2. 凝聚作用

企业文化通过共同的价值观,使员工产生对工作的责任感、自豪感和使命感,从而增强对集体的认同感和归属感,并使企业的发展愿景与员工求能、求知、求新、求善、求美、求富、求乐的发展愿望得到有效匹配,形成持续发展的动力与合力。

3. 激励作用

在一种"人人受重视、个个被尊敬"的企业文化氛围下,员工的贡献就会及时受到肯定、赞赏和奖励,企业宗旨和经营理念是良好的激励标尺。

4. 约束作用

公司的文化氛围能够以无形的、非正式的、非强制性的方式,对思想和行为进行约束。

5. 协调作用

协调内部员工之间、部门之间的关系,完成工作目标;协调企业和社会的关系,实现"双赢"。

6. 营销作用

优秀的企业文化,有助于增强社会认知和认同,有利于建立良好的企业品牌和产品品牌形象,以及招聘优秀员工、促进产品销售、推动企业的价值成长和永续经营。

六、品牌与企业文化的协同发展模式

品牌精神与组织文化都是企业发展的关键因素,并起着越来越重要的作用。组织管理的最高境界是文化管理,组织经营的最高境界是品牌经营,基于组织品牌与组织文化的内在一致性和外在的统一性,有效地整合企业资源,改善经营模式,促进企业品牌与企业文化的协同发展也将成为重要的企业经营模式。

　　企业的文化和品牌具有内在一致的组织核心价值基因。**内塑文化,可以向内提升组织力;外塑品牌,可以向外提升市场力;企业协同文化和品牌建设可以系统提升组织的核心能力**。建立有效的组织文化与组织品牌协同作用与发展机制,组织文化可以长青,组织品牌可以不朽。建设有力的组织文化与组织品牌,协同组织的产品经营有利于组织核心能力的持续提升,在此基础上持续提升包含组织品牌价值在内的整体组织资产,能够有效促进组织的永续经营。见图 4-23。

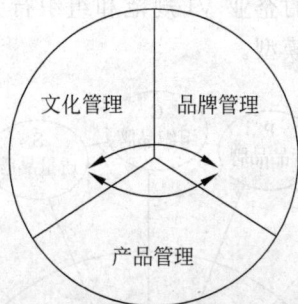

图 4-23　企业经营模式演进图

(一)组织品牌与组织文化协同发展的内在机理

　　组织文化和品牌建设有其发展的共性内在机理,在内容和作用上又各有侧重。其一,对于一个特定的组织,组织文化与组织品牌同根同源,又具有内在的一致性,并从内向外,在核心理念层、制度层、行为层、物质层四个层面具有共同的核心价值基因,并在组织发展中互相影响,共同演进。其二,相对于组织文化更为侧重组织价值属性,组织品牌具有更多的客户价值属性。在物质层面,品牌更为侧重向客户和利益相关者传递企业的功能价值属性,牵引企业向客户提供优秀的产品和服务;在精神层面,品牌更为侧重表达和传递企业价值观、理念和精神,也即企业文化。其三,组织文化中的一些精华和核心价值基因,可以通过有效提炼,形成组织品牌的核心基因,促进企业的市场力量和品牌价值提升。组织品牌中的一些核心价值基因,也会逐步沉淀到企业文化中,促进企业的组织成长和企业运营管理能力的持续提升。

　　组织文化和品牌建设具有外在的统一性,共同作用,致力于企业的持续价值成长。文化向内,优秀的企业文化建设可以提升企业的向心力、凝聚力、员工服务心态和产品质量控制能力,有效提升企业的组织运营管理能力。品牌向外,有效的品牌建设可以在品牌形象建设、品牌价值提升、品牌精准传播等方面系统提升企业和产品的知晓度、美誉度和忠诚度,有效提升产品价值和产品营销能力,促进企业资产的持续增值。

(二)组织文化与组织品牌的协同发展的内容

对组织而言,组织文化与组织品牌的协同,包含组织经营和市场经营两个方面。在组织经营层面,组织品牌与组织文化由内向外,包含核心理念层、制度层、行为层、物质层四大层面。组织文化与组织品牌的有效协同也涵盖着四个层面。理念层的协同,重在提炼企业发展的核心价值基因,作为组织文化和组织品牌的共同基因。制度层的协同,重在系统梳理、发展和完善组织的文化管理体系和品牌管理体系。行为层的协同,重在组织文化运营和品牌经营层面规范、协调和提升优秀的组织行为模式。物质层的协同,重在组织内部和外部有效建设和管理统一的企业 VI 规范和组织行为,树立鲜明有力的组织形象。图 4-24 为品牌与文化协同发展模型。

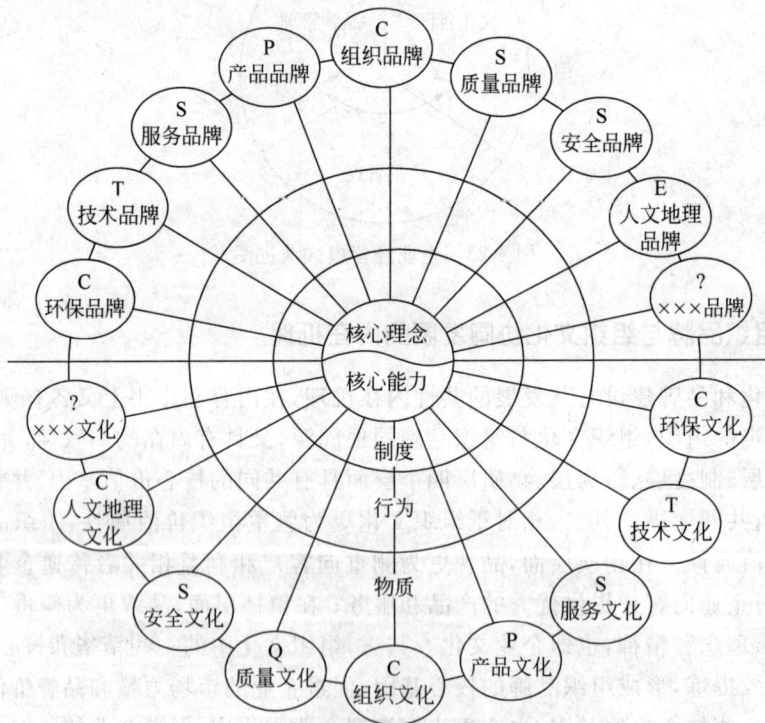

图 4-24　品牌与文化协同发展模型

在市场经营层面,组织的业务领域,产品、服务、质量都是关键价值创造要素;随着时代的发展和客户价值需求的变化,文化、安全、环保、创新、诚信也成为组织重要的价值成长要素。这些组织价值要素成为组织文化建设和组织品牌建设的重点,也成为文化和品牌协同建设与发展的关键内容。组织文化建设的内容除了包含组织文化外,还包含了产品文化、服务文化、质量文化、安全文化、创新文化、诚信文化等诸多亚文化。组织品牌建设的内容除了包含组织品牌外,还包含了产品品牌、服务品牌、质量品牌、安全品牌、创新品牌、诚信品牌等诸多亚品牌。在组织的具体职能领域,通过组织文化与组织品牌的协同发展,向内打造职能文化,向外打造职能品牌,有助于建立在细分领域的独特价值属性,创造独特的竞争优势。同仁堂的中医药文化博大精深。在质量管理领域,同仁堂确立了"炮制虽繁必不敢省人工,品味虽贵必不敢减物力"的价值理念并始终不渝地恪守古训。同仁堂以此向内建立了坚实的质量文化,向外形成了"配方独特、选料上乘,工艺精湛、疗效显著"的质量品牌。同仁堂 300 年来也因此历经风雨,屹立不倒。

(三) 组织品牌与组织文化的协同发展模式

在长期的企业管理与咨询实践中,我们总结和提炼出了系统的组织品牌与组织文化协同发展模式,并在企业中得到成功运用,其方法和流程如下。

(1) 系统梳理和规划组织发展战略,确立并持续增强组织的核心能力。

(2) 系统梳理和提炼组织的核心价值理念与成功要素,提炼组织成长的关键价值基因。

(3) 内塑文化,系统提炼和改善组织文化,打造组织文化的灵魂、个性与价值成长基因。

(4) 外塑品牌,系统塑造和提升组织品牌,打造组织品牌的文化、个性和价值基因。

(5) 在组织的理念层、制度层、行为层、物质层面协同发展组织文化与组织品牌。

(6) 在组织、文化、产品、质量、技术、安全等细分领域,规划与组织实施组织文化与组织品牌的精确协同发展,系统提升组织能力和品牌价值。

(7) 精确规划,系统实施组织文化与组织品牌的整合营销传播。

(8) 系统提炼企业家的文化理念与管理思想,强化企业家的品牌塑造与形象建设。

[阅读材料 4-18]

白沙集团文化与品牌协同建设

华夏基石管理专家团队为湖南白沙公司提供企业文化和品牌文化咨询服务,提炼出白沙的"加减之道"与"简单管理"哲学,形成以"井"为源、以"鹤"为形,以"和"为神的飞翔文化,提炼"鹤"品牌图腾,塑造以"鹤舞白沙,我心飞翔"为传播主题的品牌形象。见图 4-25。

白沙文化法典

一、白沙的使命追求

二、白沙的核心价值观：3A·HOT*有质量的热诚

三、白沙的战略思维：加减之道

四、白沙的管理思想：简单主义

五、白沙的文化品性：鹤

六、白沙的品牌定位：飞翔文化

七、职业化的白沙人：以此为生，精于此道

八、铸造百年企业

图 4-25　白沙集团的组织文化与品牌传播协同建设模式图

（四）组织文化与组织品牌的协同经营与传播

组织文化可以通过组织品牌的协同经营与传播，系统塑造组织的文化品牌，以此重塑或增强组织品牌的核心价值基因。**文化品牌**是指组织文化在组织经营中逐步形成的品牌化的文化理念、文化内涵、文化形象、文化个性与文化价值。文化品牌代表了企业和消费者对组织的价值观认知与情感归属，是凝结在品牌上的组织文化精华，并有效提升了组织的品牌价值。组织品牌价值和品牌影响力的提升，也有利于组织吸引资金、人才等资源，有利于增强组织文化的向心力、凝聚力与执行力，促进组织管理效率与效益的持续提升。

与组织文化的内部凝聚作用不同，组织的文化品牌更注重组织文化核心价值基因的品牌化塑造与传播；注重整合组织内外部资源，通过系统的、多层次的品牌传播有效传播组织的价值理念与文化价值；重在提升组织与产品形象，提升产业生态系统的文化认同与凝聚力；重在提升产品的文化价值与情感价值，提升客户的品牌偏好与品牌忠诚。对组织而言，文化为魂，品牌为翼，文化与品牌的协同建设与发展，有利于系统增强组织的核心能力，促进组织价值的持续成长。

组织文化的品牌化经营与传播是组织文化与品牌协同的重要内容。卓越的组织品牌多数蕴含着深厚而独特的组织文化内涵，并融合了组织创立者、经营者的价值观、经营理念、产品理念和服务理念。组织在创建品牌个性与品牌形象的同时，也赋予了产品独特的灵魂、文化与个性。组织文化的品牌化传播，组织领导者的形象建设和品牌传播，组织先进人物和事迹的品牌传播，组织产品文化的传播，都将赋予组织品牌独特的文化内涵，为组织品牌铸造独特的文化价值，并在消费者心中建立独特的文化认同和情感认同。

组织文化与组织品牌的协同传播，包含对组织文化的提炼和塑造，组织历史故事的提炼，组织人物的形象塑造，组织产品内涵与功效的宣传，组织对国家、社会和产业生态系统的贡献，客户价值的传播等。电影、电视剧、舞台剧、歌曲、领导人访谈、企业先进事迹文

章、企业先进人物宣传等,都是塑造文化品牌的有力手段。

案例 4-1　微软的品牌命名与 Logo 设计

微软的品牌命名体系与 Logo 设计也甚为经典。在微软 30 年的产品发展历程里,微软将技术型的产品命名发展完善为简单、直观、通俗易懂的客户化产品命名体系和 Logo 设计体系,产品品牌的 Logo 设计也简单精致,很好地扩大了产品的品牌认知度。

微软的多数产品命名,英语国家的消费者只需有 100 个左右的英文词汇知识即可识别,如:

(1) 文字处理工具 Word 意义:词、单词,谈话,言语,消息、音信;承诺、诺言、保证;命令、口令;格言。

(2) 商业排版出版工具 Publisher 意义:出版者、发行人。

(3) 因特网浏览器 Internet Explorer、explorer 意义:探索者、勘探者,探测员、探险者,探测机、探查器,探索器具。借此反映因特网浏览器所具有的浏览、探索、探险功能。

同时微软设计了众多形象美观的 Logo 图形,方便大众的认知、记忆与传播,便于吸引人们的注意和兴趣,并节省了大量的产品或品牌的推广费用。

2011 年,微软发布了新公司 Logo 体系。这是在微软面对谷歌、苹果、脸书等企业的激烈竞争,准备发布最新版本的 Windows、Windows Phone 乃至 Office 产品的时代和产业背景下推出的。微软的这些产品几乎代表了公司所有的产品类别,代表着微软公司复兴的希望。微软 Windows 产品的新 Logo 设计采用了简明的直线与斜方块设计与纯蓝色色调,微软的整个产品 Logo 体系也具有整体性,都具备符合新审美潮流的外观和一致性感觉——更加简洁新鲜、边框更少、拥有色彩更加丰富的拼贴设计。

2012 年 8 月,微软在更新了 Windows Logo 设计方案后,又更新了公司 Microsoft 的 Logo 的设计,至此,微软完成了新的包括公司标识、以 Windows 产品为代表的产品标识在内的体系化的 Logo 设计方案。

据微软品牌战略总经理杰夫·汉森(Jeff Hansen)的阐释,微软新的公司 Logo 由四种色彩组成的色块与公司名称构成,其中 Microsoft 字体由微软的专有字体书写,意在显示公司新鲜和创新。左侧新增加了一个由蓝、橙、绿、黄四色拼贴组成的正方形图标,这些颜色长久以来都与微软联系在一起,来自于这家公司的产品品牌。汉森表示,这些颜色同时也是为了传达“我们产品的多样性,以及我们所服务的用户的多样性”。见图 4-26。

在公司 Logo 与产品 Logo 的应用方式上,微软的产品图表 Windows 图标将与浅黑色的公司标志“Microsoft”字样合为一体应用,其目的“不仅是指明微软的传统遗产,同时还指明公司的未来——标志着公司未来的崭新面貌”。微软新旧 Logo 体系的对比见图 4-26。

Before

Microsoft®

After

Microsoft

Now

Windows 8

图 4-26　微软公司前后期公司 Logo 对比图

参考资料：

微软公司网站：http：www. microsoft. com.

好搜百科 微软：http：//baike. haosou. com/doc/2130745-2254356. html.

案例 4-2　国际知名企业品牌广告语鉴赏

全球著名品牌经典广告语赏析

1. Good to the last.

滴滴香浓，意犹未尽。（雀巢麦斯威尔咖啡）

2. Obey your thirst.

服从你的渴望。（可口可乐　雪碧）

3. The new digital era.

数码新时代。（索尼影碟机）

4. We lead. Others copy.

我们领先，他人仿效。（理光复印机）

5. Impossible made possible.

使不可能变为可能。（佳能打印机）

6. Take time to indulge.

尽情享受吧！（雀巢冰激凌）

7. The relentless pursuit of perfection.

不懈追求完美。（丰田　凌志轿车）

8. Poetry in motion, dancing close to me.

动态的诗，向我舞近。（丰田汽车）

9. Come to where the flavor is Marlboro Country.

光临风韵之境——万宝路世界。（万宝路香烟）

10. To me, the past is black and white, but the future is always color.

对我而言，过去平淡无奇；而未来，却是绚烂缤纷。（轩尼诗酒）

11. Just do it.

只管去做。（耐克运动鞋）

12. Ask for more.

渴望无限。（百事流行鞋）

13. The taste is great.

味道好极了。（雀巢咖啡）

14. Feel the new space.

感受新境界。（三星电子）

15. Intelligence everywhere.

智慧演绎，无处不在。（摩托罗拉手机）

16. The choice of a new generation.

新一代的选择。（百事可乐）

17. We integrate you communicate.

我们集大成，您超越自我。（三菱电工）

18. Take TOSHIBA, take the world.

拥有东芝，拥有世界。（东芝电子）

19. Let's make things better.

让我们做得更好。（飞利浦电子）

20. No business too small, no problem too big.

没有不做的小生意，没有解决不了的大问题。（IBM 公司）

2014 年全球著名品牌广告语赏析

1. Siemens 西门子：知其道，明其妙

2. Philips 飞利浦：精于心简于形

3. Bausch&Lomb See better, live better 博士伦：非凡视野，精彩人生

4. Windows 微软视窗：Your petentival , our motivation. 您的潜力，我们的动力

5. NissanTeana 日产·天籁汽车：非凡人　非凡品

6. ToshibaRegza 东芝·睿智电视：清晰于视　睿智于芯

7. Toshiba 复印机：有梦想　有明天

8. Ballentine's 百龄坛：真时刻　更深刻

9. WhiteHorse 白马巴士：唯进步　不止步

10. 麦当劳 McDonald's：I'm loving it 我就喜欢

11. LG：Life's good　拥有 LG,生活更美好

12. 东芝 Toshiba：Leading Innovation 引领创新

13. 佳能 Canon：Delighting you always 感动常在

14. 松下 Panasonic：Ideas for life 创意生活

15. 现代 Hyundai：Drive your way 走你的路

16. 斯巴鲁 Subaru：Think. Feel. Drive 思考·感受·驾驶

17. 日产 Nissan：Shift_future 超越未来

18. 百事 Pepsi：Ask for more / Dare for more 更多思想,更多勇气

19. 戴尔 Dell：Yours is here 你想要的就在这里

20. NEC：Empowered by innovation 创新科技　动力互联

21. 惠普 HP：invent 创新惠普

22. 瑞银 UBS：You & US 瑞银与您

23. 通用电气 GE：Imagination at work 梦想启动未来

24. 本田 Honda：The power of dreams 梦想的力量

25. 巴斯夫 BASF：The Chemical Company 巴斯夫就是化学公司

26. 宝马 BMW：Sheer Driving Pleasure 分享驾乘乐趣

27. 英特尔 Intel：Leapahead 超越未来

28. 爱普生 EPSON：Exceed your vision 超越梦想

29. 安踏 Anta：Keep moving 永不止步

30. 劲量 Energizer：keep going 勇往直前

31. 尊尼获加 Johnnie walker：keep walking 永不止步

32. 李宁 Li-Ning：Anything is possible 一切皆有可能

33. 阿迪达斯 Adidas：Impossible is nothing 没有不可能

案例 4-3　凡客的网络品牌经营模式

"我是谁"是个古老而现代的哲学命题。对凡客而言,思考"凡客是谁",需要反思过去,更要谋略未来。

作为近年来国内较为经典的快品牌发展范式,凡客互联网品牌营销模式的成功,包含

了下列五大因素。

一是凡客基于企业自身的经验、资源和能力做事，建立了以电子商务为主导的业务发展模式。陈年先生早年执掌卓越网，后创建我有网，在图书营销和网络营销方面积累了丰富的经验，在投行圈子也颇有人脉，创建"凡客诚品"，尽管是经营服装，也是在自己熟悉的电子商务领域，对服装的网络营销也是轻车熟路，在相关业务领域又善于用人，为成功奠定了基础。广东人讲不熟不做，凡客应该说是精于此道。

二是凡客精确定位了目标客户群体，即习惯于网络生活的城市青年白领。他们崇尚简单生活，喜欢网络生活、习惯网络交流与网络购物，口袋里钱不多，但也追求简单、时尚而高效的生活。精确的客户定位，有利于由此精确开发满足目标客户需求的产品、服务，筹划最为经济有效的精准营销模式。

三是凡客针对目标客户群体开发他们需要的服装产品，稳步规划和拓展产品。凡客在发展初期，主要经营男士衬衫，在有了一定的品牌效应和销售成绩后，逐步拓展到女装和童装领域。凡客的产品，一个特征是坚持了具有一致性的中低价时尚产品定位；另一个是坚持发展标准化基础上的适度个性化产品，在确保产品紧跟时尚潮流、款式适度多样化的同时，有效控制设计、生产和制造等经营成本，保持产品价格优势。一句话，凡客产品，从服装款式到价格，没有最好，只有更好，对其目标客户群体而言，合适就好。

四是凡客发展了堪称高效的品牌传播和销售模式。凡客选择了以产品销售分成为主的网络广告营销模式，如与好耶网络广告公司合作，通过网站联盟实施大规模的网络营销，销售成效显著。凡客还建立了校园销售提成模式，通过利润共享建立了良好的企业生态系统。凡客还确立了 30 天退换货服务模式，直到目前的当面试穿，退换货承诺，以此建立客户信任，创造客户满意的心，也赢得了更多的客户信任和丰厚回报。

五是建立了相对清晰的品牌形象。凡客的品牌价值基因，其一是与其创建以来形成的具有企业精神和商业模式是一致的，深入骨髓的创新、科技、自由为代表的 IT 精神。其二是与其目标客户人群相一致的，年轻、自由、活力的平民时尚文化。其三是与其选择的 80 后代言人，韩寒、王珞丹的性情相接近，希望提倡的自然、本真、平凡而不简单的精神诉求。

互联网业态的灵魂是变化和创新。作为一个年轻的时尚品牌，未来如何应对同类型商业模式的模仿和竞争，持续创新具有差异化客户价值的商业模式，是凡客发展中需要解决的问题。凡客尚需在竞争激烈的服饰市场经历风雨磨砺，还需要在发展和巩固核心客户群体，乃至引领更广泛人群的价值诉求和价值理念上下更大的功夫，在更大的空间和时间范围内塑造自己的品牌价值乃至品牌信仰。同时，凡客还有很多要坚守的东西，包括坚守客户价值和为大众服务的理念，坚守求真、求善、求美的心。我也希望"寻常心，非常人"成为凡客未来的品牌灵魂。（写于 2010 年）

近年凡客由于盲目扩张，品类多元化发展，忽视产品的价值本质等原因造成品牌定位模糊化,品牌产品价值特色优势缺失,并导致大量库存,发展也步入低谷。我们看到,反思之后的凡客正在回归品牌的价值本质,聚焦服装,聚焦优质衬衫,专心做好优质衬衫产品。目前其精心打造的售价 168 元的优质衬衫已初步获得市场认可,并占据其网站总销量的 50％以上。凡客头几年的成功是品牌定位清晰,为目标客户提供有价值的产品与服务,凡客后几年的失败也是脱离了品牌与产品的价值本质。我们期待产品的凡客、品牌的凡客走向更好、更大的成功。

参考资料:

郭伟文.五个角度认识凡客[J].二十一世纪商业评论,2011(2).

好搜百科 凡客诚品:http://baike. haosou. com/doc/871836-921732. html? from ＝ 205873&sid ＝ 921732&redirect＝search.

凡客官网:http://www. vancl. com/.

案例 4-4　百年同仁堂的文化与品牌协同发展模式

　　同仁堂的中医药文化与品牌经营理念的协同发展,促进了同仁堂的百年兴旺与复兴,对于发展中的中国社会和中国企业,以及同仁堂的文化与品牌同样意义重大。在诸多中国企业盲目追求短期利益,忽略企业价值追求和产品品质的市场背景下,中国社会需要有道德的品牌,呼唤有良心的企业,百年同仁堂所坚守的以"同修仁德,济世养生"为核心的中医药文化与核心品牌价值,也将成为中国企业品牌建设的良心和旗帜。

　　北京同仁堂是中医药行业的著名品牌。同仁堂创建于清康熙八年(公元 1669 年)。清雍正元年(公元 1723 年)同仁堂开始供奉清皇宫御药房用药,并享受皇封特权,历经八代皇帝,长达 188 年。至今同仁堂已有 300 年的历史。

　　1992 年,中国北京同仁堂集团成立,目的在于依托同仁堂的文化与品牌资源优势,整合相关产业资源,增强老字号竞争力,振兴北京中医药产业。新的同仁堂集团拥有核心企业 21 个,还有相关的企业数十家。这些企业的共同特点是规模小、设备陈旧、人员老化、市场化程度低、产品结构各不相同;企业的资产状况、经营业绩、管理风格、人员素质、技术设备、产品质量等存在极大的差异。面对重重困难,如何振兴百年老字号同仁堂呢?

一、坚持"仁、德、善"价值理念,建立统一的组织文化与品牌价值基因

　　面对激烈的市场竞争,为了有效地在众多分散的企业中形成统一意志,形成集团的整体合力,同仁堂确立依靠同仁堂的优秀文化基因实施文化整合。同仁堂的价值理念源于"可以养生,可以济人者唯医药为最"的创业宗旨。它所体现的正是儒家思想的核心"仁、德、善"。在新的发展时期,同仁堂集团依旧坚持了"同修仁德,济世养生"的核心价值理念,并将此作为同仁堂的核心文化价值理念,同时也是同仁堂的核心品牌价值理念,以企

业优秀的文化传统和价值追求凝聚和培育职工,整合和发展企业。

二、重塑同仁堂"德、诚、信"的诚信文化与诚信品牌

面对人员老化、观念落后、市场化低的现状,同仁堂再次倡导"诚信为本,药德为魂"的古训并将其作为经营理念,重塑以"德、诚、信"为核心的诚信文化和诚信品牌。顺应时代潮流,同仁堂相继提出了以"四个善待"为主要内容的同仁堂的新文化,即善待职工、善待社会、善待投资者、善待经营伙伴。

在员工队伍建设方面,同仁堂倡导"忠诚、无私、激情","用同仁堂的文化吸引人,用同仁堂的干劲鼓舞人,用规范化的标准要求人,用优良的经营成果回报人",这一同仁堂人的标准又集中体现为对工作的高标准、严要求,以及对病患者的同情友爱和高度负责。建设和拥有一支具有能动而强烈的传承性与创造性的队伍,是同仁堂事业得以代代相传的最大源动力。

在客户服务方面,同仁堂确立了"患者第一,顾客至上"的指导原则,建立了以患者为中心的"以义取利,义利共生"的行为理念,把追求经济效益建立在追求社会效益共同发展这个目标之上。"吃同仁堂的药放心"是同仁堂济世养生的精粹,是患者的良好口碑,也是社会大众对于同仁堂品牌的最高评价。

三、弘扬中医药文化,创造同仁堂独特的产品品牌价值基因

同仁堂是中国传统中医药文化的继承者。中医药理论是中国传统中医药文化的精髓,它吸收了中国古典哲学和儒家、道家思想的精华,同仁堂继承了中医药理论"天人合一"、"辨证论治"、"阴阳和合"、"五行相生相克"、"治未病"等养生医疗理念,博大精深的中医药学文化与精深的中医药理论,也为同仁堂品牌的产品在中医药领域的发展打下了坚实的功能价值和情感信任价值基础。

自创立伊始,同仁堂的先辈就在中医理论指导下收集并研制有效方剂,生产和使用中成药,至清末,同仁堂有文字记载的中成药已多达近五百种,以医带药的模式也传承至今。持续的产品创新是品牌发展的灵魂,新时期同仁堂依托传统中医药理论,发掘和维系成熟中医药产品品牌的生产,精选原材料,坚持和创新生产工艺,确保产品品质与功效。同时,同仁堂也在实践中不断发掘中医药验方,创新中医药产品。目前同仁堂在持续发展十大王牌、同仁堂十大名药的同时,也陆续推出了同仁堂十大新品种、同仁堂十大保健品等系列产品。如今,牛黄清心丸、六味地黄丸、乌鸡白凤丸和感冒清热颗粒等产品,每年的销售额都超过1亿元,都已成为同仁堂的主力产品。同仁堂品牌也在持续满足客户新的多样化需求的路途中持续创新和提升产品品牌价值基因,百年老字号也焕发着新的品牌生机与活力。

四、发展同仁堂的独特质量文化和质量品牌

供奉御药的历史渊源使同仁堂的中医药文化独具特色。在供奉御药期间，同仁堂以身家性命担保药品质量，采用最高标准的宫廷制药技术，磨炼出诚实守信的制药道德。在三百多年的历史长河中，历代同仁堂人恪守"炮制虽繁必不敢省人工，品味虽贵必不敢减物力"的传统古训，树立"修合无人见，存心有天知"的自律信条，始终坚持"德、诚、信"的优良传统，铸就了"配方独特，选料上乘，工艺精湛，疗效显著"的质量品牌，创造了诸多广大消费者放心的精品良药，产品功效也深受客户认可。

在市场经济时代，老字号的重要优势之一就是百年来积聚的质量品牌。同仁堂在质量文化建设上更为注重以药材、工艺、药品疗效为核心的全面质量管理，注重建立和完善质量保障体系和现代制药规范，概括为"安全有效方剂、地道洁净药材、依法科学工艺、对症合理用药"。它所形成的是一种对药品质量高度负责的文化理念，并渗透于制药、品牌营销管理和各项工作之中。

2010年5月天价安宫牛黄丸事件在网络上广为传播。由于同仁堂在制药时以诚信为本，药中主要原料牛黄、水牛角浓缩粉、麝香、珍珠、朱砂、雄黄、黄连、黄芩、栀子、郁金、冰片都采用真材实料，牛黄采用的也是天然牛黄，而非其他药厂使用的人工牛黄，客户使用功效也存在明显差异，因而同仁堂品牌的安宫牛黄丸也因此被炒到天价。诚信为心，品质为本，客户价值是品牌建设与发展的王道，此案也是同仁堂品牌深受客户信任和认可的明证。

五、弘扬同仁堂文化，系统打造同仁堂的品牌个性和独特品牌形象

同仁堂中医药文化是在继承中国传统中医药文化精华，并融入宫廷制药规范的基础上，经过三百余年的实践与创新，中医与中药的结合，所形成的具有自身特色的品牌形象、价值取向、经营理念、质量文化与服务文化。"同修仁德，济世养生"的价值理念，"炮制虽繁必不敢省人工，品味虽贵必不敢减物力"的质量文化，都是其中杰出的代表。同仁堂文化的品牌化传播，也在同仁堂品牌建设和企业发展中起到了巨大的作用。

在新的发展时期，我们认为面向大众大力宣传中医药文化，弘扬中医药学先进的治疗养生理念与方法，弘扬同仁堂的中医药文化，对同仁堂的长远发展同样意义重大。这一方面有助于同仁堂进一步扩大其独特而卓越的品牌与产品认知，提升品牌知晓度和品牌美誉度；另一方面，也有助于同仁堂进一步强化中医药领域的领导品牌地位与形象；更为重要的是，大众对中国传统医学的深入了解和认可及信赖，有助于培养和发展大量的潜在客户，在根源上壮大中医药市场。面对西方药企巨人的竞争，中国的中医药产品在中医药产品领域具有先天的传统、理念、方法、资源、口碑竞争优势。宣传中医药文化，普及中华医学的养生治疗理念，是不战而屈人之兵的制胜之道。

同仁堂的中医药文化底蕴、卓越的产品品质和良好的品牌形象，以及百年发展中沉淀的历史故事资源，是同仁堂的独特竞争优势。这也在以同仁堂为原型的电视连续剧《大宅门》和《大清药王》的热播中得到体验。在未来的发展中，同仁堂应当更加注重创建独特的品牌和文化传播模式，系统规划品牌形象建设和品牌运作，依靠电影、电视、话剧、图书、网络等媒体开展立体的文化营销，传播同仁堂的历史传奇与发展，传播同仁堂的中医药文化，通过动人的故事和鲜明的艺术形象为品牌代言，塑造鲜明有力的品牌个性形象和品牌价值。

六、建设终端品牌文化，增强客户的品牌体验

终端规模的扩张和终端品牌文化的建设，也是同仁堂塑造文化与品牌的重要模式。2001 年 3 月，作为北京同仁堂（集团）有限责任公司的直属零售企业，北京同仁堂连锁药店成立，经营各种中西类药品以及医疗器械，并提供医疗保健咨询、代客邮寄、代客煎药、中药饮片打粉、制丸、送药上门、用药指导、专家门诊等特色服务项目。2003 年，同仁堂扩大对终端零售药店建设的投入力度，在全国各地和海外建自己的药店。800 多家药店也扩大了社会公众和客户与同仁堂的品牌和文化接触点，有力地促进了产品销售。

在终端建设环节，同仁堂大气的牌匾，古朴精致的 LOGO，宽敞的空间，黄色主题的以灯光与木质为主的家具陈设，历史渊源和成就的图片介绍，醒目的店训，对于中医药养生医疗文化的图册展示，宣传片，都有效展示了同仁堂的中医药文化。在产品展示与包装环节，古香古色的中式木质药柜、形象直观的产品材质展示和中式产品设计与包装，强化了产品的价值体验，也为客户增添了良好的同仁堂品牌文化体验。

在客户服务环节，同仁堂在大店设立了坐堂中医以满足患者的中医诊疗需求。同仁堂也定期对药店促销员进行培训，使他们了解同仁堂的文化，熟悉产品的功能、主治和疗效，以提升店员的专业中医药文化素养和客户服务能力，努力提高客户满意度，促进中医药产品的销售。

七、弘扬中医药文化，增强在海外市场的品牌影响力

中医药文化崇尚阴阳平衡、整体论、重养生、治未病的养生医疗理念，契合了欧美国家日渐崇尚自然之道的医疗保健趋势，在全球的影响力也更为扩大。弘扬中医药文化、宣传同仁堂的养生治疗理念和功效，也是同仁堂大力拓展海外市场的重要发展模式。

在中医药文化有较强渗透和影响的国家和地区，例如在泰国、马来西亚、印尼、新加坡等东南亚国家；韩国、日本等国家；中国香港、澳门、台湾等地区；同仁堂加大品牌的推广力度，创新以医带药，加强中医药保健理疗产品的开发，加强终端建设的规模和速度，可作为更佳的品牌成长模式。而在欧美国家，同仁堂可以更为注重中医药文化宣传和名中医巡诊等方法，可以以较小的代价宣传和推广中医药文化，宣传同仁堂品牌，更为耐心地培

育地区市场。同时通过自建旗舰店、发展代理等方式，加大终端投入力度，逐步开发和拓展当地的中医药市场，则是更好的品牌发展路径。

八、成就与未来

通过多年的不懈努力，同仁堂成功重塑文化与品牌。"济世养生"的价值理念，"诚信为本，药德为魂"的经营理念，精益求精的敬业精神，"童叟无欺、一视同仁"的职业道德，"讲信义"、"重人和"的行为风范，逐渐在集团所有员工中获得了认同和有效执行。通过文化重塑，同仁堂上下统一了价值观，提升了思想观念，统一了行为规范，提升了工作效率，有力地推动了同仁堂集团各项建设事业的发展。

同仁堂博大的中医药文化和品牌价值通过企业经营和有效传播也在社会和国内外客户中赢得了美誉，为同仁堂建立了丰厚的品牌资产，促进了企业的迅猛发展。目前，同仁堂已经发展成为拥有现代制药业、零售商业和医疗服务三大板块的企业集团。下属十大公司、两大生产基地、两个院、两个中心，拥有境内、境外两家上市公司，国内建有零售门店800余家，海外合资公司（门店）有28家，遍布15个国家和地区。目前，同仁堂品牌的产品已行销全球40多个国家和地区。

同仁堂已被国家商业部授予"老字号"品牌，荣获"2005 CCTV 我最喜爱的中国品牌"，"2004年度中国最具影响力行业十佳品牌"，"影响北京百姓生活的十大品牌"，"中国出口名牌企业"。2006年，同仁堂中医药文化进入国家非物资文化遗产名录。同仁堂集团也被国家工业经济联合会和名牌战略推进委员会，推荐为最具冲击世界名牌实力的16家企业之一。

在未来的发展中，应对西医药的挑战，同仁堂应如何面向大众开展中医药文化的宣传教育，有效拓展和壮大中医药市场？因应社会与人的发展与健康需求的变化，同仁堂应如何有效地传承和创新中医药学的养生保健理念与方法，创新和发展个人养生保健领域的产品品牌？面对新的多样化的客户价值需求，同仁堂如何实施有力的品牌延伸，又需要创新发展哪些新的品牌价值基因？

同仁堂的中兴之路，依然任重道远。

参考资料：

郭伟文. 同仁堂的文化与品牌协同发展模式［N］. 中国商报，2011-04-07.

同仁堂官方网站：http://www.tongrentang.com/.

好搜百科 同仁堂：http://baike.haosou.com/doc/5381852-5618194.html.

第五章

品牌价值创造

随便哪个傻瓜都能达成一笔交易，但创造一个品牌却需要天才、信仰和毅力。

——大卫·奥格威

品牌价值创造是一个在特定时空内的持续发展过程。企业在不同的发展阶段，市场与竞争环境不同，品牌资产与品牌价值及品牌经营态势不同，品牌价值创造的模式也有所不同。企业需要综合分析内外部环境因素、竞争因素、企业的品牌价值与发展现状，结合企业的资源和核心能力发展战略，系统规划和实施品牌价值创造路径与模式。

品牌价值创造的三大发展路径中，品牌创建适合于企业做快、做大、做强新品牌；品牌经营适合强品牌企业发展和拓展品牌价值优势，做强和做大品牌价值；品牌资本化运营适合强品牌企业系统经营与提升品牌价值，持续壮大品牌资产。

企业的品牌价值创造，通常包括品牌创建、品牌经营和品牌资产经营三大路径。对于在某领域初创或拥有低价值品牌的企业，品牌创建更为合适，其方法包括品牌自创、品牌代理和品牌购买。对于已经拥有高价值品牌和较好品牌管理运营能力的企业，通过

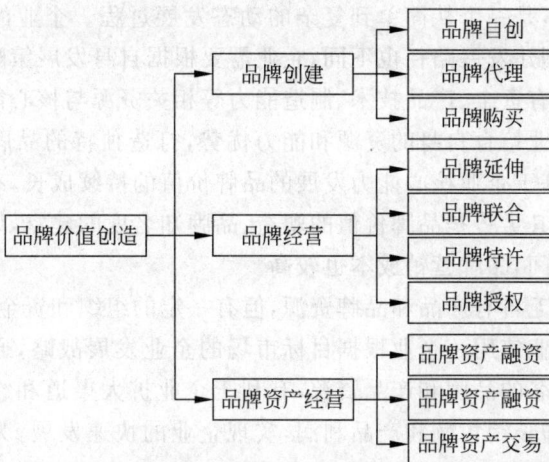

图 5-1　品牌价值创造模式图

有效的品牌经营做大、做强品牌价值则更为合适,其方法包括品牌延伸、品牌联合、品牌特许、品牌授权。对于拥有高价值品牌并已建立完善的品牌运营体系的企业,品牌资本运营对于拓展和放大品牌价值更为重要,其方法包括品牌授权和品牌交易。三种品牌价值创造路径是多数品牌自然发展与演进的过程,既相互独立,又是一个互相配合的有机整体。在实际企业经营中,品牌价值创造方法是千差万别的,企业应结合具体情况独立和配合使用,促进品牌价值最大化。品牌价值创造路径见图 5-1。

5.1　品牌创建——品牌自创、品牌代理

我们所有的工厂和设施可能明天会被全部烧光,但是你永远无法动摇公司的品牌价值;所有这些实际上来源于我们品牌特许的良好商誉和公司内的集体智慧。

——罗伯托·郭思达(可口可乐已故 CEO)

一、品牌创建概述

企业的品牌体系,从纵向的层次上一般分为企业品牌、事业领域(产品大类)品牌、产品线品牌、产品品牌等。从横向的层次上一般分为产品品牌、服务品牌、质量品牌、文化品牌、诚信品牌等。从品牌发展架构上一般分为单一品牌架构、主副品牌架构、多品牌架构等。遵从企业成长与发展的逻辑,以及中国企业的现实问题和品牌价值创造路径,本节主要围绕公司品牌创建和产品品牌创建展开。

二、品牌创建策略

企业的品牌创建,是一个从简单到复杂的动态发展过程。企业的资源禀赋和发展战略不同,选择的品牌创建发展路径也不同,企业需要根据自身发展策略慎重选择。

品牌自创适合拥有资金、产品技术、制造能力等相关资源与核心能力的企业使用。企业自创品牌有利于企业培育自身的资源和能力优势,打造独特的品牌价值基因和个性化的品牌形象,有利于基于企业核心能力发展的品牌价值的持续成长,有利于企业对于品牌的有效管控与运营。其劣势是品牌价值的塑造、品牌知名度的建立,以及客户认知和偏好的形成需要较长的时间,品牌营销成本也较高。

品牌代理适合缺乏自有产品和品牌资源,但有一定的组织和资金实力,具有销售通路能力和营销优势的企业使用。企业根据目标市场的企业发展战略,通过品牌代理方式可以快速引进和拥有知名的品牌和产品资源,有利于企业扩大渠道和终端的规模与掌控能力,有利于企业快速增长销售额和产品利润,实现企业的快速发展,为未来的品牌建设积蓄力量。

品牌购买更适合拥有较强的资金实力和品牌运营管理能力的企业使用。具有购买价

值的品牌一般具有一定的品牌知名度,有的具有一定的忠诚客户群体,有的具有完善的品牌经营体系,企业通过品牌购买,可以快速拥有知名品牌的品牌资产和品牌价值,快速进入目标客户市场,并降低了创立品牌和进入市场的营销成本和市场风险。品牌购买的缺点是一般情况下,知名品牌的价值评估较高,购买代价较大。另外,现有品牌的价值定位与个性形象也可能与企业的品牌战略不符,需要企业投入资源来调整。

(一) 品牌自创

近些年来,由于全球范围内的产业分工和产业转移,中国逐步成为世界工厂,在制造业企业的数量,以及产品制造能力和产品制造规模上都居于世界领先地位。但由于许多企业以代工制造、贴牌生产为主,处于产业链的价值底部,企业的制造优势未能有效转化为企业利润和发展优势,企业发展受限。有效打造自有品牌,成为中国企业创造与提升价值、增强持续发展能力的主要出路。

基于中国企业发展态势和比较竞争优势,创建制造商品牌、创建自主产品品牌、创建终端品牌,是中国企业创建与发展自主品牌的三大路径,也是持续创造品牌价值的现实选择。企业可以遵循企业的发展战略,基于企业资源与能力,以一种发展模式为主导;也可以逐步采取几种品牌创建和发展模式相结合的策略,相互促进,协同发展。

1. 创建制造商品牌

创建制造商品牌,第一企业需要强化产品制造能力,发展规模制造能力,建立制造成本优势。第二,企业需要加强全面质量管理能力,以高产品品质建立客户认知和信任。第三,企业需要提高客户反应速度和产品定制能力,提高产品解决方案供应能力,增强客户消费黏性。第四,企业需要增强产品研发设计能力,发展特有技术和产品,创造制造领域的不可替代的独特竞争优势。技术、品质、规模、管理能力等核心价值要素的持续创造,有利于发展优秀的制造商品牌,并促进企业制造价值的持续成长。

[阅读材料 5-1]

格兰仕的品牌发展路径

格兰仕的品牌创建从塑造微波炉制造商品牌开始。格兰仕在发展初期以微波炉的代工制造为主要发展策略,通过持续增强微波炉产品的研发和生产能力,逐步创建了微波炉领域的制作商品牌。第二阶段,格兰仕专注于微波炉制造,持续采购和租赁微波炉生产线,持续扩大产能,逐步掌控全球微波炉代工制造市场的主要市场份额,成为全球微波炉领域的顶尖制造品牌。第三阶段,格兰仕创建自主的格兰仕微波炉品牌,依托制造成本和产品品质优势,实施以质量和价格竞争为核心竞争策略,成功打造格兰仕微波炉品牌。第四阶段,格兰仕依托制造优势建立的核心品牌价值实施品牌延伸,业务拓展到空调等领域,成功创建格兰仕空调品牌。

2. 创造自主产品品牌

企业自主产品品牌的创造有两种方式,一种是企业依托自身的技术和制造能力,自主生产产品,逐步发展自有品牌。企业经营的重点包括产品研发、生产与品牌营销、市场销售。二是企业依托中国制造企业众多、制造能力冗余、产品采购成本低的优势,通过代工贴牌的方式创建和发展自有产品品牌。企业经营的重点在于产品的品牌建设与营销推广,以及终端营销。

中国企业品牌的现实发展路径,一种是区域市场发展策略,集中企业的有限资源,在重点区域实施品牌营销和终端建设,塑造区域强势品牌,抢占区域细分市场,然后在其他区域复制发展,滚动扩张,逐步发展为全国品牌。另一种是直接面向全国市场的品牌经营策略。企业高举高打,投入大量宣传费用实施品牌营销,在央视、省级卫视、新浪网等强势媒体上大量推出品牌广告以建立全国市场的品牌知晓,在全国范围内招募经销商,拓展销售通路,实施品牌经营。

自主产品品牌的创建模式,包括产品大类品牌创建、产品系列品牌创建、产品品牌创建和公司品牌创建四个方面,系统构成企业的产品品牌发展和管理体系。品牌创建模式参见图 5-2。

创建产品品牌	创建产品系列品牌	创建产品大类品牌	创建公司品牌
产品单独命名,公司名字完全或基本上不出现。每一种品牌都有独特的价值、个性和识别特征和定位。问题:缺乏来自公司品牌的支持与保障,营销成本高。 如:兰蔻、迪奥、倩碧、纪梵希都是LVMH旗下品牌,LVMH不出现。	产品在同一品牌名称下出现,具有相同的基本特征,但是功效稍有差别。品牌价值与衍生方式具有互补与递过作用。 如:水晶之迹果浆的不同颜色代表着不同的含义。	一类产品划归到一个品牌旗下,并以一种基本识别特征。大类品牌中的产品虽然具有基本相同的功能,但是处于不同的性能水平。 如:奔驰公司的S级、E级、C级各款车型;INTEL公司的奔腾和赛扬微处理器类别。	所有产品统一利用公司品牌作为产品品牌,没有产品品牌。这种方式在促销上最具规模效益,但是风险性最大。很容易"一荣俱荣,一损俱损"。 如:海尔和格兰仕。

图 5-2　品牌创建模式图

[阅读材料 5-2]

台湾宏碁集团的品牌发展路径

台湾宏碁集团是著名的 IT 企业,创立于 1976 年。宏碁的发展,起步于 IT 产品的

OEM制造。宏碁创立时,使用Multitech品牌十余年之久,宏碁多年专注于制造能力的发展壮大,并成功建立了制造商品牌。1987年,宏碁集团董事长施振荣认为企业在长期发展中为了不同的使命与任务,应该修改不合时宜的名字,决定放弃"Multitech"这个价值两千万美元的品牌,并于当年创立了宏碁(Acer)品牌。Acer源于拉丁文字,代表鲜明的、活泼的、有洞察力的、敏锐的与有活力的,而Acer在词根上源于ACE(王牌),代表着顶尖的、极优秀的人物。经过多年经营,宏碁发展为电脑业的著名品牌。

1984年,宏碁创立了明基(BenQ)品牌,初期以电脑外设产品为业务重心,并逐渐扩展至光电、通信以及数字多媒体领域。2001年12月,明基电通正式发布了"BenQ"自有品牌,以"时尚产品网络化"为核心发展概念,业务领域涵盖了液晶显示器、CRT显示器、等离子显示器、投影机、Digital Hub、光驱、刻录机、DVD光驱、数码相机、扫描仪、移动电话、宽带网络等多元化产品。

2000年,宏碁集团宣布企业重大转型计划,取消各个次集团,整合重复投资的事业,强调专注、简化与前瞻,并将企业的运营切割为研制服务(DMS)与品牌运营(ABO)两个专注事业部门。品牌运营产业群以宏碁公司为主体,专注于发展宏碁(Acer)品牌和明基(BenQ)品牌,生产和销售自有品牌产品;研制服务产业群以纬创公司为主体,继续专注于OEM制造,经营发展制造商品牌。

2001年年底,为了避免与OEM业务的冲突,宏碁公司又一分为三,宏碁、明基电通、纬创各自单飞,形成"泛宏碁集团"。其中代工部分则由纬创承担;原来宏碁电脑和宏碁科技合并而成的宏碁则围绕IT服务专心于自有品牌的打造;"明基电通"以明基(BenQ)品牌为核心发展,专心于数码业务。目前明基电通也已发展成为知名IT品牌,并在IT领域实施品牌延伸,不断拓展业务范围。

2007年,宏碁为有效区隔家用电脑市场与商用笔记本电脑市场,发布了全新设计的Aspire家用笔记型电脑;同年宏碁并购了美国Gateway成为美国第三大PC厂商。当年宏碁笔记本电脑年销售量位居全球第二,个人电脑年销售量位居全球第三。

2008年,宏碁并购佰得(Packard Bell)以及倚天资讯公司;并针对游戏玩家发布了新款Aspire Predator高端桌上型电脑;宏碁以行动上网为核心产品理念,推出了8.9寸Aspire One上网本。2010年5月27日,宏碁与方正科技正式达成战略合作关系,将在市场份额、产品和内容等多个领域展开合作。

目前宏碁(Acer)公司已发展成为欧洲市场第一大笔记型电脑品牌、世界前三名的电脑制造商。

3. 创建终端品牌

终端品牌的创建策略,一是基于企业内外的制造优势,打造产品品牌终端;二是基于客户解决方案,打造专业品类终端;三是发展特许经营连锁品牌。

产品品牌终端建设,主要是企业依托自身的产品制造优势,或者依托国内产品制造优势,结合企业品牌和产品品牌建设,大力创建和发展品牌销售终端,通过连锁化发展和规模经营发展品牌。美特斯·邦威建设的青少年时尚终端品牌,李宁、安踏仍在大力发展的运动服装品牌销售终端,都是此类发展模式。

专业化终端的品牌建设,主要是企业针对特定品类的客户需求,发展专业的品类产品终端,为客户创造多样化选择和完整的销售服务,借助中国庞大的人口基数和市场需求,通过发展终端连锁,打造规模优势创建终端品牌,获得快速发展。国内的国美、苏宁在家电市场,东方家园、居然之家在家居市场,都是这样的品牌建设模式。福建的惠好药业,在药价虚高时期通过平民药店、平价药品的品牌形象切入市场,获得良好的发展。目前惠好已发展成为在福建市场具有良好品牌口碑的惠好医药连锁企业,在拓展和巩固省内市场的同时,正筹划在全国市场的扩张。

特许经营品牌建设,主要是企业依托特色的产品和服务,发展专业化的连锁经营体系,通过基于专业化产品的规模扩张建设品牌。海底捞火锅店的扩张就很有特色,内塑企业文化,创建了人本导向和客户价值导向的企业文化;外塑品牌,为客户提供优秀产品和丰富的附加服务,创造出色的客户消费体验,并取得了良好的发展。万达的影城连锁也是这种发展模式。

[阅读材料 5-3]

台湾鸿海集团的品牌发展路径

台湾鸿海集团在多年发展中专注于 IT 产品制造,在产品研发和生产质量、生产规模上已达到世界顶尖水平,成为惠普、戴尔、苹果等著名国际厂商的产品代工商,并已发展成为世界范围内著名的 OEM 制造商品牌。

鸿海在未来的品牌发展路径规划中,为了防止与合作厂商的利益冲突,将避免创建产品品牌,而计划重点创建终端品牌。实现"帮助客户将产品交到消费者手上,给客户提供'最后一公里'服务"的终端品牌发展策略。

2009 年秋冬,鸿海下属的富士康集团宣布了"万马奔腾"计划,将斥资约 21 亿元,在中国开一万家 3C 连锁店,主要在三线以下城市建设电子产品销售终端。在富士康工作满五年的员工,有资格申请回乡创业,开办这样的连锁店。其首家"万马奔腾"品牌店已于 2010 年 5 月 8 日在深圳龙华园区南门正式开业。

2010 年 5 月,富士康又宣布与麦德龙共同出资 2 亿美元成立合资公司,打造电子产品零售市场万得城,其中富士康占股 25%。2009 年年底,富士康还推出了电子商务网站——"飞虎乐购",并与"万马奔腾"终端品牌形成"网上商城与线下实体店"的有效结合。鸿海集团多年来积聚了强大的 IT 产品制造资源与制造核心能力优势,但缺乏 IT 产品品牌经营的组织,文化与创新基因支撑、缺乏市场与品牌积淀,其发展效果还有待市场验证。

（二）品牌代理

1. 品牌代理的概念

品牌代理是指企业通过合同约定，获得品牌所有者、品牌特许机构、品牌授权机构的品牌代理权，在特定范围、特定时间和特定领域实施品牌经营的发展模式。品牌代理主要包括参与品牌特许经营和参与品牌授权经营等品牌经营方式。

对于部分缺乏知名品牌和品牌运营管理能力的中国制造企业，采用品牌授权的经营模式，获得高知名度的品牌以实施品牌经营，是一种较为高效和快捷的企业发展路径。运用知名品牌授权可以提升产品价值，增强自身产品的竞争实力和利润创造能力；可以增强销售通路建设，扩大产品销量；可以在品牌经营和管理能力提升的基础上推动自创品牌的建设和发展。

2. 品牌代理的优势

企业通过品牌代理可以快速拥有一个被消费者所认知的知名品牌。借助知名品牌的经营理念与经营模式、品牌价值，以及品牌知名度和个性化的品牌形象，企业可以有效提升自身产品的价值和品牌知名度；企业可以以较低的成本、较快的速度、较低的风险进入市场，并被市场接受，使企业实现快速发展。

品牌代理具有下列企业利益。

（1）通过授权品牌扩大企业产品的消费者认知。

（2）通过授权品牌提高产品价值，获得品牌溢价，增大销售额，扩大企业利润。

（3）通过授权品牌共享品牌企业的品牌营销资源，降低品牌营销成本。

（4）通过授权品牌增强渠道和终端商的发展能力，扩张销售通路的规模和能力，发展与消费者更广泛的接触渠道，增大产品销售量，积累资金和资源优势。

（5）借助授权品牌的影响力增加企业外销产品的贸易认可。

（6）借助品牌企业的资源支持在组织建设、品牌经营、产品管理等领域持续提升发展能力，带动企业自有品牌的建设和发展。

3. 品牌代理的发展策略

1）慎重选择代理品牌

品牌代理经营的成功，首先是品牌选择的成功，企业需要慎重选择代理品牌。第一，企业需要认真考察品牌授权企业的经营能力、管理能力、资金实力、品牌的知名度与市场影响力；第二，企业需要认真考察品牌相关产品的品质和市场口碑，品牌消费群体对于品牌的认可情况；第三，企业需要认真考察品牌授权企业在品牌运作方面的投入，以及其对于品牌代理企业的运营支持和监督管理状况；第四，企业要认真考察品牌代理商的经营情况和盈利情况，并实地探访一些经销商和消费者，获得一手的感性信息。细致的品牌调研，有助于企业选择品牌价值高、品牌运营管理能力强的品牌授权企业和品牌，有助于品牌代理经营的成功。

2）充分利用授权品牌的资源

品牌代理成功的关键也在于对品牌授权企业资源与经验的有效利用。第一，企业需要充分利用品牌授权企业的资源，在品牌授权的经销范围、产品领域、授权期限、支持方式等方面争取更多的资源和利益；第二，企业需要争取授权企业专业团队的支持，高效利用品牌授权企业在品牌管理制度、流程和运营上的发展经验，系统提升自身品牌经营团队的经营和能力；第三，企业要积极参与和支持授权品牌企业在全国市场的品牌推广与宣传活动，在目标市场的品牌营销上要注意与授权企业协同实施，以有效降低营销成本；第四，企业要高效应用授权企业已有的终端管理经验，在品牌终端的店面选址、店铺建设、产品陈列、促销策略上先系统学习，再巩固提升，再创新发展、灵活运用，以有效提升终端经营管理水平。

3）系统提升品牌价值创造能力

企业需要充分利用授权品牌的价值提升产品价值。在授权领域内，企业可以结合发展战略确定发展方向，通过自主生产以及贴牌生产的方式，在特定领域内做广产品种类、做宽产品档次、做多产品款式、做大产品数量，形成品牌产品的规模效应。企业可以配合品牌企业的品牌经营，在目标市场加强品牌传播力度，强化品牌知名度，提升品牌产品溢价。企业可以依托强势品牌拓展渠道终端的规模和激励模式，做大品牌产品的销量。在品牌产品的销售额和利润两个方面实现品牌价值最大化。

4）系统发展企业的综合实力

企业需要依托强势品牌加快发展速度，系统发展企业的综合实力。代理品牌的主要优势在于拥有强势品牌的市场和资源支持，有利于企业在较短的时间在品牌经销领域做大做强。企业需要加快做大产品的规模，加快做大渠道和终端建设的规模，加快做大企业品牌经营团队的规模。同时，企业需要做强企业品牌经营的能力，做强产品发展与制造管理能力，做多与做深客户关系。两个方向的系统努力，有助于企业将代理强势品牌的优势转化为企业的规模优势和能力优势，为企业的快速发展和未来的品牌建设积聚力量。

[阅读材料 5-4]

纤丝鸟的品牌发展路径

纤丝鸟在发展过程中，经历了从自创品牌到代理品牌，再到自创品牌的发展路径。

纤丝鸟创立时，主要经销自创"寓美"品牌的袜子，在北京地区建立和发展经销渠道，有了一定的发展。在保暖内衣流行时期，纤丝鸟依托在北京发展起来的经销渠道和经销队伍，开始代理"北极人"品牌的保暖内衣。品牌代理期间，纤丝鸟积累了深厚的保暖内衣品牌市场运作和品牌营销经验。

近年来,纤丝鸟公司创建了"纤丝鸟"内衣品牌,通过贴牌生产的方式发展产品,取得了不错的市场业绩。由于保暖内衣是冬季使用产品,纤丝鸟在冬季销售的同时,也采用了冬衣夏卖的销售模式,以有效维护终端关系,并加强品牌产品与客户的接触与联系。纤丝鸟依托在内衣领域积累的品牌价值和品牌形象,开始实施品牌延伸,发展轻薄内衣产品。纤丝鸟品牌四季长销的内衣和冬季销售为主的保暖内衣协同发展,以利于塑造纤丝鸟内衣品牌专家的机制形象,丰富的四季产品品类搭配,也有助于稳定渠道和终端关系,密切客户接触,促进品牌价值和销售额的持续提升。

5.2 品牌经营——品牌延伸、品牌联合、品牌特许、品牌授权

我们未来的富有不在于财富的积累,而在于观念的更新。

——彼得·德鲁克

一、品牌延伸

(一)品牌延伸(brand extension)的概念

品牌延伸是指在已有相当知名度与市场影响力的品牌的基础上,将成名品牌运用到新产品和服务上,以期减少新产品进入市场风险的一种策略。它可以增加新产品的可接受性、减少消费行为的风险性,提高促销性开支使用效率,以及满足消费者多样性需要。

科普菲尔(Kapferer)把品牌延伸分为相关延伸(持续延伸)和间断延伸,而凯文·莱恩·凯勒把品牌延伸划分为线延伸(line extension)和大类延伸(category extension);这两种品牌延伸方式的意义基本一致。线延伸(相关延伸)是指特定品牌在同一产品大类中拓展到新产品中,而大类延伸(间断延伸)是指特定品牌从原来的产品大类中拓展到另一个不同的产品大类。

(二)品牌延伸的关键因素

品牌延伸的关键因素包括相似度、品牌内涵、产品风险和用户创新倾向四个维度,见图 5-3,具体内容如下。

(1)相似度是指企业品牌与业务品牌的品牌形象在生产技术、制造能力、用户使用情境等层面的相同程度。

(2)品牌内涵是指企业品牌和业务品牌在功能与情感两个层面的匹配程度。

(3)产品风险是指用户对使用该品牌产品时可能遇到的麻烦的直觉判断。用户的判断依据既包括用户对该品牌安全性、可靠性的信赖程度,也包括该产品的技术复杂程度。

(4)用户创新倾向是指用户愿意尝试和冒险的程度,以及接受新技术产品与新品牌

图 5-3   品牌延伸关键因素模型

的意向。

（三）品牌延伸的三大策略

品牌延伸的三大策略，包括基于品牌功能价值的品牌延伸模式、基于品牌情感价值的品牌延伸模式和基于品牌观念价值的品牌延伸模式。组织在品牌延伸中，无论是时间、空间的变迁，还是多品类拓展因素的影响，保持品牌核心价值定位的长期稳定性，以及个性价值形象的一致性和时间延续性，保持品牌目标消费群体的关联性和一致性至关重要，这样才能在品牌延伸中持续增强品牌的价值和力量。

1. 基于品牌功能价值的品牌延伸

基于品牌功能价值的品牌延伸，主要指企业依托在品牌功能价值方面建立的核心能力和品牌价值，以创造和满足客户功效价值为核心，通过创造和发展客户的一致性功效价值体验实施品牌延伸。其内容包括基于产品成分的一致性的品牌延伸、基于产品技术共通性的品牌延伸、基于产品品类相近性的品牌延伸和基于营销模式相近性的品牌延伸。

1) 相近的成分与功效

宝洁的"多芬（Dove）"品牌的品牌延伸模式，是基于产品成分和功效的品牌功能价值延伸。宝洁的"多芬"品牌最初是专注于护肤品的品牌，目前已经成功延伸到头发护理和包括除臭剂在内的其他产品领域。"多芬"品牌延伸的成功之处在于它认识、保持并有效传递了自己的产品的价值特性——蕴含滋润的牛奶成分，并将自己定位在一个以"柔软而光滑"为核心品牌价值基因的品牌发展平台上。"多芬"将自己的除臭剂定位为让腋下感觉到"柔软而光滑"。只有在那些"柔软而光滑"和"蕴含滋润的牛奶成分"这些品牌特别资产能关联到的领域，"多芬"品牌才会实施品牌延伸。

云南白药公司基于云南白药原料优势和云南白药在止血功效方面的品牌知名度与美誉度，发展内含云南白药成分、具有止血疗效的系列产品，包括云南白药牙膏和云南白药创可贴,取得了良好的市场效果。

2）共通的技术

企业通过发展核心技术塑造技术品牌,通过统一技术品牌的产品实施品牌延伸,也是合适的品牌延伸方法。日本本田公司在发动机研发制造领域建立了可持续的核心竞争能力。依托本田发动机领域的技术品牌形象和核心能力,本田实施了有效的品牌延伸,相继进入船用发动机市场、除草机市场、摩托车市场、汽车制造市场等。

3）相近的产品品类

门类接近、关联度较高的产品可共用同一个品牌,有利于客户在产品研发、制造、生产、销售、服务等方面建立专业认可和信任,并有助于建立行业专家的品牌联想。同品类品牌延伸的要点是企业应结合企业发展战略,从客户解决方案的系统规划品牌延伸,努力从发展消费者个人应用解决方案;发展家庭应用解决方案、企业应用解决方案的角度创新产品发展思路,形成基于客户价值的品牌延伸,并重新梳理和规划品牌的价值定位和品牌形象,通过有力的品牌建设牵引企业产品品类的系统发展和价值创造。

联想集团在业务拓展中,主要围绕消费类 IT 电子产品实施品牌延伸,联想品牌的产品,从个人电脑台式机逐步拓展到笔记本电脑、服务器、打印机、投影仪等。有助于消费者在 IT 电子产品领域的产品应用上打造系统的个人应用解决方案、家庭应用解决方案和办公应用解决方案,并共享消费和服务的便利性,是相对稳健的品牌拓展方式。

4）相近的营销服务模式

品牌相关产品具有相似的营销通路和服务模式,有利于客户在消费和服务便利性上建立一致性的品牌认知,也适合品牌在相关产品领域实施品牌延伸。如国美、苏宁等企业最初同为家电卖场品牌,近年来它们依托终端规模和客户关系优势,已将产品销售领域由最初的家用电器延伸到 IT 电子消费品和手持通信产品,逐步发展成为 3C(电器、电脑、通信)卖场品牌。

2. 基于品牌情感价值的品牌延伸

基于品牌情感价值的品牌延伸,主要指持续发展在品牌情感价值方面的核心能力和品牌价值,以创造和满足情感价值和情感体验为核心,实施品牌延伸。其内容包括基于消费者情感认同和情感关系的品牌延伸、基于消费者群体情感认同的品牌延伸和基于目标消费人群一致性的品牌延伸。三者相互独立存在,也具有一定的内在联系和相互作用。

基于品牌情感价值的品牌延伸,其成功的关键是品牌的情感价值定位要与品牌消费群体的情感价值追求相契合;品牌价值属性要与品牌消费者的品牌价值体验相契合;品牌的个性形象要与品牌消费群体的形象具有一致性,易于产生一致的品牌联想和群体认同。

1）相近的消费群体认同

品牌的情感价值,主要是消费者对于品牌的情感价值认同与情感关系,以及品牌消费者群体之间产生相近的情感价值认同与情感归属。品牌在一定程度上成为一种群体符号标识,消费者拥有同一品牌可以提供一种共同的身份认知,一方面有助于在情感层面创造自我价值认可与自我实现的满足;另一方面可以通过共同的消费模式和生活方式,在共同的消费群体中建立情感认知和情感归属,产生族群效应。

企业可以在产品材料、品质、档次、使用者身份、品牌文化价值等方面整体规划,系统塑造高档品牌的情感价值形象,在长期经营中努力保持品牌形象一致性、文化内涵一致性、产品档次一致性、产品价格档次一致性和消费人群一致性,促进目标消费群体的深度品牌情感认同,实施有效的品牌延伸。

📖 [阅读材料 5-5]

奢侈品品牌的品牌延伸

乔治·阿玛尼、登喜路(Dunhill)、香奈儿、路易威登等奢侈消费品品牌的品牌延伸都相当广泛,其品牌产品一般包括西装、衬衫、领带、T恤、皮鞋、皮包、皮带等产品;有的品牌还包括香水、眼镜、手表、打火机、钢笔等产品跨度大、功效差异大、关联度低的产品,并以个性化的高贵品牌形象、高文化内涵、高品质、高价格面对高端消费人群获得了全球范围内的品牌认可和市场成功。

需要注意的是,高档品牌主要以品牌形象、品质、档次、身份及文化象征为核心价值元素,一般很难兼容中低档产品。发展中低档产品或者实施降格、降价、大范围扩展消费群体的品牌营销模式,容易破坏品牌的核心价值,失去目标客户的群体价值认同,导致品牌延伸的失败。

2) 泛化的消费群体认同

企业也可以以统一的品牌价值理念和情感价值形象为主导,泛化品牌的情感价值,扩大消费者群体情感认知的内涵,通过更为广泛的品牌延伸发展更广泛的目标消费人群。

海尔目前的品牌核心价值之一是基于情感价值层面的"真诚到永远"。海尔以"真诚"主导的品牌情感价值形象具有较强的泛领域包容力,海尔品牌家电系列产品在国内中高档品牌的价值与价格定位也易于在广泛产品领域获得其产品消费者的群体价值认同。这也是海尔品牌从冰箱延伸到彩电、空调、热水器等几十种家电产品,且获得一定成功的重要因素。在家电领域之外的产品,海尔如果不能有效建立在泛消费者群体内中高档品牌的价值定位与个性价值形象,其品牌延伸的效果就值得担忧。

在品牌建设方面,海尔目前欠缺的一是集团层面的品牌观念价值的塑造,对于目标消费群体在价值观和生活理念的引领;二是缺乏在产品大类领域建立差异性的品牌价值定位与品牌价值形象建设;三是缺乏高端品牌的系统塑造和发展,以有效提升海尔整体的品牌档次。这些也是海尔未来品牌建设的重要领域。

浙江的"好孩子"集团从制造童车起步,并为沃尔玛等海内外企业代工生产,产品畅销国内外。企业在做大规模后创立了"好孩子"童车品牌,通过创新款式、坚守品质在国内市场获得成功。近年来,依托在童车领域建立的童车专家的品牌形象和广泛的消费者认知,"好孩子"集团在儿童用品领域实施品牌延伸,系统发展儿童用品品牌。其陆续推出了"好孩子"品牌的童装、纸尿裤等产品,并取得了一定的成功。

3. 基于品牌观念价值的品牌延伸

基于品牌观念价值的品牌延伸,主要指企业系统塑造品牌的观念价值,建设个性化的品牌价值形象,创造目标消费者深度的价值观认同和个性化品牌价值体验。在此基础上,企业以观念价值为核心实施品牌延伸,发展体现消费者价值观,以及个性化生活态度、生活方式的系列产品。

企业的品牌价值观,很多时候也体现人的价值观,表达人的道德追求、个性追求、生活理念,以及态度和情感。精心塑造的品牌价值观,有助于品牌消费者实现个性价值的表达、认同与自我满足,获得良好的品牌价值体验;有助于促进消费者的深度品牌价值认同和品牌忠诚。品牌观念价值的高度、独特性、包容性,与目标消费者价值观的契合性,是品牌延伸的关键成功因素。

[阅读材料 5-6]

维珍集团的品牌延伸模式

英国维珍集团(Virgin Group)发展进程中的第一家企业是维珍音像。它从创业伊始就以反叛型的录音大师定位取得了成功,并建立了维珍品牌"挑战传统"的核心品牌定位和品牌价值形象。维珍董事长布兰森许多特立独行、深具影响的行为和活动,是维珍集团独具特色的品牌营销模式,与维珍品牌的价值形象极为匹配,也是企业家品牌塑造与企业品牌塑造相结合的典范。

维珍集团在后来的多元化发展中,确定了单一品牌发展模式,以维珍品牌"挑战传统"的观念价值为核心,实施品牌延伸。维珍集团相继创建了维珍航空(Virgin Atlantic Airways)、维珍移动(Virgin Mobile)、维珍唱片城(Virgin Megastore)、维珍图书(Virgin Books)等品牌。在品牌延伸过程中,维珍集团始终坚持"挑战传统"的核心价值定位,并发展、强化了变化、革新、品质、价值、欢娱的个性品牌价值形象。其品牌延伸领域多数都取得了成功。

(四)品牌延伸的优势与劣势

品牌延伸的优势,一是企业的新产品能够利用消费者对原有品牌的认知,从而使消费者较容易接近新品牌并接受此定位所传达的不同信息；二是企业的新产品可为品牌现存产品线带来新鲜感，为该品牌的消费者提供更加完整的选择；三是品牌所包含的各产品之间可以相互促进，能够提高支持整体品牌家族的投资收益，有利于企业创建统一的品牌形象。

品牌延伸的劣势，一是如果新产品与原来品牌的定位差距过大，容易导致企业品牌形象的混淆；二是新产品如果无法体现出原有品牌的价值属性和个性特点，消费者可能无法接受；三是过度的品牌延伸，尤其是跨越目标消费群体消费范围和消费层次的品牌延伸，有可能削弱原有品牌的价值，降低原有品牌忠诚消费群体的品牌认同，造成难以弥补的品牌伤害。企业在实施品牌延伸时尤其要予以注意。

二、品牌联合

20 世纪 80 年代以来，品牌联合在企业的品牌管理实践中得到了越来越广泛的应用。据麦肯锡公司 1994 年的一项研究表明，全球范围内实施品牌联合的品牌数量正以年均 40 的速度递增。有效的品牌联合策略，也是增强企业品牌价值经营能力和创造新品牌价值的重要手段。本节以品牌功能价值匹配的品牌联合、品牌情感价值的品牌联合和品牌观念价值匹配的品牌联合为主题，探讨发展新的品牌联合策略，以更好地增强企业的品牌价值创造能力。

（一）品牌联合的定义

品牌联合是指分属不同公司的两个或更多品牌的短期或长期的联系或组合。品牌联合主要表现为在企业产品或服务中使用了两个或多个品牌名称或标识等。

（二）品牌联合的内在机理

研究证实，品牌联合具有但不限于下列内在机理。

（1）合伙品牌对品牌联合贡献的相对大小取决于合伙品牌的相对地位。

（2）合伙品牌对品牌联合的相对贡献取决于合伙品牌的相对知名度。

（3）主导品牌感知质量越高，其自身传递质量信息的能力就越强，修饰品牌所提供的额外的质量信息所起的作用就越有限。

（4）消费者先前对每一个合作品牌的态度会直接影响消费者对品牌联合的评价。合作品牌在联合之前品牌声誉越高，消费者对品牌联合的评价就越高。

（5）品牌匹配性越好，消费者对联合品牌的评价越高。一个知名的主导品牌与具有低知名度、高匹配性的修饰品牌的联合，相较于与高知名度、低匹配性的品牌的联合，会有更好的评价。

（6）品牌联合会使消费者对高质量合作品牌的情感向低质量合作品牌转移。

（三）品牌联合的策略

品牌联合是一种重要的品牌资产经营方式。企业间实施品牌联合的主要目的在于借助其他品牌所拥有的品牌资产与品牌价值以产生协同效应，以提高本品牌的品牌价值、改善品牌形象，或强化某种品牌特征，进而影响消费者对品牌和产品的态度，进而增加消费者购买意愿，促进产品销售。

1. 品牌功能价值匹配的品牌联合

这类品牌联合基于客户功效价值需求的满足，品牌之间的功效价值方面需要有一定的相似性，可以产生协同关系，共同提高联合品牌的功效价值。

第一层面是作为零部件供应商与产品厂商的品牌联合方式。供应商品牌与产品品牌的价值和品牌影响力一般有所不同，客户会将一方的品牌价值属性的认知和品牌联想转移到合作品牌中，协同提高双方品牌，以及整个产品品牌的价值。

Microsoft、Intel、杜邦的莱卡品牌，都是供应商产品而非客户最终使用产品。它们都探索出了独特的中间品牌的建设和发展、运营模式，并都通过与产品厂商的品牌联合取得了巨大成功。联想、方正等品牌的个人电脑上标注有"Intel Inside"品牌标识、"Windows"品牌标识等，都是典型的品牌联合经营模式。

第二层面是基于业务合作的品牌联合方式，通过品牌联合为客户提供组合的产品和服务。中国邮政与淘宝网合作开展网络购物的物流业务、中国移动与民生银行的联合促销，都是典型模式。

第三层面是产品品牌与终端品牌的合作联合，通过联合扩大双方在终端的品牌影响力，并增强终端及品牌产品的销售能力。麦当劳与可口可乐的品牌联合，肯德基与百事可乐的品牌联合，国美与海尔的品牌联合，宝洁与沃尔玛的品牌联合，都是这种模式的代表。

第四层面是股权层面的品牌合作方式，双方以品牌联合建立新品牌，通过品牌联合提高企业创造客户价值能力，提高客户价值。如由索尼公司和爱立信公司联合生产的手机使用"Sony Ericsson"作为品牌名称。

2. 品牌情感价值匹配的品牌联合

这类品牌联合基于客户情感价值需求的满足。双方品牌在个性形象与客户情感联系上具有相似性，双方的目标消费群体在情感价值认同上具有相似性。品牌联合可以产生客户情感价值和关系价值的协同关系，激发客户的品牌价值联想，增强双方品牌与客户之间的情感关系。客户也不易产生抵触情绪，有利于共同提升联合品牌的价值。

Nike与iPod产品在市场层面协同营销，其品牌联合的基础在于双方品牌的品牌价值形象较为相近，并与目标客户群体价值取向（追求运动、科技、创新和自我表现的生活）具有一定的一致性，两者的客户群体也有较大的一致性和重合度。品牌联合有利于提升双方品牌的价值。

3. 品牌观念价值匹配的品牌联合

这类品牌联合基于客户个性价值需求的满足,强调与客户之间观念价值的认同,以及价值理念的相似性、个性价值的匹配性。品牌联合可以产生基于观念价值匹配的协同关系,增强客户的个性价值认同和价值体验,有利于共同提升联合品牌的价值。

安踏建立了"永不止步"的品牌价值理念和品牌宣传语,与中国大学生篮球联赛(CUBA)所倡导的拼搏进取精神是相互匹配的。青少年运动爱好者也是安踏的重要目标客户群体。安踏赞助中国大学生篮球联赛,是有效的品牌联合模式。

[阅读材料 5-7]

海尔与国美的联合品牌营销

从 2007 年开始,国美与海尔每年都签署销售规模过 100 亿元的战略合作协议。2010 年 7 月,国美集团与海尔集团签署了一份三年实现 500 亿元销售规模的战略合作协议。国美、海尔将在产品包销、产品定制、渠道建设、组建经营团队等方面进行深度合作。

大幅增加国美定制产品的比例

合作协议规定,国美将以消费者需求为导向,加大产品定制规模。海尔未来三年内每年将为国美提供 600 款的系列商品,其中个性化商品数量不少于 300 款,并且独家型号的个性化专供产品将占到双方销售规模的 50%,定制产品达 250 亿元。海尔也将为国美提供 ODM 产品的制造支持。

全方位渠道合作

在渠道建设方面,国美与海尔也达成了全方位的渠道互补合作,在一、二级市场实施个性化的产品与卖场合作。国美将在全国门店中挑选最好的 100 家,作为海尔高端品牌卡萨蒂厨电的体验店;海尔在中国独家代理的美国 GE 品牌家电也将通过国美的网络进行独家销售。国美与海尔在三、四级市场也将实行渠道网络资源互补。海尔在配送方面的优势资源将全面支持国美在三、四级市场的网络扩展,而国美将通过全国性采购平台选择适合于三、四级市场的商品,为海尔在三、四级市场供货,以改善海尔销售渠道的商品丰富性。

成立 800 人跨界合作团队

国美与海尔专门成立了两个层级的组织体系,在双方集团总部组成一个 200 人的经营管理团队,关注商品研发、规划、财务管理、市场营销、客户服务、订单与库存管理、信息平台对接等。在市场终端则划分了 60 个区域市场,每个区域 10 人,共计 600 人,共同执行战略合作的实施与推进。双方还确定了高层的季度互访制度,以确保合作战略的有效推进。

供应链合作

协议强调双方在需求预测、研发、生产、销售及售后等方面进行全面的供需链战略合作,致力于提升双方供需链的整体效率。协议明确了双方以周为单位的订单管理制度,加快资金与商品的周转速度，确保计划响应率在 98％ 以上。双方强调，合作以消费者需求为核心，实现零售终端与制造企业互动，最终达到共赢。

三、品牌特许

（一）品牌特许的定义

品牌特许经营是指品牌特许者将自己所拥有的商标、商号、产品、专利和专有技术、经营模式等以经营合同的形式授予被特许者使用，被许可者按合同规定，在特许者统一的业务模式下从事经营活动，并向经营者支付相应的费用。品牌特许商授权给经营人的是产品或服务，以及一整套的经营管理模式。

（二）品牌特许的内容

品牌特许经营一般有两种模式：商品商标型特许经营和经营模式型特许经营。

1. 商品商标型特许经营

品牌特许企业授权加盟商对特定商品和商标进行商业开发，特许人保留商标所有权。例如，可口可乐、百事可乐、李宁、娃哈哈、一汽大众等属于商品商标特许经营。

2. 经营模式型特许经营

品牌特许企业授权加盟商使用其商标、经营方式等，并在限定的期限和地域内进行商业经营，特许人提供运营体系方案和运营支持。其包括工作型特许、业务型特许和投资型特许三种方式。麦当劳、肯德基、7-11 等公司采用经营模式特许经营。

品牌特许经营具有如下要素。

（1）实现所有权的分散和经营权的集中。

（2）核心是品牌特许权的转让，特许授权合同是经济关系纽带。

（3）整个品牌特许体系的品牌和经营模式高度统一，协同运作。

（4）通过提升单店价值和规模效应做大做强品牌，创造体系价值。

（三）品牌特许经营的优势

品牌特许经营的核心优势是所有权与经营权的分离。对于特许经营企业而言，通过品牌特许经营，可以复制产品、品牌与经营模式，以有限的资本运营与管理更多的资源和资本，实现技术、产品与品牌价值的迅速扩张。对于加盟商而言，通过品牌特许经营，可以在保留所有权的前提下加入品牌知名度高、产品和经营模式及服务支撑成熟的连锁经营体系，获得稳健收益。对于客户而言，品牌连锁经营机构的产品和服务质量更有保障，更有利于降低客户的产品检索和消费成本，增强客户的消费价值体验。

品牌特许经营的优势见图 5-4。

1. 特许经营企业

- 有限的资本和管理成本
- 技术、产品与品牌价值的扩张
- 经营权转换为资本
- 融资功能

2. 特许连锁加盟商

- 有资本——有所有权，有内在的激励和发展机制
- 缺产品与品牌——成熟的产品和技术和品牌运作
- 缺运营经验——完善经营管理制度和支持服务体系

3. 客户

- 统一的品牌和广告策略，便于顾客认知；
- 区位和网点数量优势，便于顾客消费；
- 统一的卖场陈列、价格、促销策略，促进顾客消费；
- 完善的顾客售后服务体系，打造服务竞争优势。

以增长为核心的战略：
瞄准高增长市场、先发制人、加速扩张

图 5-4　特许经营优势示意图

（四）品牌特许的特点

特许经营的特点主要有形象与品牌、产品供应、运作系统与标准、管理、利润与营业额及业务模式能被复制等。其主要内容见图 5-5。

品牌	统一品牌 统一形象	❖必须要有强势的、很容易被认识的品牌与LOGO(标识)。加盟商需付费使用品牌名——确定品牌名是值得拥有的，LOGO和品牌名称是受法律保护的。形象和品牌必须在营业中被统一使用。
产品供应	统一配送	❖特许商从整个连锁的角度，规划物流供应、商品配送，谋求连锁利益最大化。 ❖追求物流规模效应。
运作系统 和标准	统一标准	❖总店和加盟店的产品、服务等遵循同样的标准。 ❖标准包括商品标准与服务标准，这就要求业务的各个方面必须能被编制成文本，并且通过适当的培训可以被应用。
管理	统一管理	❖公司本部组织的管理必须能够处理与具体情况各异的加盟商的关系。一个特许经营体系的变化是通过说服来获得的，而不是单方的宣告。特许经营的关系是一种相互的信任和合作。
利润和 营业额	统一价格	❖在价格统一的基础上，业务须是获利的，营业额有增加的潜力，这是通过商品销售和大量特许经营权购买获得的。加盟商必须能获取高于一般投资回报的可观利润。特许经营的门店应能够承受支付加盟费用并且仍能盈利。
业务模式	统一经营 模式	❖业务运作必须能够被教给其他人，而不依赖于总部的风格和人格。通过培训，一个详细的运作指南和随后的支持服务，必须使加盟商能够像总部一样成功地动作业务。另外，每次在一个新的市场开设新业务时不需要做大的改动。

图 5-5　特许经营特点分析图

(五) 品牌特许经营的八大成功要素

发展成功的品牌特许经营是个长期努力的过程,企业需要在产品与服务、发展模式、价值创造能力、体系经营能力、加盟店管理与支持能力、品牌营销等各方面实施系统提升,持续完善。

品牌特许经营管理的八大成功要素如下。

(1) 系统规划具有持续价值创造能力的品牌特许经营模式。

(2) 发展专有技术,建立具有差异化的客户价值的产品和服务。

(3) 加强样板店、自营店的管理与发展。

(4) 建立完善的品牌特许经营管理体系和制度。

(5) 建立有吸引力的加盟商招商策略与甄选机制。

(6) 建立有效的开店辅导和运营支持机制。

(7) 增强对加盟店的管理和督导,提升其价值创造能力。

(8) 强化具有持续性的特许经营体系的品牌营销能力。

(六) 品牌特许的经营与管理

企业发展品牌特许经营,需要系统筹划,在战略、组织、制度、流程、执行各环节统一组织,稳健有序运营。企业还需周密规划每一阶段项目发展的资源配置重点、市场开拓重点、业务经营的重点和组织建设重心,循序渐进,以确保资源利用的效果和效率。

1. 特许经营的创建模式

特许经营的单店经营业绩,以及整个体系的规模都是持续发展的重要因素。在特定区域加快店面发展速度和加大店面数量,合理增加区域覆盖密度,可以有效地增强消费者接触,扩大品牌认知和品牌体验,并有助于整个体系的品牌价值成长和经营业绩提升。品牌特许经营创建与发展模式如图 5-6 所示。

2. 特许经营的实施步骤

实施品牌特许经营包括七大步骤,其包括规划特许经营项目的投资计划与预算方案,建立样板店,构建并推广特许经营品牌,建立连锁加盟体系,招募与甄选特许经营加盟商,培训、指导加盟商的建店与特许经营,对加盟店实施日常管理。其实施步骤见图 5-7。

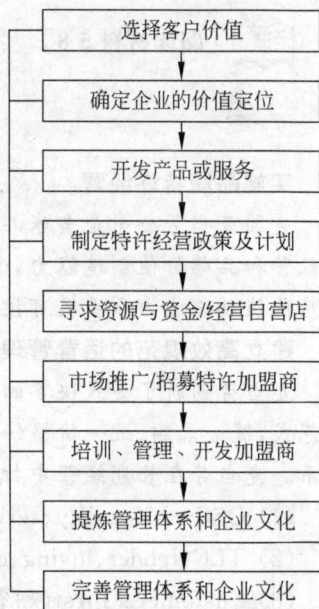

选择客户价值

确定企业的价值定位

开发产品或服务

制定特许经营政策及计划

寻求资源与资金/经营自营店

市场推广/招募特许加盟商

培训、管理、开发加盟商

提炼管理体系和企业文化

完善管理体系和企业文化

图 5-6　特许经营创建与
　　　发展模式示意图

1	投资计划、预算方案	■ 时间、选址、商圈、规模、投资预算、风险及控制、竞争、回报。
2	样板店的建立	■ 选址、面积、标志、商标、装饰、陈列布置(产品与POP广告)、路线、店面运营管理体系建设、人员培训到管理。
3	连锁品牌的建立与推广	■ 品牌价值、品牌内涵、VI体系的建立、媒介推广策略。
4	连锁加盟管理体系的建立	■ 总部管理体系：包括合同、财务、销售与市场、库存、订单管理等。 ■ 加盟商管理体系：包括资金、信息、物流、品牌、店面管理等
5	加盟商招募与甄选	■ 宣传推广、加盟商的甄选(包括商业理念、主动性、经营能力、资金实力等)。
6	培训、指导支持	■ 初期培训：从经营理论到实践的培训和开业期间的现场指导。 ■ 后续培训：日常经营活动过程中为了能更好地适应经营体系或者研究引入新产品或服务的效果而设置的培训。
7	对加盟店管理	■ 对经营网络的督导和控制，如加盟店检查、安排特殊顾客等。

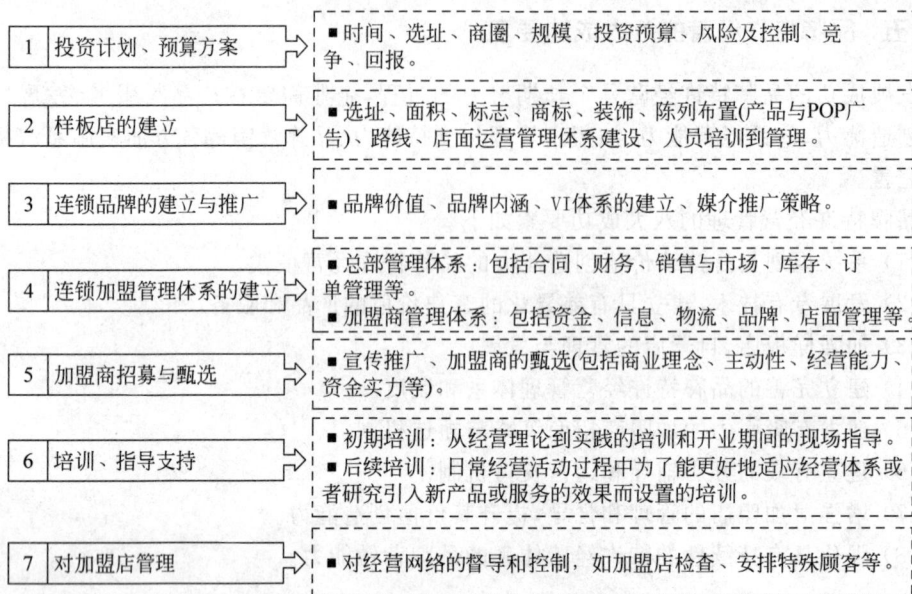

图 5-7　特许经营步骤示意图

[阅读材料 5-8]

麦当劳的品牌特许经营

实施品牌特许经营

美国麦当劳公司是全球品牌特许经营的典范企业之一。麦当劳运用其富有特色的品牌经营和品牌价值创造能力，通过向被特许人收取特许加盟费用获得丰富利润，通过提升单店价值创造能力和系统可控的规模扩张实现品牌资产的持续增长。

建立高效规范的运营管理体系

麦当劳创新了美式快餐的价值创造模式，采取了统一品牌，统一产品和服务，统一经营范式，统一采购、统一价格(一定区域市场)、统一核算、统一信息，统一物流的运营管理体系。麦当劳在长期经营中打造了独特的经营管理模式，内容如下。

(1) QSC＋V(quality、service、clearness＋value)(品质、服务、卫生＋价值)，见图 5-8。

(2) TLC(tender、loving、care)(细心、爱心、关心)。

(3) Customeris First(顾客永远第一)。

(4) Dynamice、Young、Exciting(冲动、年轻、刺激)。

(5) Right Now and No Excuse Business(立刻动手、做事没有借口)。

(6) Keep Professional Attitude (保持专业态度)。

图 5-8 麦当劳的 QSC＋V 模式示意图

（7）Up to you（一切由你）。

创新品牌整合营销

麦当劳注重客户沟通，持续实施品牌的整合营销传播。麦当劳综合利用电视广告、公司网站、店外标识、店面宣传品、店内的销售柜台的产品图文介绍等复合手段加强品牌宣传。麦当劳还定期开展市场活动，以及产品促销活动，吸引消费者到店消费。

麦当劳的店面环境干净整洁，食品安全卫生，服务态度友善，也是吸引客户停留与消费的重要因素。

图 5-9 麦当劳的终端营销示意图

实施房地产连锁租赁服务

麦当劳还发展了成功的房地产经营，其每年利润的大部分来自房地产租赁。麦当劳所属的"连锁房地产公司"向店面所在地的地主租赁土地和房屋，签订长期的价格确定的租用合同，并将这些土地和房屋租赁给参与麦当劳特许经营的机构。随着经济和商业发展，许多麦当劳品牌连锁店所在地的房价不断上涨，麦当劳的店面房租水平也水涨船高，为麦当劳创造了大量利润。

参考资料

麦当劳中国官方网站：http://www. Macdnand. com. cn.

四、品牌授权

(一) 品牌授权的概念

"品牌授权"又称"品牌许可",是指授权者将自己所拥有或代理的商标或品牌等以合同的形式授予被授权者使用;被授权者按合同规定从事经营活动(通常是生产、销售某种产品或者提供某种服务),并向授权者支付相应的费用——权利金;同时授权者给予人员培训、组织设计、经营管理等方面的指导与协助。

品牌授权企业一般实施轻资产经营模式,其发展战略的重心是持续创造品牌价值;加强品牌沟通,持续提升品牌形象和品牌知名度;保持授权产品与品牌形象的内在关联和一致性;创新品牌授权方式;增强品牌授权拓展能力;以及对品牌授权体系实施有效的管理。

品牌授权企业和品牌被授权商实施错位经营,共赢发展;一般不建立品牌商品的生产制造实体,不建立品牌特许所需拥有的整套经营管理体系,不发展品牌零售终端体系。

品牌授权的相关名词解释包括下列内容。

品牌授权商:拥有授权品牌产权的公司,如迪士尼公司等。

品牌代理商:品牌授权商指定的,全权代理某一地区授权业务的公司。如中国动力有限公司曾是意大利 KAPPA 品牌在中国大陆地区的授权代理商。

被授权商:获得品牌授权商授权在合同约定范围内使用其品牌的公司。

(二) 品牌授权的内容

品牌授权的主要价值是授权企业及产品的品牌知名度和品牌价值形象。品牌授权方式可以是在产品中迅速植入品牌的价值基因和个性品牌形象,迅速建立消费者的品牌形象认知和消费群体认同,促进产品销售。

品牌授权的种类较为广泛,第一类是企业品牌授权、产品品牌授权;第二类是电影、动画漫画形象、网络游戏形象品牌授权;第三类为体育组织、运动队和运动员形象授权;第四类为历史、地理、人文、建筑的形象授权。品牌授权的商品类别依据授权品牌的特点而有所不同,服饰、玩具、文具、礼品等大众消费品是作为品牌的物质载体为消费者接纳,适合应用授权品牌策略。目前品牌授权产品的开发日益丰富,品牌授权的经营范围也日益扩大。

品牌授权包括但不限于下列内容。

1. 企业品牌授权

(1) 食品饮料品牌。如可口可乐、麦当劳、百事可乐、百威等。

(2) 服饰品牌/服装设计师品牌。如阿玛尼、皮尔卡丹、梦特娇等。

（3）汽车品牌。如吉普、奔驰、捷豹、克莱斯勒等。

（4）其他。

2．影视、动漫、网络游戏品牌授权

包括所有与娱乐相关的智慧产品、娱乐界知名人士相关的授权。

（1）电影动画类。如迪士尼——海底总动员、星际宝贝、小熊维尼、白雪公主、米老鼠、唐老鸭等，梦工厂的史瑞克、蜘蛛人等。

（2）电视动画类。如中国的蓝猫、喜羊羊等。

（3）漫画形象类。如史努比、加菲猫、格林童话等。

（4）网络游戏形象。如太空战士 Final Fantasy RPG、古墓丽影的劳拉、音速小子等。

（5）文化、艺术形象。如奥黛丽赫本、披头士、猫王等。

（6）杂志书刊品牌。如 Playboy、Elle 等。

（7）艺术品品牌。如故宫名画、罗浮宫藏品、毕加索 Picasso 画作。

3．运动品牌授权

如奥运会、世界杯、NBA、曼联、迈克尔·乔丹等。

4．历史、地理、人文、建筑、组织形象授权

如鸟巢、水立方、故宫、少林寺、峨眉山、北京大学、牛津大学等。

（三）品牌授权的方式

品牌授权的方式一般有商品授权、促销授权、项目授权和终端授权等方式。授权商与被授权商可以遵循惯例或者创新设计可行、可控、可发展的品牌授权方式。以下为四种主要的品牌授权方式。

1．商品授权（merchandising licensing）

被授权商可以在商品的设计开发上运用授权品牌的商标（logo）、人物（character）及造型图案（design），并取得销售权。例如，迪士尼公司授权天利玩具有限公司生产销售小熊维尼的室内飞行玩具。

2．促销授权（promotion licensing）

（1）促销赠品授权：被授权商可以使用授权品牌的商标（logo）、人物（character）及造型图案（design），与自己的促销活动结合，规划赠品，促进公司产品销售。例如，购买宝马汽车赠送惠普笔记本。

（2）图案形象授权：被授权商可以运用授权品牌的商标（logo）、人物（character）及造型图案（design），与促销活动结合，规划主体广告、创意主题活动，达到促销目的。例如，北京奥运会开幕前后，奥运标志图案经常出现在企业的媒体宣传和终端促销宣传活动中。

3．项目授权（object licensing）

被授权商可运用所授权品牌之所属商标、人物及造型图案为主题，策划并经营主题项目。

4. 终端授权（terminal licensing）

被授权商可加入做授权品牌的连锁专卖店和连锁专卖专柜，统一销售授权品牌的商品。

［阅读材料 5-9］

卡特彼勒（Catpillar）公司的品牌授权

卡特彼勒（Catpillar）公司是一家生产工程机械和建筑设备的著名跨国企业。在多年发展中，卡特彼勒在全球工程机械领域塑造出强势领导品牌，也建立了高技术、强能力、高品质、高可靠性的工程机械专家的价值形象。卡特彼勒在发展中也实施了品牌授权，它授权彼格·斯密斯（Big Smith）公司生产卡特彼勒（Cat）牌工作服，授权马特尔（Mattel）公司合作建厂开发以工程机械和建筑设备为模型的儿童玩具，授权一家制鞋公司生产卡特彼勒（Cat）牌工作鞋。这几类跨越大类的品牌授权在卡特彼勒品牌的核心价值和品牌形象上具有较强的关联性和一致性，也都获得了成功。卡特彼勒的品牌授权，也扩大了其品牌在更大范围的影响力。

（四）品牌授权的拓展模式

品牌授权的拓展模式，第一是宽地域扩张，扩大品牌影响区域，以及品牌授权的经销范围和经销渠道，增强品牌产品以及营销终端在消费者中的接触点和覆盖能力；第二是广领域扩张，扩大品牌授权产品的种类和范围，增强消费者的品牌价值体验空间。合理的品牌拓展模式，可以系统提升品牌影响力，增强品牌价值创造能力，扩张企业的品牌资产。

品牌授权的宽地域扩张，首先是拓展品牌的空间范围，持续拓展品牌影响区域和品牌消费者规模；其次是有效传播品牌的价值和个性形象，通过创新传播方式和传播密度增强与消费者的品牌沟通，扩大消费者的品牌认知；最后是扩大品牌的经销范围和销售渠道，扩大品牌授权产品与消费者的接触点和消费终端数量与质量，增强消费者包括消费便利性在内的品牌消费体验。

品牌授权的广领域扩张，第一是根据品牌价值定位和品牌价值形象确定目标消费群体。第二是通过品牌授权开发与企业品牌价值属性结合紧密的特定领域的相关系列产品，扩大品牌消费者的形象认知和群体认识，并壮大经销渠道。第三是拓展品牌授权范围，扩张产品发展领域，丰富产品种类。基于品牌的情感认知和群体认同，发展消费者族群效应。在特定市场，企业利用同一品牌的多品类发展和多产品覆盖，建立品牌产品和品牌终端的规模优势，实施市场密集渗透，可以有效提升品牌影响力，也有助于促进品牌价值的良性自我发展与增值。

（五）品牌授权的管理

品牌授权的管理,包括品牌授权品类的管理、授权商品品质的监督和管理、授权商品经营范围的管理。品牌授权成功经营的关键,一是完善和增强对于被授权商的经营能力和资质的初审和持续运营的监督与审核,避免无审核授权和盲目扩张;二是增强对于授权产品生产品质的监督,确保产品品质,避免出现品牌的质量危机;三是完善对于品牌授权商品经营种类的控制,与在特定领域有实力的厂商合作,确保特定领域品牌授权商品的经营成效;四是完善对于品牌授权商品经营区域范围和授权时间的管理和控制,避免出现渠道冲突和恶性价格竞争;五是完善品牌授权企业的组织、制度和流程建设,通过品牌授权经营能力的持续提升系统增强品牌价值创造能力。

［阅读材料 5-10］

史努比（Snoopy）的品牌授权

史努比（Snoopy）是全球著名的动画形象。其品牌拥有者是美国统一专栏联合供稿公司,作为品牌授权商,在对姗拉娜公司的品牌授权中,结合姗拉娜公司的产品和资源优势,将史努比品牌使用范围严格限定在沐浴粉、护肤霜/膏、乳液、润肤油、爽身粉、沐浴露、泡沫浴、洗面奶、啫喱水、护手霜、洗手液、驱蚊水、润唇膏、洗发露、香皂、湿纸巾、面霜十七大类,并且每两年对姗拉娜的使用情况及经营情况进行审核。

［阅读材料 5-11］

《侏罗纪公园》的品牌经营模式

国内文化产业的品牌运作能力还相对薄弱,比较而言,西方国家的品牌运作模式值得我们学习和借鉴。美国梦工厂创作了影片《侏罗纪公园》,该片由著名导演斯皮尔伯格根据万可克列顿的同名畅销小说改编而成。《侏罗纪公园》的运营模式颇为成功,整个项目运营完全由娱乐驱动。在主题设计上,以侏罗纪恐龙为核心人物,以"科学知识"加"幻想"、"暴力"、"恐怖"为主题以吸引青少年和主流消费者。在内容设计上,影片讲述了一群科学家利用琥珀中的恐龙血液和 DNA 基因技术复制出各种恐龙,计划成立侏罗纪公园向公众开放,由于实验阶段安全系统发生问题,引发恐龙肆虐,众人惶惶逃生。在拍摄技法上,由电脑特技与真人配合演出,恐龙肆虐场面十分逼真,让人匪夷所思。该片故事情节生动,视觉效果逼真,科学道理蕴含其中,是当代科幻小说开发为超级娱乐明星产品的杰作。《侏罗纪公园》获得了第66届奥斯卡最佳录音、最佳音响效果、最佳视觉效果三项大奖,并在首轮全球播映中获得了 15 亿元全球票房收入。

在获取电影播映收入,进一步扩大了品牌影响力的同时,梦工厂建立了系统的《侏罗纪公园》和侏罗纪恐龙明星品牌的运营模式,实施组合营销,多元收益。梦工厂实施了品牌延伸,用拍片所用的模型与装置,又相继套拍了《史前陆地》(较少暴力),投资了续集《迷失的世界》,获得了不俗的票房业绩。梦工厂将电影作为产生其他商机的基础产品,相继经营网络电视、有线电视的播映权,经营家庭录像带,获得了 4.54 亿元收益,又从玩具、录像游戏及特许商品获得授权收益 15 亿元,通过主题公园巡回展览、拍摄模型展示与贩卖、麦当劳小礼品计划、哈劳文服装授权经营等方式,又收益 15 亿元,共进账 50 亿元。梦工厂所实施的明星品牌运营模式,使《侏罗纪公园》从一个成功的电影产品成长为一个生机无限的超级明星品牌。《侏罗纪公园》品牌衍生出丰富的多元化产品,产生了连续的商流和多重现金流,并使梦工厂收获了优厚的利润和广泛的社会声誉。

5.3 品牌资产经营——品牌融资、品牌投资、品牌交易

商业成功并不都是关于创造出最好的产品或者发明最好的技术,而更多的是要打造自己的品牌,了解消费者的需要。

——盖尔·科洛维尔

一、品牌资产经营的概念

品牌资产经营是企业通过品牌资产的经营管理,以品牌融资、品牌投资、品牌交易等方式对品牌资产进行优化配置的一种新型经营管理模式。系统规划品牌资产经营、建立有效的品牌价值评估模式、品牌资产计入财务报表、品牌资产计价入股等方式,是企业有效经营品牌资产经营的重要发展策略。

品牌资产融资是指企业可以利用品牌资产实施质押贷款、吸引投资、上市融资。品牌资产投资是指企业可以利用品牌资产参与投资、合资、并购。品牌资产交易是指企业可以利用品牌资产实施品牌购买、品牌转让、品牌出售等。

二、品牌资产经营的原则

1. 强化对品牌资产、知识产权等无形资产的保护与管理

企业应高度重视企业商标,以及专利、版权、域名、专有技术等其他重要无形资产的管理和法律保护工作。第一,要加强相应的组织和制度建设。第二,要加强商标和专利技术等的注册和法律保护管理,致力于全球化发展的企业,也应加强相应的海外注册和法律保护工作。第三,要重视品牌、知识产权等无形资产的价值评估。以此实现有序管控,稳健发展,系统提高企业创造、运用、保护和管理品牌资产等企业无形资产的能力和效益。

联想在全球范围内将英文标识从 Legend 换为 Lenovo，一个重要的原因就是解决海外国家的商标纠纷问题，建立全球统一的品牌标识，促进联想品牌的全球化发展。

2. 品牌资产与有形资产的组合运营

企业的品牌资产一方面具有相对独立价值，另一方面也在一定程度上与企业，企业产品，企业的研发、生产、供应链、营销体系等有机结合。在品牌资产运营中，将品牌经营独立运营，或者将品牌资产与企业的有形资产组合运营，有助于创造更多的品牌资产价值。

3. 有效利用品牌资产的时空价值

随着社会与经济文化的发展变化，以及企业和产品价值创造能力的变化，企业的品牌也具有生命周期的特点，企业的品牌资产也具有生命周期的发展变化，在不同的时间和空间内，社会公众和客户对品牌的价值认知不同，具有上升下跌的时效性特点。企业在品牌资产经营过程中要根据企业的具体情况，把握机遇，在最佳时机进行品牌资产的资本化运营，促进品牌资产利用的价值最大化。

三、品牌资产经营的关键要素

企业实施有效的品牌资产经营，第一要重视品牌资产的价值建设；第二要重视通过经营品牌资产方式促进企业的发展战略和价值创造；第三要重视制定完善的品牌资产经营策略；第四要定期实施品牌资产评估，并计入企业的财务报表；第五要建立项目管理团队，系统筹划具体的品牌资产经营项目；第六要在商务合作中重视互利共赢，以企业品牌资产的持续增值为最高发展目标。

1. 实施品牌资产评估

企业可以邀请专业的第三方评估机构定期实施品牌资产评估。企业的品牌资产评估需要严格按照国家《公司法》及其他相关规定办理。通过品牌资产的价值化和资本化促进品牌资产的市场运营。

国外用于资产交易的品牌评估通常随有形资产一起评估，并采用收益现值法或市价法。美国的菲利普·莫里斯以 129 亿美元收购卡夫公司，出价是该公司固定资产账面价值的四倍；雀巢公司以 45 亿美元收购 Rowntree 公司，出价是该公司账面价值的五倍多。其主要依据是该品牌的收益现值，收购该知名品牌在一定程度上还包括收购一个特定的目标客户市场。

2. 规划品牌资产经营策略

企业规划品牌资产经营策略，第一需要依照企业的发展战略和发展目标来规划；第二需要建立品牌资产经营的组织和制度、流程支撑；第三可以借助内外部专家资源周密研讨和制订方案，以确保品牌资产经营的科学性和合理性；第四需要逐步实现制订三年滚动的品牌资产经营方案，以确保品牌资产经营的前瞻性和可执行性；第五对于具体的品牌资产经营项目，要组建内外部专业人士参加，包括市场、品牌、财务、法律等专业人员的项目团队,开展严格的品牌资产经营项目管理和运作,完善项目管理制度和流程,制订周密的项目方案,以确保项目的有效执行。

3．开展品牌资产商务运作

在品牌资产经营项目的商务运作中,企业需要组建专业团队来实施。做细致的市场调研和企业调研,完成可行性报告,在此基础上制备必要的文件,其中市场分析报告和可行性研究报告、公司资产负债情况和经营情况报告、公司前三年资产负债表和利润表、合作建议书是主要内容。企业间的商务沟通中,互利共赢是合作的基础,对于品牌资产的价值评估和价值确认也是关键环节。合作双方品牌资产的价值、在净资产中的占比、折价方式,都是重要的考虑因素。由于品牌资本的实际运作模式和运作流程较为复杂,而且专业性强,聘请专门机构和专业人士担任顾问,协助工作,将会有效提高品牌资产运作的成功率。

4．实施品牌资产经营

达成品牌资产商务合作后,在新的发展条件下,有效的品牌资产经营策略和品牌资产的经营管理就更为重要。企业需要结合企业发展战略,在品牌发展战略、品牌组织和制度体系建设、品牌运营管理模式等方面重新梳理,系统规划和执行。

四、品牌资产经营的方式

(一)品牌资产融资

品牌资产融资包括品牌资产质押贷款、吸引投资、上市融资等方式。品牌资产融资的关键,一是企业完善品牌资产评估,通过第三方评估品牌资产价值,计入企业的资产负债表,形成企业的权益资本;二是加强品牌资产经营管理,促进企业品牌资产的持续增值。

品牌资产质押贷款指企业利用品牌资产的评估价值在银行抵押贷款。品牌资产的融资能力也体现在银行授信额度上。企业的品牌知名度和美誉度高,经营良好、稳健,有助于获得金融机构的贷款,或者提升授信额度。

品牌资产吸引投资指企业利用品牌资产的评估价值吸收外部资金的并购与合资、合作,以账面权益资本,或者品牌资本计入股本的方式实现品牌价值;企业也可以以品牌资产互相计价的方式吸收和折现双方的品牌资产,有效创造和维护企业利益。

品牌资产上市融资是指企业利用品牌资产的评估价值计入资产负债表,形成权益资本,货币化企业的无形资产价值,合理扩大企业的整体资本,在企业上市时创造更多的资本价值。

（二）品牌资产投资

品牌资产投资是指企业可以利用品牌资产参与企业的投资、合资、并购等资本经营。品牌资产投资的关键环节，一是品牌资产的合理估值，并计入资产负债表和权益资本；二是在投资合作中经协商一致，将品牌资产折价入股，创造资本权益；三是品牌资产投资要加强规划、管理和控制，避免品牌资产的盲目扩张与管理失控风险，造成品牌资产损害和流失。

品牌资本作为高价值的显性市场资源，应在企业发展与投资中充分应用，实现价值最大化。我国的《中华人民共和国公司法》规定对企业投资的无形资产比例不得超过20％；但如有特殊情况还可以超出此比例，在法律上承认了无形资产投资的合理合法性。

企业在投资创立企业、合资经营、合作经营、股份制经营以及收购、兼并等各种发展模式中，要依据企业发展战略和核心能力的发展，契合企业的品牌价值定位和品牌价值创造，精心选择投资项目，系统规划品牌资产的发展模式，积聚高价值的产业资源，通过并购、控股、参股、合作经营等模式发展品牌价值链、品牌生态系统，增强系统黏性与合力，通过规模效应和专业能力的系统提升形成体系竞争优势，促进品牌资产的持续放大与扩张。

（三）品牌资产交易

品牌资产交易是指企业可以利用品牌资产实施品牌购买、品牌合作、品牌出售等。品牌资产交易的重点，一是品牌资产交易的策略，要与品牌资产的建设方向与企业的发展战略、核心能力建设，以及企业的经营目标相适应；二是选择合适的品牌资产交易的时机，降低购买成本或扩大出售收益；三是要系统规划品牌资产交易策略与管理运营策略，促进完善交易后品牌资产的有效利用与协同发展。

企业可以结合企业的发展与扩张战略，购买在目标市场具有品牌知名度和市场资源的品牌，达到快速创建细分市场品牌、迅速进入目标市场、快速发展的目标。品牌购买的优点：一是可以迅速拥有知名品牌，降低目标市场的品牌创建和发展成本，以及市场风险；二是可以快速拥有成熟品牌所拥有的市场资源，缩短目标市场品牌资源的建设和发展时间。品牌购买的缺点：一是购买市场优势品牌的成本一般较高；二是优势品牌的价值定位和企业的发展策略可能有差异；三是被收购品牌在管理模式和发展模式上可能与企业不同，容易造成管理运营问题，影响协同效应的发挥。

企业可以结合企业战略发展与战略转型，通过品牌资产的出售或者转让来调整企业发展方向和经营范围。转让和出售品牌，也有利于企业减少品牌运营支出，回笼货币现金，为发展现有业务和开拓新业务积蓄力量。

[阅读材料 5-12]

联想与 IBM 的并购交易

2004 年 12 月 8 日,联想集团以 12.5 亿美元的股票和现金,并承担 IBM 公司个人电脑系统 5 亿美元负债的方式,并购了 IBM 公司的全球 PC 业务。并购内容包括 IBM 在全球范围内 PC 业务的研发、生产、渠道、客户,以及经验丰富的 PC 经营团队;IBM 的 Thinkpad 个人电脑品牌,以及 IBM 品牌在 PC 方面五年的使用权。

对联想集团而言,在发展战略上,并购有利于联想利用 IBM 在全球 PC 系统的资源实施快速的全球化发展;收购 IBM 的 Thinkpad 电脑品牌有利于联想快速拥有具有全球影响力的高端商用电脑品牌,补强联想在商用领域的品牌劣势,并增强全球化品牌经营能力。

对于 IBM 而言,出售个人电脑业务也契合其专注于 IT 服务业的战略发展方向;出售 Thinkpad 品牌系统使 IBM 丢掉了亏损的 PC 业务,并将 Thinkpad 品牌资产转变为丰厚的财务收益。

目前,联想有整合旗下的家用电脑品牌,推出了具有关联品牌识别效应的 Ideapad 家用电脑品牌,进一步明晰品牌战略,实施双品牌驱动战略。

[阅读材料 5-13]

福特的"一个福特战略"

近年来,福特汽车公司调整了以往的多品牌发展战略,开始实施了一个福特战略,实施战略转型。福特相继卖出了路虎、捷豹、沃尔沃(Volvo)等知名汽车品牌资产,在全球实施"福特"品牌主导的发展战略,并整合生产制造和供应链体系,致力于福特品牌价值的持续增长和福特汽车的复兴。

案例 5-1　肯德基的品牌特许经营之道

一、以客户价值为中心的价值链管理

肯德基在发展过程中对客户价值、产品价值实施了精确定位,并制定了精确的客户价值创造和营销策略。通过实现客户满意创造品牌价值,提升品牌资产。

1. 家庭市场的客户定位

肯德基以家庭成员,尤其是青少年为主要目标市场,并进行了精确的客户分类。肯德基以客户回头率划分消费者,重度消费者是指一个星期来一次,中度消费者是指大约一个月来一次,轻度消费者是指半年来一次。据调查,肯德基的重度消费者目前已经占了30%~40%,这构成了肯德基主要的目标市场。见表5-1。

表5-1 肯德基目标市场分析

目标市场	关键影响因素	期望行动
以青少年为主的家庭成员	轻快的就餐气氛	以此影响其他年龄层家庭成员的光临
儿童	温馨与玩乐	培养小孩子从小吃快餐的习惯

2."烹鸡专家"的品牌价值定位

肯德基建立了"烹鸡专家"的客户价值定位,以提供优质炸鸡为核心产品,以"烹鸡专家"作为核心品牌价值定位,相对其他餐饮特许机构建立了差异化的品牌价值形象。

肯德基也发展了其他特色产品,并实施有限范围内的产品多样化、产品套餐化,满足客户的个性化就餐需求。肯德基还在全球范围内与百事可乐实施了联合品牌营销,共同为客户提供产品服务。见表5-2。

表5-2 肯德基的品牌定位

定位的层次	定位的内容	
理性的定位	鸡类食品的独特口味	"世界著名烹鸡专家"
感性的定位	全家一起用餐的欢乐气氛	"美好记忆在肯德基发生"

3.以顾客为中心的营销

肯德基实施了以顾客为中心的整合营销策略,在市场渗透、新产品开发、新市场开发等各个环节实施系统的价值创造和价值营销。见表5-3。

表5-3 肯德基的营销策略

市场渗透	保有重度消费者对肯德基的忠诚度	常顾客计划
	降低顾客的不满意程度	通过"业务冠军挑战赛"来提高服务质量
新产品开发	顾客能享受到更完整更符合饮食习惯的产品	早餐食品和汤类食品的开发
新市场开发	使得轻度消费者能增加消费频率或消费金额	通过不断地开店来实现便利性
		连绵不断的全年统一促销企划

在品牌营销方面,肯德基针对青少年消费人群的兴趣、爱好,以音乐、运动、网络游戏等为主题,开展了丰富多彩的品牌营销活动。例如2010年,肯德基相继组织了2010肯德基三人篮球赛,"宅吃 宅玩 宅年华"活动,现在网上订餐优惠活动,"夏日酷饮有乐同享,赢人人豆!"活动,并与民生银行实施了联合品牌营销,举办了"刷民生信用卡,免费吃肯德基双人餐"活动。

同时，面对青少年消费群体的消费模式与习惯，肯德基相继开展了电话订餐、网络订餐服务，并与"宅急送"物流公司合作，为客户提供便捷的饮食服务，拓展了餐厅的时空范围。

全球统一的"CHAMPS"的经营方针

肯德基基于全面的消费者导向建立了全球统一的经营管理方针，作为一切价值活动的统率，其著名的"CHAMPS"的经营方针如表5-4所示。

表5-4 肯德基的"CHAMPS"经营方针

字母	全 称	经 营 方 针
C	Cleanliness	保持美观整洁的餐厅
H	Hospitality	提供真诚友善的接待
A	Accuracy	确保准确无误的供应
M	Maintenance	维持优良的设备
P	Product Quality	坚持高质稳定的产品
S	Speed	注意快速迅捷的服务

二、以价值与规模增长为核心的发展战略

麦当劳在世界121个国家和地区拥有超过30 000家店，全球营业额约406.3亿美元，而肯德基在世界80个国家和地区拥有连锁店数仅为11 000多家。面对悬殊的实力对比，肯德基和其所属的百胜集团确定了三大增长战略：瞄准高增长市场、先发制人、加速扩张。

在中国市场，肯德基凭借着比麦当劳早五年的"先发优势"，在中国地区的市场占有率已经超过麦当劳。中国市场已经成为肯德基对抗麦当劳的"大本营"。保持"先发优势"的根本在于加速扩张（开店开店再开店），肯德基在中国完成第一个100家分店的开业目标用了整整9年时间，而现在的速度是7个月，现在平均每年在中国的业务发展速度相当于过去10年的总和。

三、充分发挥系统协同效应

百胜旗下拥有肯德基、必胜客、Taco Bell、A&W及LJS五个世界著名餐饮品牌。这使得肯德基可以通过多品牌协同效应来增强自己的竞争优势。在美国百胜已经尝试将肯德基和TacoBell、A&W及LJS之间试行餐厅组合，结果相当良好，相比较一家肯德基餐厅混合经营前后的销售额，肯德基的销量下降了一成左右，但总销售额增加了二成左右，而运营成本更下降三成。见表5-5。

表 5-5 肯德基的多品牌协同发展模式

协 同 效 应	具 体 措 施
生产协同	原料统一采购和配送
营销协同	店面共享、交叉销售和联合促销
财务协同	资金的平衡支出
人才协同	跨品牌的协调

四、共同成长的人力资源发展模式

企业发展的核心是人,企业能力的成长基于企业员工的持续成长,肯德基在长期经营中逐步发展并完善了系统的人力资源发展模式。对于服务型企业而言,服务的效果和质量多数依靠人来完成,人的因素更为重要,服务企业的企业文化建设也常常更为重要,完善的制度和流程与先进的企业文化配合与协同,有助于系统增强企业的服务价值创造能力。

肯德基人力资源管理模式和特色如表 5-6 所示。

表 5-6 肯德基的人力资源管理模式

特色	目 的	方 法
餐厅经理第一	一切围绕第一线餐厅而服务,积极进取展开良性竞争	对于每年出色完成公司"冠军检测"考核要求的餐厅经理,肯德基总裁会邀请他们从世界各地飞到百胜集团总部,由名贵轿车接送与共进晚餐
阶梯型职业发展通道	员工的职业生涯成长,公司的人才储备	肯德基的餐厅经理都是一步步从基层餐厅成长起来,从管理一家餐厅到管理四五家或更多餐厅,甚至管理一个市场

五、多层次的培训体系

肯德基建立了肯德基大学,并发展、完善了系统的、多层次的培训体系,通过持续培训系统提升整个品牌特许经营体系的管理运营与价值创造能力。其培训体系见表 5-7。

表 5-7 肯德基的培训体系

类型	目 的	课 程
教育发展培训	每一次职位的升迁都有不同的培训发展课程	品质管理、产品品质评估、服务沟通、有效管理时间、领导风格、人力成本管理、团队精神等
管理技能培训	不同的管理职位就会有不同的学习需要	从最基本的人际关系管理技巧,到分区管理手册,甚至高级知识技能培训

续表

类型	目的	课程
岗位基础培训	学习工作站基本的操作技能	见习服务员、服务员、训练员,以至餐厅管理组人员等各类名目
职能部门培训	非餐厅的专业职能部门人员培训与发展	《如何同心协力做好工作》、《基本管理》、《绩效管理》、《项目管理》、《七个好习惯》、《谈判与技巧》等科目

六、高度集成的供应链管理

肯德基建立了高度集成的供应链管理体系,并实施了供应商本地化、规模化策略,建立了供应商的星级系统评估,实施了对供应商的支持性培训,有效提高了整个供应链的供货能力和供货质量,降低了产品与运输成本。

1. 供应商的本地化

肯德基采用的鸡肉原料100%全都来自国内,85%的食品包装原料都由国内的供应商提供。肯德基的供应源本地化主要有两大措施:

(1) 国内供应商的规模化。肯德基采取积极的措施使得其分布在全国27个城市和地区的25家鸡类供应商如今基本都成为国内鸡类行业中的佼佼者。例如山东诸城市对外贸易集团公司(全国最大的县级外贸集团公司)与当地70%的农户建立了产销联系。

(2) 肯德基一直积极鼓励尚未进入中国的国外供应商在中国当地建厂,在过去的几年中肯德基促使17个原来依靠进口的产品达到了本地化。例如,美国蓝威公司在中国的农业生产上投入巨资以开发增高土豆和玉米产量的方法。

2. 建立星级评估系统与培训体系

从1996年开始,肯德基公司的技术部和采购部对中国的供应商全面实施了星级评估系统(STAR SYSTEM)对供应商进行评估。STAR SYSTEM的评估内容非常细节化而且可操作性非常强,极大提高了供应商的质量水准。见表5-8。

表5-8　肯德基的供应链管理体系

评估内容		评估方法
质量	评估供应商提供安全、稳定、高品质产品的能力	每三个月到半年的定期评估和贯穿全年的随机评估,由公司的技术部和采购部以总分100分进行评定,年底的综合评分将决定供应商在下一年度中业务量的份额
技术	评估供应商在技术改进和研究能力方面的水平	
财务	评估供应商财务状况和支持能力	
可靠性	评估供应商的诚信度及供应可靠性	
沟通	说估供应商的沟通系统和能力	

同时,肯德基公司针对供应商的弱点和不足进行相应的培训,技术部主要负责技术转移,比如对各家禽厂家推行养殖技术中"公母分饲"技术、鸡肉深加工技术、分阶段屠宰技

术等；采购部则经常拜访供应商和积极举办交流会(安排一些经验不足的小型企业参加有经验的大型供应商的交流会)，从而把餐饮业的国际标准质量要求带给肯德基的供应商，不少小供应商在其中得益显著。

福建光泽鸡业有限公司 1993 年与肯德基合作时仅是一个小规模的私营企业，随着肯德基每年相应的技术转移和培训，今天该供应商已迈入全国私营企业五百强之列。

七、以专业求双赢的连锁经营管理

1. 共赢的加盟发展模式

相对于麦当劳注重直营店的发展，肯德基更为重视加盟店的发展，肯德基发展了独特的特许加盟模式。以专业求双赢，实施品牌特许经营管理。其加盟模式见表 5-9。

表 5-9　肯德基的加盟模式

加盟模式	具体内容
成熟餐厅转让加盟	肯德基目前在中国发展加盟店的方式不是让加盟者交纳加盟费后自行开店，而是让加盟者出资购买一间正在运营中并已赢利的连锁店
小城市加盟	考虑到大型城市开展特许经营挑战性大，目前肯德基只在中国内地境内非农业人口大于 15 万小于 40 万，且年人均消费大于人民币 6000 元的地区寻求加盟经营
加盟融资	加盟者可以转让 30％的股份
加盟培训	内容广泛的 20 周培训项目，包括餐厅襄理、餐厅副理、餐厅经理、如何管理加盟经营餐厅、对总部的专门介绍、小型公司管理等课程

2. 高效的商圈发展策略

肯德基建立和发展了高效的商圈发展策略。餐饮特许连锁成功经营的重要因素是成功选址，肯德基拥有一套规范而高效的选址策略，并建立了选址决策的两级审批制(地方公司和总部)，确保了肯德基绝大多数店面的高价值创造能力。肯德基同时建立了周密的商圈规划程序，有序的商圈规划和店面选址，以及开店和盈利的良好口碑，确保了加盟商的利益以及加盟商队伍的持续扩大。见表 5-10。

表 5-10　肯德基的商圈发展策略

内　容		方　法
商圈的划分与选择	划分商圈	区域资料收集
		根据分值标准计分
		市级商业型、区级商业型、定点消费型、社区型、社商两用型、旅游型等商圈分类
	选择商圈	自身的市场定位
		商圈的稳定度和成熟度

续表

内　　容		方　　法
聚客点的测算与选择	确定聚客点	人流量测算
	竞争者阻截性	人流动线绘制
	聚客点对商圈反作用	无聚客点的观望策略

八、肯德基品牌营销

肯德基的品牌营销,在坚持全球化标准的同时,也注重适应客户需求,因地、因时而变。

产品方面,在中国市场肯德基依旧重点推广其特色油炸鸡肉系列食品,同时肯德基还推出了部分富有中国地方特色的美食,包括老北京鸡肉卷餐、川辣嫩牛卷餐、老北京鸡肉卷、川辣嫩牛卷等。在就餐品类和餐饮时空经营上,肯德基针对客户需求陆续推出了早餐产品,午餐产品,晚餐产品,夜宵产品,工作套餐、下午茶,甜品站等适度差异化产品。并推出了网上订餐送餐、餐厅就餐、自助点餐等多样化服务,满足客户的多样化需求。适应手机以及移动 APP 的广泛应用,肯德基也推出了 APP 应用服务,有效链接客户,沟通客户。见图 5-10。

图 5-10　肯德基的产品营销

在媒体营销上,肯德基以多媒介的特色产品广告,单品及套餐的价格促销为主要营销方法。同时,肯德基注重与目标客户群体的沟通与互动。在餐厅营销上,肯德基设置了儿童乐园,吸引小朋友间的玩耍与交流,带动父母的停留与消费。

在营销理念上,针对目前对于洋快餐在营养缺乏、供应商产品品质控制问题等方面负面新闻与争议,肯德基也更为注重在营养均衡、运动方面的探索与公关应对。肯德基提出并倡导"适量多样、均衡营养、天天运动、健康一生"的健康饮食与运动理念,开展了天天运动活动,推出了包括肯德基全国青少年校园青春健身赛、肯德基国际三人篮球挑战赛等系列具有长期影响力的活动。青少年长期而广泛地参与,有效扩大了青少年群体对于肯德基的关注度,增强了互动性与影响力。

参考资料:

肯德基官方网站 http://www.kfc.com.cn/kfccda/index.aspx.

刘威,黄云生.战略性连锁经营:肯德基的以弱胜强之道[EB/OL].中国营销传播网.

好搜百科肯德基:http://baike.haosou.com/doc/5329581.html.

案例 5-2 迪士尼的品牌资产经营

迪士尼是一项标准,是大众脑中的一个形象,在他们看来,迪士尼是一种娱乐,是一种可以全家共享的东西,这一切都归于高度质量保证的迪士尼深刻的说服力。

——华特·迪士尼

美国华特·迪士尼公司创始于 1926 年,在多年发展中,迪士尼确立了"有趣的家庭娱乐"(fun family entertainment)的核心价值理念和品牌价值定位,致力于发展成为家庭综合娱乐解决方案的提供者。迪士尼以明星品牌创造为核心,在电影、动画娱乐主题公园、传媒等领域重点发展,持续增强企业的核心能力和品牌影响力,积聚品牌资产。

迪士尼的动画明星品牌创造模式

迪士尼电影制片厂自创立以来,陆续创造出米老鼠、唐老鸭、狮子王、白雪公主等众多家喻户晓的不朽的动画明星形象。迪士尼对已有明星品牌精心维护,持续开发动画明星的系列产品,保持其品牌形象的鲜活性。同时,迪士尼持续实施新明星品牌的开发策略,20 世纪 90 年代以来,迪士尼几乎每 12 个月就策划、生产和发行一部一流的动画大片,创造出新的明星品牌。迪士尼致力于通过动画明星品牌的持续群体塑造打造品牌数量规模优势,并实施有效的动画明星生命周期管理延续品牌价值,系统提升整个品牌体系的价值。

迪士尼的品牌价值创造模式

迪士尼的价值创造模式,第一,通过动画电影打造动画明星品牌,通过创造客户快乐的价值体验创造品牌核心价值。第二,迪士尼通过电影发行获得影片收益。第三,迪士尼通过录像带、电视版权、音乐版权等获得影片相关收益。第四,迪士尼打造迪士尼乐园,将动画明星和影片故事植入迪士尼乐园,创造客户的快乐体验,创造迪士尼乐园的品牌价值,并获得门票、饭店食宿、品牌授权产品销售收益。第五,迪士尼乐园品牌实施海外扩张,并以品牌占股、分享门票收益的方式获得收益。第六,迪士尼通过品牌特许方式销售动画明星的衍生产品,获取品牌特许收益。

迪士尼的品牌授权模式

迪士尼实施了宽地域、广领域的品牌授权模式。在地域拓展方面,迪士尼的品牌授权脉络与迪士尼品牌的市场影响力的发展脉络大体一致。迪士尼的品牌授权先在美国发展，再拓展到欧洲，再进入日本市场，再进入中国港澳地区，再进入中国内地。在授权商品拓展方面，目前迪士尼公司在全球拥有 4000 多家品牌授权企业，其卡通授权商品项目就包括玩具、文具、衣服、鞋、书包、袋类、钟表、陶瓷杯、水晶杯、家用精品等，主要消费者是 0～18 岁的青少年及家长。

迪士尼乐园经营

需要指出的是，迪士尼并没有停留在动漫明星品牌授权经营上，迪士尼依托系列电影的长期持续的推出，打造了包括米老鼠、白雪公主等系列经典的动漫人物和电影场景，并以此为基础打造迪士尼乐园，并成功构建了迪士尼乐园发展与盈利模式。迪士尼将动画明星和影片故事植入迪士尼乐园，创造客户的快乐体验，创造迪士尼乐园的品牌价值，并获得门票、饭店食宿、品牌授权产品销售收益。在美国本土成功运营迪士尼乐园的基础上，迪士尼将迪士尼乐园品牌实施海外扩张，以品牌占股、分享门票收益的方式获得收益。目前迪士尼乐园已在法国巴黎、日本东京、中国香港成功运营，上海的迪士尼乐园也在筹建中。图 5-11 为中国香港迪士尼乐园地图。

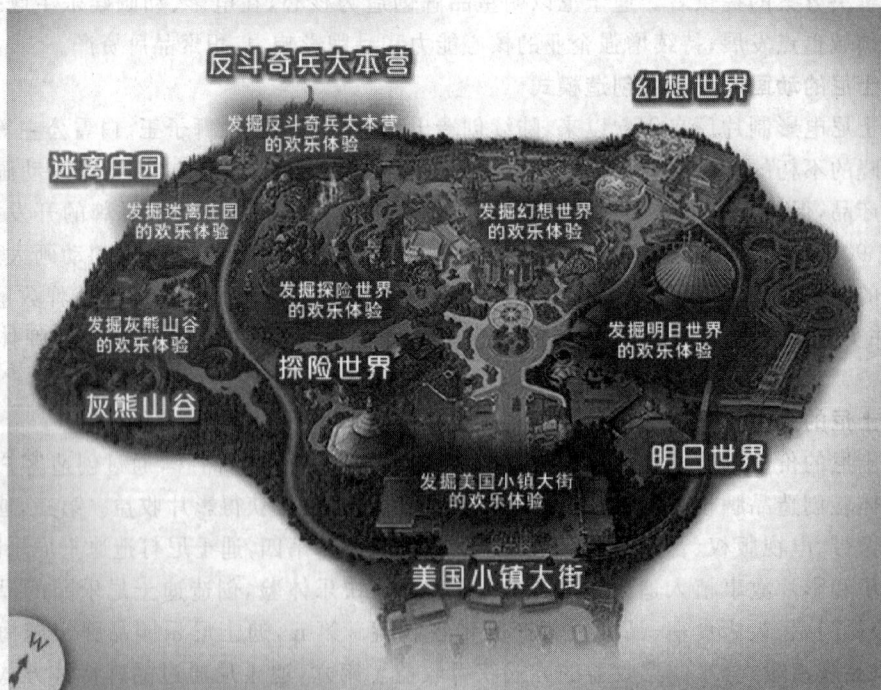

图 5-11　中国香港迪士尼乐园地图

参考资料：

迪士尼中国官方网站 http://www.dol.cn/.

迪士尼/好搜百科 http://baike.haosou.com/doc/4182567-4383047.html.

案例5-3 杜邦"莱卡"的时尚品牌经营

氨纶只是一种化工原料，而杜邦及其所拥有的英威达公司，通过卓越的品牌经营，将其发展成为时尚的"莱卡"服装原料品牌。

1958年K纤维研发问世，英威达公司很快将其注册为LYCRA（莱卡）纤维商标，开启品牌传奇。

1．品牌定位

"舒适，服帖，时尚，潮流"。

2．品牌理性价值

氨纶由于其特殊的性能被称为舒适纤维。它大大改善了织物的手感、悬垂性及折痕恢复能力——提高了衣物的舒适感与合身感——穿着轻柔舒适、身体伸展自如，富有活力。

3．品牌感性价值

莱卡面料用于胸罩和紧身内衣，它轻柔、弹力强、贴身，使得内衣随着身体曲线有良好的弹性，将女性曲线塑造得更玲珑而性感，被称做对女式内衣的一场温柔的革命。

4．品牌精神价值

塑造为一种时尚文化追逐的品牌。

5．品牌时尚营销

- "莱卡风尚颁奖大典"。
- "莱卡我型我秀"。
- "莱卡加油好男儿"。

莱卡广告语赏析：莱卡——收放之间自是风光无限

6．"莱卡最佳伙伴计划"产业结盟计划

- 以"莱卡"为中心的行业供应链管理计划，通过设立莱卡推荐认证工厂的方式，展开莱卡全球网络与布料制造商直接共享新概念技术与营销合作。
- 对于纤维销售与纺纱制造商，提供特许经销的权利。
- 对面料生产商采取认证工厂的策略；原料生产、上游和下游企业结合构成整体的供应链合作网络，共享莱卡的品牌优势。
- 莱卡为所有使用它提供的纤维，并得到质量认证的服装产品免费提供"我有莱卡"的专用吊牌。

- 始终注重莱卡品牌的宣传,而且在选择合作的生产厂及零售商等方面也采取了共享市场调查数据和趋势预测信息,以及互惠互利的市场销售等措施,为双方品牌产品带来重要的增值。

杜邦公司的品牌重塑

作为莱卡的母公司,杜邦公司近年也开始品牌重塑,将杜邦公司从以往严格意义上的一家"化学公司"转变为更加综合的"科学公司"。

杜邦同时将用了 65 年的广告词"生产优质产品,开创美好生活"改变为"创造科学奇迹"。

参考资料:

杜邦中国官网 http://www.dupont.cn/.

杜邦中国/好搜百科 http://baike.haosou.com/doc/5391780-5628542.html.

第六章

品牌价值成长

品牌是价值的载体。

——Sir Mike Perry 联合利华前董事会主席

品牌价值的核心是客户价值,品牌价值成长模式的核心也是品牌所承载的客户价值的有效管理与持续成长。企业需要基于系统努力,在品牌价值构建的各个环节创新品牌价值成长模式,有效提升客户价值,系统实现客户价值的整体增加与持续成长,以此促进企业价值的持续成长。

企业的成长与发展是一个历程,企业的品牌价值成长也是一个有组织的系统管理和发展过程。品牌价值成长也历经由内部到组织外部,由简单到复杂,由点到线到面的系统发展过程。品牌价值成长六星模型致力于以企业资源与能力建设为核心,规划和实施品牌功能价值、文化价值、设计价值、制造价值、服务价值、终端价值等诸品牌价值元素的系统提炼、创造与提升;规划和实施企业内部各经营环节的品牌价值创造,企业价值链中各经营环节的品牌价值创造,企业品牌生态系统各领域的品牌价值创造;通过系统努力实现企业品牌价值的有效管理与持续提升。

6.1　品牌价值成长六星模型概述

占领市场必须首先占领消费者的心灵。

——李奥·贝纳

一、品牌价值成长六星模型的定义与内容

基于组织品牌价值与客户价值协同发展的内在机理,笔者在企业品牌管理咨询实践中,结合中国企业的现实发展特点和发展路径,以组织品牌价值链管理为分析方法,将组织的品牌价值创造与成长环节分为文化价值成长、设计价值成长、生产价值成长、功能价值成长、终端价值成长和服务价值成长六个维度。以企业自身的品牌价值创造与价值管理能力的成长发育为主体,以品牌各个环节的品牌运营与价值创造为实施维度,我们提炼

和总结出品牌价值成长六星模型。

　　品牌价值成长六星模型是指企业品牌价值链的各个经营环节,规划和提炼品牌的核心价值成长基因,系统塑造与持续提升品牌内在的文化价值、功能价值、生产价值、设计价值、服务价值和终端价值,以系统提升客户价值的品牌价值经营模式。六星品牌价值成长模型见图 6-1。

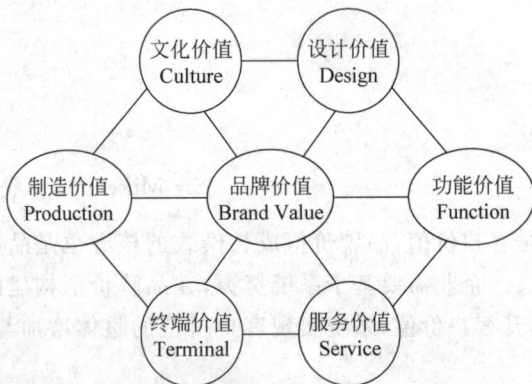

图 6-1　六星品牌价值成长模型

二、品牌价值成长六星模型的管理策略

　　品牌价值成长六星模型的价值创造主体,既包括企业内部的研发、设计、生产、物流、营销部门,也包括企业外部的原料商、零部件供应商、分销商、终端等,还包括股东、政府、行业协会、媒介、社会公众、消费者等利益相关者。企业需要发展具有持续性的品牌管理战略,持续提升产业生态系统的资源整合能力;需要系统规划品牌价值成长策略,制定和发展合理的品牌价值发展策略、品牌价值链发展策略、品牌生态系统发展策略,在品牌价值体系的各个环节敏锐地发掘和构建品牌价值提升空间;还需要持续提升品牌管理体系的运营管理能力,通过有组织的运营管理和整合传播持续创造和提升品牌价值,实现组织品牌价值的持续成长,增强企业品牌生态系统的竞争优势。

三、品牌价值进化的五大模式

　　因应于客户需求模式的发展,客户功能价值、情感价值、时间价值、空间价值和资本价值的发展和进化,通过品牌价值成长模式的进化,在对应层面实现和满足不断进化的人的需求价值,在此基础上获得组织自身的进化和价值成长,也成为品牌价值进化的理性思维路线和现实发展路径。

　　在客户消费的价值层面正在持续发生许多变化与演进。在功能价值层面,客户已经逐步超越了对产品功能和价格的关注,转向更为关注产品对于自身整体需求价值的实现,关注产品和服务的总体拥有成本、应用价值和资本价值。

在情感价值层面,客户也更多地从交易型购买转向关系型购买,从关注产品功能转向更为关注基于信任的品牌购买行为,关注以终端购物环境和产品消费模式、客户服务模式,以及感性互动交流为代表的愉悦消费体验。

在时间价值层面,客户更为关注产品和服务的信息检索、购买行为和服务模式的时效性,强调消费模式和消费过程中效率优先的便捷性、准确性、灵活性和适应性。产品和服务可以因缩短客户服务时间而提高时效价值,也可以因增加时间、延长客户服务周期而提高时效价值。品牌的数字化发展与经营发展也因提升客户消费的时效价值而提升了自身价值,成为重要的品牌价值成长模式。

在空间价值层面,客户更为关注产品搜索、产品体验、产品购买、产品物流配送、产品安装和产品使用过程的空间便利性,客户便利性本身已成为以网商、便利店为代表的终端业态的核心竞争模式,并牵引提供便捷服务的物流、配送、上门服务机构,获得快速价值成长。

在资本价值层面,客户也由单一的货币购买消费模式,逐步转向更为丰富的价值购买和消费模式,包括了购买拥有型消费,体验式消费,按使用次数和使用时间计费的租赁型消费,以贷款购买、分期付款、利润分成为代表的融资型消费等新的产品与服务价值应用与消费模式。新的客户价值消费模式的进化和演进,必然牵引创建和发展新的品牌价值进化模式。

6.2　文化价值成长模式

上善若水。水善利万物而不争,处众人之所恶,故几于道。居善地,心善渊,与善仁,言善信,政善治,事善能,动善时。夫唯不争,故无尤。

——老子

品牌竞争的最高境界是文化竞争。品牌价值成长,重要的发展模式是基于文化价值的发掘与提炼,构建与经营品牌价值,塑造品牌精神,凝聚品牌文化,设计富有文化特色的品牌形象,并基于历史、地域、民族、人物、技艺等文化资源特色构建独特的差异化品牌优势。

1. 国家文化

文化与文明首先因为是国家的从而是世界的。品牌的发展历程也是如此,首先是一个地域和国家品牌,而后是世界品牌,最后是富有国家与民族特色的世界品牌。

在世界范围内,国际著名的奢侈品品牌大多成长在具有较长历史文化传统的欧洲国家,尤其是具有宫廷和贵族文化传统的国家和地区。近数十年来,也诞生了一批具有时尚特色的高档品牌。在世界品牌的发展历史中,往往带有强烈的国家文化属性。德国代表的是品质和严谨,法国代表的高雅与浪漫,瑞士代表的是精确和质量,意大利代表的是热情与时尚。这些品牌创建国所代表的文化内涵会注入本国出产的品牌和产品中,为后者打上鲜明的文化烙印。

对于中国品牌而言,品牌价值成长,首先在于发掘与发展富有东方文明与中国文化特色的品牌价值元素,构建东方品牌的价值成长模式。深入发掘与梳理中国深厚的历史地理人文底蕴,依托和借鉴产品源流相关的历史、文化、民族与地域基因,结合相关品牌的精确定位、精准传承和持续创新,为品牌产品注入独特鲜明的历史文化理念和历史人物、事迹,以及地域特色,延伸产品的历史文化价值,将为中国品牌的发展注入强劲的品牌价值基因和成长动力。中国品牌必将随着中国文化的复兴而复兴,也将随着中国文化的广泛传播而获得世界影响力。

2. 宗教文化

在世界范围内,基督教、天主教、伊斯兰教、印度教等,以及中国的佛教、道教、儒家文化都传承数千年,积淀了深厚的文化与思想内涵,并深入人心,信仰者众多,影响广泛而深远。对于组织而言,汲取宗教文化中的历史、文化元素,丰富品牌的历史、文化内涵,也是增强品牌文化价值的重要方法。

对于中国品牌而言,以儒释道为代表的中国文化,深厚的中华智慧和历史沉淀,都为中国品牌的发展奠定了深厚的国家历史文化与艺术底蕴和独特的竞争优势。中国历史文化深厚而博大,易经思想崇尚阴阳和合,五行相生相克,天人合一;道家思想崇尚有无相生,道法自然;儒家思想崇尚仁者爱人,中庸为上,和为贵,信义为本;佛教精义崇尚缘起性空,圆融无碍,因缘和合。中国的灿烂文化,对中国的社会发展和艺术创作、产品设计制造、服务发展产生了巨大影响,并在历史长河中创造了无数不朽的文化、艺术作品和知名产品。中国文化正在全球范围内日渐产生广泛而深远的文化影响力,也必将带动具有独特中国文化特色和价值理念的中国品牌在竞争中发展壮大,走出国门,在世界范围获得更大的成功。

3. 地域与民族文化

世界各地的风土人情、历史文化各具特色,五彩缤纷。品牌的发展具有原生性、原创性,基于地域与民族文化塑造品牌,挖掘和构建独具特色、易于识别的品牌历史、地理与文化基因,有利于发展独具地域文化特色、难以模仿和竞争的品牌,这也是构建品牌文化价值的重要模式。

中国各地山川秀美,风土人情迥异,民族众多,人文荟萃,众多富有地域特色、民族文化特色的文化传承与众多原产地产品、原生态产品也为发展中国民族品牌提供了众多的产品品牌发展基础。组织可以围绕品牌经营精心选择、精准定位和系统规划,将灿烂的民族文化基因、风土人物基因、艺术形象基因、原产地原料基因、产品传承基因植入品牌,结合精致的工艺设计和生产,会创造出具有鲜明的民族文化特色、独特的民族文化品位的高价值特色中国品牌。

4. 社会文化

人类社会的工作与生活习俗、消费风尚发展变迁中也富有文化特色。历史文化的传承，生活习俗的变迁，社会思想、时尚潮流的发展，都引领和推动着消费心理与消费形态的变化，也促进了品牌文化的构建与发展。从传统中式节日消费文化到加入西方节日消费文化，从传统中餐文化到西餐文化，从中式服装到西式服装消费，从毛笔、钢笔到电脑键盘写字，社会文化的变迁也催生了诸多新兴品牌的发展。

对于中国品牌而言，中国人民在几千年的生活中积淀了独特的思想与生活理念和生活品位，在社会生活相关的各个产品领域也打造了独特的文化传承和优秀产品。中医养生理念、饮食文化、酒文化、茶文化、风水建筑文化都是其中的杰出代表，也创建了许多历史悠久的知名品牌产品，有的品牌依旧存续经营，有的品牌因为各种原因已经淹没在历史中。企业贴近民众生活需要的文化认知，对这些品牌产品的深入挖掘和扶植发展，唤醒社会的历史品牌和品质认知，有助于打造和锤炼出一批中国未来具有潜力的优秀品牌。作为一个典型行业领域，随着中医药养生理念的广泛传播和深入认可，中医相关的医药产品、食疗养生产品，也将进一步扩大市场，催生出数个可以迈向国际化的中国品牌。同仁堂是在中国民众对中国传统中医药文化高度认可的基础上获得持续高速发展的。藏医药在高原医疗和跌打损伤等领域的疗效也已经获得了较高的民众认可，带动以奇正藏药为代表的藏医药的快速发展。

5. 宫廷与贵族文化

宫廷与贵族文化也是文化的重要组成部分。西方千百年积淀而成的宫廷文化、贵族文化、骑士文化，不仅代表着富贵礼仪、精致消费，更代表着一种文化传承，一种精神气度，自由精神，担当与责任意识。三代养出一贵族，是有深刻内涵的，贵族更多的是一种文化素养和精神气度。并非有钱就是贵族，炫富与奢侈生活就是贵族生活与贵族文化。中国的建安风骨，魏晋风流，"从心而动，从性而游"，"任性逍遥"，也是贵族精神的典型代表。

基于宫廷与贵族文化塑造品牌的价值基因，也是打造高价值品牌的重要方式。世界范围内高端奢侈品主要出自欧洲，与欧洲千年传承的贵族文化、贵族消费模式也多有关联。劳斯莱斯最早为英国宫廷与欧洲贵族所喜用。许多定制的奢侈品品牌也多从欧洲皇室与贵族定制，品质出众而声誉渐起，逐步发展壮大，走向世界级品牌，其品牌发展模式与路径，值得深入研究。

中国千百年来积淀的宫廷文化和贵族文化沉淀出深厚的宫廷消费理念和消费模式，也为众多中国品牌成长与发展创造了广阔的发展空间。深入挖掘和复兴相关产品的品牌、材料、工艺、款式与历史文化，都有助于巧妙地打造具有深厚历史文化内涵、宫廷贵族气息、品位出众的中国奢侈品品牌。同仁堂的发展，为皇室宫廷供药，砍头威严下的严格质量标准也在其形成"物料虽贵必不敢省物力，炮制虽繁必不敢省人工"的品牌文化起到重要作用,也为其构建品牌声誉,扩大品牌影响力起到了重要的作用。

6．产品传承文化

许多地方的品牌产品都有长期的发展历史、出色的产品与技术、杰出的大师和动人的故事、文化与精神传承,也为企业品牌及品牌产品注入了深厚的历史文化底蕴、产品品质基因、文化传承基因、品牌精神基因。

对于中国品牌而言,深入发掘产品的历史文化,传承与宣传产品历史、文化、人物与精神传承,学会讲故事,也是提升品牌价值的重要形式。以全聚德、老同兴等为代表的老字号,以及张小泉剪刀等地方知名产品的发展是其中杰出的代表。发掘中国老字号,复兴中国老字号,老产品品牌也成为发展中国奢侈品的有利模式,也是我们这代人的使命。

7．礼仪文化

礼仪文化也是文化的重要组成部分。西方有博爱的价值观,有感恩节、父亲节、母亲节等节庆。中国的礼仪文化自周公制周礼以来,更是内涵丰富,千年传承,富有崇礼、尚礼,注重礼仪的文化传统。中国的礼仪文化有敬天爱人的传统,注重"福、禄、寿、喜、财",注重"尊师重道",注重"敬老爱幼",讲究"礼尚往来"等,也有敬师,祝寿、贺喜,走亲访友等诸多文化习俗。

对于中国品牌而言,礼仪文化的兴盛,礼品文化和礼品市场的存在与发展,也为中国品牌的构建与经营提供了重要的发展空间。根据麦肯锡的一项调查数据,2009 年中国市场 50％的奢侈品消费主要就是由"送礼需求"构成的。组织在品牌建设中,为品牌注入吉祥喜庆、福禄寿喜、祝福关爱、孝亲友弟等特定的文化和情感基因,注入礼品元素与外在形象,也有助于品牌的价值成长。

8．时尚与潮流文化

社会的发展推动着新思想和新生活的发展变化,也不断地产生新文化特征的时尚与潮流。需要指出的是,传统、时尚与潮流各具特色,具有丰富的内涵,有多样化的形态。从时间维度上看,相对而言,传统更具有长久性与持久性,时尚具有一定时期的稳定性,潮流的变化更为迅速。新思想和新生活模式是时尚,传统文化和生活理念的复兴也会成为时尚,并且具有一定的周期性。

对于组织而言,针对细分目标客户人群,为发展中的中国品牌注入关键的时尚基因,也有助于组织获得更大的价值成长。组织需要因时而变,动态深入地研究与分析社会发展中的新文化特征与理念,新的消费时尚与潮流,挖掘特色的时尚潮流元素,为组织品牌植入契合时代的时尚与潮流,契合客户心理诉求的文化基因,促进消费者对于品牌认知、认可与心理契合中增强品牌偏好与品牌忠诚,也是提升品牌价值的重要手段。好的企业,首先要做到跟随时尚,有一颗年轻的心、创新的心,更进一步,要在持续创新的基础上,去努力发现市场,创造时尚,引领时尚。

美国苹果公司在多年发展中积淀了创新、科技、时尚的文化基因,通过持续的产品创新,简单精致而又时尚的工业设计,酷感十足的营销手段,始终创造时尚,引领时尚,深深地吸引着一代又一代的年轻消费群体。

9. 组织文化

组织文化建设和组织文化的品牌化经营也是提升品牌文化价值的重要模式。组织文化包括组织文化的理念层(价值观)、制度层、行为层、物质层的文化建设,以及组织外溢的价值观、产业文化、社会文化建设。

对于组织而言,构建优秀的组织文化,包括建设领先的产业文化,组织先进管理理念与管理模式、制度规范、员工行为以及文化标识;也包括良好的企业家品牌与职业经理人品牌;还包括组织的质量文化与服务文化、创新文化、诚信文化等亚文化建设,组织社会责任建设等。优秀组织文化的品牌化传播,也会对持续提升组织的品牌价值产生广泛、深远而重大的影响。

[阅读材料 6-1]

IBM 的价值观

IBM 的价值观,早期为老沃森在 1914 年倡导的"尊重个人、服务客户、追求完美",在从 IT 硬件厂商向 IT 服务的艰难转型阶段,IBM 提出了"胜利、执行和团队合作"的价值观。2003 年,IBM 在全球范围内展开"轰动一时"的"价值观大讨论",采取 72 小时在线即兴发言的方式进行,30 多万名员工一起在网上探讨什么是 IBM 的核心价值,怎样才能让公司运作得更好。核心内容集中到什么该保留、什么需要改变的企业文化和价值观上。经过这次讨论,创新为要(innovation that matters),成就客户(dedication to clients' success)和诚信负责(trust and personal responsibility)成为 IBM 新的核心价值观。IBM公司在全球的百年历史中,正是核心价值观不断驱动公司前行,取得了巨大的成就。IBM最宝贵的资产就是所有这些拥有着同样价值观的 IBM 人。IBM 的核心价值观,对于IBM 公司品牌的长期发展,以及公司品牌和雇主品牌的建设,也起到了不可估量的作用。

6.3　设计价值成长模式

消费大众并不真正知道自己要什么,直到那些创意以商品方式呈现在他们的面前。如果他们能事先告诉你自己要什么,今天就不会有轮子、杠杆,甚或汽车、飞机和电视的出现。

——李奥·贝纳(Leo Burnett)

　　品牌竞争也是艺术品位和艺术价值的竞争。从消费者的角度,品牌也是一种价值认同和群体认同。客户需要通过消费具有历史文化和艺术品位的品牌产品来匹配与其财富地位相对应的社会文化地位和文化艺术品位。从品牌的角度,许多著名品牌,尤其是高档品牌往往具有悠久的品牌历史和文化传承,高档品牌中所包含的设计师精神和产品创作过程中的丰富故事,也给产品注入了浓厚的文化与艺术因素,为产品增添了无可替代的核心品牌价值。

　　对于中国品牌而言,能否跨越同质化竞争的误区,能否持续提升工艺设计水平,持续创造具有中国文化、艺术底蕴和个性化艺术价值的产品尤为关键。中国品牌的核心竞争利器也在于通过创新设计展现中国深邃的历史文化和艺术价值,并增强品牌独特性,提高产品的差异化优势。

一、创新设计的文化艺术基因

　　品牌设计价值成长模式,一是基于国家与地域历史、文化、艺术传承及艺术家的艺术特色建立准确的客户定位和产品文化艺术价值定位;二是挖掘传统产品生产工艺和艺术表现手段,结合现代工艺为产品注入鲜明的文化艺术特色;三是发掘地域和民族的艺术传承与艺术表现形式和审美特色,研发生产具有民族地域艺术特色的产品;四是深入挖掘与提炼艺术家的技艺与艺术特色,研发、设计和生产独具魅力的艺术家定制产品;五是结合当代社会文化理念和时尚审美特点,为产品注入适应时代需求的文化艺术基因,发展适合当代目标客户群体消费需求特点的产品。产品设计和艺术表现能力的提高可以有效提升中国品牌产品的文化品位和艺术价值,实现同海外高档品牌的富有竞争力的差异化竞争。

二、创新设计模式

　　发展系统的创新设计模式也有利于品牌文化艺术价值成长。精美的功能设计、工艺设计、艺术设计、文化设计以及组合设计等诸多创新的产品设计模式,都能为品牌增添独特的艺术价值。在功能设计方面,一是复兴和改善传统品牌的高品质产品。二是发展传统功能产品与传统艺术工艺结合的高档产品。三是将高档产品与设计大师的设计相结合。四是将名贵材料与艺术设计相结合设计新品。五是产品由知名设计师和团队纯手工化设计和制作。六是通过现有产品的创新设计,通过小型化、电子化、组合化等方式创造新的经典作品。

　　爱马仕在长期发展中始终以创新为灵魂,在发展中适应时代需求从马具厂商转型为皮具厂商,并率先在皮具上使用拉链,大大提高了皮具的美感和实用性,在适应客户功能需求中快速成长,引领了行业的发展,值得中国企业借鉴。

　　对于中国品牌而言,可以结合中国的传统工艺品、艺术品特长与传承制造富有独特资源与特色优势的产品品牌。例如,中国手机品牌可以基于国粹景泰蓝工艺设计精美外观的景泰蓝手机,基于中国五大窑的陶瓷工艺设计艺术陶瓷外观的钟表,基于湘绣、苏绣、姑苏丝绸设计精美的中国品牌时装。

三、打造设计师品牌

打造设计师品牌也是提升产品艺术价值的有效方式。高档品牌的真正内涵不仅是产品的功能和品质,还包括设计师结合产品特点创建的独特个性化美学基因和情感基因,以及所蕴含的独特艺术价值,从一定角度上说,优秀的高档品牌本身就是一件艺术品。优秀设计师的个性化艺术设计,可以为中国高档品牌打造个性化的艺术基因,为客户创造完美的审美和情感体验,形成差异化竞争优势。

打造设计师产品品牌的有效模式,一是复兴历史上知名设计师的产品,延续设计符合其设计理念和艺术风格的产品;二是扶持组织内部品牌设计师的发展,发展为其专属设计的产品系列;三是通过签约合作和利润分享的模式与知名艺术家合作,发展具有艺术品位的奢侈品。国外著名服装与奢侈品品牌阿玛尼(Armani)品牌的塑造、经营与发展,也是以阿玛尼本人设计作品为主导,逐步实现设计师品牌发展的典范。

四、品牌艺术价值传播

在品牌艺术价值传播层面,首先是精确的品牌艺术定位,其次是系统的传播内容设计,历史和现代设计大师的风范、精神、情感与传奇故事,独特个性与艺术风格;品牌产品的设计理念、创造故事、艺术表现形式都有着独特价值。在传播形式上,展览展示,电视专题,纸媒报道,网络论坛讨论,微信营销、艺术品鉴赏会、艺术品拍卖会,都为增添品牌艺术价值注入了卓尔不群的艺术灵魂、独具特色的艺术品位与个性。

6.4　功能价值成长模式

产品(服务)与品牌是形影相伴的共生体。离开产品的品牌是孤魂野鬼,而离开品牌的产品则是行尸走肉。

——联纵智达咨询集团董事长何慕

品牌的功能价值是客户最基础、最广泛的价值需求。通过持续创新,在专业化、差异化、多样化、通用化、方案化、个性化等层面系统提升品牌的功能价值,满足客户的多样化价值需求,也是重要的品牌价值成长模式。品牌功能价值成长模式,包括核心功能创新、产品组合化、产品通用化、形式多样化、产品方案化和产品个性化几个方面。

一、核心功能创新

产品核心功能的创新,包括对于现有功能的持续改善,以及持续的技术升级。在产品改善中,企业可以改善产品质量,提升产品品质;升级零部件,提升产品的使用性能;调整产品的材质和附加功能,增强产品的专有性;调整产品的规格与标准,扩大产品的适用性等,持续推动产品功能价值的提升和客户价值成长。

企业也可以注重发展核心技术研发与生产能力,通过持续的技术升级推动产品的功能提升,拓展和扩大客户的价值应用,并有效牵引客户对于企业产品的升级换代,创造更多的产品销售销量;高新产品有利于企业建立技术品牌的价值形象,并获得更多的品牌和技术溢价,为企业赢得更多利润。

微软、因特尔在长期发展中,都采取了产品持续升级的发展策略,以创新产品超越竞争对手、牵引市场发展,以新产品获得溢价收入,通过老产品降价打击竞争对手,增加产品销量,并获得了多年的跨越式发展。

二、功能组合化

功能组合化是指企业以现有技术和产品功能为基础,根据细分市场差异化的客户需求,通过功能组合策略创新产品,发展和强化产品的特色功能,创造差异化的产品价值,并以此为核心塑造差异化的品牌价值和品牌形象。创新产品可以服务现有市场,满足客户现有需求;也可以创新功能价值开拓新的目标客户市场。

功能组合化的方法,可以基础功能为主,在产品中添加特色功能元素,形成产品差异化功能价值;也可以多种功能组合形成全新的产品功能价值;也可以通过通用功能捆绑,或者产品的方式整合产品,做大产品的整体功能价值,并缩减产品数量。功能组合化,一方面有助于增强产品功效,满足细分客户群体的个性化需求;另一方面也可以降低客户的选择和消费困难,增强客户的消费与使用价值体验。

对于企业而言,发展功能组合策略也是技术和产品创新的重要路径。第一,企业应重视市场调查和竞争分析,掌握细分市场客户的多样化、个性化功能需求,以及市场热销产品的功能价值,确定功能组合策略。第二,企业需要系统整合现有技术和内外部资源,加强功能组合发展创新产品。第三,有效率的功能组合最好是模块化的组合,是在功能元素通用化基础上的多样化组合。两者结合就可以利用较少元素生产出具有更多特色或更多品类的产品。第四,功能组合可以是企业内部功能元素的组合,也可以是与企业外部的成熟资源或品牌化的功能元素通过合股、合作等模式的资源共享和产品合作。模块化组合也有利于客户的多样化价值需求与企业生产的经济性有机结合,从而产生较高的市场价值。

[阅读材料 6-2]

手机的功能组合

手机最初只是移动通信工具。在发展过程中,不同企业结合自己的资源优势,陆续在手机中植入更多产品和服务,发展具有功能特色的手机产品。例如,发展智能手机,在手机中植入微软的 Mobile 系统,其中的 Office 办公软件增强了手机的文档办公能力,MSN增强了手机的即时视频通信能力。发展音乐手机,增强手机的音乐下载和音乐播放功能,提高音乐的娱乐能力。发展拍照手机,增强手机的拍照功能。发展 GPS 导航手机,在手机中加入地图导航功能,强调交通导航与定位能力。目前,随着软硬件的发展,手机功能一方面依旧沿着细分市场,以及客户个性化应用的方向实施差异化发展;另一方面,从整体上更为强调智能化,又有了功能相对聚合的多功能发展态势。

三、产品通用化

企业的产品一般都是系列化发展,每一个产品一般又都可以分解成多种构成元素或零部件单元。产品通用化作为有效的功能价值提升手段和企业生产经营机制,目前发展得较为成熟,但是对于中国企业来讲,还有一些具有改进和完善的问题,还有较强的品牌价值提升空间。产品通用化包括产品零部件通用化、产品通用化与产品体系通用化。

产品零部件通用化强调零部件的标准化、系列化与通用化。企业一方面需要采纳成熟的国标体系以统筹企业的研发、采购和生产、装配;另一方面需要加强标准、通用元素的系统规划和提炼,体系化发展结构好、性能优的元素,简化零部件的规格和类型,使之成为能够为企业多种产品共用的通用化元素或标准化元素。企业可以因此减少生产元素种类,增大生产批量,减少设计、加工费用,大大降低生产成本。通用化元素的提炼,也有利于企业打造体系化的零部件品牌,增强客户的品牌认知和品牌认同。

产品通用化更为强调产品规格的标准化、产品使用方法的通用化、产品维护的通用化等。在产品通用化的建设中,企业一是需要注重零部件的通用性,降低生产成本。二是在客户的产品使用上维持一致性,增强客户的消费习惯和消费黏性,并促进客户在产品升级和产品换代时继续使用公司产品。三是增强客户使用、维修产品的便利性,降低维护成本。

产品体系通用化强调产品体系的标准化、系列化和通用化。在上述零部件和产品通用化的基础上,企业的特定产品和产品品类在外观上保持一定的一致性,具有共同的产品元素和产品符号,也有利于增强客户的品牌识别和认同。在大众汽车近年的设计理念中,大众品牌、奥迪品牌的汽车产品,在品牌 Logo 外,分别具有明显统一的家族外观特点,易于客户识别和认知。诺基亚的手机产品,也具有这样的特色。反观国内的企业,在产品设计上过于强调产品的多样性和差异性,缺乏一些共同的产品基因和长期一致性的特点,不利于客户建立长期一致的品牌认知,这也是国内企业在产品建设上需要改进的一个方面。

四、形式多样化

产品形式多样化是指基于客户的多样化需求,拓展产品的类型、样式和档次,增强客户的消费价值体验。产品形式多样化,可以在产品款式多样化、产品档次层次化和产品品牌多样化三大层面系统规划和建设。产品款式多样化更为强调产品功能的差异化设计、产品外观的多样化设计和产品包装多样化设计。产品档次多样化可以通过提升产品材料档次、技术、设计和包装提升品质;通过发展不同档次的品牌,包括高档品牌来提升产品档次。

五、产品方案化

客户需求方案化,是指基于客户价值需求打造系统的客户解决方案,满足客户的整体价值需求。产品方案化的方式,一是结合客户的需求和使用特点,打造从产品到服务的系统解决方案;二是以产品租赁、产品使用收益分成等方式,为客户提供创新的产品应用方案;三是整合金融资源,为客户提供与产品购买相关的金融服务。

六、产品个性化

产品功能个性化,是指在满足客户群体价值需求的基础上,增强产品的个性化定制功能和个性化使用功能,创造和满足客户的个性化的价值体验。产品个性化建设的重点,一是产品功能的个性化,二是产品款式的个性化,三是产品定制环节的个性化,四是产品使用环节的个性化,五是产品服务环节的个性化。产品个性化,有助于增强客户的个性化价值选择、使用和体验,对于提高客户的品牌偏好和品牌美誉、品牌忠诚具有独特的作用,也是品牌功能价值提升的重要建设环节。

功能价值提升的重点是产品创新,面对国内产品生产能力冗余和同质化竞争,价格战为主的市场现状,产品创新的重点是提升产品性能,增强产品的特色和价值,发展产品解决方案,创造差异化竞争优势。企业对于产品创新的重视,要从研发队伍建设、创新机制建设和研发经费投入上予以落实。没有充足的投入,产品创新将成为空话。许多成功的企业在研发上都投入了大量资金。日本产品在世界范围内具有较强的竞争力,企业对于研发的重视和资源投入也是重要原因。日立公司的研发经费占其销售收入的比例是10%,东芝是8.4%,富士通是13.7%,三菱电机是7%,索尼是11.4%,松下是13.8%。美国惠普公司的研发费用也占到了销售收入的8%~10%。

[阅读材料 6-3]

微软产品的功能价值建设

在微软成功的诸多关键因素中,微软产品的易学易用、简单直观、方便省时是重要的核心竞争优势。微软 Windows 产品以及 Office 产品那些简单直观、所见即所得的应用模式,那些复制、粘贴功能,甚至所有产品右上角统一的代表关闭功能的小叉叉,都为消费者带来便利舒适的使用感觉,都已成为用户难以改变的使用习惯,也成为微软最大的竞争优势之一。微软多年来始终坚持以客户的易用性和功效价值为核心发展和完善产品功能价值建设,并在软件产品的架构设计和功能设计上已发展出给予七个关键标准的强大的产品系统架构,并以此为核心,在消费者与晦涩难懂的计算机和机器语言之间架起了一座桥梁,满足了规模庞大的普通消费者的应用需求,创造了卓越的用户使用体验。具体内容如图 6-2 所示。

基于7大关键标准的产品系统架构	产品的功能价值特色	客户的功效价值
模块	• 产品和功能实施了模块化设计,相互间具有一定的独立性	• PowerPoint, Word, Excel都是各自独立的模块 • 用户进入Windows也是与上述3个模块无关的独立行为
连接性	• 不同的产品和功能之间无缝连接	• 可以在PowerPoint, Word, Excel之间编辑剪贴文字和图片 • 只需要启动一次Windows就可以使用各种office软件
高效率	• 单个的组成部分在多个目标中重复使用 • 不同组成部分之间的界面得到优化	• 工具栏图标和功能如"保存"、"关闭"等对于微软所有的产品都是相同的
灵活性	• 对于产品或功能的细小修改无须改变很多的组成部分	• 升级Windows时不需要升级其他的软件包
可扩展性	• 增加新的产品和功能时不必对整个系统架构进行修改	• MS Access, Word, PowerPoint等都是附加于Windows核心之外的产品
清楚的使用标准	• 内部的界面基本保持公司专有 • 部分界面可以向第三方提供	• Word和PowerPoint之间的界面没有对外开放 • Windows界面可以提供给第三方用于开发新的软件包
清晰的沟通	• 客户清楚地了解提供商的系统架构为其提供的价值	• 客户把微软Office软件看作是一套高度集成的桌面工具,能够为他们提高生产力

图 6-2 微软产品的功能价值建设示意图

6.5 制造价值成长模式

不要过度承诺,但要超值交付。

——迈克尔·戴尔

中国制造是中国品牌建设的独特竞争优势。众多中国企业在制造领域积累了雄厚的实力,通过有效的品牌价值设计,打造具有独特价值属性的产品,也是中国品牌价值成长的重要模式。中国广袤的地理人文环境,具有地域特色的原材料,具有历史传承的独特传统生产制造工艺,历史上的宫廷作坊,家族传承作坊和知名制作者,现代的各行业领域的工艺大师和高级技师群体,现代先进的技术设备和工艺流程,都是中国制造的核心价值属性和独特竞争优势。苏绣、湘绣、景泰蓝、景德镇瓷器都是高难度制造和精美工艺结合的典范。中国制造不应成为低质量和低价值的代名词,而应成为中国产品的独特价值和核心竞争力。

一、发挥原产地优势

中国品牌价值创建的重要成功要素,源自独特的原产地地理环境,以及独一无二的原材料,都是无法复制的竞争优势。茶酒烟、食品、药品、瓷器、民族工艺品等具有地域特色的品牌创建都适用于这种模式。

泸州老窖传承数百年的国宝级老窖池及相关的历史文化,是发展国窖 1573 品牌的坚实基础。贵州茅台镇所拥有的独特水源和适合酿酒的微生物群落,以及传承数百年的酿酒工艺和历史文化掌故,是发展茅台高端烈酒品牌的独特优势。国人的酒文化,对中国历史品牌的认同和饮酒口味传承,构成中国酒类奢侈品品牌的有力复合价值竞争体系。也因为这些因素,中国名酒品牌无论在产品定位、产品质量,还是品牌影响力、市场销量等各个层面,都强于国外品牌。以五粮液和茅台为代表的五朵金花等中国高档酒一直稳稳地主导市场,国外的烈酒品牌始终无法打入中国主流的价值体系和生活方式,只能选择酒店、西餐厅和酒吧等娱乐场所,通过发展白领阶层拓展市场。

值得警惕的是,国外高档洋酒公司正通过收购或控股具有历史文化传承的国内高端白酒公司,以历史工艺和本土生产、本土口味的方式进入中国主流高端酒消费市场。例如,酩悦轩尼诗(Moët Hennessy)与剑南春合资建立文君酒业,经营具有 450 年历史的中国高端白酒;世界第一大酒商帝亚吉欧(Diageo)则控股中国白酒品牌水井坊。这足为中国酒类企业借鉴和警惕,也为中国品牌拓展海外市场提供了有益的思路。

二、强化材料和工艺价值

品牌的价值源于出众的产品品质。而产品品质的重要基础源自出众的材料、工艺与制造品质。严格的原材料选择、精美的设计、精细的产品工艺、具有历史文化品位的精致包装、精益求精的细节处理、经久耐用的产品,会带来优秀的客户价值。同时,企业应注重具有发展历史传承的独特制造工艺和加工方法,源自大师和知名家族传承的制造工艺,源自宫廷作坊的特殊原料要求,独特生产工艺和制作方法,以及出自知名大师和技师手工制作的作品,都能为中国品牌增添独特的价值。

三、强化设计与制造能力

对于制造企业而言,技术、工艺、质量、生产规模是企业的核心能力。加大对于研发的资源投入,增强技术实力,发展核心技术和企业专利,提高生产工艺水平,扩张产品生产能力,改善质量管理能力,是提升制造价值的重要手段,也是建立制造领域竞争优势的重要手段。

[阅读材料 6-4]

鸿海集团的制造优势

台湾鸿海集团作为产品制造商,并没有被动等待客户的研发设计图纸和订单生产,而是自己建立和发展了强大而深厚的市场研究、产品研发和生产技术能力。以笔记本产品为例,鸿海集团已经可以做到发现和引领当时公众款式和性能需求,定期推出数十种新款型的笔记本样品供国际笔记本品牌厂商挑选,然后依托强大的生产能力大量复制品牌产品推向市场,助力厂商扩张品牌产品的市场份额。高的制造价值创造能力产生高客户价值创造能力,也助力鸿海集团近年来的高速发展。

四、发展规模优势

企业在特定产品领域做大规模,也是有力的品牌价值成长模式。企业精心选定特定细分产品市场,系统有序地扩张制造规模,可以在原料采购、生产管理、产品销售上建立成本优势。成本优势和规模效应的应用可以帮助企业建立领域内价格竞争优势,占据和扩张市场份额,并挤压竞争对手的发展空间。规模优势有利于提高细分领域的行业控制能力,创造市场口碑和行业品牌影响力,也有利于制造价值的持续增长。

比亚迪的发展,源于电池制造领域。比亚迪通过制造模式创新和生产管理方式创新,以稳定的产品品质、强大的产能规模、高市场份额创造出比亚迪电池制造品牌的核心价值属性。强大的产能规模帮助比亚迪在电池领域建立了价格竞争优势,进而在市场竞争中扩张市场份额,建立市场份额优势和行业影响力,并推动了比亚迪品牌价值的持续成长。目前,比亚迪依托在电池领域的产业和资源积累及品牌影响力,已经将业务领域拓展到汽车制造行业,并获得了良好的发展。比亚迪品牌源于电池品牌,比亚迪在电池技术、品质、规模等方面所蕴含的品牌价值,对于比亚迪发展电动汽车也具有巨大的价值,也是比亚迪在品牌建设中需要关注的一个重要方面。

五、强化时空价值

对时空的有效利用也是创造中国高价值品牌的重要模式。产地优势以及时间的沉淀也是生产稀缺品牌产品、创造制造价值的有力武器。中国国产名酒随着储藏年限的增加,价值直线上升,即是明证。依托制造产地的限制及空间属性和资源限制制造稀缺产品,也是创造品牌制造价值的利器,中国的丝绸、瓷器制造技术很久以来一直为中国独家掌握,在唐宋时期,因为路途遥远、获取不易而成为欧洲宫廷的奢侈品。

在时间上经久耐用的产品,也对提升品牌价值,以及产品溢价有着潜移默化的影响。国内有一则关于美国 A.O 史密斯热水器的广告。那句"我家的热水器,已经使用了半个世纪"的广告语,简单、朴实,却更能突出产品的质量和功效,更能震撼和打动消费者的心灵。

六、创造稀缺性产品

物以稀为贵,对于高端客户而言,具有稀缺特性的高档产品可以有效满足高端消费群体高阶层、高品位、高个性特征的价值追求,拥有独特的物质和心理价值,并匹配高昂价格。企业可以通过发展产品稀缺模式提升价值。原产地的独特性、稀有选材、特色设计师、特殊技师、稀有制作工艺、独特设计风格、稀缺产品、稀缺营销,都是打造产品稀缺性的有效模式。企业还可以通过有效的营销管控模式,通过限量版生产、订单生产和缺货控制等模式提升稀缺价值。有的企业将月球尘土植入高档品牌手表等相关产品中,通过创造稀缺产品有效提升了品牌价值。

许多奢侈品品牌经常采用限量版产品和稀缺营销策略,以迎合客户对稀缺产品的占有和显示欲望。爱马仕的(Hermès)经典款式凯利皮包(Kelly bag)常显示缺货状态,货架上只摆放样品,顾客至少等待两个月才能拿到定制的凯利皮包;伯金皮包(Birkin bag)往往连样品都没有,等待时间更长。在生产能力上,爱马仕完全有能力量产这两款皮包,而稀缺营销策略却成功地将爱马仕定位于顶级奢侈品品牌,其产品也始终供不应求。

七、走出原产地品牌发展的误区

从中国制造到中国品牌是一个发展的过程。从地域品牌发展到全国品牌也是一个过程。具有地域资源优势的中国企业,在发展中一方面需要增强持续的产品创新能力,通过好材料、高工艺、高设计,在产品功效和品质层面有效提升品牌价值。另一方面需要持续提升品牌价值管理能力,尤其是地域内的主导企业,应充分利用地域资源优势,结合企业发展实际,系统挖掘品牌价值基因,打造高端品牌,发展高质量、高品牌、高价值的价值成长模式。

目前国内一些拥有优越原产地资源的地方加大了原产地品牌的推广力度,但存在品牌建设与经营的误区。品牌经营的基础是基于品牌价值的信任与产品价值传递。这样可以避免一些地区的发展误区:一些地方拥有优越的原产地资源优势,由于缺乏系统规划和管理,相关的品牌资源被大量涌现的以产品初级加工为主的中小企业所占据,并无序争抢产业资源。中小企业间以无差异化中低端产品的价格竞争为主,缺乏产品创新、品质保证和品牌塑造。大型企业难以发展,从而导致做烂产品、做烂价格,进一步使原产地品牌发展受阻。

中国目前非常需要加强具有地域资源优势的原材料和原产地的属地保护和管理,增强对原产地的核心企业、核心品牌的保护和扶植。同时,建立限制企业数量、限制产量、限量销售的发展模式,实施品牌认证与溯源保护,保护具有地域特色的名优特新产品的发展,通过做大主导企业品牌,带动相关原料商、供应商的发展和产品销售,带动原产地品牌的有效发展。

6.6 终端价值成长模式

修合无人见,存心有天知。

——同仁堂

作为客户接触和体验品牌价值、实现品牌价值消费的重要环节,系统发展终端,做强终端的品质,做大终端规模,持续提升终端价值,也是提升组织品牌价值的重要策略。正如自然界的进化遵循由简单到复杂,由低级到高级的发展模式,终端也在发展中走向专业化,转向基于价值成长的功能复合化。终端正从商品品牌展示与交易平台,动态进化演进到终端品牌与商品品牌的统一体,转向客户体验平台、客户服务平台、专业方案提供平台、资金运作平台和连锁经营平台。终端正日益趋向于创建贴近在细分市场领域的核心竞争力,以客户价值需求为导向,基于自身的核心价值发展路径,在产业生态系统的竞争中动态发展。终端连锁化的兴起,以及互联网终端的快速发展,专业化终端和综合化终端的分化,也已然在不同方面验证了新的客户消费模式和新的终端发展模式。

一、做强终端品牌

企业及产品品牌借助终端的发展实现和提升价值,终端自身的品牌化发展也成为重要的发展趋势,并有效提升了组织的品牌价值和组织体系的品牌运营能力。终端作为品牌价值实现的最终载体,基于自身的客户影响力、强大的客户价值实现能力和客户关系资源,在产业生态体系内正日益拥有更多的话语权。随着社会和经济的快速发展,多数地方已经跨越了商品短缺时代。面对产品数量和终端数量的极大丰富,面对假冒伪劣产品的潜在质量和服务风险,客户面临选择困惑。其消费模式和关注对象,以从基于满足应用需求,以产品为核心的质量、价格和品牌消费模式,发展为以终端为核心的产品、服务和品牌消费模式。依托品牌终端的质量控制和成本控制,产品品类和服务能力延伸建立对于终端内产品的品牌信任,实施消费行为。更愿意从具有品牌影响力和品牌信誉的终端购买产品,并愿意支付相对溢价。对于那些成长中的终端组织,品牌化发展也因而成为重要的终端发展方式。

终端品牌的建设,需要精确有效的品牌定位和产品品类规划;植根于严格产品质量管理和服务质量管理;优异的终端环境和消费体验打造,求新求变的品牌转播方式,以及出色的促销策略设计和实施。品牌进化,关键在于在客户心目中建立和巩固清晰、有特色、可信赖的终端形象,促进客户的初次消费和持续消费,创造长期的客户价值。品牌进化,是一个有效定位、立足核心能力建设和差异化特色的长期演化进程,贵在专注,贵在坚持。

二、做深终端的专业化

专业化也是终端发展的重要特征和方向。随着客户需求转向复合化,并向满足特定客户领域需求的系统化、专业化和深度化发展。面对复杂产业生态系统中的激烈竞争,持续提升为特定领域的客户群体提供深度、系统、专业的个性化和方案化客户需求价值能力,巩固和发展自身的核心客户价值服务能力,对于组织的价值成长至关重要。组织以专业化为核心发展策略,通过发展系统化的专业产品解决方案和专业服务能力,有利于在细分客户市场实施深入的价值需求挖掘和专业价值服务回报,并有助于建立专业品牌和客户口碑,获得独特竞争优势和更为丰厚的长期客户价值。

终端的专业化发展,源于对客户需求的专业和精深的价值服务和情感满足。专业化服务模式从卖家为中心的单一产品提供向到客户需求价值解决方案系统化发展,包含了产品和服务的信息检索与服务的专业化、产品与服务品类体系构建的专业化、产品和服务提供的专业化、客户售后服务体系的专业化等领域。以国美、苏宁为代表的专业卖场以为客户提供家用电器解决方案而迅猛发展,在此基础上深化售后服务,并逐步开展相关产品多元扩张。三夫户外用品商店以发展全面的专业户外用品解决方案,配合定期的户外活动集聚会员客户,也获得了稳健的成长。小肥羊在细分火锅餐饮领域的快速发展,家乐福基于家庭生鲜食品的竞争优势在国内良好的发展,验证了终端的专业化发展趋势。

三、发展网络终端

网络终端正依托独特的情感价值、时效价值优势及空间价值优势及资本价值优势建立了独特的竞争优势,成为终端进化和价值成长最为迅速的领域。在情感价值层面,客户通过基于自主需求的产品与服务信息检索,多样化选择和比较模式,参与性的商品与服务评价,互动的线上交流和口碑传播模式,以及用户和爱好者社区的营建,构筑了丰富的情感体验。在时间价值层面,24小时在线消费,快速信息检索方式,便捷的价格计算和支付方式,以及送货上门的物流模式,为客户带来时效价值。在空间价值层面,足不出户的跨空间消费方式,丰富美观的在线产品和服务展示方式,个性化的需求检索,专业的客户需求匹配与选择,基于客户价值需求的多样化的商品与服务组合模式,都为客户带来独特的价值体验。相对自由、私密的个人网络信息空间体验,也为消费者带来独特的情感价值。网络终端同时有效降低了实体终端的购买租赁和装修成本、商品库存和陈列成本,以及人员维护成本。网络终端也因而创造了基于信息领先、成本领先、个性化客户服务和高时空价值的独特竞争优势。当当、淘宝、京东商城、敦煌网、阿里巴巴等网络终端的成功实践,都是网络终端发展的卓越代表。

值得关注的是,以通信服务、在线学习、在线医疗、在线办公为代表,越来越多的品牌产品和服务已经通过网络以跨时空的客户交流、互动和客户消费实现了价值成长。实体终端与网络终端的融合发展满足了客户对于产品和服务的价值需求,也是终端的重要的价值成长模式。目前信用问题、支付问题和物流问题依然是影响网络终端价值成长的重要因素,但是网络终端的客户价值创造模式依然拥有独特的竞争优势,并推动和影响着整个终端体系在快速进化中实现自身价值成长。

四、强化终端体验

终端正发展为重要的品牌与产品体验平台。随着客户消费理念的提升,带来消费行为与消费模式的多样化。客户也更为关注消费环境的舒适性和消费服务的精确性、便捷性,关注人际间的互动和交流,关注愉悦的消费体验。

终端需要努力创建客户消费的时间便捷性和舒适性,降低客户的时间成本。在产品和服务的各个环节需要强化客户对于产品和服务的信息检索、比较、挑选、试用的便捷性。多样化付款方式,便捷的物流配送,以及周到的现场调试和试用服务,上门安装服务,及时响应的售后服务都有利于打造终端的独特竞争优势。终端同时需要创造产品和服务消费的空间舒适性和便利性,一是在交通环节,结合目标客户群体的消费空间距离特点就近开设终端,沿交通线开设终端,方便客户购物;二是根据自身业态资源和客户特点,发展自己的客户牵引模式(例如超市卖场班车),拉动客户到终端消费;三是创建舒适的消费空间,增强客户的空间体验;四是发展基于客户价值导向的商品陈列模式,吸引客户基于价值解决方案的消费模式;五是通过物流合作或自建送货团队的模式,送货上门,将终端延伸到客户处,实施便捷的零距离服务。

实体终端相比较网络终端的重要竞争优势,在于实体终端可以发展和完善卓越的客户体验环境平台,为终端创造体验价值。通过构建有吸引力的产品宣传和展览技术,可以触摸、感知、试用和体验终端的产品和服务;通过人性化的客户沟通和活动,以及先进的终端环境设计、文化产品和娱乐活动的规划设计增加终端产品与服务的附加价值。配合相关的产品促销活动增进客户的消费体验,通过会员制度体系建设集聚相关产品爱好者和应用者的组织群落,通过建设定期的刊物、电子杂志等有效的内部组织活动和交流,也是终端发展和维系忠诚客户群体,创造持久客户价值的重要手段。

围绕客户体验需要的满足,创建和发展体验化终端,发展核心竞争优势,也成为众多组织的价值成长的重要模式。星巴克通过创建家庭和办公室之外的第三居所,以及优异的咖啡消费体验,实现了快速发展。迪士尼世界也以其优异的娱乐体验为儿童和家庭创造快乐,实现了自身的价值成长。老舍茶馆,以其浓厚的历史内涵、京味文化、传统演艺活动,以及精美茶餐,打造了独特的茶馆文化,并获得高溢价收入。

五、做大终端的客户价值消费

终端正发展为重要的客户价值消费模式创新平台。创建以客户为中心的终端发展模式,组织需要更多地从关注终端的产品和服务价值转向关注客户的使用价值和价值成长,关注客户购买成本与使用成本,为客户打造专业的系统的产品和服务价值消费及价值应用方案。对服务客户而言,一次性付款交易是广泛使用的同质化消费方式。在终端的交易环节,创造性地发展差异性的资本交易模式,为客户创造价值,也将逐步成为终端的竞争利器。终端可以发展产品免费体验、小包装试用、预付优惠、定量优惠、长期会员优惠、服务承包等模式来绑定客户,分享利益;也可以与金融机构合作,开展融资购买、分期付款、产品租赁等金融消费服务;还可以开展代购产品、代销二手产品、以旧换新服务等新的业务模式创造新的客户价值。

六、发展终端连锁,做大终端规模

　　终端发展方式,正由个体终端平台向连锁化经营平台发展。对于组织而言,提升终端价值的关键在于创建和发展终端的核心业务模式和管理模式,在此基础上提升组织的业务运营能力和规范管理能力,增强业务模式复制能力,基于规模效应实施连锁化发展。运营与管理的"规模化复制能力",包括"八统一",即统一品牌、统一管理、统一采购、统一价格、统一核算、统一信息、统一物流和统一服务规范。终端价值成长的关键在于以组织构建和强化规模化复制能力,依托内外部资源发展在较短时间内形成规模经济,迅速扩大市场占有率,跨区域扩张,提高品牌知名度。同时有效形成集约化价值竞争,快速获取商品及品牌附加值,快速加强资本的变现能力。终端连锁化经营有助于组织发展基于品牌能力、管理能力和成本优势的核心能力,以此为基础构建基于规模效应的系统竞争优势。

　　基于单一产品和品类终端,通过规模化品牌连锁,做强品牌,做大业务规模,依然可以发展为产业巨人。麦当劳、肯德基、7-11、国美、苏宁、沃尔玛等众多终端的价值成长模式,已经证实连锁发展的价值。自建连锁、加盟、合作、并购等模式,都是发展终端连锁的有效模式。如何扩大和维护品牌声誉,强化运营管控能力、资金管控能力与成本控制能力,控制无序扩张的资金和管理风险以及质量风险,是终端组织发展中需要重点关注的问题。

七、终端发展与组织价值成长

　　天地万法,殊途同归。终端发展的核心,在于努力探索客户的价值需求变化,通过规划和发展系统的终端运营和管理模式,实现客户的价值成长和消费满意。企业在此基础上发育自己的核心竞争能力,实现自身的价值成长。道无常形,法无常式,**在整个产业链的发展和进化过程中,厂商、经销商和终端在竞争与合作中动态发展,在彼此利益的消长中实现相互的渗透和融合。只有基于整个品牌价值链的相关利益群体的整体价值成长,才是有效与可持续的终端发展模式。**在此基础上,企业需要深入探索产业的特点和产业竞争态势及利益分享机制,把握终端发展的趋势,基于企业自身的资源和能力,选择和尝试适合的终端进化模式。终端发展,可以基于核心能力专业化和差异化发展,也可以局部创新,以点带面,系统发展。对于企业而言,在竞争中发展,在发展中调整和完善,是终端发展的现实路径选择。

八、终端发展与组织品牌的海外扩张

把握终端进化的发展趋势对于中国产品的海外发展也意义重大。鉴于中国企业的品牌建设和全球化发展还处于初级阶段,海外自有品牌销售渠道不足,因此可以在国家层面建立终端品牌发展战略,在资金和政策层面扶持和发展更多的终端品牌机构,由国家支持,结合终端机构和产品厂商的投入,以资本为纽带在海外通过兼并收购和自建等方式建设品牌终端机构,发展中国城品牌、产品品类批发品牌以及终端品牌,以终端品牌带动产品品牌的发展和销售,打通中国产品的海外销售渠道,降低中国产品品牌的海外扩张和销售成本,扶持更多中国品牌的全球化成长。

6.7 服务价值成长模式

没有商品这样的东西。顾客真正购买的不是商品,而是解决问题的办法。

——特德·莱维特(美国著名营销专家)

品牌的重要价值和消费因素,在于满足客户在相应社会阶层及群体的自我定位、心理归属感和共同认知与体验。因此,中国企业需要规划清晰的品牌专属消费族群定位,为客户提供独特的族群专有产品体验和专属服务体验。

一、服务专业化

服务的发展,正从通用化服务向专业化服务进化。社会文化、经济和技术的发展,推动客户群体自身消费需求和消费模式在动态演进中转向差异化、复合化和深度化发展,牵引着服务型企业和企业的服务模式向专业化、系统化和深度化发展。消费模式差异化和深度化也意味着服务模式通用化时代的消逝,以及服务专业化与个性化时代的来临。

服务专业化需要组织的规划与实施特定服务模式持续强化专业化的服务能力,满足特定领域的客户群体差异化需求。组织需要增强服务的深度和长度;增强服务响应的及时性和灵活性;增强服务的个性化、组合化和系统能力。增强服务的产品生命周期管理能力和客户生命周期管理能力。发展专业化服务模式,巩固和发展自身的专业服务能力,对于企业和品牌的价值成长至关重要。组织以服务专业化为核心发展策略,通过发展系统化的专业服务解决方案和专业服务能力,有利于在细分客户市场实施深入的价值需求挖掘和专业价值服务回报,并有助于建立专业品牌和客户口碑,获得独特竞争优势和更为丰厚的长期客户价值。

服务的专业化,也有利于企业打造服务品牌,创造服务品牌的核心价值基因,并以服务品牌的创建和发展牵引服务价值的系统提升。

二、服务分级

对于服务产品的合理分类分级，也是提升服务价值的办法。企业可以根据客户的差异化服务需求特点，结合服务的类型和特点，按照企业服务的内容、服务的档次、服务的范围、服务的时间长短、服务价格等实施服务分类和分级。每种服务提供不同的服务内容和服务价格。企业实施服务分级有利于满足客户的差异化需求，有利于创造更多的服务盈利模式，有利于通过服务价值和价格的匹配改善客户的服务价值期待和价值体验。研究证明，服务分级在企业服务实践中具有良好的效果。

三、产品(服务)的全生命周期管理

客户的消费模式正从一次性交易，向产品和服务消费的全生命周期管理模式发展。客户需要的不是产品与服务，而是依附在产品和服务上的自身的功能需求、情感需求和价值实现。客户服务需求的差异化、系统化、长期化、深入化和价值化发展，牵引着企业服务价值创造模式的差异化、系统化、长期化、深入化和价值化发展。领先企业的服务发展模式，在于结合自身的资源和能力，深度探索和满足客户的服务价值需求，创新和强化自己的服务模式和核心服务能力，并构建和发展从产品销售到产品配送、产品安装服务、产品检测维修服务、产品更新换代服务在内的一体化服务体系，创造全产品生命周期的服务价值。

GE电气目前在其航空发动机事业部基于客户需求构建了包括融资、销售、维修服务在内的系统化客户解决方案，目前其航空发动机融资租赁服务和维修服务创造的价值已超过了产品销售收入。这对企业创新服务模式与服务经营不无借鉴。

四、客户的全生命周期管理

服务的发展，正从以产品为中心的交易型模式向以客户价值需求为中心的关系型服务模式进化，企业的客户关系管理理念也从交易型向关系型发展。企业可以创建和发展基于客户全生命周期管理的服务价值创造模式，基于客户长期的价值需求发展长期的一体化服务，发展与维系关系型客户，创造持久的客户价值。

在服务产品层面上，企业可以在一次性的交易型服务的基础上，通过横向的差异化服务和产品组合服务，通过提升产品价值，增强满足交易型客户服务需求的能力，提高一次性服务的价值；并可以发展和强化基于客户产品需求基础上的全产品生命周期的服务能力，为客户创造长期服务价值。在客户层面上，企业可以持续跟踪目标客户群体全生命周期内的价值需求进化，积聚核心能力创造和改进自身的服务产品和服务模式，在满足客户长期需求和深度需求的基础上创造更多的客户价值，并在服务客户的进程中实现自身的持续价值成长。

理发店的服务创新

对理发店品牌塑造而言,服务进化对于其价值成长也至关重要。理发店可以在理发的基本服务的基础上将理发师分级,创造不同的收费价值;可以发展吹风、焗油、烫发、头部按摩等更多服务和价格组合,满足客户的不同服务需求;可以为特定客户群体提供专属会员服务、专人服务、发型设计、定期养护、上门服务等更精深的差异化服务。创新的服务模式将为客户创造更优异的价值体验,并增强组织自身的服务价值。理发店还可以创建和发展品牌理发店连锁机构,提供优异环境、品牌发型师和品牌理发产品,发展系统的品牌优势和规模优势,从而提升整体服务体系的价值。

五、专属性服务

专属性服务也是提升服务价值的重要模式。为专属消费人群提供个性化、及时、周到的产品保养和维修服务,有助于增加客户满意度,维护和保留忠诚客户。与此同时,基于客户需求、系统规划和设计提供产品之外的增值服务,包括建立会员组织,印发会员刊物,组织会员联谊会、酒会、论坛等各种会员活动,有助于消费者对于奢侈品消费阶层的社会群体认知和情感依附。通过有助于促进客户群落的交流与互动,强化客户群落共同的品牌认同和情感体验。奢侈品品牌情感价值的提升有助于通过口碑营销和关系营销增加奢侈品购买和保有人群,壮大客户群落的规模,在良性循环中获得更大的价值成长。

六、服务个性化

企业在未来发展中应更为关注客户的个性化服务,包括服务产品的个性化设计、服务产品的模块化选择、服务方式的个性化选择、服务档次的个性化选择等。个性化服务定制一方面有助于企业获得额外的定制收益;另一方面有助于客户获得独特的个性服务价值体验和自我心理满足,创建更深层次的品牌偏好和品牌忠诚。

6.8　中国奢侈品的品牌发展路径

根据贝恩咨询公司 2010 年 4 月发布的研究报告,2009 年中国奢侈品市场增长了近12%,达到 96 亿美元,占全球市场份额的 27.5%。预计未来五年,中国奢侈品市场将会达到 146 亿美元规模,占据全球奢侈品消费额的首位。中国奢侈品市场的巨大发展空间,为中国奢侈品品牌的成长提供了历史机遇。但相对于国外奢侈品品牌在中国的快速发展和丰富利润,以红旗轿车、瑞蚨祥为代表的众多中国奢侈品品牌在发展中或是步履蹒跚,或是问题重重。中国奢侈品品牌应当如何走出发展的误区，创建自己的核心竞争优势，又将如何获得持续的价值成长呢？

面对海外奢侈品品牌竞争，中国奢侈品的成长路径与独特竞争优势依然植根于中国独特的人文传统和历史文化。中国奢侈品的发展需要系统思考和战略规划，依托中国深厚的历史人文和物产工艺资源禀赋，基于中国的社会价值认同体系和生活消费理念，探索创建和发展具有中国特色的产品特质和文化艺术个性的奢侈品品牌，集聚自己独特的核心竞争能力。

中国奢侈品的发展路径，包括复兴老字号、复兴老产品、购买海外奢侈品品牌和创建新的奢侈品品牌四大方式。

一、复兴老字号

任何国家的奢侈品品牌都深深地扎根于它们的历史地理和人文传统之中，也大都经历了从地域品牌发展成为国家品牌，进而拓展为带有鲜明地域特色的国际品牌的历程。中国在历史发展中辉煌过的许多老字号具有深厚产品口碑和文化底蕴，很多是因为缺乏有效的经营管理能力和营销手段而走向衰退甚至消亡，许多老字号可以通过较低的成本，通过合资、合作、收购、品牌特许经营等方式重建和复兴，并以相对创建新品牌更低的营销成本获得和发展具有文化底蕴的奢侈品品牌，有利于迅速的市场进入。

复兴老字号，可以重拾老字号辉煌时期的历史文化记忆，唤起民众对于民族品牌的自豪感和自信心，建立该品牌独特的深厚文化价值体验；可以迅速唤醒大众对于品牌的产品认知和品质认可，建立独特的产品价值体验。复兴老字号的关键，在于对于传统产品制造工艺的传承和坚持，以及在此基础上的稳步创新。原汁原味，而非全新产品，是其中的关键。其次是对于其产品材质和制造品质的苛刻坚持，高价格奢侈品的主要基础，还是源自高品质、高价值的产品。最后是拥有超越基于销量的产品营销模式，探索和发展基于高端品牌和产品价值，面向高端消费市场的细分营销模式，避免走入盲目发展与品牌授权、以量取胜、降低品牌价值、沦为大众品牌的误区。

二、复兴老产品

类似于老字号，基于中国传统历史文化、传统的消费模式和消费体验，中国许多流传数百数十年的老产品拥有潜在的奢侈品价值。深入发掘这些产品的地域特色、民族特色、历史文化特色、原材料特色、设计制作者品牌、制作工艺特色和产品功能特色，有助于打造具有独特价值的中国本土奢侈品品牌。中国的四大名磁、苏绣湘绣，都是其中的优秀代表。

复兴老产品的关键，也在于克服盲目扩张的冲动，对于原产地的坚守，对于原材料品质的坚守，对于传统制造工艺和流程的坚持与完善，对于产品品质和功能的持续创新和完善,通过复兴老产品品质和特有功效价值注入中国奢侈品的基因。同时,通过对于地域历史文化的深入挖掘,对于产品制作始祖和传承群体,对于制作工艺、原材料品质以及产品功效的独特定位和有效传播,为老产品注入独特的文化价值体验。面对新的社会经济文化环境,通过创新的工艺设计和功能设计,还可以为老产品赋予新的品牌价值体验,有助于老产品在成长为中国奢侈品的路途中获得新的生命力。

三、购买海外奢侈品品牌

在世界范围的经济发展和兴衰变革中,也有众多知名奢侈品品牌经历着兴衰轮回。关注产业的变化,通过收购、参股、特许经营等模式低成本地获得海外知名奢侈品品牌,利用中国的市场优势有效管理和运作,也是创建中国奢侈品的有效模式。北美时尚品牌宝姿(Ports)就是被陈氏家族收购后才获得成功的。同时,新兴的国内品牌可以通过与国际性奢侈品公司合作的方式进入国际市场。上海滩(Shanghai Tang)就是被历峰集团(Richemont)成功收购后,通过先进的运营管理而逐渐迈向世界顶级品牌之列。

四、创建新的奢侈品品牌

"江山代有才人出,各领风骚数百年。"新的时代和消费需求环境,也召唤着崭新的中国奢侈品的创建和成长。中国奢侈品的成长,需要独特的价值定位,需要独特的功能价值和情感价值体验,需要从创建伊始就坚持工匠工艺和一流品质,同时需要探索赋予品牌独特的文化和历史内涵,需要通过长期坚持不懈的努力来获得市场和消费者的认可。

案例 6-1　泸州老窖的品牌价值经营

在竞争激烈的中国白酒市场,如何复兴传统名酒,如何系统塑造品牌、提升品牌价值,是一个重要的话题。创出"酒香不怕巷子深"佳话的泸州老窖,如何创出享誉海内外的"国窖 1573"? 如何转化为高价值的高档酒品牌? 深入探析泸州老窖的品牌价值创造与品牌价值经营,将为我们提供有益的思考。

泸州酒业始于秦汉,兴于唐宋,盛于明清,发展于新中国。泸州拥有我国建造最早、保存最完好、连续使用至今的国宝窖池——"中国第一窖"。以"泸州老窖"为代表的浓香型特曲,具有"浓香浓郁、饮后尤香、清冽甘爽、回味悠长"的独特风格,享誉数百年,拥有"浓香鼻祖"、"酒中泰斗"的美誉。

作为泸州酒业的核心企业,泸州老窖集团经历过辉煌,也有过沉寂。依托 400 年国窖,依托数百年传承的独特酿造工艺和优良的产品品质,"泸州老窖"在很长的时间内与五粮液、剑南春等名酒品牌并列为川酒的五朵金花,并享誉海内外。20 世纪八九十年代以来,在市场化大潮中,茅台、五粮液等白酒企业的品牌经营和市场运作更为成功,而泸州老窖的产品定位较为紊乱,产品线复杂,更为关注中低端市场,侧重于对产量和销量的追求,对于品牌运作的忽视,导致品牌形象逐渐老化,品牌价值也有所稀释,并逐步与茅台、五粮液拉开了差距。

一、"国窖 1573"的品牌塑造

20 世纪 90 年代后期,泸州老窖集团逐步走向了复兴之路。2000 年,为了恢复泸州老窖的名酒形象,有效提升品牌价值,快速提升市场份额,泸州老窖集团决定依托自身的核心资源和能力,实施大品牌营销战略。当年,泸州老窖连续使用 430 多年的数口老窖池被评为中国白酒界唯一的国家级重点保护文物。泸州老窖集团在 2001 年当年借势推出了高端白酒品牌"国窖 1573"。"国窖 1573"以 400 年"国窖"为核心品牌价值诉求,以源自 1573 年的悠久酿酒历史为个性化品牌价值形象,以百年传承的酿酒工艺和品质为功能价值支撑,以泸州千年酒文化为品牌文化,实施了系统的品牌营销与品牌经营。

(一)"国窖"的百年经营与营销

中国浓香型白酒的酿造特点是泥窖生香,酒窖的窖龄越长,酿出的酒质越好,窖龄的长短直接决定了窖池的优劣。泸州老窖拥有建于明朝万历年间(公元 1573 年)全国建造最早、保存最好、连续使用至今的 400 年老窖池。目前公司共拥有老窖池 10 086 口,其中百年以上老窖池 1619 口。"400 年国窖"也成为泸州老窖难以模仿、无可替代的核心竞争优势。

泸州老窖建窖选择地势非常考究,讲究土质水宜。用于筑窖的黄泥都是精挑细选,色泽金黄,绵软细腻,不含砂石杂土,特别富于黏性。新窖使用七八个月后,黄泥由黄变乌;用上两年后,渐渐变成灰白色,泥质由绵软变得脆硬,酒质也随酒窖窖龄的增长而提高。具有 30 年窖龄的酒窖,窖泥一片乌黑,泥质重新变软,脆度却进一步增强(无黏性),并出现红绿等颜色,开始产生一种浓郁的香味,初步形成了"老窖"。以后随着岁月的积淀,酒窖的窖香越来越浓,酒质也越来越好。对不同窖龄窖泥的微生物分析,以及其他成分分析,也发现老窖窖泥中的总酸、酯含量和腐殖质与微生物种类均远远超过新窖。

酿造"国窖 1573"的"国宝"窖池,已经历经 430 余年的孕养,"国窖"周围的窖泥在盛放存酒的过程中受酒体长期的培植、渗透与繁衍,聚集了 400 年酒母之精华,产生了极为丰富、品类繁多的酿酒微生物。其中仅有益微生物就多达 600 多种,形成了庞大的微生物群落。其中嫌气芽孢杆菌是国宝窖池窖泥中的优势微生物群落,体现了浓香型白酒老窖窖泥独特的微生物特征,影响着粮糟的发酵和出酒品质。窖池越老,有益微生物越多,粮糟发酵产酒酒质就越好。经专家多次考证,微生物具有浓香的生香菌珠以及老酒体成分,在酯化老熟、以窖养酒的过程中,赋予了泸州老窖大曲酒"纯香浓郁、饮后尤香、清洌甘爽、回味悠长"的独特风格。

"国窖"历经数百年的持续运营,以及近年来系统的品牌营销,已发展成为厚重的制造品牌,为"国窖 1573"提供了坚实的品质保障,并增添了厚重的历史韵味。

(二)历史文化营销

泸州酿酒,肇自远古,是我国酿酒历史最悠久的地区之一。根据《泸州市志》记载,泸州的酿酒史至少可以追溯到秦汉时期。至宋代,泸州人已经掌握了烧酒制法,出现了"小酒"与"大酒",《宋史》中有关宋代"大酒"的记载和最新考古发现表明,宋代的泸州人已经掌握了制曲蒸酿、贮存醇化的制酒工艺。到明朝,窖藏酿制的泸州大曲酒工艺日趋完善,创立于明万历年间的国宝窖池正是这一深厚历史文化的最佳体现。

1915 年,"泸州老窖"酒即获得了巴拿马万国博览会金奖。1952 年获评首届中国四大名酒,并成为唯一蝉联五届"中国名酒"称号的浓香型白酒,被誉为浓香型白酒的典型代表。

1996 年"泸州老窖窖池"经国务院批准为白酒行业首批全国重点文物保护单位,被誉为"国宝窖池";2006 年,"国宝窖池"被国家文物局列入"世界文化遗产预备名录";2006 年 5 月入选首批"国家级非物质文化遗产名录",成为行业唯一拥有"双国宝"的企业。见图 6-3~图 6-5。2006 年,泸州老窖入选首批"中华老字号"认定名单。2013 年 3 月,泸州老窖 1619 口百年以上酿酒窖池、16 家明清酿酒作坊及三大天然藏酒洞,一并入选第七批全国重点文物保护单位。"国窖 1573"与 400 年国宝窖池在时空上实现了接续,通过历史、文化价值的传承有效地提升了品牌价值。

图 6-3 国家重点文物保护单位

图 6-4 国家级物质文化遗产

图 6-5 国家级非物质文化遗产

近年来,泸州市委、市政府,以及泸州老窖集团也持续加强了对于"国窖"的保护与开发和经营,持续提升"国窖"的品牌价值和品牌资产。泸州在"中国第一窖"附近建设了"国窖广场",恢复了 1、2、3、4 号泸州老窖窖池,并收集和完整陈列 1400 年前隋末唐初五代时期出土文物,系统展示明代酿酒作坊风格以及 428 年前的明代中国民居与民俗。"国窖广场"还将酿酒文化、品酒文化、酒肆文化融为一体,生动展示泸州老窖的历史风貌和酒文化底蕴。海内外的游客还可以亲身体验从酿酒—操作包装—精制成品到品酒的全过程。未来泸州还拟建设泸州老窖的历史"演进塔",全面展示泸州老窖的发展史、历史遗迹和历史殊荣等。

(三)泸州酿酒资源营销——水、粮食与藏酒洞

1. 独特的地理资源

泸州地处川南,气候温和,雨水充沛,以湿热为主,特别有利于原粮发酵,对于窖酒的酿制具有显著的影响。泸州作为名酒之乡,也得益于地处长江上游的优质水源。据记载,泸州很早以前就用长江水酿酒,所酿之酒,醇香浓郁,清冽甘爽,饮后唇齿留香。经专家化验分析,流经泸州的长江水口感微甜,呈弱酸性,硬度适宜,能促进酵母的繁殖,有利于酒的糖化和发酵。

2. 独特的酿酒原料

四川南部由于气候、水土适宜,盛产优质的糯红高粱,"国窖 1573"所需的糯红高粱是特供品,不使用任何的化肥合成肥料,支链淀粉含量平均 79.05%,比北方红粒粳高粱约高三个百分点,这也是"国窖 1573"酿制所用的特征性原料。以此原料酿造的"国窖 1573"酒具有"醇香、绵甜、浓厚、甘洌"的特点,这也是与其他酒的典型区别之一。

3. 藏酒洞

纯阳洞、龙泉洞、醉翁洞是泸州老窖的三大天然储酒宝洞。纯阳洞,以吕洞宾别号命名。八仙中吕洞宾、张果老、韩湘子都与泸州酒留下了美丽的传说,尤以"吕洞宾醉卧古江阳"最为有名,还有"张果老葫芦沽美酒,众仙醉倒东方白"的佳话。抗战时期,泸州军民为躲避日本飞机轰炸,加固筑成防空洞;新中国成立以后作为泸州老窖的原酒储存之地。龙泉洞位于凤凰山脚,与古营沟为邻,因洞口前有历史悠久的"龙泉井"而得名。数百年来,营沟的先民用龙泉井水酿制老窖大曲,并将新酒储存于龙泉洞中自然老熟;井与洞相得益彰,是除了老窖酿酒作坊外的另外两大奇观。醉翁洞地处泸州小市,隔沱江与城相望,背倚五峰山,面临沱江水,风景秀美,市面繁华。醉翁二字得名于唐代诗仙李白,李白一生诗风豪放,钟情美酒,喜好周游天下。李白曾约唐玄宗天宝初年游经泸州,豪饮泸州酒,后回长安作有《蜀道难》一诗,流芳百世。安史之乱中,李白被流放夜郎,再过泸州,并与泸酒结缘,后人为了纪念他,将这一天然储酒洞称为"醉翁洞"。

用天然洞库贮存白酒,是泸州老窖酒传统酿制技艺中一个重要环节。这些天然储酒

洞四季恒温恒湿,冬暖夏凉,终日不见阳光,空气流动极为缓慢,温度常年保持在 22℃左右,湿度常年保持在 95 度。这种稳定而优良的贮存白酒条件,有助于酒体吸山川之灵秀,纳自然之神韵,实现从新酒的"极阳状态"转化为陈酒的"极阴状态",最终实现白酒的阴阳平衡。洞藏之后的"国窖 1573"原酒具有"陈香优雅、窖香浓郁、醇厚、绵柔、细腻"的特点,感官稠密而挂杯壁,手触嫩滑,柔软如丝绸。

4. 千年甘泉

龙泉井位于中营沟末尾段二中北山坡龙泉寺旁,它是一口优质水井,很早就有,至今犹存。营沟里所有糟房烤酒都用过龙泉井水,附近居民生活饮用也在此挑水。关于龙泉井陈鑫明讲述过一则动人故事,刻在"国窖广场"的龙泉井旁,配以精美图解,登载于《泸州老窖》一书的历史篇中。

相传很久以前,泸州城南凤凰山下,住着一户以砍柴为生的舒姓父女。一日父亲砍柴时,看见一大鸟吞噬一条小青蛇,父亲赶走了大鸟,救了小青蛇性命。小青蛇恰好是龙王的儿子,龙王得知后酬谢他一坛仙酒,并说:"恩人请带上这酒,你们父女一辈子也不愁吃穿了。"后仙酒不小心打倒在井里,舒老大舀出泉水一喝,如仙酒一般,父女俩就把这口井称为龙泉井。后来父女俩以此泉水酿成美酒,醇香浓郁,清冽甘爽,饮后留香,回味悠长。好酒轰动了全泸州,人们争相排队购买,龙泉井酿出的美酒也从此名扬九州。

(四) 酿酒工艺与技术营销

在生产上,"国窖 1573"采用了"续糟配料、固态发酵、泥窖生香、酯化老熟"的独特工艺,自明代传承至今。酿造的过程主要分为原粮发酵、蒸馏、储存和勾调。

1. 发酵

一般优质白酒的发酵期为 2～3 个月,而"国窖 1573"的入窖发酵时间则为 12 个月。长时间的活力发酵可以使原料充分吸收窖池的香味成分。超长时间发酵的也需要持续保持窖池的微生物活力,这方面也是泸州老窖酿酒技师们父子相传、师徒口传心授的不二法门之一。

2. 蒸馏

在蒸馏过程中,"国窖 1573"只选取蒸馏出酒中"中段"的最精华部分,而"酒头"、"酒尾"则弃之不用。

3. 储存

"国窖 1573"的所有基酒都在泸州老窖公司的三个天然地下酒库(龙泉洞、纯阳洞、醉翁洞)储存,在一年四季近乎"恒温恒湿"的条件下,自然循环老熟 30～50 年。

4. 勾调

好酒的勾调过程既复杂又精细。"国窖 1573"勾调过程中所用的调味酒均为存放 50年以上的公司藏酒。一坛 50 千克的基酒,注入几毫升调味酒,风格、口味会迅速按照调酒师的期望发生变化。"国窖 1573"的整个勾调过程都由泸州老窖集团多位资深的国家级尝评大师来完成,有效地保障了"国窖 1573"的品质。

美酒醴久而弥香,国家白酒专家组鉴定认为,"国窖 1573"具有"无色透明、窖香优雅、绵甜爽净、柔和协调、尾净香长、风格典型"的特点。泸州老窖多年来坚持不懈地创新生产工艺,坚守品质,并经受住了消费者的检验。

(五)行业标准营销

在 1957 年 10 月至 1958 年 4 月间,国家轻工业部牵头相关企业开始从科学规范上整理、继承祖国深厚的酿酒传统和酿酒文化,并组织制定具有法律意义的白酒行业和卫生标准。在 1952 年中国首届白酒评比会上,泸州老窖以浓香型白酒典型代表的身份被评为"中国名酒",轻工业部组织有关单位组成了泸州老窖大曲酒总结委员会。在酿酒专家陈茂春、熊子书的指导下,全面、科学地对泸州老窖酒的发酵机理、酿造工艺、生产流程进行分析、研究、总结,制定了中国浓香型白酒的行业标准,并在 1959 年由轻工业出版社出版了浓香型白酒第一本酿造工艺书《泸州老窖大曲酒》。其后泸州老窖依托百年来沉淀的技术和人才优势,对全国 300 多家曲酒厂开展行业标准培训和生产指导,培养了大批行业人才,并使一大批科研成果在全国范围内广泛推广和普及。最终形成了当今占有 70% 市场份额的浓香型白酒企业群体。在一定程度上,中国浓香型白酒的行业标准是按照泸州老窖的各项指标制定的。行业标准的制定与行业人才的培养,也有力地奠定了泸州老窖在中国白酒行业中"浓香鼻祖"、"酒中泰斗"的地位。

(六)专家营销

目前泸州老窖集团拥有两名"中国酿酒大师"、五名国家级尝评员、一批省级尝评员以及数百名酿酒技师,这样的技术阵容在全国白酒企业中都属罕见!一流的技术人才创造一流的产品,创造一流的产品质量;专家营销也是提升品牌价值,增强消费者对于产品价值认同,创建消费者忠诚的重要手段。泸州老窖集团多年来通过新闻报道、专访等多种形式报道和推广集团的专家,传播集团的技术创新及技术改善案例,有力地传播了企业的专业形象和产品的品质价值。

二、"国窖 1573"的品牌价值经营

泸州老窖的品牌经营在实践中有两大思路,其一是深入挖掘品牌内涵;其二是做品牌经营者,重点做高附加值产品。泸州老窖集团还提出,未来股份公司人数将不再增加,而是通过调整人员结构,提升高知识层次员工人数,减少普通劳动力数量的方式提升员工的知识结构和专业水平。

（一）深入挖掘品牌内涵，提升品牌价值

泸州老窖在"国窖 1573"品牌价值塑造中，以 400 年"国窖"为核心品牌价值诉求，以泸州千年酒文化为核心文化内涵和情感价值支撑，以"天地同酿，人间共生"为核心观念价值和经营理念支撑，以源自 1573 年的国宝窖池为独特品牌价值形象，以独特的酿酒资源、百年传承的酿酒工艺和名酒品质以及行业标准的建立者为品牌功能价值支撑，实施了系统的品牌经营。

在深入挖掘品牌内涵方面，泸州老窖集团将品牌价值进一步细分为五个层面，系统塑造高端产品"国窖 1573"的品牌价值。包括具有 433 年历史的国宝窖池群、泸州老窖独有的传统酿造技艺、酿造原料和稀有的地理与气候等方面。2006 年 5 月泸州老窖国窖入选首批"国家级非物质文化遗产名录"，泸州老窖也借势在四川开展了相关主题的文化遗产宣传周活动。在成都糖酒交易会上，泸州老窖集团推出以"品味之道，在乎稀有"的品牌诉求，进一步传播"国窖 1573"的品牌价值理念。

（二）推出封藏酒

为进一步提升品牌价值，泸州老窖自 2007 年开始发展"国窖 1573"封藏酒产品，通过客户定制化服务建立品牌血统，打造封藏酒品牌。见图 6-6。某一个集团或某一个高端的人群的客户，在定制"国窖 1573"时可以注明身份，定制于"国窖"窖池、生产于哪个年份、收藏于泸州老窖龙泉洞、储藏于龙泉洞，然后再打造客户企业的品牌 Logo，通过客户的个性化定制发展中国的奢侈酒品牌，并创造高利润。

图 6-6 "图窖 1573"封藏酒产品

宣传语

"国窖 1573"定制酒，是根据泸州老窖得天独厚的酿酒资源，应超高端消费人群的特定需求而推出的奢侈级酒品。作为中国第一款定制白酒，国窖 1573 定制酒具有稀缺性、复杂性、艺术性、综合性、私密性及收藏增值性特点，开创了中国超高端白酒定制的新时代。

酒精度：68°

规格：2500 mL

包装（瓶/件）：1

2008 年 3 月 23 日，泸州老窖举办了泸州老窖 2008"国窖 1573"封藏大典，开启了中国高端定制白酒的先河。泸州老窖当日以"期酒"的形式拍卖其 2007 年首批藏酒，并对 9

坛特殊数字编号的青花瓷装定制封藏酒进行了现场拍卖,拍卖总价高达409万元。封藏酒的推出也揭示泸州老窖集团面向高端市场方向打造发展"国窖1573"的信心和决心。

(三)限量限产,以量定价,饥饿营销

在品牌经营方面,泸州老窖提出未来公司不会再新建窖池,而是聚焦中高端品牌产品的制造和中高端品牌形象的塑造,同时低端产品的经营逐步外包。根据泸州老窖集团的发展战略,"国窖1573"的供应量在达到产能极限3000吨后也将不再增加,以确保产品品质,"国窖1573"未来的发展路线将从数量的增长转移到价值提升方面。作为一个具有浓厚文化底蕴产品的稀缺性产品,"国窖1573"提价空间应该更为开阔。另一方面是产品深度开发,基于年份的不同开发1000元、2000元、3000元的产品,"国窖1573"的产品盈利能力有望持续增加。

(四)创新品牌营销

在品牌价值传播中,泸州老窖也注重深入挖掘、提炼、塑造和营销泸州老窖富有深厚历史文化内涵的国窖文化、独特酿酒资源、独特酿酒工艺与技术、行业标准、酿酒专家等具有专属性的品牌价值基因,通过人物专访、深入报道、人型酒文化活动、"国窖广场"等标志性建筑建设等方式,通过电视、网站、报纸、户外媒体、销售终端等渠道系统传播"国窖1573"独特而高贵的品牌价值。

近几年来"国窖1573"的品牌广告以历史悠久的国窖为核心价值基因,以客户化的消费价值诉求为传播主题,有效地传播了"国窖1573"的品牌。其广告词如下。

"你能听到的历史12×年,你能看到的历史17×年,你能品味的历史43×年……"

在2010年,"国窖1573"的品牌广告又以全球的华人的情感诉求为传播主题,致力于以悠久的与"国窖"价值理念相匹配的中华悠久历史和文化打动消费者的情感与心灵。其广告词如下。

"凡华人之所在,皆有'国窖1573'……"

在产品包装方面,"国窖1573"的包装设计也独具匠心,系统应用了瓷器、木质包装、纸质包装等多种包装形式,有效区分了产品档次和品类。下文以"国窖1573"38/52度酒的产品包装与品牌宣传画,以及宣传文稿为例,介绍泸州老窖的产品营销。

"国窖1573",源自全国重点文物保护单位——1573国宝窖池群,国家级非物质文化遗产——泸州老窖酒传统酿制技艺酿造;"双国宝"酿造,中国顶级浓香型白酒的代表之作;被誉为"中国白酒鉴赏标准级酒品",品之柔顺协调,绵、甜、爽、净,滋味醇厚,与法国顶级白兰地、苏格兰顶级威士忌一起被称为世界三大顶级蒸馏酒。

专家评语:"无色透明、窖香幽雅、绵甜爽净、柔和协调、尾净香长、风格典型。"

"国窖1573"酒瓶采用德国水晶玻璃烧制,设计为外圆后方状,可以起到凸透镜的作

用,能够让我们的消费者放大、清楚地观察到瓶中的酒体,放心地饮用每一瓶"国窖1573";圆形的酒瓶容易脱落,方瓶磕手,外圆后方的设计增加了酒瓶和手的摩擦面,能更稳当地握住酒瓶为客人斟满一杯"国窖1573"酒。

包装寓意:五个"中国"

(1)外包装采用国旗色:红、黄两色。

(2)"国窖"两个字是公司的专用字体"残宋体",宋体是中国文字的国体。

(3)包装盒顶部用"国玺"的形式印制了"国窖酿造"四个字。

(4)包装盒打开后,底座彻底展开是一朵国花:牡丹花。

(5)在包装瓶背面、挂牌、外包装、外箱包装上一共设计有 960 颗五角星,代表的是祖国 960 万平方千米的土地。

三、泸州老窖的品牌架构管理

20 世纪 90 年代,泸州老窖的品牌经营也曾有过误区:向大众酒和低端酒靠拢。泸州老窖总经理张良曾指出,以前泸州老窖有近百个不同的品牌,却没有形成理想的品牌价值,公司也一直在反思这个问题,其原因在于这些品牌资源并没有充分利用,品牌定位不足和品牌之间存在相互抵触,各品牌没有有效地形成一个整体,数量和质量的关系需要调整。泸州老窖集团目前也在逐步调整品牌体系,细分出国窖系列、泸州老窖系列、泸州老窖养生酒系列其他四大类子品牌,逐步突出强势品牌,使公司的资源向重点品牌集中。

(一)重点发展中高端产品

近年来,泸州老窖集团品牌建设的重点逐步向中高端消费市场倾斜。2003 年公司高档酒的毛利率达到了 70%,而低档酒的毛利率仅 27%,品牌价值的影响逐步显现。在高端消费市场,公司重点培育"国窖1573"品牌,面对高端消费者,深度开发"国窖1573"品牌,高品质、高文化、高价值、高价位的发展模式发展高端和奢侈品品牌引领市场,并获得超额利润。未来 3~5 年,"国窖1573"酒的销售收入有望保持每年 1 个亿的增长速度;"茅台"、"五粮液"、"国窖1573"等高端白酒目前价格在 600~800 元,未来定位是高端奢侈品,价格会继续走高。

目前"国窖1573"已根据定制、年份与包装的不同,陆续开发出定制一号、国花、国礼、V5、38/52 度、典藏、礼品酒、中国品味、国学、红爵、蓝花釉、臻传、至圣、红瓷瓶、至尊、至美、水晶礼品装、水晶酒具装、木艺礼盒装等系列产品。

(二)加强中档品牌建设

在中档消费市场,泸州老窖集团的品牌经营重点是重塑"泸州老窖特曲"品牌,实现价值回归,并将其打造成为面向高端商务用酒的新"泸州老窖特曲"品牌。过去泸州老窖特曲的劣势较为明显,在品牌形象、渠道管理、市场营销等方面都存在不足。泸州老窖特曲实施了以年份酒为主导的产品发展策略,依托四口明代"国窖"提升品牌价值,依托丰厚的百年窖池资源,以产能和品质优势冲击中端白酒市场。雄厚的百年窖池资源为"泸州老窖特曲"提供了品质和产量保障。行业领先的人才和技术优势使得公司可以创新发展适应不同区域人群的口味的产品。公司洞藏原酒 6 万吨左右,其中 60%以上可以生产特曲产品,又存在成本优势。创新的产品和品牌营销结出硕果,2007—2014 年以来,新"泸州老窖特曲"受到了消费者的认可,在产品价格上升的同时产品销量依然稳健增长,出厂价比从前上涨一倍以上,产品价格也进入 100～200 元的主流价格区间。

目前泸州老窖品牌根据酒质、年份和包装的不同,已经开发出年份特曲、精品特曲、特曲、酿艺、精品头曲、浓香经典、百年、蓝花瓷头曲、二曲、八年陈头曲、六年头陈曲、紫砂大曲等系列产品。

同时,近年来,针对中高档市场,泸州老窖集团又实施了产品创新,并开发了"泸州老窖 1952"品牌白酒。在中国商业联合会白酒专家协作组召开的"泸州老窖 1952"品评会上,白酒界专家普遍认为,"泸州老窖 1952"窖香幽雅、醇厚绵甜,谐调爽净、余香较长,浓香风格典型,与浓香鼻祖泸州老窖一脉相承。"泸州老窖 1952"的发布,进一步完善了泸州老窖的产品体系结构。数字化的品牌命名,保持了集团产品品牌谱系的品牌识别统一性与延续性,有利于消费者将强势品牌"国窖 1573"的品牌价值联想延伸到"泸州老窖1952",有利于"泸州老窖 1952"的品牌价值建设,也有利于"泸州老窖 1952"的品牌形象塑造和品牌传播。

"泸州老窖 1952"的品牌名称也具有丰富的历史文化内涵。1952 年,四川省人民政府成立、成渝铁路全线通车,给巴蜀人民很深的历史和文化烙印。1952 年,新中国第一届全国评酒会议评选全国名酒,泸州老窖被评为四大名白酒之一。在酱香型、浓香型、清香型等白酒品类中,泸州老窖大曲酒以浓香爽口、柔和纯净,被誉为"浓香型白酒的典型代表"。50 多年来,泸州老窖以其名酒的示范效应、浓香型白酒酿造技术标准制定与传播,以及全国范围内的白酒人才培训,带动了我国酒类行业尤其是浓香型白酒的发展,如今浓香型酒已占全国白酒市场的 70%的份额,泸州老窖功不可没。"泸州老窖 1952"产品的开发与推出,既有深远的历史渊源,也有深刻的社会文化价值,有力地支撑了"泸州老窖 1952"的品牌价值建设。

(三)发展中低端品牌

针对中国规模庞大的普通消费者的消费能力,泸州老窖集团基于历史上经销商品牌众多的原因,以及占有中低端市场的考虑,继续维持和发展众多泸州老窖品牌相关的中低端品牌。发展多品牌产品,依靠子品牌集群抢占细分地域市场,其优势是有利于满足中低端市场的消费需求,并扩大泸州老窖品牌产品在中低端市场的占有率,并促进消费者的消费升级中建立品牌认知与品牌偏好。其缺点是在激烈的市场竞争环境下,多品牌运营将消耗很大的运营与市场资源,并且不能够集中优势资源打造龙头产品,不易形成具有强品牌的产品,以牵引形成具有广泛市场知晓度与大市场占有率的大销量产品;并且个别品牌产品的质量与口感问题会降低泸州老窖自身的品牌价值与品牌声誉。我们认为,泸州老窖尚需逐步调整品牌架构,整合品牌资源,缩小子品牌数量,逐步集中资源建立与发展更多细分市场的强势品牌,在强品牌牵引下建立市场竞争优势。

(四)建立品牌金字塔

目前泸州老窖公司的品牌架构和品牌经营格局,包括三个品牌层次。"国窖 1573"位于最高层——品牌塔尖,"国窖 1573"主要定位为高档、超高档中国白酒品牌,实行"量服从于价"的原则,即以产品的品质和品位而不以数量取胜,以提升品牌的附加值,公司将把"国窖 1573"作为百年品牌来经营和保护,并提升泸州老窖品牌的整体档次。泸州老窖特曲、百年老窖和浓香经典三个产品位于中间层——品牌塔柱。这部分品牌产品是白酒消费的主要产品和公司利润增长的主要来源,未来泸州老窖集团要逐步扩大生产销售量,使之成为企业利润的主要组成部分。20 多个产品品牌构成的独立品牌体系位于最底层——品牌塔基,这些品牌,包括一些独立品牌产品将服务于区域性的细分市场,并根据所服务细分市场消费需求的变化进行调整,并决定是否继续发展或者舍弃。泸州老窖的董事长谢明曾指出,"泸州老窖集团需要结合中国国情,提供不同档次的优质产品,满足不同的消费群体的消费需求;只不过说每一个消费群体的量,可能有所区别。我们的中低端酒,可能量占得多一点,但是作为贡献来讲,我们的高端酒量很小但是贡献率很大。"

四、企业文化建设

在企业文化建设上,泸州老窖集团建立了"天地同酿,人间共生"的经营理念与"国窖"文化,以"敬人敬业,创新卓越"为企业精神,发展与社会同行、与环境相依、与人类共存的共生共荣的价值理念,追求"在中国灿烂名酒文化熏陶中,全人类共享幸福美满的生活"。企业文化与品牌价值理念也实现了有效的契合与协同。

在质量文化建设上,泸州老窖集团确立了"以德酿酒,诚信众生"的质量理念,在产品质量管理上永远精益求精,致力于为消费者奉献高品质的"国窖 1573"、"百年泸州老窖"、"泸州老窖特曲"、"泸州老窖浓香经典"等系列美酒佳肴。

2008 年,泸州老窖有限公司实施换标,启用了新的企业标志,见图 6-9,广受市场和消费者认可和熟知的"泸州"牌只作为企业旗下的一大产品标志,全新的红蓝"太极"式标志作为泸州老窖的企业标识。泸州老窖希望透过产品和企业文化,以富有文化韵味的崭新标志,展现泸州老窖作为泸型酒"浓香正宗"的酒业地位,展现泸州老窖人对"天地同酿,人间共生"的执着追求与坚守。

图 6-7　泸州老窖新企业标志

五、泸州老窖的竞争优势与未来发展

经过多年努力,泸州老窖在白酒领域已经逐步建立起系统竞争优势。据泸州老窖原总经理张良所讲,泸州老窖的优势,第一是拥有资源优势,公司是国内酿酒最稀缺资源——窖池的最大拥有者,有百年以上的窖池 1600 余口,其中包括距今 400 余年的国窖窖池。公司的"国窖 1573"、"泸州老窖特曲"和大曲产品目前也已经获得了国家原产地保护。第二是拥有技术优势,泸州老窖公司已经形成了包括国家级、省级和公司级等不同级别的专家梯级队伍,其中,国家级技术专家有 6 名;公司独创的"制曲四边操作法"、"人工窖泥"、"双底轮发酵"等技术和工艺都是行业内领先的。第三是拥有原酒储备优势,目前公司原酒储备已经超过 5 万吨,其中有 3.5 万吨达到了特曲标准,酒品的生产能力和储藏能力已经远远大于销售能力,公司未来 10 年内的生产都获得了保障。第四是拥有专业化的营销和管理团队。泸州老窖公司成立了专业化营销公司,并通过专业市场调查公司及时反馈市场信息,将营销网络做大做强。

作为泸州酒业的龙头,百年老字号泸州老窖集团已成长为国有大型骨干酿酒集团。目前公司占地 800 余亩,建筑面积约为 14 万平方米,员工 5000 余人,其中高中级企业管理人员和工程技术人员 500 多人,年产泸州老窖系列酒 8 万吨以上,原酒库存也将逐步扩张到 20 万吨,现代化包装生产能力已达到 15 万吨,通过泸州酒业集中发展区建设可达50 万吨。"国窖 1573"更是誉满海内外。

未来泸州老窖集团已确立了 2018 年实现综合性收入 800 亿元的发展目标,致力于打造中国最大的酒业集中发展区——中国酒谷。实施"双品牌塑造、多品牌运作"的品牌战略和可持续发展战略,以酒业发展为核心,通过传统制造业与资本运营的有机结合实现扩张,形成融入经济全球化的大型现代集团企业,把泸州老窖建成全球酒类市场中的航空母舰,使其成为全球酒精饮料行业的骨干企业。

六、泸州老窖的未来品牌建设

发展中的泸州老窖,应该是中国白酒行业品牌经营最为出色的企业之一。由于中国白酒市场的激烈竞争和中国消费者饮酒习惯的变迁,泸州老窖集团的品牌经营还面临着许多挑战,还有许多方面需要进一步发展和完善。泸州老窖集团的品牌建设,有六大问题需要关注。

一是如何有效应对消费者酒类消费习惯的变化,在白酒市场相对萎缩时创造更好的持续成长模式?

二是如何与茅台、五粮液等行业领导品牌有效竞争,并成功打造中国酒类的奢侈品品牌?

三是作为浓香型白酒领域的产业领导者,如何在产业经营理念、产业文化的层面引领和带动整个产业的提升和发展?

四是泸州老窖集团如何有效地整合市场和品牌资源,拓展在浓香型白酒市场的市场份额?

五是泸州老窖集团各产品品牌的核心品牌的价值定位和个性形象是什么?如何有效整合和牵引相关产品的价值成长?

六是什么样的品牌管理架构和品牌管理模式最适合泸州老窖集团的品牌经营,有利于品牌资产的持续成长?

在品牌价值成长方面,笔者认为,目前在中国白酒行业,酒的储藏年份应成为主要价值提升方式。基于中国的深入人心的礼仪文化、酒文化和关系文化,高端品牌白酒的销售量还将持续增加,高端品牌的年份酒基于数量的稀缺性仍将保持持续的价值成长,并将同步带来高端品牌年份酒价格的持续提升。同时,基于高档白酒产量的有限性和年份酒多年储藏的客观现实,年份酒的产销量始终有限。以产品功能差异化实现功效的差异化,也将在未来成为白酒企业实现品牌价值提升的有效模式。随着中国消费者消费理念及饮食文化的发展,针对细分市场,发展包括养生酒、养颜酒、滋补酒、药酒等细分产品将有更大的市场空间和价值提升空间。同时,对于原产地特色资源的挖掘、对于传统酿造工艺的改进、对于传统历史文化的提炼,也将成为提升名酒价值的重要模式。

在品牌架构管理方面,鉴于白酒品牌经营的高额成本,笔者认为泸州老窖集团应系统梳理庞大的品牌体系。泸州老窖集团一是需要缩减各个阶层的子品牌数量,在各档次中重点选择、维护和发展几个主要品牌;二是需要面对不同的细分市场调整子品牌的价值定位和形象定位,并相应地改进和发展系统化的品牌命名方式,建立清晰的客户识别体系;三是需要将企业的资源投入更加侧重,通过集中的资源投入在各档次产品品牌体系中创建和发展强势品牌,建立市场竞争优势,扩张市场份额,以此牵引其他品牌的发展。

参考资料:

泸州老窖集团网站:http://www.lzlj.com/about/summay.html.

好搜百科:http://baike.haosou.com/doc/5395437.html.

案例 6-2　"天农清远鸡"的品牌价值成长模式

中国农产品长期以来缺乏有效的品牌经营和差异化运作,多数企业和产品处于产品同质化、低附加值、采取价格竞争、以量取胜、低价格、低利润的市场运作阶段。"天农食品"的品牌价值成长模式值得借鉴。

广东天农食品有限公司于 2003 年 3 月由张莹创立,总部位于清远市飞来峡镇江口,是一家专注于优质家禽(鸡、鸭、鹅)产品产业化的大型高科技股份制企业。天农食品通过产业化运作和品牌化经营,在原产地运作,标准化养殖,信息化管理,从"源头到餐桌"的全产业链经营,建立了富有特色的品牌价值成长模式。短短六年时间,"清远鸡"已成为中国高品质鸡的领先品牌,天农食品也已发展成为广东省第二大养殖企业。

精选原产地良种

中国肉禽养殖业竞争激烈,产量大、需求也普遍的速成鸡在品牌的溢价上具有先天不足的劣势。"天农食品"在创业伊始就选择了清远鸡作为主营产品,以广东清远作为生产基地。

清远麻鸡,俗称清远鸡,因母鸡背部有无数芝麻样斑点而得名,名列中国十大名鸡之首,被名厨称为"文武鸡"。清远鸡是世界级的珍稀品种,具有极大的商业价值。而广东清远山清水秀,非常适合家禽的规模养殖,加上地理条件、区位优势明显,一旦扩大规模,品牌化运作,无疑能够在农产品中脱颖而出。这种原产地名品家禽的资源也有利于创造稀缺效应和独占的垄断资源,对企业品牌价值的提升将起到积极的作用。善用"原产地"优势会给产品的价位赋予很大的想象空间。

但是伴随经济发展,在利益驱动和小农经济意识的驱使下,为扩大清远鸡产量,自20世纪80年代起清远鸡就被杂交甚至大量假冒,纯种清远鸡遭遇濒危局面,使真正的清远麻鸡品牌声誉受影响,产品价格与销量也处于低谷。

1999年清远鸡入选国家濒危保种资源保护开发项目,农业部成立了原种保种基地——"凤中皇"公司原种保种场,成为清远鸡唯一的原种保种基地。"天农食品"抓住时机收购了凤中皇公司,并注入技术力量,组织了大量高级专家对清远麻鸡进行提纯复壮研究。随后,天农在清远市设立了麻鸡原种以及繁育场,对清远麻鸡濒临危种实施保种繁育,并成为唯一的国家级清远麻鸡品种资源保种场,并承担起国家农业部"清远麻鸡濒临保护利用"品种资源保护和开发项目的重要任务。在产品源头上占据了不可替代、难以复制的竞争优势,为持续提升品牌价值奠定了坚实的基础。

精心定制养殖模式——慢养

一般企业养殖的肉鸡,以经济效益为先,强调饲料比,强调缩短上市时间,40天左右就能将肉鸡催熟到5斤上市销售。天农食品在养殖清远鸡的过程中,有意追求"慢",一般养140~160天才上市,别的企业都已经养完三四轮鸡后,"天农食品"养殖的清远鸡才养完一轮。"我们要让鸡只做足够的运动,经历正常的生长代谢周期,这样肉才好吃。""天农食品"创始人张莹曾这样阐释天农公司的饲养理念。

对于自然规律的敬重和遵循,认真负责,不计较短期利益的养殖方式,对于产品品质的执着坚守,也让天农的清远鸡品牌持续维持在市场高端品牌地位,目前一只清远鸡的售价最高达88元。

标准化运作

品牌化运作的重要基础是建立标准化的管理和运作模式,产生高品质的标准化产品。六年间,"天农食品"逐步建立和完善了"公司+基地+标准化+品牌营销"的经营模式,使原种清远麻鸡迅速步入产业化发展。

"天农食品"选择养殖大户,对养殖户实行标准化管理控制,把养殖户做成一个可持续盈利的标准化养殖车间。在产品养殖链条上,公司提供清远鸡种苗、饲料、技术,并回收产品销售;养殖户提供场地、劳力,负责养殖管理,不担心生产资料,也不用担心市场风险,成为一个产能连锁车间。目前"天农食品"带动了三千多户农户从事养殖业,农户年均增收两万多元,企业生态系统的形成和共生共荣的发展模式,为天农食品的持续发展奠定了雄厚的基础。"天农食品"创始人张莹也在 2009 年 9 月获中国扶贫开发协会颁发的"中国扶贫开发典型人物"称号。

完善质量与安全监控体系

在产品质量监控方面,"天农食品"建立了信息化管理系统,从源头到终端全程跟踪,每批家禽成长过程中的育苗、饲养、防疫等信息,实现每只家禽的可溯性,每只鸡的养殖过程、健康状况随时可以通过电脑调出来。

为了保证每只鸡均为正品,"天农食品"建立了多重防卫措施。第一重是鸡只从种苗时就佩戴金属环。第二重是通过天农品质检验健康成长的鸡只,会带上另一个塑料环。塑料环的一面是凤中皇的商标,列明鸡只的"身份证",消费者可以通过电话查询信息;另一面则是鸡只的清远原产地注册商标。第三重也是最后一环是鸡只的编码,表面上看不到,但是撕开后可以看到上面写着"正品"二字。

"天农食品"的技术管理中心,具备了家禽品种性能测试、饲料检测、免疫检测、疾病监控、食品品质化验与食品卫生检验等职能,并用信息化管理系统建立了食品生产"从源头到餐桌"的全程质量监控体系,从而确保了产品品质和食品安全性。

"天农食品"通过对清远鸡整个生产供应环节的精细流程管理,以及全程质量管理与质量监控,从饲养环节到经销环节一直到餐桌供应环节有效地保证了品质与食品安全,也是实施清远鸡品牌运作的重要基础。

建设终端品牌

"天农食品"的清远鸡,经历了清远鸡的品牌建设,以及从经销商品牌到终端品牌的发展历程。

"天农食品"的清远鸡,凭借过硬的品质和严格的质量和安全控制模式,很快获得了市场认可,并在经销商、批发市场中打响了品牌。广州的各大商场超市均能见到"天农清远鸡",身价高达 68 元一只。2008 年年底,"天农食品"的冰鲜清远鸡,在全球连锁零售商沃尔玛百货的山姆会员店上架,同时在一百多家超市拉开广泛的网点。借助超市带来的稳定人流,天农清远鸡的销量逐步稳定。

"天农食品"在打造连锁品牌方面也做出了探索。2006 年,天农食品首先在清远开设了两家连锁店。一个店面的投入大概是 3 万～5 万元。大红颜色的店面鲜艳抢眼,店面整洁,产品摆放整齐。专卖店里的一只鸡的售价高达 48 元,高于清远的日常消费水平,但是意想不到的是销量还不错,不到半年就回收了开店成本。有了第一家店的销售业绩,目前天农在清远已拥有八家店。2008 年,"天农食品"把战线推移到广州。在广州体育中心等商业旺地开了三家连锁店。由于在广州铺租、物流等成本增加,一只清远鸡的定价是68元,比清远定价高出20元。3个月后,张莹就把在广州的三家店撤掉了,原因是单店的配送麻烦,而且缺乏稳定的人流光顾。

经过广州清远两地的比较摸索,"天农食品"逐步采取了连锁加盟的经营模式,并逐步细化加盟店的装修标准、服务标准等标准化的流程,对加盟的经销商进行统一管理。未来这些加盟店将逐渐转换成配送商的模式。"因为毛鸡的批发系统已经非常成熟,要运送货物,需要通过经销商转变职能。"随着我国的农产品政策的变化,广西、河南等更多地域开始逐渐实行"禽类定点屠宰、白条禽上市"制度。新政策也将促使更多的养殖企业渠道经营模式的转变,占有了渠道就等于占有了商机。"天农食品"的品牌连锁加盟经营成效如何,还有待市场的考验。

品牌延伸

10年间,"清远鸡"已建立了从保种选育到肉禽供给的完整产业链条,也逐步积累了更多品牌口碑。天农的"凤中皇清远麻鸡"获得"广东省名牌产品"和"广东省著名商标"称号;"天农牌冰鲜鸭"获得"广东省名牌产品"称号。其中"凤中皇清远麻鸡"、"凤中皇清远麻鸡(冰鲜)"和"凤中皇清远鸡初生蛋"三个产品更通过国家"绿色食品"产品认证。

天农食品依托在肉鸡领域积累的品牌优势、养殖经验和营销渠道,又陆续扩大家禽养殖品类,实施品牌延伸。目前"天农食品"已拥有5种鸡、2种鸭、2种鹅共计9种家禽品种系列。公司的知名品牌"乌鬃鹅"在黑龙江绥化兴建了世界上最大的种鹅生产基地,并成功实现了"北繁南养"。天农陆续推出了"飞来峡"走地鸡、凤须黄鸡、天农飞鸭等新产品,并逐步发展成为高档禽肉产品和品牌,畅销珠三角和整个华南地区,远销北京、华东和西北等各大城市,受到广大消费者的欢迎与赞誉。

创业初期,"天农食品"仅有十几个人,现在天农已在广东、河南、黑龙江等地拥有八家分公司,成为继温氏之后,广东省第二大一条龙养鸡企业。

结语

发展中的"天农食品"仍处于品牌价值成长的路途中。是坚持发展高档产品,还是逐步实现高档、中档产品的合理搭配,扩张市场规模?如何进一步扩张产品种类、如何进一步做大产品规模?如何进一步做强品牌,拓展渠道与终端,扩张市场规模,做大市场份额?这些都是"天农食品"未来需要着重解决的问题。

参考资料:

徐璧玉.天农:清远鸡的品牌之旅[J].销售与市场,2010(2).

广东天农食品有限公司官方网站:http://www.tnong.com.

好搜百科:http://baike.haosou.com/doc/3304194.html.

案例 6-3　金源新燕莎 Mall 的商业品牌经营模式

自 2004 年 10 月位于在京西远大路一号金源新燕莎 Mall 正式开门迎客，已经过去了五年多。金源新燕莎 Mall 堪称亚洲第一 Mall，已然成为京城一景，也成为中国现代商贸流通业的一个不能忘却的里程碑。回顾和反思 Mall 的发展模式，也有助于为国内零售商业业态现在和未来的发展提供有益的借鉴。

客流与商圈规划

大型商业业态的成功，首先要有充足的客源保障。

金源新燕莎 Mall 在商圈和客流规划中，具体规划了三个商圈：核心商圈是以金源新燕莎 Mall 所毗邻的北京海淀世纪城为轴心的周边 10 千米范围内，顾客群体为 100 万人口；第二商圈以京西为核心，向北京全市延伸，顾客群体可达 1000 万人口；第三商圈扩展到了毗邻的河北、天津、辽宁、内蒙古、山西等地域，此为其辐射顾客群体在 8000 万人口上下。因此金源新燕莎 Mall 未来的成功运营是有着坚实的客户基础的。

交通体系的发展

潜在的客流能否变成有效的购物客流，关键在于便利交通体系的营造状况。金源新燕莎 Mall 在交通方面，已依托远大路规划了便利的道路，并在 Mall 外设计了数量充足的停车位，地面、地下、室内立体车场车位近万个，汽车从西、北三环、四环、西直门快速路都能直接开到 Mall 里来。北京市政府还将在道路交通、地铁站的开设以及周边环境的整治等方面给予大力支持，一个围绕金源 Mall 的交通体系即将建立。

多业态组合的商业定位

商业网点的成功与否，关键在于商业业态的定位能否有效吸引客流，在于其内含的商品规划和服务体系设计能否满足目标客户群的多样化以及个性化的消费需求。

目前世界上 Shopping Mall 在发展中形成了三大主题形式：生活 Mall、娱乐 Mall 和购物 Mall。金源新燕莎 Mall 的经营主题是综合生活 Mall。金源时代购物中心规划是由众多商业业态组成的。

其中金源新燕莎 Mall 由北京新燕莎铜锣湾商业有限公司负责经营和管理，整个面积有 18.5 万平方米，占据着整座 Shopping Mall 的半壁江山，是金源时代购物中心的主要组成部分。位居 Mall 东侧的是定位于高端消费者的燕莎友谊商城；在西侧与之遥相呼应的是以时尚为主题，服务于主流消费者的贵友大厦；中间部分是由 400 多家国内外知名品牌组成的旗舰店、专卖店、特色店、快餐店和服务设施。此外，金源时代购物中心中还引入了居然之家、汽贸中心、卜蜂莲花、星美院线、美食中心、方特乐园等知名企业，最近它们进一步共同丰富了金源新燕莎 Mall 的客户服务体系。

"生活圈"导向的营销理念

金源新燕莎 Mall 在资源组合上着重体现"兼顾中西",对零售、餐饮、服务等功能进行综合配套布局;在业态组合上着重体现"与世界同步";在商品规划上,在品牌机构上建立"金字塔"形结构,使品牌从高到中逐步展开;在品牌建设上,通过"精、美、全"的整体商品业态建设打造出时尚、高贵的品牌形象。目前定位于高端的燕莎友谊商城与定位于时尚客户群的贵友商城位于 Mall 的两端,中部已有近 90 家著名商品品牌将旗舰店设在这里,有许多是第一次进入中国;入驻的 400 多家品牌专卖店也各具特色,努力满足消费者多样化的需求。金源新燕莎 Mall 已经建成了德国荟萃城、日本精品城、(中国)台湾多彩厅、韩国商品城等特色海外或地区精品城,还在逐步发展具有特色的海外商品城,努力帮助消费者不出国门就能消费到世界各地的优秀文化和商品。

金源新燕莎 Mall 在五层设立了环球美食中心,拥有近五万平方米的营业面积,引进了国内外知名餐饮 20 多家,汇集了百余家国内外不同风味的美食,成为京城最大的一个美食部落之一。

文化营销

面对京城众多商场日趋同质化的商品,以及此起彼伏的打折促销竞争态势,如何实施差异化竞争,持续有效地牵引客流,也是摆在金源新燕莎 Mall 面前的一个严峻课题。

Mall 的"文化营销"就是以能满足包括物质和精神文化在内的多方位需求为目的,摒弃过去价格战等强迫式营销给顾客的压迫感,使购物中心成为顾客轻松休闲的天地。Mall 不但通过各种不同的景观设计并预留大量的休闲娱乐场所来达到"文化营销"的目的,还通过预留高雅的文化空间来举办明星演唱会、明星见面会、音乐会、歌手大赛、民间艺术节等各种文化活动来营造 Mall 的文化品牌和影响力。用差异化的营销手段吸引消费者的注意力和参与意识,同时让来 Mall 的顾客得到精神上的充实、满足与快乐。

在发展中成长

作为国内新兴的商业业态,金源新燕莎 Mall 仍在前行的路上,经营在不断地调整完善,认努力满足顾客多样化的需求。目前居然之家已经入驻,欧尚·宜家也已入驻 Shopping Mall,它们将以独特的营销理念和卓越的品牌形象满足不同层面顾客日益丰富的对家居文化以及家居产品档次提升的需求。在 Mall 地下一层占地近四万平方米的汽车城西侧,新引进的经营家电大卖场的国美电器已开业,东侧由湖北大师实业经营的创意小店铺——"流行快车"也完成了布局,即将开业。原来的中蓝汽车超市面积由 3.2 万平方米压缩到 2000 平方米,更为专注经营改装车、进口和国产畅销车。腾出的空间将兴建"慧佳儿童天地"和英国"天线宝宝乐园"等娱乐,并引进家电折扣店和欧式折扣店等新兴业态已认一步丰富 Mall 的业态品类。

金源 Mall 的圣诞、元宵节系列文化活动案例

12 月 24 日—1 月 2 日,金源新燕莎 Mall 举办了系列活动。

12月24日—12月26日开始：一层举办"圣诞美食夜"，消费者可凭报纸广告剪角免费换领圣诞小餐点。二层"激情平安夜"19时—22时在二层中心舞台上有合唱团唱圣歌、精彩歌舞表演、北京男孩乐队演唱。消费者免费观看，购物满200元者可参加假面舞会及现场抽奖，当晚产生100元奖10名、500元奖5名、1000元奖5名。四层"冰雪里的童话"有圣诞老人为小朋友免费派发圣诞小礼品，为小朋友们讲圣诞小故事，和小朋友们一起做游戏。

12月31日—1月2日开始：二层中心舞台举行四场名为"MALL 2005中国印象"的大型中华服饰展演，消费者可免费观看，展演时间为31日；1月2日—16日举办"金源新燕莎MALL非常冬季"户外体育用品节。1月15日—22日四层有"MALL中画梦想"，与BTV《七色光》联合举办现场活动，知心姐姐卢勤为家长解惑。此外，金源店还在节庆当中推出了法国商品文化月活动，突出展示了法兰西文化浪漫、激情、动感的特色，为节日增添了诸多亮点。

参考资料：

郭伟文."亚洲第一MALL"的营销之道探析[N].中国商报，2008-12-1.

金源新燕莎MALL官方网站：http://www.newyanshamall.com/.

第七章

品牌价值实现

营销并不是一味地推销已有产品,而是要为客户创造价值。

——菲利普·科特勒

在品牌发展逻辑上,品牌的发展与价值实现是个基于空间、时间与人的发展的历史过程,一般而言,遵循着从点到线、由线到面的发展路径。品牌价值实现经历了从单一品牌经营到多品牌经营,从组织内部的品牌资源整合到组织外部品牌生态系统经营的发展历程。与此相适应,企业的品牌价值经营与价值实现也是个长期、系统的过程。

笔者尝试提出了 3S 品牌价值实现方略,即企业在品牌建设与经营过程中,需要逐步发展和完善以单一品牌为主体的品牌生命周期管理模式(single lifestyle of brand management),以单品牌价值管理与经营为核心开展品牌建设。以多品牌经营为主体的品牌架构管理模式(structure of brand management),以多品牌架构管理与价值链管理与经营为核心开展品牌建设。以品牌生态系统经营为主体的品牌生态系统管理模式(system of brand management),以品牌生态系统管理与品牌价值网管理与经营为核心开展品牌建设。企业应遵循点、线、面的品牌发展路径,逐步系统提升和增强品牌管理和经营能力,构建企业竞争优势,持续提升品牌价值,持续壮大品牌资产。见图 7-1。

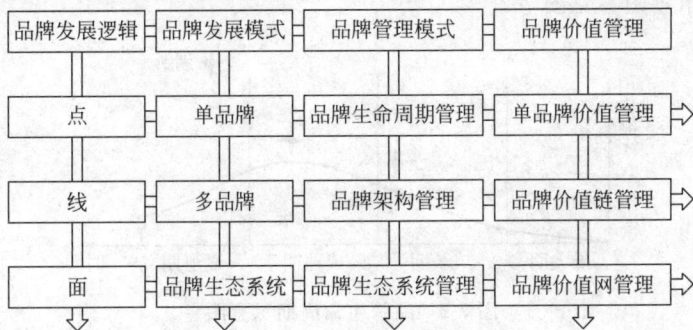

品牌发展逻辑	品牌发展模式	品牌管理模式	品牌价值管理
点	单品牌	品牌生命周期管理	单品牌价值管理
线	多品牌	品牌架构管理	品牌价值链管理
面	品牌生态系统	品牌生态系统管理	品牌价值网管理

图 7-1　品牌价值管理模式图

7.1　品牌生命周期管理

> 房屋久了会破败倒塌,机器久了会磨损不堪,人老了终会寿终西去,长盛不衰的唯有品牌。
>
> ——英国联合饼干公司首席执行官赫克特·莱恩

品牌是一个有生命周期的历史和时间的范畴,柯达、诺基亚、索尼的兴衰皆是如此。对企业而言,深入理解品牌生命周期的特点和运作机理,发展有效的品牌生命周期管理模式,正成为重要的品牌价值创造方法,也有助于企业品牌价值的持续提升。

一、品牌生命周期的定义

社会、技术与经济在持续发展,市场与客户价值需求在不断地进化,品牌以及品牌的价值内涵也在持续发展和演进过程中。品牌的发展历程中也存在生命周期,也有着产生、发展、成熟、衰退、消亡的过程。随着社会变迁,以及消费者消费理念和消费模式进化速度的加快,产品的生命周期在缩短,依附于产品之上的品牌生命周期也有可能随之变化,品牌生命会缩短乃至加速消逝。

曼弗雷·布鲁恩教授认为,品牌生命周期由六个阶段组成,即品牌的创立阶段、稳固阶段、差异化阶段、模仿阶段、分化阶段以及两极分化阶段。菲利普·科特勒(Philip Kotler,1997)认为,品牌可以用产品生命周期的概念加以分析,即品牌也会像产品一样,经历一个从出生、成长、成熟到衰退并消失的过程,但同时也承认许多老品牌在现实中经久不衰。约翰·菲利普·琼斯认为,品牌的发展过程并不完全遵循成熟后必衰退的规律,它是一个自我实现的概念,而不是一个自然生长的概念,不一定会随产品而进入衰退期。品牌生命周期示意图参见图 7-2。

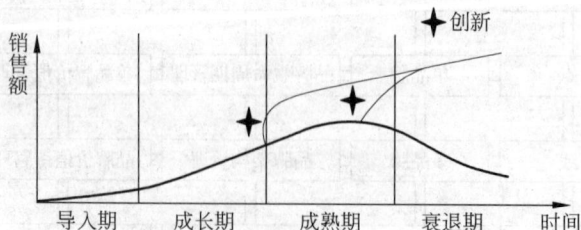

图 7-2　品牌生命周期示意图

二、品牌生命周期的内涵与特点

目前对于产品生命周期的认知已较为成熟。一般而言,由于客户需求的发展和市场竞争的推动,大多数产品的发展和演进的过程中都要经历从初创期到发展期到成熟期再到衰退期几个阶段。如果没有持续的产品创新,产品要么逐渐老化,盈利能力迅速下降;要么不能适应客户日益增长的需求,为客户所抛弃;要么被迅速发展中的竞争对手所超越。

一方面,品牌以企业作为组织载体,以产品作为物质载体,与产品具有一定的相互依赖性;另一方面,品牌具有符号化的特点,品牌价值更多地建立在客户心理认知和情感依附上,具有相对的独立性。品牌同时具有虚拟性和实体性的双重属性,具有包括功能价值和情感价值在内的多种价值内核,品牌可以超越产品生命周期而长期独立存在。

波士顿咨询集团研究了30大类产品中的市场领先品牌,发现"在1929年的30个领袖品牌中,有27个在近年依然勇居市场第一。在这些经典品牌中有象牙香皂、坎贝尔汤和金牌面粉"。我们熟悉的一些海外著名品牌大都有经久的历史,如吉列(始于1895年)、万宝路(始于1924年)、可口可乐(始于1886年)、雀巢(始于1938年)等。同样,我国的不少老字号历时百年,在今天的市场竞争中依然拥有强大的品牌知晓度和品牌美誉度,深受消费者认可,如同仁堂、全聚德、狗不理、瑞蚨祥等。

在现实的品牌经营中,有效地利用品牌生命周期管理延续和提升企业的品牌资产是一个重要议题。一个品牌一旦在长期稳定的品牌价值经营中建立了消费者品牌美誉度和品牌忠诚度,并拥有了大批的忠诚顾客,其品牌价值就具有相当时期的时间和空间稳固性及延展性,并可以有效地牵引和包容企业的产品创新和市场拓展。

企业可以适应市场需求的变化和消费进化,通过持续的产品改进和产品创新持续满足客户需求,维系品牌价值形象;通过品牌价值创造维系品牌的客户价值;通过长期一致的品牌价值定位和个性价值形象塑造,维系原有目标客户群体的品牌认同、品牌偏好与品牌忠诚,巩固和发展已有的客户市场;通过品牌的重新定位或者品牌重塑,赋予品牌新的价值内涵与价值属性,发展新的客户市场,有效延续品牌的生命周期。

[阅读材料 7-1]

杜康酒的文化价值与品牌生命周期管理

"慨当以慷,忧思难忘,何以解忧,唯有杜康。"曹操的《短歌行》问世后,洛阳杜康酒已不仅仅是一种美酒佳酿的代表,更是一种饮者的心境,一种大家情怀蕴于其中。杜康酒的酿制在历史长河中或有中断,但"何以解忧,唯有杜康"的历史认知、情感认同与心灵体验千年来绵延不绝。有效的品牌价值塑造和传播,将推动杜康酒的品牌价值重建和品牌延续,并有效牵引杜康酒制造企业的复兴与产品发展。

三、品牌生命周期管理策略

企业战略和发展目标不同,品牌在生命周期发展的阶段不同,对于企业的品牌管理与运营策略也有很大的不同。品牌管理应基于生命周期管理,在品牌创建期、成长期、成熟期和发展期采用不同的管理策略。

对于处于品牌创建期的企业,应注重系统规划品牌定位、品牌价值与品牌形象,同时,着力于在终端与网络的品牌营销,快速提高品牌知晓度和影响力,推动品牌产品的通路建设,以拉动客流、提升销量为重点。对于拥有成长期品牌的企业,应注重系统提升品牌的功效价值、情感价值与观念价值,注重提升客户的品牌价值体验,持续增强客户的品牌偏好度与品牌美誉度,致力于持续增强品牌产品的销量、品牌溢价能力和再购买率。对于拥有成熟期品牌的企业,随着组织规模的扩大和品牌体系的复杂化,应注重实施有效的品牌架构管理策略,并依托现有品牌资产有效实施品牌延伸策略,打造品牌价值链,发展系统竞争优势。对于拥有衰退期品牌的企业,有效地审计和评估品牌,系统规划品牌重塑策略,实施品牌重定位、品牌增强策略或品牌更新策略,将成为重要的品牌发展与建设思路。

四、品牌生命周期管理模式

在对产品生命周期管理模式的探讨中,有两种可能的产品生命周期管理模式,有助于帮助企业建立长效的产品创新发展与运营管理机制:一种模式是改进和提高现有的产品创新机制,努力延长单个产品品牌的生命周期曲线;另一种模式是通过分层次实施单个产品的利润倍增模式、产品延伸、品牌拓展和多品牌策略设计,将单个产品的生命周期管理发展为品牌体系的生命周期管理,有效延长整个系统的生命周期,以保持系列企业品牌的持久影响力,降低系统风险,为企业创造稳定的长期利润,帮助企业建立持久的竞争优势。见图 7-3。

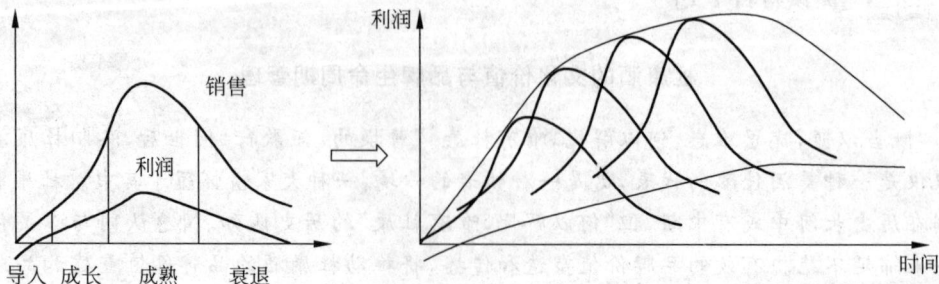

图 7-3　品牌生命周期动态演进管理模式图

[阅读材料 7-2]

微软 Windows 品牌的生命周期管理

在微软发展的历史上，Windows 产品品牌的不断升级换代对微软 Windows 品牌价值的持续成长至关重要。微软紧密跟踪新技术的发展和市场容量的变化，及时推出创新产品，微软的 Windows 产品基本上每两三年实现一次升级。在旧版 Windows 市场趋于饱和、盈利能力有所下降时，微软即时推出性能更加完善、嵌入更多免费产品、功能更为强大的新版 Windows 操作系统。随着 Windows 产品的每一次升级，微软公司都提前散布市场消息，发布测试版，开展声势浩大的市场活动，创造消费者期待，也打击了竞争对手的同类型产品的市场销售。微软在 1995 年推出了 Windows95，在 1998 年推出了 Windows98，2000 年推出了 Windows2000，在 2002 年推出了 WindowsXP，在 2005 年推出了 WindowsVista，在 2009 年推出了 Windows7，2013 年推出了 Windows8。微软通过不断地产品升级，持续为 Windows 品牌注入新的功能价值内涵、新的客户应用价值体验和情感价值体验，激发新的市场应用需求，推动客户持续升级，推动新版操作系统的销售和应用，使 Windows 品牌始终处于桌面操作系统的领导品牌地位。持续的产品创新也使得 Windows 品牌的生命周期曲线始终处于成长和发展期中，拉开与竞争对手的竞争差距，促进了微软始终保持强劲的业务增长能力和盈利能力。见图 7-4。

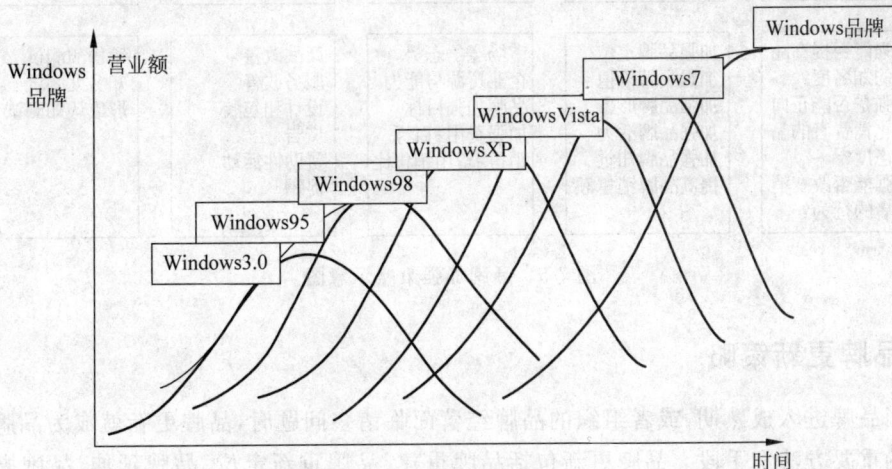

图 7-4　微软 Windows 系列产品品牌生命周期曲线图

五、品牌加强策略

1. 品牌加强的目的

品牌加强的主要目的是保持和增强现有的品牌定位、品牌的价值属性和品牌形象,通过创新产品和服务;或者通过有效的品牌营销强化现有的品牌认知和行为,巩固和提高现有品牌定位与个性形象,以达到建立、维系与加强品牌、延续品牌的生命周期的效果。

2. 品牌加强的模式和步骤

品牌加强的关键是提炼和强化品牌成功的核心价值基因。企业需要深入分析为什么能够生存并发展到今天? 企业的关键成功要素是什么,品牌的核心价值是什么,为客户创造了哪些关键价值? 企业需要据此深入分析和提炼实现品牌的核心价值基因,然后去强化它,促进品牌价值的持续成长。

品牌加强的策略包括了图 7-5 所示的五大步骤。

(1) 分析和评估品牌现状,决定是否实施品牌加强。

(2) 确定品牌加强的目的和方向。

(3) 确定品牌加强的预算。

(4) 选择品牌加强手段,实施品牌加强。

(5) 评估品牌加强效果,持续跟踪与改善。

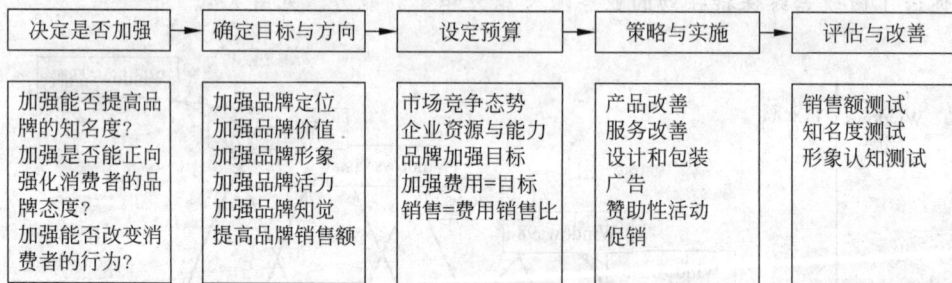

决定是否加强	确定目标与方向	设定预算	策略与实施	评估与改善
加强能否提高品牌的知名度? 加强是否能正向强化消费者的品牌态度? 加强能否改变消费者的行为?	加强品牌定位 加强品牌价值 加强品牌形象 加强品牌活力 加强品牌知觉 提高品牌销售额	市场竞争态势 企业资源与能力 品牌加强目标 加强费用=目标 销售=费用销售比	产品改善 服务改善 设计和包装 广告 赞助性活动 促销	销售额测试 知名度测试 形象认知测试

图 7-5　品牌加强策略示意图

六、品牌更新策略

当品牌进入成熟期,或者组织的品牌经营面临诸多问题时,品牌更新就成为品牌价值成长的重要方法和手段。品牌更新包括品牌重建、品牌重新定位、品牌延伸、品牌撇脂和品牌退出五大品牌管理策略。

品牌更新的难点在于有效评估企业的资源和能力,以及竞争态势,深入分析企业在当前所面临的品牌管理问题。在此基础上,基于企业的资源和能力,基于企业发展战略,系统筹划企业的品牌发展思路,确立品牌更新的策略。脱离企业资源禀赋和长期发展战略,就问题分析问题,关注于个别产品的广告宣传和形象建设,关注于局部品牌问题的解决和销量增长,容易陷入短视,也易于产生组织价值成长和品牌价值成长相脱节、品牌价值与品牌形象相脱节的问题。

品牌更新的重点在于深入分析企业所面临的品牌管理问题,有针对性地选择品牌更新的策略、步骤和时机,努力用科学合理的品牌更新方法促成企业品牌价值管理的最大化,以及品牌更新成本的最小化。图 7-6 展示了品牌更新的策略、方法与工具,以及企业面对不同品牌管理问题时,实施品牌更新策略的重点和时机。

更新选择 面临问题	重建	重新定位	品牌延伸	撇脂	退出
产品步入衰退期	★★★			★★	★★
品牌不正确联想	★★★				★
品牌个性不明显	★★	★★★			
定位不恰当		★★★		★	★
延伸不成功			★★	★	★
竞争者挑战		★★★	★★★		★
市场环境改变	★★★	★★★		★	★★★

★★★　优先考虑的策略　　★★　次要考虑　　★　最后的选择

图 7-6　品牌更新策略示意图

📖 [阅读材料 7-3]

PHILIPS 的品牌更新

多年以来,荷兰菲利普公司以"让我们做得更好"作为品牌传播的主题,突出其对科技的执着追求。2003 年年底,菲利普实施了品牌形象更新,将"sense and simplicity"(感性与简洁)作为飞利浦的全新品牌定位。通过打开一个平淡无奇的白色盒子来诠释"科技在内、简易在外"的概念。"菲利普只是想让科技产品带给人们的感觉就像打开盒子一样简单","人不应该迁就科技,要让科技迁就人,消费者不能被科技奴役",简洁的陈述,拉近了科技与人的关系,也拉近了菲利普品牌与消费者的距离。同时,菲利普多年来始终坚持技术创新,电动剃须刀、盒式录音带、CD 和 DVD 格式等许多产品和技术发明都出自该公司,目前菲利普每年的专利申请数量高达 3000 项之多。

📖 [阅读材料 7-4]

通用电气(GE)的品牌重塑

通用电气(GE)多年来在品牌传播中始终强调"科技",然而调查发现,通用电器公司给人的印象是"古板、机械、冷漠的"。后来通用电气实施了品牌重塑,发布了新的品牌传播主题"将好东西带到生活中"(We Bring Good Things to Life),成功塑造了有感情、有爱心、关心生活的品牌形象。从 2003 年开始,通用电器公司再次在全球范围实施了品牌重塑。通用电气新的品牌传播口号是"梦想启动未来"(Imagination at Work),新的品牌战略目标是将 GE 塑造为:"具有想象力和创造力、科技领先的企业;为不断挑战自我,追求最佳的企业;由一群有梦想、有激情的人组成的企业。"通用电气正以"梦想"、"未来"和"激情"来触动人们的生活理想,获得人们的价值认同。

七、虚拟品牌的生命周期管理模式

在社会、经济和技术的持续发展变革中,时尚和流行也在不断地发展与变化;消费者的欣赏口味与需求也处于不断地发展与变化中,使得实体产品的进化和更新及消亡速度日益显著。依附于实体产品的品牌也面临着相同的更新和进化问题。鉴于物质化的产品品牌生命周期的有限性,以及众多不确定因素对产品品牌与价值的影响,产品的生命周期依然处于动态的不确定发展中。

多年来,欧美成熟的文化及娱乐企业逐步探索出经营动画、漫画人物等虚拟品牌的经营模式,通过影视和动画、漫画等载体创作给予神灵、动画人物、动植物等虚拟形象独特的思维模式、行为模式和外在形象,经由精心的市场运作打造出广受欢迎和喜爱、拥有持久生命力的虚拟明星品牌形象,并通过后期持续的版权收入和多产品开发策略创造持久的市场价值。随着数字技术的快速发展,虚拟明星品牌以鲜明的品牌形象、长生命周期、易于传播、品牌影响力广泛、易于植入实体产品等独特价值,也显示出日益增强的品牌价值、品牌影响力与品牌生命力。虚拟品牌的发展,也反向影响和促进了实体产品的价值成长与发展。迪士尼公司的米老鼠、唐老鸭、狮子王形象,巴比娃娃系列玩具,日本的樱桃小丸子、蜡笔小新,都是其中杰出的代表。迪士尼将米老鼠等明星品牌通过品牌授权的方式迁移到服装、玩具、儿童用品等产品上,通过创新盈利模式创造了新的品牌价值。

虚拟明星品牌作为拥有特定功能和情感价值的商品,也有着产生、发展、成熟和衰退的过程。作为制造明星的文化企业,精心规划、设计和有效实施产品的生命周期管理模式,有助于维护和延长明星的生命周期,创造明星长期的商业价值,同时也有助于创造维护企业的持久竞争优势,为股东、企业和社会创造更多的价值。在虚拟品牌的经营中,企业一是需要强化创意设计能力,创造鲜明有力的虚拟明星品牌形象;二是需要注意虚拟明星品牌传播的广泛性,扩大受众规模;三是需要注重虚拟明星品牌建设的持续性和长期性,发展持续影响力;四是合理规划和实施品牌授权等品牌经营模式,创造和实现品牌价值。

八、品牌生命周期管理中的定价策略

从消费者的角度,品牌价值等同于客户价值,客户认知的品牌价值＝客户认知的品牌利益或是价格,价值与价格的匹配性是品牌定价的关键因素。从企业角度,品牌价值通过品牌产品和服务的价格体现。合理的品牌定价,应基于企业品牌的核心价值属性及品牌价值塑造,高产品价值和高品牌价值匹配高的产品价格,反之亦然,品牌价格并非随意制定,需要通过精确的市场调研和测试,综合市场竞争因素和竞争策略,并在客户的品牌价值认知、认可和品牌消费中实现。

在品牌生命周期的不同阶段,企业应结合产品策略、品牌定位和品牌价值成长策略,在品牌的不同发展阶段,结合市场竞争态势规划和选择相应的合理的价格策略,包括高溢价策略、错位竞争的定价策略、高性价比策略等,在满足细分市场客户品牌价值体验的进程中巩固和提升品牌价值,并有效延续品牌的生命周期。

[阅读材料 7-5]

吉列剃须刀的品牌生命周期管理与定价策略

百年吉列(Gillette)男性剃须刀品牌以持续的产品创新机制、品牌营销战略和价格策略持续提升品牌价值,有效延长品牌的生命周期。

吉列以满足客户需求为重点,持续创新与升级产品。吉列剃须刀品牌从双刀片发展到三刀片,再发展到四刀片(内置振动小电机),又升级到吉列融合刮胡刀(Gillette Fusion)——这款剃须刀中有一个修剪的刀片。产品功效价值的持续提升有效提升了产品的品牌价值,顾客愿意为吉列剃须刀品牌最新的产品支付溢价。吉列最终能够实现10％的溢价。

吉列在每一个具体历史时期,总是重金聘请当时全球热点成功人物作为剃须刀品牌的代言人,当年的时代潮流人物,职业高尔夫领域世界排名第一的泰格·伍兹、足坛时尚风云人物英格兰国家队队长贝克汉姆都先后成为其代言人。吉列同时投入大量资源在目标客户市场大力宣传吉列品牌和产品功效,保持吉列剃须刀的品牌形象与时代同步,与社会时尚同步。

在品牌定价策略方面,吉列剃须刀品牌主要采取随产品定期升级更新调整价格,在每次产品升级时为最新产品重新定价或者提升价格,而对老款产品实施降价,以有效维持吉列男性剃须刀品牌的价格稳定性甚至价格提升,以此维持吉列男性剃须刀品牌的价值形象。

7.2 品牌架构管理

公司的所有品牌就像一个家庭一样,每个品牌都扮演着某种角色并与其他品牌存在着某种关系。

——杰弗里·辛克莱尔

在企业发展过程中,随着产品种类增多、业务领域扩展、兼并收购以及规模扩张,企业的品牌管理体系会日渐复杂,中国的许多大型企业采取了多元化发展、多产品经营、多品牌发展的经营策略,也面临越来越多的品牌架构管理问题。有效的品牌架构管理也成为企业提升品牌战略管理与经营能力,提升品牌运营效率与效益的关键问题。

一般来讲,企业在发展中有下列有待解决的品牌架构问题。

(1)企业如何有效处理公司品牌与产品品牌的关系?

(2)企业是采取单一品牌策略、主副品牌策略,还是多品牌策略?

(3)企业发展新产品,是用新品牌还是用老品牌来延伸?

(4)新品牌、副品牌的数量多少合适?

(5)企业如何管理并购品牌?

(6)大型企业如何管理旗下复杂的品牌体系?

(7)企业全球化发展,应该采用怎样的品牌发展策略?

有效的品牌架构管理基于企业战略与核心能力建设,立足于企业内部资源整合,企业需要有效协同事业领域、产品线以及产品间的品牌关系,确定品牌组合方式、品牌发展的优先顺序,以及相应的品牌经营模式。企业品牌架构管理的重点是系统规划品牌体系,统一、协调、有序地建设和经营品牌,针对各个目标客户群体确定品牌使用范围和资源投入,确立各个品牌差异化的品牌价值定位与个性形象,以有效提升企业的品牌竞争力,实现企业品牌价值最大化,以及品牌资产持续提升。

一、品牌架构的概念

品牌结构(brand structure)是指企业中不同产品品牌的组合,它具体规定了各个品牌的作用、各品牌之间的关系,以及各自在品牌体系中扮演的不同角色。合理的品牌结构有助于企业实现差异化的多品牌管理策略,减少消费者对于企业复杂品牌体系的认知困扰;有助于企业有效地协同经营品牌,更加合理地在各品牌中分配资源,并降低品牌运营成本。

二、品牌架构的内容与特征

企业的品牌发展模式,通常包括单一品牌策略、品类家族品牌策略、领域家族品牌策略、联合品牌策略等。企业的品牌架构一般包括单一品牌架构、主副品牌架构和多品牌架构三种形式。企业品牌与产品品牌的关系,也从紧密到相对独立发展。

多元化企业一般由主品牌、一系列产品受托人、托权品牌、亚品牌和复杂的附属品牌构成,容易出现各层次品牌塑造与信息传播弥散,甚至相互冲突,难以形成合力等问题。见图7-7。

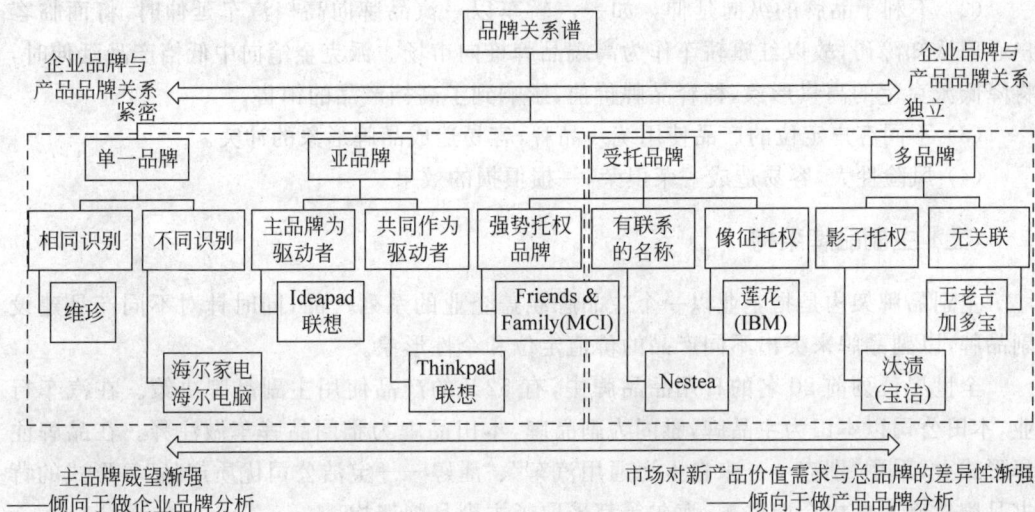

图 7-7　品牌关系谱图

(一)单一品牌架构

单一品牌架构是指企业的业务和产品单元,无论产品品种、性质、功能及目标市场和定位有什么不同,统一使用一种品牌;企业在进行品牌扩张时,所有的业务单元都共用一个品牌。组织通过建立一个卓越的主品牌或企业品牌,使之像一把大伞笼罩旗下一系列产品品牌,产品品牌可以从企业品牌得到强大的背书效应。国外的通用电气(GE)、菲利普(PHILIP)、松下(Panasonic)、宝马汽车等企业;国内海尔(Haier)、长虹等企业都采用单一品牌策略,公司品牌与产品品牌统一。

单一品牌架构既包括同一产品线的品牌架构设计,比如宝马汽车的品牌谱系内,分为七系、五系和三系,三系的轿车又采用了宝马310i、宝马325i等品牌命名模式。单一品牌架构也包括不同产品种类的品牌架构设计,长虹公司在发展长虹彩电的过程中打造了长虹品牌的知名度和品牌影响力,依托长虹品牌的影响力,长虹在多领域扩张中采取单一品牌发展策略,又相继推出了长虹DVD、长虹空调等系列产品。

1. 单一品牌策略的优势

(1)有利于以主品牌为核心的不同产品在市场上扩张,节约进入市场的费用和时间,提高品牌的经济效益。

（2）有利于培育和维系顾客忠诚。

（3）有利于在消费者心目中建立统一的品牌形象和企业形象。

2．单一品牌策略的劣势

（1）容易忽视产品的个性宣传，降低品牌的影响力。

（2）不利于品牌的纵向延伸。如一汽轿车以一汽品牌向高档汽车延伸时，将面临客户心理认知障碍，故以红旗轿车作为高端品牌推向市场。派克金笔向中低档产品延伸时，将降低派克笔的高贵形象，稀释品牌价值，影响到了高档产品的销售。

（3）不同客户定位的产品使用统一品牌，容易造成品牌形象的冲突。

（4）风险性大，容易造成一荣俱荣，一损俱损的效果。

（二）主副品牌架构

主副品牌架构是指企业以一个主品牌涵盖企业的系列产品，同时针对不同产品建设副品牌，以副品牌来突出不同产品的价值定位和个性形象。

全世界位列前 20 名的日用品品牌中，有 52％的产品使用主副品牌决策。在汽车行业，本田公司以本田为主品牌，雅阁为副品牌，本田品牌为雅阁品牌车做注释。在品牌注释形式上，采用"别克——来自上海通用汽车"、"潘婷——宝洁公司优质产品"等形式的背书品牌战略。国内企业联想、海尔等都采取了主副品牌架构。

（三）多品牌架构

多品牌架构是指企业的不同产品使用不同的品牌，借此把品质差异较大的各种产品严格区分开来，以便于顾客识别、选购。

1．多品牌架构的优点

（1）有利于企业全面占领市场，扩大市场覆盖面。

（2）有利于市场细分的需要，推进品牌的个性化和差异化，满足不同消费者的需求。

（3）获取品牌转换的利益。

（4）增强企业内部的活力，增加各品牌管理者的压力和动力。

（5）提高企业抵抗风险的能力。

2．多品牌架构的局限

（1）多品牌形象的塑造耗费资金多、时间长，适用于实力雄厚的大公司。

（2）增加了品牌管理的难度。

三、品牌架构管理

企业需要对产品市场需求、市场竞争态势、客户对于企业的品牌体系的价值认知等方面实施充分的市场调研,梳理品牌优劣势,并结合企业的发展战略,确定企业的品牌架构发展策略。

品牌架构管理的关键问题与分析维度如下。

(1) 企业的客户在哪里?

(2) 客户的差异化价值需求是什么?

(3) 在不同市场,消费者对新产品价值需求点差异的显著性如何?

(4) 企业主品牌或企业品牌的威望如何?

(5) 企业哪个品牌拥有更大的品牌价值和市场吸引力?

(6) 企业的产品品牌是否能够自给自足,或是需要母品牌的协助?

(7) 企业有足够的资源来维持每一个产品品牌吗?

(8) 哪种品牌架构对于企业的持续发展更为有利?

企业的品牌架构发展与管理策略,包括单一品牌架构、主副品牌架构和多品牌架构三大品牌架构发展与管理策略。

(一)单一品牌架构发展策略

单一品牌架构适用于市场同质化程度高、市场定位明确,有固定目标消费群的企业;技术稳定、产品品质优良,在行业中处于领先地位的成熟企业;产品在市场上有一定占有率,拥有强势品牌的企业。在工业类产品中,单一品牌对于产业相关性较高、客户消费模式相近的工业企业更为适用。在消费类产品中,如果企业的目标消费群体明确,客户对品牌的情感价值和功能价值需求相似,也可以运用单一品牌。如香奈儿这样的奢侈品品牌,由于全球范围内的客户群体消费特征类似,单一品牌策略也有助于企业更高效地进行全球品牌营销。

国外的通用电气、诺基亚、杜邦、路易威登等企业采用了这种品牌架构;国内的神华、东方电气、海尔、蒙牛等企业采用了这种品牌架构。企业采用单一品牌架构,有利于集中资源打造一个品牌,从而可以更为有效地在区域和全球建立品牌认知和理解。实行单一品牌架构的企业的不足在于多产品营销时,易于扰乱品牌的差异性定位,弱化品牌的个性化价值。单个产品出现问题,也容易影响整个企业品牌声誉。

华润集团依托集团品牌的强大实力和品牌影响力,采用了以单品牌为主的综合品牌架构,此举有利于华润集团统一品牌管理,塑造整体形象。其品牌架构见图 7-8。

(二)主副品牌架构发展策略

主副品牌架构适用于主品牌的品牌价值高,但客户群体的价值需求差异化较大的企业。在一些行业,企业所涉及的产品在功能上和所提供的利益上差异很大,统一的品牌会给消费者带来不舒服的感觉。企业可以通过主副品牌策略进入不同的客户群体市场,或

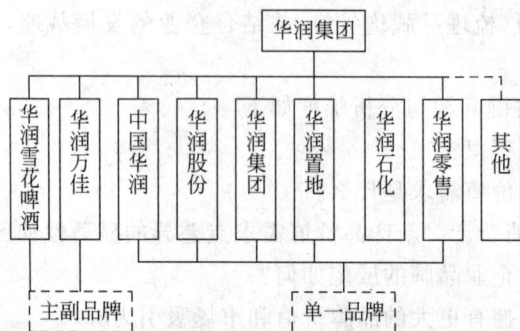

图 7-8 华润集团品牌架构示意图

吸引客户偏好差异较大的消费群；除主品牌以外，产品的差异化定位和形象，以及相关的功能、特征需要用副品牌诠释。

主副品牌架构中，主副品牌可以承担不同的角色。

（1）驱动角色：驱动性品牌是指能够促进消费者做出购买决策的品牌，它所代表的是消费者通过购买想得到的。扮演驱动角色的品牌代表的是与顾客购买决策及使用经验密切相关的价值体现。比如宝马700系列，对大多数消费者来说，宝马是驱动品牌，因为他们在做购买决策时，首先想到的是由宝马所体现的价值，而不是某种具体车型所传递的价值。

（2）担保角色：担保性品牌是指能为驱动品牌所承诺的内容提供支持和信誉保证的品牌。由于公司品牌通常代表的是一个拥有人员、文化、价值和方案的组织，非常适合于支持驱动品牌，因而经常扮演担保者的角色。

大连大商集团的业务发展采用了以商贸业务为主的多元发展策略。大商集团在地域市场属于强势品牌，相应地采用了以"大商"品牌为主品牌，主副品牌策略为主的品牌架构发展模式。大商品牌较高的品牌认知度和品牌影响力可以带动相关产业领域子品牌的建设和成长。而对于与主业相关性不强的资产，大商集团则实施了区隔品牌的发展策略，以独立品牌独立发展。见图7-9。

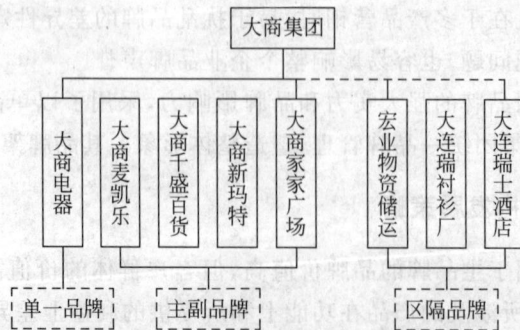

图 7-9 大连大商集团品牌架构示意图

1．主副品牌创建策略

企业需要根据组织发展战略确立企业的产品发展战略，制定相应的品牌发展战略。如果企业已经建立了一个具有相当影响力和稳定性的企业或主品牌，并希望在企业的主品牌之下再创建新的产品品牌，企业可以采取主副品牌的发展模式。通过"描述品牌策略"、"背书品牌"策略、"联系品牌"策略和"独立品牌"策略四种方式创建产品品牌。

对于主副品牌的创建，取一个具有战略价值的名字的确是培育品牌的第一步。产品名称和品牌是不同的。为了发展成为一个品牌，企业必须通过系统的品牌规划与品牌经营，在产品名称中植入品牌的核心价值基因，有效承载和传达企业的价值观以及产品所提供的核心功能利益、情感利益和独特的个性认知。

1）"描述品牌"策略

"描述品牌"策略是指在企业的主品牌上添加描述创建新的子品牌。此方法主要是指企业将主品牌作为最强大的品牌资产，而仅仅在其后附加一个简单的短语描述产品的特点。例如，"蒙牛优酸乳"就是一个典型的描述型名字。"优酸乳"是一种通用的乳品名称，不能成为注册商标，但是明确地解释了产品所包含的内容。在这里，蒙牛的策略是放弃添加二级品牌认知，而是把焦点放在企业品牌上，以激发消费者心目中如相关度、信心、差异度、成长等正面品牌认知。

在企业的主品牌足够强大并且企业产品特征与主品牌两相适应的情况下，这一策略能够发挥最好的效应。"品牌描述"策略的优点是可以帮助企业以最小的投入开发新的产品品牌；而缺点是新的产品品牌过于倚重于企业主品牌的品牌价值，不能建立有效的产品差异化价值和个性形象区隔。

2）"背书品牌"策略

"背书品牌"策略是指企业建立一个全新的品牌，但仍然使用企业的主品牌予以背书以增强消费者的品牌认知和品牌认同，有效维护和发展新品牌。中粮近年建立的"悦活"果汁品牌，由"中粮出品"作为品牌背书，即是实例。

3）"联系品牌"策略

"联系品牌"策略是指企业将主品牌的一部分名字与产品描述结合在一起，以充分利用主品牌的力量。雀巢公司推出的雀巢咖啡（Nescafe）、雀巢茶产品（Nestea），都是使用了这种策略。联系品牌策略能够建立与母品牌保持一种半独立关系的品牌，对于拥有强势主品牌的企业，联系品牌既能建立与主品牌的关联，又有利于建立差异化的品牌价值与价值形象，是一种比较有特色的品牌命名模式。

4）"独立品牌"策略

"独立品牌"策略是指企业创造一个完全不受母品牌约束的新品牌。如联想的乐风手机，娃哈哈的营养快线，苹果的 Imac、iPod、iPhone、iPad 等。这些产品品牌创建具有较高的自由度，有利于新品牌的创建，缺点是企业创建全新品牌需要较大的投资和面临较大的市场风险。

苹果公司创建的产品品牌,以字母 i 打头,创建了子品牌间的共同识别符号,便于客户的品牌认知;大众汽车公司在产品设计上创建了共同的家族汽车外形脸谱,便于产品的形象传播和客户认知,都是较为出色的品牌识别建设模式以及品牌传播方式。

2. 主副品牌架构的品牌协同发展关系

企业的主副品牌通过有效地建设和运营实现协同发展。企业的主品牌对副品牌的发展起到支持、稳定和保护的作用,尤其适用于知名企业品牌对于新创产品品牌的支持。新的产品品牌可以面对细分市场建设独特的价值定位和个性形象,企业品牌可以提供组织支持和保护。同时,企业的副品牌对主品牌也有激活和更新的作用,可以持续地丰富与创新主品牌的价值基因,促进主品牌的持续发展和长久生命力。

企业采用主副品牌架构,同时使用主副品牌,既体现了各主副品牌的统一性,又体现了副品牌的差异性。主副品牌架构有利于副品牌有效地分享主品牌的知名度和美誉度。同时本身又可以按照其目标市场的特殊需求通过产品本身的品牌定位,加大细分市场的渗透力,最大限度地利用已有的成功品牌推广新产品;有利于企业集中广告预算用于主副品牌的联合宣传,既节约了广告预算,又能取得较好的宣传效果。主副品牌架构的主要问题是一旦副品牌产品出现问题,主品牌就会受到负面影响。

3. 主副品牌组合管理工具

这一分析模型是在建立企业品牌和产品品牌和谐关系的假设基础上开发的。它能够帮助你评估以下问题:每个产品品牌对激活企业品牌价值做出了多大的贡献(竖轴);相对地,每个产品品牌得到了来自企业品牌的多少背书(横轴)。见图 7-10。

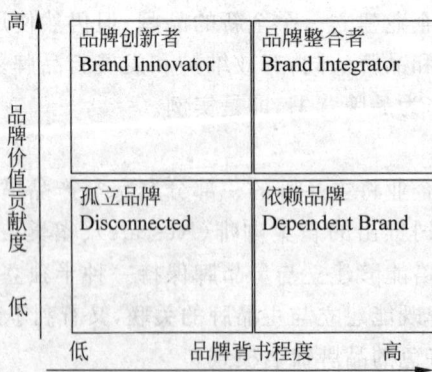

图 7-10　主副品牌组合管理工具分析图

在这个被分作四部分的图上,如果一个产品品牌仅仅接受来自企业品牌的支持而贡献很小,我们称之为依赖品牌(dependent brand),放置在右下方象限。另外,一个产品品牌如果相对独立于企业品牌,并强大到不仅可以激活自己,还能激活企业品牌,我们称之为品牌创新者(brand innovator),放置在左上角象限。如果一个品牌既从企业品牌接受价值,又向其贡献扩展价值,则该品牌扮演着一个双赢的角色,因此称之为品牌整合者(brand integrator),置于右上角象限。如果一个产品品牌既不能从企业品牌接受价值,又不能向其贡献价值,我们称之为孤立品牌(disconnected),并把它放在左下角象限。图 7-10 不仅以四个类别定位了产品品牌的状态,更指出了每个产品品牌下一步的任务。例如,"依赖品牌"最紧要的任务是发展自身独特的品牌力以激活母品牌,而品牌创新者的任务是建立与企业品牌之间更紧密的联系,以便企业品牌能从产品品牌提供的拓展价值中得到激活。

📖 [阅读材料 7-6]

五粮液的品牌架构重整

五粮液是中国著名的高档酒品牌。在长期经营中,五粮液集团通过品牌买断经营,陆续发展了国玉春、火爆酒、老作坊、六百岁、送福液、五粮醇、五粮春、五福液、金六福、六和醇、四海春、干一杯、京酒、浏阳河等百余个五粮液背书的子品牌。这些品牌虽然有利于五粮液集团的全国市场扩张和销量增长,但它们多为中低档品牌,定位重复,品牌形象混乱,破坏了五粮液中国高档白酒的品牌形象,稀释了五粮液的品牌价值。这也暴露了五粮液集团品牌架构管理的诸多问题。五粮液集团也认识到问题的严重性,开始品牌架构重整,逐步收缩子品牌数量,并提出"1+9+8"工程,致力于依托五粮液百年来积聚的品牌资产,打造一个世界性的品牌,打造九个全国性品牌,打造八个区域性品牌。

(三)多品牌架构发展策略

多品牌架构适用于多元化发展的大型企业。企业组织结构复杂,产品线广、产品种类多,且针对不同市场、客户消费模式差异明显,产品定价水平各异,适于采用多品牌架构。同时大型企业相对实力强大、资源多、管理能力强,可以通过完善的品牌组织建设和制度体系建设,确保有效的品牌运营管理;可以保障对多个品牌有充分的资源投入和有效协同。

复星集团实施不相干多元化发展策略,并以企业并购作为重要的战略扩张模式。复星所并购的企业中许多也拥有优秀的品牌资产,复星也相应采取了多品牌发展策略,实施多品牌管理架构。复星集团的品牌管理架构如图 7-11 所示。

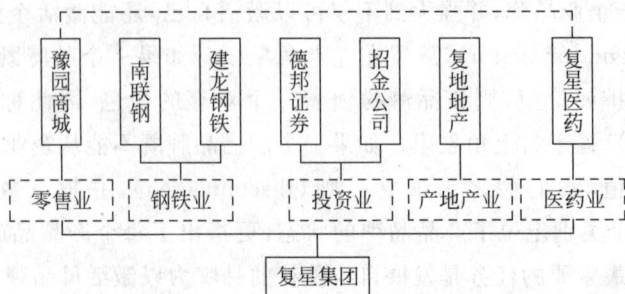

图 7-11　复星集团品牌架构示意图

[阅读材料 7-7]

宝洁公司的多品牌架构管理

宝洁公司(P&G)采用了典型的多品牌架构。宝洁公司拥有众多知名产品品牌：婴儿用品品牌帮宝适(Pampers)、洗涤用品品牌汰渍(Tide)、彩妆品牌密丝佛陀(Max Factor)、口腔护理品牌佳洁士(Crest)、剃须产品吉列(Gillette)，以及零食品牌品客薯片(Pringles)等。

宝洁的头部护理品牌包括海飞丝(Head&Shoulders)、飘柔、潘婷、沙宣等，宝洁以品牌功效差异化为核心实施品牌区隔，建立了差异化的品牌定位："飘柔"突出柔顺、"潘婷"以全面营养吸引公众、"海飞丝"具有良好的去屑功效、"沙宣"强调的是亮泽。各品牌以宝洁公司优质产品作为品牌背书。多品牌产品架构也可以占据更多的货架空间，在同一消费领域扩大消费者的多样化选择，促进宝洁公司头部护理产品品牌体系的整体市场份额和经营业绩增长。

值得注意的是，宝洁公司并非所有的品牌都使用了背书品牌策略。宝洁在美容化妆品领域实施了品牌区隔策略，创建了玉兰油和高端品牌 SK-Ⅱ。由于宝洁在洗涤、个人卫生用品领域拥有许多著名的产品品牌，并在公众心目中建立了家庭日化专家的品牌形象。如果再把它使用在高档化妆品上，很可能会影响到这些产品的品牌价值。

宝洁的多品牌策略，形散而神不散。宝洁塑造了"世界一流产品，美化您的生活"的核心品牌价值理念，统率各产品品牌的个性化价值定位与品牌形象传播。多样化的优质产品，以及客户长期一致的良好产品价值体验，也使"宝洁"品牌成为追求品质生活的象征。

企业发展多品牌架构，产品品牌都是独立存在的，基本上与企业品牌之间不存在联系或支持关系，各个品牌的价值属性和品牌个性形象通常差异明显以形成有效区隔，避免相互干扰。多品牌策略也有利于企业以创新产品契合创新品牌，以新的品牌价值定位和个性形象开拓新的客户市场，创建新的战略发展领域。

丰田在发展豪华车品牌时，并没有使用丰田车标，而是创建了雷克萨斯这一新品牌，以有效区隔原有的产品定位和产品形象。菲利普·莫里斯公司原有主业为烟草，在通过购并通用食品公司进入食品领域并推出其食品系列产品时，就隐去原有的企业品牌，沿用原有食品品牌。

企业采用多品牌架构，由于广告宣传的信息都是关于特定品牌的，具有高度的同一性，久而久之便能在消费者的大脑中建立起该品牌与特定产品个性、形象之间的对应关系，在消费者心目中形成较高的品牌美誉度和忠诚度，以促进该品牌产品的销售。多品牌架构需要对每一个品牌实施独立的品牌管理与运营推广，因此对于企业的品牌管理运营能力，以及企业资源的要求较高。

📖［阅读材料7-8］

LVMH的多品牌管理

法国著名企业 LVMH 集团旗下拥有迪奥、路易·威登、纪梵希、倩碧、娇兰等诸多知名品牌，其拥有出色的多品牌管理运营能力，其淡化了集团层面的品牌营销，而为每个产品品牌都建立了清晰的客户市场定位和品牌区隔，为每个产品品牌都创建了独特的品牌价值属性和个性化的品牌形象。LVMH 集团致力于通过多品牌策略满足多个细分客户群体的价值需求，创造品牌价值。而在集团层面通过多品牌协同运营发展形成组织合力，创造企业价值。

（四）购并企业的品牌架构整合

企业在行业内外以及海内外的并购与重组，是企业发展与扩张的重要模式。如何重新梳理品牌架构，有效整合与运用并购双方的品牌资产，成为重要问题。对于这个问题，我们以品牌价值经营为原则，建立了四维品牌整合分析模型：一是企业自身的品牌认知度、品牌形象与市场占有率；二是并购品牌目前在特定地域和行业的品牌认知度、品牌形象和市场占有率；三是在同一目标细分市场，该品牌与公司品牌的品牌价值重合程度；四是在不同目标细分市场，该品牌与公司品牌的品牌价值重合程度。

如果所收购的品牌在当地已经有了很强的品牌认知度和良好的品牌形象，在当地市场也已经有了一定的市场份额，而且其所处的细分市场不同于公司现有品牌所处的细分市场，那么就应该保留该品牌，并进一步加强该品牌的市场渗透力。

如果被收购的品牌在当地已经有了很强的品牌认知度和良好的品牌形象，但与公司现有品牌处于同一细分市场。那么公司可以进行一个选择，或者保留所收购品牌，并在产品上依然单独使用原品牌，将其长期定位为公司未来在当地该细分市场的唯一品牌；或者在产品上标注被收购产品品牌和公司原有品牌的联合品牌,并逐渐过渡到单独使用公司原有品牌。这样做可以帮助企业在近期继续利用该品牌,维持市场份额,而从长期来说,可以帮助企业在全球相同的细分市场均建立起一个统一的强有力的品牌,达到品牌资源的有效整合。

如果所购企业并不具有品牌优势和市场价值,而主要具有生产、研发、渠道等其他优势,企业就应该果断放弃该品牌。公司可以按照公司的发展策略和整体的品牌架构,针对该地域细分市场推广公司已有的品牌,或者打造一个新的品牌。

有效的并购模式,在于依据企业的核心能力建设目标,依据企业整体的产品发展策略和品牌发展策略,根据特定时空的各细分市场的发展目标,以品牌价值管理为核心,以品牌资源优势互补为原则,系统整合并购双方的品牌资产,以期达到企业品牌价值最大化、在各细分市场品牌竞争力最大化的结果,促进企业品牌价值的持续成长。[①]

(五)品牌架构中品牌地位分析与管理策略

根据各品牌在品牌架构中的地位,可以将品牌分为放弃品牌、奶牛品牌和战略品牌三类,然后根据品牌所属类别的不同配置资源,确定不同的品牌管理模式。

放弃品牌是指在一个没有吸引力的市场上处于弱势地位的品牌,或者是不适合公司长远发展的品牌。这些品牌所处的市场可能已经饱和、利润微薄、销售业绩平平,甚至开始下降,或者是这一品牌在市场上缺少独特性,而制定并实施能扭转形势的战略需要巨额投资。应该考虑减少对这些品牌的投资,甚至放弃这些品牌。

奶牛品牌是指那些虽已出现疲态,但仍具有一定优势的品牌。这些品牌或许有一定的核心顾客群,仍能提供可观的利润。由于这些品牌几乎不需要继续投资就可以维持下去,因而它们能提供大量的现金流用以支持其他品牌。

战略品牌是指对公司未来绩效有重要影响的品牌。其重要性在于,首先,未来这些品牌能带来可观的销售额和利润额。这些品牌有的已经是主导性品牌,它们正打算维持或提高其市场地位;有的虽然目前还很小,但正朝着成为主导品牌的目标迈进。其次,这些品牌及其所涵盖的业务可能是未来发展成败的关键,企业需要投入更多的资源来帮助它发展壮大。

[阅读材料 7-9]

联想乐 Phone 手机品牌的发展策略

联想集团的移动业务和品牌原本在联想集团中具有次要地位,经营业绩也不够理想,

---

① 《购并业务的品牌建设》参考了徐冰《建立全球品牌架构的两个难点》和《中国企业家》

联想曾将移动业务出售给联想投资。随着移动终端市场的地位日趋重要,联想回购了联想移动业务,并将发展移动终端、打造移动终端品牌作为发展战略。联想重新创建了乐Phone 手机品牌,加大品牌营销力量,并加强与国内网络媒体的合作,致力于打造围绕乐Phone 手机品牌的手机品牌生态系统,以应对苹果等厂商的市场扩张。

2014 年,联想从谷歌手中收购了原摩托罗拉手机业务,致力于通过联想手机与摩托罗拉手机双品牌经营实现全球化发展。

四、企业国际化运营中的品牌架构管理

对发展中的中国大型企业集团而言,建立一个成熟有效的全球品牌架构管理也是实现公司国际化发展战略的核心。企业的全球品牌架构管理,包括全球单一品牌策略、全球多品牌策略、创建当地品牌策略、购并当地品牌策略等发展模式。

中国企业需要根据自身的资源优势以及产品特点,结合企业的发展战略与发展目标,在国际化发展中系统筹划和管理全球品牌架构,以有效促进企业的核心能力成长以及企业全球市场竞争力的提升。

海尔在国际化经营中采取了单一品牌发展模式,统一使用海尔品牌。面向不同国家的客户群体差异性文化和消费需求,海尔针对性地调整产品的类型和功能款式,并改变了企业的品牌形象,包括调整海尔品牌的宣传用语,调整了网站的颜色风格(参见海尔网站),应用了当地的人物形象做宣传,初步发展为适合当地客户价值需求的地域化品牌,在全球市场发展。中国全球化经营最为成功的企业,电信设备商华为也采取了单一品牌的国际化发展模式。

联想采取了购并 IBM 的 Thinkpad 品牌与经营团队,与联想 Lenovo 品牌电脑产品共同发展的国际化经营模式。Thinkpad 产品品牌在全球商业客户群体中有良好口碑,联想后来又聚焦于家用市场创立 Ideapad 品牌,两个子品牌形成了有效的市场定位区隔。目前联想形成了以 Lenovo 为企业品牌,以 Thinkpad 产品品牌、Ideapad 产品品牌和 Lenovo背书产品品牌为三大子品牌协同发展的品牌架构管理模式。见图 7-12。

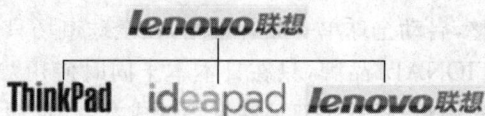

图 7-12 联想品牌架构图

TCL 在国际化发展中,采取了并购并使用当地品牌模式。TCL 购并 Thomson 集团彩电业务以后,在美国市场继续沿用在当地已有较强品牌竞争力的 RCA 品牌,而在欧洲将使用在欧洲市场更具品牌竞争力的 Thomson 品牌。

[阅读材料 7-10]

消费电子行业著名跨国公司的品牌架构管理

索尼在全球化经营中采用了三大品牌发展策略。索尼在其购并的哥伦比亚影片公司,依然采用 Columbia 独立品牌;在手机领域采用索尼爱立信联合品牌。目前,并购后使用独立索尼手机品牌在电子产品领域索尼采用索尼(Sony)品牌为主导,拥有独立产品品牌的主副品牌发展策略,并针对不同电子产品领域,相继创建了 Bravia 电视品牌、Vaio 电脑品牌、Walkman 随身听品牌、Cyber-shot 数码相机品牌、Handycam 摄像机品牌、Playstation 游戏机品牌等众多全球知名的产品品牌,以品牌产品和品牌营销为主导,推动索尼在全球的发展与扩张。见图7-13。

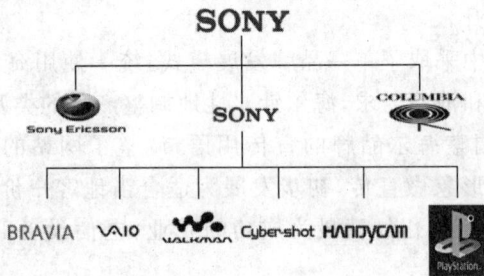

图 7-13　索尼公司的品牌架构图

三星在全球化经营中采用了单一品牌发展策略,主要依托三星品牌的建设牵引三星集团的全球化发展,并以三星品牌为主导,创建了三星保险、三星电脑、三星液晶电视、三星洗衣机、三星数码相机等系列产品品牌。

松下公司在全球化经营中,原来实施"National"和"Panasonic"的双品牌发展战略,后来松下实施品牌架构重整,启动全球单一品牌策略,在全球市场只保留"PANASONIC"一个品牌;停止使用"NATIONAL"品牌,只在日本本土同时使用"NATIONAL"品牌。此举避免了松下品牌的认知混淆,降低了双品牌营销的成本,并推动了松下"PANASONIC"的价值成长。

五、结语

采用哪种模式对企业更为有效,取决于该产业的市场状况以及该市场的消费者行为,取决于企业现有的资源和能力与品牌发展现状,取决于企业的发展战略目标与企业的核心能力建设。

在发达国家市场,消费者相对成熟,对于产品和服务的消费的专业指向较为明确。同时企业的实力和品牌管理能力较强,聚焦各个目标受众群体的多品牌组合战略更适合。在中国市场,由于产品过剩和信息泛滥,以及产品假冒伪劣现象的存在,中国消费者对知名品牌更为了解和信任,对知名品牌的纵向和横向多元化扩张更为包容。另一层面,中国消费者对复杂的品牌体系,以及专业化的细分市场品牌分类和定位的认知也不够成熟。庞大的人口基数、海量的消费群体,以及以央视为代表的强势媒体的垄断性存在和影响力,使得在相当一段时间,单一品牌策略和主副品牌策略更有利于中国企业的品牌建设和发展,更有利于企业产品和服务的市场推广和销售。中国企业的发展时间相对较短,企业实力相对较弱,品牌管理能力也不强,单一品牌策略和主副品牌策略在中国更为有效,有利于中国企业降低营销成本,通过主导品牌建设重点突破,从而实现快速发展。

7.3　品牌生态系统管理

那些能够赚大钱的人,都是懂得如何让别人赚钱的人。

——娃哈哈集团董事长宗庆后

一、品牌生态系统的定义

安格尼斯嘉·温克勒在其著作《快速建立品牌:新经济时代品牌策略》中提出和系统探讨了"品牌生态系统"的概念和管理问题,并指出品牌生态环境是一个复杂的充满活力的、不断变化的有机组织。近年来,品牌生态系统建设已成为品牌研究的热点领域,并有诸多相关研究。

我国学者王兴元(1999,2000)认为,品牌生态系统是以品牌企业为核心的,由品牌与品牌产品,品牌拥有企业、公众、相关企业以及品牌生态环境包括政治、经济、法律、社会、技术、自然及其他环境等所组成的人工生态系统。

笔者认为,品牌生态系统是以品牌价值为核心发展动力,以品牌所有者(或经营者)为组织核心,以品牌及品牌产品为品牌价值链的核心载体,以品牌价值链中物质流、能量流、信息流、资金流等的价值流动与价值经营,牵引供应商、中间商、销售商、客户、大众等利益相关群体,在特定时间、空间与人的发展环境内动态发展进化的品牌组织系统。

品牌生态系统相关的理论还包括但并不限于下列内容。

1. 品牌群落理论

美国著名品牌战略专家大卫·A.阿克在《创建强大的品牌》一书中指出,品牌生态管理除了构造企业内部品牌系统的战略外,还要通过精心地组建相互关系、相互促进的品牌群(David A. Aaker,1998)来创造可持续的竞争优势,并进一步提出了"品牌群落"理论。品牌群落理论认为多元化企业一般由主品牌、一系列产品受托人、托权品牌、亚品牌和复杂的附属品牌构成,容易出现各层次品牌塑造与信息传播弥散,甚至相互冲突难以形成合力的问题。生物群落原理可以用来解决这一品牌群组合效应差的问题,并对如何有效利用现有品牌的协同效应进行品牌延伸与规划进行研究。

2. 品牌生命体复杂性理论

品牌生命体复杂性理论认为,品牌生命体具有复杂性的特征,主要表现在以下五点:多基元的复合体,不可能由营销、服务、单个企业或其他任何一个具体成分构成;基元间广泛互动,最终表现为一种生态系统;次序和层次,形成稳定有序的结构和不同等级的层次;有机整体优于部分机械之和,并不是简单的叠加;开放性与适应性,表现为在过程中不断演化。

3. 品牌适应理论

美国学者霍兰(J. H. Holland)提出,"适应性造就复杂性"。王东民(2004)认为,品牌系统是一种远离平衡状态的开放系统,能够通过不断地形成新性质或新功能来适应外界的挑战或改变。彭赟和张锐(2004)认为,品牌适应是品牌在环境中,经过生存竞争而形成的一种适合环境条件的特性与性状的现象,它是市场选择的结果。品牌适应包括形态构造的适应、行为的适应(运动、延伸、移植、迁移和迁徙以及保护、防御和抵抗)、生理及营养适应(品牌生物钟、休眠以及生理生态变化)以及协同进化适应。

二、品牌生态系统的四大内容

品牌生态系统包括品牌生态环境、品牌个体生态系统、品牌种群生态系统和品牌群落生态系统四大部分。品牌生态系统是一个在特定时空环境下,随着人的价值需求变化而动态发展与演化的品牌经营体系。品牌生态系统的发展,一般经历了从单个品牌发展为品牌个体生态系统,进而发展为品牌种群生态系统,直至发展为品牌群落生态系统的发展进化过程。如图 7-14 所示。

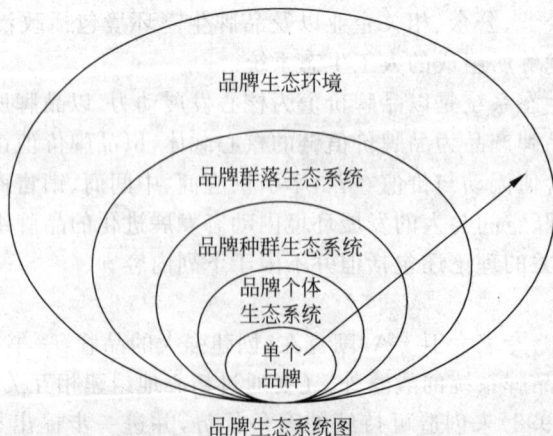

品牌生态系统图

图 7-14　品牌生态系统图

（一）品牌生态环境

品牌生态环境包括社会、经济、政治、法律、技术、人口、自然及其他环境。品牌生态系统的发展环境与品牌的关系是复杂多样的,包括众多利益相关者,如政府、股东、雇员、分销渠道、消费者,以及品牌经营相关的合作者、竞争者、联盟伙伴、发展伙伴、广告代理商、传播媒介等。

（二）品牌个体生态系统

品牌个体生态系统是以单个品牌为主导,以品牌价值创造为核心,以品牌价值链管理为运营模式,由品牌企业、企业供应商系统、企业内部经营系统、中间商系统、利益相关者、顾客系统共同组成了品牌价值链系统,其与品牌生态环境共同构成了品牌个体生态系统。

在品牌个体生态系统中,企业供应商系统、企业内部经营系统、中间商系统、分销商系统、顾客系统共同构建起创造品牌价值的品牌价值链系统,构成了品牌的市场生态系统。个体品牌的活力取决于品牌资源状况、品牌价值创造能力、品牌管理运营能力及外部市场环境的适应性。企业的品牌价值会随着品牌价值链的成长发展为品牌个体生态系统的品牌价值。企业品牌价值创造能力与销量也在很大程度上取决于企业品牌价值链的管理运营能力。

品牌个体生态系统以企业的品牌价值创造为核心,通过企业的运营与管理循环,围绕品牌价值链经营,形成复杂而有序的商流、物流、资金流、信息流等资源流动。在企业价值创造与利益相关者价值需求发展与满足的互动演进,并在企业的核心能力持续提升的基础上推动企业的品牌价值持续成长和品牌资产的持续提升。

（三）品牌种群生态系统

品牌种群(brand population)是指特定时间和空间内同类品牌个体的集合。地域历史文化、区域地理环境和资源禀赋等环境条件,以及产业集聚效应,使得特定区域内簇生一些独特的产业和产业集群,也由此形成区域品牌、产业品牌和集群品牌。在产业价值链上,不同的品牌占据不同的市场定位,利用产业资源中的不同资源要素,并对生产与消费空间进行分割、嵌入与占领,形成一个既竞争又协作,既分层又具有整体功能的品牌生态系统,也就是品牌种群生态系统。

品牌种群生态系统的发展态势通常用品牌种群密度和品牌生态位两个指标来描述。

品牌种群密度指的是在一定区域面积内或市场容量中的品牌数量。由于品牌种群数量经常变动,我们也可以用品牌出生率、品牌死亡率、外来品牌进入率和本土品牌迁出率来表示。品牌密度可以反映特定区域内一个产业或产业集群发展的快慢;品牌出生率和品牌死亡率可以反映产业或集群内品牌竞争程度;外来品牌进入率和本土品牌迁出率可以反映区域内产业或产业集群对非本土企业的吸引力和人文环境的开放程度,并决定品牌种群发展速度的快慢。

品牌生态位是指品牌在其生存环境中所处的位置和所利用市场资源的综合状态,是品牌生存条件的总集合体。品牌生态位可以反映一个品牌在种群内所占据的位置,表述品牌种群中品牌差异程度。品牌的生态位越宽,可利用的市场资源种类也就越多,品牌延伸度越大,影响力就越广;品牌生态位越窄,可利用的市场资源种类就越少,品牌专业化程度就越高、差异程度越大。

(四)品牌群落生态系统

大卫·A.阿克在《创建强势品牌》一书中提出了"品牌群落"理论。品牌群落是在特定区域和市场中各种品牌种群之间以及它们与环境之间通过相互作用而有机结合的具有一定结构和功能的复合体。相对于品牌个体和品牌种群,一个特定品牌群落生态通常具有下述属性。

(1)品牌群落由一定的品牌种类组成。

(2)各种品牌种类各自具有一定的特征和结构,并相互影响。

(3)品牌群落对所在的区域和市场环境产生重大影响,并形成群落环境。

(4)品牌群落有一定的分布区域和边界。

(5)品牌群落伴随着时间的变化而演化更替。

在品牌群落的生成和发展过程中,受到区域经济、文化和自然环境深刻的影响,品牌之间通过竞争、共生和协同进化形成差异化的区域品牌群落。品牌群落结构类型主要包含三方面内容:第一,品牌群落的空间结构,是指品牌区域社会经济文化、自然环境、产业特征、竞争、空间异质性、外部力量干扰因素等因素影响下的群落层次。如区域内的农业矿产资源品牌层、生产企业品牌层、销售企业品牌层、服务企业品牌层等。第二,品牌群落的水平结构,主要是指由于区域内产业政策导向、资源禀赋差异、要素流动的非均衡性,使品牌种群分布呈现斑块性、镶嵌性的特点。如不同地域资源差异形成的产业集群品牌种群就具有这样的特点。第三,品牌群落的时间结构。由于不同地域品牌种群形成的时间长短不同,或者在时间结构上的周期性变化不同,在时间上有不同的分化,从而形成差异化的品牌群落结构。

三、品牌生态系统发展的六大原则

(一)互动性原则

生态学强调生态系统内各组成成分间的互动联系,其中任一成分的变动,都将引起其他成分的变动。自然生态系统是这样,品牌生态系统也是这样。品牌生态系统内各相关利益者团体之间都存在着内在的双向互动联系和重叠交叉现象(Tom Duncan,1998),这使品牌生态系统构成了一个极其复杂的整体。因此,研究品牌生态学系统时不应孤立地只研究顾客、员工、股东或竞争对手的一个方面,在规划品牌生态系统时更不能只局限于某一相关利益者团体,而应考虑得更为全面和系统。

(二)共同进化原则

人类学家格雷戈里·贝茨森(Gregory Bateson)指出,系统内(公司、团体和家庭)的行为都是共同进化的。我们可以认为,产业生态系统内的利益相关者共生共荣、协同发展和进化是一个比竞争或合作更为重要的概念。世界范围内一些产业领导者(如 IBM、微软等公司),通过牵引和领导产业内的利益相关者共同发展和进化,创造了新的商业发展模式,也建立了产业系统层面的竞争优势。

(三)生态流原则

生命的各种表现都是和能量流动、物质循环、信息传递分不开的,没有这些生态流就不可能有生命活动,也不可能有生态系统。在品牌生态系统中,除了物流外,还有资金流、产权流、知识流、信息流等多种重要而复杂的能量与信息流动。生态流的基本原则是统一的,能量流动和物质循环都以价值流动为核心动力,并伴随着品牌信息传递和流动。

(四)生态位原则

广义的生态位(niche)是指种群在群落中与其他种群在时间和空间上的相对位置及其机能的关系。每种品牌及品牌群的生存都需要一定的生态空间和资源,为了获得这些资源和空间,都有扩张的倾向,扩大它们的市场生态分布范围。但资源和空间两者都是有限的,因此必然引起有同样需要的品牌及其群体间的竞争。由于竞争的影响,品牌当前占领的实际生态位(realized niche)总是小于它在没有竞争条件下可能达到的生态位,即基础生态位(fundamental niche)。

市场资源和空间虽然是有限的,但消费者的需求又是多种多样的,甚至是无限的。通过市场竞争和消费者选择,品牌及其群体间产生生态位的隔离,使得生态位不重叠或少重叠,从而达到一定范围内的多品牌的共生共荣。用生态位、生态图(ecograph)代替市场占有率、市场份额图,可以帮助企业更有效地适应市场生态的变化,品牌生态图除了具有传统市场分析的份额表达意义外,还可以对市场生态中的主要成员之间的生物链进行图示。

(五)生态演替原则

品牌生态系统具有动态的发展或演替的特征,品牌生态系统演替的含义如下。

(1)系统演替是一个动态有序的过程,具有一定的发展规律和发展方向。

（2）系统变化虽由外部因素引起，但演替主要受生态系统内部组织系统的资源和能力所控制和影响。

（3）系统以动态稳定或相对均衡的生态系统发展态势为均衡点。

（4）系统具有产生、发展、成熟、消亡、更替的过程。

品牌生态系统作为特定的社会生态系统，也具有产生、发展、成熟、消亡、更替的过程。品牌生态系统的发展变化，始终是在动态发展的市场环境和竞争环境中进行的，消费者选择的发展变化中，类似产业生态系统的发展，都会对品牌生态系统的发展产生重大影响。企业自身价值创造能力、资源利用模式、企业运营效率在其中依然起着核心与决定性的作用。随着企业品牌生态系统规模的扩大，企业通常具有更大的量能和势能优势。相应地，企业发展和经营的惯性也会越来越大，庞大的利益相关者群体和复杂的决策考虑因素也会使企业转弯与转型的速度，以及应对市场变化的速度趋缓。面对不断进化的消费者价值需求和崭新的价值创造模式，面对更为轻巧灵活的竞争系统，旧有的品牌生态系统，要么凤凰涅槃，自我更新，要么为新的品牌生态系统所代替，走向消亡。

（六）生态平衡原则

在一个相对稳定的生态系统中，系统的组成成分和比量相对稳定，能量、物质的输入和输出相对平衡，这样的生态系统具有抵抗胁迫保持平衡状态的倾向，生态学上称之为稳态机制。而当外力增强时，生态系统通过自动调节，可以在新的水平上实现新的平衡，这样就可能出现一系列"稳态台阶"。此时，虽然系统还能实现控制，但已不能回到原先的同一水平。在这种情况下，甚至轻微的变化就能产生深远的影响。生态系统的稳定机制是有限度的，超过这个极限，正反馈不受控制，终将导致系统的毁灭，品牌生态系统的正常运行也受这一原则的支配。

［阅读材料 7-11］

柯达的兴衰

在很长时间，柯达依托在胶片领域的技术优势占据着市场统治地位，并通过大力发展照片洗印连锁、销售大型洗印设备和胶片获取了丰厚的利润。尽管拥有许多数码成像领域的专利，来自胶片领域以及照片洗印设备的丰厚产业利润，使得柯达面对数码时代的到来而行动迟缓。以佳能、尼康、富士为代表的传统照相机制造商、传统洗印设备制造商则抓住了数码时代发展的机会，迅速向数码摄影器材制造领域转型，研发多种款式和价格的数码相机、数码摄影机、数码洗印设备占据市场，赢得新的发展机遇。而错失数码转型机遇的柯达，则在相当长的时间徘徊在低谷。

四、品牌生态系统的发展模式

品牌生态系统的发展是个逐步成长和动态演进的过程,其核心是品牌价值系统的发展与演进。品牌价值系统的发展包括企业品牌价值的发展、品牌价值链系统的发展和品牌价值网系统的发展三大部分。系统地规划和发展品牌价值的成长模式和成长路径,促进企业从提升个体品牌价值到发展品牌价值链,发展品牌价值网,促进品牌价值体系的持续提升与动态发展,将促进企业品牌生态系统的创建、发展和持续价值成长,并建立以企业资源能力为核心的难以复制的系统竞争优势。品牌价值系统发展模式见图 7-15。

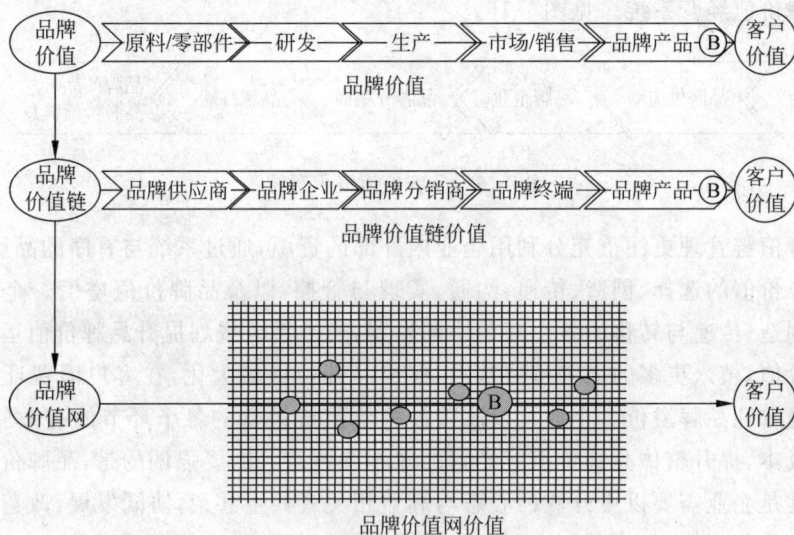

图 7-15 品牌价值系统发展模式图

(一)发展主导品牌和差异化产品,持续提升品牌核心价值的创造能力

目前的中国市场依然存在生产能力冗余、同质化产品冗余、企业品牌价值低和价格战主导企业竞争模式四大困境。信息过剩,假冒伪劣产品过多也使得消费者选择困难,并存在信任危机,阻碍产品的消费。现实呼唤更多的中国企业通过系统的努力,塑造更多更强大的主导品牌,并持续提升品牌价值。通过主导品牌的品牌价值塑造与品牌认同,在创造和满足客户不断增长的价值需求的过程中打通产品生产冗余和销售通路,通过品牌生态系统的发展,系统化解决上述问题与困境。

目前而言,依托中国的庞大消费人口和市场优势,围绕客户价值创造加强企业品牌建设,系统塑造产品品牌、终端品牌、服务品牌等,以品牌价值建设牵引企业的研发、生产、销售体系的发展,持续提升产品价值;以品牌差异化牵引企业的产品差异化;以品牌知名度和美誉度建设提升产品的市场覆盖率和销量；是国内企业建设品牌，实现快速发展的现实出路。围绕强大的特色产品品牌建设品牌生态系统，以及围绕广覆盖的终端品牌建设品牌生态系统，通过发展品牌生态系统增强企业实力，也是中国企业应对跨国企业竞争，实现持续价值成长的重要发展路径。

（二）发展品牌价值链，持续提升品牌价值链的协同进化能力

品牌价值链是指在企业的品牌生态系统中，由品牌原料商、品牌供应商、品牌企业、品牌分销商、品牌终端等品牌利益相关者组成，并以品牌的价值创造和价值增值为核心发展而来的品牌价值经营系统。见图7-16。

品牌原料商 ▷ 品牌供应商 ▷ 品牌企业 ▷ 品牌分销商 ▷ 品牌终端 ▷ 品牌产品品牌价值信息 ▷ 客户价值

图 7-16　品牌价值链示意图

品牌价值链管理更注重充分利用企业内外部的资源，通过系统与有序的品牌经营，实现品牌核心价值的选择、创造、传递、沟通、实现与管控，以及品牌价值增值。企业可以在品牌价值创造、传递与转移的各个环节协同发展，通过系统规划提升品牌价值运营各个环节的品牌价值，植入更多的品牌价值基因，促成品牌价值最大化，在客户消费环节获得更好的品牌美誉和品牌溢价。企业可以改善品牌价值链运营的各个环节的有效管控，降低内部交易成本，提升整体品牌价值链经营的效率和效益。需要强调的是，品牌价值链成功经营的关键是企业需要以更开放的心态与利益相关者共生共荣，协同发展，改善品牌价值链系统的价值创造机制和利益分享机制，推动价值链的规模扩张和质量提升，通过增加营业额和品牌产品利润促进整个品牌价值链的价值成长。

（三）发展品牌价值网，持续提升品牌生态系统价值聚合能力

品牌生态系统中，上游品牌、核心品牌或核心品牌群体、下游品牌以及品牌相关利益组织间以强势品牌作为网络节点，以强势品牌的价值创造、价值增值与价值经营为发展动力，多条品牌价值链之间相互联系，协同经营，形成有效承载网络系统内物质、能量、信息、资金流动的品牌价值网络，在创造消费者价值的基础上实现品牌价值网络各个环节的价值。品牌价值网络的发展有利于相关利益组织基于专业化分工发展各自的比较优势，基于产业协作发展协同优势，也有利于降低系统内部的交易成本，并有效提高整个品牌价值网络的运营效能与效益。

品牌的核心客户价值，以及品牌价值网中的核心品牌和核心企业的价值创造能力，是品牌价值网络建设的核心环节。企业通过核心品牌价值创造能力和价值实现能力聚合系

统内的品牌价值资源,整合不同品牌价值链中的共性品牌价值元素,创造新的品牌价值创造与增值模式,增强品牌价值网络的价值创造能力,通过价值创造与价值分享机制拓展和壮大整个品牌生态系统。

　　企业可以创建和发展核心品牌价值的成长机制,或者创新品牌价值发展模式,以强大的品牌价值创造能力牵引相关利益群体以较低成本共享强势品牌的价值收益,以此推动品牌价值网络的整体规模扩张。企业可以发展有效品牌价值合作和品牌利益分享机制,吸引合作伙伴共同推动品牌价值网络的成长与发展,共享收益。企业还可以超越自身的能力和利益局限,发展价值共享的品牌合作联盟和品牌合作组织。组织间的品牌战略协作有利于在互利共生中发展协同效应,增强以品牌价值为核心的物质、能量和信息、资金流动的广度和深度,创造更多更大的客户价值。这也有助于企业在更广阔的时间、空间范围内发展品牌生态系统,促进品牌生态系统的持续价值成长。

　　品牌价值网见图 7-17。

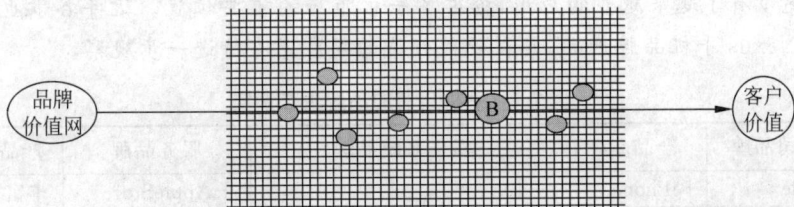

图 7-17　品牌价值网示意图

[阅读材料 7-12]

全球手机厂商的品牌价值网络与品牌竞争策略

　　全球手机市场是一个竞争激烈的市场。目前的市场竞争模式,也正由单个手机厂商、手机功能的竞争演化为多个品牌价值元素的竞争,演化为系统间的竞争。面对细分客户群体的价值需求,手机制造商的企业品牌正和企业内外部具有不同价值属性的产品品牌、操作系统品牌、网络服务品牌的有机结合市场塑造新的差异性品牌组合,创造独特的价值属性和品牌价值形象的产品。手机品牌间的竞争也日益体现出基于品牌价值网络间的竞争态势。见表 7-1。

　　苹果公司发布了 iPhone 品牌的手机,一方面保持了苹果品牌一贯时尚、科技的品牌形象;另一方面创建了 AppleStore,通过聚合软件制造商群体、通过利益分成模式发展丰富的应用软件,并为消费者提供了丰富的软件应用选择。

　　索尼爱立信公司继承了爱立信的通信技术优势和索尼的影音以及工业设计优势，一方面依托索尼公司和爱立信公司联合品牌的良好品牌影响力。另一方面依托索尼在影音娱乐领域的产品品牌的技术和品牌影响力，将音乐播放器领域的著名品牌 Walkman 及其技术植入手机，创造了 Walkman 品牌的音乐手机；将照相器材领域的著名品牌 Cybeshot 及其技术植入手机，创造了 Cybeshot 品牌的照相手机；未来，索尼爱立信还筹划将掌上游戏机领域的著名品牌 Playstation 及其技术植入手机，创造 Playstation 品牌的游戏手机。近年来，索尼爱立信在手机操作系统的使用上，也从固守 Sybian 操作系统向使用 WindowsPhone 操作系统、谷歌的 Android 操作系统综合发展，为客户提供更多个性化选择和更好的应用体验。

　　谷歌依托多年积累的雄厚软件技术优势，创建了开源的免费手机操作系统 Android 开放给手机产业链的相关利益群体使用；依托在互联网领域积累的雄厚产品和技术优势，建立了以谷歌品牌主导的网络应用体系；通过与手机制造商的合作，谷歌的开源操作系统已经逐步有了越来越多的应用，抢占了手机市场的重要位置。近年谷歌也推出了自有品牌的 Nexus 手机品牌产品，其在硬件领域的发展还有待进一步观察。

表 7-1　手机厂商的品牌生态系统

企业	公司品牌	产品品牌	操作系统品牌	服务品牌	产品功能价值
苹果	Apple	+iPhone	+10s	+AppleStore	丰富软件应用
索爱	SonyErricson	+Walkman	+Sybian(Android/Windows Phone)		音乐手机
		+Cybeshot	+Sybian(Android/Windows Phone)		照相手机
		+Playstation	+Sybian(Android/Windows Phone)		游戏手机
谷歌	Google	+Nexus	+Android	+ Google play	丰富网络应用

五、品牌生态系统管理

　　品牌生态系统的管理，是一个由简单到复杂，由内向外的多维度发展过程。从结构维度上看，品牌生态管理既需要考虑品牌架构的关系，也需要考虑品牌拥有企业与产业链要素间协作与发展关系，还需要品牌价值成长与品牌生态环境要素之间的适应关系；从时间维度上看，品牌生态管理始终贯穿品牌的初创期、发展期、成熟期和衰退期，每个时期品牌管理要素的价值、类别、丰度、效度，以及要素之间的组合和排列方式，以及品牌发展策略都具有明显的差异性；从内容维度上看，品牌生态管理主要包括精神层、物质层、制度层和行为层等内容。精神层是指品牌的价值理念、价值观、品牌识别等。物质层是指品牌相关的产品及产品研发、设计、生产设备和工艺流程、生产环节、营销环境等。制度层是指品牌经营管理相关的领导体制、组织结构、制度规范和策略体系等。行为层是指品牌经营管理相关的员工行为、营销行为，以及媒体宣传、文化和创意活动等。不同维度的管理对象系统作用，互相影响，在一定程度上增加了品牌生态管理的复杂性和难度。

在品牌生态系统管理阶段，企业尤其需要坚持协同发展、共生共荣的价值理念，借助有效的整合手段，合理规范品牌各要素间、各环节间的关系，促进品牌生态管理的主导价值一元化、存在形式多元化、发展目标差异化、内容体系层次化和过程演进有序化，系统促进整个品牌生态系统的价值成长。

案例 7-1　百年博世的工业品牌经营

德国博世公司 1886 年由罗伯特·博世先生在斯图加特创办，是德国最大的工业企业之一，从事汽车技术、工业技术和消费品及建筑技术产业。博世员工人数超过 23 万人，遍布全球 50 多个国家。博世以创新尖端的产品、零部件及系统解决方案闻名于世。

百年博世的品牌塑造，可以从下列方面探讨。

一、标志

博世最成功的专利之一高压电磁点火系统，这个点火线圈的图形也成为博世公司的标志，成为其技术专家底蕴的象征。

二、定位

博世创建初期的定位为"精密机械及电气工程的工厂"，后来博世逐步以此为核心发展，产品涵盖汽车工业、电动工具、家电、电热科技、通信、自动化工业、包装机械等。

三、品牌延伸

博世公司 1895 年开始生产家电，1933 年推出冰箱，并逐渐在炉灶、洗碗机、洗衣机以及电动厨房多用机领域都享有盛名。

四、品牌联合

1967 年，Bosch 家电与 Siemens（西门子）集团的家电事业部合并，组成 BSH Bosch und Siemens Hausgeräte GmbH（博世与西门子家用电器集团）。2014 年，博世家电集团收购了西门子公司的股份独立运营，目前共拥有 Bosch、Siemens 两大主要品牌、5 个特殊品牌及 6 个地区性品牌，在全球各大洲将近 50 个国家成立分公司或代理商，行销超过

130 个国家。

五、企业文化与品牌的协同经营

1. 价值观

"努力保证产品的品质和信誉是我的原则,因为诚实守信所带来的长远利益远比眼前的利润更有价值。"

2. 企业理念与客户承诺的建设

通过博世人的努力和不断创新,在研发、生产、销售、采购和客户服务等方面的全球网络体现了博世对客户和最终用户的一贯承诺,这一承诺的坚实后盾就是博世永不妥协的博世全球质量标准和享誉世界的德国技术。

3. 质量文化与质量品牌的塑造

可靠的产品品质是博世成功的关键,也是博世引以为豪的一贯传统。"12 质量原则"是博世所有员工的工作准则和产品、服务品质的根本保障。

4. 创新文化与技术品牌的塑造

百余年来博世成功的奥秘就在于科技创新。博世集团在全球拥有 18 550 名科学家、工程师和专业技术人员。通过发明、改进和完善电子和机械产品,以现代科技创造美好生活。

六、品牌推广

博世重视通过展会,产品发布会,产品电视、网络广告等多种方式,多维度地展示与推广博世公司及博世产品品牌,开通了天猫旗舰店展示销售产品,并在产品广告中突出源自德国产品的品质与特色。

同时,博世积极参与社会活动,密切与增强同消费者的多渠道接触,持续扩大品牌影响力,热心开展各项公益活动,系统建设博世的社会公益形象。

参考资料:

博世官方网站:http://www.bosch.com.cn/zh/cn/our_company_4/our_brands_4/our_brands.html.

好搜百科:http://baike.haosou.com/doc/4246054.html.

案例 7.2　中粮集团的品牌经营

中国的许多大型国有企业,在多年发展中积聚了雄厚的实力和丰厚的资源,有些已成为产业领导者和全球五百强。许多企业同时存在着业务众多、山头林立;品牌体系与架构纷繁复杂;品牌经营模式落后;品牌管理方法滞后;品牌价值不高;品牌资产不能有效整合与提升等诸多问题。作为国内市场化经营程度最高的企业之一，中粮集团的品牌经营与品牌管理，也为大型企业的品牌建设提供了有益的借鉴和思路。

一、战略定位，从贸易商到全产业链发展

中粮集团作为国有大型企业集团，从粮油食品贸易、加工起步，逐步向实体领域发展，成为一家涉及农产品加工与贸易、金融、地产等多产业、跨领域的投资控股型集团公司，居中国食品工业百强之首，位列美国《财富》杂志所评选的全球企业 500 强。

1987 年以前，中粮集团作为大型国有企业，以粮油外贸为主营业务。1992 年，中粮集团开始由传统外贸企业向多元化公司转型。1996 年，中粮集团提出了"四三三"经营格局——进出口贸易占 40％，实业占 30％，期货、金融及服务业占 30％，实业成为公司经营格局的重要组成部分。中粮将全部实业项目划分为粮食油脂加工，农副产品种植养殖，酒、饮料生产，工业食品加工，包装，仓储运输，酒店经营和物业开发八大系列。

2000 年，中粮集团提出了 2000—2005 年的发展战略：加快企业改革的步伐，调整组织结构、人才结构；扩大粮油食品主业规模，调整产品结构；加强科技开发、资本运营、品牌经营，提高企业核心能力；建立国内营销网络，实现国内外经营一体化；实现产业资本、贸易资本、金融资本、智力资本的结合；到 2005 年使中国粮油食品进出口（集团）有限公司进入世界 300 强。

2004 年 12 月，宁高宁董事长主政中粮。2005 年 4 月，中粮集团确立了以粮油食品加工与贸易为主，"集团有限相关多元化、业务单元专业化"的发展思路。中粮集团根据总体发展战略，持续发展和完善粮食贸易、分销、物流、加工体系；增强品牌食品的研发、生产、物流、分销体系建设；巩固中国粮食贸易商及中国食品主要供应商的地位。同时，中粮集团通过资本运营的方式，不断进行业务重组和资产整合，优化产业结构。目前中粮已形成了粮食贸易、粮食及农产品加工、生物质能源、品牌食品、地产、酒店、土畜产、包装、金融九个板块业务构成的产业发展新格局，并拥有四家中国香港上市公司和三家内地上市公司，即中国食品、中粮控股、蒙牛乳业、中粮包装、中粮屯河、中粮地产和丰原生化。

2009 年，中粮依托企业的资源和能力优势，确立了"全产业链"发展战略，在粮油食品领域向产业链上下游环节拓展和延伸，通过产业链上下游业务的资源整合与协同发展，打造系统竞争优势，发展规模经济效应，进一步增强中粮集团的产业整合能力和市场主导能力。

二、通过产业重组与并购，扩张产业与产品品牌版图

2004 年中粮集团并购中国土畜公司，并对其大力进行业务重组和资产整合，调整产业结构和商业模式。中国土畜公司经营业务包括茶叶、木材、羊绒、香精香料、船务等产业。中国土畜下设中茶公司、木材部、雪莲羊绒公司、利海船务公司、香精香料公司和中国

山货等业务单元。中茶公司集茶叶种植、加工、销售、科研于一体,在福建、浙江、云南、湖南等中国茶叶原产地建有多家生产企业和原料基地,茶叶销售位居国内市场第一,是中国茶叶行业规模最大的企业。中茶公司作为行业知名企业,拥有"中茶"、"猴王"、"海堤"、"蝴蝶"等众多茶叶知名品牌,拥有普洱茶、绿茶、红茶等多类茶叶品种,并从事可可与咖啡豆的贸易、加工业务,也降低了中粮在土畜产业的市场开拓与品牌建设与经营成本。

2005 年 6 月,中粮重组新疆屯河投资股份有限公司,改称中粮新疆屯河股份有限公司。经过近年的改造及整合与发展,中粮屯河公司确立了番茄加工及贸易、制糖及贸易、林果加工及贸易三大主营业务。业务范围涵盖种子研发、种植、原料收购、加工、物流及产品销售等环节的完整产业链,市场竞争力得到显著提高。目前中粮屯河公司已是世界第二、亚洲最大的番茄加工企业。

2009 年,中粮整合了中谷公司。中谷粮油集团公司的粮油内贸业务、油脂加工、粮油科技并入中粮的粮油业务板块;房地产等相关业务剥离至中粮集团的相关业务板块。

2009 年年初以来,中粮集团贯彻"全产业链"发展战略,先后实施了一系列的企业重组与并购。中粮对中国香港上市的中粮国际实施了业务重组和分拆,使各公司能够更好地专注于主营业务。分拆后,中国食品有限公司的业务主要包括:可口可乐饮料业务;生产和销售"长城"、"华夏"等品牌的红酒业务以及部分白酒业务;"福临门"等小包装食用油业务;以"金帝"为主的巧克力和其他糖果产品业务等方面。中国粮油则主要从事生物燃料、生物化学、油籽加工、大米贸易及加工、啤酒原料、小麦加工业务等农产品加工业务。中国粮油也将成为中粮集团农产品加工业务独立的融资平台,并扩张新能源产业。在地产领域,中粮将国内 A 股上市公司"深宝恒"更名为"中粮地产"(000031),在商业地产和住宅地产领域重点发展。中粮在商业地产领域打造以"大悦城"为代表的都市综合体为主;在住宅地产领域以发展中高档住宅为主。中粮集团也将中粮的房地产、酒店等业务陆续注入中粮地产,致力于发展合理的业务组合,做强实力,做大规模。

同时,中粮集团贯彻"全产业链"发展战略,依托央企背景与雄厚的资本实力,规划实施了一系列的产业链相关企业与品牌的兼并收购。2009 年 2 月,中粮集团正式并购陷入破产的五谷道场,进入方便面市场;2009 年 3 月,中粮集团投资 177 亿元建设生猪产业链;2009 年 4 月,中粮投资 40 亿元在北方建粮油基地,增强福临门食用油的生产能力;2009 年 5 月,中粮集团以 5 亿元整合丰原生化,踏进生物工程领域;2009 年 6 月,中粮集团投资 20 亿元在新疆发展林果业,重点发展休闲糖果业务;2009 年 7 月,中粮集团联合厚朴基金收购蒙牛 20% 股权成为蒙牛最大股东,进入奶业市场。

2009 年 12 月,中粮集团与全球最大的垂直一体化猪肉加工集团 Smithfield Foods 以及欧洲最大的跨国食品集团之一的 Artal Group 正式签署收购协议,以 1.94 亿元人民币收购了两者在华合资企业"万威客"食品有限公司 100% 的股权,并将其纳入中粮集团的肉食产业链发展计划。"万威客"公司专业生产经营高品质的低温肉制品和烘焙、冷冻产品,"万威客"品牌为低温肉品领域的著名品牌。

通过构建日益完善的产业链条,中粮集团形成了诸多品牌产品与服务组合:福临门食用油、长城葡萄酒、金帝巧克力、屯河番茄制品、家佳康肉制品、香雪面粉、五谷道场方便面、悦活果汁、大悦城 Shopping Mall、亚龙湾度假区、中茶茶叶、金融保险等。这些品牌与服务铸就了中粮高品质、高品位的市场声誉。

面对世界经济一体化的发展态势,中粮也在不断加强与全球业务伙伴在农产品、粮油食品、番茄果蔬、饮料、酒业、糖业、饲料、肉食以及生物质能源、地产酒店、金融等领域的广泛合作。2014 年,中粮并购国际农产品及大宗商品贸易集团 Nidera 和来宝农业,加快国际化战略布局,旨在打通国际主产区和主销区,形成一体化运营体系,成为一家全球布局的国际化粮油企业。

目前,中粮集团作为投资控股型企业,旗下共拥有八家上市公司,其中有中国食品(00506. HK)、中粮控股(00606. HK)、蒙牛乳业(02319. HK)、中粮包装(00906. HK)、中粮置地(00207. HK)五家中国香港上市公司,以及中粮屯河(600737. SH)、中粮地产(000031. SZ)和中粮生化(000930. SZ)三家内地上市公司。凭借其良好的经营业绩,中粮集团持续名列美国《财富》杂志全球企业 500 强,居中国食品工业百强之首。

三、中粮集团的品牌建设

(一) 重塑"中粮"品牌的核心理念

中粮集团提出了"自然之源,重塑你我"的核心价值理念,倡导用自然的力量来重新塑造一家企业、一个人,甚至一个社会。与中国文化中"道法自然"、"天人合一"的价值观相契合。重要的是,中粮在员工行为准则,产品生产、加工与贸易,环境保护、社会责任等方面身体力行,知行合一,切实践行了"自然之源,重塑你我"的核心价值理念,赢得了社会公众的认同和信任。

(二) 重建"中粮"品牌的视觉形象

2009 年,中粮重建了视觉形象(VI)。新的品牌标志由三部分组成,上部的蓝色部分代表广阔的天空,也象征人类更广阔的未来,以及中粮集团的发展和上升的空间。阳光耀眼夺目,发射出无穷的光、热和力,它代表自然的力量,也象征中粮的市场影响力和愉悦的企业文化。标志的下部代表丰收的土地,在阳光的普照下充满盎然生机。土地的肥沃与积淀因阳光的照耀而愈发鲜活,象征中粮集团的深厚底蕴、中粮集团员工的宽广胸怀和满腔热情。标志的中部犹如早春的叶子,又似手牵手、心连心的人们。它代表生命力和人,在自然的围绕中,和谐共生,健康向上。它又象征中粮的团队精神,反映中粮集团员工的使命感和凝聚力。中粮集团拥有自己的颜色：梦想蓝、喜悦橙、青春绿、承诺棕。纯净蔚蓝的天空，阳光普照肥沃的大地，孕育出无穷的生命力，人类在其中生生不息。在天、地和生命的和谐交融中，中粮是一股温和而强大的推动力，把生活带向朝阳升起的方向。

（三）发展全产业链的经营理念

2009年开始，中粮集团在粮食、食品领域更为倡导"安全、放心、健康"的价值理念，并根据这一理念创建了"全产业链"战略，致力于发展"从田间，到工厂、到餐桌"的产品经营模式，相关产品都将具有"产地限定、加工全程零添加、产品信息全程可追溯、支持生态农业"的价值属性。通过对研发、种植、加工、物流、渠道、销售等各个环节的把控，实现每一份产品可追溯，以此满足消费者对食品100%安全的需求。中粮也相应提出了"产业链，好产品"品牌传播广告。"全产业链"经营理念对于中粮集团的作用与价值在于以下几个方面。

（1）在消费者层面，建立"中粮出品"安全、品质、营养、健康的品牌价值属性，以"中粮出品"的实力与信誉保证，为旗下产品提供品牌背书，为消费者消费安全、营养食品，享受健康、美好生活创造优异的价值体验。有效提升"中粮"品牌和产品品牌的价值。

（2）在企业层面，发挥中粮的资源与能力优势，通过产业链的成长和扩张推动中粮集团核心竞争力的持续成长，建立差异化的竞争优势，有效地区隔竞争对手。

（3）在产业层面，以产业链建设牵引中粮的产业生态系统的发展，促进合作伙伴的价值认同和共同发展；引领和倡导新的产业发展模式，促进行业的产品品质改善和社会责任建设，推动产业进步。

在传播方面，中粮集团通过赞助上海世博会、央视广告传播、杂志报纸宣传、知名网站广告，以及"中粮生产队"的网络游戏，多渠道、多视角地传播了中粮"产业链，好产品"的品牌价值理念。

（四）"中粮"品牌的管理与应用

中粮集团在"中粮"品牌的经营中，也在逐步整合旗下的产品类别和产品品牌，以充分发挥品牌价值，增强品牌间的协同发展，降低内耗。中粮集团分别以自然之源、优质产品、品质生活为核心品牌理念，将业务和产品划分为三个大类领域。并以中粮品牌作为母品牌，为产品大类品牌和产品品牌实施品牌背书。

在自然之源领域，中粮的品牌价值突出以粮食为本，奉献自然精华。中粮的产业和业务涵盖粮油食品贸易与加工、生化能源与化工、饲料三大领域。粮油食品贸易与加工包括小麦、大米贸易、食糖贸易、玉米、啤酒原料、豆类与油料、番茄产品、茶叶等；生化能源与化工领域包括生物质能源等；饲料领域包括饲料原料与饲料产品等。

在优质产品领域，中粮的品牌价值突出汲取自然精华，奉献出营养、健康、优质的食品,不仅满足人们生存的基本需求,更保证消费者的生活品质。中粮的产品在食品领域,涵盖包括食用油、大米、面粉、巧克力与其他休闲食品、食糖、罐头食品、禽畜肉食产品、方便面、保健品等。在酒和饮料领域包括葡萄酒、黄酒、碳酸、果汁、茶与水饮料等。

在品质生活领域,中粮的品牌价值突出为大众创造更优质的生活服务,满足用户方便、精致、尊贵的生活。中粮相关的业务领域,包括地产和物业、旅游与酒店、金融业三个大类。地产和物业包括商业地产和住宅地产;旅游与酒店包括酒店和亚龙湾旅游度假区两个业务板块;金融业包括中粮信托、中英人寿和中怡保险三大业务。

"中粮"品牌在中粮集团品牌经营中的应用主要分为三个层面。"中粮"品牌一是主要在粮油食品领域应用,为产品品牌提供品质、安全、营养等方面的品牌价值与品牌形象背书;二是主要在 B2B(企业对企业)市场应用,为集团的战略发展和业务合作提供集团实力、价值、信誉和形象支撑;三是为中粮地产、贸易等非粮油食品领域的业务提供集团实力、信誉和形象层面的品牌背书。

四、中粮集团的品牌价值塑造

中粮集团以引导和满足消费者需求为核心,稳固提升产品品质和营养,满足消费者的多样化需求,突出中粮出品安全、营养、健康的品牌形象,持续提升品牌价值。

在满足消费者需求方面,中粮集团一是强调产品的安全价值,增强全产业链的经营与管理,在产品的生产、加工、物流和销售各环节增强了对产品质量的管理和控制,为消费者奉献放心食品;二是持续丰富产品品类,满足消费者不断增长的好奇心,以及多样化需求;三是产品形式多样化,中粮因应消费者消费理念和消费方式的变化,推出各种重量和包装的米、面、油等,方便客户购买和消费。

在引导消费者需求方面,中粮集团一是重视产品的营养价值创造。中粮集团通过技术创新发展了许多粮油食品的营养增强工艺,并在中粮出品的产品中添加营养成分:中粮多年来始终坚持在福临门食用油中加入维生素 A;中粮发展了业界领先的 zhaichun 技术。二是强调并践行健康食品、健康生活的理念。中粮出品的果汁,都是不含添加剂的纯果汁。

推出蒸谷米

在生产加工环节,中粮集团基于产业链的粮食生产与加工模式,推出了高营养价值的蒸谷米产品。蒸谷米是以中国南方早稻和中晚稻为原料,经清理、浸泡、蒸煮、干燥等水热处理,再按常规方法脱壳、碾米而成的优质、纯天然、营养型大米。蒸谷米米粒密实均匀,米色微黄晶莹,外观润泽,米饭芳香适口,嚼性佳。从营养、膳食和储存角度比较,蒸谷米较普通大米具有更多优点。

(1)营养价值高。稻谷经水热处理后,皮层内的维生素、无机盐类等水溶性营养物质扩散到胚乳内部,增加了蒸谷米的营养价值。

（2）出饭率高。在米饭干烂程度相同的情况下，比同程度白米的出饭率高出37％～76％。

（3）蒸煮时间短，易熟，可节约燃料。

（4）耐储存。稻谷蒸煮后，大部分微生物被杀死，减少虫害侵蚀；米酶失活，丧失了发芽能力，延长了储藏期。蒸谷米这一特性极其适于特殊环境和条件下的粮食运输和储存。

发布"福临门"品牌的全稻原米

2010年7月，中粮集团旗下的中国粮油控股公司发布了"福临门"品牌的"全稻原米"产品。中粮的"全稻原米"采用了国际先进的HPT营养保留工艺，比普通白米更多地保留住了稻谷中谷皮、米胚和米粒的天然原生营养，其所拥有的大量维生素和矿物质均是普通大米的1倍以上，比如钙和维生素B族含量，是普通大米的3～5倍。由于"全稻原米"有比普通白米高出1.3倍以上的出饭率，这让消费者在获取相同饱腹感的同时，不但能摄取更多的维生素、矿物质和膳食纤维，还减少了热量的摄入，是爱美女性保持身材、获取健康营养的主食新选择。

同时，长期的研究和实验发现"全稻原米"的GI值很低，（GI，即营养学上所说的"生糖指数"，是摄取的食物在体内转换成糖的比例。高GI的食物，会加速人体血糖上升，也是促进体内脂肪形成的元凶）。"全稻原米"中黄金圆粒的GI值为54，黄金纤粒为46，均低于国际标准55的临界值，属于低GI食品。在我国推广低GI值稻米不但有利于糖病患者病情的控制，更有利于预防糖尿病的发生和广大民众的健康。

"全稻原米"的发布，顺应和牵引着社会公众从"吃饱吃好"向"吃得健康"饮食观念的转变，适时满足了健康饮食的居民生活需求。"全稻原米"的发布，也牵引和推动着更多中国粮食企业提高经营理念，研发和生产、加工更多满足社会公众健康饮食的粮食与食品。

五、品牌资源整合

中粮集团在多年发展中，创建和发展出许多具有广泛知名度和品牌价值的产品品牌。如"长城"葡萄酒，"福临门"食用油，"香雪"品牌的小麦、面粉、面制品，"中茶"茶叶，"雪莲"羊绒，"金帝"巧克力，"屯河"番茄制品，"家佳康"肉制品，中粮面粉，"COFCO"牌啤酒麦芽，"中粮美特印"铁制罐，"华鹏"瓶盖，"可口可乐"系列饮料，凯莱酒店，凯莱物业，鹏利地产，"中粮地产"等。如何有效地整合旗下的品牌资源，做大做强产品品牌，提升品牌价值，扩张品牌资产，也是中粮集团品牌经营的关键因素。中粮在品牌整合、品牌延伸和品牌创建方面都有所建树。

（一）整合产品品牌

1."福临门"品牌的发展

1993年,中粮集团创建了自己的食用油品牌"福临门",2001年"福临门"品牌食用油已经在中国小包装食用油领域占据15％的市场份额。2001年,中粮集团决定重点发展"福临门"品牌,并在2001年年底,由中粮国际以3.8亿港元出售其与嘉里粮油的合资企业南海公司49％的股权,退出了南海旗下的"金龙鱼"食用油品牌。

在国内食用油市场,中粮以"福临门"品牌为核心重点发展,也采用多品牌战略来提升市场份额,中粮在高端市场使用"滋采"品牌,在中低端市场使用物美价廉的"四海"品牌,在地域市场,也使用了具有较高地域知名度的"五湖"、"嘉和"等品牌。根据市场消费群体不同,中粮集团将天然谷物调和油定为全国性产品,重点营销塑造"福临门"品牌的品质和营养价值,"福临门"的Aa油系列、压榨一级花生油、营养油系列定为区域性产品。多年的专注经营,使得"福临门"的品牌影响力、市场覆盖力,以及沿海生产基地的规模都日趋扩大,并逐步向相关产品领域延伸。

2."长城"葡萄酒品牌的发展

中粮也以中粮酒业的发展为中心,以"长城"葡萄酒品牌的建设发展为龙头,加速整合旗下的葡萄酒企业。中粮集团原有中国长城葡萄酒有限公司(河北沙城)、华夏葡萄酒有限公司(河北昌黎)和烟台中粮葡萄酒酿酒有限公司(山东蓬莱)三个企业。各公司的葡萄酒产品特点和营销渠道销售相对独立,消费者对于"长城"葡萄酒品牌的认知也不相同。

2009年7月后,中粮收购沙城公司50％的股权后,中粮集团开始逐步整合三大葡萄酒公司,并以"统一的利润中心、统一的品牌形象、统一的市场渠道、统一的生产管理"为核心实施整合。未来中粮酒业将成为长城品牌的一个管理中心,负责产品研发、销售、市场推广等,而三家长城酒业公司今后将主要负责生产管理、质量管理和成本控制。

中粮集团也加大了"长城"葡萄酒品牌的营销渠道整合力度,进一步壮大"长城"葡萄酒的终端覆盖力;统一使用"长城"Logo,统一广告宣传,统一标明中粮出品,统一消费者对于长城品牌的认知;同时,原产地分别标注,以突出葡萄酒的原创地品味和地域特色。"中粮出品"的品牌背书,增加了消费者对于长城葡萄酒品牌的信赖,并在市场调查中得以证实。

（二）品牌延伸

中粮产品品类众多,也有许多多年沉淀的知名产品品牌。如何以旗下的知名品牌为核心,增强产品品类管理,促进更多细分产品的发展,是中粮集团需要面对的问题。中粮集团在实践中也做出了成功的探索。

中粮集团的福临门是著名的食用油品牌,并在消费者心目中建立了安全、营养、品质的食用油品牌的价值形象。中粮集团基于品牌功能价值的相近性和客户消费群体的相近性,将"福临门"品牌向厨房食品品牌延伸和拓展。目前,中粮已逐步推出了"福临门"品牌的大米和面产品。中粮还将逐步推出"福临门"品牌的调味品和生鲜食品,通过"福临门"的品牌影响力、品牌价值和消费者认知拓展厨房食品市场。

(三)创建新品牌

中粮还重视在新的产品领域创建新品牌拓展市场,2009 年 6 月,中粮集团旗下的中国食品重点拓展果汁市场,并推出自有品牌"悦活"果汁,并在开心网上举行了"悦活种植大赛"的推广活动。中粮旗下的中粮地产重点发展商业地产市场,并推出了大悦城商业地产品牌。

六、重视社会责任建设

中粮集团在长期发展中始终注重社会责任,并将企业的发展与国家的发展、地区的发展、行业的发展,以及消费者的利益相结合,展现了负责任的大型国有企业的品牌。

作为国家粮油食品领域的主导厂商,中粮担负起维护国家粮食安全和市场稳定的责任,在确保粮油供应和稳定粮油价格等层面成为重要的市场稳定器。中粮的产品尽管品质好、规模大、市场影响力强,但中粮的产品价格策略更为合理和稳健,从不恶意提价和率先提价。践行了品质高、不说谎的企业理念。作为国有大型企业,中粮集团注重于产业布局与地方的经济发展有效结合,通过企业发展带动地方经济发展,带动当地的就业和富裕,在经济效益和社会效益的共同发展中实现企业价值。

作为行业领导者,中粮倡导和践行了全产业链的发展理念,引领产业重视粮油食品的品质和安全。作为市场领导者,中粮出品的产品更为重视产品质量和产品营养,关注消费者的营养与健康,关注消费者的多样化需求,在创造客户价值的基础上持续提升中粮的品牌价值,并为"中粮"品牌注入了深厚的道德张力和敬天爱人的人性价值力量。

七、中粮集团的品牌建设的六个问题与未来发展

中粮集团应该是国有大型企业中市场化经营最好,品牌经营最为出色的企业之一。历史沉淀下来的复杂品牌体系,以及传统品牌经营的惯性模式,使得中粮集团的品牌经营还有许多需要进一步发展完善。中粮集团的品牌建设,有六大问题需要关注。

一是中粮集团作为产业领导者,品牌的观念价值和核心价值属性是什么? 中粮集团如何在产业经营理念、产业文化的层面引领和带动整个产业的提升和发展?

二是中粮集团各产品品类的核心品牌的价值定位和个性形象是什么? 如何有效整合和牵引相关产品品类的发展?

三是什么样的品牌管理架构最适合中粮,最能提升中粮集团品牌管理的效率和效能,减少品牌经营的内耗?

四是如何有效协同相对封闭的各个产业模块的资源,在品牌建设和品牌经营上形成合力,牵引整个中粮的资源整合与协同发展?

五是中粮集团如何进一步发展自己的高端品牌,创造具有中国特色的品牌价值成长模式?

六是中粮集团如何进一步塑造与发展世界品牌,并带动中国的农产品走向世界市场?

我们期待,"中粮出品"早日成为中国粮食和食品市场的安全、营养、健康的代名词;我们期待,"中粮"早日成为世界粮食和食品领域的市场领袖和领导品牌。

参考资料:

中粮集团官方网站:http://www.cofco.com/cn/index.html.

MBA 智库百科:http://wiki.mbalib.com/wiki/中粮集团.

中粮集团百度百科:http://baike.baidu.com/view/1255317.htm.

案例 7-3 微软的品牌生态系统建设

历时 35 年的发展而成长为世界软件产业的领导企业之一。微软的卓越之处,在于微软创造了价值卓越的产品品牌,并通过系统的产品创新与升级策略满足和牵引客户的价值需求,进而持续提升品牌价值;在于微软始终顺应社会和客户价值需求的发展变化,持续推动微软产业生态系统的价值创造与规模成长,并保持良性的自我更新。

在成就微软辉煌的众多因素中,客户至上的发展原则、强大的市场营销能力、卓越的客户化产品与产品创新能力、持续的多业务领域拓展都发挥了至关重要的作用。然而微软的成功最重要的原因,在于它适应产业生态系统的发展,致力于不断探索和发展由客户、经销商、硬件制造商、第三方软件开发商和程序员团体等组成的共生共荣的产业生态系统,并为客户创造价值的进程中实现整个产业生态系统的价值成长。

一、建立 BASIC 语言标准地位

在 1975 年微软创立时期,大型机还处于市场主导地位,微型电脑市场尚处于开拓时期,软件业只居于硬件设备的从属和配套地位。没有优质产品的微软,通过移植他人开发的相对成熟的 BASIC,获得了为计算器制造商 MITS 开发牛郎星电脑(Altair)的程序语言的合同。通过对 BASIC 程序设计语言的逐渐丰富和完善,微软建立了在微机生态系统领域的初步积累。

微软还将价格作为重要的营销手段,以低廉的价格和大量承诺来扩大订单范围,先后向 40 多家硬件供应商出售产品,从而建立了多元收入流,并通过硬件供应商的营销能力推动客户大规模的市场应用。到 1979 年,微软的销售额超过了 100 万美元,以稳固的市场份额来强化自己的语言标准地位,并将领先地位持续到 20 世纪 80 年代中期。

二、发展基于 DOS 品牌操作系统的产业生态系统

1980 年,当 IBM 决定进入迅速发展的个人电脑市场,需要并委托开发相应的软件和外购微处理器。微软又一次看到并抓住了业界巨人 IBM 所提供的历史性的合作机遇。没有操作系统的微软为获得订单,购买了数字研究公司的 Q-DOS 并予以开发和拓展,改名为 MS-DOS,又一次成功实施了客户导向的策略,赢得了订单。

三、发展基于 Windows 品牌的生态系统

微软的 Windows 开发成功后,微软及时将产品推出市场,并采取了在发展中升级、完善产品的产品发展策略。微软采取了铺天盖地、凶猛而有效的市场营销手段。依托 MS-DOS 品牌主导的生态系统发展的优势,微软通过设备制造商的紧密联系和销售渠道,以增强的战略控制能力保证了在每台新 PC 上都预先安装 Windows,成为微软在市场竞争中的强大武器。而当年的苹果电脑公司为了维持自有操作系统与电脑主机的垄断利润,坚持将同样性能优异的 MAC 操作系统与苹果电脑捆绑销售,没有获得更多的电脑厂商和经销商的支持,市场份额也日渐萎缩。

多年来,微软每隔几年就会对 Windows 产品实施升级,嵌入更多的免费软件和丰富应用,保持品牌的持续价值提升,并在为客户创造价值的基础上推动消费者的产品更新换代,实现品牌价值。微软 Windows 产品系统的良性的自我更新一方面有效地打击了竞争对手的同类产品竞争,另一方面也有助于牵引客户的价值需求,通过老产品升级,以及新电脑新软件的销售模式,促进品牌产品销量的持续增长。(内容详见品牌生命周期管理部分的微软 Windows 产品分析)

四、发展手机产业生态系统

目前在全球手机市场,诺基亚、三星、LG、索尼爱立信等企业的市场份额居于前列,苹

果公司通过创新的 iPhone 手机也展现了良好的发展态势。手机的生产相关芯片设计、配件、软件等配套厂商,由于几个大厂商的全球市场份额大,享有更多的采购话语权。

在 2001 年前后,手机产业已展现出勃勃生机和强大的市场潜力,也成为微软重点关注的发展领域,并在手机操作系统的研发上做了许多积累和准备。但当时全球手机操作系统市场,以诺基亚主导的 Symbian 操作系统市场份额最大,开放的 Linux 操作系统开始出现,但是市场影响力不大。在 2001 年拉斯维加斯的 COMDEX 大会上,微软推出了基于 Windows CE3.0 操作系统品牌的智能手机平台 Stinger 品牌("毒刺")。Stinger 结合了手机与 PDA 的功能,标志着微软在移动互联方面迈出了第一步。在随后的整个2001 年中,微软一直努力地寻求手机行业领导厂商对 Stinger 操作系统的支持,力图搭建手机领域的生态系统。诺基亚、爱立信、摩托罗拉等手机巨头担心微软对手机操作系统的控制会最终威胁其产业价值链,相继拒绝合作。微软后来转与台湾宏达电公司等多家新手机品牌厂商建立战略合作关系,试图通过开放的手机操作系统架构和丰富的产品应用优势,依托品牌优势,通过品牌和产品联合扶植众多新手机厂商迅速成长。近些年来,微软广泛寻求和强化与移动运营商的合作,并先后与德国电讯公司、英国电讯公司、韩国移动运营商 KTF 等多家主流移动运营商签订合作协议,大力扩展未来的无线服务业务。

微软在多年发展中持续升级手机操作系统,并结合产品升级发布的时机调整品牌命名,后来推出 WindowsMobile 品牌的手机操作系统。索尼爱立信、多普达、宏达电,以及部分全球手机厂商品牌,目前都已成为微软 Mobile 手机操作系统的用户。2010 年,微软将手机操作系统命名为 Windows Phone 品牌。

目前苹果 iPhone 手机基于半封闭架构的操作系统,结合丰富软件开发群落的品牌生态系统已经初步形成,市场拓展规模迅猛。谷歌开发的 Android 手机操作系统基于开放的软件架构手机,并易与多个手机品牌厂商达成合作,发展势头迅猛。微软在移动产品领域发展产业生态系统的道路依然艰难。2013 年,微软并购了诺基亚手机部门,推出了微软品牌的 Lumia 手机品牌,微软还相继推出了微软品牌背书的 Surface 平板电脑,继续在可移动信息产品领域实施软硬件结合的探索。

五、发展游戏领域的产业生态系统

2002 年 11 月 8 日,微软以 Windows XP 的嵌入版本作为核心软件,隆重发布了个人游戏终端 Xbox 品牌的游戏平台产品,进军家庭游戏市场。与 SONY 畅销的 Playstation2 品牌游戏平台展开了激烈竞争。

隐藏在背后的深层原因在于 SONY 在家庭娱乐市场的崛起。SONY 通过其畅销的 Playstation2(PS2)游戏平台以及丰富的游戏内容在全球极为流行。在索尼 Playstation2 游戏平台的周围还围绕着一个基于 PS2 平台的游戏开发产业群体和游戏品牌产业链。基于雄厚的家用电子设备和影音设备制造实力,以及索尼旗下的 SONY 音乐和哥伦比亚电影公司拥有的丰富的娱乐内容，SONY 也在持续增强在 PS2 游戏平台的研发投入，试图通过另一条道路建立数字娱乐平台的产业标准。

2000 年，索尼发布的 PS2 销量数据已经超过了 2700 万台，而微软的 Xbox 只卖出了 200 多万台。面对持续亏损，微软增强了 Xbox 的配置，并采用市场份额导向的低价销售策略。微软增强了产品开发投入，加强与游戏开发公司的合作，并陆续与电影电视节目供应商加大了合作的范围和力度，以有效扩大 Xbox 的品牌生态系统。

同时，微软将 Live 品牌的软件产品也植入到 Xbox 品牌体系中，增强 Xbox 品牌的客户价值应用体验。目前，微软的 Xbox Live 服务已拥有 2500 万用户，Xbox Live 高级服务的年费为 50 美元，电影和电视节目下载等产品的销售额也首次突破了注册收入。截至 2010 年 6 月 30 日，微软的 Xbox Live 在 2010 财年的销售额为近 12 亿美元，超过上一财年的 8 亿美元。Xbox Live 服务也成为微软产品创新的典范。

六、发展和积聚软件开发群体

值得指出的是，微软通过发展 VisualStudio 品牌的软件开发工具平台，为软件工程师创造相对简单易学易用的软件开发工具与环境；通过创建软件开发应用培训体系与微软软件工程师认证体系，积聚了大量的基于微软软件开发平台的软件开发人才队伍；占据了软件人才培养和软件开发应用的产业高地。大量基于微软软件架构的程序开发群体和业务合作伙伴，也巩固了微软在产业生态系统的发展基础。

七、微软的品牌生态系统竞争策略

作为有力的品牌竞争策略，微软常常通过率先发布产品品牌研发信息，在产品研发阶段，微软就持续发布产品研究计划和开发进度信息，创造客户期待，打击竞争对手的产品销售。在产品测试阶段，微软广为发布测试版软件，培养用户的使用习惯，并通过用户反馈改进产品，完善客户的产品体验。在产品发布阶段，对于市场已有的产品，微软往往采用与占有市场统治地位的 Windows 操作系统免费捆绑销售的方式，自身主要依靠 Windows 操作系统和同样占据高市场份额的 Office 品牌办公软件系统的销售赢得高额垄断利润，以此有效地打击竞争对手，抢占市场垄断优势。

八、微软的问题和困境

微软公司经过多年的高速增长，随着组织体量的增大，目前的发展速度也有所降低。微软面临的问题与挑战，一是由于在电脑桌面领域的产品优势和盈利模式，延缓和阻碍微软产品的互联网化发展，以及基于互联网应用的产品盈利模式建设；二是微软在互联网领域的产品创新与发展速度相对谷歌等竞争对手缓慢，错失了一些市场机遇；三是微软在硬件领域的产品创新与发展力度不足，经营能力薄弱，在目前软硬件产品开始趋向结合的发展态势下,较为被动。

在互联网领域,谷歌公司的发展势头迅猛,产品创新速度非常快,系统构建了互联网领域的生态系统版图,并逐步向手机通信产品领域、电视产品领域拓展。在 IT 硬件产品领域,以苹果公司为例,苹果公司在原有 IMAC 电脑的基础上,近年来相继推出了 iPod、iPhone、iPad,并建设了 AppleStore 软件市场,积聚了大批软件开发群体,通过利润分享的方式,建立了相对封闭但又充满活力的产业生态系统。

信息技术产业是一个技术飞速发展、产品日新月异的领域,持续的技术和产品创新也是信息技术企业生存与发展的关键。微软过去的成功和丰厚的产品资产,以及市场份额优势,在一定程度上,也是微软实施破坏性创新和大的变革的包袱。中国有句佛教偈语,叫作"脱了衣服去",放下包袱轻装上阵,创新发展也是微软公司需要慎重考虑的问题。

凤凰涅槃而重生,我们期待具有深厚技术底蕴、众多出色产品和广泛品牌影响力的微软公司能够创造更多新的技术、新的产品,再次引领产业的变革;我们期待微软公司在创造更多的客户价值的路途中走向新的辉煌。

图 7-18 为微软的品牌生态系统示意图。

图 7-18　微软的品牌生态系统示意图

参考资料:

郭伟文.微软:系统论构建的软件帝国[J].销售与市场,2003(5).

微软公司官网:http://www.microsoft.com.

微软百度百科:http://baike.baidu.com/view/2353.htm.

第八章

品牌价值沟通

> 品牌信息就像一匹奔驰的马——一旦你跨上它,就要控制它。
>
> ——大卫·达勒桑德罗

品牌价值通过有效的品牌沟通传递到客户。随着信息技术的发展与应用,相对于传统品牌传播,品牌沟通更为强调与客户的多维度的、双向的乃至多向的互动沟通,强调客户主导的主动的沟通,强调基于网络的沟通。

在这个信息技术飞跃发展、信息内容海量泛滥的时代,传播媒介的组成越来越多元,传播模式越来越多样,传播通道日趋复杂,传播成本日渐高昂,客户面临选择有效价值需求信息的困境,企业面临有效沟通品牌价值信息的困境。

随着科技和网络媒介的广泛发展,品牌沟通模式已从传统的企业主导的单向传播日益演化为消费者主导的个性化、主动化、互动性沟通。在新的历史时期,品牌价值沟通的核心是以低成本、高成效的方式,向目标客户群体精准传播品牌的客户价值。深入研究品牌传播的规律,系统规划品牌价值沟通方略,实施精准的品牌价值沟通模式就显得尤为重要。

品牌价值沟通以品牌定位为基础,在品牌定位阶段完成品牌的价值定位与个性价值建设,再结合品牌识别系统的建设完成品牌的定神、定性、定型与定行。在品牌价值沟通阶段,将以品牌传播的方略、内容,沟通模式,以网络品牌运营为代表的新媒体沟通模式,以及品牌价值体验模式、品牌危机管理为主要内容开展深入探讨,探寻如何系统构建有效的品牌价值沟通模式。见图 8-1。

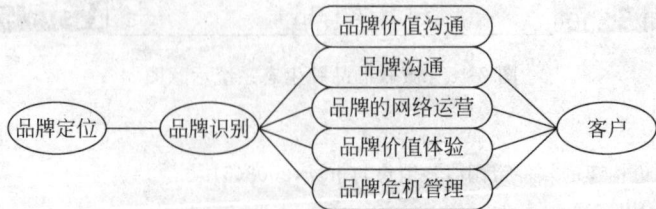

图 8-1　品牌价值沟通示意图

8.1　品牌沟通

伟大的创意或平面广告,总是出其不意地单纯,触动人心而不凿斧痕。

——李奥·贝纳(Leo Burnett)

品牌沟通以创建和满足客户的价值需求为目的,以品牌价值的客户化沟通为核心,以各个客户接触点的互动沟通为重点,系统规划和实施。我们将结合诸多组织的品牌传播实践,重点讨论客户沟通模式的发展演进、三维品牌营销体系建设、基于客户生命周期管理的品牌传播、五级品牌传播内容体系,以及品牌口碑营销五个方面的内容。

一、品牌沟通模式的演化

构建适合的品牌沟通模式,从深入调查与研究客户对于品牌的消费心理与消费行为的发展历程开始。一般而言,从消费者的视角,消费者对于品牌的消费心理历程,主要经历了需求激发注意到商品品牌,到产生兴趣,到产生购买欲望,到留下记忆并甄选比较,到逐步产生信赖,直至决定并产生消费行动,并通过良好购物与使用体验产生心理满足的过程。见图8-2。

客户消费心理分析

1. 咦,这是什么?～～～～～～(注意 Attention)

2. 这个应该不错!～～～～～～(兴趣 Interest)

3. 应该很搭配(适宜)吧!～～～～～～(联想)

4. (真)想要!～～～～～～～～(欲望 Desire)

5. 虽然想要,但其他也许更好。～～～～～(比较)

6. 嗯,就这个吧。～～～～～～(信赖 Trust)

7. 请给我(们)这个。～～～～～～(消费 Action)

8. 不错,消费得值,买到了好东西。～～～(满足)

图8-2　客户消费心理分析

从企业角度,企业通过品牌与消费者也是一个不断沟通与互动的过程。消费者对于品牌及产品的注意从需求引发,也可能是消费者主动的需求引发注意,并主动搜索品牌发生信息沟通,也可能是由厂商创建或发起的品牌广告等信息引导消费者产生的需求与注意品牌信息。而后,消费者对于品牌的需求进一步受到企业通过品牌沟通释放的产品特色等良性信息刺激而产生兴趣,引发个人对于品牌相关信息的进一步关注和了解;随后消费者结合自身情况产生品牌联想,匹配品牌定位与个人的契合度,品牌价值与价格的契合度,品牌价格与购买力的契合度等,逐步构建品牌与个人的深度品牌关系联系。当消费者与品牌的关系随着与企业品牌进一步接触和沟通,包括品牌声誉、品牌价值价格匹配性等正向影响加强到一定程度,会进一步产生购买欲望,渴望拥有品牌及产品,建立真实的品牌关系。在这个消费环节,消费者对于不同品牌间的利益与关系比较,以及对于该品牌与消费者在定位与形象匹配性、价值与价格匹配性等方面的关系比较在心理层面就比较焦灼,这时候品牌价格、热销程度、促销因素就会起到关键作用,促进消费者坚定购买信念,并通过良好的品牌终端环境和消费体验设计以及促销行动促成消费者决心交易,产生购买行为。而品牌所依附的产品与服务质量,以及后续的服务体验,是产生品牌满意、品牌忠诚和品牌口碑的关键因素。见图 8-3。

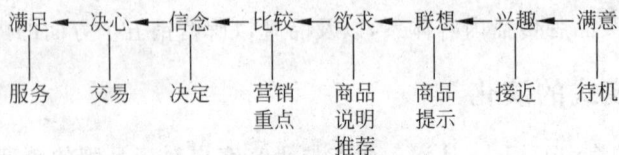

满足 ← 决心 ← 信念 ← 比较 ← 欲求 ← 联想 ← 兴趣 ← 满意

服务　交易　决定　营销　商品　商品　接近　待机
　　　　　　　　重点　说明　提示
　　　　　　　　　　　推荐

图 8-3　企业与消费者互动沟通示意图

随着社会经济文化的发展以及技术进步,消费者的品牌消费和品牌信息沟通模式也发生了巨大的变迁与进化。以往的品牌传播,更大意义上是企业主导的单向的品牌传播,通过有限的强势媒体、渠道和终端体系达成客户的品牌传播,客户被动地接收品牌信息,开展品牌消费。近年来,随着媒介信息的海量增长,尤其是随着互联网应用的快速发展和普及,以及终端数量的急剧增长。消费者品牌信息沟通模式也发生了巨大的变迁。在品牌信息的初步接触阶段,消费者多数是通过企业品牌信息的主动推介而被动接收品牌信息,消费者被引起注意,被引起兴趣。在品牌选择阶段,由于信息检索工具的发展和经济收入和交通工具发展带来的时空便利性,消费者具有更多的选择主动权。见图 8-4。

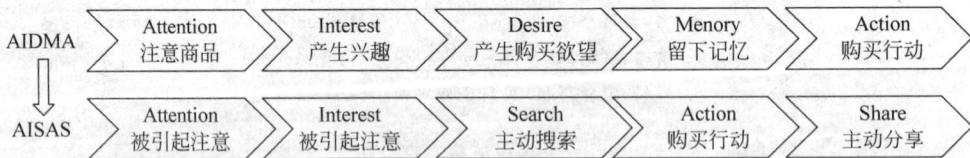

| AIDMA | Attention 注意商品 | Interest 产生兴趣 | Desire 产生购买欲望 | Memory 留下记忆 | Action 购买行动 |
| AISAS | Attention 被引起注意 | Interest 被引起注意 | Search 主动搜索 | Action 购买行动 | Share 主动分享 |

图 8-4　客户沟通模式演进图

信息泛滥和产品过剩,以及假冒伪劣产品的存在和社会信用体系的局部缺失,使得品牌的信息价值和信用价值得以体现。消费者通常主动搜索自身的价值需求,搜索品牌的价值信息和品牌使用者的评论信息,甚至现场观摩产品、试用产品,通过复杂的品牌体验和品牌沟通后发生品牌购买行动,并将品牌价值体验通过网络、电话等媒介主动与熟悉的以及不熟悉的品牌信息关注者分享与互动,或者组建和参与品牌使用者密切互动的群体社区,产生新的品牌沟通和品牌体验模式。在无处不在、无时不在的网络面前,在消费者维权意识觉醒的时代背景下,品牌传播与客户沟通,正从与品牌价值脱离的企业自弹自唱阶段回归到品牌的价值本质:优秀的产品品质,优良的产品功效,优秀的价值体验,以及长久的客户口碑与客户关系经营。

二、发展三维品牌沟通体系

品牌沟通是个有组织的系统的过程,对企业而言,也是一个逐步走向成熟和完善的过程。在企业的初创和成长阶段,企业的资源有限,利润至上,品牌营销往往更为注重短期效应,更为注重单纯的产品营销和单一的广告宣传,致力于在目标客户中尽快建立品牌知晓度,促进产品销售。随着企业的发展和成熟,随着企业实力的增长和组织营销能力的提高,企业的品牌建设也应逐步发展,系统构建三维品牌营销体系,在直接面对消费者的营销、面对零售终端的客户营销,以及面对外部利益相关者营销三方面系统展开,针对三种不同的传播对象,选择不同的营销方式,并选择最适当的时间、地点与消费者交流品牌的信息,并在品牌形象、客户关系和产品营销中达到均衡。见图8-5。

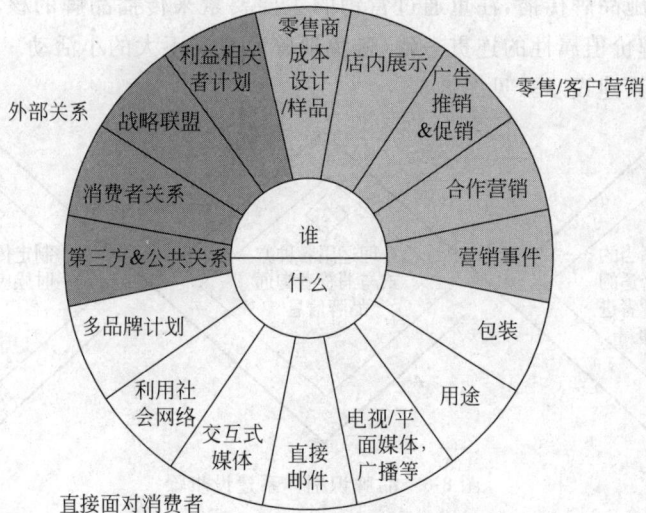

图 8-5 三维品牌营销体系图

1. 消费者沟通

在消费者沟通方面,企业需要在下述三方面重点关注。

第一,企业需要寻找最适当的时间以最合适的方式与消费者进行有效沟通。科学技术的进步、消费模式的变化、流行风尚的转变和社会热点的更替,都会导致新的沟通内容和沟通方式的发展。而社会公众节假日的到来、社会和企业重要的纪念日、企业新产品上市日和重要社会事件的发生等,又可以成为企业推广品牌的重要选择时点。

第二,企业需要加强客户接触点的管理,并合理运用各种接触方式和媒介资源与消费者沟通品牌信息。客户接触点管理方式如表 8-1 所示。

表 8-1   品牌接触点管理工具表

目标分段: _____

接触点	每个点上的预算	每个点上的体验	传达的信息	积极或消极	接触点重要性	改进的目标

第三,企业在制定传播策略的时候应该注重客户价值导向,主要从品牌的核心价值和客户利益出发实施品牌传播,注重通过营销的主要要素来传播品牌的核心价值和主要客户诉求,保持品牌价值属性的连贯一致,避免琐碎而意义不大的小活动。

品牌识别体系建设步骤见图 8-6。

图 8-6   品牌识别体系建设步骤

2. 经销商沟通

在经销商沟通方面,企业首先要注重经销商的价值需求和利益营销。其次,企业可以在创造客户价值需求的共同利益诉求下与经销商和终端协同发展品牌营销。企业可以通过强化渠道和终端建设,通过发展经销商和零售终端规模来扩大客户接触点,增强品牌的终端形象建设,增强品牌和产品销售力。企业可以与经销商和终端合作,综合利用店外路演活动,店面陈列,店内促销、家访式促销等来扩大品牌沟通,增进客户关系,促进产品销量增长。

3.利益相关者沟通

在利益相关者沟通方面,企业可以通过新闻发布会、会议、活动等方式开展面对面的直接沟通,综合利用电视广告、平面媒体、广播、户外广告、网络广告等单向营销模式,包括直接邮件、交互式媒体、社会关系网络等交互式营销模式等多种模式展开。企业也可以通过第三方营销对消费者施加影响力,包括通过将公司董事会管理和业务状况向公众进行及时有效的信息发布与沟通,提升公司在利益相关者中的良好形象;通过行业协会、专业组织等来树立企业可信的产品品牌形象;通过对于社会公益事业和慈善机构的捐助提高公司的社会形象等。

三、发展基于客户生命周期管理的品牌沟通

品牌的经营是一个空间与时间发展的进程。客户对于企业的品牌定位价值的认识是一个过程,包括品牌认知、品牌兴趣、品牌欲望、品牌尝试、品牌使用、品牌偏好、品牌忠诚等一系列品牌消费与体验的心理和行动历程。品牌与消费者的关系建立、发展与维护也是一个长效的时空发展历程。

相应地,企业需要在一定时期建立相对稳定的清晰的品牌价值定位与品牌形象,并发展长期有效的基于客户生命周期的品牌价值沟通模式,在客户消费心理发展的每一阶段发展相应的品牌价值沟通策略,通过合适的品牌传播内容和品牌沟通媒介实施复合的多层次的品牌价值传播,向消费者传递清晰的品牌价值定位和品牌形象,与消费者建立和维系有力的品牌关系。促进客户的开发、转化和优化,最终通过客户消费和品牌体验实现品牌价值。

在客户开发阶段,品牌沟通的要点在于建设品牌知晓度和品牌知名度,建立客户的品牌认知和品牌兴趣。品牌的名称、形象和核心价值是主要的传播内容,电视、平面、网络、户外、广播都是有效的品牌价值传播手段。中国中央电视台由于其权威地位和覆盖全国的广泛传播影响力,对于企业扩大品牌知名度和建立客户信任具有独特的地位和作用。在客户转化阶段,要点在于增强客户的品牌价值体验,促进客户的品牌欲望、品牌阐释和品牌使用。客户品牌的具体价值属性、客户利益、产品知识、差异化特点、比较优势等深度品牌价值信息成为主要的品牌传播内容。互联网、渠道营销、电话营销、促销与直销营销、活动沟通、公关等因具有深度信息交流载体和互动交流特点而更为有效。在客户优化阶段,要点在于深化客户的品牌美誉与品牌忠诚。产品的价值利益、服务利益、客户情感沟通等深度的、互动性的品牌价值信息和情感联系成为重要的品牌传播和品牌互动内容。直接的电话沟通、面对面的客户服务、会员活动,以及基于网络的交流与互动将是重要的品牌沟通模式。对于口碑营销的深度理解和经营也将为企业的品牌沟通建立独特的优势。见图8-7。

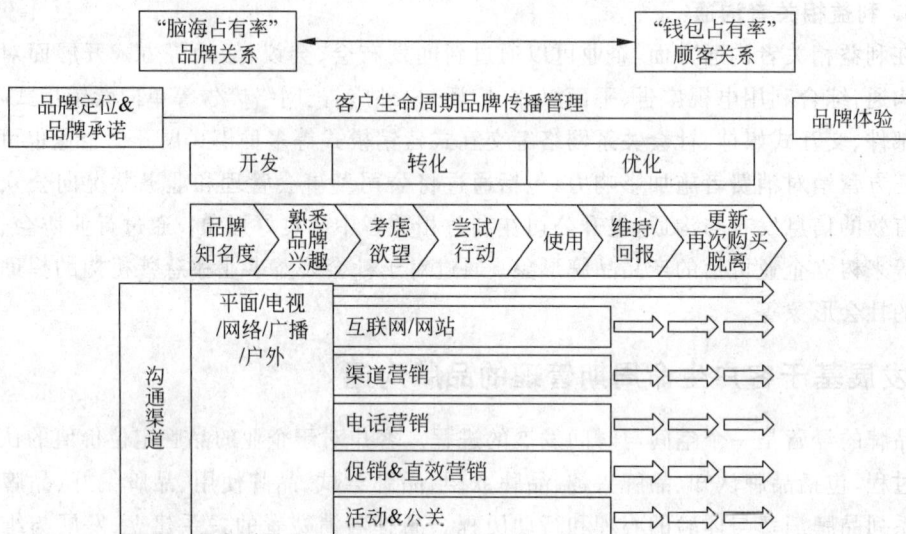

图 8-7　客户生命周期品牌传播管理示意图

四、构建五级品牌沟通体系

在品牌沟通方式与内容上,成熟的品牌沟通体系,应该在国家和地域层面、产业层面、公司层面、产品层面和客户层面构建五级品牌传播模式,展开系统规划和实施。同时企业应该注重品牌沟通载体的规划与经营,以促成更好的品牌沟通效果。

(一)构建五级品牌传播模式

1. 国家和地域层面

在国家和地域层面,品牌沟通应致力于全球化的领导品牌,企业应该更注重品牌的国家形象和特色,注重在此基础上的本地化营销,通过目标市场的国家和地域主流媒体,以及国家层面的统一市场活动、促销活动塑造和维护品牌的整体形象,通过参与社会活动美化品牌的社会形象。

2. 产业层面

在产业层面,第一,企业的品牌营销应该更加注重对于行业市场的需求教育和应用知识教育,以提升品牌行业影响力。第二,企业需要加强与行业主管部门与行业协会的联系,并通过行业机构的营销来有效扩大企业在客户中的信任度和影响力,在此基础上加强行业市场的客户拓展。第三,企业需要加强与合作伙伴共同营销,增进与上下游合作伙伴的协作关系,提升产业链的效率和效能,扩大在行业中的认可度和影响力。

3．公司层面

在公司层面,企业在注重传播产品的功能价值和产品品质的同时,需要进一步增强公司产品和产品使用知识搜索的便利性,产品购买和安装服务的便利性,产品使用的简单、易用和舒适性,产品维修的及时周到性。同时,企业也需要增强对公司优秀团队、公司的开发能力和服务能力、公司的实力与社会责任的营销,以赢得更多的客户支持、客户信任和客户忠诚。

4．客户层面

在客户层面,企业应更多地关注和宣传合作伙伴和消费者。传播合作伙伴的成功经验,传播标杆用户的成功业绩,分享客户的产品使用经验,增强已有客户的消费黏性和使用忠诚,并通过已有客户的宣传传播真实可信的产品品牌形象,增强客户对于产品的感知和体验,更有力地影响新客户的购买需求,促进企业业绩的持续增长。

（二）注重品牌沟通载体经营

品牌沟通的载体通常是指品牌传播的媒介和内容,包括:①传统平面媒体,如报纸、杂志,邮购刊物、图书、促销单等;②户外媒体,如户外广告、电梯广告、户外显示屏等;③电视、收音机、电脑互联网、手机互联网等。对于媒介的特性与媒介传播特点,以及传媒价值转移的分析,笔者在附录的 2010 年所著的《传播价值转移》一文有详细阐释,在此不再复述。

在品牌沟通实践上,品牌传播的载体经营还有一层含义,是指在品牌沟通中如何借势、借力、借人、借物而行,实施有效的品牌沟通。对于品牌沟通载体的运营在品牌沟通实践中有许多方略和技巧,并成为创意规划和实施高成效品牌沟通的关键因素。品牌的有效传播需要合适的载体,将品牌与合适的信息、合适的媒介、合适的时机、合适的事件产生关联,以协同传播,会取得最好的效果。一定时间、空间内,将社会公众以及目标客户群体关注的信息,如热门人物、文体明星、热门事件、竞争信息、兴趣爱好相关的奥运会、歌舞比赛等热点活动,以及日常健康生活相关的生活等内容,通过赞助、公众参与活动、促销抽奖等形式与品牌协同营销,都会激发消费者的关注与兴趣,促进消费者与品牌的接触与沟通,增强品牌关系。

一些时候,企业的品牌传播活动由企业独自开展;一些时候,品牌信息通过合适的营销载体协同传播,更容易为消费者关注和获取,也有利于获得更好的传播效果。通过有影响力的社会活动与事件,与有力的传播载体协同展开,将品牌价值和社会热点事件、热点思潮有效契合,有助于提高社会关注度,从而取得最大的传播效果。

美国百事可乐公司的品牌营销,经常以音乐、体育等青少年和目标客户群体喜欢和热爱的音乐、体育节目实施品牌传播。百事的广告代言人,通常都是体育明星和影视明星、歌星,百事的品牌推广活动,也有很多是通过赞助体育赛事、音乐节目展开的。

在韩国三星集团的品牌全球化进程中,奥运会营销起到了重要作用,通过成为奥运会赞助商,三星成功地提升了品牌价值,并通过奥运会及奥运营销,向全球公众广泛传播了三星的品牌形象。

国内企业目前对于传播载体的应用也日益增多。伊拉克战争期间,统一润滑油发布了"多一些润滑,少一些摩擦"的企业广告,并通过中央电视台的战争直播报道特别广告广为传播。广告将统一润滑油的品牌功效价值与社会公益价值有效结合,获得了广泛的大众心理认同,统一润滑油在半年时间里成长为知名品牌,销量也大幅增长。"非典"期间,白云山制药依托企业优势生产抗非典药物,并制作了以"防治病毒,白云山献爱心"为主题的公益广告,扩大了企业的品牌影响力。

中国许多知名企业配合"神五飞船"成功飞天推出的品牌营销也及时而有力。中国的"神舟五号"飞船成功升空后,蒙牛迅速推出了"中国航天员专用牛奶"广告,飞亚达推出了"中国航天员专用佩戴手表"广告,农夫山泉推出了"中国航天员专用饮用水"广告,中国人寿推出了"中国航天员保险商"广告。神五飞船以科技、爱国、奉献、合作为核心的强大品牌形象与企业品牌的整合营销,促进了品牌价值的牵引与共享,有力地提升了相关品牌的品牌价值和品牌形象。

五、品牌口碑营销

随着互联网应用的快速发展,论坛、博客、微博、视频网站、Twitter、Facebook、微信等快速兴起,社会公众拥有了更多的自由发表意见的空间与工具。网络正成为世界范围内社会公众和消费者可以公开互动交流并唯一由消费者主宰的大众传媒。网民沟通的渠道和技术的多样化,使网络信息传播与意见交互空前迅捷,网络信息的内容海量丰富,网民的表达诉求也日益多元化。

在品牌口碑层面,消费者与利益相关者对于品牌的认知、体验与意见也常常通过网络交流与表达来展现,并广泛传播。品牌的网络舆论有正面的,也有负面的,负面的品牌信息如果监测不及时,处理不善,容易在网络上快速复制而广泛传播,并通过更多的网民浏览与参与而放大负面影响,就会对品牌造成较大的伤害。品牌口碑营销对于企业主来说不但意味着正面口碑引导,更重要的是意味着品牌声誉管理。

(一)口碑营销的概念与内涵

口碑(word of mouth)源于传播学,口碑是消费者与消费者之间关于组织及组织的产品或服务的特性、使用经验及提供商等信息的交换和沟通。口碑包括传统口碑和网络口碑。口碑是品牌声誉的重要组成部分,好的口碑有助于企业构建和经营良好的品牌声誉。

传统口碑是消费者通过口耳相传的方式进行沟通,通过亲戚、朋友间的相互交流将自己的产品信息或者品牌传播开来。传统口碑对顾客态度、购买行为的说服效果已被证实,口碑传播双方多属强连接关系,对于口碑接收者而言,口碑传者的信息可信度高,说服力强。网络口碑主要是消费者应用互联网媒介将针对特定产品的自身经验、相关知识的分享形成网络口碑。大部分研究认为网络口碑较传统口碑具有较高的说服效果,提供意见的人基本上是匿名的,信息传播者非常愿意提供真实的意见或分享第一手经验,无论是正面或负面的评论。网络口碑与传统口碑传播相比,具有波及范围大、传播速度快等特点。因此,对消费者信息搜寻、购买决策、态度的形成和变化都具有更强的影响力,并且网络不受时空地理位置的限制,加上信息的易复制性,因此,网络口碑的能见度与传播效果远远超过传统口碑。见表 8-2。

表 8-2　网络口碑与传统口碑传播特征的比较

比较项目	传统口碑	网络口碑
传播媒介	主要是人际间的面对面接触	新闻、新闻组、在线论坛、博客、微博、微信、QQ、视频、音频、图片、电子邮件
传播形式	语言、声音和表情、图画、影像	数字化的多媒体信息,包括文字、图片、声音、音乐、视频等
传播速度	人与人之间进行一对一、一对多的沟通,传播速度慢	一对多甚至多对多的传播,以病毒式的速度传播
传播环境	人际沟通的社会环境中,受到时空限制,网络结构有限	开放的虚拟社会环境中没有受到时空限制,传播范围广
信息量和结构	信息数量有限,网络结构简单	信息数量庞大,网络结构复杂
传播双方的关系	传播双方身份公开,以强连接关系为主	传播双方匿名,身份隐藏,以弱连接关系为主

(二) 口碑营销的机理

口碑营销基于信任产生,基于信任传播并获取更高程度的信任。在组织的品牌营销中,一方面海量信息使得客户难以选择,另一方面有些假冒伪劣产品充斥市场,难辨真伪,难建信任。消费者对厂家以及媒体主导宣传的广告麻木甚至反感,缺乏信任度,对市场上的卖家缺乏信任度,阻碍了消费者与品牌的关系营建。口碑营销的心理学基础是基于熟人信任,基于品牌使用者的相互信任,从而逐步建立消费者对于品牌的信任关系。人们信赖身边的亲人,信任专家和知名人士以及有良好声誉的媒体对于品牌信息的意见和声音,信任权威机构,信任品牌产品和服务使用者的使用体验,其相关的意见和态度尤其重要。在互联网上,一旦到处都有消费者和专家推荐某个品牌的产品及服务,口碑自然形成。

网络口碑营销中的消费者行为模式分析如下。

(1) 关注(attention)——需求以及高度关注的话题或许可以引起一定的关注。

(2) 兴趣(interesting)——具备某种"关系"基础平台所产生的言论或许能精准地引

起消费者的某方面兴趣。

（3）搜索（searching）——正面或者中性的资讯或者口碑会有帮助，人们这时通常会更为关注负面口碑。

（4）行动（action）——让消费者做出最后的消费选择，可能来源于产品价值价格的匹配性，也可能源于其他使用者的好评，更多的可能是来自于他所信服的人的影响。

（5）分享（share）——80％的网络言论常常由20％的网民制造，旁观者往往多于经常发表意见的活跃网民，愿意分享消费感受的人可能还不到20％，这部分通常已经是该品牌的消费者了。消费者中，满意的部分人会分享满意，不满意的多数人分享抱怨。

（6）品牌圈——已购物的品牌消费者间通常还会有互动，甚至形成使用者圈子。已购物的消费者中有时会形成某个专家型的意见领袖，时常发布些品牌产品评测、应用技巧等相关信息，意向购买者有时也会请教购买者产品品质等问题。

图8-8为口碑营销的产生机理。

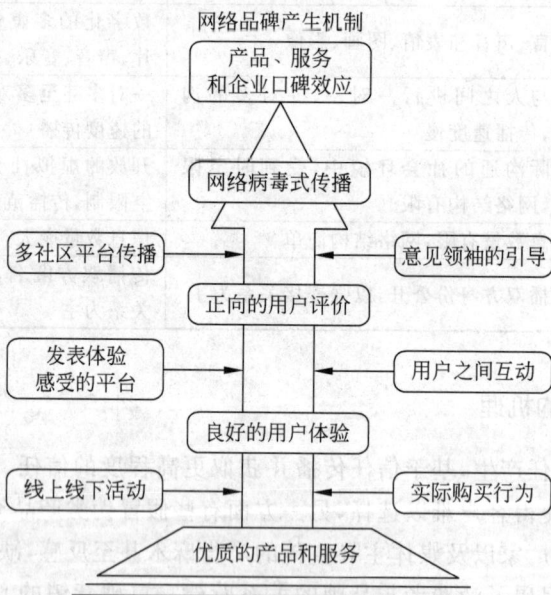

图 8-8　口碑营销的产生机理

（三）口碑营销的价值

研究指出，"良好的口碑引起7次销售，坏的口碑丧失30个客户"，道出了品牌口碑的重要性。口碑营销的价值主要有可信度高、沟通成本低、互动性强、易于传播等特点。由于品牌口碑来源于品牌消费者及关注者群体，针对性强且具有群体性，易于影响消费者决策、促成潜在消费者消费的概率很高、品牌口碑的好坏将会直接影响品牌声誉与产品销量。一直以来,"酒香不怕巷子深","桃李不言,下自成蹊","有口皆碑",都是所有企业追求的结果。品牌口碑可以造就企业,也可以极大地伤害企业的声誉,企业应特别注重品牌声誉的管理。口碑营销的价值如下。

1．沟通成本低

以口口相传的网络沟通模式,相对于付费购买的媒介广告,可以显著降低企业的营销成本。口碑营销以大众舆论和品牌消费者的互动沟通感召目标消费群体,而不是用单向的、企业主导的广告,可以降低消费者的怀疑和反感,有利于迅速扩大产品知晓度与美誉度,拓展理性的潜在消费者客户群。

2．可信度高

基于熟人圈子、专家推荐和使用者体验的口碑营销,易于建立消费者信任,易于更为专业地介绍产品和服务及应用体验,更有质感地传播产品与服务品质,便于建立品牌偏好与品牌美誉,易于消费者接受与尝试,促进消费者信任建立与产品消费,促进产品销量的增长。

3．互动性强

品牌消费者间以及潜在消费者之间互动性强,以及传播和人际关系建立,通过口碑营销易于建立良性互动,形成品牌圈子乃至品牌社区、经营消费者社区,发展和集聚忠诚客户群体,促进重复购买。

(四) 口碑营销的经营

笔者认为,品牌口碑营销本质上是产品与服务品质的口碑营销,以诚信为本,以满足顾客需求和理性消费为宗旨,以赢得顾客满意和顾客忠诚开展经营,才能获得更多正向口碑,才能构建品牌与消费者的长久联系。口碑以品质、以时间磨砺而成;短期的话题,喧嚣一时,似快实慢,终不长久。

品牌口碑营销的基础是信任营销,应基于信任规划与实施,从主动引导、建立信任、吸引关注、互动沟通、强化服务几个方面着力,可以引导而不可主导,在有为与无为之间把握分寸,以取得春风化雨,润物无声的效果。

1．主动引导

品牌口碑具有自组织性,有很多自生自发的行为,但可以合理引导。企业首先应利用各种网络交互性平台,主动及时地发布并更新企业或公司权威的正向信息,并且密切关注和及时回复平台上客户对于企业的相关疑问以及咨询,与用户充分互动,以有效地引导舆论。我们曾经规划和实施过的品牌口碑服务内容包括以下几项。

(1) 知识百科词条的建立和维护。

(2) BLOG 的建立和维护。

（3）论坛信息的传播。

（4）营销稿件发布。

（5）原创稿件内容编辑。

（6）微信营销平台规划、设计与维护。

（7）微博营销平台规划与维护。

2．建立信任

调查报告显示："在消费者有相应需求时往往先通过身边的亲朋了解某相关产品或公司的口碑，而且亲朋的建议对最终决策起到了很大的作用。"大部分的品牌推荐产生在熟人之间，我们很难想象会向一个不太认识的人去推荐品牌。而"意见领袖"往往能够引起更多的推进作用，并成为口碑传播的中心。我们会更加相信权威人士的推荐，崇拜与模仿偶像的言行举止与消费方式。

品牌口碑营销以建立信任为核心，企业应逐步构建和维护由可信的组织、可信的人、可信的产品、可信的事情组成的体系，发挥意见领袖的引领作用，系统地建立品牌信任。在一定场合，政府、行业协会、科研机构、专家教授对于品牌的点评言论，可信度更高；企业与企业家的公益慈善活动、经营业绩与管理思想，也能有效提升品牌声誉；第三方产品与技术专家对于产品的评测，消费者更为信任，产品消费者对于产品与服务的使用体验言论具有更高的可靠性。精心组织、维护品牌正向的言论，会逐步构筑品牌良好的口碑。

3．吸引关注

口碑营销的重点是创造话题，吸引关注，促进沟通，扩大传播。我们把互联网上具有高关注度与广传播性的热点信息叫做"病毒"。病毒侵袭性大、传染性强，可以穿透所有社交网络，感染所有人。相关的口碑营销也被称为"病毒营销"，也成为重要的品牌营销手段。

口碑营销的关键是通过创意的策划与公众及消费者寻找共同话题，建立共同的"关系基础"、"语言基础"、"意识形态基础"。而后通过"个体"制造口碑，我们通过"关系"传播口碑，制造有吸引力的热点内容，将品牌信息和热点信息与公众产生关联，实现良性的结合与互动，激发公众的参与热情，通过网络的自组织与网民的共同参与迅速传播热点内容，通过广泛的人际传播扩大品牌的影响力，并对品牌价值与品牌形象产生良好的促进作用。

企业可以通过新闻发布、网上展览、知识讲座、互动答疑、征集反馈、促销产品、诠释品牌、代理招商、海选招募、文娱比赛、趣味视频、贴合热点事件的创意营销等方式，吸引社会公众关注和参与。需要指出的是，主题活动的社会热点性、活动的创意性与吸引力、活动参与的精神与物质激励，将会大大提高用户的关注度以及参与意识。

4．建设品牌圈子

品牌的力量与凝聚力在于品牌消费者群体的关系与凝聚力。系统规划和实施口碑营销，整合网络资源、版主资源、专家资源、供应商资源、渠道商资源、满意用户、媒介记者等，通过论坛、博客、消费者网络群体、Twitter 等多种媒介互动传播信息，引导口碑营销，增进品牌的认知度和美誉度。

5. 危机公关

当网络出现企业的危机信息和恶意信息时,企业在及时处理问题的同时,应在网络上立刻反馈与澄清信息,并综合利用多种管道,通过多人群、多视角的声音,以多种网络传播途径发布正面信息,系统纠正和覆盖不良信息,及时、系统地改善和提高企业的品牌形象。

8.2 数字品牌经营

品牌经营的本质是简单性,但是高技术孕育复杂性;品牌经营的本质是永恒,但高技术的本性是变化。

——旦尼斯·卡特

一、数字品牌经营(网络品牌运营)时代的到来

21 世纪以来,互联网技术以及网民人数均已得到了快速的发展。根据中国互联网络信息中心(CNNIC)统计,截至 2014 年 12 月底,我国网民规模达到 6.8 亿人,互联网普及率为 52.8%,位列世界第一位。当前互联网的广泛应用已经创造了一个巨大的网络生态环境,互联网已经成为影响我国经济社会发展、改变人民生活形态的关键行业。总体而言,中国互联网的发展主题已经从"普及率提升"转换到"使用程度加深"。

手机网民成为拉动中国总体网民规模攀升的主要动力,半年内新增 4334 万人,达到近 3.7 亿人,增幅为 18.6%。作为基于手机平台的移动互联网代表性应用,目前腾讯的微信注册用户已达到 3 亿人。网络信息沟通已成为企业和公众进行品牌沟通的重要管道。大众使用网络,尤其是手机网络对于品牌实施信息搜索、沟通及网络应用的权重日益增大。

同时,互联网商务化程度迅速提高,网络消费也已成为重要的消费渠道。全国网络购物用户达到 1.4 亿人,网上支付、网络购物和网上银行半年用户增长率均在 30% 左右,远远超过其他类网络应用。调查数据显示,在调查的 19 类商品与服务中,消费者通过互联网获取相关商品/服务消费信息比例最高的有 17 类,互联网作为主流媒介对多领域消费影响力正大幅领先其他媒体。

图 8-9 为客户消费信息的获取路径与传播媒介分布图。

互联网具有海量信息、广覆盖、快传播、多内容形式等优势,以及自组织、虚拟性、隐蔽性、发散性、渗透性和互动性等特点,为企业的品牌沟通活动增加了新的传播路径和内容组织形式。网民日益通过网络了解品牌信息、产品信息、服务信息和行业动态,也更便利地了解品牌利益相关者、品牌竞争者、社会公众等对于品牌的认知、评价与反馈。同时,互联网也成为了网民可以自由表达意见的场所,网民通过媒体、博客、微博、论坛、微信、口碑传播等信息沟通渠道评论品牌,表达观点,传播信息,交流思想,分享心得体会。

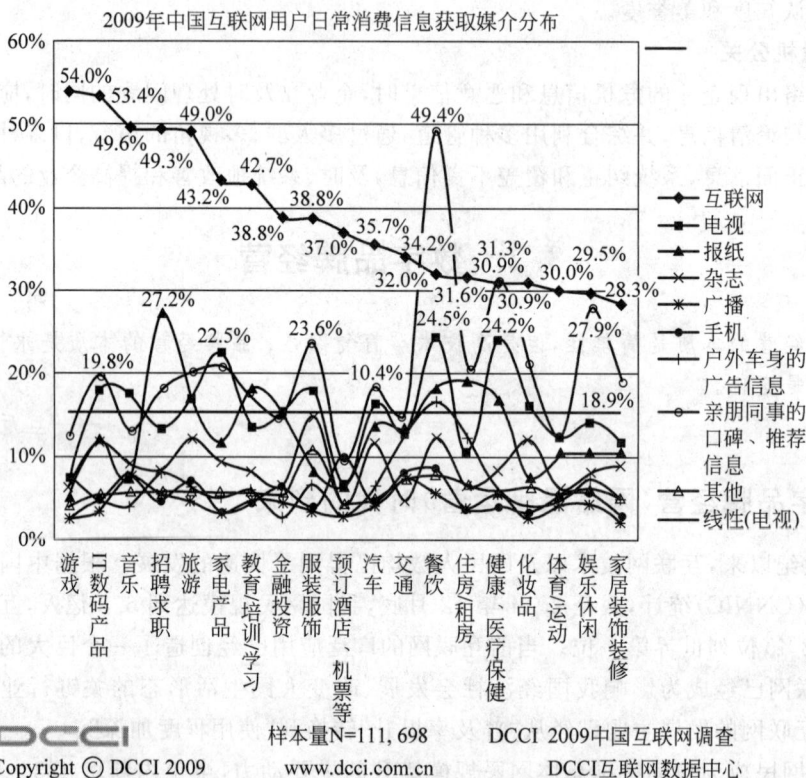

2009年中国互联网用户日常消费信息获取媒介分布

样本量N=111,698　　　DCCI 2009中国互联网调查
Copyright © DCCI 2009　　www.dcci.com.cn　　DCCI互联网数据中心

图 8-9　客户消费信息的获取路径与传播媒介分布图

　　互联网,尤其是移动互联网的大规模普及应用,也为品牌运营带来了深刻变革。国际商标协会调查显示,在网络使用中,有 1/3 的使用者会因为网络上的品牌经营而改变其对原有品牌形象的印象,有 50％的网上购物者会受网络品牌的影响,进而在离线后也购买该品牌的产品,网络品牌经营差的企业,年销售量的损失平均为 22％。

　　在信息时代,品牌营销的主要载体与运营正由平面纸媒、电视等转向网络尤其是移动网络。品牌营销的主要战场正由传统渠道与终端回归直面消费者的基于网络的品牌营销。品牌管理模式、方法、工具、预算,品牌管控模式等也应适时变革,向网络品牌经营模式转型。深入地研究与分析网络,探寻基于网络的品牌经营模式与方法,已成为有效实施品牌建设与经营的关键与重点。

二、品牌网络经营的概念

　　品牌的网络经营是指在信息时空利用网络技术建设与经营品牌。品牌的网络经营有两方面的含义,一是利用互联网建设和经营传统品牌,网络是品牌经营的重要模式,以及载体和工具;二是直接经营通过互联网建设运营起来的品牌,网络是品牌经营的主要方式。品牌的网络经营一方面传承了传统的品牌建设理论、模式、工具与方法,另一方面更为注重对于信息技术与网络技术的应用,并在品牌监测与评估、二维码技术应用移动互联网营销、客户关系管理等领域开创了诸多先进的品牌建设理论、模式、工具与方法。

组织的网络品牌运营是整体品牌管理与经营系统的一部分,在系统的品牌规划完成后,组织的网络品牌经营应服从与服务于整体品牌经营,需要始终注意线上的网络平台与线下的传统营销载体品牌营销的配合与均衡;同时需要充分利用先进的信息技术与工具的特点与优势为组织的品牌经营带来新鲜与活力,构建独特的品牌经营优势。

对于许多企业而言,网络品牌经营模式是对企业传统营销的一个改进和升级,也是一场巨大的变革,将对企业的组织、营销、文化整体产生重大影响。公司的组织结构、人员配置、营销组织、企业文化等都将随着网络品牌经营模式的实施发生显著变化。企业传统的经营方式与人员构成可能不再适合网络品牌经营的需求,对网络技术人才与网络营销人才和技术人才的需求也更为急迫。企业领导者需要从公司整体上考虑,要对公司的组织结构、人员配置、管理模式、业务流程等各个方面进行系统变革,整体实施,才能保证网络营销和公司传统营销的有效结合,发挥协同效应。

三、品牌网络沟通的特点

把握网络品牌经营,需要深入了解网络传播的特点,并从中探寻网络品牌沟通的模式与方法。

1. 品牌网络传播的特征

实施高效的网络品牌运营,需要了解网络传播的特点。不同于传统媒体,网民超越组织主导而成为网络传播的主体和自组织者,多维度的互动沟通超越组织发起的单向传播,网络信息的自组织发展成为网络传播的重要特征。如下文所示。

(1) 传播参与者多——企业、利益相关者、专家、草根、媒体、政府、网民成为传播的主体和自组织者。

(2) 传播内容丰富——行业、公司、产品、人、事情、客户、竞争对手,并自组织化发展。

(3) 传播形式丰富——图片、文字、动画、视频、音频,并自发创造倍增效应。

(4) 传播互动性强——多主体、多维度、多向沟通,自生自发。

(5) 传播方式多——传播方式包括单向、双向、多向等,方式多样,互动性强。

(6) 传播时效性强——动态实时、可复制扩散发酵,并长效存在。

(7) 传播范围广——跨地域、无疆界,跨族群。

(8) 传播影响力大。

2. 品牌网络传播模式

品牌网络传播模式,包括了传播策略规划、传播内容组织、传播形式设计、传播渠道选择、传播介质选择等方面。其传播策略和内容与以传统媒体为载体的传播策略有一定的相似之处，可以参照前文品牌价值传播。企业需要根据网络媒介的传播多样性、动态性、互动性和实时性特点，设计有效的品牌传播策略，增强客户的网络沟通价值体验。见图 8-10。

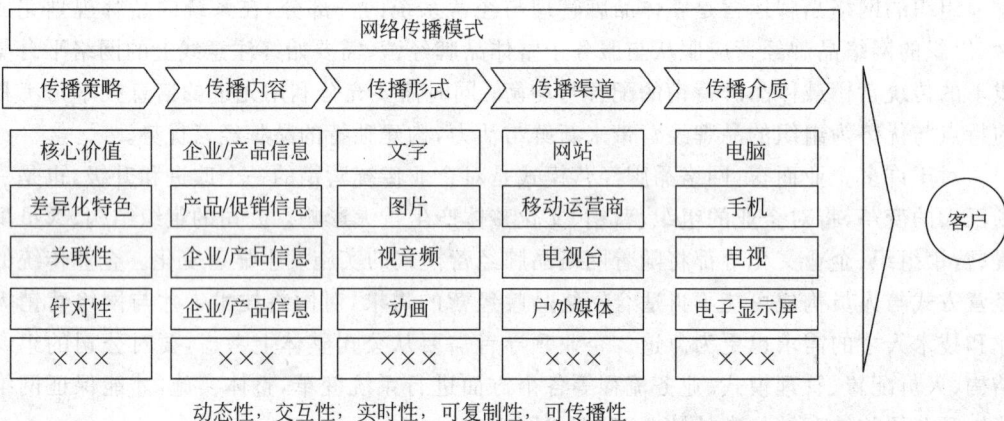

图 8-10　网络传播模式图

3. 品牌网络传播方法

在品牌认知阶段，消费者一般是被动接受品牌信息，企业可以利用网络发布企业信息、产品信息等，扩大品牌认知。在品牌理解比较阶段，消费者对品牌产品的功能、参数、使用体验等信息较为关注，企业可以通过视频、图片、动画、文字等多样化的信息表达方式和网上互动交流实现与客户的密切沟通。在品牌购买阶段，消费者主要关注产品的价格信息和相关的竞争产品信息。企业可以在网络上及时发布源于第三方的产品比较信息和产品体验信息，源于实体和网络经销商的产品价格信息和试用信息，以及促销信息，促进消费者购买。在购买后阶段，消费者更为关注产品的使用技巧、使用心得与群体品牌认同体验。在社区论坛、资讯类网站发布相关信息将有更好的品牌沟通效果。

四、品牌网络运营的构成因素

品牌网络运营需要深入了解网络品牌经营中需要关注的主要因素，包括以下几项。

1. 搜索引擎——展示信息

搜索引擎已经是网民应用网络的主要入口。网民通过设置关键词在搜索引擎上对品牌进行搜索以主动地查阅使用相关信息。搜索引擎的结果包括：网页搜索结果、新闻搜索结果、论坛搜索结果、微博搜索结果以及相关搜索和下拉框中的结果。

数据显示，中国网民对品牌的认知 70.6% 来源于搜索引擎。百度、360 搜索、谷歌、必应搜索居于前四位，目前 63.16% 的市场份额来源于百度搜索引擎。

2．媒体新闻报道——展示形象

企业的品牌形象如何，还要看网络媒介对企业品牌的关注度和友好度，以及报道企业品牌的媒体的权重，这些都会影响到企业品牌的网络形象，主要包含以下内容。

- 新闻的标题和内容是否包含企业敏感词汇与良性认知，由此判断媒体的友好度。
- 相同新闻的数量越多，新闻的影响力越大。
- 报道新闻的媒体权重越高，新闻的影响力越大，网民的信度就会越高。
- 网页快照更新的时间越新，说明企业品牌宣传效果越好。
- 搜索结果显示条数越多，说明企业网络品牌传播面越广、影响力越大、网民认知越深入。

3．网民声音——展示口碑

网友的评论是影响企业品牌网络形象的直接因素，健康的网络环境不仅能引导网友对企业品牌形成正确认知，而且会让网友自发主动地传播企业品牌的营销理念和企业文化。网民的情感表达具有聚类、互动频繁、传播迅速等特点。

网民表达情感的主要平台如下。

- 四大微博：新浪微博、腾讯微博、搜狐微博、网易微博等。
- 门户社区：天涯社区、强国论坛、猫扑社区等。
- 百科：维基百科、百度文库、百度知道、贴吧等。
- 博客：知名博客、主流论坛、问答等。
- 即时通信工具：QQ，如 QQ 群、QQ 朋友；微信，如微信公众账号、微信圈等。
- 视频：优酷土豆、乐视网、爱奇艺等。

五、网络品牌经营模式

组织的网络品牌经营是一个有组织的系统工程，需要系统规划、整体实施才能取得更好的成效。组织的网络品牌经营，应根据品牌经营的各个发展阶段需求，研究行业客户以及目标客户人群消费特征，根据客户的需求价值为取向，确定统一的品牌经营策略。研究制定品牌营销传播的整体方向，以此为核心展开各项品牌营销活动。

组织的网络品牌经营应始终以客户价值沟通为中心，清晰传播品牌定位与品牌价值，构建鲜明的品牌形象、个性与品位；应注重品牌沟通内容的相关性、差异性与一致性，以及品牌传播方式的鲜活性与互动性；应围绕客户接触点展开，促进客户品牌识别与品牌交易，强化品牌沟通与情感认同，维系品牌忠诚。

从网络品牌经营的整体解决方案视角来看，网络营销不仅仅是建设了漂亮的企业网站或进行了搜索引擎推广就足够了。网络品牌经营还需要系统规划和运营各种网络营销工具与营销方法，在消费者的各个品牌接触点持续增强品牌沟通和客户体验，才能通过整合营销沟通发挥更大的作用和价值。统筹线下与线上的品牌经营活动，协调使用各具特色的网络传播工具,利用不同工具的优势,从而实现低成本与高影响力的目的。

对组织而言,利用高访问量门户类的新闻网站、行业网站、电商网站、视频网站等适合做品牌推广,提升品牌形象;建设企业网站、电商网站,企业微信平台、APP 应用、搜索引擎等工具平台应用适合企业自主推广,密切客户沟通;经营博客、社区、论坛、微博、微信朋友圈等工具平台便于大众及消费者之间互动交流,改善客户口碑;利用即时通信工具如 QQ、微信、网络机器人等适合提供在线客户服务的工具,提高客户服务的便捷性与满意度。

基于我们帮助企业规划与经营网络品牌的经验,我们提出了七星数字品牌经营模型,主要从网络品牌监测与诊断、公司网站建设与推广、电子商务系统建设、搜索引擎优化、新媒体营销、网络口碑维护、网络危机管理七个方面展开探讨。见图 8-11。

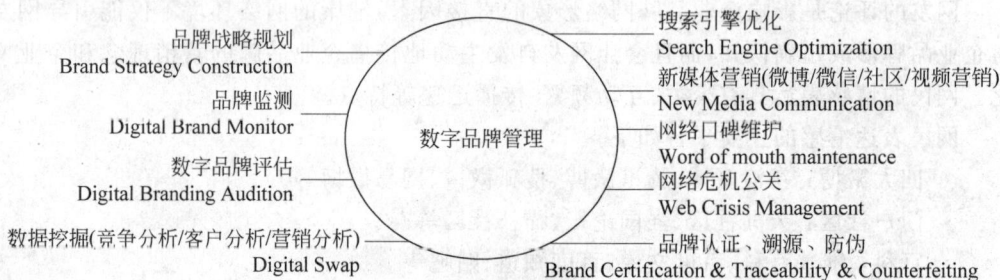

品牌战略规划
Brand Strategy Construction

品牌监测
Digital Brand Monitor

数字品牌评估
Digital Branding Audition

数据挖掘(竞争分析/客户分析/营销分析)
Digital Swap

数字品牌管理

搜索引擎优化
Search Engine Optimization

新媒体营销(微博/微信/社区/视频营销)
New Media Communication

网络口碑维护
Word of mouth maintenance

网络危机公关
Web Crisis Management

品牌认证、溯源、防伪
Brand Certification & Traceability & Counterfeiting

图 8-11　数字品牌管理示意图

(一) 网络品牌监测与诊断

品牌的网络建设与经营,从网络品牌监测与诊断开始。网络品牌诊断应有效应用基于网络技术的先进品牌监测工具,全面、实时地监测品牌的网络发展态势,重点评估品牌的网络知晓度与品牌传播态势、品牌的美誉度与客户口碑、竞争情报分析、品牌危机等,以此为基础阶段性地系统地评估与诊断品牌,分析品牌的优劣势及存在的问题,及时调整品牌经营策略与品牌传播方法,调整品牌投入重点,持续地改善和提升品牌,为企业持续提升品牌资产和建立强势品牌打下坚实基础。

组织的品牌监测在实践环节主要关注下列内容(相关内容在品牌监测章节详细探讨)。

1. 组织网站营销平台建设与运营情况

- 企业网站的建设情况、访问量?
- 企业的微博、微信平台等网络营销工具建设与经营情况、访问量与回馈?
- 企业对于网络品牌经营的成效(投入产出比)如何?
- 企业对于网络品牌经营的组织、规划、预算投入情况?

2．网络媒体报道情况

- 媒体对企业的报道关注度如何？关注重点是什么？
- 媒体对企业品牌美誉度如何？
- 媒体报道的信息是否符合企业的品牌传播策略与内容？

3．搜索引擎结果

- 搜索引擎结果中是否出现敏感\负面信息？
- 搜索引擎结果中企业品牌正面信息占比？
- 搜索引擎结果中企业品牌的宣传广度与力度？

4．网民口碑

- 网民如何看待品牌？
- 对企业品牌的认知度如何？
- 网民对企业品牌的美誉度与负面意见？
- 网民对企业品牌的互动沟通态势？

5．竞争态势

- 竞争对手的网络品牌经营状况如何？
- 竞争对手的媒介关注度如何？
- 竞争对手的搜索引擎结果如何？
- 竞争对手的品牌口碑如何？

（二）网站建设与推广

网站建设与网络营销的重要目的是研究并满足网站访问者的需要，其内容如图 8-12 所示。

访问者访问网站的不同原因：

1. 了解公司所提供的产品或服务；
2. 购买公司所提供的产品或服务；
3. 了解所采购的产品的担保服务和维修信息；
4. 了解公司财务信息以便进行投资或信用担保决策；
5. 了解公司或组织，管理人员的一般信息；
6. 了解公司信息以应聘员工；
7. 了解组织的人员或部门的联系信息。

为潜在消费者提供所需信息满足下列目标：

1. 表达公司的整体形象；
2. 提供对公司事实的方便访问；
3. 允许访问者以不同方式和不同层次访问网站；
4. 为消费者提供有意义的双向沟通方式；
5. 维系消费者的注意力并鼓励重复访问；
6. 对产品和服务及使用方式的方便访问；
7. 产品与服务购买；
8. 售后服务。

图 8-12　网站访问目的与建设目标分析

企业有效的网站建设与运营,需要考虑很多因素。第一,网站建设与经营的目标和服务对象应明确;第二,网站需要规划合理的商业模式;第三,网站需要结合目标客户群体的需求,充分展示公司的产品和服务,并通过有吸引力的内容促进网络用户的访问;第四,网站需要创新设计建立网站风格特色与竞争差异化;第五,网站要简单易用,满足客户与网站访问者的便利性需要;第六,网站要在程序和内容上优化设计,便于网络搜索引擎的定位、搜索与推广;第七,网站需要定期更新,最好定期有新闻、有活动,保持新鲜与活力,吸引网民关注与参与。

一般而言,多数企业的网站主要用于品牌宣传,其内容包括下列模块。

1. 公司信息

公司介绍、团队介绍、公司新闻、企业文化、社会责任、投资者关系等。

2. 产品展示

网站可作为产品展示厅、销售手册、用户资料下载等。

3. 人力资源招聘

网站也是企业宣传用人理念,吸引人才、招聘人才的重要管道。

4. 客户服务

网站可以作为客户沟通、交易和服务的重要平台。

5. 内部管理

建立员工服务和内容交流平台,以提升企业运营管理的效率。

6. 外部推广

- 将组织的网站图片、网址等信息链接在其他高浏览量网站上,便于消费者检索。
- 将组织网址印在信纸、名片、宣传册、印刷品上,便于消费者检索。
- 与付费搜索引擎合作,用付费点击方式主动推广网站,扩大网站浏览量。
- 发布电子刊物,通过多媒体影音、动画、图文等多种形式表现有价值的内容。
- 建立邮件列表,定期向目标用户发送产品、服务、促销等有价值的新闻邮件或其他信息。

(三) 电子商务系统建设

一些企业致力于建设电子商务系统,也是网络品牌经营的重要模式。电子商务系统建设,一是自建电子商务网站,包括经营多企业产品的跨领域综合性电子商务网站,以及聚焦于行业产品的垂直类商务网站;二是将企业自有产品通过其他企业的电子商务平台进行营销。

建设电子商务系统,难点在于:一是消费者的价格敏感性,以及随之而来的高客户迁移率与低客户忠诚率;二是客户流量的导入与扩大,这方面往往需要企业有较大的广告与营销投入;三是物流配送体系的建设成本高昂。因此对于多数非电商主业的企业而言,在一定发展阶段,加入阿里巴巴、天猫、京东等主要电子商务平台开展网络经营,也是一种合适的网络品牌营销模式。

电子商务系统建设要取得成功,其关键环节如下。

- 一是增强产品与服务的基础和附加客户价值,增强产品竞争力。
- 二是多内容、多介质、多样化、多维度提升品牌形象,提升品牌接触点与吸引力。
- 三是通过优化搜索引擎、广告、促销等方式吸引和积聚客户流量,提高销售转化率。
- 四是加强物流配送体系的建设或协作,满足消费者购买、付款等服务的便捷性需求。
- 五是增强售后服务能力,提高客户的服务体验,促进客户忠诚与重复购买。

发展客户金融领域相关的融资、贷款与租赁服务,发展全产品生命周期管理,发展全客户生命周期管理,也是增强电子商务系统竞争的重要方式,需要深入探讨。

(四) 网络广告与营销工具应用

随着大众对于互联网与移动互联网的广泛应用,电视、平媒等传统媒体的市场份额正日渐下降,但中央电视台,省级卫视和主流报纸的权威性与影响力仍不容小觑。而基于网络,包括网站、即时通信工具、APP应用等为代表的品牌营销工具与方法成长迅速,新媒体营销作为企业实施网络营销的重要方法,营业额也因此迅速增长。

企业需要注意的是,在营销过程中传统媒介营销与网络营销,以及网络营销与终端促销的配合与均衡,通过协同营销达到最佳的营销效果。

网络广告营销的主要平台与工具如下。

- 媒体类网站:新华网、人民网、网易、腾讯、新浪等。
- 电商类网站:阿里巴巴、亚马逊、天猫、淘宝、京东、苏宁、当当等。
- 视频类网站:CNTV、优酷土豆、乐视、爱奇艺、Youtube、Hulu 等。
- 微博类:Twiter、新浪微博、腾讯微博等。
- 即时通信工具:国外 Whatsapp、line、微信、QQ 等。
- 社交应用:Facebook、微信朋友圈、QQ 朋友、人人网等。
- APP 应用:点评网、高德地图、百度地图等。

网络品牌营销的主要方法如下。

- 建立企业的博客、微博与微信平台,定期发布有价值的信息,提供有价值的服务,吸引消费者关注。
- 建立企业的 APP 应用,提供有价值的服务内容。
- 使用主流网站平台发布视频、文字、图片广告。
- 在主流电商网站开展产品营销活动。

- 与主流网站合作或在自有网站开展在线活动、促销活动。
- 与传统媒体合作开展纸媒与网媒协同营销。
- 网上发布活动信息,与线下商场等合作开展营销活动和促销活动,协同营销。

(五)搜索引擎优化

目前消费者已经习惯运用搜索引擎寻找自己喜欢和关注的价值信息。搜索引擎营销也已成为重要的网络推广模式,对于搜索引擎的有效利用也是企业扩大网络营销的重要方法。

搜索引擎优化需要结合组织的具体情况,合理地制定优化策略,确定优化的渠道、优化的方向和优化的对象,其内容主要包括以下几项。

- 品牌关键词优化:对涉及公司品牌、领导人等相关信息进行百度搜索结果的优化,提高正面信息占比,对负面信息进行压制。
- 行业关键词优化:提高企业品牌信息在行业关键词搜索结果中的位置。
- 官方网站优化:对官方网站进行搜索引擎优化,在搜索企业品牌、行业关键词时,官方网站排名靠前。
- 下拉框、相关搜索词优化:优化关键词搜索结果的下拉框、相关搜索词。

通过内容和网络技术应用可以合理有效地优化搜索效果,增强企业品牌的搜索排名,优化网络营销效果,搜索引擎优化方法如下。

(1)将网站提交到主要的检索目录。

(2)向搜索引擎提交网页。

(3)添加网页标题。

(4)添加描述性 META 标签。

(5)导航设计要易于搜索引擎搜索。

(6)针对某些特别重要的关键词,专门做几个页面。

(7)在网页粗体文字,一般为文章标题中也填上你的关键词。

(8)确保在你的正文第一段就出现关键词。

(9)调整主要内容页面以提高排名。

(10)网站内容专业化。

(11)请求互换链接。

(12)发表免费文章,附带站点签名。

(六)品牌口碑维护

品牌口碑维护是组织通过优化网络环境,系统建设并维护有利于自身发展的健康、良性的网络环境。掌控舆论,引导舆论,推动正面声音,引导中间声音,化解负面声音。

1. **品牌——网络形象纠正**
- 百科类平台(百度百科、维基百科等)维护,确保关键词都是最新的准确的信息。
- 品牌相关的介绍统一口径,树立正确的企业品牌形象认知。

2. **互动维护**
- 对发布的论坛信息进行正面跟帖,形成健康的舆论环境。
- 对发布的新闻进行正面评论,对其他网友的负面评论进行正面引导。
- 对敏感信息及时进行正面引导和压制。
- 话题跟踪、收录分析、互动分析、传播汇报。

3. **舆论引导**
- 针对各类互动平台出现的热门主题,策划并撰写话题,撰写内容角度围绕企业品牌网络传播推广策略进行制定。
- 针对企业品牌和产品,撰写与发布微博信息,发布互动类微博稿件等。

(七)网络危机管理

- 监测网络环境,对出现的重大危机事件,在三小时内提供事件分析报告,快速分析事态发展及影响程度,并提供策略性建议。
- 对网络上出现的媒体的不实报导和网友的不实言论,与媒体沟通进行撤稿。
- 对网络上敏感/负面信息进行压制和引导。

8.3　品牌体验建设

你说什么客户不会记住多少,但你带给他们的感受,他们却永远忘不了。

——西门·海尔

在一定意义上,品牌就是消费者对一个品牌及品牌产品与服务等所有体验的综合。构建出色品牌体验的核心是在品牌体验的各个环节持续创造和满足客户的价值需求。优秀的品牌需要发展优秀的品牌信息搜索体验,消费体验、产品体验和服务体验,增强客户解决方案的能力,维护和发展长久的客户关系,系统增强品牌的体验价值。企业在客户与品牌接触和体验的各个环节,对于客户时间成本、金钱成本、情感成本实施深入的分析与系统优化,都将转化为增强客户满意与品牌忠诚,构建品牌竞争优势的重要手段。

一、品牌体验的定义

笔者认为,品牌体验是消费者在与品牌接触过程中,在生理和心理上的感觉和知觉体验状态,包含消费者对于品牌的知觉认知度、情感共鸣度与精神契合度。组织品牌的构建与经营,以及品牌的主要价值元素,最终通过消费者在品牌接触点的各个环节,通过对品牌的感性体验、理性体验、精神体验,有效传递到消费者,最终完成组织品牌价值到客户品牌价值的转化,成为客户品牌。因此,品牌体验建设也是组织品牌经营的重要领域。

二、品牌体验的《峰极定律》

诺贝尔奖获得者,著名心理学家丹尼尔·卡尼曼(Daniel Kahneman)提出的"峰极定律"指出,人们对于体验的记忆由两个关键因素决定,即高峰时与结束时的感觉。人们对于一项事物的体验,所能记住的只是在高峰时与终结时的体验感受。过程中好与不好的体验在时间和比重上对记忆基本没有影响。

消费者对于品牌的体验与关系建立过程也适用于"峰极定律"。在品牌与消费者的各个接触点建立和发展良好的品牌感知与品牌体验,发展品牌情感联系,增强良性的品牌记忆与品牌满意,构建和强化良好的品牌关系,也是品牌建设的重点。

企业的品牌体验建设也是一个系统管理与运营过程。品牌管理组织应系统检查和梳理品牌与消费者接触点的各个环节,在各个环节构建、改善与提升客户的品牌接触体验,产品和客户服务的后台应围绕品牌体验建设强化与整合组织与业务职能,服务于客户体验环节的运营改善与提升。

三、品牌体验改善的主要内容

1. 品牌沟通体验

品牌体验,从品牌搜寻开始,企业应该系统地规划和组织品牌沟通内容与媒介沟通,构建与消费者的互动沟通管道,便于消费者搜寻品牌和服务信息,便于消费者在与企业以及品牌消费者之间构建便捷的沟通管道。构建舒适的品牌搜寻体验有助于消费者了解品牌,熟悉品牌,建立品牌信任与品牌偏好。品牌标识设计、产品包装设计、企业环境设计、终端营销环境设计、企业员工形象与服务、企业网站建设、搜索引擎优化、产品信息介绍、数字视频展示、论坛互动、微信营销、微博营销,都是建立品牌沟通体验的重要方式。

2. 品牌产品体验

在产品体验环节,企业需要以发展持续的产品创新能力和质量管理能力为基础,在稳定和增强产品功能,提高产品品质,拓展产品设计和产品款式,创造更为丰富的产品品类体系,发展更为系统的产品应用解决方案等方面做出系统努力,满足客户多样化需求,为客户创造优秀的产品价值体验。德国的奔驰、奥迪等汽车品牌,以百年来沉淀的产品技术和质量口碑畅销全球。

3. 品牌消费体验

在客户消费体验环节,企业需要在客户接触品牌各个环节,包括品牌搜寻、终端展示、品牌交易、客户服务等各个环节发展有效的客户沟通模式,拓展产品多样化的便利的产品展示和销售渠道,创新产品购买和金融消费模式,为客户提供便捷舒适的产品消费体验。

4.品牌服务体验

在客户服务体验环节,企业需要树立客户至上的服务文化,完善公司的服务体系,有效宣传服务内容、服务承诺和服务流程,发展多层次的客户服务渠道和服务方式,建立高效的客户服务需求反馈和申诉反馈机制,通过有组织的努力持续改进企业的服务体系,提高和完善服务水平,创造优良的客户服务体验。

[阅读材料 8-1]

海尔的服务体验建设

在海尔的品牌成长与品牌竞争过程中,相对于竞争对手,海尔的品牌和产品并非其核心竞争优势,而海尔逐步构建的五星级服务品牌和服务体系,以服务补强品牌和产品的不足,以产品深化服务能力,逐步增强客户满意度,积聚品牌忠诚,逐步建立起系统竞争优势。海尔的日日顺公司,其所搭建的物流配送和服务体系值得称道,海尔以服务品牌的构建和服务价值提升牵引品牌价值提升和销量增长,进而牵引整体品牌发展,其品牌经营思路也是一条值得借鉴的品牌发展路径。

四、品牌体验的管理与改善

品牌体验管理与改进的核心是对于消费者品牌接触点的管理与改善。消费者在与品牌接触过程中,是逐步建立对于品牌的识别与感知、偏好、美誉、忠诚的。因此,针对具体品牌,系统研究和分析消费者与品牌的各个接触点,评估各个品牌接触点的主要经营特点、主要价值元素、权重、接触点传递的信息质量、积极与消极因素,从而确定品牌改进的目标和方法。组织还需要优化和凸显关键的品牌价值元素,以此提升各个品牌接触点的品牌体验质量,增强品牌体验的价值,创造更为愉悦的品牌接触体验,促进更深层的客户感知和客户满足,建立客户偏好,促进品牌忠诚与重复消费,促进更大的品牌价值。见表8-3。

表 8-3　品牌体验的管理与改善

目标分段:＿＿＿＿＿＿＿＿＿＿＿＿＿

接触点	每个点上的规划	每个点上的体验	传达的信息	积极或消极	接触点的重要性	改进的目标	改进的方法	评估与激励

结语

广义而言,品牌体验包含品牌与客户接触环节各个层面的体验,包括文化体验、环境体验、终端消费体验、使用体验、服务体验等。增强品牌体验的相关内容与方法在品牌价值成长章节也有深入探讨,可以参见相关内容,这里不再复述。

　[阅读材料 8-2]

可口可乐的品牌体验经营

注重品牌沟通与传播

全球饮料行业的领先品牌可口可乐公司在品牌形象建设与品牌沟通方面有许多值得学习、借鉴之处。可口可乐公司善于因应主流消费人群的消费时尚因势利导,并在长期发展中找到了运动、音乐与时尚作为主要的品牌传播载体开展品牌沟通,效果非凡。可口可乐公司时常聘请当年最红的运动明星、歌星和时尚潮人作为主要代言人,以音乐、体育娱乐为主要传播形式,以电视、户外广告、网站等媒介为主要传播载体,投入巨资展开品牌宣传。

同时,可口可乐公司高度重视营销终端的公司及产品营销,支持零售商装修带有可口可乐形象的店牌,免费提供印着红色可口可乐标志的遮阳伞、产品海报、产品展示架等,以有效扩大品牌的曝光度。

注重产品消费的便利性与可获得性

可口可乐高度重视客户消费产品的便利性和可获得性。可口可乐建立了强大的渠道开发和终端管理队伍,广泛开发和建设销售渠道,在大卖场、超市、食品店、街头小店、大学食堂等各类终端广泛建设销售网点。可口可乐发展了可口可乐、雪碧、芬达等细分产品,以不同含量和塑料品、易拉罐等不同产品包装形态占据更多的货架空间。可口可乐大力拓展饮料售卖机的经销网点以占据高校食堂、写字楼和餐饮店的销售空间,并将印有品牌标志的冰箱送入销售网点,以占领更多的销售空间,确保客户无论何时何地都能轻松获取,开怀畅饮。

注重产品陈列

可口可乐建立了多产品的产品线组合,设计了多种容量的产品和多种包装形式的产品,并根据客户的消费模式与消费习惯偏好,精心设计了产品陈列与展示模式,一方面便于消费者有更多的消费选择;另一方面也可以占据更多的货架空间,从而挤压竞争对手。其产品陈列原则如下。

(1) 同一品牌,垂直陈列。

(2) 同一包装,水平陈列。

(3) 上轻下重摆放。

（4）品牌顺序依照人流方向依次为可口可乐、雪碧、芬达和醒目，品牌所占货架比例依次为 35％、35％、15％、15％。

图 8-13 为可口可乐产品陈列模式。

可口可乐	雪碧	芬达	醒目
35%	35%	15%	15%
玻璃瓶	玻璃瓶	玻璃瓶	玻璃瓶
易拉罐	易拉罐	易拉罐	易拉罐
小塑	小塑	小塑	小塑
大塑	大塑	大塑	大塑

图 8-13　可口可乐陈列模式

注重堆头与多点陈列

可口可乐的堆头与多点陈列技术也是提高售点产品注目程度的重要手段。多点陈列针对的是可口可乐冲动型消费的特点，不断在同一售点的不同的地方提醒消费者注意并激发临时购买欲望。见图 8-14。

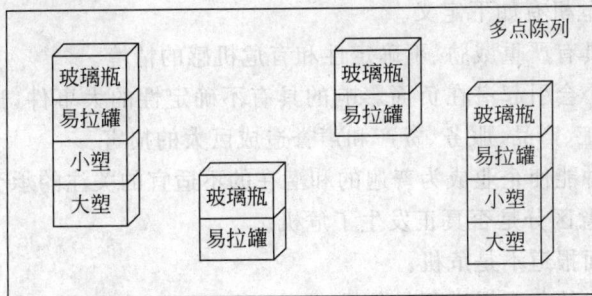

图 8-14　可口可乐的多点陈列

注重消费产品消费体验

值得一提的是，可口可乐公司非常关注客户的饮用体验，其通过研究得出，可口可乐饮品在 6 摄氏度左右口感最好，因此也提出了冰镇后饮用更佳的宣传口号，并在经销网点广设冰柜，以及可销售冰镇饮料的售卖机，一方面扩张产品展露和陈列空间；另一方面，冰镇饮料的清凉口感也给消费者带来了更好的饮用体验，尤其是在炎热夏季更能促进产品销量。

8.4　品牌危机管理

口才、金钱固然重要，但最能感动人、抓住人心的，还是诚实。

——松下幸之助

一、品牌危机的概念

近年来，陆续发生过光明的"回收奶"、肯德基的"苏丹红"、高露洁的"三氯生"、雀巢的"碘超标"等品牌危机。"三聚氰胺"事件更是把整个乳品行业的安全问题暴露无遗。国内的三鹿、伊利、蒙牛、光明和三元等所有知名品牌无一幸免；国际品牌雀巢、吉百利、立顿、士力架、Mentos、KITKAT等也都曾遭遇过空前危机。都是什么原因导致企业发生品牌危机，又该如何有效地预警和管理品牌危机呢？

现代市场的竞争不仅仅是商品的质量竞争、技术竞争、价格竞争和服务竞争，还包括品牌知名度的竞争、品牌美誉度的竞争和品牌形象的竞争。品牌是企业与社会公众和客户接触的载体和桥梁，上述事例证明，企业所发生的各种危机，都会对品牌形象和品牌价值造成影响。本节也主要从企业危机和危机管理的角度来探讨品牌危机管理。

英美学术界对危机有如下定义。

（1）危机是指具有严重威胁、不确定性和有危机感的情境。

（2）危机是一个会引起潜在负面影响的具有不确定性的大事件，这种事件及其后果可能对组织及其员工、产品、服务、资产和声誉造成巨大的损害。

（3）危机是一种能使企业成为普遍的和潜在的不适宜的关注的承受者的事件。

组织还需要注意区分是否真正发生了危机。

（1）善意的负面报道不是危机。

（2）没有影响力的负面报道不是危机。

（3）持续时间不长的负面报道不是危机。

二、十大常见的危机

以史为鉴，可以知得失。了解危机的内容和机理，有助于组织根据自己的特色尽量多地去借鉴历史，做好危机预防和危机管理工作，并在危机来临时沉着应对。对于组织而言，常见的组织危机有10种，其中企业内部的危机包括安全危机、假冒伪劣产品危机、客户纠纷危机、财务危机、管理危机、领导管控危机和经营危机；外部的危机主要是环境危机、社会危机和恶性竞争危机。

组织危机也常常是品牌危机，并对组织的品牌经营与传播过程产生消极与负面后果，对于组织的品牌声誉产生重要影响，因此我们将协同探讨。在实践环节，品牌危机通常包括如下内容。

- 突发危机事件,包括突发的公司内外部危机事件及消费者伤害对品牌造成的严重负面影响。
- 假冒伪劣产品信息,包括市场上的假冒伪劣产品泛滥,以及消费者受骗信息,消费者抱怨、投诉等相关信息,也会伤害品牌,影响消费者的品牌选择。
- 产品质量与服务问题,包括品牌产品质量问题、渠道及终端服务问题、消费者使用伤害问题等信息,也会极大地影响品牌声誉。此类问题可能通过媒体报道、论坛、博客、微博、口碑传播等信息沟通渠道反映出来。
- 公司经营负面信息,包括产品销量持续下降,消费者对产品的美誉度和忠诚度急剧下降。通常上市公司的报表披露、证券分析师报告、媒介报道、竞争对手恶意报道、消费者抱怨等会披露相关信息,公司的供应商、销售体系人员也会披露这一信息。

三、危机的特性与危机公关

企业危机的破坏性的表现可以分为两种形式:其一是渐进性破坏,其二是急剧性破坏。其危害见表 8-4。

表 8-4 企业危机破坏性分析

危机程度	对公众的影响	对企业收益现金流的影响
1. 非常危险	很高/造成死亡/受伤	非同一般
2. 一般危险	感情受损/精神创伤	严重,但有保障
3. 危险性小	小麻烦	很小
危机程度＝1/2/3×对公众的影响×对企业收益现金流的影响		
说明:对公众的影响和对企业收益现金流的影响程度分别用 1、2、3 表示,两者乘积即表示危机程度,乘积值越小,则危机程度越大。		

危机的产生与扩散是一个过程。研究和掌握危机发生机理有助于更好地进行危机公关。斯蒂芬·芬克提出了危机公关四段论,他认为组织危机包括四个阶段。

(1) 危机潜在期(prodromal crisis stage):这个阶段是危机最容易处理的时期,却最不易为人所知。

(2) 危机突发期(acute crisis stage):这个阶段是感觉最长、持续时间最长的阶段,它对人们的心理造成最严重的冲击。

(3) 危机恢复期(chronic crisis stage):危机处理过程的一个阶段,纠正危机突发期造成的损害。

(4) 危机解决期(crisis resolution stage):企业从危机影响中完全解脱出来,但是仍要保持高度警惕，因为危机仍会死灰复燃。

危机具有突发性、公开性、连带性、复杂性等特点。危机的突发性要求企业一定要建立危机预防机制，发展预警系统。危机的公开性要求企业在处理危机过程中要重视媒体的力量。危机的连带性要求企业在处理危机时要有效控制危机范围，防止由于该危机而发生的连锁反应。危机的复杂性要求企业系统思考危机原因，迅速而周密地处理危机。

企业在危机公关时也应避免四种错误心理：一是侥幸心理，二是鸵鸟政策，三是推卸责任，四是隐瞒事实。坦诚事实，承担责任，快速处理，周到善后是有效处理危机的关键措施。

四、危机管理

1．确立预防机制

有效危机管理的首要工作是建立系统的危机预防机制。对于危机的预防，应包括战略预防、内部预防、外部预防和辅助预防四个层面。战略预防主要是制定危机预防策略、危机管理制度和危机管理组织。内部预防主要是在企业采购、生产、销售、管理、服务等关键环节加强管控。外部预防主要是投入资源、人员，采用先进技术，对于网络加强信息的监测与调研。辅助预防主要是加强舆论引导与品牌宣传，以公众利益为先，客户利益为上。

2．建立危机领导小组

危机领导小组通常由企业领导，生产、销售、服务部门的相关负责人，政府官员或权威人员，新闻发言人，专业律师，专业危机处理负责人（一般由公关公司代理）组成，共同协调处理危机事宜。

3．制定危机管理流程

危机处理流程见图 8-15。

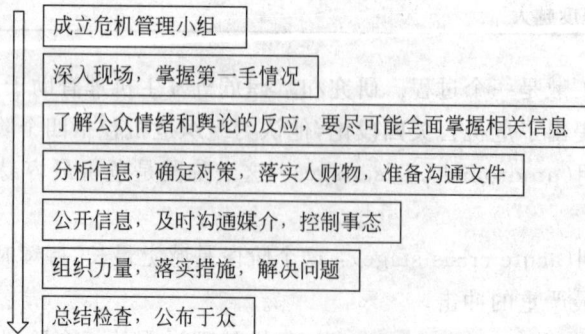

> 成立危机管理小组
>
> 深入现场，掌握第一手情况
>
> 了解公众情绪和舆论的反应，要尽可能全面掌握相关信息
>
> 分析信息，确定对策，落实人财物，准备沟通文件
>
> 公开信息，及时沟通媒介，控制事态
>
> 组织力量，落实措施，解决问题
>
> 总结检查，公布于众

图 8-15　危机处理流程

4．快速行动

对企业而言,迅速有效地采取行动是有效管控危机的关键。企业应在第一时间组建危机团队,并联系专业的危机公关公司,借公关公司的力量进行危机的控制;在第一时间告知企业的全体员工,统一口径,避免企业员工在面对采访时不知所措;在第一时间组织危机涉及部门迅速采取措施调查事件真相;在第一时间安排新闻发言人及时发布信息,避免不受控制的谣言和负面信息传播;在第一时间采取措施安抚受害者和公众,组织律师对受害者事件进行处理;在第一时间把真相告知政府部门或者相关权威机构,取得一致立场;在第一时间疏导媒体,让媒体沿着良性的方向进行危机的报道。

5．舆论疏导与媒介沟通

组织在舆论疏导过程中,应注意坚持四大原则。一是说出真相。坦白告诉公众真相和解决问题的办法。二是以理服人。不同角度会产生不同的看法,应更多地引入专家和权威的声音,以及当事人的声音,以建立认可、同情和信任,以理服人,化解危机。三是转换话题。有些问题无法辩驳,应该快速以新的话题或者牢骚淹没无法回答的问题。对于竞争对手的恶意攻击,组织可以设置捣乱话题。将危机问题转化为口水话题或者人身攻击,以混淆视听,此时危机转为枪手之间的互相攻击,人们便会厌倦这样的话题。四是解决问题。妥善善后,负责任地从根源上解决问题,化解危机,取得相关利益人的谅解和认可。

在媒介管控与沟通环节,组织需要注意方式与方法,细致准备,周到应对,主动与及时沟通,以有效地管控媒体,管控舆论,化解谣言。见图8-16。

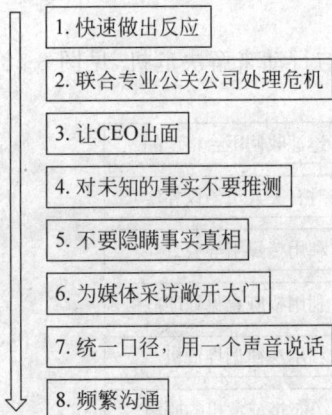

1. 快速做出反应
2. 联合专业公关公司处理危机
3. 让CEO出面
4. 对未知的事实不要推测
5. 不要隐瞒事实真相
6. 为媒体采访敞开大门
7. 统一口径,用一个声音说话
8. 频繁沟通

图8-16　媒介沟通流程图

📖 [阅读材料8-3]

中美史克公司应对"PPA事件"的危机公关

2000年11月6日,美国食品与药物监督管理局(FDA)发出公共健康公告,要求美国生产厂商主动停止销售含PPA的产品。仅隔10天,中国国家医药监督管理局(SDA)于11月16日发布了《关于暂停使用和销售含苯丙醇胺药品制剂的通知》,并以中国红头文件的形式发至中国各大媒体。在15种被暂停使用和销售的含PPA的药品当中,包含了中美天津史克制药有限公司生产的康泰克和康得两种产品。

2000年11月20日,中美史克在北京的国际俱乐部饭店举行了以媒介恳谈会为名称的新闻发布会。与媒体恳谈,一方面可以传播企业的态度与亲和力;另一方面,更能有效表达中美史克在实事求是地面对 PPA 事件。中美史克在召开新闻发布会时,对记者有着良好的接待,给记者留下了良好的印象。外地记者由专人接待,大报小报、年轻与资深记者一视同仁。对未被邀请而来的记者单独登记,并做到及时沟通,态度热情、诚恳。同时,为满足那些因故未出席本次恳谈会的记者,更为保持日后的联系,公司在恳谈会当日又将中美史克的声明及康泰克的简介通过传真等方式发给各大媒体。

6. 从危机源头解决问题

危机管理的关键,在于寻找危机源头,并从源头发现问题、解决问题,从而从根源上化解危机。

图 8-17 为危机分析示意图。

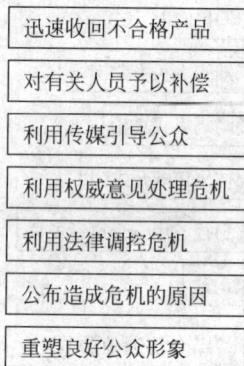

7. 危机化解方式

针对不同危机特点,企业可以有选择地采取下述方法与行动来解决危机,见图 8-18。

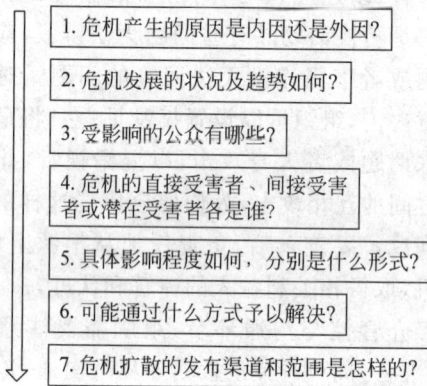

危机分析	危机化解
1. 危机产生的原因是内因还是外因?	迅速收回不合格产品
2. 危机发展的状况及趋势如何?	对有关人员予以补偿
3. 受影响的公众有哪些?	利用传媒引导公众
4. 危机的直接受害者、间接受害者或潜在受害者各是谁?	利用权威意见处理危机
5. 具体影响程度如何,分别是什么形式?	利用法律调控危机
6. 可能通过什么方式予以解决?	公布造成危机的原因
7. 危机扩散的发布渠道和范围是怎样的?	重塑良好公众形象

图 8-17　危机分析示意图　　　　图 8-18　危机化解方式

8. 化危机为机遇

处理危机公关的目的首先要消费者满意,其次是舆论满意,最后才是企业满意。由于危机受公众影响十分广泛,媒体都在集中关注,因此企业的一举一动都会受到媒体的关注,这时候当然是企业展示诚信、以消费者为上的绝佳时机。也就是说,处理危机的最终目的是让消费者看到更多企业品牌的正面信息,建立健康的品牌声誉与口碑。

案例 8-1　《富爸爸,穷爸爸》的百万图书营销

"之所以世界上绝大多数的人为了财富奋斗终生而不可得,其主要原因在于虽然他们都曾在各种学校中学习多年,却从未真正学习到关于金钱的知识。其结果就是他们只知

道为了钱而拼命工作,却从不去思索如何让钱为他们工作。"

——罗伯特·T.清崎

　　自 2000 年 9 月始,中国图书市场掀起一股紫色风暴。紫色封面的财经图书《富爸爸,穷爸爸》在短短两个月内即销售 10 万册,截止到 2002 年年底,富爸爸系列图书总销售量已达 300 余万册,总销售额已达 4000 多万元。该书所探索的整合营销模式与方法,堪称中国图书品牌营销的标杆。深入分析《富爸爸,穷爸爸》的营销模式,也有助于帮助中国企业拓展图书,乃至知识产品品牌发展路径,以及相关领域的品牌价值成长模式。

一、《富爸爸,穷爸爸》行销传播策略

　　一定程度上,整个营销过程的每一个环节都是与消费者沟通的过程。在"富爸爸"营销中,各个营销环节都是与读者沟通的重要接触点。通过有力的产品和品牌设计,确立有吸引力的传播内容,应用有效的传播工具,密切与读者的接触,实施对"财商"概念和"富爸爸"品牌传播和持续强化。在"富爸爸"传播中,"智商、情商、财商,一个都不能少","揭露富人的秘密"、"两个爸爸大战一个女孩"等类似口号陆续见诸传媒,从多层面吸引读者注意力,建立读者认知和兴趣,逐步刺激读者的购买欲望,最终促进图书销售。

　　《富爸爸,穷爸爸》行销传播流程图见图 8-19。

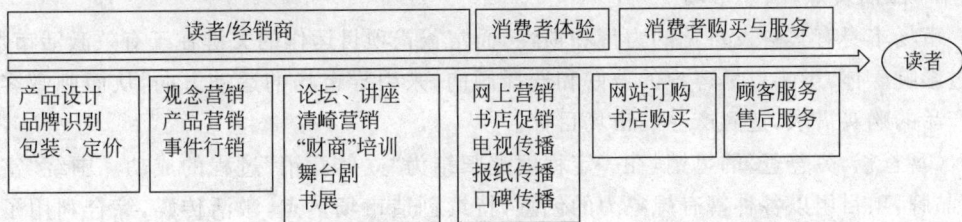

图 8-19　行销传播流程图

二、行销传播沟通模式

　　AIDA 沟通模式见图 8-20。

阶段	认知阶段	感知阶段		行为阶段
AIDA模式	注意→	兴趣→	欲望→	行动

图 8-20　AIDA 沟通模式

　　读者对图书的购买决策有一个过程,因此需要持续有效的深度行销沟通。自确定选题开始,项目组通过书评等初步的市场宣传,建立初步的读者认知度;而后在全国书展和富爸爸研讨会上通过媒体大力推广,形成读者阅读的心理期待;到图书销售热旺的时候

深入推广,如请作者来国内演讲、在各媒体形成讨论,参与电视节目,通过这种种方式强化读者的购买需求;再到延伸出"财商"培训、"财商"话剧、玩具等系列产品,从而赢得销售佳绩,巩固和扩大了图书本身营造的"财商"概念和"富爸爸"品牌的影响力。

三、行销传播内容设计

"富爸爸"品牌为主导,以"财商"的概念为核心实施行销传播。

在图书定位上,针对中国图书市场欠缺个人和家庭理财知识的图书,富爸爸项目组将《富爸爸,穷爸爸》定位于个人理财图书。市场目标通过满足读者求财求知的心理需求而销售《富爸爸,穷爸爸》系列图书。传播承诺点以个人理财概念为突破口,紧密围绕如何建立正确的金钱观念和个人理财观念展开行销传播。项目组以"富爸爸"品牌为主导,实施观念营销。观念营销引领了图书消费时尚,进而带动图书营销,将图书特色演绎成广大读者所接受的概念。在行销传播中,以书展、书店和网上书店作为市场切入点,项目组在各个读者接触点通过不断强化"财商"概念和"富爸爸"品牌,增加读者的知晓度和认同感,从而刺激读者的购买欲望,引发购买行为。

四、行销传播方式分析

1. 激活传媒,预热市场

市场本身有其自发自觉的力量和惯性,而富爸爸项目运作的关键在于有效激活市场。通过影响媒体,影响目标客户的偏好和选择倾向,来引导市场的运动方向,从而刺激客户对产品的购买需求,达到产品的市场目标。

《富爸爸,穷爸爸》的热销,在一定程度上归结为"立体营销"过程的成功。围绕"富爸爸"品牌,项目组以各种富有想象力的创意,持续创造市场热点,激活传媒,综合利用了多种媒体实施行销传播。而传媒又有其自身追逐流行思潮和热点新闻的特点,对于长期事件,媒体运作也有跟踪报道、深入报道等惯性操作。项目组通过不断地创造市场热点,吸引媒体的关注,进而通过媒体平台将"富爸爸"品牌和书籍的影响送达读者,形成一种持续品牌效应。

2. 产品设计

读者直接接触到的是图书本身,因而图书自身成为重要的传播工具。项目组《富爸爸,穷爸爸》直译了原版书的名字——*Rich Dad,Poor Dad*,书名大胆、新颖而响亮,直指该书个人理财、家庭理财的主题。项目组还专门请艺术家设计了别致的艺术字,《富爸爸,穷爸爸》的封面用了通常很少用的中国文化中代表富贵的紫色,便于读者识记和挑选。162页的厚度易于阅读,24.8元的定价也为读者所接受,增加了读者的满意度。

3. 媒体行销助势展会营销

图书展会是与经销商和读者的接触的重要渠道,具有人流量大、信息传播迅速的特点。作为重要的非人员传播渠道,通过包装环境、营造气氛、增强视觉冲击力,可强化对经销商和读者的传播效果,进而产生和增强图书经销商订货和读者购买的倾向。在北京国际书展和南京书市上,项目组通过设立醒目的展位、巨型《富爸爸,穷爸爸》的纸书、大量海报宣传、大幅喷绘对联,以及众多易读易记的口号,配合报纸和网站宣传,从各个方面吸引经销商和读者的注意力,将图书信息送达目标客户。

在北京书展上,《富爸爸,穷爸爸》项目组在新华社举行了专门的新闻发布会,邀请了全国四十多家报纸、电视、网站等媒体,邀请社会各界的审书代表参加,并请权威人士评书造市。在南京书市之前,项目组也提前与南京及附近的一些媒体沟通,在《新民晚报》、《江苏商报》、《南京现代快报》、《扬子晚报》等媒体上发表了关于"富爸爸"的系列文章。以媒体行销增加与经销商和读者的接触和影响,预热市场,有力地配合了展会行销,达到了成功增加订货量的效果。

4. 清崎行销

作者营销是西方国家成熟的图书营销方式。随着《富爸爸,穷爸爸》的热销,通过大量媒体文章介绍"富爸爸"清崎传奇的创业经历,也使"富爸爸"清崎成为重要的读者接触点,更激发了读者对图书的关注和兴趣。

项目组策划了作者清崎的中国之行。清崎相继在国际会议中心、清华大学举办"财商"专题演讲,参加新浪网与网友聊天、参加央视对话节目,在王府井图书大厦签名售书,综合运用了多种传播方式与大众沟通。清崎也极富个人魅力和演讲感染力,其一系列演讲、交流等市场活动,获得了大众认可,对扩大和提高《富爸爸,穷爸爸》的知晓度和市场影响力起到了相当重要的作用。

5. 排行榜、书评传播

由于传播对象多数为重度读者群,目标读者非常集中,排行榜和书评在图书行销传播中占有重要地位。"富爸爸"系列图书长期占据《中国图书商报》财经类图书排行榜前列,并持续有大量的书评和读者文章予以介绍,进一步增大了"富爸爸"系列图书的影响力和销量。

6. 娱乐舞台传播

相对于图书、报纸等传播方式,娱乐舞台具有亲和力好、视觉冲击力强、雅俗共赏、传播面广的特点。由《富爸爸,穷爸爸》改编的幽默舞台剧在北京青艺小剧场热演 20 场,之后在各大城市全国巡演,通过直观的舞台表演形式丰富并扩大了"富爸爸"系列图书的传播方式,并通过各地报纸娱乐版等平面媒体,进一步在舞台剧等娱乐爱好者人群中扩大了其知晓度。

7. 培训营销

项目组成立了北京"财商"教育培训中心,组织了 10 个城市的巡回"财商"讲座与培训,通过培训增加与潜在读者的双向沟通。项目组还结盟各地培训公司,输出"财商"培训教材,在各地开展培训。"财商"教育培训增进了与有个人理财需求的人士的交流与互动。据悉培训是最能影响潜在读者,直接增加该书销售量的方式。由于各地报纸教育版的报道,"财商"教育培训信息还送达到关心"财商"教育者人群中。

8. 建立电子论坛,构筑与读者的网络交流和服务平台

网络的实时、迅捷和超越地域广泛传播的特点,使其日益成为重要的信息传播平台。"富爸爸"项目组自建立伊始,就建立了 fubaba.com.cn 的中文网站,提供了读者交流的平台。网站及时发布各种相关信息,回答读者提问,注重与读者的交流与互动,努力引导和推动读者的口碑传播。项目组还与贝塔斯曼在线、当当、卓越等网上书店达成良好的合作,实施网上售书,实现信息共享,实时与读者沟通。

9. 通过售后服务加强互动行销传播

项目组通过为顾客提供更快更好的服务,及时进行抱怨处理,来增加读者满意度。项目组通过读者调查表、热线电话、读者有奖参与活动等方式密切与读者的互动与联系,增加读者的忠诚度和重复购买率。

10. 口碑传播

按照麦肯锡公司的一项研究,口碑传播几乎影响到美国 2/3 的经济领域:玩具、运动产品、电影、娱乐、时尚、休闲自然最受口碑影响,但金融机构、服务业、出版、电子、药品、农业、食品等众多领域也同样受口碑所左右。

中国的文化传统,有一些"理性不足,感性有余"的特点。这种重视人情、信任亲友、信任权威和成功人士的特色文化,使口碑成为传播渠道中最有说服力而又是成本极低的一种传播方式。互联网的出现,则增强了这种传播的可控性。在富爸爸的行销传播中,口碑传播的几种方式比较重要。

- 以"财商"概念和"富爸爸"品牌传播为核心,在行销传播中反复强化。
- 使用有影响力的人传播信息。在参加北京书展时,在新华社举行的新闻发布会上,项目组请来了北大方正的董事长魏新、人民大学经管学院的副院长黄泰岩、国家审计署 ACCA 专家章轲、民企老总丘创、项目组组长汤小明等,分别从企业家、学者、社会和个体企业的角度阐述了《富爸爸,穷爸爸》的特色与"财商"观念的重要意义。此种传播方式具有很高的可信性和读者认可度。
- 征求来自顾客的证人。上海《文汇报》整版报道的吉林省梨树县副县长田贵君为梨树县农村合作经济协会的农民朋友们订购该书 1000 册的故事,真实可信,易于口碑相传。
- 对顾客讲述真实的故事。中国经营报的记者专稿报道了清崎在北京国际会议中心发表演讲,座无虚席,山东潍坊的民众包车来听演讲的故事。清崎的介绍也大量地见诸媒体,其传奇经历与自传体的书籍内容相得益彰,增强读者的关注和兴趣。

- 开发具有较高谈论价值的广告与口号。一个醒目、易于传播的口号在口碑传播中至关重要,在"富爸爸"传播中,"智商、情商、'财商',一个都不能少","揭露富人的秘密"、"两个爸爸大战一个女孩"等类似口号通过传媒广为传播,从各个方面吸引读者注意力,加强《富爸爸,穷爸爸》的销售力。

五、品牌延伸分析

图书的市场影响力和市场占有率,在很大程度上取决于图书的品种扩张率。一定数量的图书品种系列,能在图书市场形成点、线、面的空间分布优势,满足不同层次的读者的细分需求。通过拓展品牌效应,延伸单一图书品牌为系列图书品牌,建立出版社在某一领域的品牌优势,更能使出版社在出版业激烈的市场竞争中保持长久的竞争优势。

在品牌设计上,"富爸爸"项目组重点推广"财商"的概念。在成功实施"富爸爸"品牌行销传播后,《富爸爸,穷爸爸》在"财商"领域图书中逐步凝聚了品牌优势,也抬高了竞争对手的进入门槛。项目组进一步拓展品牌效应,接连推出了"富爸爸"系列图书,包括《富爸爸——投资指南》、《富爸爸——富孩子、聪明孩子》,以及跟风书《轻轻松松变富婆》、《富爸爸给青年人的十条忠告》等系列图书。从而细分读者需求,拓宽产品线,扩大行销传播优势,全方位地抢占市场。另外,也降低了相关系列图书的市场行销传播成本,减少了读者认知障碍和选择时间。

《富爸爸》丛书的封面设计见图 8-21。

图 8-21　《富爸爸》丛书的封面设计

六、行销传播效果分析

1. 市场费用安排与行销效果分析

市场费用直接影响着媒体投放力度,进而影响着读者的资讯接收效果。根据出版人汤小明语,项目总费用的 50% 用于媒体运作。其中又有 50% 用于平面媒体,包括市场调研、专家演讲、各种论坛及研讨会;30% 用于以电视为主的立体媒体,另外 20% 用于网站及其他相关项目。

从营销效果分析,培训对于《穷爸爸、富爸爸》书籍的销售作用最大,电视媒体对销量的影响也较为显著,其他的小一些。由于市场的自觉自发性,有时不易感觉何时由于何事导致具体地域的销量变化。

2. 市场活动对销量的影响分析

对比项目组的市场活动和《富爸爸,穷爸爸》销量统计,总体来说,随着市场活动的展开,《富爸爸,穷爸爸》的市场知晓度逐渐扩大,销量在 2001 年 3 月稳步上升至一万三千余册。2001 年 6 月以后,随着清崎来华访问,其一系列的市场活动极大地扩大了"财商"的影响和该图书的吸引力,《富爸爸,穷爸爸》的销量在随后的几个月迅速上升,并在 2001 年 9 月创出两万两千余册的销量。后期该书的市场活动较少,由于初期良好的市场运作,关于"财商"和"富爸爸"的讨论依然余热未消,富爸爸品牌和"财商"概念仍然显示着生命力和持续的影响力,继续对潜在的读者群发挥着影响。从销量上看,2001 年 9 月以后,《富爸爸,穷爸爸》图书销量在相对高的起点上经历了一个显著的下降过程,但仍持续保持一定的销量。到 2002 年 3 月后,市场基本处于自然发展状态,"财商"培训也一直在运作,间或也会有一些诸如富爸爸话剧等市场自发的活动。图书销量趋于平稳,每月两三千册,显示出一定的长销书的特点。见图 8-22。

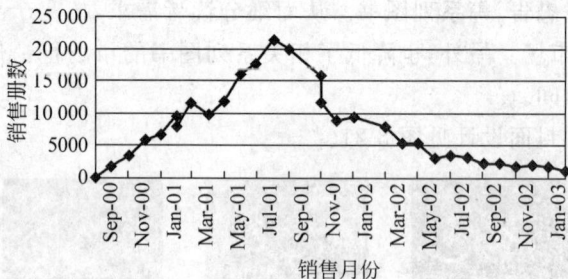

图 8-22   2000—2003 年《富爸爸,穷爸爸》月度销量监控

(数据来源:北京开卷图书市场研究所)

七、品牌营销问题探讨

1. 对后续图书系列的定位不清晰,宣传不足,销量没有再创佳绩

相比《富爸爸,穷爸爸》,后续图书系列的定位不够清晰,与《富爸爸,穷爸爸》的差异性行销没有有效实施,市场宣传的力度也不足,因此其他系列图书的销量没有再创佳绩。其品牌延伸策略仍有值得探讨之处。

从读者角度,《富爸爸,穷爸爸》后续图书的购买者应多数为《富爸爸,穷爸爸》图书的购买者,如对以往的顾客保持持续沟通和深度行销,并制定有针对性的折扣等促销措施,应能进一步增加销量。

针对《富爸爸,财务自由之路》《富爸爸——投资指南》《富爸爸——富孩子、聪明孩子》等图书,如能针对财经、儿童教育等不同的细分市场,做针对性的市场宣传,营销效果当更好。如对现金流游戏和《富爸爸——富孩子、聪明孩子》图书,教育投资在中国家庭颇大,如在教育类媒体和儿童媒体加大营销力度,增大认知度,当有更好的销量。

2. 富爸爸品牌的延伸力度不足

由于人力、财力、市场等诸多因素所限,富爸爸品牌的延伸力度不足,没有充分利用富爸爸的品牌效应。如何进一步实施品牌延伸战略,颇有值得探讨和思考之处。

参考资料:

郭伟文,穷爸爸富爸爸畅销之道[J].东方企业家,2003(10).

北京开卷图书市场研究所,2000—2003年《富爸爸,穷爸爸》月度销量监控表,2003年.

北京读书人文化艺术有限公司官方网站:http://www.readers.com.cn/.

案例 8-2　万达集团的网络品牌管理

一、万达简介

大连万达集团创立于 1988 年,形成商业地产、高级酒店、旅游投资、文化产业和连锁百货五大产业。目前万达集团已在全国开业 68 座万达广场、38 家五星级酒店、6000 块电影银幕、57 家百货店、63 家量贩 KTV。2015 年目标:资产 3000 亿元,年收入 2000 亿元,年纳税 300 亿元,成为世界一流企业。

2012 年 3 月万达集团全面进行网络品牌管理,并委托我们的关联机构红麦舆情具体负责规划与实施网络品牌管理工作。

二、万达集团网络品牌经营状况分析

通过运营先进的网络监测系统对万达的网络品牌实施全面监测并定期分析,我们发现,在搜索结果中"万达"敏感信息频现,具体如下。

- 搜索关键词"万达"、"万达集团"、"王健林",百度首页有负面,不完全是万达有效信息。
- 五大门户(新浪、腾讯、网易、搜狐、凤凰网)有其不利信息出现。
- 百度知道有负面、百度下拉框有敏感词。

三、我们为万达数字品牌运营所做的工作

1. 公关维护

- 百度搜索"万达"、"万达集团"、"王健林"关键词:搜索结果首页不出现敏感词。
- 百度搜索下拉框不出现敏感关联。

- 配合万达集团进行百度知道的相关优化工作。

2．媒体宣传

负责重要媒体发布，新闻稿件共发布350篇次。

3．口碑维护

- 针对五大门户（新浪、腾讯、网易、搜狐、凤凰网）做好评论言论的引导控制。
- 百度知道出现敏感话题及时维护。

4．舆情监测

- 月度媒体传播分析及建议。
- 舆情危机分析及公关应对建议。
- 搜索引擎优化情况分析及建议。
- 地产行业和竞争对手情报分析。
- 跟踪敏感词是否在网站首页和频道页面出现。

四、万达集团网络品牌管理传播策略

万达集团网络品牌管理传播策略见图8-23。

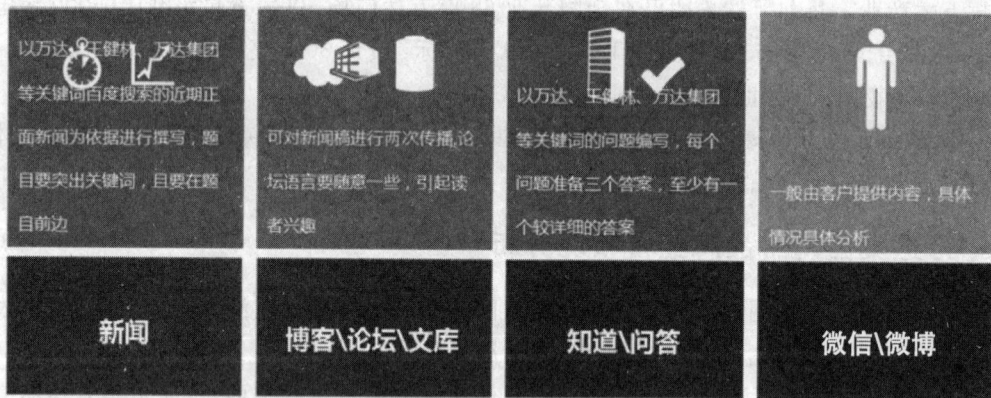

以万达、王健林、万达集团等关键词百度搜索的近期正面新闻为依据进行撰写；题目要突出关键词，且要在题目前边

可对新闻稿进行两次传播，论坛语言要随意一些，引起读者兴趣

以万达、王健林、万达集团等关键词的问题编写，每个问题准备三个答案，至少有一个较详细的答案

一般由客户提供内容，具体情况具体分析

| 新闻 | 博客\论坛\文库 | 知道\问答 | 微信\微博 |

图8-23　万达传播策略示意图

五、万达网络运营的执行效果

万达实施网络品牌运营以来，执行效果显示：搜索百度首页，前两页90％均为王健林真实、有效信息；搜索百度首页，首页内容90％为万达集团真实、有效信息；搜索百度首页，首页内容没有负面，80％均为万达真实、有效信息。见图8-24。

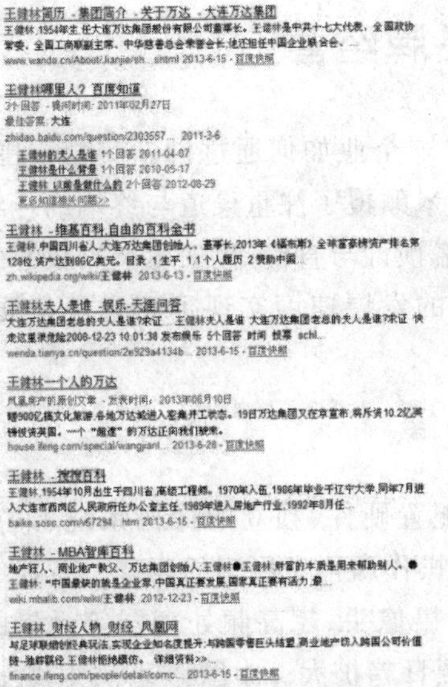

(a) 关键词"王健林"搜索结果 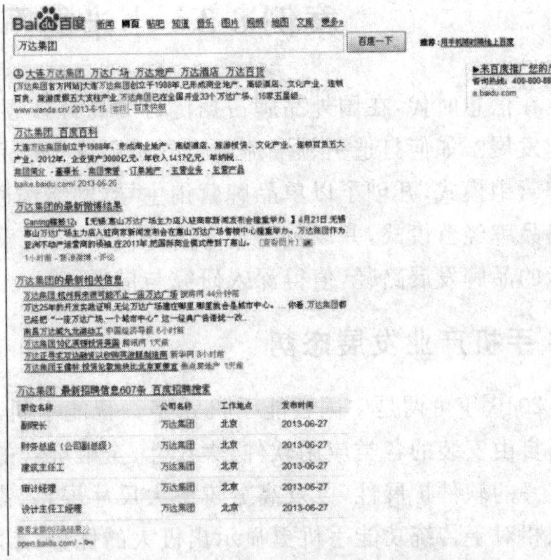　　　　(b) 关键词"万达集团"搜索结果

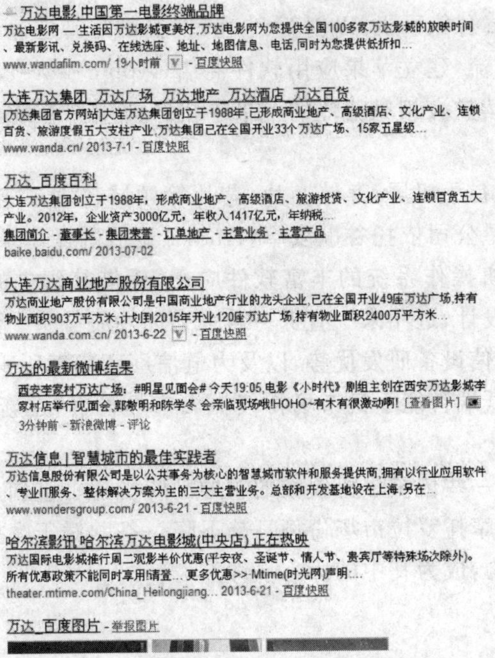

(c) 关键词"万达"搜索结果

图 8-24　万达网络运营执行效果

案例 8-3　小米的网络品牌经营

在信息时代，在国外品牌占据优势的高科技领域，中国企业如何通过创新突出重围，快速发展？如何打造引领潮流的世界级品牌与产品？小米颠覆了注重渠道与终端的传统品牌营销模式，开创了以单品牌营销主导，网络沟通、网络预订与直销，代工生产为核心的网络品牌经营模式，并以创建三年实现 300 亿元营业额的发展速度实现了超常规发展。小米的品牌发展路径，值得深入研究与借鉴。

一、手机产业发展态势

2010 年可谓是中国智能手机元年。智能手机以高配置硬件、独立的操作系统、丰富的可自由安装的各类应用软件、大尺寸、全触屏式的便捷操作赢得了顾客的喜爱。智能手机良好的软件扩展性，以及高分辨率大尺寸屏幕、高像素摄像头、超高频处理器等元素的加入相对于传统功能手机更显示出极大的优势，市场份额日趋扩大。中国移动、中国联通和中国电信对于 3G 应用的推广加剧了这种趋势。

智能手机的快速发展引领了产业发展，并急剧改变了手机行业的竞争格局。苹果在乔布斯的带领下，推出了 Iphone 智能手机，以创新、自由、时尚的品牌定位，精致的外观设计，丰富便捷的软件应用引领潮流，建立苹果应用软件商店（Apple store），以与应用软件开发商的利益分享合作方式持续扩大相对闭环的苹果手机产业生态系统，在高端市场占据巨大市场份额和高额利润。

韩国三星则基于多年积累，在手机屏、存储芯片、芯片等领域建立了相对完整的硬件产业链的技术与成本优势。三星公司依托谷歌安卓（Android）手机操作系统发展智能手机，发展基于安卓（Android）手机操作系统的丰富软件应用，凭借其领先的硬件配置、强大的多媒体功能和时尚的外观设计，近年来一直保持着强劲的发展势头。而以华为、中兴为代表的通信设备厂商，凭借通信设备研发优势，以及为电信厂商代工所积聚的产能优势和经销经验，也后来居上，在中低端智能手机市场持续扩大市场份额，在新兴市场逐步扩大智能手机的品牌影响力。

此消彼长，激烈的竞争也让一些传统手机领域的领导品牌受到了重创，以往在功能手机市场居于领先地位的诺基亚、摩托罗拉市场份额日趋下降。谷歌对于摩托罗拉的并购，微软对于诺基亚手机业务的并购，成为其中的标志事件。

二、小米做手机的缘起

移动通信产品及移动互联网是市场需求大、发展前景广阔的领域，同时也是市场竞争激烈的领域。选择哪个细分市场，关注哪类消费者，专注什么产品和商业模式，也是企业成功发展的关键。小米的创始人团队包括雷军与林斌等在创业初期的反复沟通中确立了关注中国年轻消费群体,契合其消费能力发展优质低价手机产品的愿景与目标。他们提出做性能最好的手机,加上最好的软件体验,用互联网电商方式成本价销售手机,最后通过给大量用户提供互联网服务实现盈利,以此作为小米互联网手机的商业模式。

在手机产业创建产品品牌,需要有愿景与目标,更需要合适的人,需要资源、经验和机缘。小米公司的创始人团队经验非常丰富,小米的两个本土创始人包括雷军等,都具有深厚的 IT 产业公司高管背景和丰富的高新技术企业运营经验,小米的另外五个创始人,包括总裁林斌都有海外 IT 跨国公司多年的手机开发以及产品运营经验,这也提高了小米经营的战略视野和运营经验,提升了小米创业的成功概率,降低了运营风险。

小米"做手机"的计划目标与小米科技的创业完全同步。小米手机开发团队的组建也是机缘。2010 年 4 月,小米创始人雷军的师弟李华兵给雷军发了一封邮件,推荐一个从德信无线出走的无线业务团队,他们希望做一款独立的手机硬件。郎情妾意,这个团队在雷军的支持下建立了"小米工作室",并创建了小米公司(全称北京小米科技有限责任公司),致力于开发与经营"小米手机"。

三、构建"新潮高配低价"的品牌竞争策略

小米品牌竞争模式的核心是创建高配、低价基础上的低价竞争策略,创建新潮、优质、低价的品牌价值定位。2011 年中国手机市场上已有苹果、三星、联想、华为、中兴等领先手机品牌占据市场。小米靠什么切入市场,获得消费者认可并取得热销是个问题。分析大型手机厂商的传统商业模式,通常是实施手机品类经营,面对不同的细分市场,提供品牌产品组合。主要面对高端客户市场发展"高配置+高价格"的高端手机提升形象,获取利润,面对中端市场推出各具特色的"中配置+中价格"的中端手机拓展细分市场;面对低端市场推出大量的"低配置+低价格"的低价机抢占市场份额,挤压竞争对手。苹果手机已然颠覆了这个传统,采取单一品牌经营,打造软件生态系统,实施强品牌影响力下的优质高价策略,在全球市场取得巨大成功。

小米科技借鉴了苹果手机的成功经验,在创业之初也采取了单品牌经营策略,在相当时期专注做一款手机产品,定位清晰,做出特色,做专做精,并降低研发、生产与营销成本。与苹果不同,小米实施了差异化品牌定位:发展具有互联网基因的"高配置+低价格"手机,由此构建并向目标客户群体传递了极具吸引力的"引领新潮的高配置低价格"的品牌价值主张,并通过软硬件一体化的产品发展模式予以保证。小米力图打造高配置低价格的高端智能手机,以新潮优质低价吸引和积聚以年轻人为主的目标客户群体,以规模化销售降低经营成本,以规模化扩张实现快速发展,这也正是小米的核心竞争战略。

四、建立"发烧友手机"的品牌定位

小米发展手机业务首要解决的问题是为谁服务。在年销售规模近 1 亿台的中国手机市场,服务于哪个(或哪几个)消费群,传递什么样的独特价值主张尤其重要。即便是 OPPO、步步高、朵唯、魅族等中国手机行业的后来者也都是凭借独特的市场定位在激烈的产业竞争中逐渐站稳脚跟。近年来,在新的社会发展形态和年龄结构中,追求科技与时尚的 80 后、90 后日益成长为最有活力和消费潜力的消费群体,可谓得 80 后者得天下。小米科技结合产业发展态势与自身资源与能力,几经琢磨,也逐步明确了以追求领先科技与时尚的年轻人为主要目标消费群体,并确立"发烧友手机"的品牌定位。

小米手机从创建起,就坚持"发烧友手机"的设计理念,同期每一款手机都将全球领先的移动终端技术与元器件运用到每款新品中,以高配置带来的高性能引领手机技术潮流,满足消费者的高度应用体验,并以高性价比的方式适应目标消费人群的消费价格诉求,以震撼低价抢先发布,满足消费者求新求鲜的心理诉求。从 2011 年 8 月 16 日小米科技高调发布第一代小米手机,到 2013 年 9 月 5 日最新一代小米 M3 的首发热卖,小米手机的领先配置与超高的性价比也使其每款产品成为当年广受关注、引发热卖的新潮智能手机。2013 年年底,小米科技更是将"为发烧而生"作为核心品牌诉求植入产品广告中,通过央视等媒体广而告之。

在品牌营销上,小米致力于创建"让用户尖叫"的口碑产品,其本质是以最新技术、高配低价,尤其是超低价格让用户尖叫,吸引消费者关注,产生兴趣与购买。其次小米的口碑是在良好的产品性能和服务基础上逐步构建的。雷军说过,"口碑的真谛是超预期,只有超预期的东西大家才会形成口碑。"小米手机为了制造"用户尖叫",从小米 1 到小米 3,小米公司一直在为自己所承诺的"发烧友手机"努力前进。小米陆续推出的电视、路由器等相关产品,也始终坚持高配置、高性能、低价格的品牌竞争策略。小米以此逐步构建了具有一致性的品牌价值诉求,在消费者心目中建立了清晰的品牌识别。

五、建立至简的品牌形象

品牌命名上,小米的命名简单易记,朗朗上口,易于传播。"MI"是小米公司的中文,英文有"Mobile Internet"和"Mission Impossible"两层含义。"Mobile Internet"喻示小米身处移动互联网领域,"Mission Impossible"强调小米创新无限。有意思的是,小米的 Logo 倒过来像一个"心"字少了一个点儿,寓意"小米手机让每一位用户都能少操一点心"。

在品牌 VI 设计上,小米手机 Logo 设计简约而醒目,亮丽的橙底色上字母"MI"简洁大方,便于识别,便于在手机屏幕等电子屏幕上标注和展现。

小米在品牌塑造和价值传递方面无疑是成功的,它在品牌塑造层面征服年轻人的手段无外乎两点:首先,充分尊重年轻人的文化,并且投其所好。其次,就是在营销过程中不断增加普通用户的参与感,与用户共同完成品牌的建设。2010年后,"小米",这个传统的谷物名字也有了其他含义,它等于互联网手机、等于手机发烧友、等于时尚潮流的符号、等于中国去山寨化的科技品牌。

六、实施领先一步,快速迭代的产品发展策略

科技领域技术发展日新月异,产品迭代迅速,产品随时间价格变化明显,速度是关键因素。作为创业型公司,小米公司在发展中始终重视速度竞争,在产品开发上采取了"贴近客户,快速迭代创新"的发展策略,在最小投入→试错改进→扩大经营的发展螺旋中实现快速成长。小米超前研发手机新品,与世界顶级手机元器件供应商在测试阶段就开始合作,并提前发布新品信息,预售新品、通过订单销售方式准确把握用户需求,快速生产和销售高配置、高性能、低价格的领先手机产品抢占市场,扩张客户规模,通过持续改进不断提高产品工艺与品质,通过产品预售的方式和订单生产的方式化解库存风险,获取安全利润。

小米2011年发布M1手机时在国内首家采用双核1.5GHz引擎,比当时多数手机采用的单核1GHz处理器手机性能提升了200%,1GB大内存,4英寸屏幕,待机时间达450小时,800万像素镜头。当时这类智能手机的价位基本都是三四千元左右,最便宜的也要2500元,而小米M1以1999元的震撼价格出售。

小米2012年推出M2手机是全球首款采用28纳米四核1.5GHz处理器的高端智能手机,被媒体称为"性能之王"、"性能怪兽"。同时小米推出了MIUIV5操作系统,这款基于Android深度定制的系统有了数千项改进,操控更便捷、UI更美观。小米M2依旧以1999元的震撼价格出售。

小米2013年推出M3手机时采用了全球首发的NVIDIA Tegra 4和高通骁龙800最新版8974AB顶级四核处理器,并采用了超灵敏触控5英寸1080p显示屏,搭载3050mAh锂离子聚合物电池。此外,小米3手机还拥有超薄的机身和提升很大的外观设计。关键是小米3手机16G版仍沿袭了一代的1999元定价体系,继续刺激和维系手机发烧友对于小米手机的关注与购买。

……

七、专注网络营销,发展米粉社区

传统手机厂商通常统筹采用电视、媒介、互联网和终端营销的手段系统实施品牌与产品营销,力求取得更大的营销成效。小米没有采用传统的电视广告、户外广告等强势渠道,而是始终坚持专注于通过互联网实施品牌营销,并以网站营销、论坛营销、微博营销、微信营销等新兴网络营销工具作为主要的营销武器。小米有专门团队负责维护公司微

博、论坛与微信等网络工具与平台,定期发布消息,及时与网民互动,参与讨论问题,实施售后服务。

小米科技创业伊始就提出"用互联网模式开发手机操作系统"的口号,积极推广"互联网手机"概念,逐步赢得媒体的高度关注。2010 年 6 月 1 日,小米公司在手机发布之前首先推出了具有高自由度和参与度的 MIUI 操作系统,同时建立 MIUI 论坛,粉丝可对MIUI 的应用和改进及时提出意见。小米的发展战略是先让用户应用和喜欢 MIUI 操作系统,培养潜在客户群体,再适时推出手机。小米一直鼓励客户参与 MIUI、米聊等产品的开发过程,尊重他们的意见,并迅速在产品中体现,以此吸引了大量的"米粉"的参与与互动。截至 2011 年 7 月,MIUI 已拥有 50 万活跃的论坛粉丝。同时共有 24 个国家的粉丝自发地把 MIUI 升级为当地语言版本,自主刷机量达百万。MIUI 操作系统的推出为小米扩大了品牌知晓度,积累了第一波人气,培养了大量潜在消费者,小米手机的 30 万用户,相当一部分来自米粉。

2010 年年底小米推出了"米聊"即时通信工具,并创建"米聊社区",吸引"米粉"的大量加入与频繁互动,进一步扩展和培养消费者的喜爱与软件使用黏性,又为小米机积累了大量潜在用户。小米创建的新浪微博账号,常定期发布公司信息和产品信息,吸引公众关注与转发,也逐步积聚了近 300 万关注人群。小米高管的微博也非常活跃,常定期发布小米信息并被转发,成为小米与公众交流的重要手段。

小米手机在研发过程中,元器件厂家和型号都及时地在小米官网和小米论坛上公开发布,让消费者对小米手机产品的性能和质量建立信心,也制造话题,吸引小米手机爱好者参与谈论与转发。而行业规则常常是许多厂商将元器件配置保密,尽量使用便宜元器件以降低成本。小米的硬件,也通过工程试验机的方式鼓励客户试用,并提出改进意见。小米认为"大部分粉丝心中对完美手机都有很多想法,但因为开发一款手机很难,他们许多人无法实现自己的想法。他们会给我们提供意见,告诉我们希望在手机中集成什么样的功能。一旦我们能采纳并实现这些功能,他们就会乐于与好友们分享好消息"。调查显示,小米大概 50% 的手机产品是通过微博、论坛等网络媒介渠道转化为购买。

小米手机在每次定价发布时都以超越同行的高性价比引发媒体报道和公众关注讨论,高性能低价产品常常超越客户期待。小米也经常开展和引导各种新潮的促销和让利活动,促进消费者的互动与主动传播,形成良性的正面口碑。小米的用户往往会形成一个互相认可的互动频繁的群体,如果有人开始使用小米手机,那么他的朋友很可能也将开始使用,有利于建立品牌偏好,维系客户忠诚。调查显示,2013 年小米有 42% 的客户从小米购买过两次以上的手机。

八、微信营销

截至 2014 年 5 月,腾讯基于手机平台的微信用户已达 3 亿左右,已成为具有主导性的移动互联应用。微信营销也成为低成本高成效的网络营销手段。小米从 2012 年 2 月开始规划与实施微信营销,到 5 月底小米的微信粉丝已经过了 105 万。小米实施微信营销,一是通过小米官网,在每周开放购买活动时会在官网上放置微信的推广链接,以及"点击预约"下设置微信二维码吸引粉丝关注。小米通过官网发展粉丝的效果良好,最多时一天可以发展 3 万~4 万粉丝,在微信总关注量的占比达 50％左右。

小米通过促销活动吸引粉丝关注也是重要方法,引发的关注占比为 40％左右。小米实施的每周一次的小型活动,每月一次的大型活动,激活了小米品牌的市场活力,也让小米的微信粉丝持续增加。例如 3 月 27 日小米策划了小米手机"非常 6＋1"有奖促销活动,有近 6 万粉丝关注微信。4 月 9 日小米策划了"米粉节"微信抢答有奖活动,小米的微信粉丝数从活动开始时是 51 万,活动结束后猛增到 65 万,新增 14 万粉丝。

小米也曾着力促进小米新浪官方微博粉丝转化为微信粉丝,吸引关注量为近 10 万,占比为 10％左右,；需要指出的是,分析小米 300 万新浪微博粉丝仅 10 万转化为微信粉丝,原因可能是微博是弱关系关联,微信是基于熟人的强关系关联。

总结小米有效吸引微信粉丝的方法,一是会定期举行有奖活动来激活用户。例如关注小米微信即可以参与抽奖,抽中小米手机、小米盒子,或者可以不用排队优先就买到比较紧俏的机型,这些方法都很有效,可以有效促进老米粉关注,并吸引部分新粉丝的加入。二是注重活动预热,小米每次策划微信推广活动,都会提前两天在其新浪微博账号、合作网站、小米论坛、小米官网上提前发布消息,告知活动详情,并在活动结束之后进行后续的传播。三是精心筹划,在活动当天加大推广力度,广泛发动各种关系加大活动影响力。四是在活动结束后再延续推广,维系活动营销。

小米对于其微信平台的定位早期也有迷茫期,后来几经摸索,逐步明确定位为客服平台。小米认为微信的产品形态尤其是关键词回复机制,很适合打造自助服务的客服平台。小米与腾讯合作,专门建立接口开发了专门的技术服务后台服务客户。客户沟通中的普通问题会采取关键词的模糊化与精准匹配自动回复,而一些重要的关键词的用户会被系统自动分配给人工客服专门回复。例如当留言中出现死机、重启、"订单"、"刷机"、"快递"等关键词时,小米的微信运营人员会一对一地回复与服务。小米的微信服务顺应了客户对于服务的便捷性需求,也提升了客户满意度与忠诚度。目前小米微信平台每天接收的信息量是 35 000,每天后台自动回复量 30 000,每天人工处理消息量 2500。小米实施微信营销的好处之一是省下了不菲的手机短信费,每年近数百万元。

九、发展网络直销,限量预售模式

传统手机厂商的营销模式,主要通过传统经销渠道,包括卖场、电信营业厅及电商平台销售手机产品。商家层层的利润分成,以及货品在各级渠道终端的陈列与库存成本,也是消解厂商利润的主要原因。尤其需要指出的是,高科技产品迭代升级迅速,新产品往往只有一年甚至几个月的生命周期,新品新价格,老产品迅速降价换量,一旦部分产品积压,极易导致产品价值降低,即使降价也无人问津,形成无效库存,这也是许多手机厂商亏损的重要原因。

小米在创业伊始就主要采用了网络直销,限量预售模式。小米主要依靠旗下的电商网站"小米网"实施网络直销与限量预售。小米实施网络直销模式,一是小米的营销平台直达目标客户,贴近网购群体的需求和喜好,有效降低消费者的搜索成本、选择成本、时间成本与金钱成本。二是小米与消费者建立直接沟通,直效营销小米手机的高性能和低价格优势,通过新品限量预售刺激客户抢购,实施快速销售。三是小米通过限量预售的方式,以销定产,合理预订元器件,安排主打产品产能,有效化解了库存风险。四是小米直接经营产品与服务,确保产品品质,杜绝假冒伪劣产品,确保服务质量。五是小米通过网络直销规避了与渠道和终端商家的利润分成,降低了展示终端、营销与库存相关的巨大成本。六是小米的网络营销团队精干高效,反应敏捷,富有弹性,能适应客户需求及时变革。七是小米将网络运营缩减的成本让利于消费者,通过优质低价产品建立和维系小米品牌营销的竞争优势。

2011年6月底,小米公司及供应商开始逐步在互联网上爆料小米M1手机信息,吸引公众关注。7月12日,小米创始团队正式亮相,宣布进军手机市场,揭秘旗下三款产品:MIUI、米聊、小米手机。由于MIUI、米聊已经存在,米粉已近30万人,小米手机还没有发布已在网络上引起了很大的反响。8月16日,小米在中国北京召开一场酷似苹果的发布会,正式发布小米手机关键信息,引发了众多媒体与手机发烧友的关注,各大IT产品网站上随处可见小米手机的新闻、拆机测评、比较等信息,并迅速引爆成为网络的热门话题。

小米手机M1在正式发布前,首先在网络上采用秒杀预订形式预售了工程纪念版。2011年8月29—31日三天,小米在网络上每天限量销售200台,总数600台,比正式版手机优惠300元。此消息一经传出瞬间传遍网络。小米规定购买者需要在8月16日之前在小米论坛达到100积分以上才有资格参与"秒杀"活动,将销售对象限定在之前就已经关注小米、参与活动的小米发烧友们,客户精准率非常高,一方面制造产品稀缺,一方面鼓励消费者参与小米论坛活动,一方面进一步积聚粉丝忠诚。规则限制让更多的人对小米手机充满了好奇与期待,更多消费者想尝试购买,似乎拥有小米手机就是IT潮人。

小米选择多轮次限量发售、每轮开放预售模式实施网络直销,以此引发媒体和消费者关注,促成快速销售。2011年9月5日,小米1手机正式开放网络预订,从5日13时到6日23:40两天内预订超30万台,首批30万台。在不到三个小时的时间内,全部预订完毕。小米网站随即立刻宣布停止预订并关闭了购买通道;之后在10月20日小米实施了首批发货。10月30日,小米开放了第二批10万台限量预订,在半个多月之后发货。2011年12月18日凌晨,小米手机开始面向普通消费者直接销售,每人限购两台。在开放购买三小时后,在线销售的 10 万台库存就全部售罄;2012 年 1 月 4 日下午,第二轮上线的 10 万台小米手机,在两个小时内被抢购一空。就以这种方式,截止到 2012 年 3 月,小米一共实施了五次网上限量预订,每次都在极短时间内销售一空,总共售出 200 万台以上。

小米也逐步开始与运营商合作发展与销售运营商定制手机。2012 年 4 月,小米和中国电信合作举行新闻发布会,正式推出小米电信版手机,每次发布会都有相当数量的媒体参加,并在微博上进行直播,成为各家主流新闻网站的重要新闻。小米联通版手机、小米电信版手机的发布也进一步扩展了小米的客户群体。小米手机逐步达到了 200 万台的销量。

2012 年 5 月,小米酝酿发布青春版手机。5 月 10 号左右,小米上传《我们的 150 青春》视频,点击量很快破百万,引起广泛关注。5 月 12 号,小米官方微博正式推出"小米新产品发布之不要错过青春"微博转发活动。5 月 18 日,小米青春版正式揭开面纱,小米微博推出"每小时送一台青春版"的转发活动,截止到活动结束,该微博转发次数达到上千万,以低成本取得了广传播的效果。

2012 年 6 月,因应市场竞争并进一步扩大产品销售,小米精心设计网络促销模式,用回馈 300 万用户的名义提供了 30 万张 300 元的抵用券,还赠送了大量的手机配件,小米手机借此由 2000 元的定价下探至 1500 元定价市场。由于小米销售量的增长,以及元器件供应的逐渐稳固,小米此次配合促销尝试实施不限量购买,取得了良好的营销成果,进一步扩大了市场占有率。

2012 年 8 月 16 日,小米在北京 798 艺术中心举行发布会,发布小米二代手机。新机型采用高通 APQ 8064 四核 1.5G,也是高通全球首发机型。配备 2GB 内存,16GB 超高速闪存。增加了前置摄像头,采用 2000mAh 电池,同时推出 3000mAh 大电池配件,手机厚度只增加 2 毫米。手机尺寸为 126mm×62mm×10.2 mm,重量 145g。手机在屏幕方面采用 4.3 英寸超高 PPI 视网膜屏,1280×720 分辨率。小米董事长雷军称,小米手机二代比小米手机一代性能提升了四倍。图形处理器性能堪比 XBOX 游戏机,分辨率则能够秒杀苹果和三星最牛的手机。新机型售价仍为 1999 元,依旧限量销售。发布会上还透露 2011 年小米 1 的销量是 352 万台。

2013 年年中,小米 CEO 雷军在发布会上透露小米公司 2013 年上半年业绩达 132.7 亿元,超过去年全年的 126 亿元。共售出 703 万部手机。截至 2013 年 6 月底,小米公司在中国共有 1422 万手机用户。公司估值突破了 90 亿美元。

2013 年 9 月 5 日下午 2 点,小米公司在北京国家会议中心举行新品发布会,正式发布其新一代产品小米手机 3。小米 3 搭载一颗骁龙 800 四核处理器,内存 2GB RAM,采用前置 200 万像素+后置 1300 万像素的摄像头组合,电池容量升级到了 3600mAh,标配 NFC 及双频 WI-FI,8.1 毫米超薄机身。小米配置 5.0 英寸 1080p 屏幕,画质非常出色,并内置小米 MIUIV5 系统系统,个性十足。M3 的 16G 版依旧仅售 1999 元。小米 3 将于 2013 年 9 月 9 日销售中国移动版工程机,10 月 15 日销售移动版正式机。小米与中国联通也开展了手机定制合作,2014 年 1 月 8 日,中国联通版 M3 手机在中国联通官网中开始预约销售,合约价为 2199 元(含手机＋最高 2199 元话费,合约期分为 24 个月和 30 个月两种)。

2014 年 5 月 15 日,小米正式发布白米 Pad。白米 Pad 采用 Retina 显示屏,搭载与红米 Note 增强版相同的联发科的真八核处理器,辅以 2GB 内存和 32GB 存储空间,提供 500/1300 万像素双摄像头,售价为 1299 元。

十、实施双品牌策略,发展红米手机品牌

2013 年 7 月中旬,小米副总裁黎万强通过微博发布预告,声称公司将和腾讯之间有大事发生。这个预告很快就点燃了科技界的热情,引发了记者的大猜想和网络上的各种传闻。7 月 31 日,小米公司董事长雷军宣布,小米将联合腾讯、中国移动一起推出红米手机。雷军表示"红米"项目早在 2012 年就开始立项,在 7 月进入量产阶段,是小米公司选择更低端消费人群为目标市场建立的子品牌。小米借此即可完成对千元手机市场细分定位,并与小米手机品牌本身进行区隔。小米依旧坚持优质低价的品牌价值诉求。

小米推出的该款红米手机用 5.5 寸 IPS 大屏,3200mAh 大电池,定价 799 元。红米将于 8 月 12 号通过腾讯的 QQ 空间进行发售,用户即日起即可登录 QQ 空间的小米官方页面进行预约,此外 QQ 账号还与小米网打通,用户可直接使用 QQ 号登录小米官网,下单购买任何产品。

2014 年 3 月 26 日消息,小米发布新品红米 Note。红米 Note 搭载联发科真八核 MTK6592 处理器,5.5 英寸全贴合 IPS 超大屏,3200mAh 大电池,1300 万像素背照式相机,双卡双待。红米 Note 共分为两种规格,搭载处理器有所不同:高配版使用 1.7GHz 主频的 MT6592 八核处理器,2GB RAM＋16GB ROM;低配版则使用 1.4GHz 主频的 MT6592M 八核处理器,1GB RAM＋8G ROM;低配版售价 799 元,增强版 999 元,价格极富吸引力。红米 Note 于当日中午 12 时在 QQ 空间正式开售,吸引超过 1500 万人抢购。根据官网显示,10 万台红米 Note 及 20 万台红米手机已于 34 分钟内全部售罄。

2014 年 5 月,红米 Note 在 QQ 空间正式开售配置更高的红米 Note 增强版手机,定价 999 元,将于 5 月 13 日 12 点在小米官网正式限量发售。如小米所宣传,对于未赶上红米 Note 标准版的消费者,红米 Note 增强版是一个更好的选择。

十一、建立扁平化组织

需要指出的是,因应企业成长伴随营销量能扩张和客户规模发展的发展规律,小米公司的运作与团队发展也在快速迭代中改进与成长。初期公司团队专注于产品开发,接着

服务与销售需要构建销售平台和团队,当销售取得成功的同时,物流和售后服务立刻成为短板,于是又快速增加物流力量,并把售后服务作为最重要的工作。

因应企业的快速发展,小米公司也创建了极具效率的扁平化组织,鼓励员工以客户为中心开展工作,在组织结构和运营机制上保障了公司对于市场与客户的快速反应。截止到 2014 年 5 月小米公司有 5000 多人,管理结构只有三层,创始合伙人组成高管团队为一层,每个高管负责一个大部门,下一级是若干个小组长负责的项目团队,每个项目团队由 5~10 人组成,各个团队成员按市场和客户需求流动,小米公司鼓励各个项目小组采取以客户为中心的运作模式,尽量从客户那里主动发现需求,规划工作而非领导安排,减少不必要的上下沟通和等待时间。灵活的组织模式,适应了整个小米公司的快速发展与运营效率的提升。

十二、品牌延伸,发展小米电视

2013 年开始,小米已经逐步建立了较强的品牌运营资源与能力支撑,借助在小米手机领域积淀的品牌影响力,开始实施品牌拓展。2013 年 3 月,小米推出了互联网电视机顶盒"小米盒子",再度引发中国机顶盒市场发展的关注。

2013 年 9 月,小米互联网思维改造电视,颠覆式创新的小米互联网电视正式问世。小米 47 英寸电视依旧以互联网电视为主要概念,定价 2999 元,依旧以"高配置,低价格"为主要品牌价值和卖点,以网络直销为主要方式实施品牌营销,开展差异化的品牌竞争。

十三、发展小米路由器

2013 年小米开始规划发展小米路由器,并在 12 月 19 日小米推出了首批 500 台小米路由器公测版产品。新潮的网络玩家需要自己拼装、设置才能最终完成,并可在论坛上发布经验。小米路由器通过公司网站发售,而产品预约人数已经超过 60 万。

2014 年小米正式推出小米路由器新品时,重点强调了智能家居控制中心的理念。小米开始致力于在小米手机、小米电视与小米路由器之间建立关联应用,协同发展,为消费者创造出色的应用体验。当顾客设置好路由器后,代表小米路由的图标就自动出现在小米电视上,通过小米电视可以直接查看小米路由中的内容,如有内容更新也会直接在小米电视上显示。同时,顾客通过小米路由远程下载影片,也可以在小米电视上和小米手机上播放。此外,顾客还可以将自己的照片上传到小米路由,然后通过小米手机或者小米电视查看。

十四、发展生态系统

小米在逐步发展小米手机品牌的同时,也在以开发态度逐步构筑自己的产业生态系统。小米路由内置了迅雷视频以及金山软件的服务,并逐步与更多厂商合作推出更多服务内容。鉴于小米商城的高访问量和销售能力,也有越来越多的厂家愿意与小米合作定制配件,甚至尝试在小米商城出售自由品牌产品。此外小米公司股东参与投资的一批关联公司,包括金山软件、优视科技、多玩、拉卡啦、凡客诚品、乐淘等也开始逐步尝试与小米的协同发展。小米正致力于通过发展软硬件产品、电商渠道、社区打造一个互联网生态系统,是否成功还有待市场的进一步检验。

十五、问题与改进

在手机产业领域,三星已经构建了完整的元器件生态系统,在硬件领域具有雄厚的技术和低成本优势支撑企业发展。苹果拥有近千亿美元的丰厚的现金储备,拥有世界范围内的强大品牌影响力,以及基于 APPLE STORE 的软件生态系统。比较而言,小米的优势是探索出基于网络的品牌营销价值链,在基于网络发展和获取客户、直销产品领域建立了一定的竞争优势。但是小米的软肋是尚缺乏在移动产业内的软硬件领域具有主导性的核心竞争资源与能力,其品牌经营仍然面临许多潜在风险和需要解决的问题。

第一,小米不是专业的手机厂商,缺乏基础的产品设计与研发能力,是否能够持续把握技术与市场的周期,把握消费需求的变化而持续生产满足消费者需求的产品尚待时间验证。

第二,小米缺乏元器件研发及生产体系的积累,缺乏对于硬件体系的深度管控经验,是否可以持续把控上游元器件厂商的质量,并将产能的稳定和市场需求相结合仍是很大的挑战。

第三,小米如何发展营销保障销量增长的持续性,以获得对于元器件厂商的谈判优势,有效压缩采购成本,控制产品成本,保持价格优势仍有待考验。

第四,小米缺乏具有竞争力的软件生态系统,缺乏具有消费黏性的关键软件应用,客户基于软件的消费服务少,消费附加价值低,如何持续发展和保留客户尚待检验。

第五,小米作为快速崛起的新兴品牌,在快速变革的高科技领域,其品牌定位的稳固性和品牌价值的可持续性尚待市场和时间考验,小米的品牌精神尚缺乏,品牌价值低,品牌个性不突出,目前的核心品牌消费人群更多是价格敏感性客户,品牌忠诚度低、品牌价值低。小米手机的品牌意识还不是很强,没有设置专门的部门和专门人员进行品牌价值的研究,在顾客心目中未树立起鲜明、独特的高价值品牌形象,缺乏系统的运用品牌开拓市场的思路。

小米尚需思考如何克服各种潜在危机?如何构建支撑其未来长期发展的可持续的竞争优势?如何构建长期的品牌价值支撑?小米是短期的盛极而衰,还是会长续辉煌,还有待检验。

参考资料:

林斌口述,董洁林文《小米总裁林斌:小米这只猪能飞上天,靠这六招》,《管理智慧》。

白刚文《小米营销的逻辑猜想》,来源于《管理智慧》。

小米官网:www.mi.com.

新浪小米微博:http://s.weibo.com/weibo/小米?refl=360wbs&c=%20spr_qdhz_bd_360ss_weibo_mr.

案例 8-4 暴风网际公司的品牌危机管理

2009 年 5 月 19 日,中国国内爆发了一次罕见的断网事件,南方六省互联网络当天集体瘫痪,还有十多个省市的网络均有不同程度的影响。事件源于一家 DNS 域名解析服务器受到不明攻击而宕机,多家网络公司的用户在发送域名解析请求,导致网络大面积堵塞和瘫痪。由于暴风影音视频用户量巨大,导致网络瘫痪的流量中有近五成来自暴风影音的用户,断网事件很快成为大众关注的焦点话题,包括中央电视台、新华社等数百家媒体进行跟踪报道,暴风网际公司瞬间被推到风口浪尖,面对铺天盖地的指责和信任危机。

面对危机,暴风网际公司成立了以 CEO 冯鑫为首的 5·19 事件处理小组,精心策划,周密布置,迅速落实,展开了一系列危机处理步骤。

1. 反应迅速

在 5·19 事件当天,暴风公司与中国电信、电信研究院、公安部有关部门一起参加了工信部组织的紧急会议,商讨对策。

在 5·19 事件第二天,暴风公司即通过媒体向暴风用户说明情况;对因使用暴风影音而无法上网的用户表达歉意;并表示将采取紧急措施减少网民的损失,建立临时服务器,并在软件设置、广告内容展现等方面做出重大调整;同时暴风公司还将积极配合公安部门捉拿攻击服务器的案犯。

2. 态度诚恳

面对来自各方的议论与指责,暴风公司没有选择大多数案例中惯用的"躲避、沉默"的方式,更没有推卸责任,而是勇敢站出来,在事发第二天的 5 月 20 日向用户表达歉意之后,5 月 25 日暴风公司向媒体发出公开信,就由于"暴风影音联网的某些特性,在特定情况下成为网络瘫痪原因之一"向网民再次道歉。

3. 及时确立受害者定位

暴风公司及时向社会公众强调暴风也是此次事件受害者,真正的原因是黑客对服务器的非法攻击造成的,暴风已经向公安机关报案,并要求及早缉拿案犯。

4. 勇于承担社会责任

暴风公司在 6 月 1 日广邀媒体召开新闻发布会,人民日报、新华社、央视等 100 多家主流媒体参加。暴风公司在新闻发布会上宣布了中国软件史上第一例召回案例,暴风将召回其 1.2 亿用户的暴风影音播放软件,用户可立即删除现有版本的暴风影音,暴风公司将在 6 月 15 日向所有用户提供更安全更适合国内网络现状的新版本"暴风影音 5.19 特别版",新版本修改了联网机制,将选择权完全交给用户自己。同时,暴风公司号召所有的互联网软件企业都行动起来,肩负社会责任,为中国互联网"减负",树立起了一个有社会责任感的企业形象。

5. 采取务实和有效的措施为用户服务

暴风公司除了第一时间建立新的服务器之外,还采取召回措施;设立了 24 小时热线解答用户所有问题并提供紧急帮助;为所有需要新版本暴风影音的用户提供全免费的软件光盘及快递服务;在几大城市与当地媒体合作开展部分用户咨询和光盘发放活动;在一些媒体、网站以及暴风自己的内容平台上设立专栏;展开用户调查,建立与用户的多方面沟通渠道,在各个环节为用户展开深入而细致的服务。

6. 积极配合政府和行业主管部门

暴风公司在断网事件发生第一天起就积极参与行业主管部门对此事的处理之中,并及时汇报公司处理方案和结果。暴风公司积极、务实的态度赢得了政府相关部门的肯定,也为暴风公司解决问题提供了及时和有力的指导与帮助。

7. 积极与媒介沟通

暴风公司积极与媒体保持正常的沟通,向媒体和社会开诚布公,不推卸责任,不隐瞒真相(包括自身软件存在的弱点);并规划实施了系统的媒体沟通计划。暴风公司首先及时向用户和社会公众道歉,通过媒体向社会公众表明暴风公司对于断网事件的态度与做法。暴风公司同时也向社会公众表明,暴风影音拥有 1.2 亿用户,是国内最有影响的互联网软件企业之一,始终关注产品质量和用户服务,展示了负责任的企业形象。暴风公司及时解释了自己也是受害者,并通过媒体积极呼吁有关部门迅速缉拿凶手,给暴风和广大网民一个说法;在攻击服务器的黑客终于被捉拿归案以后,暴风又通过媒体表示将起诉黑客并索赔。

由于媒体巨大的宣传效应,"暴风门"较长时间占据百度热门词搜索排行前十位,"软件召回"也成为当时网络最流行的词语,暴风公司和暴风影音由此成为中国普通老百姓家喻户晓的品牌。

8. 以"产品召回"为核心的危机公关

在暴风影音的危机公关中,"产品召回"作为国内社会公众关注的热点问题之一,也成为暴风公司改善品牌形象的核心成功要素之一,也是解决危机事件的转折点。通过"中国软件史上首例召回案例"的策划与执行,有效吸引了媒体对这一事件的关注与报道,并吸引了国内外上百家报纸、电视台以及大量的网站关注和社会认同,给予大篇幅的正面报道。这一举动也得到政府、社会和用户的一致称赞与肯定,树立了企业的正面形象,也使得暴风公司推出的 5.19 版本万众瞩目。暴风公司的产品召回策略,以及与此配套的一系列应对措施,逐步扭转了事件初期暴风公司面临的不利局面。

暴风公司坦诚的态度、勇于承担责任的做法最终取得了良好的效果,经过一系列的努力,2009 年 6 月 16 日,中央电视台在"经济半小时"栏目对 5·19 事件做了全面报道和分析,报道认为,"5·19 断网事件中,暴风影音也是黑客攻击的受害者,作为受害者,暴风影音能够在最短的时间内直面媒体和公众,并且通过召回、24 小时服务、免费邮寄新版软件等一系列举措维护网民的权益,这样的做法值得肯定。""这是一个负责任的企业的做法",央视的报道,为这一事件做了总结。

9. 持续改善产品与服务

5·19 事件后,暴风成立了专门的安全部门,用于检查暴风软件的网络安全性能。同时,暴风公司更为注重产品研发和技术积累,并通过一系列技术革新手段,致力于使暴风影音真正成为"更绿色、更安全、更万能"的网络视频平台。

暴风网际公司的危机公关,获得了社会各方肯定。暴风公司也获得了企业品牌形象与经营效益双丰收,新版本推出后暴风的用户量不仅没有减少,反而有了较好的增长。在随后的一年中,暴风影音的产品在得到海量用户肯定的同时,也获得了更多广告主的青睐。而暴风公司对暴风门事件的处理案例,荣获"2009 中国企业年度最佳品牌危机管理案例奖",并已成为不少大学、企业以及公关公司的经典危机公关案例和教材。

参考资料:

北京暴风科技股份有限公司官方网站:http://www.baofeng.com.

暴风公司搜狗百科:http://baike.sogou.com/v626818.htm.

暴风网际公司危机公关新闻报道:http://article.pchome.net/content-1043506.html.

第九章

品牌价值管控

"管理品牌是一项终生的事业。品牌其实是很脆弱的。你不得不承认,星巴克或任何一种品牌的成功不是一种一次性授予的封号和爵位,它必须以每一天的努力来保持和维护。"

——星巴克公司创始人霍华德·舒尔茨

品牌价值管控在管理内容上可划分为计划、组织、领导、控制和评价五个环节;在管理形式上可分为理念管理、组织管理,制度管理、行为管理和物质管理五大部分。品牌价值管控的各个组成部分,在不同程度上对品牌价值管控的运营效率与运营绩效产生影响。

组织的品牌管控是一个动态发展的成长历程。企业品牌价值管控体系的组织设计、品牌发展策略、品牌管理模式和品牌运营方法不能追求过度领先与完美,而应与企业的生态环境、发展阶段和发展策略相适应,与企业的资源和运营管理能力相匹配。同时品牌运营管理过程也是品牌管理理念、结构、机制、方式和策略的选择、完善及优化过程。企业的品牌发展策略与品牌价值管控体系应当具有前瞻性、系统性和可执行性,并在发展中逐步完善和提高,以确保组织可以有效牵引企业的品牌价值成长和持续发展。

组织的品牌管控是组织内部的品牌管理和品牌生态系统管理的统一。过于强调品牌成长的内部资源和价值发展,忽视品牌成长的品牌生态系统的价值创造,忽视客户关系经营,将造成品牌内外环境之间物质循环、能量流动和信息传递的不畅,影响品牌优势的整体提高。组织的品牌管控应以品牌价值经营与提升为基本出发点,以品牌价值链和品牌生态系统的共生共荣和整体价值成长为原则实施和有序经营,促进企业品牌的持续价值成长和品牌生态系统的健康发展。

就整个品牌管理系统而言,品牌经营能力的提升与品牌资产的提升一体两面。有效地品牌组织经营有助于组织持续增强品牌经营能力,有效的品牌监测有助于企业全面了解市场和消费者对于品牌的认知、认可与反馈,有效地了解品牌信息,掌控品牌信息,评估品牌经营。有效的品牌管控也有助于企业全面、实时、系统地掌控品牌,有效地规划品牌、经营品牌、监测品牌、评估品牌、改善品牌,由此构建动态发展、持续提升的螺旋圆环,在持续能力中不断提升组织的品牌价值与品牌资产。

本章将以问题为导向,主要围绕品牌管理组织制度建设,品牌运营管理和品牌监测,品牌认证、溯源与防伪展开探讨。

9.1　品牌组织管理

在创造优势品牌之前,首先要造就人才。

——松下幸之助

随着社会发展和客户价值需求的变化,企业也经历了从生产导向到产品导向,到客户导向的发展历程。企业的组织发展模式也随之不断地发展进化,许多企业经历了从生产型组织到产品型组织,由产品型向品牌型组织的动态演进历程。现在和不远的将来,以客户为导向,以品牌管理与经营为核心的品牌型组织正成为重要的组织管理形式;同时也有越来越多的组织也更为注重通过组织变革和改善,在组织和运营管理层面改善和强化品牌运营管理能力,系统增强企业的品牌价值和品牌竞争力。

一、品牌管理组织体系建设

对于跨国企业、国有大型企业、民营企业,以及处于不同发展阶段和发展规模的企业,品牌管理的组织设计具有较大的差异性,需要根据企业发展的内外部因素系统分析,结合企业发展战略和组织现状,实施有针对性的品牌运营组织模式设计。本章以具有一定发展规模,走向规范化管理的企业为例,阐释基本的品牌管理组织建设思路,以供企业借鉴。对于此类企业,在品牌管理组织建设上采用三级品牌管理模式较为成熟。见图9-1。

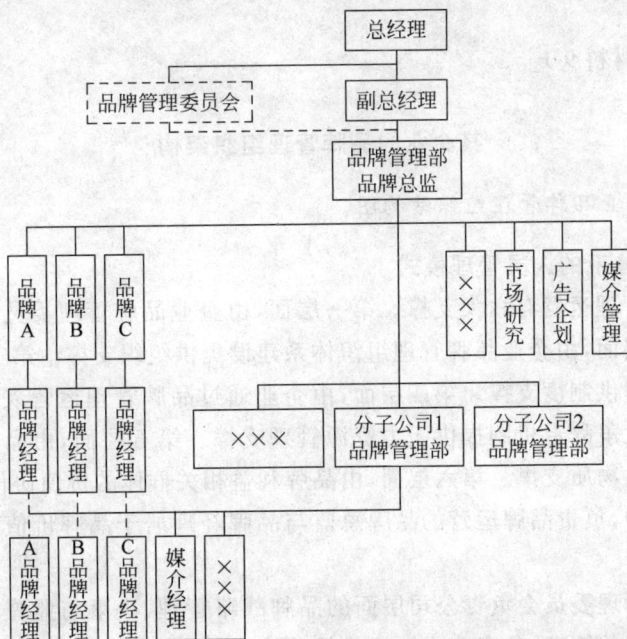

图9-1　A公司品牌管理架构图

　　（1）品牌管理委员会——由公司高层领导组成，是品牌管理、决策、监督的最高机构。

　　（2）品牌管理部门——由公司总部市场部或品牌管理部门组成，负责品牌战略的规划、执行、控制。

　　（3）品牌执行部门——由各分（子）公司、基层企业的专职人员组成，负责执行公司品牌建设战略和日常品牌运营工作。

　　设立三级管理机构的目的，一是在组织层面将公司品牌战略与发展战略统一，并建立品牌战略规划、协调和沟通机制。二是在组织层面建立品牌管理运营与协调机制，确保企业品牌机制，建设统一到集团的发展战略中。三是确保公司品牌战略的有效执行，避免分（子）公司、基层企业在品牌建设中的单独行动。

二、总部型企业的品牌管理组织架构

　　总部型企业的品牌管理强调对于品牌的集中控制与统一管理，以有效运营企业的品牌资源，确保品牌管理的有序性与一致性，确保品牌经营的高成效与低成本，确保品牌形象的一致性。

　　品牌组织管理通过各层级品牌管理组织的结构设计与职能设计来实现。通过组织模式、制度与流程、岗位职能职责的构建，以及品牌经营绩效相关的薪酬绩效设置与考核，以此在组织、制度与人的层面上实现对品牌的有效管理。下文是笔者所在机构为某大型企业所设计的品牌组织架构。

〔**阅读材料 9-1**〕

某企业的品牌管理组织架构

图 9-2 为某企业品牌管理组织结构图。

1. 品牌管理体系的人员管理模式

企业的品牌管理运营有六大支撑。第一层面，由企业品牌管理委员会提供品牌管理战略支撑。第二层面，由企业品牌管理组织体系建设提供组织支撑。第三层面，由品牌管理制度体系建设提供制度支撑。第四层面，由企业通过品牌管理运营人员的选拔、任用、培养、考核评估、竞争辞退机制提供人力资源管理支撑。第五层面，由品牌产品相关的价值载体的传递提供物质支撑。第六层面，由品牌利益相关群体的价值协作提供系统支撑。在品牌运营管理中，负责品牌运营的品牌总监与品牌经理居于品牌价值管控体系的核心地位。

企业的品牌管理委员会负责公司层面的品牌战略管理、决策与监督。品牌总监负责公司品牌经营部门的管理，负责公司整体的品牌战略规划与品牌运营管理，以及分子公司

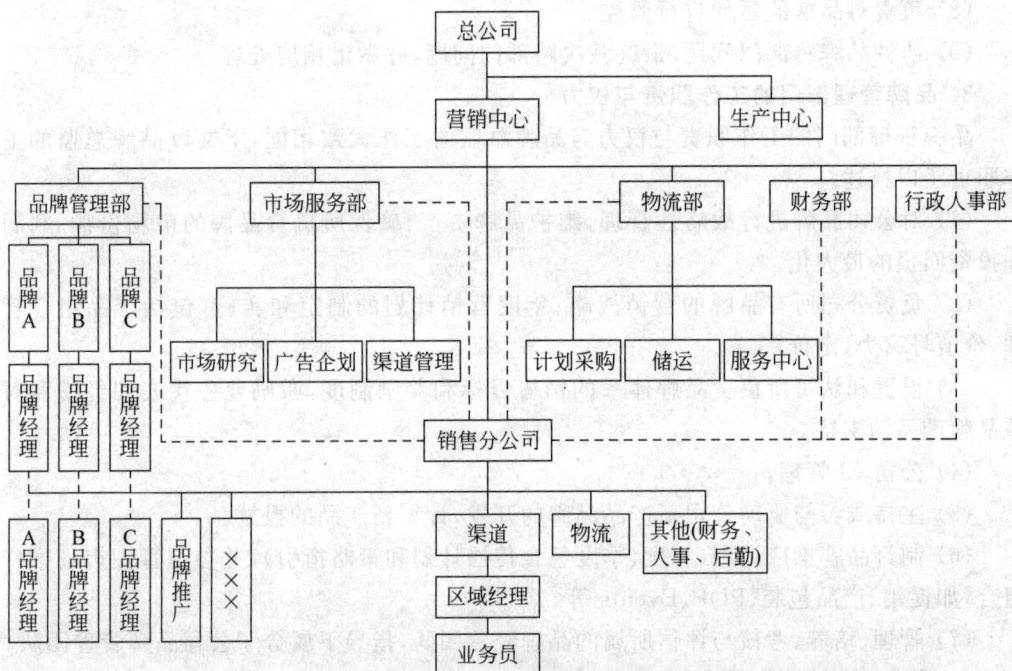

图 9-2 某企业品牌管理组织结构图

的品牌经营管理与督导。品牌经理负责具体品牌的经营管理,并在所负责品牌领域对分子公司的品牌经营予以指导。分子公司品牌经理负责特定地域和业务领域的品牌经营管理。由上到下,形成系统的品牌运营管理体系。

2. 品牌管理委员会

品牌管理委员会是公司总经理领导下的品牌管理、决策、监督的最高机构。

1) 建议人员组成

公司董事长,总经理,市场副总经理,销售副总经理,财务副总经理,人事副总经理,生产副总经理,品牌总监等。

2) 基本职责和权利

(1) 对品牌进行战略性管理。

(2) 拟定品牌阶段性发展目标。

(3) 审定品牌定位、品牌内涵、品牌视觉识别系统。

(4) 审批品牌年度发展计划。

(5) 审批品牌管理的相关制度。

(6) 审批品牌传播与管理方案。

(7) 负责品牌资产的经营决策,有效利用品牌资产。

（8）负责对品牌的延伸进行监控。

（9）协调品牌跨部门问题，最终裁决跨部门问题，并做出相应处理。

3. 品牌管理部门的工作职责与权力

品牌管理部门的工作职责与权力与品牌总监的工作大致相同，下文以品牌总监的工作职责予以描述。

（1）对公司品牌进行战略性管理，维护品牌资产，确保所负责品牌的市场份额、利润和投资回报的最大化。

（2）负责公司所有品牌的营销战略、年度营销计划的制定和实施（包括产品组合管理、价值号召力、定价）。

（3）设置和认可所负责品牌体系的销售目标和奖励制度，激励业务代表和经销商对该品牌产品的支持。

（4）公司 CI 管理。

（5）主持或参与驱动公司新产品品牌的开发，计划新产品的投放。

（6）制订品牌推广计划（年度、季度整合传播计划和策略指引），并参与管理市场推广组合，如促销、产品包装、POP、Events 等。

（7）管理、培养、考核与评估所属的品牌经营团队，指导下属分子公司品牌管理团队。

4. 品牌经理的工作职责

一定程度上，品牌总监或品牌经理是组织品牌管理与运营的核心规划者与执行者，品牌经理的工作能力与工作效率决定了品牌管理的效果。组织应该在品牌经理的选用育留上，在品牌管理的预算与权责赋予上给予有力的组织支撑，以确保品牌经营的成效。

（1）对产品品牌进行战略性管理，维护品牌资产，确保所负责品牌的市场份额、利润和投资回报的最大化。

（2）负责本品牌营销战略、年度营销计划的制定和实施（包括产品组合管理、价值号召力、定价）。

（3）设置和认可所负责品牌的销售目标和奖励制度，激励业务代表和经销商对该品牌产品的支持。

（4）参与所负责品牌的新产品开发、产品上市与市场营销工作。

（5）制订所负责品牌推广计划（年度、季度整合传播计划和策略指引），并参与管理市场推广组合，如促销、产品包装、POP、Events 等。

品牌经理工作职责见图 9-3。

5. 品牌管理部与其他相关部门的工作配合

（1）人力资源部，包括员工管理培训和文化管理两方面，主要配合：①参与品牌部门员工的选用育留，考核评估；②与品管部一起组织实施品牌意识的内部培训；③企业文化与品牌意识是公司员工招聘、员工日常行为规范、员工考核的重要依据。

品牌经理的主要职能	品牌经理的作用
● 制订品牌开发计划并组织实施 ● 制订品牌的长期市场规划与竞争策略 ● 实际销售预测和编制年度经营计划 ● 协调开发部门、生产、市场等部门的工作，负责品牌管理的全过程 ● 与广告商和销售代理共同策划促销方案 ● 协同销售队伍和经销商 ● 组织产品改进工作，适应不断变化的市场环境 ● 不断收集市场上的新问题和销售机会	● 维持品牌的长期发展和整体形象 ● 增强各职能部门围绕品牌的运作协调性 ● 有针对性地制定具有成本效益的品牌组合营销方案 ● 能快速反馈市场问题 ● 较小的品牌也不会被忽视 ● 有利于培养综合管理人才

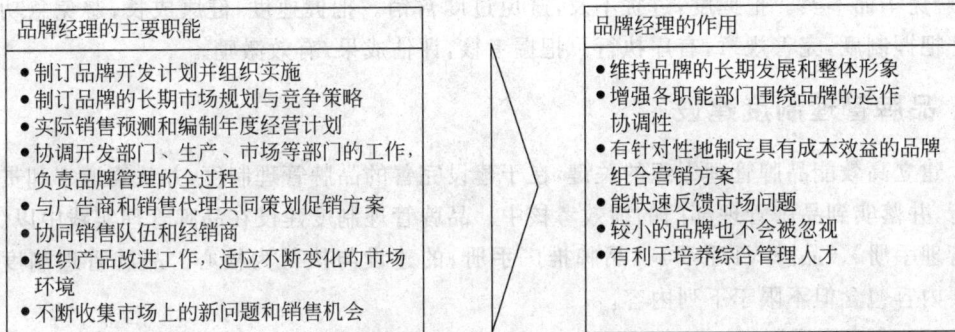

图 9-3 品牌经理工作职责示意图

(2) 市场营销部，包括销售管理和市场营销两方面，主要配合：①与品牌部沟通，在市场推广时考虑品牌推广因素；②销售中兼顾品牌长期发展的要求。

(3) 客户服务部，包括电话中心管理和客户关系管理，主要配合：客户服务过程中注重品牌价值的要求。

6. 分子公司品牌经理工作职责

分子公司品牌执行部门的工作职责与权力，与分子公司品牌经理的工作大致相同，下文以分子公司品牌经理的工作职责予以描述。

(1) 负责分公司本品牌营销计划的编制、组织实施和监控。

(2) 协助分公司经理完成本品牌日常业务管理、市场开拓及网络管理工作。

(3) 分子公司层面的公司 CI 管理。

(4) 负责本品牌阶段性推广计划的制订，并组织实施。

(5) 负责本品牌新产品的选样及投放。

(6) 激励业务代表和经销商对本品牌的支持。

9.2 品牌运营管理

营销是一项基础性工作，不能把它看做独立的职能部门，公司经营必须以营销结果为根据，即根据客户的需求来决策。公司的成功不取决于生产，而取决于客户。

——彼得·德鲁克

品牌运营重在系统规划有效执行，建组织，定目标，有计划，有预算，监测成效，做评估，有考核，落实绩效，这些都是品牌运营执行环节的要点。

在品牌经营管理实践中，我们也总结了有利于企业有效品牌管理的七条原则：把握道德，济世利民，避免欺世害民。把握战略，系统规划，避免盲目发展。把握价值，表里如一,避免华而不实。把握度,过犹不及,避免过度营销。把握速度,健康成长,避免急功近利。把握制度,完善规章,有序执行。把握考核,评估成果,有效激励。

一、品牌管理制度建设

建立高效能品牌管理组织的关键,在于建设完善的品牌管理制度,并认真遵守和贯彻执行,并落实到品牌管理部门的绩效考核中。品牌管理制度建设在品牌管理实践中以《品牌管理手册》、《品牌 VI 手册》、《品牌推广手册》的建设与执行为核心。品牌管理制度的主要内容包含但不限于下列内容。

(1) 会议协调制度。

(2) 品牌组织管理制度。

(3) 品牌年度预算制度。

(4) CI 管理制度。

(5) 媒介采购与评估制度。

(6) 宣传品制作发布流程。

(7) 广告投放控制制度。

(8) 活动管理制度。

(9) 品牌监测与评估制度。

二、品牌管理流程建设

企业在品牌运营管理中,应逐步发展和完善规范的品牌运营管理流程,在制度和流程层面确保企业品牌战略制定的规范性与可行性,确保组织品牌管理职责的清晰与明确性,确保运营管理的可控性与执行效率,确保市场反馈的及时性和准确性,系统增强组织品牌管理的效率与效益。品牌管理的主要环节都应制定规范、明确的管理流程,以确保品牌管理的规范和有序。图 9-4 为某大型企业的某一品牌管理流程,以此为例简介品牌管理流程。

三、品牌的运营管理模式

在具体品牌管理组织实践中有许多模式,很多国有大型企业主要是由党委宣传部门负责品牌推广工作;多数企业由营销副总裁统管营销与品牌工作,营销部门下设市场部,主要负责公司品牌、产品品牌的市场推广工作,下面设有品牌专员对接具体品牌的媒介宣传工作。有的企业设有直接向总经理汇报的首席品牌官,统筹企业资源,全面负责企业的品牌运营管理工作。

在西方成熟的品牌管理实践中,品牌经理制是值得借鉴的品牌管理模式。品牌经理制管理模式是以品牌经理为核心统管与协调某个具体品牌的品牌管理与运营模式。包括

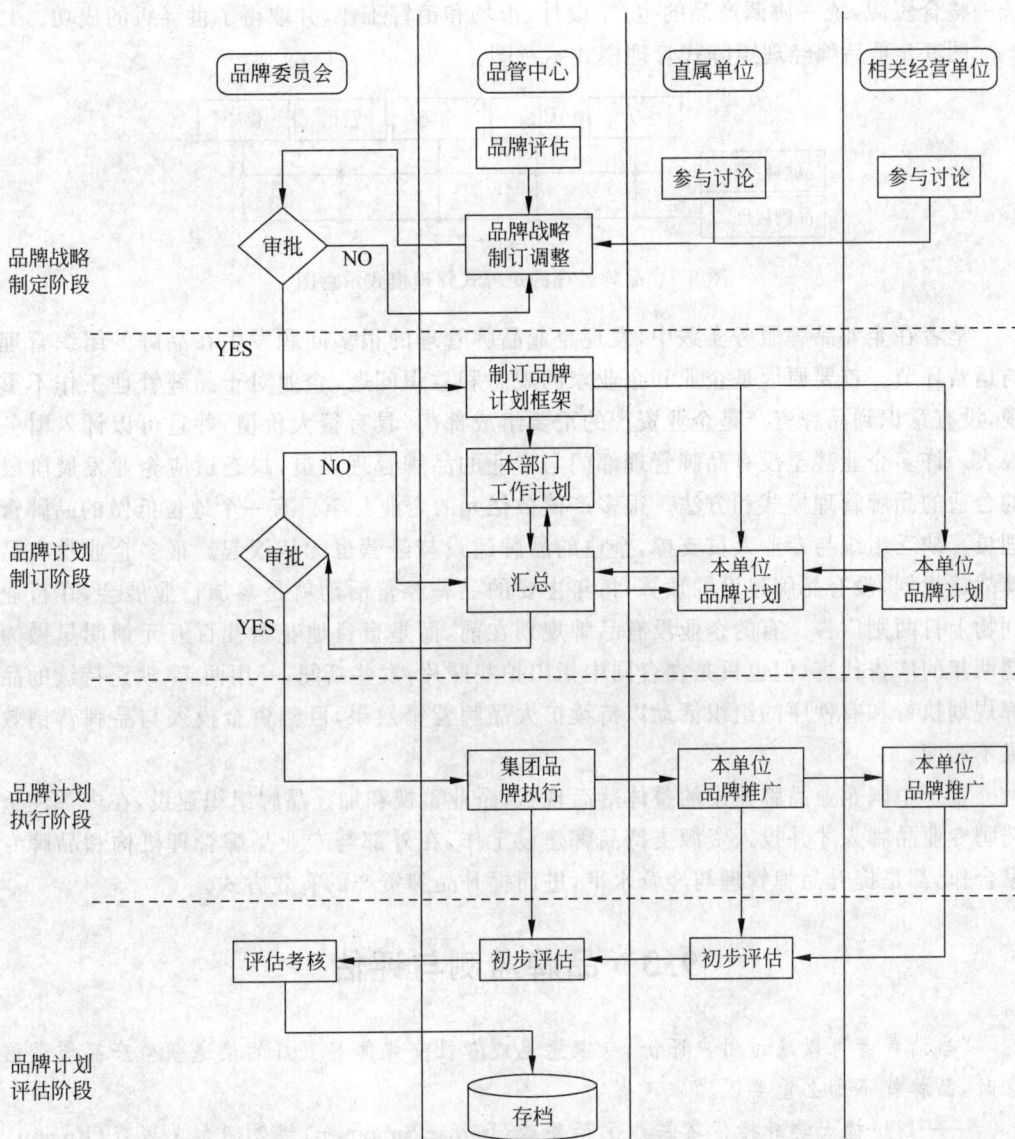

图 9-4 品牌管理流程图范例

全面负责该品牌所有事务的品牌管理模式,以主要负责品牌市场事务管理为主的品牌经理管理模式,或者是矩阵式品牌管理模式,主要负责品牌相关市场事务,但是协调该品牌相关的生产、研发、市场、营销与供应链体系的事务。美国宝洁公司是成功实施品牌经理制管理模式的典范。宝洁公司成功经营了海飞丝、飘柔、沙宣、SK-Ⅱ、玉兰油,汰渍等数十种世界级的品牌产品。其品牌运营模式是每一个产品品牌都由一个品牌经理来负责,统一整合资源,统一协调产品的生产、设计、市场和销售工作,并取得了世界级的成功。

图 9-5 是品牌经理矩阵式管理模式示意图。

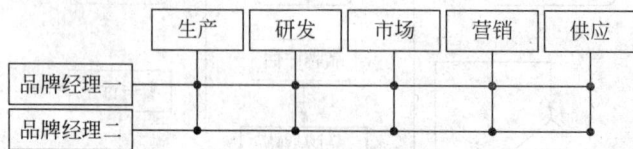

图 9-5　品牌经理的矩阵式管理模式示意图

笔者在企业品牌服务实践中,发现企业品牌管理的很多问题发生在品牌的组织管理与运营环节。首要原因是企业和企业家的观念和意识问题,企业对于品牌管理工作不重视,没有意识到品牌资产是企业资产的重要组成部门,具有很大价值,并且可以计入财务报表。许多企业甚至没有品牌管理部门与专业的品牌管理人员,缺乏适应企业发展阶段的合适的品牌管理模式和方法。很多产值数亿元的企业甚至只有一个地位低微的品牌管理员。缺乏组织与专业人员支撑,企业的品牌建设与经营也无从谈起。很多企业没有品牌战略规划,没有品牌建设的预算,每年主要的品牌经营活动就是参加行业展会,在行业刊物上打两则广告。有的企业没有品牌规划在前,而是盲目地花费几百万元请明星做为期两年的广告代言,但也只是在合同中指出拍些照片,发些新闻,一用两年,缺乏持续的品牌规划执行和有秩序的组织活动以持续扩大品牌营销效果,巨额资金投入与品牌营销效果不匹配。

鉴于中国企业品牌建设的整体落后现状,企业重视和加强品牌组织建设,在内部注重选聘专业品牌人才并投入资源支持品牌建设工作,在外部与专业品牌管理机构和品牌专家合作,都是提升品牌管理与经营水平,进而提升品牌资产的有效方式。

9.3　品牌监测与评估

"当消费者可以通过用户评价、专家意见或者社交媒体等更好的渠道获得产品质量信息时,品牌就不那么重要了。"

——斯坦福大学教授伊塔马尔·西蒙森(Itamar Simonsen)伊曼纽尔·罗森(Emanual Rosen)

对组织而言,品牌的管控与经营是一个动态的、持续经营与改善的长期过程,有效的品牌管控需要实施有效的品牌监测与评估。企业实施品牌监测,全面、精准、实时、动态地监测品牌,有利于全面、实时、精准地监测市场信息、竞争态势、品牌经营信息、客户信息和客户反馈。企业以品牌监测结果为依据,定期评估品牌在市场中的发展状态与经营效果,可以更合理地改善企业发展战略,及时调整品牌经营方略,改善品牌沟通策略,从而持续改善和提升品牌。

　　一定意义上,品牌监测与评估可以成为一个品牌经营循环的结束,也可以成为新的品牌经营循环的开始。7C品牌经营方略在品牌管控环节经由品牌监测与评估开始一个新的品牌经营与改善循环。企业品牌在有序的品牌管控中,在动态的品牌经营方略中,在有组织的品牌经营执行中实现品牌资产的持续提升。

　　目前多数行业竞争激烈,市场变革迅速,信息繁杂难辨。有效地掌控品牌,评估品牌,持续改善与提升品牌也更为艰难。市场浪潮之下,诸如柯达、诺基亚等企业的兴衰之事也不绝于眼前。成功的企业有偶然也有必然。掌控信息,把握先机,筹谋深远,执行有力的组织有更大的成功可能性,品牌监测也因而更有意义,更为重要。而信息技术的发展,为应用信息技术等先进工具实施品牌监测与评估提供了先进的技术与方法支撑。

　　本节深入阐述品牌监测的概念、内容与方法,重点探讨网络品牌监测的特点、内容与方法,并以监测消费者、媒介等对于品牌的认知与反应为核心,探讨组织如何做好实时、全面、精确的品牌监测。品牌评估的相关内容,本书第三章的品牌价值评审与第二章的品牌资产部分已有详细论述,读者可以结合参看。

一、品牌监测的概念

　　品牌监测是组织及市场机构对于特定品牌信息的一种监测与管理行为,通常利用先进的信息采集技术收集与整理市场的品牌相关信息,并利用数据模型予以分析和评估。

　　品牌监测重点关注消费者对于品牌的认知与反应,以及品牌利益相关者、品牌竞争者、行业、社会公众等对于品牌的认知、评价与反应信息。品牌监测的领域包括媒介监测、口碑监测、搜索引擎监测等。

二、品牌监测的内容

　　一般来说,组织品牌建设的内容包括企业、产品、服务、信息化、渠道、终端、客户、媒介、搜索引擎、口碑、品牌体验管理等内容。不同行业的品牌监测又有不同的内容组合与权重差异。在实际的品牌经营中,企业的品牌经营状况会通过媒介表现、搜索引擎表现以及口碑表现等展现出来。组织可以通过品牌监测及时掌握与评估品牌信息,所以这三项也通常作为品牌监测的重点。

1. 媒体表现

　　媒体是组织和消费者之间实施品牌信息沟通,建立品牌联系的主要媒介。品牌是企业向消费者传播品牌信息的主要渠道,是消费者主动获取组织品牌信息的主要来源和重要途径,也是企业与消费者以及消费者直接实现沟通的主要管道。消费者对于品牌的了解,多数时候来自媒体,媒体对于品牌的传播,对于消费者的舆论和价值倾向也有重要影响。因此,通过监测媒体表现加强组织了解品牌信息传播的广度、强度与深度,对于了解消费者与品牌的关系,包括品牌知晓度与偏好度、美誉度等都至关重要。

品牌的媒体表现包括电视广播媒体表现、平面媒体表现、网络媒体表现、户外媒体表现和移动媒体表现五种。一般而言,企业对于品牌媒体表现监测的关注点在于媒体曝光度、好评度以及媒体覆盖率等。

(1) 媒体展露度。媒体展露度是指品牌在媒体上的曝光程度、被提及程度以及转发程度。值得注意的是,这里的媒体展露包含正面及负面展露。

(2) 媒体好评度。媒体好评度是指媒体对于企业品牌或产品持好评或产生正面影响的报道数量占报道总数的比例。媒体好评度是衡量企业形象的重要指标。

(3) 媒体覆盖率。媒体覆盖率是指在广告媒体所能发挥重要作用的地域范围内,能够接触媒体的人数占总人口的百分比。其公式为:

媒体覆盖率=某一区域内某一媒体的主要受众人数/该区域内人口总数×100%

任何一种媒体都只能在一定地域范围之内发挥作用,超出了这一范围,其作用将明显减少或完全消失。企业可以通过媒体覆盖率来统计关于自身品牌的某一条信息的受众人群数量和造成的影响范围,以衡量某一事件或品牌的舆情爆发度,评估自身品牌建设的效果或负面事件造成的影响程度。

2. 消费者口碑

(1) 企业荣誉,是包含社会各界对品牌授予的奖牌和嘉奖称号,这种荣誉能给用户带来认同感和满足感,是直接产生品牌口碑效应的一个指标。

(2) 产品应用消息,是指消费者及媒体对于品牌及品牌产品的销售及使用效果的报道与反馈消息。

(3) 消费者满意度/推荐度,是指消费者对于品牌消费的满意程度,可以采用问卷调查、访谈,以及客户推荐度的方式来调查。

(4) 消费者网络反馈度,是指消费者在网络上对于品牌及产品报道、点评量、推荐、反馈等信息。

(5) 企业公民行为的反馈度,是指消费者对于企业外部的社会公益等领域的价值观践行情况,以及法规遵守情况等行为表现的反馈意见。其主要包括对中国法律、法规遵守情况,防范腐败贿赂等交易中的道德行为准则问题,以及对公司小股东权益的保护。

- 供应链伙伴关系,主要包括对供应链中上、下游企业提供公平的交易机会。
- 员工权益保护,主要包括员工安全计划、就业机会等。
- 环境保护,主要包括减少污染物排放、废物回收再利用、使用清洁能源、减少能源消耗、共同应对气候变化和保护生物多样性等。
- 社会公益事业,主要包括员工志愿者活动、慈善事业捐助、社会灾害事件捐助、奖学金计划、企业发起设立公益基金会等。
- 消费者权益保护,主要包括企业内部执行较外部标准更为严格的质量控制方法,对顾客满意度的评估和对顾客投诉的积极应对,对有质量缺陷的产品主动召回并给予顾客补偿等。

3. 搜索引擎结果

目前搜索引擎已经是网民应用网络的主要入口,是品牌信息展示的重要平台,也是品牌监测的重要领域。品牌监测搜索引擎结果重点关注下列因素。

(1)搜索引擎结果中媒体报道的数量与质量?

(2)搜索引擎结果中主流媒体的占比?

(3)搜索引擎结果中企业品牌正面信息占比?

(4)搜索引擎结果中是否出现敏感\负面信息?

三、品牌监测的传统方法

品牌监测以往常用的方法包括问卷调查、网络在线调研等方法,下文将详细阐述。

1. 问卷调查

问卷调查法(问卷法),是调查者运用统一设计的问卷向被选取的调查对象了解情况或征询意见的一种调查方法和数据收集手段。当企业想通过社会调查来了解自身品牌或产品形象时,可以用问卷调查、访谈等其他方式收集数据。问卷调查假定研究者已经确定所要问的问题,这些问题被打印在问卷上,编制成书面的问题表格,交由调查对象来填写,然后收回整理分析,从而得出数据和结论。

问卷调查是以书面提出问题的方式收集资料的一种研究方法。问卷法的运用,关键在于编制问卷、选择被试和结果分析。研究者将所要了解的问题编制成问题表格,以邮寄方式、街头访问、当面作答或者追踪访问方式填答,从而了解调查对象对某一现象或问题的看法和意见,故又称为问题表格法。问卷调查,按照问卷填答者的不同,可分为自填式问卷调查和代填式问卷调查。其中,自填式问卷调查,按照问卷传递方式的不同,又可分为报刊问卷调查、邮政问卷调查和送发问卷调查;代填式问卷调查,按照与被调查者交谈方式的不同,又可分为访问问卷调查和电话问卷调查。

作为最传统的品牌监控方法,问卷调查法存在诸多弊端。例如,样本采集困难、人力物力投入大,采集周期长、及时性不够,可控性不强、费用昂贵等。因此,随着网络的普及,传统的线下方式已更多地被网络问卷调查方式所替代。

2. 网络调研

随着信息技术的发展,市场调研产业已从传统的街头访谈、问卷调查,开始向基于互联网调研方向转变,基于互联网的网络调查以技术创新为突破口,以消费者参与和消费者行为分析为方法,不仅缩短了数据采集的周期,还强化了企业调研与分析市场的高效决策进程。同时,网络调查也大大降低了市场调研成本,降低了市场调查的门槛,扩大了市场调研的应用范围与应用规模。

网络调研是指利用 Internet 技术进行调研的一种方法,网络调研一般有以下三种方法。

(1)在线访谈。在线访谈通过 Java 编写专门的网站应用程序建立网民访谈界面,随机选择访问者,弹出问卷窗口,并通过奖励等方式鼓励与邀请网民参加访谈与调研。在线访谈与传统询问法相似,只是调查人员可以根据计算机显示器上读出的问题,同时向多个被调查者提问,并将他们回答的数据直接录入数据库后台。在线访谈法可在同一时间里向 40 个人进行询问,且具有较高的经济性,并可以消除从询问表到输入计算机的大量工作和差错。在线访问也能帮助企业以更快速、更廉价的方式得到更为详细的调研资料。

(2)计算机辅助电话询问系统(CATI)。计算机辅助电话询问系统在美国十分普及。当利用这种方式进行调研时,系统可以根据随机数抽样得出电话号码并拨号,每一位访问员都坐在一台计算机终端或个人电脑前,当接通被访问者电话后,访问员通过一个或几个键启动机器开始提问,需要提出的问题及备选答案便立即出现在屏幕上。

CATI 的一个优点便是统计工作可以在任何时候进行,无论是在访问了 200 名、400 名还是其他任何数量的受访者的时候。以往传统的访谈,都要在全部访问样本调查完后的一周甚至更长的时间后才能开始统计工作,而 CATI 系统在这方面却很有优势。

CATI 系统也有其不利的一面,一是 CATI 系统是为电话屏幕访谈设计的,这就使被访问者接受的屏幕格式受到限制;二是 CATI 系统主要使用语言技术进行信息的收集,还未能充分地显示出网络调研在图片播放等方面的优势。

(3)E-mail 问卷方式。E-mail 调研问卷调研方式,一是直接在 E-mail 中设计调查问卷;二是在邮件中指向具体的网络调研链接地址,被调研者可以点击进入调研网页参与调研。调研者设计一份 E-mail 邮件,将调研主题、内容、调研参与者使用方式、参与者奖励方式等信息设计好,并按已选好的 E-mail 地址发出,被访问者回答完毕将问卷反馈给调研机构。

网络调研作为一种基于互联网的调研方式,依然有其局限性,信息及时性一般,作为问卷调查的互联网应用模式,其监测的问题不能摆脱问卷的局限性,在实时性方面依然存在较为明显的不足。

四、网络品牌监测

网络品牌监测是指组织应用互联网信息采集技术及信息智能处理技术,通过软件工具和爬虫技术智能抓取设定的品牌信息,以全面、实时监控网络上的组织相关品牌信息,通过信息分析与处理自动生成简报、图表、报告等分析结果,为组织的网络品牌信息管理服务。网络品牌监测系统通常由信息采集、信息处理、信息分析和信息输出四部分组成。

1．网络品牌监测的服务流程

在品牌监测实践中,有效的网络品牌监测需要企业结合品牌持续建设与经营的需要,以有利于品牌监测、评估与改善为原则,明确品牌监测的重点内容与方式,并与品牌监测服务商共同协商确定。品牌监测的服务流程,包括了解服务需求、组建服务团队、确认服务内容、设置监测系统、设置监测内容、实施危机预警、提供监测与评估报告等过程。

网络品牌监测的要素包括监测对象、监测范围、监测内容、监测方法、监测结果输出等内容。品牌监测需要了解 5W1H 的信息,包括原因(何因 why)、对象(何事 what)、地点(何地 where)、时间(何时 when)、人员(何人 who)、方法(何法 how)六个方面。品牌监测需要重点关注针对一个品牌或者一个事件,首先要了解用户相关的评论内容是什么? 是谁发表这样的意见? 为什么要发表这一个意见? 针对哪个主题进行讨论? 发布在什么媒体上? 什么时候发布? 哪些是真实信息,具有监测和反馈意义? 信息的正负面属性是什么? 传播和转载量是多少? 信息的重要性如何? 如何输出监测成果,如何运用监测成果服务于企业的品牌评估与品牌改善? 需要指出的是,企业对于监测到的负面信息必须及时有效地进行危机公关,以维护品牌声誉。

2．网络监测的对象

品牌监测需要设置明确的对象与目标,消费者口碑是品牌监测的重点。企业还可以根据品牌建设需要将品牌与特定目标或人群建立关联,以监测特定的目标或人群对于品牌的反应,以及品牌关系的广度与强度。企业信息,通常以企业、产品品牌、企业家和企业重要人物以及产品信息作为监测重点。企业其他的重要和敏感信息,包括服务、质量、公益活动等内容也是企业监测与分析的重点。企业也会对自身所处的行业环境和竞争环境进行监测,以便从整体上把握行业的发展动态、自身品牌在行业中所占的份额和所处的地位等发展情况。同时,竞争环境、行业竞争态势、竞争对手信息、竞品信息、市场促销信息等也是监测重点,质量事故、伤亡、丑闻等品牌危机信息也是品牌监测以及后续品牌危机管理的重点。这些都需要通过关键词设置以有效实施网络品牌监测与分析。

3．网络监测的范围

根据不同的维度,监测范围所指的内容也不尽相同。所谓的监测范围,既有地域范围,又包括监测平台范围,如线下人群监测或是网络监测等。其中,网络信息的监测又可细分为网络媒体、搜索引擎、论坛、博客、微博、微信、百科、文库等;电商网站、视频网站、音频网站、图片网站等。目前网络监测运营比较成熟的是对于文字类内容的监测。企业在品牌监测实践中需要根据自身需要选择监测的范围。

4．网络监测的内容

对于企业而言,品牌监测内容的确定应有利于有效地监控与评估品牌,企业应考虑重点关注哪些品牌信息,重点关注哪些传播媒介,如何设置品牌监测指标的权重,如何设置危机舆情信息。具体表现在设置哪些监测关键词,一是产业相关信息,二是企业相关信息,三是竞争者相关信息,四是危机信息,五是重要监测的媒介对象。基于我们品牌监测的实操经验,企业品牌监测内容需要规划和落实的内容可参考如下,见图 9-6。

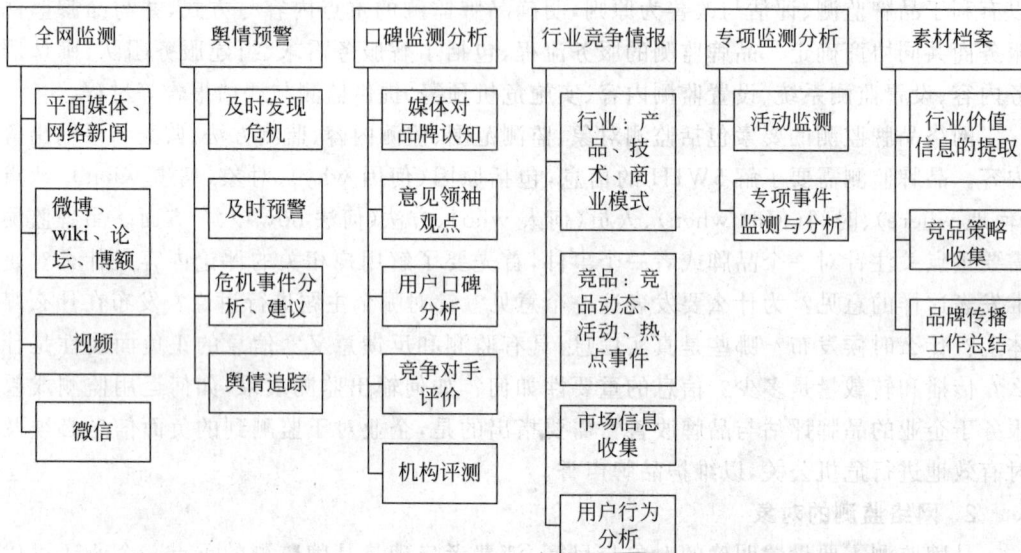

图 9-6　网络监测内容示意图

（1）口碑监测。对于品牌监测而言,品牌消费者是主要的监测对象,消费者通过论坛、博客、微博、微信等渠道自主表达与互动沟通所形成的网络口碑也是监测重点,应通过关键词设置予以关注。

（2）搜索引擎监测。主要监测企业品牌信息在搜索引擎展现信息的质量、数量、排名、竞争比较,以及负面信息数量等。需要选择主要的搜索引擎,目前主要是百度、谷歌、360 搜索、微软的必应搜索等。

（3）媒体监测。哪些主要媒介是企业关注的重点,主要媒体传播媒介的质量、数量、转发量、评论量等,需要设置重要媒体的名称、权重等关键因子予以监测。

5．网络品牌监测技术方法

随着技术发展,网络搜索引擎技术和信息智能处理技术也取得了突破,在品牌监测的功能应用上也日趋强大与丰富。下文简要介绍网络品牌监测系统的技术功能。

- 海量数据抓取:监测媒体包括微博、论坛、博客、新闻、视频、问答网站等国内外网站。
- 多维统计分析:提供网络信息分布趋势、搜索引擎曝光指数、预警指数、搜索引擎分布、网站类型分布、网站域名分布等多方位数据统计及分析。
- 精准主题设置:提供"包含全部关键字"、"包含任意一个关键字"和"不包括关键字"三种关键字设定条件来设定主题相关的特定关键字,并提供结果"预览",方便调整设定。

- 高级语义分析:独有的语义分析技术高效聚焦监测内容,自动检索各类话题的相似文章。可以多维度深入挖掘主题讨论内容,并针对挖掘后的内容进行自动统计和聚焦讨论趋势、来源分布、热门关键字等。
- 便捷实时监测:每天监测报告和每周汇总报告相结合,提供每天和每周的邮件订阅,以及报告打印和分享功能。
- 长期监测:可提供月度、季度、年度分析与总结报告。
- 提供品牌危机监测与危机舆情。

6.网络监测系统的输出成果

网络品牌监测的输出成果,通常包括品牌相关信息的行业信息分析、媒介传播效果分析、网络口碑分析、市场效果评估、品牌竞争情报分析、专项事件分析等内容。见图 9-7。网络品牌监测基于全网媒体的实时、动态、精准监测,以及基于大数据的整理、统计与报表分析,为品牌的监测、评估与改善提供了优秀的工具与实践方法,以及先进的工具;也为困扰业界多年的如何更有效、更精准地监测与评估品牌提供了先进的解决方案。

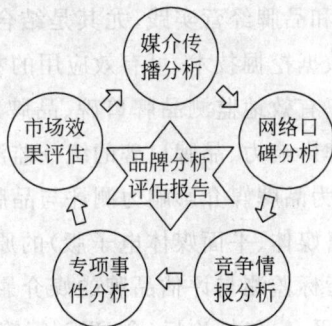

图 9-7　网络品牌监测输出成果示意图

信息时代,企业的经营也日益网络化,企业品牌的网络化经营也越来越广泛与深入。网络品牌监测与网络品牌经营互为支撑,都成为信息时代企业品牌建设与经营的重要方法和手段,需要在不断地探索与实践中总结经验,持续提升。

五、品牌运营评估

品牌监测之后是定期的品牌评估。有效地评估品牌有助于企业及时发现和改善品牌经营中的问题,并根据评估效果及时调整和改善品牌运营策略和措施。

通常我们可以关注下文所列指标来评价品牌经营效果,通过权重设计评分对品牌价值和品牌声誉予以评估,并可监测评估行业领先企业的品牌经营状况以实施对标分析,做出针对性的品牌改善与提升。

(1) 品牌识别率。

(2) 品牌知名度。

(3) 品牌渗透率。

(4) 品牌认可度。

(5) 处理满意率。

(6) 品牌顾客转移率。

(7) 品牌吸引新顾客的数量。

(8) 品牌溢价能力。

(9) 品牌投资回报。

品牌评估的具体方法参见本书第二章品牌资产管理部分相关品牌资产评估的内容,以及附录 A 品牌价值评估方法,附录 B 品牌口碑监测与评估方法。此处不再复述。

七星品牌影响力测评方法

组织在品牌经营实践中,尤其是在网络海量信息中,如何有效地监测品牌、评估品牌是个难题。笔者历经多年思考和品牌经营实践,尤其是结合数字品牌监测技术与工具的应用,探索性地提出了基于大数据挖掘技术,可有效应用的数字化品牌测评的指标体系与方法——七星品牌测评方法,以有效地监测品牌口碑、品牌影响力,并可寻找行业企业的共性品牌指标,拥有行业内品牌影响力、品牌口碑的统一监测和评估。

七星品牌测评方法主要分为品牌媒介影响力测评与品牌口碑测评两部分。品牌媒介影响力主要包括媒介传播(网络媒体、平面媒体电子版)的原创量、转播量,主流搜索引擎搜索量,媒介好评度等信息与指标监测与评估品牌的媒介影响力。品牌口碑影响力主要从网民参与品牌沟通的工具与平台,包括论坛(含 BBS、问答、贴吧)、博客、微博、电商评论等信息与指标。每个指标通过 2～4 个数据维度,描述该品牌的知名度、关注度、参与度、美誉度,并通过每一项得分的累加,对该品牌的影响力做出最终评估。

考虑到品牌信息的可采集性、可测量性与可评估性,品牌测量数据主要基于网络真实存在的品牌信息。在监测技术上,我们应用了行业领先的网络品牌监测系统,并基于大数据挖掘技术采集、分析与评估。品牌信息的监测范围涵盖国内新闻(含网络新闻、平媒电子版)、论坛(含 BBS、问答、贴吧)、博客、微博、主流电商平台。电商平台监测基于统计抽样,以确保品牌信息的全面性、多样性、准确性。由于技术原因,目前尚未包含对图片、视频、微信的监测。具体的品牌监测与评估方法,也在不断完善中。

表 9-1 为七星品牌影响力测评方法概述。

表 9-1 七星品牌影响力测评方法

一级指标	二级指标		三级指标	基准分值	实际分值	指标说明
媒介影响力	媒介	品牌知名度	原创量	5		原创新闻稿件数
			传播量	7		全部新闻稿件数(含原创及转载)
		品牌关注度	搜索引擎搜索量	8		源自主流搜索引擎指数
		品牌美誉度	好评率	10		正面/中立信息占全部信息的比重
媒介影响力评分				30	0	
口碑影响力	论坛博客	品牌关注度	论坛、博客传播量	3		论坛、博客全部文章数之和
			论坛、博客浏览量	3		论坛、博客全部文章浏览量之和
		品牌参与度	论坛、博客评论量	4		论坛、博客全部文章评论量之和
		品牌美誉度	论坛、博客好评率	5		正面/中立信息占全部信息的比重
	微博	品牌关注度	微博传播量	4		微博全部文章数之和
		品牌参与度	微博转发量	6		微博全部文章数的转发量之和
			微博评论量	7		微博全部文章数的评论量之和
		品牌美誉度	微博好评率	8		正面/中立信息占全部信息的比重
	电商	电商品牌关注度	电商网站品牌评论量	15		电商平台近本季商品评论量
		电商品牌美誉度	电商网站品牌好评率	15		电商平台近本季商品正面/中性信息占比
口碑影响力评分				70	0	
最终评分				100	0	

评价体系说明

总体系说明:中国行业品牌影响力,总分为 100 分,其中媒介影响力 30 分,口碑影响力 70 分。

分体系说明:共分为两大部分(媒介影响力、口碑影响力),共三小部分(论坛博客、微博、电商三部分),每个小部分通过 2~4 个数据维度,描述该品牌的知名度、关注度、参与度、美誉度,并通过每一项得分的累加,对该品牌的影响力做出最终评估。

监测范围:涵盖国内新闻(含网络新闻、平媒电子版)、论坛(含 BBS、问答、贴吧)、博客、微博、主流电商平台。由于技术原因,未包含对图片、视频、微信的监测。电商平台监测基于统计抽样。

各项指标得分算法:

(1) 每个"三级指标"独立计算。

(2) 所有监测竞品中,设在该指标中排名第一的品牌的分值=基准分值。

(3) 其他各品牌得分=基准分值×(自身品牌的指标数据/排名第一品牌的指标数据)。

示例:某行业共监测三个品牌,其中品牌 A 媒介原创量为 1000 篇,品牌 B 媒介原创量 800 篇,品牌 C 媒介原创量为 700 篇。则设数据量最高的品牌 A 在媒介原创量这一指标上的得分等于基准分值,即 5 分;品牌 B 的得分为 5 分×800 篇/1000 篇 = 4 分;品牌 C 的得分为 5 分×700 篇/1000 篇 = 3.5 分。

(舆情管理专家屈伟、王琛等也参与了品牌影响力测评指标的探讨与完善)

结语

企业规划品牌、建设品牌、经营品牌、营销品牌、监控品牌、定期评估品牌、持续改善品牌，也以此形成动态发展的品牌经营循环，进而实现品牌的持续提升、持续发展、永续经营，是有效经营品牌、持续提升品牌资产的王道。

我们认为，因应信息化时代的消费变革与品牌经营方式变革，组织在品牌经营实践上应该勇于变革，拥抱变革，加速实施基于数字化品牌监测与评估，逐步实现全面、实时、准确地监测与评估组织的品牌影响力与品牌口碑，有效掌控和评估品牌经营信息，并基于品牌测评数据与报告成果有效地改善品牌经营策略与方法、投入等，实现数字化品牌经营。

9.4 品牌认证、溯源与防伪

对于组织而言，有成效的经营源自物化的产品与服务在产、供、销诸环节有质量的价值创造与价值提供，虚拟化的品牌信息与客户的持续的有质量的价值沟通，并通过客户识别、认知与信任建立，通过交易与消费为消费者创造价值。

发展中的组织需要有效地管理与经营日益复杂的商品流与信息流，也需要先进的数字管理工具全面、精准、实时地监测与管控产品在生产、流通、销售诸环节的来源、品质、数量、位置等产品信息；有效监测与管控附着在品牌产品上的品牌信息；有效监测与管控渠道与客户消费信息。组织需要在掌控产品流、品牌信息流的基础上，基于市场与竞争态势规划和实施合适的发展战略、品牌战略与产品战略，逐步集聚核心资源和能力，实现有质量、有成效的管理与经营。

本章致力于在商品流与信息流协同管理与经营层面，从数字品牌管理经营的视角，探讨品牌认证、溯源与防伪领域的品牌经营模式、方法、工具与应用。相对于品牌监测与管理更注重品牌信息的挖掘、分析与管理、营销。品牌认证、溯源与防伪系统的构建与经营基于二维码技术等数字技术工具，其更为注重对于组织产品信息流、品牌信息流的关联管理与数字化经营，更为关注对于产品信息流与品牌信息流的精确监测、管控与协同经营、协同营销。

契合组织经营需要与信息技术的发展，二维码等数字技术工具应时而生并走向成熟。由于其技术领先性、高互联性、高数据容量及低成本特点，已逐步成为链接商品流与品牌信息流，促进组织实物产品与品牌信息协同经营，促进产品流与大数据流协同经营最得力的工具之一，也成为组织实施品牌认证、溯源与防伪的主要方法与工具。本节也将详细探讨基于二维码技术等数字技术构建品牌认证、溯源与防伪应用体系的模式与方法，以及二维码技术在品牌认证、防伪、溯源、供应商管理、渠道管理、品牌推广、促销管理、客户关系管理中的诸多应用。

一、品牌认证、溯源与防伪的概念与内容

品牌认证、溯源与防伪是指为了品牌识别、保真、保值和增值而实施的品牌注册、标记、数字技术标识等方法、技术与举措。

商标注册是指商标的使用人为了取得商标专用权,将其使用或准备使用的商标依照法律规定的条件原则和程序向商标主管机关提出注册申请,经商标主管机关审核予以注册的制度。商标注册是确定商标专用权的法律依据只有经国家商标局核准注册的商标才受法律保护,该商标所有人才享有商标专用权。

品牌认证技术是指组织对品牌产品实施先进的品牌认证与技术防护方法,以有效做好品牌的唯一标记和标记识别体系,用户可以通过唯一的标记和对标记的识别达到品牌产品的真品鉴别,实现品牌产品的识别与防伪。

品牌防伪技术,是指为了达到品牌防伪目的而采取的技术手段,它是在一定范围内能准确鉴别品牌及品牌产品的真伪,却不易被他人或机构仿制和复制的技术。简单地说,就是防止品牌伪造、仿冒的技术。

品牌溯源技术是指组织构建有效的技术手段标记品牌识别信息,以在产品采购、生产与流通过程中实现产品信息的全程记录与可追溯。当产品发生问题时,根据相关的记录逆向逐级查找产品信息,直到找到问题所在。便于企业及时定位产品问题,查找原因和解决问题,为品牌产品信息管理提供了逆向可溯的查询手段和全程监控体系。

组织采用二维码等先进技术手段实现品牌认证、溯源与防伪,是实现品牌产品保真、保值与增值的重要手段,有助于确保品牌产品品质、提升品牌溢价、建立消费者信任。组织采用二维码技术,还可实现产品流与信息流的协调监测与管控。组织可通过附加在产品上的品牌信息流管理实施与消费者的品牌推广、互动沟通和客户关系管理,这也是实现有效数字品牌管理的重要方法。品牌溯源防伪业务模型如图 9-8 所示。

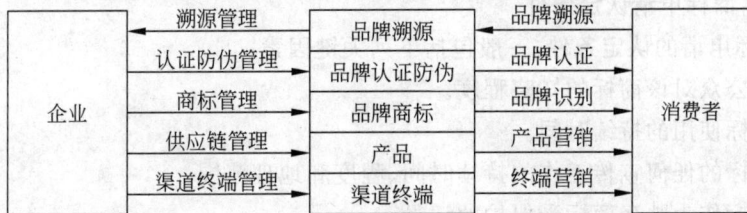

图 9-8　品牌认证、溯源与防伪应用示意图

二、商标注册与保护

商标注册与保护是实施品牌认证,有效保护品牌的重要方法。企业可以通过规划和

设计商标来建立品牌识别,并统一应用于企业的产品与服务,以形成相对于竞争对手的有效品牌区隔,建立客户认知。同时企业可以通过注册品牌商标和外观保护,以及知识产权等方式保护商标等无形资产,并通过法律手段来实现对于品牌及品牌产品的有效保护,打击假冒伪劣产品。

在企业品牌经营与商标管理实践中,结合我们的经验,商标管理通常包括商标战略规划,商标设计与注册,商标侵权法律事务处理,商标买卖,驰名、著名商标申办等内容,牵涉到专业事务,一般由专业机构协助企业处理更为高效,下文将予以阐述。

1. 商标管理

企业商标管理主要包括下列内容。

（1）商标查询、设计、注册。

（2）国际商标的查询、设计、注册。

（3）商标变更、转让、许可、续展等。

（4）商标许可合同备案、补正、商标专用权质权。

（5）商标异议、争议、驳回。

（6）撤销注册不当商标的申请和答辩。

（7）申请著名、驰名商标的认定。

（8）商标疑难问题咨询和服务。

（9）企业闲置商标出让、交易。

2. 驰名、著名商标申办与管理

目前国家和省市工商局为有效地保护企业商标,开展了驰名、著名商标申办业务。国家一级申办国家驰名商标,省市一级申办省著名商标、市著名商标,并有一定的保护和奖励政策。企业在经营良好,达到一定的规模后,申办驰名、著名商标有利于更好的品牌推广与商标保护。

（1）驰名商标申请认定条件

驰名商标申请的认定条件,一般包括下列关键因素。

- 相关公众对该商标的知晓程度。
- 该商标使用的持续时间。
- 该商标的任何宣传工作的持续时间、程度和地理范围。
- 该商标作为驰名商标受保护的记录。
- 该商标驰名的其他因素。
- 认定驰名商标以省著名商标的评定为有利条件。

（2）驰名商标认定的方式与途径

驰名商标认定一般包括下列方式和途径。

- 经商标侵权民事诉讼程序向人民法院申请依法认定驰名商标。（认定时间通常为

1 年)

- 经商标侵权行政程序向工商行政管理机关申请认定驰名商标。（认定时间通常为2 年）
- 经商标异议、争议等程序向商标局申请认定驰名商标。（认定时间通常为 2 年）

（3）驰名商标申请认定所需材料

驰名商标申请认定一般需要下列材料。

- 驰名商标认定申请人的营业执照副本复印件。
- 驰名商标认定申请人委托商标代理机构代理的，应提供申请人签章的委托书，或者申请人与商标代理机构签订的委托协议（合同）。
- 使用该商标的主要商品或服务近三年来主要经济指标（应提供加盖申请人财务专用章以及当地财政与税务部门专用章的各年度财务报表或其他报表复印件，行业证明材料应由国家级行业协会或者国家级行业行政主管部门出具）。
- 使用该商标的主要商品或服务在国内外的销售或经营情况及区域（应提供相关的主要的销售发票或销售合同复印件）。
- 该商标在国内外的注册情况（应将该商标在所有商品或服务类别，以及在所在国家或地区注册情况列明，并提供相应的商标注册证复印件）。
- 该商标近年来的广告发布情况（应提供相关的主要的广告合同与广告图片复印件）。
- 该商标最早使用及连续使用时间（应提供使用该商标的商品或服务的最早销售发票或合同或该商标最早的广告或商标注册证复印件）。
- 有关该商标驰名的其他证明文件（如省著名商标复印件等）。

三、品牌认证、溯源与防伪的方法

企业发展过程中，随着品牌知名度和美誉度的提高，在受到消费者欢迎的同时，也常常面临被仿制和复制的风险，假冒伪劣产品常常随之涌现，有的仿冒产品还品质相近，消费者很难有效判断品牌产品的伪劣，这也为企业和消费者带来损失和伤害。目前有些地方和领域，优质品牌仿造复制已形成产业，屡禁不绝，防不胜防。诚信经营的优秀企业，其品牌多有认证、溯源和防伪的现实需要。在正品和仿冒产品此消彼长的持续斗争中，品牌保护的方式和方法也在不断发展和进步。现在市场上品牌表示的常用的方式有：激光防伪技术、射频识别防伪技术、二维码溯源防伪技术等。

1. 激光防伪技术

激光技术实现品牌防伪是利用激光彩色全息图制版技术和模压复制技术完成的防伪标签，可实现的制版技术有：点阵动态光芒、一次性专用激光膜、3D 光学微缩背景、多彩光学随机干涉、中英文铀缩文字等。激光防伪技术目前主要包括激光全息图像防伪标识、加密激光全息图像防伪标识和激光光刻防伪技术。

全息防伪技术是采用激光全息图像建立品牌防伪标识。全息防伪技术具有图像清晰、色彩绚丽、立体感强、一次性使用的特点。多通道全息防伪在转动标识时。会看到在标识的同一位置上出现不同的图案。全息防伪技术主要包括：①常规全息防伪技术；②多通道全息防伪技术；③隐形加密技术；④360°计算机点阵全息技术；⑤双层全息技术；⑥荧光加密全息技术；⑦动态编码防伪技术；⑧电话电码防伪技术；⑨核微孔防伪技术以及基因防伪技术。

隐形加密技术是将加密图案制作于标识的任一位置，在激光再现仪下方可看到加密图案。360°计算机点阵全息技术在图像360°的观察范围内会出现放射状、环状、螺旋状等光点的组合与变换，动感极强。双层全息技术能把全息标识揭开，还能看到印有图案和文字的第二防伪层，有双保险的防伪效果。

荧光加密全息技术原理与人民币荧光加密原理一样。动态编码防伪是将商标置于眼前，缓慢地转动商标会出现连续动作的图案。

电码防伪标识是由激光防伪技术和电话电码防伪技术相结合制作而成，通过查询统一的中心数据库可以核对真伪。

核微孔防伪标识由激光防伪技术和核微孔防伪技术组成，仅用一支水笔便可分辨真伪。基因防伪是在标识背胶中加入基因因子，通过专用仪器进行检测。

2．射频识别（RFID）防伪技术

RFID射频识别（radio frequency identification，RFID）是一种无线通信技术，通过无线电信号识别特定目标并读写相关数据，而无须识别系统与特定目标之间建立机械或者光学接触。采用射频识别也是实施品牌认证、溯源与防伪的重要手段。

品牌产品实施射频识别时，无线电信号通过调成无线电频率的电磁场，把数据从附着在物品上的标签上传送出去，以自动辨识与追踪该产品。品牌标签在射频识别时从识别器发出的电磁场中就可以得到能量，并不需要电池；也有标签本身拥有电源，并可以主动发出无线电波（调成无线电频率的电磁场）。标签中包含了电子化存储的品牌信息，数米之内都可以被识别。与条形码不同的是，射频标签不需要处在识别器视线之内，也可以嵌入被追踪物体之内。

目前许多行业都运用了射频识别技术。将品牌产品标签附着在一辆正在生产中的汽车，厂方便可以追踪此车在生产线上的进度。制药企业，药品在生产、仓储和流通中也可以动态精确追踪药品的位置。某些射频标签附在衣物、个人财物上，甚至于植入人体之内。在养殖领域，射频标签也可以标记在牲畜与宠物上，方便对牲畜与宠物的积极识别（积极识别意思是防止数只牲畜使用同一个身份）。

图9-9为射频识别产品例图。

图 9-9　射频识别产品例图

3．二维码技术

二维条码/二维码(2-dimensional bar code)技术是指采用某种特定的几何图形按一定规律在平面(二维方向上)分布的黑白相间的图形记录数据符号与品牌信息。二维码技术在代码编制上巧妙地利用构成计算机内部逻辑基础的"0"、"1"比特流的概念,使用若干个与二进制相对应的几何形体来表示文字数值信息,通过图像输入设备或光电扫描设备自动识读以实现信息自动处理。二维码技术具有条码技术的一些共性:每种码制有其特定的字符集,每个字符占有一定的宽度,具有一定的校验功能等。同时还具有对不同行的信息自动识别功能及处理图形旋转变化等特点。

经过多年发展,由于编码方式和技术手段的不同,当今世界上通用的二维码码制有DM 码、QR 码、PDF417、GM 码、LP 码等码制,如图 9-10 所示。

图 9-10　世界上通用的二维码码制示意图

二维条码具有储存量大、保密性高、追踪性高、抗损性强、备援性大、成本便宜等特性,这些特性特别适用于表单、安全保密、追踪、证照、存货盘点、资料备援等方面。利用二维码标识的数据存储能力,组织可以将产品信息、品牌信息、企业信息、网站信息、营销信息等丰富信息编入二维码中,并根据二维码系统的编码原则,为组织品牌的每一个产品赋予唯一的二维码。组织在后续所有经营环节均可通过扫描和监控该产品的二维码获取品牌产品全部信息,消费者也可以通过扫描二维码获取品牌产品的相关信息,并与组织通过网络互联实现良性互动。

在欧美市场，二维码应用已较为成熟与广泛。相对而言，中国市场的二维码应用尚在推广普及阶段。二维码广泛应用的制约因素除了产业需求规模、行业应用方案成熟度、业内企业经营能力、运营商支持、终端硬件适配、盈利模式等多方面因素，还有社会发展环境和企业家经营意识的问题。二维码由于其契合信息产业发展趋势，技术领先性与高数据容量，高互联性与低成本特点，将逐步成为链接商品流与品牌信息流，促进实物产品与品牌信息协同经营，促进产品流与大数据流协同经营最得力的工具之一。

四、二维码在品牌防伪中的应用

基于二维码技术的品牌溯源与防伪是指利用应用日趋广泛的二维码技术，依据二维码单品单码的特性，为组织的品牌产品都赋予一个唯一的二维码来实现有效的品牌溯源与防伪。消费者通过扫描这个产品随附的单品二维码，就可以有效实现产品的认证防伪和产品溯源。通过系统查询、追踪与商品管理，实现品牌的溯源防伪，并能依托二维码技术规划和实施商品信息管理、促销管理与客户管理。下文将详细阐述二维码在品牌溯源防伪中的应用。

鉴于二维码技术的数字化特征与技术领先性、低成本性，二维码技术特别适用于作为组织实施品牌溯源防伪的核心技术，以及协同产品信息与品牌经营信息的最佳管理工具。目前二维码技术在品牌与产品经营过程中的应用主要包括利用二维码构建品牌产品识别标识、产品物流储运管理、品牌产品电子结算凭证、产品渠道经营与防窜货管理、品牌促销管理、客户关系管理，以及售后服务等环节。

1. 品牌认证与防伪

品牌防伪是通过对产品的认证防伪来实现的。主要是对产品采用二维码的唯一性和生产工艺的保密性，二者缺一不可。产品防伪是为每一个产品赋予一个唯一的二维码。这个码的唯一性可以通过企业系统为其赋予，也是采用国家二维码注册解析中心统一注册的，可实现全球唯一性。我们可以由此唯一地确定该产品在生命周期内商品生产、流通、营销方面的信息。如果通过二维码信息监测发现一个品牌产品的二维码同时出现在多个地方，或是出现在消亡时间以后，那么二维码所代表的产品就会被系统拒绝识别和判定为假货。

品牌防伪也会引出第二个问题，为了保证该二维码的唯一性，该二维码的生产工艺和加密方法就需要保密。由于二维码生产工艺的保密性和环境建设的唯一性，可以通过硬件绑定、软件算法绑定与品牌绑定确保每一企业所产生的二维码的权威性与唯一性。这样即使有另外企业复制该企业生产环境或是二维码的生产工艺，也无法生产出与该企业相同的二维码，从而保证了二维码的保密性与唯一性，有效实现品牌溯源与防伪。

2．品牌溯源

产品溯源是对产品追本溯源，全程监测产品的源头原材料、生产、仓储流通、销售诸环节，通过信息技术手段实现对产品的全程可追溯管理。基于二维码的品牌溯源系统是利用二维码软硬件系统对组织品牌下的所有产品，都赋予一个唯一二维码作为其系统的身份，通过移动互联技术，完成产品从生产、储运、营销、售卖、使用、维修服务，直至产品报废消亡的整个生命周期的记录与追踪。同时，通过二维码自动识别与快速检索，可以实现产品生命周期各个过程的记录，实现逆向的追本溯源，用来查找问题、定位问题、协助解决问题，这样的一个系统就是一个溯源系统。

产品溯源最早是 1997 年欧盟为应对"疯牛病"问题而逐步建立并完善起来的食品安全管理制度。这套食品安全管理制度体系由政府进行推动，覆盖食品生产基地、食品加工企业、食品终端销售等整个食品产业链条的上下游，通过类似银行取款机系统的专用硬件设备进行信息共享，服务于最终消费者以确保食品质量安全。一旦食品质量在消费者端出现问题，可以通过食品标签上的溯源码进行联网查询，查出该食品的生产企业、食品的产地、具体农户等全部流通信息，明确事故方相应的法律责任。

组织建立一套二维码创建系统，可以为每一个单体产品赋予一个二维码，实现品牌溯源。组织同时也为消费者提供了一个产品品牌信息交互平台，让用户通过互联网接入平台可以得到产品真品的验证，实现产品的认证防伪。消费者可以通过每个产品的唯一的二维码的电子身份证，利用二维码识别技术，通过联网查询实现该品牌产品正品、真品的甄别与放心消费。

3．商品储运管理

二维码在商品储运管理中的应用，主要是利用二维码技术实现商品的仓储和物流的全程数据化管理。组织可以利用二维码的唯一性和自动识别的特点，通过对产品包装及产品上标识的二维码的自动监测与识别，实现产品在物流运输过程的全程记录、跟踪和监管，实现货物流与信息流的同步监控，实现智能物流管理。同时，组织通过商品上标识的二维码，可以有效实施商品在各级仓库的快速精准的出入库管理，实现智能仓储，自动入库、出库、盘库等管理。

通过二维码技术应用，组织可以有效地实施物流运输过程中的精确定位、精确监控，及防损、防错管理。如果商品在物流仓储过程中出现问题，则可以通过系统，利用二维码技术实现数字化的商品储运追溯，快速精准地查找问题、定位问题、解决问题。

4．渠道经营防窜货管理

基于二维码技术实施渠道经营中的防窜货管理，主要是利用二维码技术实现渠道产品流的数字化管理，通过附着在产品上的二维码信息精准掌控产品的渠道流通信息、有效防止窜货与假货。同时利用电子凭证，实现电子结算，助力组织 O2O 商业模式的高效运营。

组织利用产品上附着的二维码信息的唯一性,可以针对各个产品流通渠道进行精确管理。企业可以设定每个渠道的流通产品的独立二维码确立产品的唯一身份标识,并通过此二维码作为结算依据实现产品的唯一确认与结算,从而实现产品的精准结算,以有效解决长期困扰企业的市场渠道窜货管理难题。在产品的渠道流通与销售过程中,由于每个渠道的产品都会覆盖一定的区域或领域,组织同时可以通过用户手机对产品的认证获得手机的位置,获取到产品的交易与使用位置,进而确定产品的位置和消费者,实现了商品的销售去向的有效确认。企业可以由此清楚地知道各个渠道里的每一产品的流通过程、销售去向及客户信息。如果某一区域出现了不属于该区域的二维码产品信息,说明该区域有窜货嫌疑,可以根据该二维码所属区域及时、精确地核查,进行问题处理。

5. 供应链管理

基于二维码实施供应链管理是指利用二维码技术,通过对于附着在产品上的二维码信息实施精确监测与管控,实现对于整个产品生产流通过程的实时、精准管理,以及对于产品流和产品信息流的精确有效的管控,以有效管理组织的供应链体系的经营质量、效率与效益。

组织对于上游供应商的管理可以采用供应商准入制度管理,只有获得供货品质认证和准入的企业才能给企业供货。组织可以利用二维码技术标记供应商的原材料、零部件和产品,实现供应商产品的标准统一与有效识别。每个供应商的产品按照相同的二维码体系独立标识,便于企业对产品的供给质量、数量的精确管理和控制。组织可以审查与规范上游供应商的供货原料质量与数量,并以二维码系统予以标记,建立产品原材料与零配件的全程可追溯系统、物流仓储监控系统,以及针对产品质量问题的追溯与倒查机制。组织通过实施品牌溯源体系,可以将对产品的质量控制从组织自身经营延伸到源头管理,以有效提升原材料和零配件品质与数量、流通过程管控质量与管控效率,降低组织经营的风险,提升经营成效。

组织对下游厂商的管理与维护,可以通过构建二维码系统建立品牌产品标识,采用二维码标识的品牌产品给供应商进行供货,以有效确保品牌产品的正品与良品的交付品质与交付数量。组织依据实时监测的产品二维码信息,可以准确跟踪和掌控品牌产品的物流信息与销售信息,及时地了解企业产品的销售分布,并以此实现对于客户产品信息与销售信息的精确掌控。注重以所掌握的最终销售信息与供应商进行结算,明确奖惩措施,可以有效提高对经销渠道的监测与管控,并有效地解决常见的市场窜货问题,有利于组织维护品牌形象,维持品牌的市场体系的稳健发展。组织利用二维码系统建立产品标识识别,还可以在销售产品上有效地区隔竞争品牌产品与假冒伪劣产品,通过对于产品信息的精确掌控有效化解由此引发的质量纠纷与销售纠纷。

五、品牌溯源防伪的实施方法

组织实施有效的品牌溯源防伪需要领先的溯源防伪系统与技术作为支撑,还需要富有经验的实施团队与科学的实施方法。目前通过二维码技术实施溯源防伪日趋重要,其应用也更为广泛。利用二维码技术实现品牌溯源防伪的方法步骤主要包括:①规划和建立企业品牌溯源防伪系统;②设计产品的二维码标识体系;③对接政府监管平台;④部署移动互联应用服务。品牌溯源防伪方法示意图见图 9-11。

实现市场统一布局:统一销售网络、统一营销体系、统一服务模式

参与行业国家标准,增强行业话语权和控制力

通过线上线下的业务拓展,实现企业电子品牌的保值和增值

产品统一标识,建立电子品牌的溯源防伪机制

二维码品牌追溯防伪体系

图 9-11 品牌溯源防伪方法示意图

1. 规划和建立企业品牌溯源防伪系统

组织实施品牌溯源防伪,首先需要明确应用需求,契合企业实际情况和产品特点部署合适的二维码管理应用系统,构建适用的产品溯源防伪与数字营销体系。其次,组织需要建立产品品牌的统一标识,建立电子品牌追溯体系。最后,组织需要利用电子品牌的追溯系统构建附着在商品上的二维码建设、监测与管控体系,基于二维码的数字营销体系,以有效运营二维码体系提高产品与数字品牌经营的成效。实现产品与品牌的有效保值与增值。

2. 设计产品的二维码标识体系

组织需要根据国家二维码注册解析中心提供的码制进行评估与选择,选择出企业要采用的二维码。根据企业的管理要求,建立企业产品编码体系。根据确定的编码体系和码制,设计企业编码和识别规则,完成整个品牌二维码追溯防伪体系的构建。

当前中国的二维码标识体系主要为 IDcode 标识体系,采用了国际通用"元"标识体系。企业可以根据自己的实际情况去选择适合的码制,完成二维码的编码规则。比如供应商、原材料、产品、经销商等的编码规则,以及根据企业管理要求设计出的不同角色要识别、采集不同的信息的识别采集规则。根据编码规则,系统就可以自动将各类对象信息按照相应的原则进行编码和标识。对产品生成的二维码,系统可以根据识读规则,自动采集各自相应权限下的管理信息,同时记录产品流通各个环节的信息,并通过线上线下的业务拓展,实现品牌的保值增值。

3. 对接政府监管平台

组织应与政府对产品品牌的监管职能部门有效沟通与协作,完成企业系统与政府监管平台的对接,完成产品二维码的产品的注册、过程监管以及各个流程数据的更新,保证企业品牌和产品在政府各职能部门监管之下。同时也为消费者提供了安全、可靠的产品和品牌的认证平台。

4. 部署移动互联应用服务

组织应基于二维码应用的场景,利用移动互联技术完成二维码移动互联应用服务的部署,实现企业管理者和作业人员利用便携设备识别二维码、记录作业信息之用。

对于组织管理者,可通过网络及移动互联系统,扫描二维码实现产品信息的查询、渠道产品流通信息监管、销售信息管理和客户信息管理。

对于产品管理与作业人员,通过移动互联系统应用服务可以识别产品、记录作业信息,完成产品信息的记录与更新。

对于消费者,可以通过企业的移动互联应用服务获取产品、品牌的信息,通过连接认证平台,查询产品的防伪信息,也可通过政府监管公共服务平台实现产品的溯源查询。通过服务平台与组织实现有效互动,及时获取促销信息和深度的客户关系管理服务。

图 9-12 为移动互联应用示意图。

图 9-12　移动互联应用示意图

在品牌溯源防伪系统的后续建设与经营过程中,企业在增强实力、积累应用技术和经验的基础上,还可以参与行业标准的制定与推广,增强行业话语权和控制力。企业还可以在实施全面、精准、实时的数字化管理,有效掌控产品与品牌信息的基础上持续提升核心资源和能力,逐步统一市场布局、统一销售网络、统一营销体系、统一服务模式,实现精准的数字化管理。

六、二维码技术在品牌营销中的应用

我们认为,未来二维码技术不但将在品牌认证、溯源防伪中发挥重大作用,还将在实施数字品牌营销,尤其是品牌推广、促销、客户关系管理方面为组织提高品牌经营成效发挥巨大作用。企业可以以二维码应用体系构建与运营为核心,有效监测与管理附着在产品上的二维码信息,协同管理组织经营中的产品流和品牌信息流。构建生产与销售数据罗盘,监测与分析消费者行为,监测分析移动数据,并以此为依据,实施精准的数字品牌营销,规划实施智能网站应用、用户社交应用,移动营销,并开展深度的客户关系管理、沟通与服务。图 9-13 为二维码技术在品牌营销中的应用示例。

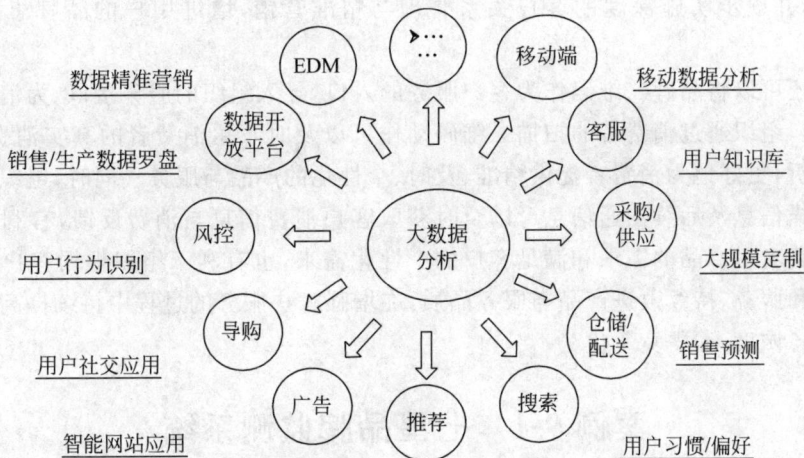

图 9-13 二维码在数字品牌经营中的应用示意图

1. 品牌推广

利用二维码技术的大数据存储能力,组织可以在产品销售的同时,在二维码上附加更多的产品与品牌信息,实施低成本的品牌推广与市场信息调研活动。组织可以在产品随附的二维码中设置与存储更多的企业和品牌信息,消费者每次扫描二维码即可自动展示企业品牌的内容,实现品牌的免费推广。

组织通过对于消费者扫描码次数与扫码内容的统计分析,还可以进行消费者消费行为分析与研究,根据分析结果,实现客户的精准营销以及品牌精准推广。

2. 促销

组织可以利用二维码技术集成多种服务自动传播的特点,有针对性地通过二维码实施品牌促销与市场活动。组织可以利用二维码集成企业的各种服务,包括新品推荐、扫描购买产品、促销活动等,消费者可以通过扫描产品的二维码赢得优惠,以此实现更多的订单转化率。

同时,组织可以利用二维码技术利于移动互联的特点,利用二维码进行各种营销活动,与消费者实施互动营销。比如抽奖活动、有奖调查、市场活动等,吸引更多的潜在客户群体与已有客户群体参与其中,有效增强品牌与消费者的接触与沟通,增加良好的品牌体验与消费黏性。

消费者也可以拍摄品牌二维码并通过移动网络分享给自己的好友,有效增大客户接触面和促销范围,增加组织粉丝数量,增强与忠实用户的沟通与联系。

3. 客户关系管理

组织可利用二维码技术在构建产品唯一性识别和产品消费同步性方面的优势,在将二维码作为产品标识的同时,可以在产品消费过程中努力实现消费者的消费认证与客户资料收集,并逐步实施深度的客户关系管理与精准营销,增进用户的品牌忠诚与重复消费。

组织还可以将品牌二维码作为客户服务的入口,导入组织的服务接口,为消费者提供直接服务。组织通过消费者的扫描二维码动作可以及时收集消费者的真实消费信息,进行定向分析,更好地为消费者提供精准、及时、个性化的产品与服务。同时,组织通过获取消费者扫描信息及后续沟通信息可以及时获取客户消费信息与消费反馈,有利于组织及时响应消费者对产品的需求和满足客户的个性化需求,也有利于组织根据客户反馈持续优化产品和服务,持续改进产品与服务品质,在增强客户服务的过程中持续提高品牌满意度与品牌忠诚度,赢得竞争优势。

案例 9-1　七星品牌监测系统

如何在信息时代实现有效的数字化品牌管理转型,提升品牌经营的能力与成效对很多企业来说是个挑战。大数据时代组织需要选用先进的品牌管理工具与方法,在海量市场信息中全面、准确、实时地掌握市场信息与品牌信息,实时监测客户需求,监控竞争对手和行业动态,是企业战略、市场、行销决策的重要支撑,也是有效经营品牌,获取业绩的重要保障。在行业、产业快速变革,竞争激烈的背景下,组织以信息管理驱动的市场竞争与管理决策需求激增,对于品牌监测的应用也日益广泛。下面以居于行业领先水平,并在诸多大型企业得到成功应用的七星品牌监测系统为例来说明品牌监测系统与品牌监测。

七星品牌监测系统是行业领先的基于网络大数据挖掘技术的品牌监测与分析工具,可以有效实施行业监测、企业监测、产品监测、客户监测、竞争监测。组织应用七星品牌监测系统,可以全面、精准、实时地监测市场信息、监控竞争态势、监测企业信息、监测产品信息、监测品牌口碑。组织可以基于品牌监测信息与分析报告有效掌控市场信息，及时调整和改善市场竞争策略和品牌经营策略，从而改进品牌经营成效。这也是组织实施数字化品牌经营，有效提升品牌经营成效与经营业绩、提升品牌资产的最佳工具。图 9-14 为七星品牌监测系统监测领域示意图。

图 9-14　七星品牌监测系统监测领域示意图

　　七星品牌监控系统是整合互联网信息采集技术及信息智能处理技术，实时监控企业的品牌信息，通过云爬虫的原理自动抓取、自动分类聚类、主题检测聚焦、倾向性研判等途径检索与分析相关信息，实现用户的网络品牌监测和新闻主题追踪、品牌口碑监测等信息需求，形成简报、图表、报告等分析结果，为企业精准掌握客户消费心理与消费行为，实时了解市场动态、品牌相关媒介信息、竞争信息，全面了解品牌口碑，为企业科学决策和精准的市场营销提供依据与有力支撑。

　　七星品牌监测系统利用独有的爬虫技术，能 7×24 小时不间断监测全网品牌信息，并对危机信息及时报警。系统利用中文分词技术、自然语言处理技术、中文信息处理技术，对信息进行垃圾过滤、去重、相似性聚类、情感分析、提取摘要、自动聚类等处理方法。其品牌处理与分析系统技术先进，具有热点识别能力，还可以自动实施倾向性分析与统计、主题跟踪、信息自动摘要功能、趋势分析、突发事件分析等技术功能。配合专业分析师生成详细的品牌分析报告。

　　图 9-15 为七星品牌监测系统功能示意图。

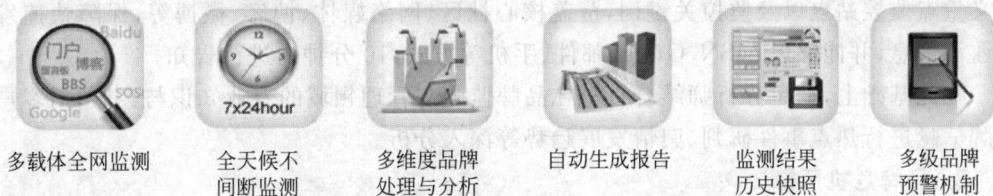

多载体全网监测　　全天候不间断监测　　多维度品牌处理与分析　　自动生成报告　　监测结果历史快照　　多级品牌预警机制

图 9-15　七星品牌监测系统功能示意图

一、七星品牌监测系统架构与功能

　　七星品牌监测系统采用 B/S 结构相结合的系统架构，利用先进的系统架构，实现基于 UC 和 PC 浏览器的客户端模式。由信息采集、信息处理、信息分析、信息展示四部分组成。系统架构如图 9-16 所示。

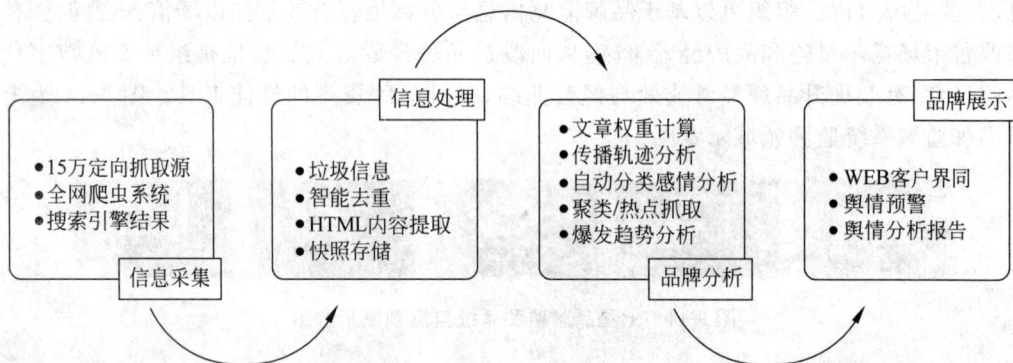

图 9-16　七星品牌监测系统架构

1. 品牌信息采集

品牌信息采集为 7×24 小时实时采集全网信息，全面、及时、准确。监测范围覆盖论坛类、新闻类、博客、SNS、视频以及平面媒体等，调整相应的监测配置可覆盖 15 万个主流新闻媒体、论坛、博客、微博等信息源。

品牌信息检索，支持任意关键词、全文、标题、网站、url 等多条件检索。辅助搜索引擎结果匹配技术，确保有效消息及时、准确地传达。

多维度微博监测，覆盖新浪、腾讯、搜狐、网易四大微博，首家实施微信监测。

2. 品牌信息分析

对品牌信息进行自动分类、聚类，权重分析，情感判断，数据统计等分析。品牌信息图表分析，直观展示品牌走势、媒体覆盖、媒体类型等分析结果。品牌信息热点分析，自动发现热点舆情、分析发展态势。专题事件追踪，全程追踪，分析事件发展脉络。客户可自行定义重点监控站点以及监控关键词，覆盖核心社区、网络媒体、博客、微博等，保障快速发现监测信息，并能够以 MSN、Gtalk、邮件、手机等方式，10 分钟内进行告知。

在此基础上，七星分析师结合自身在品牌监测与管理领域的专业知识与经验，对客户品牌信息进行热点事件研判、舆情发展趋势等深入分析。

3. 品牌危机预警

实现 7×24 小时全天候监测。

利用七星品牌监测系统的自动预警功能，客户能够在预警信息出现的第一时间收到邮件、短信、IM 等方式的预警通知。

4. 追踪导控

品牌信息统计报告自动生成报告，指定发送邮箱，报告导出。

对于热点品牌信息，一方面系统可做到持续追踪，通过趋势分析图和传播路径分析图等技术，帮助用户了解热点事件的报道趋势及来龙去脉，为客户提供专业的品牌管理方案。

图 9-17 为七星品牌监测系统架构与功能示意图。

突发事件：奥运事件	西藏事件	涉外事件	涉警事件	邪教事件	民运事件等等
常规监测：社会民意	社会思潮	专家观点	地方形象	政要人物	三农问题
舆论导向：文件讲话	舆情工作	地方舆情	媒体热报		

图 9-17 七星品牌系统架构与功能示意图

二、七星品牌监测的服务体系

七星品牌监测系统的服务流程，包括了解服务需求、组建服务团队、确认服务内容、设置品牌监测系统、实施品牌危机预警、提供品牌监测报告等过程。

三、七星品牌监测服务

七星品牌监测服务包含下列内容。

1. 品牌监测系统

- 新闻、论坛、博客、微博等平面媒体全网监测。
- 行业监测。
- 竞争对手监测。
- 企业信息监测。

- 产品信息监测。
- 客户信息监测。
- 网络口碑监测。
- 热点事件监测。

2. **品牌危机预警系统**

- 邮件预警。
- 电话、手机短信预警。
- IM 预警。
- 一对一专人服务……

3. **品牌监测报告**

- 日报：当日信息简报，包含自身、竞品、行业当日重要信息，并对这些信息进行归纳和总结，提取要点。
- 周报：一周信息回顾和总结，包含各类数据的对比分析。
- 月报：月度舆情总结与分析，包括网络口碑分析、竞争情报分析、热点事件点评、市场效果反馈。
- 专项报告：重要活动监测与分析、市场效果评估、危机事件监测与分析。

图 9-18 为七星品牌监测。

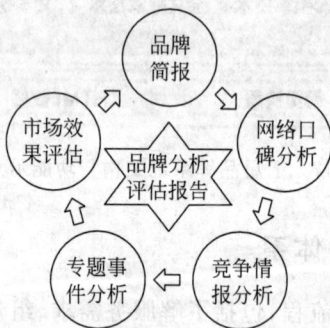

图 9-18　七星品牌监测报告示意图

四、七星的网络品牌运营服务

1. 网络品牌监测与分析

- 搜索引擎结果

搜索引擎结果是否出现敏感信息。

搜索引擎结果中企业品牌活跃度。

搜索引擎结果中企业品牌的宣传力度。

- 媒体报道情况

媒体对企业品牌的关注度。

媒体对企业品牌的友好度。

媒体报道的信息是否为企业传播点。

- 网民声音

网民对企业品牌的认知度。

网民对企业品牌的美誉度。

网民对企业品牌形象的意见。

2．净化网络环境

图 9-19 为净化网络环境示意图。

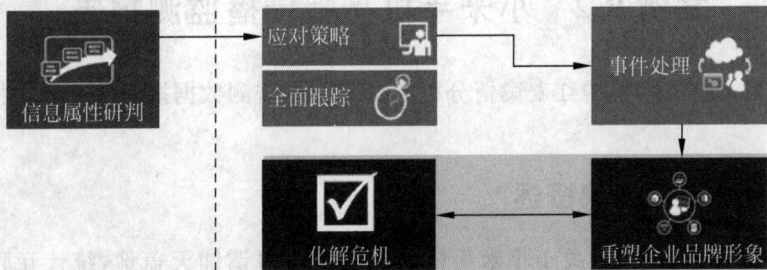

图 9-19　净化网络环境示意图

3．搜索引擎优化

- 品牌关键词优化：对涉及公司品牌、领导人的相关信息进行百度搜索结果的优化，提高正面信息占比。
- 行业关键词优化：提高企业品牌信息在行业关键词搜索结果中的位置。
- 官方网站优化：对官方网站进行搜索引擎优化，在搜索企业品牌、行业关键词时，官方网站排名靠前。
- 下拉框、相关搜索词优化：优化关键词搜索结果的下拉框、相关搜索词。

4．品牌沟通

1．品牌规划：品牌的定位、品牌的个性、品牌的精神。

2．系统实施规划品牌传播策略、工具与方法。

3．监测品牌传播主题、内容、形式、媒介报道情况，网民评论。

4．监测竞争对手的品牌传播态势与信息。

5．调整和改善品牌传播规划和内容形式。

6．规划和实施微信、微博营销二维码营销、网络营销提升品牌传播成效。

5. **口碑维护**

- 品牌——网络形象纠正：百科类平台维护；品牌统一口径,树立正确的企业品牌形象认知。
- 互动维护：论坛信息跟帖、新闻进行引导评论、敏感信息正面引导、话题跟踪、互动分析、传播汇报。
- 舆论引导：针对各类互动平台出现的热门主题,策划并撰写话题,撰写微博舆论,互动类微博稿件。

6. **品牌传播监测与效果评估**

监测品牌传播效果,评估企业传播活动和市场营销活动的工作成效。

案例 9-2 小米手机品牌传播监测报告

此案例为七星关联机构红麦舆情分析师基于网络监测数据撰写的小米手机网络传播监测报告。

一、小米手机传播现状概述

2011 年 8 月至 9 月初,关于小米手机的新闻报道可谓铺天盖地,统计互联网上小米手机相关信息(8 月 1 日至 9 月 10 日),其总量达到 76 000 余篇次,可以看出无论是媒体还是消费者都对这款手机十分期待,小米手机之所以备受瞩目,除了因为它本身超高的配置加上低廉的售价外,其在营销传播策略方面也有着颠覆行业的举措。

小米深知,互联网中信息的高速流动和热门话题的迅速更替带来了品牌上强者恒强、弱者恒弱的马太效应。品牌的强者要不断形成用户心中积极稳定一致的联想,就必须用互联网的速度不断满足用户的需求并且将口碑迅速地扩散。小米通过软件的服务形成品牌牢固的粉丝群,在与粉丝的互动过程中,产品以互联网的速度进行更新和改进,品牌在建立初期就重视用户的反馈,有着强大的与用户互动的能力。

小米手机在发布前通过局部产品形成海量稳定活跃的用户社区和乐于布道的粉丝群体,以及用互联网组织的快速迭代开发体系;小米团队选择从米聊这个具有高黏性可以颠覆短信的软件入手,借此在半年内快速建立了一个 350 万且不断扩大的用户社区,并通过米聊将用户引导到小米其他相关产品,包括米聊外的其他应用以及小米的移动操作系统 MIUI。每个相关产品的体验用户又会邀请其他的用户参与体验。这里面的重要用户不但是体验者,而且是最忠诚的布道者。MIUI 不到一年内拥有超过 30 万人的社区开发者,甚至有许多来自海外各个国家的 MIUI"粉丝"形成组织。每当有新版本的 MIUI ROM 发布,就自行将其翻译为当地的语言版本,这也使得 MIUI 至今拥有了超过 20 个国家和地区的语言版本。

同时,小米手机从设计理念和设计思路的形成中,采用紧跟"发烧友"的定位。在小米科技成立短期内稍稍造了声势,而关于手机的进展则是慢慢地放出。就好像慢火一直烧着,使得网络关注度始终都不至于过高而使媒体和网友失去兴趣,也不会降低,处于慢慢升高的态势,到最后集中宣传与充分利用网络和概念,以及自己的优势,使得花了很少的钱,却引起了很大的反响。特别是在临近手机发布的前期,小米科技推出♯我是手机控♯活动,所谓"征集消费者意见",并对小米手机进行造势。截止到 2011 年 7 月 26 日,♯我是手机控♯活动参与人数总计为 480 859 人。♯我是手机控♯活动的结果被用于小米手机的发布会,雷军的 PPT 第一部分谈小米手机如何针对发烧友的需求推出。这也和小米手机的传播策略相对应,利用发烧友的属性,基于网络传播。

在具体的传播活动上,不论是在发布前期的网络布局、手机的发布会,还是手机的预订,小米在不同的阶段持续制造着传播点。媒体对小米手机发布的前后报道、小米创意的视频及软文策划被众多的粉丝大力推广。

这些在互联网的布局与传播策略使得小米整体品牌传播犹如顺水推舟,水到渠成。

二、小米手机传播核心信息分析

在小米手机的整体传播过程中,传递的核心信息主要体现在小米团队的介绍、小米手机性能、小米手机预订情况的传播。

小米科技介绍:通过小米科技媒体沟通会、手机发布会等手段,宣传小米科技公司创业团队、管理团队、业务结构、企业理念、企业未来展望等信息。

传播手段:媒体沟通会、手机发布会、领导微访谈等,再经网络媒体进一步报道转载。

小米手机性能:小米手机硬件配置、外观、系统介绍、UI 对比等系列专题评测内容。

传播手段:手机网站、评测类网站、门户类数码手机频道、视频网站、论坛、微博等。

小米手机预订情况:通过小米官网信息显示,小米手机排队预订人数已超过 30 万人,小米手机于 9 月 5 日 13:00 开始接受网上排队预订,原计划持续到月底。小米官网发出公告称,预订截止。

传播手段:官方网站、官方论坛、新闻门户等媒介执行。

小米手机活动传播:包括小米手机的"我是手机控活动"、工程纪念版秒杀活动、预订活动等。

传播手段:官方网站、官方论坛、微博互动、新闻门户等媒介执行。

三、小米手机传播阶段及主要活动

我们以时间为引线,来分析小米手机主要的传播活动情况。从雷军为小米手机在应用软件与用户体验布局庞大的粉丝群体的预热阶段,到雷军为小米手机举行的"乔布斯"般的发布会,再到持续制造传播点使小米手机引爆市场,我们将小米手机的品牌传播过程划分为四个阶段：预热阶段、发布阶段、持续传播阶段和引爆市场阶段。

以下是小米手机在其各个传播阶段中主要的自身传播活动与媒体传播情况。

350万热衷粉丝社区：小米论坛、小米手机、米聊、MIUI、小米公社等官方论坛簇拥着大量热衷粉丝。借助小米手机的推出，也让部分米聊的用户发现，米聊和小米是一家，增加了消费者间的新闻点，推进了传播的推广。

统计社区浏览量 403 088 次，回复量 37 270 次。

小米官方论坛：http://bbs.xiaomi.com/。

小米手机发布会：雷军投资创办的小米于 8 月 16 日正式发布小米手机，首发会上公布小米手机细节，同时举行小米旗下手机操作系统 MIUI 一周年粉丝庆典。发布会充分利用了雷军的人脉关系，多个互联网公司 CEO 的祝福，凡客、多玩、UC、乐淘等人们耳熟能详的公司品牌，就等于免费地为小米做了一次大规模的宣传。

发布会引发相关媒体报道 3220 篇次，论坛发布帖子 389 条，微博 43 640 篇次。

主要转载传播

新浪科技：小米手机发布会专题

优酷：国产旗舰小米手机发布会全程视频

多玩游戏：小米手机发布会将通过 YY 语音同步直播

网易科技：小米手机正式发布：10 月量产售价 1999 元

雷军微访谈：作为中国互联网"十年·百人"系列微访谈活动之一，雷军于 8 月 18 日做客腾讯微访谈，与大家在线交流，参与互动。

访谈引发相关媒体报道 714 篇次，论坛发布帖子 223 条，论坛点击 4435 次，微博转载 1145 篇次。

主要转载传播：

新浪科技：雷军微访谈解密小米手机：没有设计是最好的设计

搜狐微访谈：雷军：金融冬季下企业如何创新

腾讯微访谈：雷军做客腾讯微访谈

新浪微访谈：雷军：小米开始二次创业

小米手机工程纪念版秒杀活动

2011 年 8 月 29—31 日每天上午 10:00 开始秒杀，每天限量 200 台。上线销售的是工程纪念版的小米手机，该批手机采用秒杀的方式进行销售。每台工程纪念版小米手机均有唯一的纪念珍藏编码。另外只有在 8 月 16 日零点以前积分大于或等于 100 的小米论坛、MIUI 论坛、米聊论坛的米粉才有资格参与秒杀，从而进一步刺激关注者参与网络传播，扩大相关的声音。假定投票或者发帖 30 个帖子左右可以到 100 积分，10 000 个人就可以瞬间提高 30 万的回复量，虽然大多数人知道自己拿不到机器，但这种活跃度瞬间增强了论坛的活力，把所有小米粉丝吸引到了一起。同时，发布会当天到预订还有 2 个星期,到发售还有 6 个星期,秒杀活动起到了"维持小米手机关注度"的作用。

秒杀活动引发相关媒体报道 1022 篇次,论坛发布帖子 588 条,微博转载 9866 篇次。

主要转载传播

网易:1699 元！小米手机工程纪念版秒杀活动开启

新浪:1699 元秒杀小米手机工程纪念版今上市

人民网:小米手机工程纪念版登录糯米网售价 1699 元

ZOL:1699 元！小米手机工程纪念版秒杀活动开启

cnBeta:小米官网今日秒杀 200 台工程机纪念版

小米手机预订活动

小米手机 9 月 5 日开始公开预订。预订页面上线后,一分钟内预订量突破一万台,一小时内突破 10 万台。官方公告称,预订用户将于 10 月或 11 月获得手机实物。

引发相关媒体报道 7240 篇次,论坛发布帖子 3850 条,微博转载 48 201 篇次。

主要转载传播

小米手机官网

eNet:小米手机提前结束预订 10 月供货 34 小时 30 万

新浪科技:小米称预订量超 30 万部前 10 万名有望下月到手

ZOL:小米手机预订超 30 万 10 分钟回顾一周大事件

搜狐:小米手机预订量超 30 万

小米手机评测相关文章

小米手机自发布以来,"1.5G 双核仅 1999 元！小米手机全球首发评测"等评测文章蜂拥而来。ZOL、泡泡手机网、太平洋等各大手机综合门户均给予全面(包括手机性能、外观、参数)的专题评测。

引发相关媒体报道 2114 篇次,论坛发布帖子 1034 条,微博转载 88 864 篇次。

主要转载传播

太平洋电脑:1.5G 双核仅 1999 元！小米手机全球首发评测

ZOL 专题:全面揭秘小米手机十大特色详解

优酷:小米手机评测专题

新浪数码:1999 元高性价比双核小米手机评测

腾讯数码:小米手机体验评测

以上一系列的策划活动使得小米手机在短时间内成为了网民关注的焦点。首先通过建立社区网聚集用户群,而后的发布会将小米手机推到前台,引起现有用户的讨论和部分网民的关注,之后对小米 CEO 雷军的访谈,以现今网民最喜欢的揭秘形式讲述小米手机背后的故事,扩大小米手机的声势。再通过秒杀工程机的活动,促使有购买想法的用户争相购买,炒热市场,最后正式推出预订让更多的用户抢购,并形成了最后的饥饿营销模式。

整个传播的过程可简述为：聚合用户→媒体造势→扩大声势→抛砖引玉→饥饿营销。

软文传播点见表 9-2。

表 9-2 软文传播点

内　　　容	相关话题转载
小米手机玩的就是开放	915
小米手机突破发烧友群体走向大众	417
"小米"的勇气	814
小米手机那些事儿	63
"小米"风潮来袭　备受全民追捧	32
十月份上市　雷军:小米手机绝不跳票	366
"小米"诞生"魅族"惊魂	45
散热、续航、性能如何？小米手机八大核心问题详解	312
小米手机深度拆解＋拆机帝真实评价	440
一次看个够小米手机拆机、装机视频	98
"抽幸福奖 1 元"继续发力小米登录嘀嗒团网页	75
小米手机售后服务亮了	221
"小米"手机开放预订首日遭"疯抢"	988
最后的冲刺:雷军称小米手机一个月内发货	611

四、小米手机传播策略分析

小米手机传播策略见图 9-20。

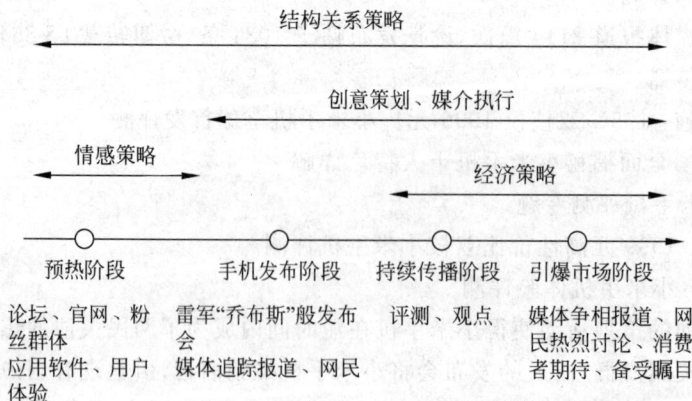

图 9-20　小米手机传播策略

　　结构关系策略：小米把用户以及各个中间厂商合成一个共生的体系结构，一方面，小米通过完善 MIUI 来为顾客提供良好的体验与交流环境，通过唯一网上订购来减少中间环节；另一方面，小米在上市手机前把产品、服务、服务政策、消费情境等结构化，目的在于把小米与消费者关系固化并不断强化，保证关系强度。小米提供 MIUI 的迭代更新、注重米聊的用户体验；官方网站完整与简洁的可取信息；合理的官方唯一网上订购的交易策略。

　　情感策略：通过米聊、MIUI 产品的迭代开发以及用户体验，增加用户对产品乃至对小米企业的喜爱情感，刺激顾客传播口碑，促进口碑接受者再传播，引发雪球效应。

　　创意策划、媒介执行：不论从 MIUI 的创意视频，小米手机包装盒承载重量与汽车碾压试验的炒作，还是媒体争相报道小米手机的性能、参数、外观及其评测，抑或雷军在小米手机的发布会，小米都进行了精心的打造与策划，达到了掀起媒体争相报道、网民热烈讨论的良好效果。

　　经济策略、市场定位：小米通过互联网精准市场定位、高层微访谈、创意发布会、小米手机工程纪念版秒杀活动等手段来强化消费者口碑传播意愿，从而获得更高的传播价值。

附：小米手机网络舆情分析（8 月 1 日—9 月 15 日）

媒体、网民关注情况

图 9-21 为小米手机相关网络信息数据分布情况。

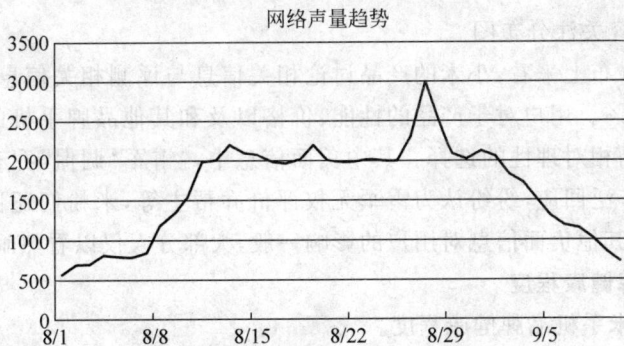

图 9-21　小米手机相关网络信息数据分布情况

　　小米手机相关信息在监测期内的网络信息量为 67 241 篇；信息量峰值出现在 8 月21—31 日间，共计 24 076 篇次。从流量来看，由于媒体在小米手机的发布前期做了相关报道，引发了用户的关注，使得之前的流量从 11 日开始有了较大幅度的增长，并一直保持在较高的水平线，27 日正式发布带来了档期流量的最高点，而后持续了几天的热度并持续走低。由于媒体的关注在发布后没有跟进的报道，使得用户的关注逐渐走低，但伴随着使用体验和评测内容的上线会引来又一波用户关注的高潮。

根据百度指数我们看到小米手机关注度从 8 月 15 日的不到一万,到 8 月 16 日的 21 万多,在 8 月 17 日经过各大媒体对其报道,百度指数关注度已经上升至 36 万,再慢慢地下降到目前的 75 000。见图 9-22。

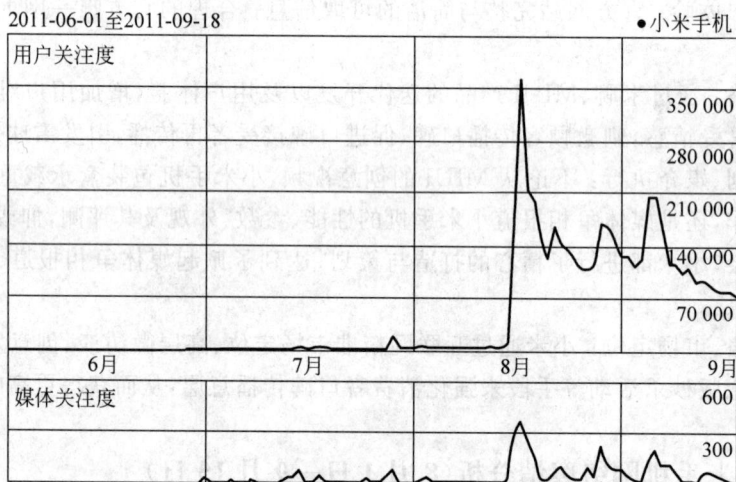

图 9-22 百度指数

内容关注分布

图 9-23 为内容关注分布图。

从关注内容分布上来看,小米的产品讨论相关信息与评测相关信息分别占到了信息总量的 52% 和 27%。用户对于产品的性能、价格以及和其他品牌手机的对比关注较高,体现了用户对产品相对理性的选择。其中负面信息中,"雷军'调侃'乔布斯"这一话题受到了深度果粉的广泛回应,纷纷认为雷军无权评价乔帮主等,米粉们还比较冷静,没有引起大规模的网战,其他负面信息对用户的影响一般,大部分人仅以看热闹的心情关注。

小米手机品牌健康程度

图 9-24 为小米手机品牌健康程度。

鉴于评测等中立信息给小米手机宣传带来的积极影响,本报告对监测期内的小米手机相关信息分成利好(正面、中立信息),以正面宣传和网友讨论话题为主;不利好(负面信息),以个别质量问题及个别言论触及其他阵营深度粉丝的抵触为主,其中小米手机利好方面占全部信息的 92.4%,品牌健康程度良好。

参考资料:

北京红麦聚信软件技术有限公司《小米手机舆情研究报告》,2011 年 9 月。

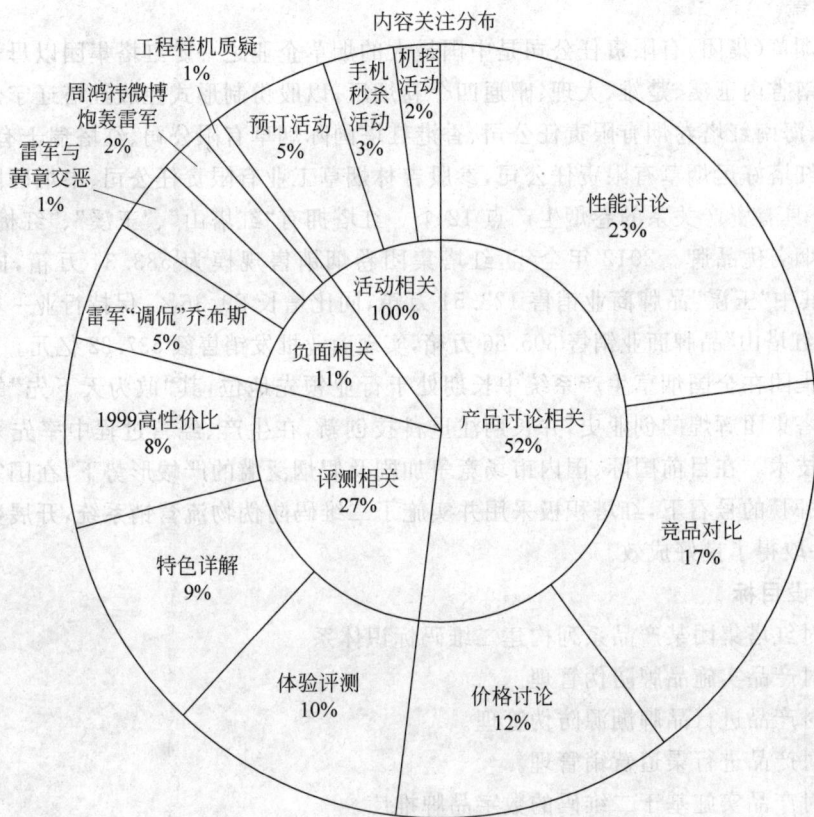

图 9-23　内容关注分布图

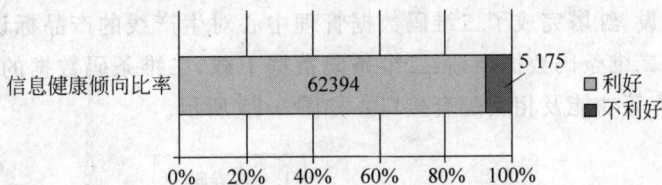

图 9-24　小米手机品牌健康程度

案例 9-3　红塔集团的品牌溯源、防伪与数字品牌营销

　　本文为我们技术与运营专家团队对红塔集团实施的品牌溯源、防伪与数字营销案例的总结与分析。

1．背景

红塔烟草(集团)有限责任公司是中国最大的烟草企业之一。红塔集团以母子公司形式拥有云南省内玉溪、楚雄、大理、昭通四个卷烟厂,以股份制形式控股红塔辽宁烟草有限责任公司、海南红塔卷烟有限责任公司、香港红塔国际烟草有限公司、红塔瑞士有限公司、老挝寮中红塔好运烟草有限责任公司,参股吉林烟草工业有限责任公司、中烟国际欧洲公司,境内外具有资产关系的卷烟生产点 12 个。红塔拥有"红塔山"、"玉溪"、"红梅"等享誉全国的卷烟名优品牌。2012 年全年,红塔集团卷烟销售规模为 583.34 万箱,同比增长7.95％。其中"玉溪"品牌商业销售 123.51 万箱,同比增长 29.36％,保持行业一类卷烟销量第二;"红塔山"品牌商业销售 305.66 万箱,实现商业批发销售额 537.22 亿元。

红塔集团在全国烟草生产系统中长期处于行业领先地位,其"敢为天下先"的企业精神贯穿红塔集团辉煌的创业史,并长期注重科技创新,在生产、经营过程中率先采用了大量的先进技术。在目前国际、国内市场竞争加剧及假烟泛滥的严峻形势下,在国家局倡导"烟草物联网"的号召下,红塔积极采用并实施了二维码防伪物流营销系统,开展数字化品牌经营,并取得了良好成效。

2．建设目标

(1) 对红塔集团某产品系列构建二维码标识体系。

(2) 对产品实施品牌防伪管理。

(3) 对产品进行品牌溯源防伪管理。

(4) 对产品进行渠道营销管理。

(5) 对产品实施基于二维码的数字品牌推广。

3．实施过程

(1) 防伪标生产线管理

经过系统建设,红塔完成了二维码数据管理中心对生产线的产品标识管理功能。实现产品生产全程二维条码数据申请、二维条码数据下载、二维条码数据的认证、制码数据上传、防伪码出库等功能及相关配套接口。如图 9-25 所示。

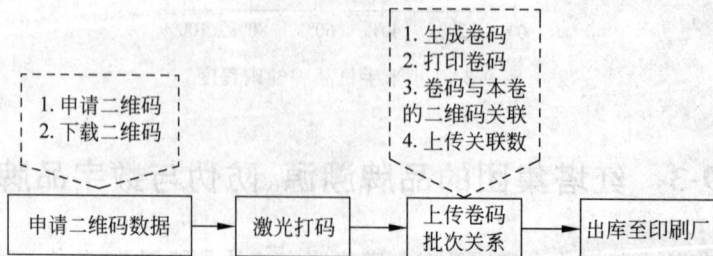

图 9-25　防伪标生产线管理流程示意图

（2）印刷厂生产线管理

经过系统建设,红塔完成了二维码数据管理中心对印刷厂生产线的管理功能。其中主要实现:防伪标入库管理、防伪标数据验证上传、烟包产品出库。流程如图9-26所示。

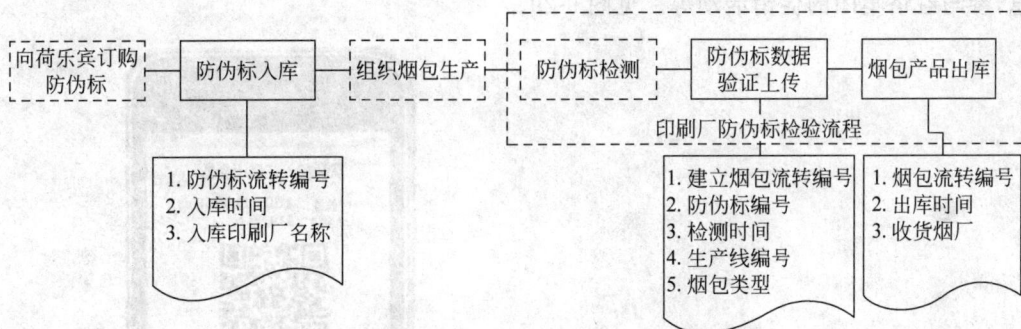

图9-26　印刷厂防伪标生产线管理流程示意图

（3）烟厂仓库管理

经过系统建设,红塔完成了二维码数据管理中心对烟厂仓库的管理功能和烟包返检功能。其中主要实现:烟包入库、烟包返检、烟包出库、条码激活等功能。如图9-27所示。

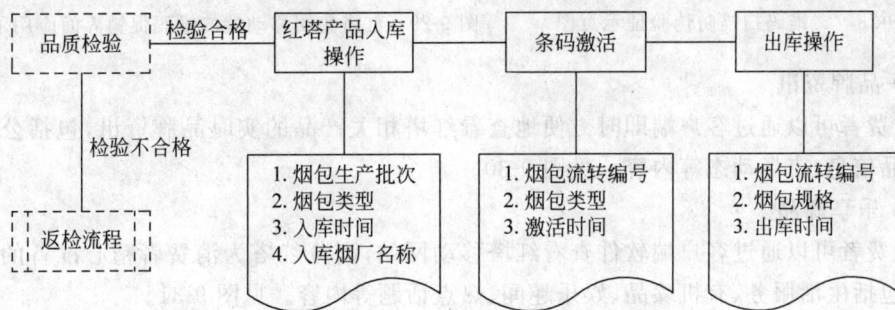

图9-27　烟厂防伪标仓库管理流程示意图

（4）客户防伪查询及营销管理

经过系统建设与实施,红塔还完成了移动客户端溯源防伪模块建设,以及品牌营销模块、客户关系管理模块和移动网站建设。红塔消费者可以使用手机客户端,以扫描查询方式进行防伪查询,并通过与红塔WAP网站进行链接,实时查看红塔烟品的品牌资讯,参与红塔推出的品牌互动营销活动。

① 扫码防伪验证

消费者可以通过手机实时扫描烟盒或整条烟上的防伪条码,查询烟品的真伪信息。

见图 9-28。

② 会员俱乐部

消费者可以通过手机客户端直接加入红塔会员俱乐部,享受会员优惠,了解活动信息,参与红塔集团的促销活动等。见图 9-29。

图 9-28 二维码扫描防伪验证示意图

图 9-29 红塔集团移动端二维码促销界面应用示意图

③ 品牌资讯

消费者可以通过客户端即时方便地查看红塔相关产品的实时品牌资讯,包括公司资讯、产品信息、市场动态等内容。见图 9-30。

④ 乐享臻品

消费者可以通过客户端软件查看红塔移动网站,浏览红塔为消费者精心准备的网站内容,包括生活服务、有机臻品、娱乐趣闻、热点话题等内容。见图 9-31。

⑤ 参与红塔集团品牌推广活动

消费者在完成烟品的真伪查询后,还可以通过防伪验证页面内的链接直接进入红塔的网站,参与红塔集团开展的其他品牌推广活动。

4. 实施结果

红塔集团通过实施品牌认证、溯源与防伪系统,达成了如下效果。

(1) 构建了统一成体系的产品数字标识体系。

(2) 完成企业品牌认证与防伪体系,实现了全面、实时、精准的数字化产品管理。

(3) 完成了产品的企业数字品牌经营体系的建立。

(4) 有效达成了渠道管控和防窜货管理的职能。

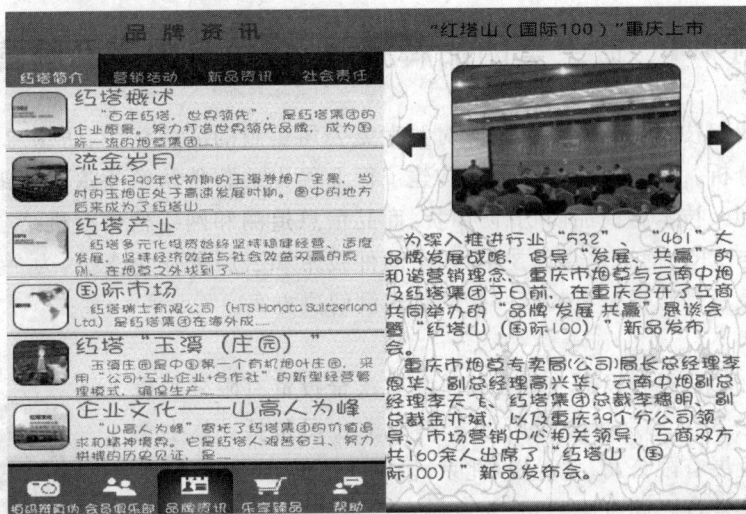

图 9-30 红塔集团移动端二维码品牌推广示意图

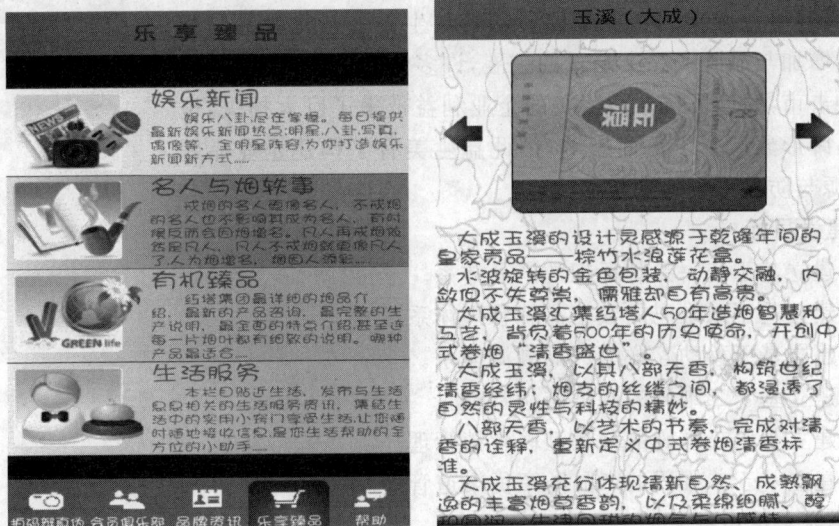

图 9-31 红塔集团移动端二维码营销示意图

（5）完成了产品基于二维码的微信营销体系的构建与品牌推广。

案例 9-4　益生美的品牌溯源、防伪与数字品牌营销

本文为我们技术与运营专家团队对益生美公司实施的品牌溯源、防伪与数字营销案例的总结与分析。我们为益生美公司构建了行业领先的防伪防窜货追溯营销管理系统，并基于微信和云技术将商品防伪、防窜货、商品信息追溯和网络营销有机结合在一起，利用条码技术与 ERP 信息化管理技术，以中间件技术和云服务作为支撑，为企业提供了兼顾网络营销及营销数据分析的新一代防伪追溯解决方案。

1．背景

益生美（北京）科技发展有限公司是北京沃金投资有限公司旗下的全资子公司。北京沃金投资公司旗下子公司包括：益生美（北京）科技发展有限公司、益生美（北京）国际美容培训有限公司、北京威尔思德管理顾问有限公司、北京御食斋食品有限责任公司。益生美（北京）科技发展有限公司构建的益生美康体美疗生活馆（连锁机构）和益生美康体排毒工作室（连锁机构）是专门致力于人类健康、美容事业发展的企业集团。随着益生美公司化妆品品牌影响力的增加与品牌产品交易量的扩展，许多假冒、仿冒产品开始涌现并冲击市场，这不仅对益生美的企业利益带来了巨大损失，也对企业品牌形象产生了负面影响，因此益生美有了构建企业品牌认证、溯源与防伪系统的现实需求。

2．建设目标

（1）建立基于统一品牌标识的产品体系。

（2）建立基于二维码的数字品牌管理体系。

（3）建立基于移动互联的产品溯源体系。

（4）建立基于二维码的微信防伪管理。

（5）建立基于二维码的移动互联营销管理。

（6）建立基于二维码的产品防窜货渠道管理。

3．系统总体设计

在系统规划与软件开发后，益生美公司的每个产品在出厂时就已经被赋予了唯一身份的二维码标签，商品的相关信息参数将被系统记录，同时商品物流信息、出入库信息及销售信息都将被系统记录。

当消费者通过产品二维码查询益生美产品真伪时，系统将通过标签信息进行自动查询，并实时将查询结果反馈到消费者查询终端。这样就有效实现了消费者对于益生美产品的溯源防伪认证过程，增强了消费者的正品品牌消费信心。

在移动客户端查询结果页面公司以积分或其他方式引导客户注册会员,客户用短信验证方式完成注册,注册成功后进入商品销售移动客户端网站,通过网站完成商品购买、个人信息管理、订单管理、积分管理等。这也有利于益生美及时掌握真实有效的客户资料,实施精准的客户关系管理与营销。

消费者在移动客户端查询产品结果页面经提示可以关注益生美的新浪微博、腾讯微博、微信等微平台,了解企业信息、产品信息和企业最新资讯活动等。

针对微信的广泛应用,我们还为益生美开发了微信营销接口,研发提供了微信营销平台,开通预约微信营销功能。消费者可以通过微信回复直接进行会员注册、商品购买、微信支付、订单查询等一系列功能。见图 9-32。

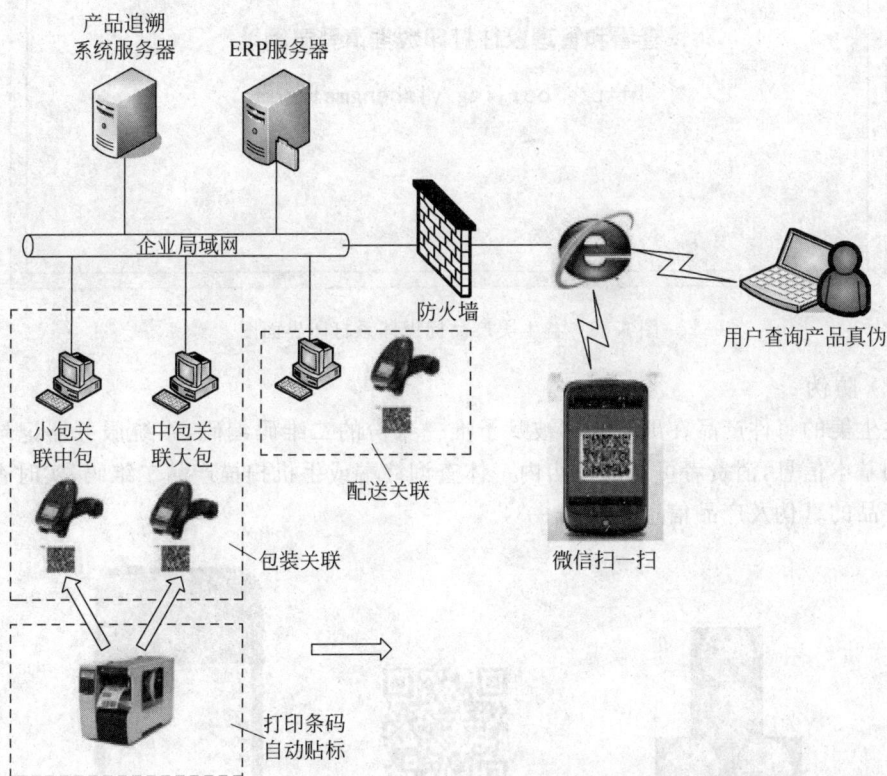

图 9-32 益生美追溯、防伪以及营销系统架构图

4.系统实施过程

（1）建立统一标识管理

益生美统一标识体系包括单品标签、包装盒标签、包装箱标签,其打印界面如图 9-33 所示。

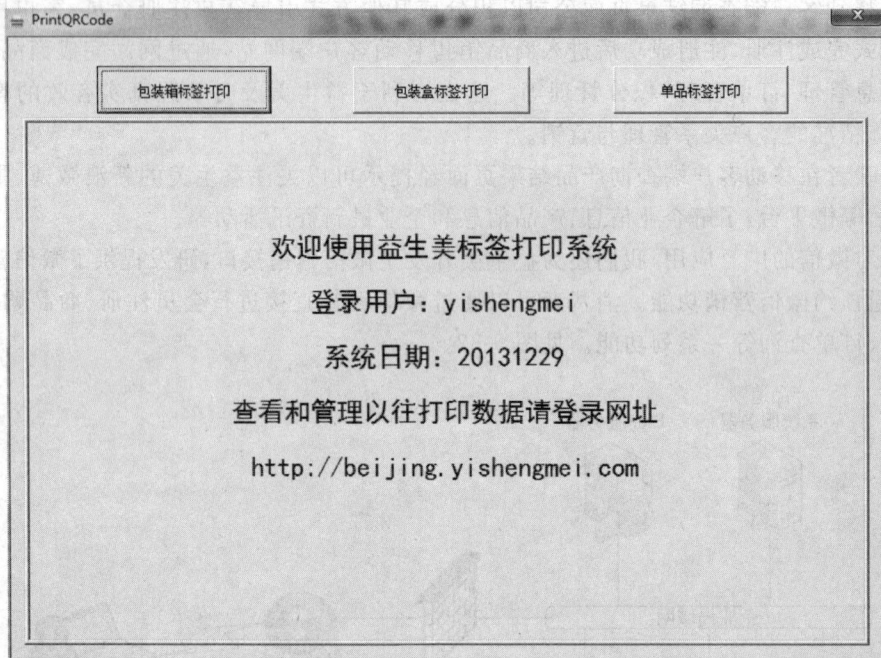

图 9-33　益生美产品标识体系打印界面图

（2）防伪

益生美的每件产品在出厂时都被赋予唯一身份的二维码编码，系统服务器记录当前产品的基本信息，消费者可以通过店内一体查询终端或手机扫描产品二维码，实时查询益生美产品的真伪及产品信息。见图 9-34。

用户无须输入，通过扫一扫功能即可查看防伪信息

图 9-34　益生美产品防伪认证示意图

（3）追溯与防窜货

益生美产品出厂后，其产品的物流、进出库、销售等所有信息均被系统自动记录。企业和消费者在查询商品为真之后，可对商品信息进行追溯，清晰地了解产品的生产、流通与销售信息，同时为管理者掌控商品流向提供依据，为防窜货管理提供数据支持。见图9-35。

图9-35　益生美产品追溯与防窜货

（4）营销

益生美在品牌溯源防伪系统的基础上构建完善的网络营销平台，包括商品销售网站搭建、手机版网站搭建、移动客户端、微信营销平台搭建等。益生美通过产品二维码推广及标签防伪查询功能和促销活动设计引导用户注册，通过微信公共平台、微信网站、官方销售平台等进行更有效的精准网络营销。图9-36为益生美产品微信营销管理示意图。

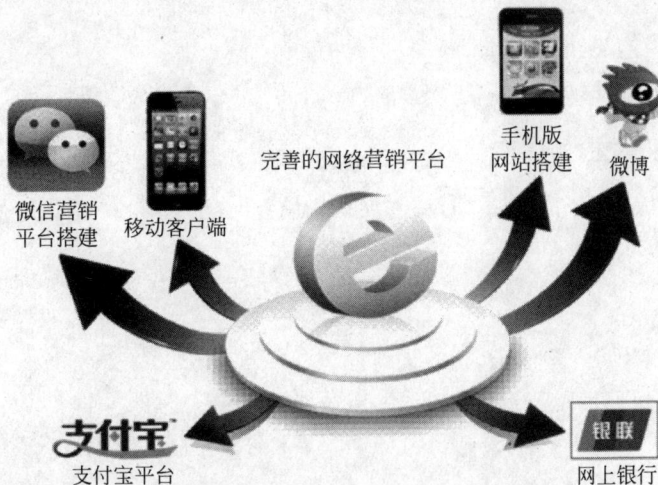

图9-36　益生美产品微信营销管理示意图

5．实施效果

益生美通过实施品牌认知、溯源与防伪系统，达成了如下效果。

（1）构建了统一成体系的产品数字标识体系。

（2）完成了企业的品牌的认证、溯源与防伪体系，实现了全面、实时、精准的数字化产品管理。

（3）完成了产品的企业数字品牌经营体系的建立。

（4）完成了产品基于二维码的微信营销体系的构建与运营。

参 考 文 献

[1] [美]菲利普·科特勒.营销管理[M].第10版.梅清豪,译.北京:中国人民大学出版社,2001.

[2] [美]凯文·莱恩·凯勒.品牌管理战略[M].第2版.李乃和,吴瑾,邹琦,等,译.北京:中国人民大学出版社,2010.

[3] [丹麦]杰斯帕·昆德.卓越公司[M].王钰,译.昆明:云南大学出版社,2002.

[4] [丹麦]杰斯帕·昆德.公司精神[M].王钰,译.昆明:云南大学出版社,2002.

[5] [德]曼弗雷德·布鲁恩.传播政策[M].易文,译.上海:复旦大学出版社,2005

[6] [美]唐·舒尔茨.整合营销传播[M].何西军,黄鹏,等,译.北京:中国财政经济出版社,2005.

[7] [美]唐·舒尔茨,菲利普J凯奇.全球整合营销传播[M].何西军,黄鹏,张怡,等,译.北京:中国财政经济出版社,2004.

[8] [美]特伦斯·A辛普.整合营销沟通[M].第5版.熊英翔,译.北京:中信出版社,2003.

[9] [美]大卫·阿克.管理品牌资产[M].奚卫华,董春海,译.北京:机械工业出版社,2006.

[10] [美]大卫·阿克.创建强势品牌[M].吕一林,译.北京:中国劳动与社会保障出版社,2004.

[11] [美]大卫·阿克.品牌组合战略[M].雷丽华,译.北京:中国劳动出版社,2005.

[12] 郭伟.品牌价值管理[M].北京:中国人民大学出版社,2010.

[13] 朱熹.周易本义[M].北京:中央编译出版社,2010.

[14] 翁向东.本土品牌战略[M].第2版.南京:南京大学出版社,2008.

[15] 仇德辉.统一价值论[M].北京:中国科学技术出版社,1998.

[16] 仇德辉.数理情感学[M].长沙:湖南人民出版社,2001.

[17] Interbrand.2008年中国品牌建设现状研究报告[R].2008.

[18] 中国互联网络信息中心(CNNIC).2010年中国互联网调查报告[R].2010.

[19] 北京名牌资产评估有限公司.2009中国品牌价值报告[R].2009.

[20] 张世贤.企业必须重视品牌价值的管理[J].中外管理导报,2000(4-5).

[21] 刘威.价值管理对品牌战略本质的洞察[J].品牌中国网,2009-09-01.

[22] 徐璧玉.天农:清远鸡的品牌之旅[J].销售与市场,2013(7).

[23] 刘威,黄云生.战略性连锁经营:肯德基的以弱胜强之道[J/OL].中国营销传播网,2003-11-19.

[24] 赵昱舒.品牌命名的十种方法[J/OL].新浪网,2010-09-08.

[25] 鲁建华,特劳特的高度与里斯的深度——里斯与特劳特的相同与不同[J/OL].中国营销传播网,2012-07-31.

[26] 北京开卷图书市场研究所.2000—2003年《富爸爸,穷爸爸》月度销量监控表[Z].2003.

百度百科网站 http://baike.baidu.com/

互动百科网站 http://www.baike.com/

好搜百科 http://baike.haosou.com/

国际奥委会网站 http://www.olympic.org/

美国 IBM 公司中国网站 http://www.ibm.com/cn－zh/

美国微软公司中国网站 http://www.microsoft.com/zh－cn

美国迪斯尼公司中国网站 http://www.dol.cn/

美国肯德基公司官方网站 http://www.kfc.com.cn/kfccda/index.aspx

美国麦当劳公司中国网站 http://www.mcdonalds.com.cn/

美国可口可乐公司中国网站 http://www.coca-cola.com.cn/

美国百事可乐公司中国网站 http://www.pepsico.com.cn/

美国苹果公司中国网站 http://www.apple.com/cn/

美国宝洁公司中国网站 http://www.pg.com.cn/

美国杜邦公司中国网站 http://www.dupont.cn/

美国戴尔公司中国网站 http://www.dell.com.cn/

美国福特汽车公司中国网站 http://www.ford.com.cn/

美国哈雷·戴维森中国网站 http://www.harley-davidson.com/content/h-d/zh_CN/home.html

美国美世咨询公司中国网站 http://www.cn.mercer.com/

德国罗兰贝格管理咨询公司中国网站 http://www.rolandberger.com.cn/

德国宝马公司中国网站 http://www.bmw.com.cn/cn/zh/index.html

德国博世公司中国网站 http://life.bosch.com.cn/cn/index.html

德国西门子公司中国网站 http://www.siemens.com/entry/cn/zh/

荷兰飞利浦公司中国网站 http://www.philips.com.cn/

日本索尼公司中国网站 http://www.sony.com.cn/

日本松下电器公司中国网站 http://panasonic.cn/

韩国三星公司中国网站 http://china.samsung.com.cn/

红牛维他命饮料公司中国网站 http://www.redbull.com.cn/

中粮集团网站 http://www.cofco.com/cn/index.html

华润集团网站 http://www.crc.com.hk/

万达集团网站 http://www.wanda.cn/

复星集团网站 http://www.fosun.com/

红塔集团网站 http://www.hongta.com/cn/

海尔集团网站 http://haier.net/cn/

五粮液集团网站 http://www.wuliangye.com.cn/zh/main/main.html

海信公司网站 http://www.hisense.com/

泸州老窖公司网站 http://www.lzlj.com/

北京同仁堂集团网站 http://www.tongrentang.com/

加多宝集团网站 http://www.jdb.cn/

国美电器公司网站 http://igome.com/

华泽集团网站 http://www.jinliufu.net/

小米公司网站 http://www.mi.com/

台湾鸿海集团网站 http://www.foxconn.com.tw/

台湾宏基集团网站 http://www.acer.com.cn/ac/zh/CN/content/home

中国动向集团网站 http://campus.chinahr.com/2010/pages/kappa/intro.asp

美特斯邦威集团网站 http://www.metersbonwe.com.cn/#/app＝hot

广东天农食品公司网站 http://www.tnong.com/

北京暴风国际科技公司网站 http://www.baofeng.com/

北京新燕莎商业公司网站 http://www.newyanshamall.com/about/intro.html

凡客诚品公司网站 http://www.vancl.com/

北京华夏基石管理咨询公司网站 http://www.chnstone.com.cn/index.html

七星品牌管理机构网站 www.starer.com.cn

红麦舆情网站 www.soften.cn

华军网 http://www.huajun.com/

附录 A

品牌价值评估方法

品牌价值是由多方面的因素构成的,世界范围内品牌价值的评估方法也有很多。品牌评估的目的不同,采用的评价方法也有所不同。下面介绍常用的品牌价值评估方法。

一、Interbrand(英特品牌)公司的品牌价值评估模型

英国的英特品牌集团公司(Interbrand Group)是世界上最早研究品牌价值评价的机构。它以严谨的技术建立的品牌价值评估模型在国际上具有很大的权威性。下文介绍英特品牌价值评估模型以及《金融世界》应用该模型的品牌评估方法。

英特品牌价值评估模型同时考虑主客观两方面的事实依据。客观的数据包括市场占有率、产品销售量以及利润状况;主观判断是确定品牌强度。两者的结合成了英特品牌模型的计算机公式:$V = P \times S$。

公式中,V 为品牌价值;P 为品牌带来的净利润;S 为品牌强度倍数。

1. 品牌带来的净利润计算方法

《金融世界》从公司报告、分析专家、贸易协会、公司主观人员那里得到有关品牌销售和营业利润的基本数据。

以吉列公司(现已被宝洁收购)为例,1995 年,吉列这个剃须刀品牌的销售额为 26 亿美元,营业利润为 9.61 亿美元,而我们所关注的是"吉列"这个品牌名称所带来的特定利润。为此,首先要决定这个特定行业的资本产出率。产业专家估计,在个人护理业其资本产出率为 38%,即每投入 38 美元的资本,可产出 100 美元的销售额。这时我们可算出吉列所需的资本额为 $26 \times 38\% = 9.88$ 亿美元。然后,假设一个没有品牌的普通产品其资本生产可以得到的净利润为 5%(扣除通货膨胀因素)。用 5% 乘上 9.88 亿美元,即 $9.88 \times 5\% = 0.49$ 亿美元。从 9.61 亿美元的盈利中减去这个 0.49 亿美元,我们就得到可归于吉列这个名字下的税前利润,即 $9.61 - 0.49 = 9.12$ 亿美元。算出品牌税前利润后,下一步就是确定品牌的净收益。为了防止品牌价值受整个经济或整个行业短缺波动的影响过大,《金融世界》采用最近两年税前利润的加权平均值。最近一年的权重是上一年的两倍。最后,把品牌母公司所在国的最高税率应用这一盈利的两年加权平均值,减去税收,得到吉列品牌的净收益为 5.75 亿美元。这个数字就是纯粹与吉列品牌相联系的净利润。

2．品牌强度倍数计算方法

按照英特品牌公司建立的模型，品牌强度倍数由七个方面的因素决定。每个因素的权利有所不同，如下所示。

（1）市场性质。一般而言，处于成熟、稳定和具有较高市场壁垒的品牌，强度得分就高。像食品、饮料等领域的品牌通常比高技术和时装领域的品牌得分要高，原因是消费者在选择后一类产品时，更多地受技术和时尚变化等方面的影响。

（2）稳定性。较早进入市场的品牌往往比新近进入的品牌拥有更多的忠诚消费者，因此应赋予更高分值。

（3）品牌在同行业中的地位。居于领导地位的品牌，由于对市场具有更大的影响力，因此，它较居于其他位置的品牌得分更高。

（4）行销范围。品牌行销越广，其抵御竞争者和扩张市场的能力越强，因而得分越高。

（5）品牌趋势。品牌越具有时代感，与消费者需求越趋于一致，就越具有价值。

（6）品牌支持。获得持续投资和重点支持的品牌通常更具有价值，同时，除了投资力度外，投资的质量与品牌强度也有密切的关系。

（7）品牌保护。获得注册、享有商标专用权，从而受到商标法保护的品牌，较未注册品牌或注册地位受到挑战的品牌价值更高。另外，受到特殊法律保护的品牌较受一般法律保护的品牌具有更大的市场价值。

对于上述七方面，Interbrand 分别规定了最高分值。表 A-1 列出了这些具体分值，也就是"理想品牌"所获得的分值。实际上，现实中的任何品牌都很难达到这些"理想品牌"的强度和地位。

表 A-1　评价品牌强度的七个方面及最高的得分值

品牌强度七个方面	分　值
市场性质	8
稳定性	15
市场地位	25
品牌趋势	10
品牌支持	10
行销范围	20
品牌保护	12
合计	100

二、其他品牌价值评估方法

1．成本评估法

成本评估法是直接计算企业用于品牌价值培育的账面成本，如为建立品牌所需提出的各种广告、包装和促销推广等的成本。这种方式较难估计品牌的真正市场价值。

另一种成本评估方法是不去估计品牌资产的账面成本，而是估计其重置成本。在高通胀时期，当账面成本被认为具有误导作用时，这种方法使用得较为普遍。这种方法的问题是较难区分所评估的价值哪一部分是属于品牌价值，哪一部分价值又是属于企业的其他无形资产。

2. 收益现值评估法

收益现值法的主要依据是品牌会对企业的未来经营活动带来收益，因此可将品牌的未来收益折现为现值，用以评估品牌的价值。收益现值法的主要问题是难以有效量化品牌价值对于企业收益的影响，难以有效识别品牌价值和企业其他无形资产的作用。这种方法只能粗略评估品牌价值，应用不多。

3. 市场价格评估法

市场价格评估法基于品牌的商品属性评估品牌价值。作为商品，品牌可以用市场接受的价格进行交换，这个价格是品牌的价值体现。这种方法目前较多地用于品牌创意理念的市场交换中，由于品牌往往与企业其他无形资产相联系，品牌标定价格不一定是品牌价值的真实反映。企业在无形资产评估中，一般可以假定：品牌价值占企业无形资产的比率约为 $70\%\sim80\%$，并由此来界定和评估品牌的真实价值。

4. 刘尔奎的品牌价值评估方法

其品牌价值评估方法如下。

第一步，测定品牌的盈利能力。具体方法是，首先计算出品牌所标识的产品的税后净利，其公式为：税后净利＝该品牌产品销售收入－对应成本－对应的产品销售税金－对应所得税。其次，从产品净利润中再扣除行业平均净利，则得出品牌的现在获得能力，用 P 表示。

第二步，建立品牌市场力的指标评价体系，计算品牌的市场力量系数 (s)。这些指标包括：市场占有率、品牌的保护情况、品牌的支持情况、品牌的市场特性、品牌本身所表示的趋势感、品牌的国家化力量。首先设各指标的现有基数值为 1，然后通过专家团来评定六项指标在未来寿命期内的变动率，如果某年以前评定六项指标变动率分别为：A_i、B_i、C_i、D_i、E_i、F_i，则该年的市场力量系数为：$s_i=(1+A_i)\times(1+B_i)\times(1+C_i)\times(1+D_i)\times(1+E_i)\times(1+F_i)$。各年市场力量系数之和 s，即为未来寿命期内总的市场力量系数。

第三步，计算品牌的价值 (V)。

公式为：$V=P\times S$。

第四步，进行可靠性和有效性验证。

这种方法是以企业财务指标为依据的一种较好的方法，但是新的品牌在市场上的价值较难正确把握。

信息时代传播价值转移研究

　　技术的发展,社会文化的进步,消费模式的变化,必然带来传播形态的变化,进而引发传媒自身运营模式与传播模式的变化,引发媒介的传播价值转移。随着信息技术的发展和消费模式的进步,以网络媒体及传统传媒的网络化为特征,新媒体的发展已成为重要的产业发展趋势和特点。新媒体的价值沟通模式、价值创造模式与价值转移模式的发展演进,与传媒品牌价值成长模式具有内在的一致性。前瞻和把握这种变化,深入探析新媒体的发展模式与价值转移模式,也有利于媒介企业在传播价值转移的过程中及时应对,获得更大的价值成长;也有利于拓展基于企业内生能力发展的品牌价值成长与价值转移模式的新思维。

　　传统媒介的衰落与新媒体的繁荣与兴盛已经成为时代发展的趋势。深入探寻和分析新媒体的价值创造与价值转移方式,深入了解和把握新媒体的传播模式与运营机理,可以帮助企业更为科学地规划和实施新媒体环境下的品牌营销与沟通,更有成效地实施信息文明时代的品牌建设与营销。

一、传播价值转移的缘起

　　随着电子信息技术的发展,电脑、摄录像机、手机等电子产品日趋成熟和完善,并通过规模化的工业化生产得以迅速降低价格,进入市场化阶段;大众生活水平的提高和消费模式的升级使得这些电子得以在大众中普及应用,并进入规模化阶段。电视已作为普通商品占据客厅。手机也超过了固定电话的拥有量,电脑也已逐步替代纸质办公用品,日益成为占据办公桌的主流办公设备,互联网电视作为在大众书房中的主要应用终端,其拥有量也在迅速提高。

　　随着社会的发展,以及工作和生活方式的变化,大众对传播媒介的信息需求也有了新的特征:在信息传播内容上更加强调信息的时效性、可信性、可见性和交互性四大特征;更关注传播媒介信息的实时价值和信任价值。在信息获取方式上,更强调信息获取的时效性、便利性、交互性与低成本四大特征;更关注时效价值、使用成本和互动体验价值。

　　传统的传播媒介价值形态仍起着重要作用,而伴随着新的传播媒介产品的不断发展与新兴媒体的快速成长,新的传播媒介价值转移已开始发生或者正在发生。传播媒介价值转移，正从静态信息转向动态信息，从延时信息转向实时信息，由纸质传播媒介转向电子传播媒介，从固定平台转向移动平台。商业模式的重新定位，将导致原有传播媒介市场的价值链发生裂变，转向更具利润的地带，如何在价值转移中持续创新，及时调整，占据新的价值成长空间，将成为传统传播媒介保持持续成长，新传播媒介获得跨越式发展的关键。

二、传播内容的价值转移

传播内容的价值转移，正从静态信息转向动态信息。基于动态信息的价值转移，包括三种模式：一是指媒介内容时空结构的演进，更多地转向因循所在的社会结构和大众生活方式的动态演进。二是指大众的传播媒介消费，正更多地从文字信息转向声音、图片、影像等动态信息。三是指大众的传播媒介消费的内容，正更多地从基础信息转向面向目标人群的，加工增值后的精准动态信息。四是指大众传播内容获取与沟通的模式，更多地从单向接受转向互动交流模式。传播媒介的竞争，也正从基础文字信息传播能力的竞争转向图文、影像信息创造和编辑、整理能力；转向动态增值信息传播能力、传播交互能力的系统竞争。

媒介的发展依赖于社会的发展，媒介结构和内容的发展与社会和人的发展有相应的一致性。前瞻和把握这种关系，传播媒介在发展中通过传播平台与传播内容时空网状结构的细分、整合与重构，时序改善，也会带来巨大的价值成长。以电视媒介的发展为例，通过频道和栏目的重新定位，不同频道通过功能细分（如经济频道）和受众细分（如少儿频道），以频道为经，频道内栏目为纬，交织成一个网状时空结构，随着频道数目扩张和栏目数量的激增，基本上实现了媒介时空结构与社会结构的基本映射和呼应，同时节目的编排播出也不断贴近观众的生活节律安排，媒介在对人的需要进行功能满足方面进一步人性化了，这种"人性化"本身就体现为一种价值增值。

随着技术的发展、移动传播工具和移动带宽的增加，大众对传播信息的可见性、丰富性、互动性更加注重感官享受和传播体验。摄录像机的普及，以及手机附有的拍录功能、电脑和互联网的兴起，使得信息影像的创作、发布、传播和共享更为便捷，成本也更为低廉，也加剧了信息传播影像化的趋势，Youtube等视频分享网站的崛起、Piscat图片网站的兴起、Pplive等视频网站的快速发展也印证了这一趋势。

增值精准信息的价值空间也日益凸显。信息泛滥使得信息的检索便利性、权威性、精准性、可信度、专业性、及时性、舒适度、交互性等关键要素日益受到更多的重视，媒介适应特定客户群体和个体的需求，在特定领域依托专业特色、实时特色、互动特色发展独特产品内容和服务优势，提供精准媒介信息，都有可能获得独特的市场认可和价值成长。月度服务费、定制服务收费、有线电视收费等提供特色内容的传播媒介盈利模式获得更多的市场认可，占有特定领域资源优势，具有增值信息加工能力和持续服务能力的专业传播媒介也因而获得更大的价值成长。

三、传播介质的价值转移

在传播介质的价值转移方面,正逐步由纸质传播媒介转向电子传播媒介。比较纸质传播媒介而言,作为信息传播的载体,电子传播媒介在传播范围的广泛性、传播信息的实时性、信息检索和获取的便利性、传播的互动性方面展现了明显的优势,随着技术的发展和电子产品的应用普及,大众的信息获取方式,正从报纸、杂志、宣传单等纸质传播媒介,转向更多地通过互联网和电视、户外显示屏,手机等传播介质。信息交流的方式,也从信函、文件,转向更多地通过电话、手机、短信、电子邮件、即时通信软件等。基于互联网平台的各种应用,也日趋丰富。

在看似饱和的传播媒介市场,包括电子传播媒介的细分市场领域,新兴传播媒介仍有着众多发展空间。以户外展示媒介为例,户外展示平台正向可以动态更新、显示动态图文影像信息的电子显示屏发展,依托液晶屏这一电子传播媒介,分众传播在发展阶段,发现并占领了楼宇广告市场,发布动态影像广告,并开拓出一片蓝海。众多企业依托电子显示屏陆续开拓了公交传媒、地铁传媒、医院传媒、商场传媒市场,开拓出一片新的市场空间。在显示屏、电视、电脑、电子书、手机等电子传播介质里,深入研究电子传播媒介在实时、动态影像、增值服务、互动等方面的传播媒介优势,努力探索客户需求,探索和发展新的商业模式,新兴传播媒介产品仍有着无限的创新价值成长空间。

值得指出的是,目前纸质媒体依然具有相当的客户群。尤其是主流媒体凭借多年沉淀的品牌实力、专业性和运作能力,仍具有较强的影响力,在组织规模、采编队伍的专业信息加工能力和商业运营上仍有较强的实力。目前在美国,互联网传播媒介的销售收入增长仍处于持续上升过程,而纸质媒体的销售收入持续下降,前景堪忧。此消彼长,也证实了这一发展趋势。在价值转移的过程中,传统传播媒介更需要有效地把握发展机遇,结合已有传播媒介的资源和能力,探索新的发展方式和运营模式,探索电子传播媒介的发展,探索纸质传播媒介和电子传播媒介的整合营运乃至购并、重组,获得更大价值成长。

四、传播时效的价值转移

传播时效的价值转移,正从延时信息转向实时信息。

电子信息技术的发展,电脑、手机、摄录像机的广泛应用,在个体和组织层面,使信息的获取、制造和编辑有了更广泛的实时内容来源。电视、互联网、纸质媒体平台、移动平台的多样化发展,使信息实时发布与整合有了更多的传播媒介渠道。电视、纸质传播媒介、手机、收音机等信息传播与接受终端的普及,为信息的实时传播奠定了坚实的发展基础。

随着社会整体运营效益和效率的提升,个体和组织对于运营效益的关注,信息的时效价值日益重要,也使得传播媒介的时效价值日益增加。实时信息价值凸显,部分受众愿意额外付费获取实时信息,这在财经领域尤为明显。在军事领域,实时信息的重要性更是毋庸评述。

基于实时信息的传播价值转移,包括三种模式:一是指传播内容正从延时资讯转向实时图文信息,二是指传播方式正从延时传播转向实时传播,三是传播介质也从静态介质转向具有实时动态更新能力的电子传播介质。实时信息的制造、编辑、整合、传播,传播介质以及实时信息传播平台的发展,有助于突破现有产业格局和竞争态势,获得竞争优势和溢价能力,也意味着崭新的传播媒介价值成长空间。

在实时内容领域,传播媒介在特定领域增强实时信息的采集、创作、编辑和加工及整合能力,有利于占据有利的竞争态势和价值成长基地。CNN 的 24 小时新闻直播,新浪在新闻采编领域的核心能力,都是重要的竞争优势。中国网通的 114 电话服务,中国移动打造的 12580 实时信息服务,携程的实时商旅定制服务,都因满足客户的实时需求而不断获得成长。在生活资讯、交通咨询、商业资讯、财经资讯、灾害救助等众多领域,新的实时传播媒介价值成长的蓝海仍将不断涌现。

在实时传播领域,创新、拓展和掌控更多的实时传播模式、实时传播工具和实时传播平台,也是价值转移的重要模式。腾讯正是依托即时通信工具 QQ 开始了崛起之路。目前腾讯依托新开发的基载于手机端的微信即时交流工具的流治性应用和大市场份额,再次占据了市场领先地位。互联网媒介超越传统的纸质媒体平台获得了跨越式发展,其信息的实时性,以及动态更新能力也是重要的成功要素。移动平台的多样化发展,也使信息实时发布与整合有了更多的传播媒介渠道。

在实时传播介质领域,作为实时传播竞争的载体,及时发展和掌控更多的实时传播媒介资源,也是传播媒介获得价值成长的蓝海。3G 时代的手机,因其具有的实时视频通信功能、快速信息下载能力而具有广阔的发展前景。GPS 系统也因结合地理信息系统的实时动态定位服务正获得快速发展。北斗导航系统因实时定位和实时沟通的短报文功能获得广泛应用和快速发展,户外电子显示屏,将因其实时信息更新能力而获得更多的发展空间。

五、传播平台的价值转移

传播平台的价值转移,正从固定平台转向移动平台。

长久以来,在日常生活中,电视的普及,逐步占有客厅,成为重要的家庭信息接收和娱乐传播媒介平台,并催生大量基于电视平台的传播媒介发展。而电脑在办公室和书房的普及,又催生了大量基于互联网媒介的发展壮大。随着以手机为核心的移动终端的大量普及,从固定转向移动的趋势也日趋明显。基于手机平台的移动通信已成为主流信息交流模式,在中国手机拥有量已超过固定电话成为重要标志。功能日趋增强的手机平台正日益发展成为个体信息接收和交流的主要智能移动终端,成为伴随大众工作、生活的移动传播媒介平台;随着 3G 的发展和移动带宽的增加,基于电脑和互联网的各种应用从固定平台正加速迁移到以手机为代表的移动平台。并由此推动基于移动平台的传播媒介价值转移。

在功能上,作为手机媒体终端,其便携性、无线互联的特性在移动应用上具有先天优势;功能日趋强大的智能化发展,也使内容应用更为广泛;3G 可视手机的出现,语音、视频、文字的复合沟通模式,沟通内容、沟通情景和沟通时效实现了进一步连接,进而增强了传播主客体之间的传播效果和传播效率。

在专属性上,手机号码作为一种身份识别线索,克服了互联网上基于虚拟身份的变形连接——将现实社会的人际关联关系和信任机制重新引入,同时在这种沟通中,现实社会的种种沟通规范约束也开始重新作用,使现实社会资源和社会关系结构有了通过手机无线媒体低成本对接和开发的可能,有利于发展基于个人信用的个性化定制、金融支付与金融交易服务。

手机的智能性、专属性、移动性、随身性、互动性、24 小时在线的实时性、基于精确分众基础上的可定向传播特性,使媒体的传播活动,个人、组织、社会之间的时空连接更为紧密,实时互动性更强,使得手机媒体的出现成为传播媒介发展史上的又一次重大进展,也是媒介价值成长的重大机遇。

移动平台的价值模式仍在快速发展中:语音通信是基本应用正在拓展到视频通话领域;短信、邮件、即时通信软件等正迅速普及,面向移动平台的互联网传播媒介产品发展迅速,移动影音服务日趋丰富;正在发展的个性化移动服务定制、移动金融交易服务等众多的创新应用,也为新老传播媒介的发展带来了众多价值成长机遇。

1. 拓展互动通信服务价值

目前手机的基本功能还是语音通信,随着 3G 的发展和移动带宽的增加,视频通信正在走向成熟。电子邮件、短信、即时通信软件都是移动平台重要的信息交流工具。短线和邮件基本为主流的移动运营商控制。在即时通信领域,目前微信、宜信、WhatsAPP、Line 中国移动飞信业务、QQ 移动等即时通信工具也在进行激烈的竞争。回顾腾讯的发展历程,便捷的互动交流能力,免费基础服务带来的快速用户量能积累,富有特色领先业界的快速文件传输速度,以及附加在 QQ 上的多种增值应用,都是 QQ 获得快速价值成长的要素。

2. 发展移动影音传播媒介

值得关注的是,通过发展按需点播应用,VOD/AOD On-demand 会成为手机视频或音频应用的主要模式。传播媒介内容供应商完全可以结合已有的传播媒介资源和专业能力,探索客户需求开发音视频产品。开拓基于移动终端的价值成长空间。在音频内容方面,可以结合已有资源开发一些热门内容音频版本,比如畅销书、传统广播的评书、相声、歌曲等打包播放,目前懒人听书喜马拉雅 FM 都发展迅猛。在视频方面,热门电影、教育产品、游戏产品,结合手机平台便于移动的特点,方便用户在驾驶、烹调、运动和差旅等移动环境中享受。优酷土豆、爱奇艺、腾讯视频、hulu、youtube 都发展迅速。

3. 发展移动传播信息媒介

作为智能移动终端,传统互联网传播媒介所积淀的核心能力和丰富信息资源,在开拓手机用户需求,发展向移动互联网的迁移中也可实现价值成长。适合以手机、平板电脑、电子书为代表的信息搜索与阅读工具,以及适合移动平台的信息内容创造、编辑、发布、整合,都有着很大的价值成长空间。以 GOOGLE 手机搜索为代表的在线检索信息产品,以手机报定制为代表的新闻信息阅读,以金山词霸为代表的在线翻译工具,以原创音乐崛起的 A8 音乐,以原创小说崛起的起点中文网等传播媒介内容供应商,如果加快向休闲移动模式的迁移,也将迎来一次新的价值成长机遇。

4. 发展个性化定制传播服务

基于个性化定制的生活服务信息、财经服务信息等传播媒介应用,同样拥有广泛的市场空间。以苹果 Ipod、Iphone 为代表的音乐下载,以 Iphone App Store 为代表的手机应用程序收费下载,以 12580 为代表的手机服务产品,都显示了旺盛的价值成长空间。服务于对信息质量要求较高的商务、政务人士,致力于提供精选的咨讯定制服务也是传播媒介重要价值成长模式,譬如提供手机版的华尔街日报、Yahoo 财经的资讯、基金投资动态、研究机构的定期报告。

5. 发展移动金融服务

随着手机等移动终端功能的增强,移动身份认证与识别、移动支付、移动交易、移动刷卡消费等金融服务也正在走向成熟,逐步开始规模化应用。基于移动平台的在线产品和服务预订与购买:机票、酒店、电影院、音乐会照样可以通过手机预订。随着技术的成熟和服务的完善,在未来的订餐服务中,甚至餐厅的特色、位置、到达路线,以及餐厅环境、座位的选择、菜品的大图片都可显示在以手机为代表的移动终端上,就如同您亲临餐厅看着真实的菜品点菜一样。更细分的消费领域和媒介传播模式仍会不断出现,更个性化的传播服务会不断完善,新的传播媒介价值成长空间依然无限。高德地图、百度地图都在这方面作出了成功的探索。

结语

电视机平台对于收音机平台的价值转移,互联网平台对于纸质传播媒介平台的价值转移,以及正在发生的移动平台对于固定平台的价值转移都证实,传播媒介价值的转移,依托于消费模式的转移,而消费模式的转移,建立在技术发展基础上传播媒介消费终端的普及,建立在该终端平台上的传播媒介内容的发展和丰富,以及传播媒介组织的成长。只有新传播媒介系统的成长突破了一定的数量边界,新的系统替代和价值转移必将发生,企业的荣辱兴衰也不绝于史。在价值转移的进程中,传播媒介组织更需要审时度势,基于自身的能力和资源,选择适合自己的发展战略和发展模式,积聚自己的核心能力和资源,抢占价值转移的核心阵地,获得更大的价值成长。

(本文由郭伟写于 2010 年 3 月,主要观点仍有意义,故编入本书中)

后　记

发展中的中国企业，面临诸多机遇，也存在许多问题。近年来，一些企业磨砺多年，逐步创建了优秀的品牌，也有一些企业信仰缺失，价值观缺失，忘却了客户至上的品牌本质。品牌发展成为部分企业追逐利润的工具，品牌广告成为部分企业塑造品牌的主要方法，品牌过度宣传成为部分厂商手段急功近利的牟利手段。欲速则不达，这样塑造出的品牌，很多是低价值的、低客户忠诚度的、短命的伪品牌，企业也难以发展壮大。松下集团创始人松下幸之助认为，公司是为了社会的繁荣发展而存在，而不是为了公司自身的繁荣发展而存在；追求利润并不是企业的最终目的，企业的最基本的使命，是把物美价廉的产品充分地供应给社会，而利润则是更好地实现企业根本使命的重要因素。

品牌经营是科学，是艺术，也是信仰。企业需要正本清源，重建价值信仰，重新理解品牌的本质，重新回归客户价值。企业应以此为基础，以优秀的价值观积聚和发展团队，以先进的品牌经营策略、方法和工具塑造品牌价值，创造企业价值，而不是相反。历史和经验证明，多数具有持久价值和生命力的品牌，都是具有坚强价值支撑的品牌，都是具有情感凝聚力的品牌，都是具有价值信仰的品牌。

品牌经营对品牌、企业，以及企业家而言，都是一个长期而执着的境界修炼过程。修炼品牌、修炼产品，也修炼团队、修炼人心。正大光明，和生济世；上善若水，润物无声。致中、致和、至真、至善、至美，是品牌的境界，也是人的境界。好的品牌，很多时候是和好的企业、好的企业家、好的团队、好的文化与思想境界有机结合、相互促进、系统发展的。

本书的写作过程，源于多年的苦心积累，本身也是一个痛苦的修炼过程。如何有助于解决中国品牌发展中存在的实际问题，如何在学习、借鉴先贤思想的基础上发展理论创新，如何充实和完善通篇的理论框架和逻辑结构，如何发展一些易用，有实效的品牌经营模型、方法与工具，如何选编一些具有借鉴意义的品牌经营案例，如何让书稿易读易用，对企业的品牌经营者有切实的帮助。其中的每一个问题都曾深受困扰，每一个问题的改善都付出了很多心血。才疏道浅，因此写起来战战兢兢，字斟句酌，只愿尽心，唯恐误人。无数个不眠之夜耽精竭虑，愿星星知我心，盼读者知我意。

创作、整理与传播知识是有功德的事情，本书的创作也受益于前贤，并引用了一些公开发表的资料与数据。尽管多数材料经过仔细的查证和标注，有的资料限于条件，仍未能全部注明出处，在此唯有对原作者真诚致谢，也望海涵。因水平有限，书中不妥之处，还望读者不吝交流与指教。以文会友，广结善缘也是笔者的夙愿。

本书承蒙中宣部原常务副部长，中国企业文化研究会顾问徐惟诚老师的鼓励和支持，并为本书撰写了饱含期许的序言。作为中国文化扶贫委员会主任，徐老仍在为国家的文化扶贫事业奔波劳碌，也为我们深深敬重。

我的第一本书《品牌价值管理》一书的创作与出版，得益于中国人民大学教授、博士生导师彭剑锋老师的鼓励与支持、关心和指导，并为本书撰写了序言。《品牌管理》新书的出版受益于此，并在此基础上历经五年沉淀钻研日深。大家是有境界的，教书育人，著书立说，提携后学，支持健康型组织研究，主持出版系列管理丛书，传播知识和思想，帮助企业发展，都是费心费力的事情，也是广受尊重的事情。

本书也得到了国内品牌界的前辈，环球时尚创意产业联盟主席、中国品牌经理人协会会长杨子云老师的关心和指导，为本书撰写了立意高远的序言。常得指教，还需付出更多努力。

著名学者，中国科学院大学管理学院副院长，博士生导师赵红教授关心后学，拨冗审阅了全部书稿，在此也深表感谢。

著名学者、书法大家江泓教授学问渊博、宽厚仁和、关爱学生，欣然题辞"济世兴邦"，殷殷勉励，牢记于心，正努力践行。

我尊敬的兄长，茂业集团总裁、禾茂田园董事局主席蒋亚彤先生拨冗为本书题辞："至真、至善、至美"，此也为本书立意之基、道德之源，虽不能至，心向往之。

软件与舆情管理专家屈伟先生，舆情分析师袁星先生参与了品牌监测章节的写作；屈伟参与了数字品牌管理章节与小米案例的写作；信息技术专家杨佐志先生、二维码技术专家王会臣参与了品牌溯源防伪章节及红塔、益生美案例的写作，在此也一并致谢。

"岂曰无衣，与子同袍。"在中国品牌发展、壮大、走向复兴与辉煌的路途上，正有许多同仁在一起努力，我们也将一路同行。

最后，心怀感恩，谨以此书献给我的亲人，师长和朋友，一路上有你们，满身温暖，满心欢喜。

郭 伟
2015 年 12 月 22 日写于北京鸟巢畔